Rome

**Helen Gillman
Stefano Cavedoni
Sally Webb
Thomas Hofnung**

LONELY PLANET PUBLICATIONS
Melbourne • Oakland • London • Paris

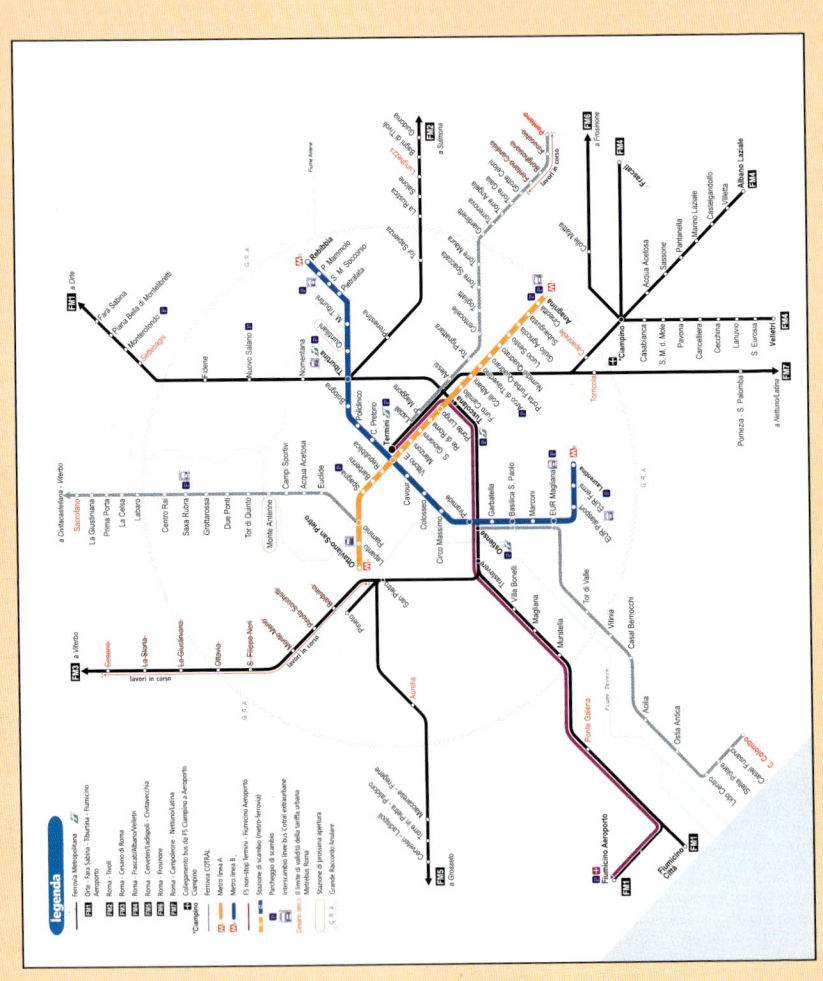

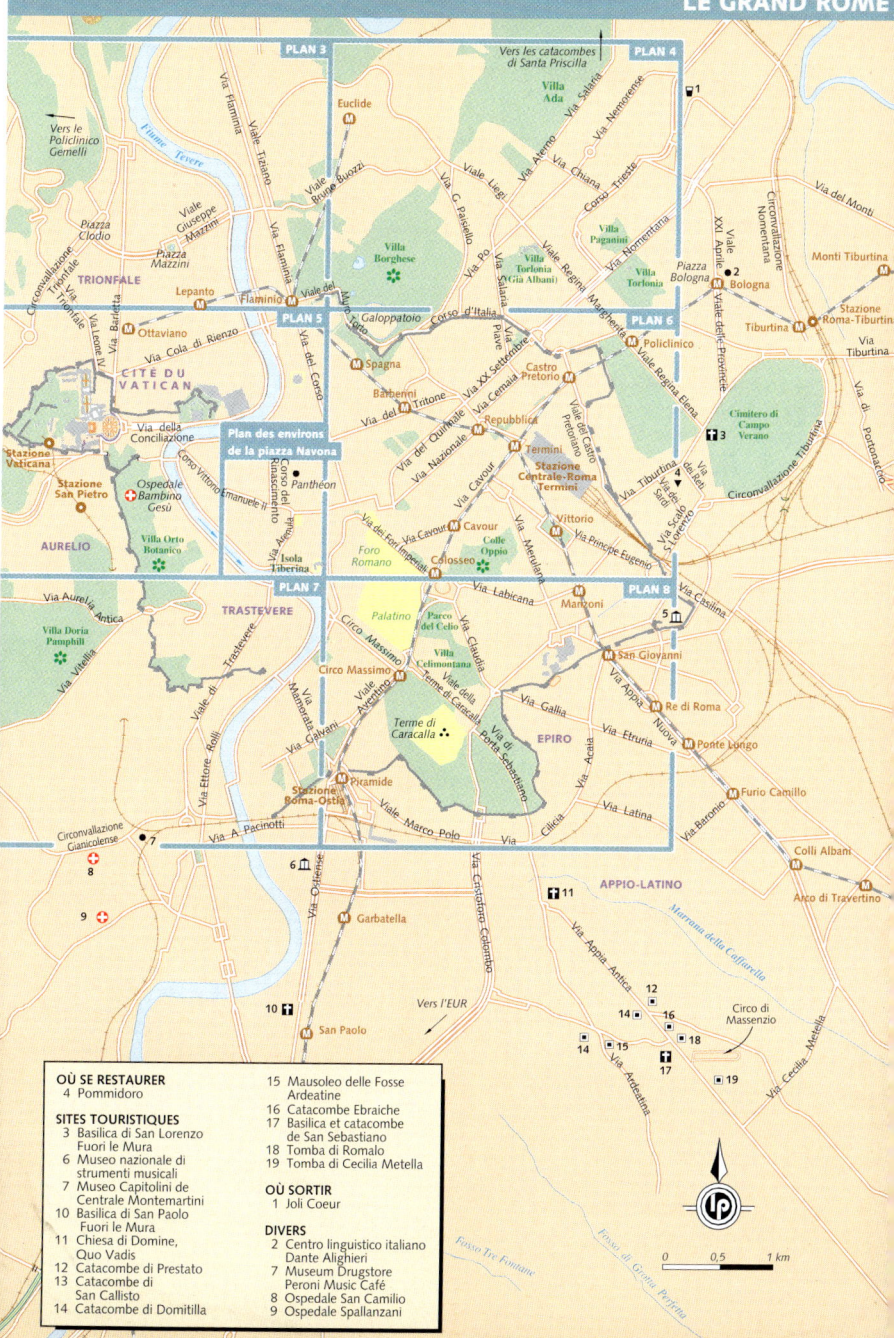

Rome
1re édition française – Novembre 1999
Traduite de l'ouvrage *Roma* (1st edition)

Publié par
Lonely Planet Publications 1, rue du Dahomey, 75011 Paris

Autres bureaux Lonely Planet
Australie PO Box 617, Hawthorn, Victoria 3122
États-Unis 150 Linden St, Oakland, CA 94607
Grande-Bretagne 10a Spring Place, London NW5 3BH

Photographies
De nombreuses photos publiées dans ce guide sont disponibles auprès de notre agence photographique Lonely Planet Images
(e-mail : lpi@lonelyplanet.com.au).

Photo de couverture
Museo di Conservatori à Rome, Stuart Dee, The Image Bank

Traduction
Françoise Fauchet et Géraldine Masson

Dépôt légal
Novembre 1999

ISBN 2-84070-146-4
ISSN 1242-9244

Texte et cartes © Lonely Planet 1999
Photos © photographes comme indiqués 1999

Imprimé par The Bookmaker Pty Ltd
Imprimé en Chine

Tous droits de traduction ou d'adaptation, même partiels, réservés pour tous pays. Aucune partie de ce livre, à l'exception de brefs extraits utilisés dans le cadre d'une étude, ne peut être reproduite, enregistrée dans un système de recherches documentaires ou de base de données, transmise sous quelque forme que ce soit, par des moyens audiovisuels, électroniques ou mécaniques, ou photocopiée sans l'autorisation écrite de l'éditeur et du propriétaire du copyright.

Bien que les auteurs et l'éditeur aient essayé de donner des informations aussi exactes que possible, ils ne sont en aucun cas responsables des pertes, des problèmes ou des accidents que pourraient subir les personnes utilisant cet ouvrage.

Table des matières

LES AUTEURS		**3**
A PROPOS DE L'OUVRAGE		**5**
AVANT-PROPOS		**6**
INTRODUCTION		**9**
PRÉSENTATION DE ROME		**11**

Histoire 11	Faune et flore 26	Système éducatif 29
Géographie 23	Institutions politiques 27	Arts 30
Climat 24	Économie 28	**Rome et les Français 34**
Écologie et environnement .. 25	Population 29	Religion 51

RENSEIGNEMENTS PRATIQUES 53

Quand partir 53	Photo et vidéo 69	Rome pour les enfants 76
Orientation 53	Heure locale 70	Bibliothèques 77
Cartes 54	Électricité 70	Universités 77
Offices du tourisme 54	Poids et mesures 70	Centres culturels 80
Formalités 56	Blanchissage/nettoyage 70	Désagréments et dangers .. 80
Ambassades et	Toilettes 70	Problèmes juridiques 81
consulats 58	Consignes à bagages 70	Heures d'ouverture 82
Questions d'argent 59	Santé 71	Jours fériés 83
Poste et communications ... 63	Voyager seule 73	Manifestations annuelles ... 83
Internet 67	Communauté	Tourisme d'affaires 83
Journaux et magazines 68	homosexuelle 73	Travailler à Rome 84
Radio et télévision 69	Voyageur handicapés 74	
Systèmes vidéo 69	Voyageurs seniors 75	

COMMENT S'Y RENDRE 86

Voie aérienne 86	Voiture et moto 91	Bateau 93
Bus 87	Bicyclette 92	Voyages organisés 93
Train 88	En stop 92	Agences de voyages 93

COMMENT CIRCULER 95

Desserte des aéroports 95	Metropolitana 96	Bicyclette 99
Bus et tram 95	Voiture et moto 97	A pied 99
Train 96	Taxi 98	Cicuits organisés 99

A VOIR ET A FAIRE 101

Piazza del Campidoglio 101	Aventino 121	A l'extérieur
Piazza Venezia 103	Trastevere 124	du centre-ville 145
Fori Imperiali 104	Environs du Campo	EUR 155
Foro Romano et Palatino .. 106	dei Fiori 127	Il Vaticano 156
Esquilino 113	Environs de la piazza	Activités 167
San Giovanni 117	Navona 129	Cours 170
De la colline du Celio à	Quirinale 141	
la porta San Sebastiano 119		

Table des matières – Texte

PROMENADES DANS ROME — 171

Promenade 1 : du piazzale Garibaldi au piazzale Ugo La Malfa 171

Promenade 2 : du largo di Torre Argentina à la piazza del Campidoglio 176

Promenade 3 : du piazzale Numa Pompilio à la tomba di Cecilia Metella, via Appia Antica ... 181

OÙ SE LOGER — 188

Où se loger – petits budgets 188

Où se loger – catégorie moyenne 195

Où se loger – catégorie supérieure 199

Locations 203

GASTRONOMIE — 204

OÙ SE RESTAURER — 221

Centre-ville 223
Il Vaticano 228
Trastevere et Testaccio ... 229
De San Lorenzo au Foro Romano 232

Cuisine du monde 233
Cuisine végétarienne 234
Caffè 234
Repas légers 235
Gelati 236

Pain et pâtisseries 236
Faire son marché 237
Produits diététiques 238

OÙ SORTIR — 239

Opéra 239
Théâtre 239
Danse 240
Musique classique 240
Rock 241

Jazz 241
Cinéma 241
Discothèques 242
Night-clubs 242

Communauté homosexuelle 243
Pubs et bars 245
Bars à vin 245
Manifestations sportives .. 248

ACHATS — 250

Antiquités 251
Librairies 251
Vêtements 252
Chaussures et maroquinerie 254
Bijoux 255

Produits cosmétiques 255
Équipement de la maison 256
Drugstores 257
Alimentation et boissons .. 257
Cadeaux 258

Musique 258
Jouets 259
Grands magasins et centres commerciaux 259
Marchés 260

EXCURSIONS — 261

Ostia Antica 261
Tivoli 265
Sites étrusques 268

Les environs de Viterbo .. 276
Les lacs 277
Castelli Romani 281

Palestrina 283
Anagni et Alatri 283
Le littoral 284

LANGUE — 289

Prononciation 289

Mots et expressions utiles .. 289

GLOSSAIRE — 293

INDEX — 300

CARTES COULEUR — Voir dernières pages

LÉGENDE DES CARTES — Voir dernière page

TABLEAU DE CONVERSION — Voir troisième de couverture

Les auteurs

Helen Gillman et Stefano Cavedoni
Helen, écrivain et rédactrice, vit en Italie. Elle a été journaliste en Australie (son pays natal) pendant de nombreuses années avant de s'établir en Italie en 1990. Outre cet ouvrage, Helen a coordonné les guides Lonely Panet *Italy* et *Walking in Italy*. Elle est également l'auteur du chapitre consacré à l'Italie des guides *Mediterranean Europe* et *Western Europe*. Pour tous ces titres, elle a travaillé en étroite collaboration avec son mari, Stefano Cavedoni.

Stefano est acteur et écrivain. Durant ses études universitaires, à la fin des années 70, il a entamé une carrière artistique couronnée de succès avec le groupe de rock Skiantos. Par la suite, il a écrit et interprété plusieurs spectacles humoristiques. Sur scène, il rêvait néanmoins déjà de voyages, de forêts et de montagnes, ce qui l'a amené à contribuer à la rédaction de nombre des randonnées présentées dans le guide *Walking in Italy*.

Sally Webb
Après des études d'histoire de l'art à l'université de Melbourne (sa ville d'origine) et au Courtauld Institute of Art de Londres, elle a quitté Londres pour Rome où elle est devenue journaliste et auteur de guides de voyage. Aujourd'hui, Sally vit dans le quartier du Trastevere où elle travaille comme journaliste et rédactrice pour *Wanted in Rome*, un bimensuel anglais. Elle contribue régulièrement à *Australian Gourmet Traveller* et écrit pour d'autres publications australiennes. Elle collabore également à des revues américaines et italiennes. Récemment chargée de la remise à jour du chapitre consacré à Malte dans le guide *Mediterranean Europe*, elle travaille actuellement à la nouvelle édition du guide *Italy*.

Thomas Hofnung
Sans doute marqué par l'apprentissage du russe dans sa prime jeunesse, Thomas a très tôt tourné son regard vers l'Est. Il goûte, à de nombreuses reprises, aux charmes des républiques de l'ex-URSS. Ses diplômes de sciences politiques et de journalisme en poche, il prend la direction des Balkans où il couvre l'après-guerre dans l'ex-Yougoslavie (à Zagreb et à Sarajevo) de 1995 à 1997 pour *Radio France internationale*, le quotidien *Libération* et *L'Événement du Jeudi*. Revenu à Paris, où il travaille désormais en free-lance (notamment pour *Le Monde diplomatique*), Thomas retourne fréquemment dans cette région du monde, mais il aime aussi à franchir les Alpes pour se ressourcer chez nos cousins italiens et prend toujours le temps de découvrir d'autres parties du globe.

UN MOT DES AUTEURS

Helen et Stefano. En dépit des clichés, ce livre n'aurait vraiment pas pu voir le jour sans l'aide de nombreux amis et collègues. Nous tenons notamment à remercier Carla Landi et ses conseils d'initiée pour sa collaboration au chapitre *Achats*. Laura Clarke nous a également apporté une aide précieuse en traduisant le chapitre *Promenades dans Rome*, rédigé (en italien) par Stefano. Nous sommes également reconnaissants à Barbara Walsh ainsi qu'à Daniela Fiorelli et au très efficace personnel de la Commune de Rome. Comme toujours, nous avons grandement apprécié le soutien enthousiaste de Fulvia et de Pierluigi de l'office de tourisme privé *Enjoy Rome*.

Sally. Avant tout, j'aimerais remercier Mary Wilsey, Maggie Mason et Sabina Triulzi de *Wanted in Rome*, qui m'ont en grande partie déchargée durant la rédaction de ce guide. Pour leur aide et leurs informations, je remercie également : Nicholas Rigillo, Adrian Arena, Claire Hammond du Corner Bookshop, Sarah Yates, Claudio et Rocco de Babele, Anna Quartucci de Coin, Mme Ziroli et M. Cerroni d'Atac-Cotral, sans oublier Roberto Faidutti.

Plus personnellement, je tiens à remercier Orla Guerin, Sari et Alessandro Taddei, Alfie Fabbroncini, Jeremy Hall-Smith, Celia et Markus Bockmuehl, Gillian Abbott, Helen Dixon et tous ceux qui m'ont hébergée chez eux au cours de ces dernières années (la liste serait bien trop longue). Leur accueil n'en ont rendu mes vacances à Rome et mes recherches actuelles que plus agréables. Enfin, un grand merci à ma famille, notamment à mes parents.

Thomas. Je tiens avant tout à remercier Caroline Guilleminot de m'avoir témoigné toute sa confiance. Merci à Sophie et Simon, grâce à qui la *Dolce Vita* c'est aussi à Pariggi.

Toute ma gratitude va à Marco Di Renzo et à Virginia, dont le chaleureux accueil et la fine connaissance des plaisirs culinaires de leur pays m'ont été extrêmement précieux (je me souviendrai longtemps des talents insoupçonnés de Marco quand il s'agit de découper une immense pizza napolitaine). De Zagreb à Rome, mon amie Gabrijela Lazinica fait preuve d'une amitié et d'une hospitalité qui ne se démentent pas.

Je voudrais également remercier Renato Pera, confrère de *Il Giornale*, pour ses conseils avisés et Il Signore Nucio, rencontré par hasard dans un charmant restaurant du Testaccio, qui m'a fait découvrir les saveurs exquises du limoncello par près de 30°C à l'ombre (redoutable !). Enfin, ce fut un réel plaisir de croiser Simone et Anh via Venetto et de partager en leur compagnie de précieux moments au cœur de la Ville Éternelle.

A propos de l'ouvrage

La première édition de ce guide comprend des textes rédigés par Helen Gillman pour la troisième édition du guide *Italy*. Sa coordination a été assurée par Helen Gillman, à qui l'on doit également l'introduction ainsi que les chapitres *Achats* et *Excursions*. Stefano Cavedoni a écrit le chapitre *Promenades dans Rome*. Sally Webb est l'auteur des chapitres *Comment s'y rendre*, *Comment circuler*, *A voir et à faire*, et *Où sortir*. Helen Gillman et Sally Webb ont co-écrit les chapitres *Présentation de Rome*, *Renseignements pratiques* et *Où se loger*.

Pour l'édition française, Thomas Hofnung a revu et enrichi la rubrique *Histoire*, a apporté sa contribution sur *Les Français et Rome* ainsi qu'à la gastronomie romaine et au foot. Un séjour romain a permis de compléter les recherches pour les chapitres *Où se loger* et *Où se restaurer*.

Un mot de l'éditeur

La coordination éditoriale de cet ouvrage a été assurée par Sophie Le Mao. La maquette a été créée par Corinne Holst, aidée de Jean-Noël Doan.

Nous remercions vivement Françoise Blondel et Laurent Courcoul pour leur précieuse et chaleureuse contribution au texte.

Un grand merci à Hélène Lefebvre pour ses recherches et interventions variées, ainsi qu'à Régis Couturier pour le relais éditorial. Isabelle Le Thiec-Muller et Michel MacLeod ont apporté leur sympathique contribution, respectivement sur le cinéma et la littérature romains.

Sylvie Mabille, en plus de sa présence, nous a régalés de certaines illustrations pour cette édition. Nous devons la couverture de ce guide à Sophie Rivoire.

Les cartes originales ont été créées par Ann Jeffre assistée de Csanad Csutoros et Adrian Persoglia. Isabelle Chipot s'est brillamment chargée de leur adaptation en français, épaulée par Caroline Sahanouk.

Tous nos remerciements vont à Graham Imeson, Andy Nielson, Barbara Aitken ainsi qu'à Tamsin Wilson pour leur constante collaboration avec le bureau français.

Avant-propos

LES GUIDES LONELY PLANET

Tout commence par un long voyage : en 1972, Tony et Maureen Wheeler rallient l'Australie après avoir traversé l'Europe et l'Asie. A cette époque, on ne disposait d'aucune information pratique pour mener à bien ce type d'aventure. Pour répondre à une demande croissante, ils rédigent le premier guide Lonely Planet, un fascicule écrit sur le coin d'une table.

Depuis, Lonely Planet est devenu le plus grand éditeur indépendant de guides de voyage dans le monde, et dispose de bureaux à Melbourne (Australie), Oakland (États-Unis), Londres (Royaume-Uni) et Paris (France).

La collection couvre désormais le monde entier, et ne cesse de s'étoffer. L'information est aujourd'hui présentée sur différents supports, mais notre objectif reste constant : donner des clés au voyageur pour qu'il comprenne mieux les pays qu'il visite.

L'équipe de Lonely Planet est convaincue que les voyageurs peuvent avoir un impact positif sur les pays qu'ils visitent, pour peu qu'ils fassent preuve d'une attitude responsable. Depuis 1986, nous reversons un pourcentage de nos bénéfices à des actions humanitaires.

Remises à jour. Lonely Planet remet régulièrement à jour ses guides, dans leur totalité. Il s'écoule généralement deux ans entre deux éditions, parfois plus pour certaines destinations moins sujettes au changement. Pour connaître l'année de publication, reportez-vous à la page qui suit la carte couleur, au début du livre.

Entre deux éditions, consultez notre journal gratuit d'informations trimestrielles Le Journal de Lonely Planet ou le Minitel 3615 lonelyplanet (1,29 F/mn), où vous trouverez des informations de dernière minute sur le monde entier. Sur notre nouveau site Internet www.lonelyplanet.fr, vous aurez accès à des fiches pays régulièrement remises à jour. D'autres informations (en anglais) sont disponibles sur notre site anglais www.lonelyplanet.com.

Courrier des lecteurs. La réalisation d'un livre commence avec le courrier que nous recevons de nos lecteurs. Nous traitons chaque semaine des centaines de lettres, de cartes postales et d'e-mails, qui sont ajoutés à notre base de données, publiés dans notre journal d'information ou intégrés à notre site Internet. Aucune information n'est publiée dans un guide sans avoir été scrupuleusement vérifiée sur place par nos auteurs.

Recherches sur le terrain. Nos auteurs recueillent des informations pratiques et donnent des éclairages historiques et culturels pour mieux appréhender le contexte culturel ou écologique d'un pays.

Lonely Planet s'adresse en priorité aux voyageurs indépendants qui font la démarche de partir à la découverte d'un pays. Nous disposons de multiples outils pour aider tous ceux qui adhèrent à cet esprit : guides de voyage, guides de conversation, guides thématiques, cartes, littérature de voyage, journaux d'information, banque d'images, séries télévisées et site Internet.

Les auteurs ne séjournent pas dans chaque hôtel mentionné. Il leur faudrait en effet passer plusieurs mois dans chacune des villes ; ils ne déjeunent pas non plus dans tous les restaurants. En revanche, ils inspectent systématiquement ces établissements pour s'assurer de la qualité de leurs prestations et de leurs tarifs. Nous lisons également avec grand intérêt les commentaires des lecteurs.

La plupart de nos auteurs travaillent sous le sceau du secret, bien que certains déclinent leur identité. Tous s'engagent formellement à ne percevoir aucune gratification, sous quelque forme que ce soit, en échange de leurs commentaires. Par ailleurs, aucun de nos ouvrages ne contient de publicité, pour préserver notre indépendance.

Production. Les auteurs soumettent leur texte et leurs cartes à l'un de nos bureaux en Australie, aux États-Unis, au Royaume-Uni ou en France. Les secrétaires d'édition et les cartographes, eux-mêmes voyageurs expérimentés, traitent alors le manuscrit. Trois à six mois plus tard, celui-ci est envoyé à l'imprimeur. Lorsque le livre sort en librairie, certaines informations sont déjà caduques et le processus se remet en marche...

ATTENTION !

Un guide de voyage ressemble un peu à un instantané. A peine a-t-on imprimé le livre que la situation a déjà évolué. Les prix augmentent, les horaires changent, les bonnes adresses se déprécient et les mauvaises font faillite. Gardez toujours à l'esprit que cet ouvrage n'a d'autre ambition que celle d'être un guide, pas un bréviaire. Il a pour but de vous faciliter la tâche le plus souvent possible au cours de votre voyage.

N'hésitez pas à prendre la plume pour nous faire part de vos expériences.

Toutes les personnes qui nous écrivent sont gratuitement abonnées à notre revue d'information trimestrielle le *Journal de Lonely Planet*. Des extraits de votre courrier pourront y être publiés. Les auteurs de ces lettres sélectionnées recevront un guide Lonely Planet de leur choix. Si vous ne souhaitez pas que votre courrier soit repris dans le Journal ou que votre nom apparaisse, merci de nous le préciser.

Envoyez vos courriers à Lonely Planet, 1 rue du Dahomey, Paris 75011

ou vos e-mails à : bip@lonelyplanet.fr

Informations de dernières minutes :www.lonelyplanet.fr et www.lonelyplanet.com

COMMENT UTILISER VOTRE GUIDE LONELY PLANET

Les guides de voyage Lonely Planet n'ont pour seule ambition que d'être des guides, pas des bibles synonymes d'infaillibilité. Nos ouvrages visent à donner des clés au voyageur afin qu'il s'épargne d'inutiles contraintes et qu'il tire le meilleur parti de son périple.

Contenu des ouvrages. La conception des guides Lonely Planet est identique, quelle que soit la destination. Le chapitre *Présentation du pays* met en lumière les diverses facettes de la culture du pays, qu'il s'agisse de l'histoire, du climat ou des institutions politiques. Le chapitre *Renseignements pratiques* comporte des informations plus spécifiques pour préparer son voyage, telles que les formalités d'obtention des visas ou les précautions sanitaires. Le chapitre *Comment s'y rendre* détaille toutes les possibilités pour se rendre dans le pays. Le chapitre *Comment circuler* porte sur les moyens de transport sur place.

Le découpage du reste du guide est organisé selon les caractéristiques géographiques de la destination. Vous retrouverez toutefois systématiquement la même trame, à savoir : centres d'intérêt, possibilités d'hébergement et de restauration, où sortir, comment s'y rendre, comment circuler.

Présentation des rubriques. Une rigoureuse structure hiérarchique régit la présentation de l'information. Chaque chapitre est respectivement découpé en sections, rubriques et paragraphes.

Accès à l'information. Pour faciliter vos recherches, consultez le sommaire en début d'ouvrage et l'index détaillé à la fin de celui-ci. Une liste des cartes et une "carte des cartes" constituent également des clés pour se repérer plus facilement dans l'ouvrage.

L'ouvrage comporte également une carte en couleur, sur laquelle nous faisons ressortir les centres d'intérêt incontournables. Ceux-ci sont décrits plus en détails dans le chapitre *Renseignements pratiques*, où nous indiquons les meilleures périodes pour les visiter et où nous suggérons des itinéraires. Les chapitres régionaux ouvrent sur une carte de situation, accompagnée d'une liste de sites ou d'activités à ne pas manquer. Consultez ensuite l'index, qui vous renverra aux pages *ad hoc*.

Cartes. Les cartes recèlent une quantité impressionnante d'informations. La légende des symboles employés figure en fin d'ouvrage. Nous avons le souci constant d'assurer la cohérence entre le texte et les cartes, en mentionnant sur la carte chaque donnée importante présente dans le texte. Les numéros désignant un établissement ou un site se lisent de haut en bas et de gauche à droite.

Remerciements
Nous exprimons toute notre gratitude aux lecteurs qui nous ont fait part de leurs remarques, expériences et anecdotes. Leurs noms apparaissent à la fin de l'ouvrage.

Introduction

"Je réalise enfin tous mes rêves de jeunesse" écrivait Goethe à son arrivée à Rome, au cours de l'hiver 1786. Sans doute Rome est-elle aujourd'hui un peu plus agitée mais elle n'a certainement rien perdu de son romantisme ni de son charme. Haut lieu de l'histoire, cette ville présente une formidable profusion de monuments parfaitement intégrés dans la vie quotidienne d'une population tout aussi dense, qui vaque à ses occupations sans y prêter plus d'attention. Les touristes se font d'ailleurs aisément remarquer car ils sont les seuls à tourner la tête lorsque le bus passe devant le Colisée.

Depuis toujours Rome, suscite l'admiration et le respect chez ses visiteurs – pèlerins, historiens, artistes, écrivains ou simples touristes. Ses ruines constituent des points de repère dans une ville considérablement transformée au fil de l'Empire, du Moyen Age, de la Renaissance et de la période Baroque. Ainsi, les riches Européens cultivés qui redécouvrirent la Cité Éternelle dès la seconde moitié du XVIIe siècle purent-ils établir une continuité entre les périodes païenne et chrétienne. A vrai dire, Rome nous offre aujourd'hui près de 2 500 ans d'annales archéologiques illustrant l'évolution de la culture occidentale de l'Empire romain à nos jours en passant par l'expansion du christianisme.

La ville s'étage sur plusieurs niveaux, les sites historiques ne formant en réalité que la partie visible de l'iceberg. Les touristes qui se promènent le nez en l'air pour admirer les monuments ne doivent pas ignorer qu'il existe une autre cité quatre mètres sous leurs pieds ainsi que des vestiges de peuplement encore plus profondément enfouis. La basilica di San Pietro se dresse sur le site d'une basilique encore plus ancienne, édifiée au IVe siècle par l'empereur Constantin sur la nécropole où était enterré saint Pierre. De même, avant sa conversion en forteresse, le castel Sant'Angelo abritait la sépulture de l'empereur Hadrien. La piazza Navona, dont la forme évoque un hippodrome, est en fait construite sur les ruines du stade de l'empereur Domitien. Il est important de connaître tous ces éléments pour pouvoir interpréter et mieux comprendre cette ville où règne une certaine confusion parfois désarmante.

L'événement le plus marquant de l'histoire contemporaine restera l'année sainte de 2000. Pour les pèlerins catholiques, ce jubilé sera l'occasion de leur vie de témoigner de leur foi en visitant les villes les plus importantes du christianisme.

Quoi qu'il en soit, pour la grande majorité des Romains, les préparatifs du jubilé sont avant tout synonymes de perturbation. La circulation, déjà souvent difficile, s'est considérablement détériorée depuis que la municipalité a entrepris d'élargir les rues et de creuser des voies souterraines pour faciliter les déplacements des millions de visiteurs supplémentaires attendus. Les touristes ne sont guère mieux lotis puisque les plus beaux monuments, églises, palais, ponts et fontaines ont disparu sous les échafaudages et les bâches de protection pour la durée de leur ravalement.

Heureusement, au moment où vous lirez ces lignes, les travaux de nettoyage, de préservation et de restauration des bâtiments seront en grande partie terminés. Grâce aux nombreux efforts des autorités municipales et nationales chargées du patrimoine, certains musées et sites culturels depuis longtemps abandonnés à leur triste sort ont pu rouvrir leurs portes. Entre l'été 1997 et l'été 1998, plusieurs grands musées ont ainsi été inaugurés (ou rouvert après de longs travaux de rénovation), notamment le célèbre Museo e Galleria Borghese et deux nouvelles sections du Museo Nazionale Romano.

Certes, la Rome de cette fin de millénaire ne restera pas marquée par l'empreinte d'un génie de l'envergure d'un Michel-Ange ou d'un Bernin. On retiendra néanmoins de cette période sa reconnaissance du patrimoine culturel existant ainsi que ses louables efforts pour le présenter sous son meilleur jour dans le souci de le préserver pour les générations futures.

Comme le veut l'adage : à Rome, il faut vivre comme les Romains. Avec le charme inimitable de son animation quotidienne, cette ville mettra tous vos sens en éveil. Bien sûr, c'est l'endroit idéal pour faire le plein de culture mais il ne faudrait pas pour autant oublier de prendre le temps d'apprécier la bonne chère et le soleil. A Rome, l'hédonisme est un véritable art de vivre.

S'il est vrai que les Romains éprouvent à la fois de l'amour et de la haine pour leur ville, peu d'entre eux envisageraient finalement de vivre ailleurs. Vous comprendrez aisément pourquoi lorsque, par une agréable journée d'été, vous siroterez un rafraîchissant *aperitivo* à la terrasse d'un petit *caffè* sur une sublime piazza baroque baignée par les rayons du soleil couchant.

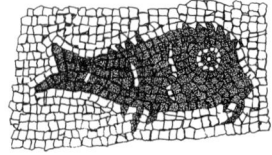

Présentation de Rome

HISTOIRE
Une origine légendaire
Près de cinq siècles après l'arrivée d'Énée en Italie, la liaison amoureuse du dieu Mars avec une princesse du Latium donna naissance aux jumeaux Romulus et Rémus.

Comme Moïse sur le Nil, les nouveaunés furent abandonnés dans une barque de roseau sur le Tibre (Tevere), puis recueillis par une louve. A l'adolescence, les deux frères, élevés par des bergers, reprirent le pouvoir usurpé par leur oncle, responsable de leur sort. Ensuite, ils bâtirent deux villes distinctes. Rémus, qui franchit par jeu l'enceinte encore inachevée de son frère sur le Palatino (Palatin), fut tué de sa main.

Ce 21 avril 753 av. J.-C. devint la date officielle de la fondation de Rome, car les historiens comptent les années *ab urbe condita* (AUC), depuis la fondation de la ville. Il fut découvert en 1949 que le Palatin était le plus ancien quartier habité et que ses huttes dataient du VIIIe siècle av. J.-C.

Romulus disparut, enlevé par les dieux ou, sort plus cruel, secrètement assassiné par des sénateurs qui démembrèrent son corps. Les sept rois qui lui succédèrent furent élus parmi la noblesse. Le plus marquant reste sans doute Numa Pompilius auquel on attribue l'instauration d'une religion d'État. L'Étrusque Servius Tullius érigea les premiers remparts autour de la cité-État et posa les bases du système politique et militaire. Voir aussi l'encadré "Les Étrusques" dans le chapitre *Excursions*.

Servius Tullius fut assassiné par un rival nommé Tarquinius Superbus (Tarquin le Superbe), qui fut lui-même chassé par une révolution en 509 av. J.-C. après avoir violé Lucrèce. Humiliée, la victime se suicida après avoir divulgué les faits aux hommes de sa famille. L'un d'eux, Lucius Junius Brutus, suscita alors une rébellion pour chasser les Étrusques. La République romaine était née et le premier temple fut construit sur le Capitole (Campidoglio).

La République
Bien que les Romains ne se fussent jamais dotés d'une Constitution écrite, leur régime connut une telle réussite qu'il servit de modèle à la Constitution américaine.

A la fin du IIe siècle av. J.-C., l'historien grec Polybe expliquait la formidable ascension de Rome, parvenue à dominer la Méditerranée en quelque cinquante ans, par le fait que les Romains avaient su instaurer un équilibre en combinant tous les avantages des régimes connus.

La monarchie était représentée par deux consuls se relayant au poste de commandant en chef, l'oligarchie par le Sénat, qui rassemblait les plus hauts magistrats, y compris les consuls, tandis que l'élection directe à la quasi-totalité des fonctions politiques garantissait la démocratie. Afin de maintenir les magistrats sous contrôle, aucun mandat ne durait plus de un an. Interdite à l'origine, la réélection fut par la suite autorisée après un intervalle de dix ans. Aucun fonctionnaire ne pouvait prétendre à un poste élevé avant d'avoir gravi plusieurs échelons, et toutes les magistratures étaient assurées conjointement, le vote négatif – ou *veto* – ayant le pouvoir d'arbitrer la décision. Seule exception à la règle, le dictateur était nommé pour six mois en période de crise, avec pour auxiliaire un maître de cavalerie. Les magistrats romains en fonction jouissaient d'une parfaite immunité, toutefois ils pouvaient être amenés à rendre des comptes une fois l'année de leur mandat écoulée.

Les Romains élaborèrent par ailleurs un système très particulier concernant les autres peuples de la région (tels les Sabins et les Étrusques au nord, les Osques, les Samnites, les Herniques et les colonies grecques au sud). Ainsi, les cités-États vaincues n'étaient pas soumises, elles devenaient des alliées. Autorisées à conserver leur propre gouvernement et leurs terres, elles se contentaient de fournir des soldats

Le "Pieux Énée"

Dans la version d'Homère de la guerre de Troie, Énée ne joue qu'un petit rôle. Selon la légende romaine, ce prince était pourtant le fils de la déesse Vénus et d'un Troyen. Lors de la destruction de Troie, il s'enfuit en emmenant son père, son fils et les Pénates, dieux protecteurs du foyer.

Après diverses aventures, dont une descente aux Enfers et une liaison tragique avec Didon, reine de Carthage –, liaison arrangée par sa mère, la déesse de l'Amour et rompue sur ordre de Jupiter lui-même, provoquant le suicide de l'aimée –, Énée accomplit sa mission divine en débarquant au centre de l'Italie pour y fonder la nouvelle Troie. Après avoir vaincu une tribu opposée aux nouveaux venus, il s'allia par le mariage à l'un des rois du Latium et fonda la royauté d'Alba Longa.

Héros de l'*Énéide*, poème épique de Virgile, le personnage d'Énée a fait l'objet de nombreuses illustrations artistiques et littéraires. Il est souvent représenté dans sa fuite de Troie, tenant son fils par la main et portant sur ses épaules son père âgé qui protège le *palladium*, l'autel domestique. On le retrouve également sur la face ouest de l'Ara Pacis, sacrifiant une truie pour rendre grâce de son arrivée dans le Latium. Énée incarne la grande vertu romaine de la piété, par sa soumission aux dieux et son respect du devoir à l'égard de la patrie et de la famille.

---

pour lutter aux côtés des légionnaires lors des combats futurs. Ce principe permit à Rome d'accroître sa puissance militaire. La protection offerte par son hégémonie incita en outre de nombreuses cités à s'allier volontairement à elle.

L'organisation civile évolua également. En 450 av. J.-C., à la demande pressante des plébéiens, les lois existantes se virent codifiées dans le cadre de la loi des Douze Tables, qui demeura en vigueur tout au long du millénaire suivant. En 342, une nouvelle loi devait rendre accessibles les deux postes consulaires aux plébéiens. Par ailleurs, la construction de la via Appia, qui débuta en 312 av. J.-C., fut prolongée à l'est en 244 av. J.-C. jusqu'au port de Brindisi.

Au cours de cette période d'expansion, les Romains connurent néanmoins quelques déboires. En 390 av. J.-C., l'invasion des Gaulois par le nord se solda par le siège de Rome. La population se retrancha au Campidoglio, sauvé d'une attaque nocturne grâce à l'alerte donnée par les oies consacrées à Junon. L'envahisseur abandonna finalement la partie après le versement d'un substantiel pot-de-vin.

Hannibal

A cette époque, le bassin méditerranéen était dominé par une autre puissance, Carthage (l'actuelle Tunis), un royaume de marchands établi en Afrique du Nord. Comme Rome était encore une société agricole, ces deux États auraient sans doute pu éviter le conflit.

La première guerre punique (264-241 av. J.-C.) fut provoquée par des luttes intestines opposant deux factions de Messine, colonie grecque de Sicile. L'une des parties, boutée hors de la ville, alla chercher main forte auprès des Carthaginois. De leur côté, les assiégés firent appel à Rome. Durant la guerre de vingt-trois ans qui s'ensuivit, les Romains découvrirent à leurs dépens l'importance de la puissance navale. Finalement victorieux, ils contraignirent les Carthaginois à abandonner leurs colonies dans l'Ouest de la Sicile et s'emparèrent de la Sardaigne.

L'un des généraux vaincus, Hamilcar Barca, conquit alors un État dans le Sud de l'Espagne, où il prépara sa revanche en transmettant à ses fils, Hannibal et Hamilcar, sa haine de Rome. Lorsqu'il hérita du commandement, Hannibal provoqua la guerre en 219 av. J.-C. en attaquant Sagunto (ville de la côte orientale de l'Espagne). Bien que située dans la sphère d'influence de Carthage, la ville demanda secours à Rome, comme Messine avant elle. En 218, le Sénat romain déclara à nouveau la guerre à Carthage.

Puisque les Romains contrôlaient la mer, Hannibal décida de traverser les Alpes à dos d'éléphant pour rejoindre l'Italie. Malgré la perte de près de la moitié de ses soldats et de la quasi-totalité de ses éléphants, le général punique parvint à infliger aux Romains plusieurs défaites écrasantes dans le Tessin et à la Trébie en 218, et au lac Trasimène en 217, puis à Cannes, l'année suivante. Profitant du système d'alternance journalière du commandement, Hannibal choisissait toujours le jour où le moins capable des deux consuls romains était en poste pour lancer ses attaques. S'il avait attaqué Rome en 216 av. J.-C., la ville serait probablement tombée entre ses mains. Il préféra consolider sa position dans le Sud de l'Italie.

Durant cette période de répit, les Romains découvrirent dans leurs rangs un génie militaire à la hauteur d'Hannibal. Le célèbre Scipion l'Africain prit le commandement des armées à vingt-trois ans, sans jamais avoir occupé de fonctions officielles, une première dans l'histoire de Rome. D'abord, il frappa le bastion espagnol d'Hannibal puis, en 204 av. J.-C., il s'attaqua directement à l'Afrique, obligeant les Carthaginois à rappeler Hannibal pour défendre leur capitale. Scipion remporta la bataille de Zama en 202 av. J.-C. Le traité qui mit fin à la guerre, particulièrement sévère, anéantit la puissance militaire de Carthage. Hannibal se suicidera en exil quelque vingt ans plus tard.

L'année suivante, Rome était déjà décidée à se venger du soutien apporté par Philippe V de Macédoine à Hannibal. Après avoir hésité, le Sénat s'était finalement laissé convaincre et les Romains, lors des guerres de Macédoine qui suivirent, découvrirent la splendeur (et les richesses) de l'Empire hellénistique bâti par Alexandre le Grand. Compte tenu de l'alternance entre les mandats civils et militaires, les hommes d'État les plus habiles et les plus ambitieux comprirent bientôt que le succès électoral était étroitement lié au prestige et à la fortune conférés par les conquêtes lointaines. Utilisant le système des alliances plutôt que la conquête directe, Rome établit un ensemble de « royaumes clients » qu'elle plaça entre les mains de monarques locaux, conscients de leur intérêt à se rallier à sa cause.

De la République à l'Empire

Lors de son premier consulat, Caius Marius introduisit, en 107 av J.-C., une réforme de l'armée qui allait modifier en profondeur le rôle de l'institution militaire à Rome et bouleverser l'équilibre interne de la République. Ce consul, extrêmement populaire, supprima le cens officiellement exigé pour combattre et les prolétaires furent admis dans les légions. Une armée de métier voyait le jour. Le recrutement de volontaires plus soucieux de satisfaire leur général que le Sénat se solda à partir de cette réforme par d'inévitables guerres civiles. Marius fut d'ailleurs le premier à inaugurer les dérives qui commencèrent à frapper Rome : il détint le consulat sans interruption pendant cinq ans (104-100), en violation des règles fondatrices de la République.

Peu à peu, la vie politique romaine se polarisa en deux factions, liées autant par le mariage que par la politique : les *optimates*, défenseurs de la suprématie du Sénat, et les *populares*, préférant soumettre leurs lois au vote des assemblées du peuple. Ce clivage fut à l'origine d'un conflit civil entre les partisans de Marius, membre du parti populaire, et son ancien lieutenant, l'optimate Cornelius Sylla.

Déçu de ne pas obtenir le commandement qu'il escomptait dans la guerre contre Mithridate, attribué à l'instigation des populares au vieux Marius, Sylla commit un acte sacrilège : il fit entrer son armée dans Rome en 88 av J.-C. Après quoi, il partit pour l'Orient. En 82 av. J.-C., après une série d'assassinats politiques, le Sénat finit par accéder à ses exigences et l'élut dictateur pour une période exceptionnelle de dix ans. La première grande guerre civile venait de s'achever à Rome. A cette époque, Rome dominait déjà dix provinces.

Parmi les protégés de Sylla se trouvait Cnaeus Pompeius Magnus, Pompée le Grand, qui – jeune chevalier – s'était rangé à ses côtés lors de la guerre civile. A l'encontre de sa propre législation, Sylla permit à Pompée de gravir d'un bond tous les échelons politiques. A la mort de Sylla, Pompée dirigea plusieurs campagnes militaires pour le compte du Sénat. A cette époque, l'Italie était agitée depuis huit ans par la terrible révolte des esclaves menée par le gladiateur Spartacus. En 71 av. J.-C., le richissime Marcus Licinius Crassus mettait un terme à cette rébellion. 6 000 esclaves épargnés par les combats furent crucifiés le long de la via Appia. Les deux hommes forts de Rome, Crassus et Pompée, firent campagne commune (avec force pots-de-vin) pour obtenir les postes de consuls en 70 av. J.-C. Pompée mena ensuite une armée jusqu'à la victoire en Syrie. Pendant ce temps, Crassus cimentait son alliance avec un jeune aristocrate ambitieux, César.

Candidat aux élections consulaires de 59 av. J.-C., Caius Julius Caesar conclut un marché avec Crassus et Pompée, récemment rentré à Rome. En échange de leur soutien électoral et financier, César promit de veiller aux intérêts de ses alliés en dépit de l'opposition des optimates. Pour mieux sceller leur union, Pompée épousa Julia, la fille de César. A la fin de son consulat, César partit en Gaule où il connut la gloire militaire grâce à sa victoire à Alésia (52 av. J.-C.). Le premier triumvirat fut renouvelé en 56 av. J.-C., puis, toujours avec le soutien électoral de César, Crassus et Pompée partagèrent un autre consulat en 55 av. J.-C. La situation se dégrada à la mort de Julia, en 54 av. J.-C. Lors d'une cuisante défaite, Crassus fut tué par les Parthes l'année suivante.

Pompée se soumit progressivement à l'influence des optimates, désireux de démettre César en raison de ses écarts de conduite en Gaule. La guerre civile éclata lorsque ce dernier franchit le Rubicon en 49 av. J.-C. à la tête de son armée, entièrement dévouée à sa personne. Pompée et ses partisans se replièrent alors en Espagne, en Afrique et en Grèce, où le gros de leurs troupes fut vaincu par César à Pharsale, en Thessalie, un an plus tard. Pompée se réfugia ensuite en Égypte, où il fut assassiné.

En 47 av. J.-C., César rentra à Rome, où il entreprit une série de réformes, dont la refonte du calendrier et du Sénat. La Curie (Sénat) et le Forum Giulia témoignent aujourd'hui de son gigantesque programme de construction. Initialement nommé dictateur pour un an, César fit prolonger son mandat à dix ans, puis, en 44 av. J.-C., fut proclamé dictateur à vie. Avec ce cumul de pouvoirs, il finit par s'aliéner jusqu'à ses anciens partisans et c'est ainsi qu'il fut victime du célèbre assassinat perpétré sous le portique du teatro di Pompeo (théâtre de Pompée) aux ides de mars 44 par des conjurés (des césariens déçus) dirigés par Brutus.

Les Libérateurs, comme se faisaient appeler les assassins de César, se rendirent compte qu'ils avaient considérablement sous-estimé la popularité de César auprès des soldats et de l'opinion. La population éleva le dictateur mort au rang de divinité. Le lieutenant de César, Marc Antoine, prit le pouvoir avec l'aide des troupes commandées par Lépide (ancien maître de cavalerie de César). Dans son testament, César déclarait adopter son petit-neveu pour fils et unique héritier. Agé de dix-huit ans, le jeune Octave, alors étudiant en Grèce, rentra à Rome pour revendiquer son héritage.

Se faisant désormais appeler Caius Julius Caesar Octavianus, le jeune homme se ligua d'abord avec les Libérateurs contre Antoine, puis s'allia avec ce dernier lorsque Brutus et Cassius furent vaincus à Philippes. L'orateur Cicéron, qui avait attaqué Antoine au cours de différents discours et sous-estimé Octave, fut une des victimes de la série d'assassinats politiques qui s'ensuivit.

Lépide fut rapidement évincé du deuxième triumvirat (où il siégeait aux côtés d'Octave et d'Antoine). A la même époque, le monde romain, qui s'était considérablement étendu à la suite des multiples conquêtes, fut divisé en deux parties, le nouveau César levant des armées en Occident tandis qu'Antoine administrait les riches provinces et les royaumes clients d'Orient. En dépit du mariage d'Antoine avec la sœur d'Octave, la situation se détériora et la guerre civile éclata. Octave – le futur Auguste – profita alors largement de la liaison de son rival avec Cléopâtre VII, reine d'Égypte, pour le discréditer. Le gigantesque mausolée d'Auguste qui se dresse près du Tibre témoigne de cette lutte ; il fut construit précisément au moment où la rumeur circulait qu'Antoine avait renoncé à Rome en épousant officiellement Cléopâtre et en déclarant vouloir être enterré en Égypte, patrie de son cœur.

Marcus Agrippa, général, ami et gendre d'Octave, écrasa Antoine et Cléopâtre lors d'une bataille navale au large d'Actium en 31 av. J.-C. Le célèbre couple se donna la mort à Alexandrie l'année suivante lors du siège de la ville par l'armée d'Octave.

L'Empire

Octave demeura alors le seul maître incontesté du monde romain. Néanmoins, se souvenant du sort de César, il adopta une attitude très prudente. En 27 av. J.-C., il abandonna officiellement ses pouvoirs extraordinaires au Sénat, qui les lui rendit presque entièrement. Quatre ans plus tard, son statut faisait à nouveau l'objet d'une régularisation, le Sénat lui accordant le titre honorifique et sacré de "Auguste".

La période de stabilité politique qui s'ensuivit fut propice à l'épanouissement des arts. Auguste eut en outre la chance de compter parmi ses contemporains les poètes Virgile, Horace et Ovide ainsi que l'historien Tite-Live.

Encourageât également les arts plastiques, il restaura les édifices existants et en fit ériger de nouveaux. Agrippa construisit le premier Panthéon. Auguste dédia le teatro di Marcello à son neveu Marcellus et fit ériger l'Ara Pacis (autel de la paix) pour commémorer ses exploits. Dans ses *Mémoires*, il se targue d'avoir "trouvé une Rome de brique et laissé une Rome de marbre".

Cette réussite tient au fait qu'au lieu d'essayer de réinventer le système politique, Auguste se contenta d'une place confortable au sommet de l'échelle. Jamais il ne s'octroya le titre de roi ou d'empereur, se satisfaisant de celui de *princeps* – le premier. Les différents échelons de la République furent maintenus tels quels. Auguste mourut en 14 apr. J.-C., à l'âge de soixante-seize ans, ayant régné pendant quarante ans.

La stabilité perdura sous Tibère (14-37), teintée toutefois d'une certaine austérité. Durant la dernière décennie de son règne, l'empereur dirigea les affaires de l'État depuis sa villa de Capri. Caius Caligula (37-45) profita peu de temps des agréments de la vie politique, car sa conduite de plus en plus extravagante provoqua son assassinat par un officier de la garde prétorienne – sa garde impériale.

On envisagea alors un retour au régime républicain, mais les prétoriens, anxieux de la sécurité de leur emploi, proclamèrent empereur Claude, l'oncle de Caligula. Malgré son accession inattendue au pouvoir, Claude se révéla un dirigeant consciencieux. Il fit agrandir le port d'Ostie et construire un nouvel aqueduc, l'Aqua Claudia, afin d'alimenter en eau la population croissante de Rome. Par ailleurs, il renforça l'emprise de Rome sur la Grande-Bretagne, dont l'invasion avait été assurée par César.

Vraisemblablement empoisonné par son épouse Agrippine en 58, il fut remplacé par Néron, son gendre âgé de dix-sept ans. Progressivement, Néron afficha sa préférence pour le style de gouvernement pratiqué par Caligula. Dans un ultime acte de rébellion juvénile, il fit assassiner sa mère, puis entreprit d'imposer sa passion pour la Grèce à une aristocratie romaine de plus en plus amère. En 68, la révolte gagnant les gouverneurs de province qui commandaient les armées, le Sénat déclara Néron ennemi public. L'empereur en fuite se donna alors la mort. "L'année des quatre empereurs" vit ensuite se succéder rapidement Galba, Othon, Vitellius, puis Vespasien.

La stabilité fut restaurée lorsque Vespasien, envoyé en Judée écraser la grande rébellion de 66, fut proclamé empereur par ses troupes, décision approuvée par un Sénat épuisé. Homme pragmatique, Vespasien (69-79) ne manqua pas de reconstruire le temple sur le Capitole, détruit par un incendie au cours des guerres civiles. Il fit également bâtir un immense amphithéâtre sur le site de la Domus Aurea de Néron. Le Colosseo (Colisée) tire son nom de la gigantesque statue de Néron dressée près de lui, destinée à l'origine à marquer l'entrée de la propriété de l'empereur. Vespasien la dédia à Apollon, le dieu de la lumière.

A l'instar d'Auguste, Vespasien célébra le retour à la normalité par l'édification du Forum de la Paix. Le court règne de Titus (79-81) reste essentiellement marqué par la catastrophique éruption du Vésuve, qui ensevelit Pompéi et Herculanum. L'empereur trouva néanmoins le temps de construire des thermes publics ainsi que l'arc de Titus, qui commémore sa prise de Jérusalem.

Domitien, son jeune frère, créa le Forum Transitorio (que son successeur s'attribua en le rebaptisant Forum de Nerva) et agrandit considérablement son palais sur le Palatin. Les murs des couloirs furent recouverts de pierre finement polie afin de lui permettre de détecter la présence d'éventuels meurtriers. Cette paranoïa trouva sa justification en 96 lorsqu'il fut assassiné par une conspiration de palais.

Après le bref règne transitoire de Nerva (96-98), empereur âgé, vint Trajan, un général émérite d'origine espagnole. Ses victoires sur les tribus daces sont illustrées sur la colonne Trajane, érigée dans la première cour de son Forum, où se dressaient également deux bibliothèques, l'une grecque et l'autre latine. Parmi les autres travaux publics réalisés par ses soins, citons le marché et la via Appia Traiana qui relie Benevento à Brindisi. Trajan fut le premier général romain à conquérir le territoire des Parthes, ennemis traditionnels d'Orient. Il mourut durant sa campagne de 117 et ses cendres furent déposées au pied de sa colonne.

Hadrien (117-138) est connu pour ses voyages mais aussi pour son génie architectural. On lui doit l'aménagement du Panthéon sous sa forme actuelle, sur lequel il conserva généreusement l'inscription originale qui attribue l'œuvre à Agrippa. Le Castel Sant'Angelo fut à l'origine son mausolée ; sa superbe villa de Tivoli, la villa Adriana, est très bien conservée.

Cette période, marquée par la stabilité extérieure et intérieure, constitua l'apogée de l'Empire romain. En 100, la ville de Rome, l'*Urbs,* comptait plus d'un million et demi d'habitants. Véritable capitale impériale, elle montrait sa richesse et sa prospérité à travers ses somptueuses mosaïques, ses temples de marbre, ses thermes, théâtres, cirques et bibliothèques. Un important réseau d'aqueducs alimentait les thermes mais aussi les habitations privées, dotées d'eau courante et de toilettes munies de chasse d'eau.

Les règnes d'Antonin le Pieux (138-161) et de l'empereur-philosophe Marc Aurèle (161-180) furent stables, même si ce dernier consacra quatorze années à la lutte contre les invasions nordiques. Ses victoires sont d'ailleurs commémorées sur la colonne qui porte son nom, érigée piazza Colonna.

Le déclin s'amorça avec l'arrivée au pouvoir de Commode (180-192), empereur à l'esprit quelque peu dérangé. Après son assassinat, les événements de 68-69 se reproduisirent. Pertinax, Didius et Pescennius Niger se succédèrent rapidement jusqu'au jour où Septime Sévère (193-211), natif d'Afrique du Nord, s'imposa sur ses rivaux. L'Empire commençait à se lézarder sérieusement.

A Sévère succédèrent conjointement les frères Caracalla et Geta, le premier ne tardant pas à faire assassiner le second. En dépit de problèmes financiers, l'empereur n'hésita pas à rénover les routes et à édifier des thermes monumentaux.

Après la mort de Caracalla par étranglement en 213, le chaos s'installa progressivement. Quelque vingt-quatre empereurs et prétendants se succédèrent dans la violence jusqu'au jour où Dioclétien (284-305) se rendit compte que l'instabilité croissante aux frontières rendait le maintien d'un gouvernement central impossible. L'empereur décida donc de diviser l'Empire en deux. Conservant l'Orient, il attribua l'Occident à Maximien, qui quitta Rome pour Milan.

En 305, Maximien et Dioclétien abdiquèrent simultanément. La lutte acharnée pour le pouvoir continua jusqu'à la victoire, en 312, de Constantin sur Maxence, son dernier rival, à Saxa Rubra, dans la périphérie de Rome. Constantin déclara avoir eu la vision d'un monogramme chrétien en surimpression sur le soleil et entendu l'ordre suivant : "Par ce signe tu vaincras." Il adopta le symbole sur ses bannières et, de fait, l'emporta. En réalité, le christianisme était devenu la religion de nombreux officiers et aristocrates, des hommes dont le soutien était nécessaire à Constantin.

Que son inspiration ait été divine ou politique, Constantin tint parole. En 313, l'édit de Milan officialisa la liberté religieuse et l'empereur fonda Saint-Pierre (San Pietro), Saint-Laurent-hors-les-Murs (San Lorenzo fuori le Mura), offrit au pape la future basilique Saint-Jean-de-Latran (San Giovanni in Laterano) et bâtit Sainte-Croix-de-Jérusalem (Santa Croce di Gerusalemme) pour abriter la grande relique rapportée de Jérusalem par sa mère, Hélène, profondément religieuse. Bien que déterminé à établir la capitale de l'Empire à Byzance, il ne dérogea pas à la tradition et fit ériger l'arc de Constantin. En 324, l'unité impériale fut rétablie grâce à la victoire de Constantin sur le Bosphore. Cette même année, celui-ci présidait à la fondation de Constantinople. En 330, la capitale de l'Empire romain est transférée à Byzance.

La période sombre

Dès le IIe siècle, l'évêque de Rome, se réclamant des apôtres Pierre et Paul, détenait une certaine prééminence sur ses pairs. Avec Constantin, l'Église a obtenu une position officielle. Le terme de pape (dérivé du bas latin *papa*) devint réservé au seul évêque de Rome. Le pape Damase (333-384) entreprit le premier effort concerté pour christianiser la culture romaine. Dans le cadre de son programme, il chargea son secrétaire, Hieronymus (saint Jérôme), de traduire la Bible dans un latin élégant mais accessible, vulgate qui est demeurée depuis lors en usage.

Rome perdit peu à peu de son importance aux yeux de l'Empire byzantin. En 408, une armée de Goths commandée par Alaric assiégea la ville et en força les portes en 410. Certains quartiers furent mis à sac et de nombreux temples détruits, mais l'intercession du pape Innocent Ier évita le massacre. Cet acte d'héroïsme pontifical se reproduisit dans des circonstances encore plus dramatiques en 440, lorsque Léon Ier persuada Attila, roi des Huns, d'abandonner l'idée d'attaquer Rome. Malheureusement, la cité subit un terrible pillage quinze ans plus tard avec l'arrivée des Vandales. Le calme fut toutefois rapidement restauré et de nombreuses églises virent le jour, notamment Santa Sabina, Santa Maria Maggiore et Santo Stefano Rotondo.

Le dernier empereur, Romulus Augustule, fut déposé en 476. Le roi ostrogoth Théodoric, qui n'était pas un barbare, entreprit la réparation du Colosseo et des palais impériaux. En 500, les aqueducs alimentant Rome avaient cependant été volontairement coupés par les envahisseurs ou dépouillés de leurs tuyaux en plomb. Les marécages créés par les fuites d'eau demeurèrent jusqu'au XXe siècle. L'Empire d'Occident ayant disparu, Rome fut théoriquement placée sous la tutelle de Byzance. Sur place cependant, les papes imposèrent progressivement leur autorité et exercèrent le pouvoir.

En 536, Justinien envoya Bélisaire reprendre Rome pour le compte de l'Empire byzantin. Les Ostrogoths furent alors chassés de Rome. Mais la victoire fut de courte durée. En 568, la ville fut conquise par les Lombards.

Durant l'épidémie de peste qui s'abattit sur la ville en 590, le pape Grégoire Ier eut la vision de l'archange Michel rengainant son épée au-dessus du mausolée d'Hadrien. Interprétée comme le signe de la fin de l'épidémie, cette apparition donna lieu à l'édification d'une chapelle sur le mausolée : le Castel Sant'Angelo.

Grégoire Ier (le Grand) avait transformé son palais familial du Celio pour y accueillir le monastère bénédictin de saint André. Nommé pape, il fonda également San Giorgio in Velabro et Santa Maria in Via Lata. Fidèle à ses origines romaines, il ne parvenait pas à comprendre la prédominance accordée à Constantinople sur Rome, c'est pourquoi il n'eut de cesse de défendre l'Église de l'empereur lui-même. Ainsi, il posa les bases de l'organisation administrative de l'Église dont s'inspirèrent les offices et les cérémonies catholiques tout au long de l'histoire. En outre, il s'efforça de convertir les tribus anglaises au christianisme.

A la mort de Grégoire, Rome fut menacée d'abord par des vagues de Barbares, puis, à partir du milieu du VIIe siècle, par les armées musulmanes qui déferlèrent sur le bassin méditerranéen. Pour aggraver la situation, les relations entre Rome et Constantinople se détériorèrent au point que le pape Martin Ier se vit assigné à résidence à San Giovanni in Laterano durant plus de un mois, avant d'être conduit à Constantinople pour y être humilié et subir de mauvais traitements.

En 752, Pépin le Bref, roi des Francs, proposa au pape Étienne II de conquérir la Lombardie pour le compte de l'Église. Par ce geste, il escomptait obtenir la reconnaissance pontificale de la légitimité de sa lignée. Cette alliance donna naissance, en 756, aux États pontificaux à la suite de la conquête de territoires au centre de l'Italie. Les relations entre l'Église et les rois francs furent cimentées en 800 lorsque Léon III sacra Charlemagne empereur d'Occident au cours d'une messe de Noël donnée à San Pietro. A la mort de celui-ci, son Empire se disloqua rapidement. En 846, une flotte sarrasine remonta le Tibre pour attaquer Rome et pilla les tombes de saint Pierre et de saint Paul. En réaction, Léon IV fit construire la Cité léonine pour protéger le Vatican.

La Rome médiévale

A la suite de la disparition de la dynastie des Carolingiens, le trône pontifical passa aux mains des puissantes familles romaines (telle les Crescenzi au Xe siècle). En 962, Jean XII fit appel au roi de Saxe, Otton Ier, pour rétablir son pouvoir vacillant. Cette nouvelle alliance donna naissance au Saint Empire romain germanique dont le titulaire investissait les ecclésiastiques. Cet accord fut rapidement remis en question. En 1075, Grégoire VII décréta l'émancipation de l'Église vis-à-vis du pouvoir séculier. Ce faisant, il inaugura un long conflit entre les deux parties baptisé "Querelle des investitures". Au concordat de Worms, en 1122, l'Empereur renonça officiellement aux investitures. Quelques années après ce compromis, la papauté dut faire face à une révolte populaire à Rome. En 1143, l'existence d'un Sénat indépendant de l'Église et de la noblesse fut entérinée. La commune de Rome voyait officiellement le jour. L'empereur Frédéric Barberousse fit néanmoins exécuter son meneur, Arnaud de Brescia, avant de restituer au pape sa souveraineté sur Rome. Celui-ci n'en reconnut pas moins formellement la commune.

En 1300, Boniface VIII proclama la première année jubilaire, avec la promesse d'un pardon total pour ceux qui se rendraient en pèlerinage à San Pietro et San Giovanni in Laterano. Il paraît que cette année-là, Rome accueillit en permanence deux cent mille pèlerins. Dante, qui fut l'un d'entre eux, transposa dans sa *Divine Comédie* (1306-1308) son itinéraire de la semaine sainte de 1300 dans l'au-delà.

Boniface VIII usa également de son pouvoir pour poursuivre la lutte contre les ennemis de sa famille : les Colonna. Alors qu'il s'apprêtait à excommunier le roi Philippe de France, les Colonna aidèrent les troupes françaises à pénétrer dans le palais d'Anagni, où résidait Boniface, et menacèrent de le tuer. Celui-ci mourut un mois plus tard et les huit papes suivants s'établirent à Avignon.

Durant cette période, chèvres et vaches revinrent paître sur le Campidoglio et le Foro romano, de nombreuses églises et cathédrales de la ville furent démantelées, les habitants les ayant désertées. Le marbre antique servit à la préparation du ciment. La ville devint le théâtre d'affrontements entre les puissantes familles Orsini et Colonna. Le pouvoir refusant aux papes le titre de souverains temporels de Rome, les États pontificaux commencèrent à se morceler.

Après la vaine tentative de Cola di Rienzo, chef de file populaire, d'arracher le contrôle de Rome à la noblesse en 1347, le cardinal Egidio d'Albornoz parvint à restaurer les États pontificaux en leur donnant une Constitution, permettant ainsi au pape Grégoire XI de rentrer à Rome en 1379. A la vue de cette ville en ruine et quasiment déserte, Grégoire transféra la résidence papale du palais du Latran au Vatican, qu'il choisit en raison de ses remparts et de la proximité du formidable Castel Sant'Angelo. A la mort de Grégoire, un an après son retour à Rome, les cardinaux romains tentèrent de conserver leur pouvoir en élisant comme pape l'impopulaire Urbain VI, déclenchant une révolte de la part des cardinaux, français pour la plupart. Ceux-ci élurent quelques mois plus tard un second pape, Clément VII, qui retourna à Avignon. Ainsi débuta le Grand Schisme d'Occident, qui perdura jusqu'en 1417.

La Renaissance à Rome

L'élection du pape Nicolas V en 1447 inaugura une nouvelle ère pour Rome. A cette époque, la Renaissance battait son plein à Florence. La papauté renoua avec le prestige grâce à des papes tels que Sixte IV, qui érigea la cappella Sistina (chapelle Sixtine) et élabora un plan d'urbanisme destiné à relier les quartiers coupés les uns des autres durant le Moyen Age. A cette époque, les artistes Donatello, Sandro Botticelli et Fra Angelico vivaient et travaillaient à Rome.

En 1471, Sixte IV créa l'un des plus vieux musées du monde, le Museo Capitolino, en faisant don au peuple de Rome d'une série de bronzes antiques. Au début du XVIe siècle, le pape Jules II fit percer la via del Corso et la via Giulia. En 1506, il ordonna la démolition de l'ancienne basilica di San Pietro, demandant à Bramante de construire une nouvelle église. En 1508, Raphaël entreprit les peintures des salles du Vatican aujourd'hui connues sous le nom de Stanze (Chambres) di Raffaello, tandis que Michel-Ange commençait les fresques de la voûte de la cappella Sistina.

Tous les grands artistes de l'époque furent influencés par les découvertes des merveilles de l'art classique, tel le *Laocoon* (aujourd'hui aux Musei Vaticani), retrouvé en 1506 dans le secteur de la Domus Aurea de Néron. Au milieu de la Renaissance, Rome comptait cent mille habitants et constituait le principal centre de la vie culturelle et politique italienne. Au pape Jules II succéda le pape Léon X, un Médicis. La Curie romaine (cour de justice pontificale) devint alors le point de rencontre d'hommes de lettres tels que Baldassarre Castiglione et Ludovico Ariosto.

La papauté participa aussi intimement aux luttes pour le pouvoir agitant l'Europe et guerroya pour protéger les États pontificaux. De 1498 à 1502, elle lutta les armes à la main contre les grands féodaux italiens qui menaçaient ses territoires. César Borgia, le fils du pape Alexandre VI, s'empara de la Romagne avec l'appui du roi de France, Louis XII. Entre 1508 et 1512, le pape Jules II reprit le chemin de la guerre pour conserver la Romagne et chasser l'ancien allié de l'Église, le roi Louis XII. Les commentateurs qualifièrent plaisamment cette période de "papauté casquée". En 1527, le pape Clément VII fut contraint de se réfugier au Castel Sant'Angelo lors du sac de Rome par les troupes de Charles Quint. Cet événement aurait profondément influencé la conception du *Jugement dernier* de Michel-Ange, que l'artiste commença pour Clément VII deux ans plus tard.

Rome doit une grande partie de sa splendeur de l'époque aux papes du XVIe siècle Paul III et Sixte V, qui modifièrent l'urbanisme, percèrent de longues avenues, élevèrent des obélisques et aménagèrent de vastes piazze. En 1538, Paul III commanda à Michel-Ange l'aménagement de la piazza del Campidoglio, où fut installée en son centre une statue antique (IIe siècle) de bronze de l'empereur Marc Aurèle. Sous Sixte V, le dôme de Saint-Pierre vit son achèvement.

La Contre-Réforme

Au cours de la troisième décennie du XVIe siècle, la curiosité et l'ouverture d'esprit de la Renaissance commencèrent à céder la place à l'intolérance de la Contre-Réforme. Il s'agissait d'une réaction de l'Église catholique à la Réforme, terme collectif qualifiant le mouvement lancé par Martin Luther dans le but de réformer l'Église et sur lequel se fondent les différentes formes du protestantisme. Le concile de Trente (1545-1563) donna le coup d'envoi de cette reconquête spirituelle.

La transition s'accentua sous le règne du pape Paul III (1534-1549), auquel on doit la construction du palazzo Farnese, à l'élégance classique. Il permit également, en 1540, la fondation de l'ordre des jésuites d'Ignace de Loyola et, moins heureusement, la création en 1542 du Saint-Office. Cette dernière (et impitoyable) instance dut instruire des procès de plus en plus nombreux, car l'Inquisition (1232-1820), organisme judiciaire de l'Église ayant pour but de déceler et d'éradiquer l'hérésie, ne cessa d'accroître ses activités.

L'opposition du pape Paul III au protestantisme et l'épuration cléricale, selon sa propre conception, déclencha une vaste campagne de torture et de terreur. En 1559, l'Église publia l'*Index librorum prohibitorum,* autrement dit la liste des ouvrages interdits. La détermination de l'Église romaine à regagner la suprématie pontificale sur les églises protestantes donna lieu à la persécution de nombreux intellectuels et libres penseurs.

Deux grands intellectuels italiens firent ainsi la terrible expérience de la Contre-Réforme : Giordano Bruno (1548-1600) et Galilée (1564-1642). Bruno, moine dominicain, fut contraint de fuir l'Italie pour la calviniste Genève, d'où il voyagea à travers l'Europe avant de se faire arrêter par l'Inquisition à Venise en 1592. Une statue le représente aujourd'hui à l'emplacement du Campo dei Fiori où il fut brûlé vif en 1600.

Défenseur des théories scientifiques d'Aristote, Galilée fut contraint par l'Église de désavouer le système astronomique de Copernic selon lequel la Terre tourne autour du Soleil et non l'inverse. Toutefois, si Bruno abjura l'Église catholique, Galilée ne renia jamais sa foi.

Cependant, certaines innovations marquèrent la fin du XVIe siècle : le pape Grégoire XIII (1572-1585) remplaça le calendrier julien par le calendrier grégorien en 1582, fixant le début de l'année au 1er janvier, et mettant en place le système des années bissextiles afin d'éviter tout décalage de l'année de trois cent soixante-cinq jours par rapport aux saisons.

La chiesa del Gesù, prototype des grandes églises romaines de la Contre-Réforme, fut construite pour accueillir d'importantes assemblées de fidèles. Au XVIIe siècle, sous les papes et les grandes familles de Rome, l'exubérance théâtrale du baroque trouva de magnifiques interprètes en Bernini et Borromini. La conception des piazze Navona et San Pietro, ainsi que les sculptures des églises et des musées de Rome confirment le génie architectural et artistique du Bernin.

Au fil des siècles, les papes s'étaient acquis un ensemble de provinces au centre de l'Italie qui aiguisait bien des appétits. La péninsule fut envahie par les Français puis par les Espagnols. En 1713, le traité d'Utrecht confia les destinées du pays à l'Empire austro-hongrois. Les États pontificaux, qui avaient Rome pour capitale, constituaient une proie stratégique pour un Napoléon désireux d'établir sa domination sur toute l'Europe. En 1796, il imposa à Pie VI un armistice humiliant, l'obligeant notamment à céder à la France une centaine d'œuvres d'art ainsi que cinq cents manuscrits (traité de Tolentino). Deux ans plus tard, le futur empereur fit occuper Rome par ses troupes et proclama la République de Rome. Cette pulsion républicaine fut de courte durée.

En 1805, Napoléon se sacra lui-même roi d'Italie, puis nomma son fils roi de Rome et, trois ans plus tard, exigea l'abdication du pape et annexa Rome à son Empire. Le pape Pie VII fut emprisonné à Fontainebleau. En 1814, après l'abdication de Napoléon, il put regagner Rome. L'année suivante, le congrès de Vienne lui restitua ses territoires sur la péninsule.

Le récit de Goethe, *Voyage en Italie*, paru en 1816, ouvrit la voie à un flot de visiteurs issus des milieux littéraires et artistiques. Rome devint la principale destination des voyageurs cultivés en route pour le tour d'Europe.

Le Risorgimento

L'abdication de Napoléon et l'écroulement français furent suivis par une période de grande agitation en Italie. La présence des Français avait suscité de profondes aspirations patriotiques et des revendications politiques au sein de la population. Dans le sillage de la flambée révolutionnaire de 1848, des gouvernements provisoires fleurirent dans plusieurs villes italiennes, y compris à Rome. Le patriote Mazzini et le militaire Giuseppe Garibaldi lancèrent vainement l'assaut sur la ville malgré quelques succès initiaux. La France intervint pour venir en aide au pape menacé par les mazziniens qui avaient proclamé la république ainsi que l'abolition du pouvoir temporel le 9 février 1849. La lutte se poursuivit. Le mouvement du Risorgimento ("renaissance" ou "résurrection") se montra finalement le plus fort. A la tête d'une milice, Garibaldi prit la Sicile et Naples. Le royaume d'Italie fut proclamé et Victor-Emmanuel II désigné roi en 1861. Garibaldi tenta encore par deux fois d'entrer dans Rome, il se vit barrer l'accès à la ville par les Français. Le pape, soutenu par la "fille aînée de l'Église", conservait la souveraineté de Rome.

En 1870 cependant, les Français, trop occupés à se défendre contre les Prussiens, ne purent empêcher les troupes italiennes d'ouvrir une brèche dans les remparts de Rome au niveau de la porta Pia. Le roi Victor-Emmanuel pénétra dans la ville et le pape Pie IX, qui s'était opposé à la guerre contre l'Autriche, pays catholique, se retrancha derrière les murs du Vatican, refusant de reconnaître l'Italie.

Rome finit néanmoins par devenir la capitale du royaume nouvellement uni d'Italie. La ville se transforma sous les effets conjugués du boom de la construction, de la spéculation immobilière et de l'arrivée massive de bureaucrates, d'hommes politiques et d'ouvriers.

Le fascisme et la Seconde Guerre mondiale

Le mécontentement et les troubles sociaux qui suivirent la Première Guerre mondiale (à laquelle avait participé l'Italie aux côtés des Alliés contre l'Autriche-Hongrie) favorisèrent l'ascension de Benito Mussolini, fondateur du Parti fasciste en 1919, dont les signes distinctifs étaient la chemise noire et le salut romain, qui allaient devenir les symboles de la violente oppression et du nationalisme agressif des vingt-trois années suivantes. En 1921, le Parti remporta 35 des 135 sièges parlementaires. En octobre 1922, Mussolini organisa la marche sur Rome de 40 000 membres de sa milice fasciste. Le roi Victor-Emmanuel III l'invita à constituer un gouvernement. En avril 1924, à la suite d'une campagne marquée par la violence et l'intimidation, le Parti fasciste gagna les élections nationales et Mussolini instaura le premier régime fasciste au monde. En 1925, le terme "totalitarisme" faisait son entrée dans la langue italienne. A la fin de cette même année, Mussolini avait expulsé les partis d'opposition du Parlement, obtenu le contrôle de la presse et des syndicats et réduit les listes électorales des deux tiers.

En 1929, Mussolini et le pape Pie XI signèrent les accords du Latran, déclarant le catholicisme unique religion d'Italie et reconnaissant à la Città del Vaticano le statut d'État indépendant, jouissant de droits extraterritoriaux, notamment pour les basiliques de Santa Maria Maggiore, San Giovanni in Laterano et San Paolo fuori le Mura.

Désireux de glorifier le passé impérial de Rome, le régime mussolinien ouvrit d'importants chantiers, souvent synonymes de démolition. C'est ainsi que furent aménagées la via dei Fori Imperiali et la via della Conciliazione ; ouverts des parcs au colle Oppio et à la villa Celimontana ; entreprises des fouilles dans les forums impériaux et les temples du largo Argentina. Le monumental complexe sportif du Foro Italico et le quartier de l'EUR virent également le jour à cette époque.

Les rêves de gloire impériale conduisirent également Mussolini à envahir l'Abyssinie (actuelle Éthiopie) en 1935, et à former l'axe Rome-Berlin avec Hitler en 1936. En 1940, du balcon du palazzo Venezia, le Duce annonça l'entrée en guerre de l'Italie à une immense foule en délire. Déclarée "ville ouverte", Rome fut largement épargnée de la destruction durant la guerre, cependant de nombreux membres de la communauté juive de la ville furent déportés et tués dans les camps de la mort nazis. En dépit de nombreux actes d'héroïsme individuels, le silence officiel du Vatican durant l'Holocauste suscite encore une controverse, notamment depuis qu'il est question d'une éventuelle canonisation de Pie XII.

Le débarquement des Alliés en Sicile, en mai 1943, provoqua l'effondrement du régime de Mussolini. Les fascistes durent fuir Rome. L'une des pires atrocités de la Seconde Guerre mondiale en Italie se produisit à Rome. En mars 1944, une explosion déclenchée par des partisans fit 32 victimes parmi la police militaire allemande, via Rasella. En guise de représailles, les Allemands raflèrent 335 personnes présentant un lien quelconque avec l'incident et les fusillèrent dans les fosses Ardéatines, à l'extérieur de la ville. Un monument commémoratif est érigé sur le site. La ville fut finalement libérée le 4 juin 1944.

Lors d'un référendum organisé en 1946, le peuple italien vota l'abolition de la monarchie et l'adoption d'un régime républicain. Le premier président d'Italie fut installé au palazzo del Quirinale, ancienne résidence des papes et des rois. L'Italie s'engagea résolument dans la voie de l'unification européenne.

Le traité de Rome, signé en 1957, donna naissance à la Communauté économique européenne (CEE), ancêtre de l'actuelle Union européenne. En juin 1999, Romano Prodi est nommé président de la Commission de Bruxelles.

La population de Rome continua de croître et la ville s'agrandit. Centre de l'industrie cinématographique italienne de 1948 au début des années 60, elle put rivaliser avec Hollywood grâce à ses célèbres studios de Cinecittà. La *Dolce Vita* de Federico Fellini mythifia le mode de vie des célébrités locales de l'époque. En 1960, la ville organisa les jeux Olympiques. En 1962 s'ouvrit le concile de Vatican II, qui devait marquer une date historique dans le processus de modernisation de l'Église catholique.

Les mouvements protestataires et terroristes

La fin des années 60 fut marquée par la révolte estudiantine de 1967-68. Influencés par les événements de mai 68 en France, les étudiants de Rome et de l'Italie tout entière s'insurgèrent, en apparence contre leurs mauvaises conditions de travail, mais en réalité, plus largement, contre l'autorité et une gauche dépourvue d'idéologie à leurs yeux. Le mouvement déboucha sur la formation de multiples groupuscules qui tentèrent de se substituer à cette gauche politique.

Cependant, au début de la décennie suivante, un phénomène nouveau surgit : le terrorisme commença en effet à assombrir cette turbulente période de protestation et de changement. En 1970, un groupe de jeunes militants gauchistes créa les brigate rosse (BR). Bien qu'elles aient occupé le devant de la scène, les brigades rouges ne furent pas les seules organisations terroristes à opérer dans le pays durant les "anni di piombo" (les années de plomb), de 1973 à 1980.

Le plus célèbre de la série d'assassinats politiques de ces années fut l'enlèvement, suivi du meurtre, de l'ancien Premier ministre Aldo Moro, en 1978. Durant les 54 jours de sa détention, les hommes politiques furent partagés entre l'envie de négocier avec les terroristes pour sauver sa vie et le refus du compromis. Finalement, ils se décidèrent pour cette dernière option et les BR abattirent Moro le 9 mai 1978, abandonnant son corps dans le coffre d'une voiture garée dans la via Caetani, en plein centre de Rome, exactement à mi-chemin entre le siège du Parti communiste et celui de la Démocratie chrétienne. La police devait progressivement arrêter les principaux responsables des brigades rouges au cours des années suivantes.

Autre incident grave : le 13 mai 1981, un ressortissant turc, Ali Agça, blessa grièvement le pape Jean-Paul II, devant la foule massée sur la piazza San Pietro.

Difficile stabilisation politique

Souffrant d'une instabilité gouvernementale chronique depuis la fin de la guerre, l'Italie entrait progressivement dans une phase de douloureuse mutation politique au début des années 80. En 1987, le parti socialiste de Bettino Craxi redressait la tête face à la toute-puissante Démocratie chrétienne (au pouvoir sans discontinuer depuis 1945), tandis que les Verts entraient au Parlement. En 1989, le PCI se transformait en Parti démocratique de gauche (PDS). Court moment de répit : à l'été 1990, le pays tout entier s'arrêta pour vivre passionnément le Mondial de football organisé en Italie (victoire de l'Allemagne).

A l'issue des élections de 1992, l'Italie fut confrontée à un nouveau danger : celui de l'éclatement. La Ligue du Nord d'Umberto Bossi, un mouvement qui réclame la sécession de l'Italie du Nord, fit son apparition sur la scène politique. Parallèlement, les juges lançaient l'opération "Mains propres" (Mani pulite) visant à neutraliser les réseaux politico-mafieux tissés au fil des années. Bettino Craxi et pas moins de 150 policiers furent mis en cause par le juge Di Pietro et ses collègues. La Mafia riposta en perpétrant deux attentats contre deux monuments romains : Saint-Jean-de-Latran et San Giorgio al Velabro.

En 1994, nouveau tournant : pour la première fois depuis 1945, la droite remporta les élections. Le pays fut brièvement gouverné par le magnat Silvio Berlusconi et son parti Forza Italia allié au MSI de Gianfranco Fini (issu de l'extrême-droite). La deuxième République fut proclamée. Deux ans plus tard, la coalition de l'Olivier (centre-gauche), dirigée par Romano Prodi, parvenait aux affaires. Elle mit en œuvre un délicat plan d'économies budgétaires destiné à assurer la qualification de l'Italie pour l'euro (ce qui sera chose faite). Une coalition de gauche dirigée par Massimo d'Alema (ex-communiste) est aujourd'hui au pouvoir. Au printemps 1999, Rome a replongé brièvement dans le cauchemar des années de plomb. A la mi-mai, un conseiller du gouvernement, Massimo d'Antona, a été assassiné par un groupe se réclamant des Brigades rouges.

Francesco Rutelli a été réélu à la mairie de Rome en 1998. Issu des rangs des écologistes, il a depuis rallié le camp de Romano Prodi.

GÉOGRAPHIE

La commune de Rome couvre une superficie d'environ 150 000 hectares, totalisant 37% de zone urbaine construite, 15% de parcs et 48% de terres agricoles.

Les points de repères géographiques de Rome sont les sept collines : le Palatino (Palatin), le Campidoglio (Capitole), l'Aventino (Aventin), le Celio (Cælius), l'Esquilino (Esquilin), le Viminale (Viminal) et le Quirinale (Quirinal). Deux autres collines, le Gianicolo (Janicule), qui surplombe le Trastevere, et le Pincio, qui domine la piazza del Popolo, ne firent en fait jamais partie de la cité antique.

Le Gianicolo offre un excellent point de vue pour comprendre la géographie de Rome. Il permet en effet de localiser chacune des sept collines, même si deux d'entre elles – le Viminal et le Quirinal – ne sont plus que de simples déclivités englouties par la ville. De là, vous pourrez admirer les méandres du Tevere (Tibre) qui serpente à travers la ville, ce qui facilitera ensuite vos déplacements dans le centre.

Le Tevere, qui prend sa source dans l'Apennin au nord d'Arezzo (en Toscane) et se jette dans la mer à Ostie, est sujet à des crues soudaines. Jusqu'à la fin du XIXe siècle, ce phénomène provoqua de graves problèmes dans les quartiers situés au bord du fleuve, notamment le Trastevere. Il se produisit 46 crues catastrophiques jusqu'en 1870. Le problème fut résolu en 1900 par la surélévation du niveau des quais. On peut encore voir la marque du niveau d'eau atteint lors des différentes crues dans le Trastevere. Les Romains de l'Antiquité disposaient d'un grand port maritime, Ostia Antica, à l'embouchure du Tevere, mais ce dernier s'est depuis longtemps ensablé. Aujourd'hui, cette zone littorale offre à Rome sa plage la plus proche : le Lido di Ostia.

Dans l'Antiquité, la ville ceinte de remparts couvrait grossièrement ce qu'on appelle aujourd'hui le *centro storico* (centre historique). Selon la légende, la première enceinte fortifiée aurait été édifiée par Romulus autour de la première cité aménagée sur le Palatino. Sous la République, Rome fut divisée en quatre *regiones* (régions ou quartiers), baptisées Palatino, Suburra, Esquilino et Collina. Ces quartiers étaient protégés par le Mur servien (Mura Serviane), commencé en 378 av. J.-C. à la suite d'une attaque surprise lancée par les Gaulois. Aujourd'hui, il ne subsiste de ce rempart que quelques vestiges ainsi que ses douze entrées ou *porte*.

L'empereur Aurélien entreprit d'ériger un second rempart en 271 pour défendre contre les attaques barbares une ville en expansion, comptant alors près d'un million d'habitants. L'immense muraille de 19 km de long, qui n'était pas achevée à la mort d'Aurélien, en 275, fut terminée par son successeur, Probus. Une grande partie de cette fortification existe encore, de même que ses portes, notamment les portes : Maggiore, San Giovanni, Latina, San Sebastiano, San Paolo, San Pancrazio, del Popolo et Pia. La plupart d'entre elles sont encore utilisées.

Au fil des siècles, les remparts furent régulièrement consolidés et adaptés à l'utilisation militaire. C'est ainsi qu'en 536 l'empereur byzantin Justinien envoya son général Bélisaire à Rome pour libérer l'Italie du joug des Goths. Le mur d'Aurélien comptait alors 383 tours, 7 020 créneaux, 14 entrées, 116 latrines et 2 066 fenêtres externes...

A l'intérieur de l'enceinte s'étend aussi la Città del Vaticano (Vatican), État indépendant disposant de ses propres systèmes juridique et postal, et frappant même sa propre monnaie. Cette enclave fut créée en 1929 dans le cadre des accords du Latran signés par Mussolini et Pie XI, accordant au pape l'entière souveraineté sur ce petit territoire au sein de la ville de Rome.

La Rome moderne est divisée en 22 *rioni*, 35 *quartieri* et 6 *suburbi*. Les rioni, tous situés dans le centre-ville ou tout près, trouvent leur origine dans les *regiones* de la cité de l'époque de la République romaine. Les regiones se transformèrent en rioni au Moyen Age. Vers la fin du XVIe siècle, on en comptait 14. Huit autres furent créés en 1921. Certains de ces quartiers ont conservé une atmosphère tout à fait pittoresque, notamment les Monti, secteur englobant l'Esquilino, le Viminale et le Celio ou encore le Borgo, à côté de San Pietro et du Vaticano, ou le Trastevere, bordé par le Gianicolo et le Tevere.

CLIMAT

Le printemps et l'automne sont les meilleures saisons pour visiter Rome car le temps est chaud et généralement ensoleillé. En septembre, les températures demeurent souvent assez clémentes pour la plage ; en octobre, on peut même encore fréquemment déguster son cappuccino en terrasse. Certaines années, le beau temps persiste jusqu'en décembre, malgré quelques jours de vent du nord. En revanche, les mauvaises années, il peut se mettre à pleuvoir très fort dès octobre. En juillet et août, il fait généralement très chaud, les températures stagnant autour de 30°C des jours durant. Ce n'est pas une période agréable pour explorer la ville, sur-

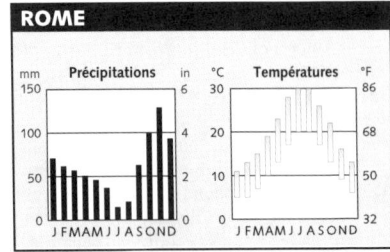

tout si vous voyagez avec des enfants. Les Romains quittent la capitale pour la plage ou la montagne, ce qui permet aux touristes (et aux quelques habitants qui restent) de profiter d'une circulation réduite et de trottoirs pratiquement déserts.

De novembre à février, le temps reste imprévisible, avec de fortes pluies, surtout en novembre, et le vent glacial peut rendre la visite vraiment pénible. Néanmoins, muni d'un bon imperméable, d'un bonnet et d'une écharpe, on peut tout à fait apprécier la ville, peu fréquentée alors par les touristes.

Les mois les plus ensoleillés sont mai, juin et juillet, les plus chauds sont juin, juillet et août, les plus froids décembre, janvier et février et les plus humides octobre, novembre et décembre.

Crotte !

Juste un petit mot à propos d'un autre problème de "pollution" auquel les touristes ne manqueront pas d'être confrontés à Rome : les crottes de chien ! Pratiquement aucun trottoir n'y échappe, alors attention où vous mettez les pieds.

La Commune a brièvement tenté de sensibiliser l'opinion publique à ce sujet mais sans grand succès et, si la loi prévoit des amendes de 200 000 L pour les propriétaires de chiens en infraction, personne ne semble s'en inquiéter, pas même les *vigili urbani* (policiers municipaux) qui ne font guère appliquer cette loi.

ÉCOLOGIE ET ENVIRONNEMENT
Les grands travaux de restauration

Comme dans toute grande ville, à Rome, l'animation semble chaotique et l'atmosphère un peu étouffante. Les problèmes de circulation et les embouteillages entraînent une pollution de l'air parfois asphyxiante, comme pourront vous le confirmer tous ceux qui se déplacent en *motorino* (deux-roues à moteur). Ces dernières années, les autorités se sont efforcées de réduire la circulation dans le centre historique afin de protéger les principaux monuments, et seuls les détenteurs de permis spéciaux sont autorisés à se rendre en voiture dans les zones interdites du centre. Toutefois, de nombreux grands monuments, dont le Colosseo, subissent encore les méfaits de la pollution.

Parallèlement, des fonds importants ont été débloqués pour le nettoyage et la restauration dans le cadre des préparatifs du jubilé (qui célébrera à la fois le nouveau millénaire et l'année sainte catholique). Ces travaux ont permis à de nombreuses églises et palais historiques de retrouver des façades toutes propres, enfin décrassées des souillures accumulées au fil des siècles.

Comme lors de la rénovation du plafond de la cappella Sistina peint par Michel-Ange, dont les très vives couleurs ont suscité quelques controverses, de nombreux Romains habitués au gris de leur ville ont été déconcertés de découvrir une débauche de marbre blanc. Parmi les grandes restaurations, citons celles de la Galleria Borghese, dans la villa Borghese, et l'ouverture des deux nouvelles sections du Museo nazionale romano, aménagées au palazzo Altemps et au palazzo Massimo.

Les préparatifs en vue du passage du siècle ont suscité un gigantesque programme de travaux, concernant essentiellement l'amélioration des voies publiques, des transports en commun et de diverses infrastructures. Au plan des transports urbains, les lignes de métro et de tram doivent être prolongées. Un nouveau plan de circulation et la création de zones piétonnes sont également en cours de réalisation.

Pour la municipalité, le défi consiste à moderniser la ville tout en préservant son extraordinaire patrimoine historique, architectural et artistique. A Rome, où se trouve regroupée une formidable concentration de monuments, dont beaucoup n'ont pas encore été fouillés, la Commune s'est en effet régulièrement attirée les foudres de la Sovrintendenza dei beni culturali (organe chargé de la protection et de l'entretien du patrimoine artistique et architectural de la ville).

Cette instance a ainsi annulé plusieurs projets de travaux publics présentant un risque pour certains monuments, notamment une voie souterraine à proximité du Castel Sant'Angelo et une liaison ferroviaire avec l'aéroport de Ciampino. Selon la Sovrintendenza, la première aurait entraîné le glissement du Castel Sant'Angelo dans le Tibre, tandis que la seconde aurait traversé une villa romaine.

La Sovrintendenza a en outre opposé son veto au projet du maire d'installer sur le Colosseo une horloge géante affichant le décompte des heures jusqu'au nouveau millénaire. Certes, les Romains apprécient le dynamisme déployé par leur maire à l'aube du XXIe siècle, mais cet incident montre qu'il y a heureusement des limites.

Espaces verts

Rome dispose de nombreux parcs, provenant pour la plupart des somptueux jardins privés et des zones boisées appartenant à la noblesse. Selon les statistiques fournies par la municipalité, 64% du territoire communal est "vert", mais ce chiffre couvre à la fois les terres agricoles et les parcs.

La villa Borghese, au nord du centre-ville, faisait autrefois partie du domaine du cardinal Scipione Borghese, dont la villa abrite aujourd'hui le Museo e Galleria Borghese La villa Doria Pamphili, dans le Trastevere, possède le plus vaste parc de Rome. Cet ancien domaine du prince Camillo Pamphili, neveu d'Innocent X, présente différents types d'environnement, notamment un bois de *pini domestici* et un grand lac. Parmi les autres grands espaces verts, citons la villa Ada et la villa Glori, au nord de la ville, et la villa Celimontana, sur le Celio.

FAUNE ET FLORE
Flore

La majorité de ces parcs conçus et plantés par les familles aristocratiques en fonction des intérêts qui se sont succédé au fil des siècles, renferment une large variété d'essences exotiques, car les plantes indigènes furent rarement au goût du jour.

Déjà les Étrusques et les Romains de l'Antiquité avaient abattu des arbres, piétiné la végétation locale et importé des espèces exotiques. Le pin parasol (*pino domestico*), considéré comme un symbole de la ville, fut sans doute importé du Moyen-Orient par les Étrusques. Les botanistes débattent d'ailleurs de la question de savoir s'il doit ou non être considéré comme une espèce indigène de Rome.

Malgré l'intrusion de végétaux étrangers pendant des centaines d'années, Rome abrite encore près de 1 300 plantes indigènes. Parmi les essences typiques, on peut admirer 10 sortes de chênes (*quercia*), dont le chêne vert (*leccio*) et le chêne-liège (*sughero*), qui poussent tous deux dans la campagne romaine. Les sites archéologiques offrent un environnement idéal au câprier (*cappero*). Cette plante, qui n'aime habituellement que le climat chaud et sec du Sud du pays, apprécie tout particulièrement les rochers des monuments en ruine. Au printemps, le câprier forme d'épais buissons qui tombent en cascade et se couvrent de fleurs roses en juin. Ils recouvrent ainsi le Palatino, les terme di Caracalla, les Mura Aureliane et le ponte Rotto (pont rompu) près de l'Isola Tiberina (l'île du Tibre).

Les plantes indigènes, notamment le saule (*salice*) et le peuplier (*pioppo*), apprécient aussi les rives du Tibre. Dans les zones non cultivées de la campagne, on aperçoit en outre des centaines d'espèces de marguerites, de graminées, de céréales et de trèfle.

L'*Orto botanico* (jardin botanique) s'étend au pied du Gianicolo dans le Trastevere, près de largo Cristina Svezia. Faisant à l'origine partie du domaine du palazzo Corsini, il fut cédé à l'université de Rome en 1883. Il abrite plus de 7 000 espèces végétales du monde entier ainsi qu'une collection d'orchidées particulièrement remarquable.

Faune

Les animaux les plus courants sont les chats et les chiens, mais il est possible que vous aperceviez un rat. Dans les parcs, vous aurez peut-être aussi la chance d'entrevoir un

Les félins de Fellini

Si les droits des animaux ne constituent pas une priorité pour le Romain moyen, les nombreux chats errants de la ville jouissent d'un étonnant bien-être. La plupart des félins de Rome sont à moitié sauvages, pourtant il est souvent difficile de les distinguer des animaux domestiques en balade.

Les chats sauvages sont en effet très bien nourris grâce aux femmes qui leur donnent à manger leurs restes de pâtes. Rome compterait une colonie de 10 000 chats, disséminés pour la plupart dans les sites archéologiques tels que le Colosseo, le Foro di Traiano et le largo Argentina. Près de 500 d'entre eux font l'objet d'une surveillance vétérinaire soit par des groupes de protection des animaux, soit par les services municipaux.

Depuis l'introduction en 1988 d'un décret municipal particulièrement bienveillant, les chats errants de Rome sont assurés de pouvoir vivre à l'endroit où ils sont nés, ce qui signifie que les habitants n'ont pas le droit de les chasser même s'ils leur causent des problèmes. Ce droit est également inclus dans le projet de loi nationale.

écureuil ou un renard. Les oiseaux, en revanche, ne manquent ni dans les jardins ni même dans les rues de la ville. Plus d'une centaine d'espèces différentes nicherait dans les parcs et sur les toits, notamment des martins-pêcheurs, des milans, des pics, des crécerelles, des chats-huants et des ducs. Vous apercevrez certainement des rouges-gorges, des moineaux, des pinsons, des mésanges, des hirondelles et des mouettes, mais aussi des canards, des poules d'eau et des cygnes sur les lacs. Certaines pièces d'eau accueillent également des cormorans et des hérons cendrés.

Si l'ornithologie vous intéresse, procurez-vous l'*Atlante degli uccelli nidificanti a Roma* (Atlas des oiseaux nichant à Rome), de Bruno Cignini et Mario Zapparoli (50 000 L).

INSTITUTIONS POLITIQUES

Le conseil municipal de Rome se réunit sur le Capitole, selon une coutume datant de la fin du XIe siècle. La ville dispose en outre d'un *sindaco* (maire), élu par le peuple. Il nomme une *giunta*, assemblée de conseillers appelés *assessori* qui dirigent les différents services municipaux.

Les assessors sont choisis parmi le *consiglio comunale*, collège de fonctionnaires élus sur la même base qu'un parlement.

Le maire élu jusqu'en 2001, Francesco Rutelli, est un ancien député orienté à gauche. Élu en 1993 pour représenter le parti des Verdi (Verts), il a été réélu à une écrasante majorité en 1997. Il dirige un consiglio comunale également orienté à gauche. Le mandat de Rutelli a inauguré une ère nouvelle marquée par une importante modernisation. Les équipements municipaux, extrêmement négligés jusque-là, commencent à bénéficier de programmes d'envergure (voir la rubrique *Écologie et environnement*). Le conseil municipal de Rutelli a en outre soutenu la candidature de Rome à l'organisation des jeux Olympiques de 2004. En dépit de son échec, cette démarche a largement contribué à sa réélection en 1997.

Il est à souligner qu'en Italie, contrairement à d'autres démocraties parlementaires, le cumul des mandats n'est pas interdit aux hommes politiques. Ainsi, Gianfranco Fini, député et dirigeant du parti de droite Alleanza nazionale, qui fut battu par Rutelli aux élections municipales de 1993, fait partie du consiglio comunale.

Rome accueille par ailleurs le siège du gouvernement national. République parlementaire, l'Italie est dirigée par un président, qui nomme le Premier ministre. Le

Parlement se compose de deux assemblées, le Sénat et la Chambre des députés, qui partagent le pouvoir législatif. Suite à un référendum organisé en 1946, la République a remplacé l'ancienne monarchie constitutionnelle sur la base d'une Constitution entrée en vigueur le 1er janvier 1948.

Le Président réside au palazzo del Quirinale, sur le mont Quirinal, la Chambre des députés siège au palazzo Montecitorio, derrière la via del Corso, et le Sénat se réunit au palazzo Madama, près de la piazza Navona.

Le système électoral italien génère régulièrement des gouvernements de coalition instables. Depuis la proclamation de la République en 1946, 57 gouvernements se sont succédé pour une durée moyenne de 11 mois.

En avril 1996, un gouvernement de coalition a pour la première fois été formé avec la participation du parti communiste. Dirigée par le professeur d'université bolonais Romano Prodi, cette coalition de centre gauche, surnommée coalition de l'Olivier, a remporté la moitié des sièges du Sénat et 45% de ceux du Parlement. Le Premier ministre Prodi a fortement œuvré à l'entrée de l'Italie dans l'Union économique et monétaire de l'Europe (EMU) dès 1998, mais ses efforts pour maintenir son gouvernement en place durant toute la durée de son quinquennat se sont soldés par un échec.

En revanche, Romano Prodi a été nommé en mars 1999 président de la Commission européenne.

Fidèle aux luttes byzantines de la sibylline tradition politique italienne, le gouvernement de Prodi s'est vu remplacé fin 1998 par une formation quasiment similaire, sous la houlette du seul nouveau visage, celui de Massimo D'Alema, ancien leader du plus grand parti de la coalition de l'Olivier, le parti démocratique de gauche. On soupçonnait depuis longtemps D'Alema d'attendre simplement le bon moment pour prendre le poste de Premier ministre. En dépit de son passé de communiste, il entretient des relations plus étroites avec la droite que son prédécesseur.

ÉCONOMIE

A l'aube du prochain millénaire, Rome connaît une période de transformations dans les domaines de l'urbanisme, de la politique et de l'économie. Avant l'élection de Francesco Rutelli (voir la rubrique *Institutions politiques*), la ville semblait figée dans la torpeur. Ses infrastructures présentaient de nombreux dysfonctionnements et nombre de ses monuments et musées étaient mal entretenus ou restaient fermés au public. La vitesse à laquelle les travaux entrepris par Rutelli ont été réalisés a surpris plus d'un Romain. Désormais, les citadins risquent davantage de se plaindre des inconvénients provoqués par les nombreux chantiers en cours que par les dysfonctionnements des services municipaux. D'aucuns s'étonnent même de voir les choses commencer à fonctionner à Rome.

L'objectif visait les équipements publics ainsi que les principaux trésors architecturaux et artistiques de Rome. La nouvelle municipalité a lancé un gigantesque programme de travaux destinés à améliorer les infrastructures mais aussi à nettoyer et restaurer le patrimoine culturel et historique (voir la rubrique *Écologie et environnement*).

Plus de 2 000 milliards de lires ont été investis en partenariat avec les Ferrovie dello Stato (Chemins de fer italiens) pour l'amélioration du réseau de transports de la ville ainsi que des équipements destinés à l'accueil des nouveaux trains à grande vitesse. De même, 1 800 milliards de lires ont été investis dans la pose de câbles en fibres optiques afin de moderniser le réseau des télécommunications. L'Union européenne finance certains projets de restauration de monuments et de musées et la Commune de Rome s'efforce d'améliorer les équipements touristiques. Il est en effet prévu d'accroître le nombre et la qualité des hôtels, d'améliorer les équipements et les manifestations de loisirs, de construire des parcs à thème et de proposer des promotions hors saison aux touristes et aux milieux d'affaires.

Si la nouvelle municipalité a su trouver des financements extérieurs pour ces nombreux projets, le budget repose encore beaucoup sur la taxe d'enlèvement des ordures et la part des impôts nationaux qui revient à la commune. Comparée à celles des autres villes, la part de Rome est relativement faible, soit 290 000 L par an et par personne contre 440 000 L pour Milan et 1 015 000 L pour Naples.

Le chômage à Rome s'élevait à 12,8% en 1991, avoisinant toutefois 22% chez les jeunes de 14 à 29 ans. La Commune fait partie des principaux employeurs de la ville et une importante proportion de Romains du secteur privé travaillent à leur compte.

POPULATION

La population de la Commune de Rome est de quelque 2,6 millions d'habitants. La Provincia (province) di Roma, qui englobe Ostie au sud-ouest de la ville, les Castelli Romani et les Colli Albani au sud-est, Tivoli à l'est, Cerveteri et le lago di Bracciano au nord-est et les monti Sabini au nord, compte 3,8 millions d'habitants. La région du Lazio, qui comprend les provinces de Roma, Rieti, Viterbo, Latina et Frosinone, totalise 5,2 millions d'habitants.

Parmi la population romaine, on dénombre 17,1% de moins de 20 ans, 65,5% de 20 à 64 ans et 17,4% de plus de 65 ans. Cette population vieillissante reflète la tendance démographique qui se dessine dans toute l'Italie, unique pays au monde où le nombre de personnes âgées dépasse celui des jeunes. D'après les estimations statistiques, on pense que d'ici à 2040 les plus de 65 ans représenteront 41% de la population italienne.

Le Lazio suit la tendance nationale de dénatalité. Depuis cinq ans en effet, l'Italie affiche un taux de naissance négatif qui, en 1997, s'élevait à -0,4 naissance pour 1 000. Les démographes internationaux signalent que si le taux de remplacement des générations demeure à son niveau actuel, la population italienne disparaîtra dans 200 ans. Il est peu probable que la tendance s'inverse à court terme. Une récente étude menée par un grand magazine féminin a révélé que plus de la moitié des jeunes femmes italiennes ne souhaitent pas avoir d'enfant.

Seules 19% se montraient favorables à la maternité et la plupart souhaitaient n'avoir qu'un seul enfant.

La population de la région du Lazio a cependant augmenté en 1997 grâce à l'arrivée de près de 30 000 immigrants.

Si les estimations concernant le nombre d'étrangers à Rome varient, on pense qu'un cinquième du nombre total d'immigrants en Italie vivent dans la capitale. Le chiffre officiel avoisine 211 000 (soit 8% de la population de la ville). Toutefois, il ne faut pas oublier les quelque 33 000 immigrants clandestins. Parmi les étrangers se trouvant à Rome, près de 21% sont venus pour des raisons religieuses.

Environ 11% des étrangers de Rome viennent des Philippines, 6% de Pologne, 4,2% des États-Unis, 3,8% d'Inde, 3,7% du Bangladesh et 3,7% d'Espagne. La majorité des immigrants (35,5%) viennent d'autres pays d'Europe (UE, Europe centrale et de l'Est), suivis par l'Asie (29,4%), les Amériques (17,2%) et l'Afrique (16,9%). La population d'immigrants est indispensable à l'économie italienne, car ils occupent des emplois domestiques, manuels et saisonniers.

SYSTÈME ÉDUCATIF

Le système scolaire italien est gratuit et comprend plusieurs niveaux. L'école est obligatoire de 6 à 14 ans, mais les enfants peuvent fréquenter la *scuola materna* (maternelle) de 3 à 5 ans avant d'entrer à la *scuola elementare* (école primaire) à 6 ans. Cinq ans plus tard, ils sont scolarisés à la *scuola media* (équivalent du collège français) jusqu'à 14 ans.

Le niveau supérieur, la *scuola secondaria superiore* (équivalent du lycée), qui dure cinq ans, n'est pas obligatoire, mais il est indispensable pour poursuivre des études universitaires. A ce stade, l'étudiant, âgé de 19 ans, a le choix entre plusieurs options : quatre types de *liceo* (instituts de sciences humaines), quatre types d'écoles techniques et des instituts de formation à l'enseignement.

Le gouvernement s'est attelé à la réforme du système éducatif. Si le niveau de l'enseignement public correspond à ceux des autres pays, le système pose néanmoins certains problèmes liés au faible niveau de formation des enseignants et à une mauvaise gestion gouvernementale. De source officielle, seuls 3% des Italiens de plus de 15 ans seraient illettrés.

La plupart des écoles privées de Rome sont gérées par des institutions religieuses, tenues surtout par les jésuites. Il existe en outre 21 écoles privées internationales, qui assurent l'enseignement d'enfants parlant anglais, français, allemand, espagnol et japonais.

Rome dispose de trois universités publiques, d'une université privée, de plusieurs universités catholiques et de plusieurs universités internationales (voir la rubrique *Universités* dans le chapitre *Renseignements pratiques*). La plus grande université italienne, La Sapienza, compte environ 150 000 étudiants. Les cursus durent généralement de quatre à six ans, mais les étudiants ne sont pas obligés de terminer leurs études dans ce laps de temps. En fait, il leur faut souvent plus d'années pour passer le nombre nécessaire d'examens et soutenir leur thèse. Les cours magistraux, bondés, n'étant pas obligatoires, les étudiants travaillent donc en général chez eux. Dans le secteur public, les examens scolaires et universitaires sont plus souvent oraux qu'écrits.

Des universités italiennes sortent beaucoup moins de diplômés par habitant que dans la plupart des autres pays occidentaux. Sur les 65% d'élèves de l'école secondaire qui fréquentent l'université, seulement un tiers obtiennent un diplôme. Malgré cela, le chômage parmi les diplômés est estimé à plus de 40%.

ARTS
Architecture

Préromaine. S'il existe en Italie des vestiges archéologiques et architecturaux datant du IVe millénaire av. J.-C., les œuvres d'art et d'architecture italiennes les plus anciennes et les mieux préservées datent du Ier millénaire av. J.-C. Elles proviennent de trois cultures : la civilisation latine et romaine du Lazio, la civilisation étrusque de la région couvrant actuellement le Nord du Lazio et le Sud de la Toscane (voir le chapitre *Excursions*) et la civilisation de la Magna Grecia du Sud de l'Italie et de la Sicile, où des cités-États furent créées aux VIIIe et VIIe siècles av. J.-C. par des colons grecs venus s'installer à côté des peuples italiques.

A l'instar des Grecs, les premiers Romains édifièrent des temples de pierre. Alors que les temples grecs (du Sud de l'Italie et de Sicile) présentaient des marches et des colonnades sur chacune de leurs façades, la version romaine se contentait d'un podium surélevé sur la face avant. Doté de marches et de colonnes, il formait un porche profond. Les Romains préféraient les colonnes ioniques cannelées, surmontées de chapiteaux formés de volutes, et les colonnes corinthiennes, aux chapiteaux ornés de feuilles d'acanthe (au lieu des colonnes grecques doriques aux chapiteaux composés d'échines en quart-de-rond). Il en subsiste quelques exemples à Rome : les temples d'Ercole Vincitore et de Portunus sur les bords du Tibre, près de la piazza della Bocca della Verità, et, moins bien conservés, les temples de l'Area Sacra di largo Argentina.

Romaine. La grande réussite des Romains fut de perfectionner les techniques de construction existantes pour les mettre au service de la République et, plus tard, de l'Empire. Ainsi, ayant appris à construire des routes et des ponts auprès des Étrusques, ils créèrent des aqueducs et des arcs sans commune mesure à cette époque.

A partir du Ier siècle av. J.-C., à l'aide de sable volcanique, les Romains élaborèrent un béton solide pour la construction des voûtes, des arcs et des dômes. Ce matériau servit notamment à la couverture de vastes édifices tel le Panthéon, qui demeura jusqu'au XXe siècle le plus grand dôme de béton coulé. Afin de réduire le poids au sommet, on additionnait le béton de pierre ponce. Les salles des établissements thermaux tels que les terme di Caracalla, édifiés en 217, étaient couvertes d'immenses voûtes.

Le béton habillé de brique fut également utilisé à la construction des *insulae* (immeubles d'appartements) et des basiliques, notamment la grandiose basilica di Costantino (achevée en 315). Certains temples, aqueducs et structures voûtées soutenant les gradins des théâtres et amphithéâtres, tels le teatro di Marcello et le Colosseo, furent bâtis en pierre de taille.

Le marbre fut également largement utilisé à la fois sous la République et sous l'Empire, à partir du IIe siècle av. J.-C. Plus la cité accrut son pouvoir, plus elle construisit de nouveaux édifices afin de refléter le statut dont elle jouissait au sein du bassin méditerranéen. Les Romains réalisèrent des complexes abritant des activités à la fois commerciales et politiques, tels le Forum et les marchés de Trajan. Les projets se firent de plus en plus ambitieux. La préoccupation artistique arrivait en second plan, derrière la dimension et la complexité technique, ce dont témoignent notamment les imposants terme di Diocleziano construits en 298.

Au IVe siècle, un vaste programme de construction financé par Constantin vit l'érection de plusieurs lieux de culte, la plupart sur le modèle des basiliques de la fin de l'Antiquité ; il en subsiste cependant peu de vestiges. On peut toutefois encore admirer le baptistère surmonté d'un dôme de San Giovanni in Laterano, édifié par Constantin entre 315 et 324, et rebâti sous sa forme actuelle octogonale au Ve siècle. Il servit de modèle à de nombreux baptistères du monde chrétien.

Médiévale. L'architecture italienne du début du Moyen Age (de 600 environ à 1050) repose essentiellement sur la construction et la décoration d'églises et de monastères chrétiens, pour la plupart situés à l'extérieur de Rome, notamment à Ravenne. Parmi les plus importantes églises de Rome de cette période, citons Santa Maria in Cosmedin, construite au VIIIe siècle, et Santa Prassede, au IXe siècle.

Le modèle de la basilique perdura jusqu'à la période dite romane (du XIe au XIIIe siècle), qui vit la rénovation d'édifices dont les dimensions et la structure s'inspiraient de l'époque impériale romaine. De nombreuses basiliques romanes italiennes furent ainsi dotées d'arcs arrondis rappelant ceux de la période classique et de la fin de l'Antiquité.

L'architecture gothique de la fin du Moyen Age, influencée par le style nord-européen des arcs et des voûtes en ogives, ne connut jamais autant de succès à Rome que dans le Nord de l'Italie. La chiesa di Santa Maria sopra Minerva est en effet la seule église gothique de la ville.

Renaissance. L'activité architecturale et artistique du début de la Renaissance resta essentiellement concentrée en Toscane et en Vénétie. Néanmoins, avec le retour de la papauté, Rome parvint à combler son retard. Comprenant que le meilleur moyen de conserver le pouvoir politique consistait à reconstruire la ville, les papes du XVe siècle firent venir à Rome les grands maîtres du monde de l'art et de l'architecture. Le Vénitien Paul II (1464-1471) commanda de nombreux travaux, notamment la construction du palazzo Venezia. Ce premier grand palais Renaissance, édifié en 1455 alors que Paul II n'était encore que cardinal, fut agrandi lorsqu'il devint pape en 1464. Le pontificat de Jules II (1503-1513) marqua le véritable début de la grande période Renaissance à Rome.

L'architecture Renaissance se caractérise par l'utilisation de dômes, de voûtes et d'arcs sur le modèle de la Rome classique. Les premiers édifices de ce style furent réalisés par Donato Bramante (1441-1514), qui s'était déjà taillé une belle réputation à Milan. Impressionné par les ruines de la Rome antique, il créa un classicisme élégant incarnant plus que tout autre le style Renaissance. Son respect pour les Anciens et sa maîtrise des idéaux de la Renaissance apparaissent nettement dans son Tempietto (1502), qui se dresse à côté de la chiesa di San Pietro in Montorio sur le Gianicolo, ainsi que dans le cloître (1504), aux proportions parfaites, de la chiesa di Santa Maria della Pace, près de la piazza Navona. De forme circulaire, le Tempietto, ceint de

16 colonnes doriques, fut le premier édifice à respecter entièrement les proportions fixées par les ordres classiques. Jamais jusque-là on n'était parvenu à associer de manière aussi aboutie les idéaux les plus élevés de la foi et de l'art pour créer un temple parfait.

En 1506, Jules II commanda à Bramante la basilica di San Pietro, dont la reconstruction sous Nicolas V avait été arrêtée cinquante ans plus tôt. Le plan choisi par Bramante évoquait une croix grecque surmontée d'un immense dôme central et flanquée de quatre petites coupoles. L'artiste mourut en 1514 alors que s'achevaient les quatre piliers centraux et les arcs du dôme.

La basilica di San Pietro occupa la plupart des autres architectes de renom de la période, notamment Raphaël (1483-1520), Giuliano da Sangallo (1443-1517), Baldassarre Peruzzi (1481-1537) et Antonio da Sangallo le Jeune (1483-1546). Sur une commande de Paul III, Michel-Ange (1475-1564) entreprit la création de la magnifique coupole de 42 m de diamètre, éclairée par la lumière naturelle. Il prit pour modèle la coupole du Duomo (cathédrale) de Florence, construite par Brunelleschi, première grande réalisation architecturale du début de la Renaissance.

Paul III commanda également à Michel-Ange l'aménagement d'une nouvelle place publique sur le Campidoglio. Adaptant le vocabulaire du classicisme, l'artiste créa des colonnes et des pilastres s'élevant sur deux étages, voire plus le long des façades des palais.

Contre-Réforme. Durant la Contre-Réforme, l'art et l'architecture furent entièrement dédiés au service de l'Église. Un dispendieux programme de constructions fut lancé, notamment sous la houlette des jésuites, pour créer de vastes églises afin d'attirer et d'impressionner les fidèles.

Giacomo della Porta (1539-1602) fut le principal architecte de la période et le dernier de la tradition Renaissance. Il réalisa la façade maniériste de l'église jésuite de Rome, la chiesa del Gesù (1568-1575). S'éloignant du style des églises du début de la Renaissance, la façade présente des éléments architecturaux prononcés qui accentuent le contraste entre les surfaces et créent un jeu d'ombres et de lumière. L'édifice, abritant une vaste nef dotée de chapelles latérales au lieu de bas-côtés, fut largement copié dans toute l'Italie. Della Porta conçut également la chiesa di Sant'Andrea della Valle en 1591 et le palazzo della Sapienza, qui accueillit le siège de l'université de Rome jusqu'en 1935.

La fin du XVIe siècle et le pontificat de Sixte V (1585-1590) marquèrent le début de grands projets d'urbanisme, car la ville devint le symbole de la renaissance de l'Église. Domenico Fontana (1543-1607) et d'autres architectes percèrent un réseau de rues pour relier les quartiers disparates de la ville médiévale et érigèrent des obélisques aux divers points de convergence. Fontana réalisa en outre le vaste palais du Latran (1607), sans grande inspiration, à côté de la basilique Saint-Jean-de-Latran.

Avec la façade de la chiesa di Santa Susanna (1603), le neveu de Fontana, Carlo Maderno (1556-1629) créa un chef-d'œuvre considéré comme précurseur du baroque.

Baroque. Les deux grandes figures artistiques de la Rome du XVIIe siècle furent l'architecte Francesco Borromini (1599-1667), un Lombard, et l'architecte-sculpteur Gian Lorenzo Bernini (1598-1680), natif de Naples.

Aucun autre architecte n'a jamais laissé une empreinte aussi profonde dans une ville que le Bernin à Rome. Son mécène fut le pape de la famille Barberini, Urbain VIII, qui le nomma architecte officiel de San Pietro à partir de 1629. Bernini réalisa les tours de la façade dessinées par Carlo Maderno (qui furent démolies plus tard en raison d'un problème de structure), et le *baldacchino*, construction surmontant le maître-autel du tombeau de saint Pierre, pour lequel on dépouilla certains lieux, tel le Panthéon, de leurs bronzes anciens.

Sous l'égide d'Urbain VIII, le Bernin eut la possibilité unique de changer la face de la ville. Ses églises, palais, piazzas et fon-

La piazza Navona est construite sur l'emplacement de l'antique stade de Domitien

Colimaçon du grand escalier de Simonetti aux Musei Vaticani

La fontana dei Fiumi de Bernini

Terrasse de café sur la piazza Navona

Les Romains n'ont pas attendu le *Journal Intime* de Nanni Moretti pour adopter les scooters

taines constituent aujourd'hui les principaux emblèmes de Rome. Toutefois, la situation se dégrada brièvement à la mort d'Urbain VIII, en 1644. Le nouveau pape, Innocent X, souhaita rompre le contact avec les artistes et architectes favorisés par son prédécesseur détesté. Il préféra faire appel à Borromini, à Alessandro Algardi (1598-1654) et à Girolamo et Carlo Rainaldi.

Fils d'architecte maîtrisant la maçonnerie et les techniques de construction, Borromini créa des édifices aux formes complexes et contournées. Son style se caractérisait par des fenêtres, souvent de forme ovale, placées de sorte à assurer le meilleur éclairage. Ses œuvres les plus notables sont les églises San Carlo alle Quattro Fontane (1634), dont l'intérieur forme un ovale et Sant'Ivo alla Sapienza, qui mêle des surfaces convexes et concaves ainsi qu'un clocher très novateur, en forme de spirale.

Les histoires sur la rivalité entre Bernini et Borromini ne manquent pas. A n'en pas douter, le second enviait le succès du premier. Bernini retrouva les bonnes grâces du pape avec sa magnifique Fontana dei Quattro Fiumi (fontaine des Quatre-Fleuves) (1651), au centre de la piazza Navona, face à l'église Sant'Agnese in Agone, de Borromini. On dit par plaisanterie que le personnage représentant le Nil, du Bernin, se cache les yeux derrière son bras levé pour ne pas voir l'église de Borromini. En réalité, la fontaine fut construite plusieurs années avant l'église. Quoi qu'il en soit, ces deux artistes ont absolument dominé l'architecture de la période baroque.

A l'instar de Michel-Ange, Bernini se considérait avant tout comme un sculpteur. Ses plus belles œuvres se situent d'ailleurs entre la sculpture et l'architecture. On lui doit l'aménagement du trône et des tombeaux d'Urbain VIII et d'Alexandre VII, dans la basilique Saint-Pierre, ainsi que la majestueuse colonnade circulaire de la place Saint-Pierre (1656-1667) et l'église de Sant'Andrea al Quirinale (1658). Ses œuvres les plus appréciées réunissent le petit obélisque dressé sur un éléphant sur la piazza della Minerva, près du Panthéon, et les anges des parapets du ponte Sant'Angelo sur le Tibre.

Fin du XVIIe au XXe siècle. Le début du XVIIIe siècle fut brièvement secoué par une soudaine fièvre architecturale qui donna lieu, entre 1723 et 1726, à la construction par Francesco de Sanctis de la scalinata di piazza di Spagna. Cet escalier, qui descend de la Trinité-des-Monts à la piazza di Spagna, attira nombre de voyageurs qui faisaient le "grand tour" à la découverte du passé classique de Rome. Avec ses façades courbes, la piazza Sant'Ignazio, réalisée dans le style rococo par Filippo Raguzzini (1680-1771) en 1728, confère un décor théâtral à la chiesa di Sant'Ignazio, seconde église jésuite de Rome.

Carlo Fontana (1634-1714) fut l'architecte le plus populaire de la fin de la période baroque ; on lui confia la construction de divers palais et églises.

L'amour du baroque pour le grandiose se poursuivit avec la fontana di Trevi, l'un des monuments les plus exubérants et les plus connus de la ville. Commencée en 1732 par Nicola Salvi (1697-1751), elle fut achevée trente ans plus tard.

L'architecture moderne fit ses débuts en Italie à la fin du XIXe siècle dans les galeries commerçantes de métal et de verre de Milan, Naples, Gênes et Turin, mais ce style ne gagna jamais vraiment Rome, qui fut dotée entre 1885 et 1911 de l'imposant monument de marbre blanc – à la gigantesque colonnade néoclassique – dédié à Victor-Emmanuel II et surnommé "la machine à écrire".

En revanche, la mode de l'Art nouveau donna les merveilleux et fantasques palazzi construits par l'architecte Coppedè, au nord-est du centre-ville, près de la via Salaria, avant l'arrivée de Mussolini. Le Duce se laissa aller à des projets grandioses, tels le centre sportif du Foro Italico au pied du monte Mario (1928-1931) et l'EUR (Esposizione universale di Roma), quartier classicisant et monumental, situé en périphérie de Rome, où sont réunis de gigantesques statues et des musées sous-exploités.

LES LIENS CULTURELS ENTRE ROME ET LES FRANÇAIS

Jusqu'au XIXe siècle, Rome constitue l'un des principaux foyers artistiques en Europe. Capitale de l'Antiquité romaine et de la Renaissance (qui, née à Florence, s'est épanouie en grande partie à Rome), la Ville Éternelle exerce une attraction qui ne se dément pas durant plus de trois siècles sur les peintres, les sculpteurs et les écrivains du Vieux Continent. Dès la Renaissance, le voyage à Rome fait partie de la formation indispensable à tout honnête homme. Une sorte de coutume européenne à laquelle la France a participé pleinement, tissant des liens très intenses avec la Ville Éternelle.

Depuis le début du XVIe siècle, avec François Ier qui s'assure les services du plus grand génie de l'époque : Léonard de Vinci, la royauté française est fascinée par l'art italien. Louis XIV demande à Colbert de fonder un établissement à Rome qui permette aux jeunes talents du Royaume de s'épanouir au contact des chefs-d'œuvre de l'Antiquité et de la Renaissance pour mieux servir l'éclat du Roi-Soleil. En 1666, Colbert institue l'Académie de France à Rome qui accueille les premiers prix de l'Académie royale de peinture et de sculpture. Parmi les premiers lauréats figurent six peintres, quatre sculpteurs et deux architectes qui, sous la houlette du recteur Charles Errard, s'installent près du monastère San Onofrio. Plus tard, le concours du Grand Prix de Rome permet à un jury composé de spécialistes de désigner les heureux élus.

Sous Napoléon Bonaparte, après de multiples déménagements, l'Académie est transférée en 1803 dans la villa Médicis, construite en 1540 sur la colline du Pincio (située au-dessus de la piazza di Spagna) pour le cardinal dei Ricci, de Montepulciano. Racheté en 1576 par le cardinal Ferdinand de Médicis, ce superbe palais a gardé le nom de la célèbre dynastie. En plus de trois siècles d'existence, l'Académie de Rome a connu bien des vicissitudes. Les combats pour l'unité italienne, puis la Seconde Guerre mondiale l'amènent à quitter Rome pour Florence, puis pour Nice et enfin Fontainebleau. En 1946, elle retrouve définitivement la villa Médicis. Aujourd'hui, une vingtaine de pensionnaires, sélectionnés à l'issue d'un concours sur dossier (le Grand Prix de Rome a été supprimé en 1961 par Malraux), y séjournent de six mois à deux ans.

La peinture a toujours occupé une place de choix à l'Académie. Grand Prix de Rome 1774, Jacques-Louis David a été inspiré par la ville pour son chef-d'œuvre *Le Serment des Horaces*, considéré comme le manifeste du mouvement néoclassique. Au cours de la première moitié du XIXe siècle, c'est le peintre Ingres qui en fut le directeur. Entre 1825 et 1828, c'est à Rome que Corot a véritablement défini les lois de son art. On lui doit les superbes *Vue du Forum* et *Colisée*, des œuvres dont il ne voulut jamais se séparer.

Au XIXe siècle, de nouvelles catégories d'artistes font leur entrée à la villa Médicis. Des graveurs et des musiciens y fourbissent leur art ; parmi eux : Berlioz et Debussy. Cette période est considérée comme l'âge d'or de l'Académie de France avec les architectes Baltard et Garnier, les sculpteurs Carpeaux et Falguière et les peintres Gustave Moreau, Flandrin, Hébert et Cabanel. Plus récemment, de nouvelles disciplines ont obtenu droit de cité à la villa Médicis : le design, la scénographie et, pour la première fois, en 1999, l'art culinaire.

Les liens culturels qui unissent la France à Rome ne se réduisent pas, loin s'en faut, à l'Académie. Il est impossible de citer tous les artistes renommés qui ont fait le voyage et dont l'œuvre et l'existence ont été profondément marquées par la Ville Éternelle. C'est le cas d'une pléiade d'écrivains, parmi les plus illustres. En 1534, François Rabelais accompagne à Rome l'évêque de Paris, Mgr du Bellay. L'année suivante, le prélat devenu cardinal et l'auteur de *Pantagruel* se fait un plaisir de le suivre à nouveau à Rome. Dans une lettre adressée au cardinal de Guise, il souligne avec force détails la "somptuosité" d'un souper donné en l'honneur de la naissance du fils d'Henri II, qui, écrit-il, "pouvait effacer les célèbres banquets de plusieurs empereurs romains et barbares". Le cousin du cardinal du Bellay, Joachim du Bellay, séjourne, lui aussi, à Rome pendant quatre années à partir de 1553. Il publie deux recueils de sonnets, dont *Les Antiquités de Rome*. En 1580, c'est au tour de Michel Eyquem, seigneur de Montaigne, d'entrer dans la Ville Éternelle après avoir traversé la Suisse et l'Allemagne. Dans son *Journal de voyage*, œuvre posthume, il raconte par le menu son périple à Rome. Au XVIIIe siècle, en 1729, Montesquieu séjourne durant six mois à Rome – voyage qui lui inspire les *Considérations sur les causes de la grandeur des Romains et de leur décadence*. Au XIXe siècle (1828-1829), Chateaubriand est nommé ambassadeur à Rome. L'auteur des *Mémoires d'outre-tombe* rêvera d'y finir ses jours. Les frères Goncourt et Émile Zola écrivent également de belles pages sur Rome. Mais l'écrivain français qui fut incontestablement le plus marqué par l'Italie est Stendhal. On lui doit plusieurs ouvrages devenus des classiques sur l'Italie et Rome en particulier : *Histoire de la peinture en Italie* (1817), *Rome, Naples, Florence* (1817) et les magnifiques *Promenades dans Rome* (1829). C'est en Italie que Stendhal a découvert le bonheur de vivre. Plus récemment, Jules Romains (*Les Hommes de bonne volonté*), Michel Butor (*La Modification*) et Julien Gracq (*Autour des sept collines*) ont enrichi la littérature française de très belles pages inspirées par la capitale italienne. La fascination pour Rome ne se tarit pas.

Hormis de très laids immeubles anonymes bâtis dans sa banlieue, Rome a accueilli très peu d'architecture nouvelle durant la seconde moitié du XXe siècle. Font figure d'exception le Stadio Flaminio, construit pour les jeux Olympiques de 1960 ; le Stadio Olimpico, réalisé pour la Coupe du monde de football de 1990 ; la mosquée des Parioli, dessinée par Paolo Portoghesi et le nouvel auditorium au nord du centre-ville, conçu par Renzo Piano – en cours de construction au moment de la rédaction de ce guide – qui seul présente un intérêt particulier.

On peut néanmoins espérer voir les grands architectes contemporains venir s'exprimer à Rome dans un avenir proche. Au moment où nous rédigeons cet ouvrage, une église est en cours de réalisation dans Tor Tre Teste, une banlieue située à l'est du centre-ville. Cet intéressant projet, que l'on doit à l'architecte américain Richard Meier, est censé symboliser l'église du nouveau millénaire. Si les obstacles administratifs sont surmontés, un nouveau musée, également conçu par Meier, devrait être consacré dans un avenir proche à l'Ara Pacis sur la piazza Augusto Imperatore – passionnant projet qui constituerait la première grande intervention architecturale dans le centre historique depuis une soixantaine d'années.

Peinture et mosaïque

Romaines. Dès le Ier siècle av. J.-C., les Romains utilisèrent peintures et mosaïques, deux techniques héritées des Grecs et des Étrusques, pour décorer leurs maisons et leurs palais. Certes, il subsiste très peu de décoration de ce type, mais on peut en admirer quelques échantillons magnifiques au Museo nazionale romano, installé dans le palazzo Massimo alle Terme.

Les peintures murales, y compris dans les catacombes, étaient réalisées selon la technique de la fresque, avec des pigments à l'eau appliqués sur du plâtre humide. Quatre styles les caractérisent : le premier imite la pierre, le deuxième, qui date du dernier siècle av. J.-C., crée l'illusion de décors architecturaux, le troisième mêle de fins motifs d'architecture à des imitations de panneaux peints, tandis que le quatrième, introduit au cours de la seconde moitié du Ier siècle, associe des éléments du deuxième et du troisième style ; c'est le plus courant. Les fresques plus récentes, découvertes à Ostia Antica et dans les catacombes, présentent généralement une décoration plus simple, souvent sur fond blanc.

Chrétiennes. Au début, les sols étaient recouverts de cubes de mosaïque noirs et blancs ; la pierre de couleur fit son apparition plus tard. Au IVe siècle, les tesselles de verre permirent de réaliser de superbes ornements dans les absides des premières églises chrétiennes de Rome, notamment dans les églises Santa Costanza, Santa Pudenziana, SS Cosma e Damiano et dans la basilique Santa Maria Maggiore.

Durant les Ve et VIe siècles, seul était autorisé l'art chrétien. Le style évolua assez peu, mais les sujets s'élargirent aux scènes de l'Ancien Testament et de la Passion du Christ. La tradition de la mosaïque dans les églises se poursuivit du VIIe au IXe siècle dans l'église Santa Prassede et dans la basilique Santa Cecilia in Trastevere, tandis que l'influence des artistes byzantins, créateurs de portraits sur fond doré, commençait à se faire sentir.

Médiévales. Lorsque, au XIIe siècle, Rome entama sa reconstruction, la décoration des églises et des palais fut confiée à des artistes locaux. Les plus célèbres à l'époque étaient les Cosmati, simple famille d'artisans qui finit par donner son nom à une école.

Les Cosmati révolutionnèrent l'art de la mosaïque en réutilisant les fragments de verre de couleur provenant des ruines de la Rome antique. Ils découpèrent aussi les anciennes colonnes de marbre coloré et d'autres pierres précieuses pour créer de savants motifs géométriques sur les pavements, les autels, les chaires, les cierges pascals et autres objets décorés. On peut admirer ce travail, dit "cosmati", dans toutes les églises de Rome.

Certains membres de l'école Cosmati devinrent des sculpteurs, des architectes et des mosaïstes accomplis, notamment Pietro Vassalletto (mort en 1186), qui bâtit les cloîtres de la basilica di San Giovanni in Laterano et de la basilica di San Paolo fuori le Mura, deux des plus beaux exemples de décoration cosmati subsistant à Rome.

L'un des plus grands artistes romains du Moyen Age, précurseur de la Renaissance, fut Pietro Cavallini (vers 1250-1330). Il passait sans peine de la fresque (en témoigne la basilica di Santa Cecilia in Trastevere) à la mosaïque (basilica di Santa Maria in Trastevere).

Renaissance. Au début de la Renaissance, l'activité artistique se concentra principalement à Florence, à Sienne et à Venise. Toutefois, la peinture connut un regain d'intérêt à Rome lors de la reconstruction de la ville, au retour de la papauté au XVe siècle.

Entre 1481 et 1483, certains des plus grands peintres du pays travaillèrent pour Sixte IV à la décoration des murs de la cappella Sistina au Vatican, qui venait d'être reconstruite. Les fresques, illustrant les vies de Moïse et du Christ accompagnées de portraits de papes, furent réalisées par le Perugin (vers 1446-1523), Sandro Botticelli (vers 1444-1510), Domenico Ghirlandaio (1449-1494), Cosimo Rosselli (1439-1507) et Luca Signorelli (vers 1445-1523). Ces artistes furent assistés par des membres de leurs ateliers, dont Pinturicchio (1454-1513), qui exécuta par la suite les fresques des appartements des Borgia entre 1492 et 1494, Piero di Cosimo (1462-1521) et Bartolomeo della Gatta (1448-1502).

La décoration des appartements officiels du pape Jules II (appelés Stanze di Raffaello) marqua le début de la brillante carrière romaine de Raphaël (Raffaello Sanzio, 1483-1520). Né à Urbino, il arriva de Florence en 1508. Respectant l'esprit de la Renaissance, il assimila le savoir-faire de la Rome classique et devint le plus important peintre de son temps.

Adepte du portrait et des scènes mythologiques, Raphaël a laissé de superbes fresques réalisées entre 1508 et 1511 à la villa Farnesina dans le Trastevere. Parmi les autres grands artistes qui travaillèrent dans cette villa dessinée par Baldassarre Peruzzi, citons Sebastiano del Piombo (vers 1485-1547), le Sodoma (1477-1549) et Giulio Romano (vers 1492-1546), l'un des rares artistes de la Renaissance natifs de Rome.

C'est à un contemporain de Raphaël, Michelangelo Buonarroti (1475-1564), que l'on doit le plus grand chef-d'œuvre de la période : le plafond de la chapelle Sixtine (1508-1512). Les personnages, dramatiquement écrasés par la perspective, offrent le meilleur exemple du style maniériste du XVIe siècle. Ce plafond, qui, avec beaucoup d'émotion et d'originalité, associe l'art et la foi de l'époque Renaissance à Rome, constitue l'un des plus grands chefs-d'œuvre artistiques de tous les temps. Pourtant, l'artiste ne se considérait pas comme un peintre. (Voir également l'encadré "Michel-Ange à Rome" dans le chapitre *A voir et à faire*.) Trente ans plus tard, après le sac de Rome, Michel-Ange retourna au Vatican pour décorer le mur du fond de la chapelle Sixtine et exécuta le *Giudizio Universale* (Le Jugement dernier), entre 1535 et 1541.

Contre-Réforme. Hormis quelques œuvres marquantes dans les dernières années du siècle, la peinture et la sculpture connurent une période sombre à la fin du XVIe siècle. Entre 1597 et 1603, Annibale Carracci (1560-1609) orna le palazzo Farnese de magnifiques fresques traitant de sujets mythologiques. L'intérieur de la coupole de la basilica di San Pietro fut par ailleurs recouverte de mosaïques réalisées à partir de dessins très techniques, mais sans grande inspiration, du Cavalier d'Arpin (1568-1640).

L'arrivée à Rome de Michelangelo Merisi, dit il Caravaggio (1573-1610), marqua l'éloignement du style de la Renaissance et le début d'un mouvement plus naturaliste. Dans le cas du Caravage, ce naturalisme fut souvent jugé un peu trop "réel" et ses sujets bibliques, prenant pour modèles des gamins

Trésors cachés

Les touristes ignorent souvent que les églises médiévales de Rome abritent certaines des plus belles mosaïques byzantines d'Italie. La plupart ornent les absides des plus importantes églises de la ville, notamment Santa Maria Maggiore, Santa Maria in Trastevere et San Clemente. Les plus anciennes datent du IVe siècle (mausoleo di Santa Costanza et chiesa di Santa Pudenziana), période durant laquelle l'art de la mosaïque romaine évolua vers les styles chrétien et byzantin. Celles de Santa Costanza présentent certaines caractéristiques de la mosaïque romaine : un fond blanc, une composition géométrique et des motifs ornementaux.

Sous le règne de Constantin, qui légalisa la religion chrétienne, la mosaïque ornementale devint la principale forme de décoration des nombreuses églises qui virent le jour. Souvent utilisée pour couvrir de vastes pans de mur intérieurs, elle formait une tapisserie architecturale dont les tesselles inégales de verre de couleur et d'or reflétaient l'éclat de la lumière, créant de superbes effets et des contrastes de couleurs.

Les premières mosaïques chrétiennes de Rome illustrent également le passage du naturalisme de l'art romain au symbolisme de l'art chrétien, reflété, par exemple, dans les différentes manières de représenter Jésus-Christ. Une très ancienne mosaïque chrétienne, qui orne une sépulture sous la basilica di San Pietro, représente le Christ sous les traits d'Apollon. Dans la chiesa di Santa Pudenziana (390), le Messie trône parmi les apôtres, mais son air magistral évoque Jupiter et les apôtres portent le vêtement des sénateurs. Au IXe siècle, comme dans la chiesa di Santa Prassede, il devient l'Agneau pascal accompagné d'agneaux figurant les apôtres.

Les mosaïques des églises du Moyen Age sont fascinantes et vivement recommandées aux touristes qui n'ont pas le temps de visiter Ravenne ou Monreale. Voici une suggestion d'itinéraire parmi les églises les moins connues. Les mosaïques des grandes églises sont décrites dans le chapitre *A voir et à faire*.

Le **mausoleo di Santa Costanza** fut construit au milieu du IVe siècle par Constantia, la fille de Constantin, pour abriter sa sépulture ainsi que celle de sa sœur Hélène. Cette église ronde côtoie la **basilica di Sant'Agnese fuori le Mura**, dans la via Nomentana, à quelques kilomètres au nord du centre (prendre le bus n°60 sur la piazza Venezia). Outre les superbes mosaïques paléochrétiennes des voûtes en berceau du déambulatoire, vous pourrez admirer dans l'abside la mosaïque du VIIe siècle de sainte Agnès et des papes Symmaque et Honorius Ier.

---

des rues et des prostituées, rejetés. Toutefois, son sens novateur du clair-obscur et ses talents de dessinateur lui valurent l'admiration des collectionneurs de l'époque. Son influence continua donc de s'exercer durant des siècles. Voir l'encadré "Sur les traces du Caravage" dans le chapitre *A voir et à faire*.

S'ils connurent un plus grand succès à leur époque, les peintres académiques Guido Reni (1575-1642) et il Domenichino (1581-1641), considérés par leurs contemporains comme les successeurs directs de Raphaël et de Michel-Ange, perdirent par la suite de leur prestige.

Natif de Bologne, il Domenichino fut l'élève d'Annibale Carracci. Comptant parmi les maîtres les plus admirés du début du XVIIe siècle à Rome, il jouit, du moins pendant un temps, des grâces du clergé aristocratique qui lui valurent d'innombrables commandes. Ses plus belles œuvres sont les fresques exécutées dans neuf églises de Rome.

Baroques. La mode des plafonds ornés de fresques lancée par Michel-Ange se poursuivit jusqu'au XVIIe siècle. Pietro da Cortona (1596-1669) fut l'un des décorateurs les plus

Trésors cachés

Selon la légende, la **chiesa di Santa Pudenziana**, via Urbana, l'une des plus anciennes églises de Rome, fut édifiée sur le site d'une maison où saint Pierre aurait été hébergé. Les thermes de la maison furent intégrés dans la structure. La mosaïque de l'abside, qui date de 390 av. J.-C., compte parmi les plus anciennes de ce type à Rome, malheureusement, elle fut partiellement détruite lors d'une restauration au XVIe siècle.

Dans la **basilica di SS Cosma e Damiano**, via dei Fori Imperiali, de magnifiques mosaïques du VIe siècle ornent un arc de triomphe (l'Agneau pascal trône entouré de cierges, d'anges et de symboles des évangélistes), ainsi que, dans l'abside, une présentation au Christ de Côme et Damien par Pierre et Paul. Au-dessous, le Christ représenté sous les traits de l'Agneau pascal est accompagné de douze agneaux figurant les apôtres. Bethléem et Jérusalem sont reproduites de chaque côté.

La **chiesa di Santa Prassede**, du IXe siècle, via Santa Prassede, fut dédiée à sainte Praxède, sœur de sainte Pudentienne, par le pape Pascal Ier, qui y fit venir les ossements de deux mille martyrs conservés dans les catacombes. Les riches mosaïques de l'abside datant du IXe siècle représentent le Christ au centre du cul-de-four (demi-coupole), entouré de saint Pierre, sainte Pudentienne et saint Zénon (à droite) ainsi que de saint Paul, sainte Praxède et saint Pascal (à gauche). Au-dessous, l'Agneau pascal est entouré d'agneaux figurant les apôtres.

La **cappella di San Zenone**, à l'intérieur de l'église, constitue le monument byzantin le plus important de Rome. Il s'agissait d'une sépulture construite par Pascal Ier pour sa mère. Appelé autrefois "le jardin du Paradis", la chapelle présente des voûtes entièrement recouvertes de mosaïques, illustrant la *Madone et les saints*, le *Christ et les saints* et le *Christ et les anges*. Le pavement compte parmi les premiers exemples d'*opus sectile* (marbre polychrome). Dans une petite niche sur la droite sont déposés des fragments d'une colonne rapportée de Jérusalem en 1223, à laquelle le Christ aurait été attaché pour être flagellé.

De l'autre côté du Tevere, sur la piazza dei Mercanti, la **basilica di Santa Cecilia in Trastevere** fut fondée au IXe siècle par Pascal Ier sur la maison de sainte Cécile, où cette dernière avait été martyrisée en 230. L'impressionnante mosaïque de l'abside, exécutée en 870, figure le Christ donnant la bénédiction. A sa droite se tiennent saint Pierre, saint Valérien (époux de sainte Cécile) et sainte Cécile elle-même. A sa gauche, on reconnaît saint Paul, sainte Agathe et saint Pascal. Les villes saintes sont représentées au-dessous.

---

demandés de la Rome baroque. Sa fresque du plafond du Salone Grande du palazzo Barberini, commencée en 1632, ouvrit la voie à de nombreuses autres commandes, dont les fresques du plafond de la chiesa Nuova et de nombreux palais privés. Divers autres peintres tentèrent vainement d'égaler son talent.

L'artiste jésuite Andrea Pozzo (1642-1709) se tailla une réputation grâce à la création de perspectives en trompe-l'œil sur les plafonds et les murs de nombreuses églises jésuites et d'autres édifices qui venaient d'être construits, tandis que Salvator Rosa (1615-1673) et les peintres français italianisants Nicolas Poussin (1594-1665) et Claude Lorrain (1600-1682) créaient de calmes paysages.

Du XVIIIe au XXe siècle. Le XVIIIe siècle marqua la fin de l'âge d'or artistique de Rome. Les nombreux artistes étrangers installés dans la ville redécouvrirent néanmoins les charmes de l'Antiquité. La grande diffusion des eaux-fortes de la ville et de ses ruines antiques réalisées par Giovanni Battista Piranesi attira autant les artistes que les touristes dans la Ville

Éternelle. Angelica Kauffmann, peintre suisse, n'est qu'un exemple parmi ces artistes étrangers ; elle produisit un art académique prolifique mais sans grande inspiration.

La peinture et la sculpture italiennes depuis l'unification de 1870 sont largement exposées à la Galleria nazionale d'Arte moderna. La fin du XIXe siècle vit l'émergence du post-impressionnisme, avec le célèbre groupe des *Macchiaioli* ("tachistes") – d'inspiration antiacadémique, utilisant une touche large –, et du symbolisme italien.

Les futuristes italiens s'inspirèrent de l'urbanisme, de l'industrie et de l'idée de progrès. Umberto Boccioni (1882-1916) et Giacomo Balla (1871-1958) adhérèrent au manifeste futuriste (1909) de l'écrivain Filippo Tommaso Marinetti, tandis que Carlo Carrà (1881-1996) se rapprocha des cubistes comme Picasso. Giorgio Morandi (1890-1964) afficha sa prédilection pour les formes de bouteilles et de vases, tandis que le surréaliste visionnaire Giorgio De Chirico (1888-1978) peignait des rues vides dans lesquelles étaient juxtaposés de manière déconcertante des éléments faisant souvent allusion à l'Antiquité classique.

Amedeo Modigliani (1884-1920) séjourna la plus grande partie de sa vie à Paris. Son œuvre – essentiellement composée de saisissants portraits et de nus sensuels de femmes couchées – demeura solidement ancrée dans la tradition des maîtres de la Renaissance et du maniérisme italiens.

Parmi les grands artistes de l'après-guerre, citons Burri, Colla, Manzoni et Pascali, sans oublier la Transavanguardia, notamment représentée par Enzo Cucchi, Francesco Clemente (né en 1952), Mimmo Paladino et Sandro Chia (né en 1946), dont la plupart ont travaillé et connu le succès en Italie comme à l'étranger.

Sculpture
Étrusque. La plupart des objets d'art étrusques proviennent de tombes remplies de sarcophages en pierre sculptés, de fabuleux bijoux en or, de statues en céramique et en bronze, d'objets utilitaires et de fresques, dont de superbes échantillons sont exposés à la villa Giulia. Après avoir appris les techniques grecques, les artistes étrusques élaborèrent un style propre.

Les Étrusques étaient célèbres pour leur travail du métal, comme en témoigne la célèbre *Louve* en bronze des Musées du Capitole, à laquelle les jumeaux Rémus et Romulus furent ajoutés à la Renaissance. Malheureusement, il subsiste très peu de pièces de cette envergure. La plupart des objets de cette civilisation que l'on peut voir aujourd'hui sont de petites figurines et des objets domestiques, notamment des miroirs sculptés. Les techniques utilisées pour la fabrication du savant travail de filigrane qui orne les bijoux en or ne furent redécouvertes qu'au XXe siècle.

Romaine. Sous la République et l'Empire, les sculpteurs travaillèrent essentiellement au service de l'État (et de l'empereur). Plus que toute autre forme artistique, la sculpture de cette époque offre un formidable témoignage de l'histoire de la ville.

Les premières sculptures "romaines" furent en réalité exécutées par des artistes grecs venus à Rome, ou copiées sur des œuvres grecques classiques importées. En revanche, il existait véritablement un art du portrait sculpté. Ce travail s'inspirait de celui des Étrusques, qui recherchaient le naturalisme et la représentation honnête du sujet. Les Romains aimaient faire réaliser des statues d'eux-mêmes sous les traits de dieux ou de héros grecs. Cependant, la sculpture romaine la plus intéressante demeure celle des Ier et IIe siècles. Elle commémore l'histoire de la ville et de ses citoyens ou s'intègre dans des cadres architecturaux spécifiques, telle la villa Adriana à Tivoli.

Auguste sut parfaitement user de la sculpture pour sa propagande. L'une des œuvres les plus importantes de la sculpture romaine, l'Ara Pacis (9 av. J.-C.), fut ainsi érigée pour célébrer la paix que l'empereur avait su instaurer sur l'ensemble du territoire de l'Empire, y compris à Rome. Les reliefs, caractérisés par la clarté et la retenue classiques, marquent l'apparition d'une personnalité propre à l'art romain. La statue

Les castrats, dont la voix unique associait un registre féminin à une capacité pulmonaire masculine, étaient également recherchés pour l'opéra. On sait que certains interprétèrent des rôles féminins avant même le pontificat de Sixte V (1585-1590), qui interdit toute représentation publique aux femmes pour des raisons de morale. A leur époque, les castrats étaient de véritables vedettes, on les disait dotés de la "voix des anges".

Le chœur de la cappella Sistina réunit aujourd'hui vingt hommes et trente à quarante garçons. Considéré comme le chœur personnel du pape, il accompagne le souverain pontife à chaque messe papale (trois à quatre fois par mois). Le chœur chante également lors des fêtes du calendrier de l'Église, telles les béatifications, les canonisations, les enterrements et les anniversaires papaux.

En 1585, Sixte V créa officiellement l'Accademia di Santa Cecilia, appelée à l'origine Congregazione dei Musici di Roma, et fonda un organisme de soutien (peut-être même une forme de syndicat) pour les musiciens du pape. Après avoir joué au XVIIe siècle un rôle de supervision de l'éducation musicale et assuré la publication de la musique sacrée, il prit en charge l'enseignement (Arcangelo Corelli fut l'un des premiers maestros de la section instrumentale en 1700), puis, en 1839, devint une véritable académie en élargissant ses objectifs culturels et académiques ; les femmes y furent même admises. Comptant aujourd'hui parmi les conservatoires les plus respectés du monde, il dispose d'un orchestre et d'un chœur propres.

Le Bolonais Ottorino Respighi (1879-1936) arriva à Rome comme professeur de composition à Santa Cecilia, puis fut nommé directeur de l'Accademia. Ses œuvres comprennent trois séries de partitions descriptives évoquant diverses facettes de sa ville d'adoption : *Pini* (pins) *di Roma*, *Fontane di Roma* et *Feste Romane*.

En dehors du Vatican, la publication des partitions musicales se répandit à Rome juste après sa naissance à Venise. La musique fut en effet imprimée à Rome dès 1510 et c'est là que la gravure en taille douce remplaça pour la première fois les caractères mobiles. Pour plus de renseignements, voir aussi, plus loin, le chapitre *Où sortir*.

Opéra. Le ballet et l'opéra se développèrent à Rome, comme à Florence et à Venise, sur la base de luxueux spectacles musicaux offerts à la noblesse. Au XVIIe siècle, les Barberini étaient particulièrement connus pour l'extravagance de leurs spectacles, organisés dans leur nouveau palais sur la piazza Barberini ou dans la résidence du cardinal au palazzo della Cancelleria.

Les tribulations d'un chef de chœur

Palestrina entama sa carrière musicale à la maîtrise de Santa Maria Maggiore, puis devint organiste et professeur de chant à la cathédrale de Palestrina. Élu pape sous le nom de Julius II, le cardinal Giovanni Maria del Monte l'emmena avec lui à Rome et le plaça à la tête du chœur pontifical.

Deux pontificats plus tard, Paul IV, scandalisé d'apprendre que son chœur était dirigé par un homme marié, renvoya Palestrina. Le musicien trouva alors une place à la San Giovanni in Laterano, et, six ans plus tard, revint en grande pompe au poste de maestro à Santa Maria Maggiore. Durant les vingt dernières années de sa longue vie, il demeura chef de chœur du pape, puis fut enterré dans une chapelle (aujourd'hui disparue) de San Pietro.

Palestrina se distingua avant tout par sa faculté à adapter la musique polyphonique aux exigences du concile de Trente, selon lequel les paroles de la musique sacrée devaient s'entendre clairement. A l'écoute de sa *Messa Papae Marcelli* (Messe pour le pape Marcel), le concile aurait même renoncé à interdire la polyphonie dans la musique religieuse.

L'histoire mélodramatique de *Tosca*, l'opéra de Giacomo Puccini, se déroule entièrement à Rome, sous l'occupation de Napoléon. Le premier acte se passe dans la chiesa di Sant'Andrea della Valle, le second dans le palazzo Farnese tandis que le final a lieu au Castel Sant'Angelo, d'où la diva Floria Tosca se jette dans le vide. Si la cantatrice et son amant révolutionnaire Mario Cavaradossi sont purement imaginaires, il est fort possible que le personnage du cruel chef de la police, le baron Scarpia, s'inspire du baron Sciarpa, un officier Bourbon. En 1992, une représentation de l'opéra (avec Catherine Malfitano et Placido Domingo) a été tournée par la télévision en décor naturel et aux heures spécifiées dans le libretto.

En dépit de sa déjà longue carrière, le ténor Luciano Pavarotti (né en 1935) demeure le plus connu des chanteurs lyriques italiens. Parmi les talents actuels, citons la grande mezzo Cecilia Bartoli mais aussi Barbara Frittoli, Cecilia Gasdia, Anna Caterina Antonacci, Luciana Serra, Sonia Ganassi, ainsi que Ruggero Raimondi, Renato Bruson, Ferruccio Furlanetto et Giuseppe Sabbatini. La plupart d'entre eux se produisent régulièrement à Rome.

En raison d'une mauvaise gestion et d'une direction artistique versatile, le teatro dell'Opera de Rome fait figure de parent pauvre parmi les grands opéras du pays, tels La Scala de Milan, le San Carlo de Naple, le Teatro Nuovo de Turin et (avant qu'elle ne soit détruite par un incendie en 1997) La Fenice de Venise. La saison lyrique de Rome s'étend de décembre à juin, avec quelques représentations spéciales en plein air durant l'été (voir le chapitre *Où sortir*). Pour plus de détails, vous pouvez consulter le site Internet www.comune.roma.it/cultura/musica/opera/opera.html.

Musique contemporaine. Peu de chanteurs ou de groupes italiens modernes ont connu le succès hors des frontières de leur pays. Mina fut sans doute l'artiste la plus importante d'après-guerre. Durant les années 60, elle enregistra des dizaines de disques. La plupart de ses chansons furent écrites par Giulio Rapetti, plus connu sous le nom de Mogol, le roi incontestable des compositeurs italiens.

Les années 60 et 70 ont produit divers *cantautori* (interprètes compositeurs), rappelant vaguement certaines célébrités anglaises ou américaines. Lucio Dalla, Vasco Rossi et Pino Daniele, par leur musique engagée, connaissent le succès depuis le début des années 70. Bien que ne rivalisant pas avec celles de chanteurs comme Bob Dylan, leurs paroles offrent parfois un portrait acide de la société moderne. Daniele, qui ne cache pas ses racines napolitaines, s'inspire indubitablement du blues.

Plus modéré et moins orienté vers la critique sociale, Lucio Battisti a joui d'une grande popularité de la fin des années 60 à sa mort en 1988. Ses anciens morceaux (très années 70) vous feront sans doute dresser les cheveux sur la tête, mais il faut savoir que Battisti était très estimé, même auprès des jeunes générations.

Zucchero (Adelmo Fornaciari) est un véritable phénomène du show-business italien. Après avoir accompagné des chanteurs aussi célèbres que Joe Cocker, il s'est attaqué aux marchés italien et international. Il chante très souvent en italien et en anglais. Connu en Grande-Bretagne et aux États-Unis sous le nom de Sugar, il a su accroître son succès avec *Senza una donna* qu'il interprète en duo avec Paul Young.

On peut également citer Luca Carboni, Francesco de Gregori, Antonello Venditti, Fiorella Mannioa, Claudio Baglioni et le groupe RAF. Depuis le début des années 90, Eros Ramazzotti fait partie des plus célèbres artistes masculins du pays.

Dans les domaines du hip-hop et de la house, les productions italiennes sont particulièrement appréciées des connaisseurs. D'ailleurs, le rap national prospère, avec, notamment, Jovanotti. Parmi les autres représentants locaux du hip-hop, citons Neffa, Frankie-Hi-Nrg, Space One, Spaghetti Funk, Solo Zippo, Chief & Soci et La Famiglia. Il existe également quelques groupes indépendants, tel Litfiba. Apparu au mileu des années 90, le groupe Pooh propose un son un peu plus léger.

Littérature latine

Nous ne tenterons pas ici de résumer cinq siècles de littérature mais nous vous présenterons quelques grandes figures marquantes. Toutes les œuvres mentionnées peuvent être consultées dans leur traduction ainsi que sur les sites Web tels que classics.mit. edu/index.html et www perseus.tufts.edu/Texts.html.

La République. Cicéron (106-43 av. J.-C.) se distingue comme le plus grand auteur de prose de la République. "Homme nouveau", ne comptant aucun consul dans sa généalogie, Cicéron parvint au consulat en 63 av. J.-C. grâce à ses talents d'orateur. Outre ses œuvres philosophiques, il laissa de nombreuses harangues (*De oratore*), et une partie de ses lettres à sa famille et à ses amis fut publiée par son secrétaire (*Lettres à Atticus*). Fort de son influence et de son prestige d'homme politique, Cicéron prit le jeune Octavien sous son aile et attaqua Marc Antoine dans une série de quatorze discours, intitulés *Philippiques*. Ces accusations se révélèrent fatales lorsque ledit Octavien choisit finalement de s'allier à Marc Antoine, qui exigea et obtint alors la tête de l'écrivain.

L'âge d'or latin. Cette période se situe sous le règne d'Auguste. Avec l'*Énéide*, Virgile (70-19 av. J.-C.) réunit les diverses légendes concernant Énée en un grand mythe fondateur de Rome. Ce mélange de mythologie, d'histoire et d'instruction morale devint immédiatement un texte d'école et le demeura durant les 1 700 ans qui suivirent. L'œuvre jouit d'une telle aura qu'elle devint une méthode populaire de prédiction de l'avenir. Le procédé consistait à interpréter certains passages sélectionnés au hasard ; certains l'appliquent aujourd'hui à la Bible.

L'âge d'argent latin. En un siècle, la société romaine se transforma et, avec elle, la langue latine. Tandis que Tite-Live, contemporain de Virgile, décrivait le glorieux passé de Rome, Tacite (vers 56-116) considéra l'histoire plus récente d'un œil nettement plus froid.

Les empereurs ne furent toutefois pas uniquement le sujet d'œuvres littéraires, ils écrivirent aussi leur version de l'histoire, dans la tradition des *Commentaires de la guerre des Gaules* de Jules César. Outre une autobiographie, l'érudit Claude composa des ouvrages sur l'histoire des Étrusques, des Carthaginois et d'Auguste, tandis qu'Agrippine, la mère de Néron, rédigea sa propre autobiographie. Tous ces écrits ont malheureusement disparu. Seules les *Pensées* philosophiques de Marc Aurèle ont survécu.

Littérature italienne

Le Moyen Age. De la période qui précéda l'effondrement de Rome jusqu'au beau milieu du Moyen Age, la production littéraire déclina. En Europe occidentale, elle fut à peine maintenue en vie par les membres du clergé et les érudits qui débattirent de la théologie, rédigèrent des livres d'histoire et des manuels de rhétorique, traduisirent ou interprétèrent la littérature classique et se servirent du latin comme langue véhiculaire. Les *Mirabilia Romae* du XIIe siècle constituèrent les premiers guides des monuments de la ville antique. Si les papes du XIIIe siècle laissèrent de grands livres et sermons ainsi que des lois et des actes officiels importants, l'installation de la papauté à Avignon en 1309 entraîna un ralentissement notable de l'activité littéraire à Rome durant le XIVe siècle. Dans toute la péninsule italienne, le latin devint langue morte. Cette période marquée par l'émergence d'une littérature en italien, largement représentée par les œuvres de Dante, Boccaccio et Pétrarque, vit l'épanouissement de Florence.

Dante (1265-1321) fut sans doute la figure la plus marquante de la littérature. Sa *Divine Comédie* est un chef-d'œuvre allégorique, dont le protagoniste parcourt l'Enfer, le Purgatoire et le Paradis en quête de Dieu. Cette œuvre confirma la langue vernaculaire (dans sa forme toscane) comme un support sérieux pour l'expression poétique et exerça une influence sur les écrivains ultérieurs. Son *De monarchia*, ouvrage en latin, traduit sa préférence pour un retour au pouvoir impérial et sa vision d'un monde où les rôles du pape et de l'empereur se complètent.

L'humaniste toscan Pétrarque (Francesco Petrarca, 1304-1374) se révéla encore plus influent que Dante. Jouissant d'une renommée grandissante de latiniste émérite, il fut sacré premier poète de Rome en 1341. Alors qu'il avait cherché la reconnaissance à travers ses écrits en latin, c'est l'inverse qui se produisit. Ses œuvres lyriques en toscan, notamment son poème épique, *Africa*, et les sonnets du *Canzoniere* ont eu une influence permanente sur la poésie italienne.

Également florentin Giovanni Boccaccio (1313-1375), est considéré comme le premier romancier italien. Les cent nouvelles qui composent *Le Décaméron* sont racontées par dix jeunes nobles ayant fui leur ville contaminée par une épidémie de peste.

Le mouvement humaniste qui balaya l'Italie et l'Europe aux XIVe et XVe siècles plaça Rome sous le feu des projecteurs. Après les siècles de domination des croyances religieuses et de l'Église catholique, les savants et les intellectuels s'intéressèrent davantage aux aspects plus séculaires de l'Antiquité. L'idée de la Rome classique commença alors à jouer un rôle crucial dans l'évolution de la culture occidentale.

Flavio Biondo (1392-1463), disciple de Pétrarque, fut le père de l'archéologie moderne. Ses *Historiarum ab inclinatione Romanorum decades,* une histoire du christianisme de la chute de Rome aux années 1440, fut en effet la première histoire écrite au Moyen Age.

Lorenzo Valla ou Della Valle (1407-1457) fut le plus grand humaniste romain. Bravant l'administration de l'Église, il exprima son scepticisme à l'égard de divers aspects de la prééminence pontificale. Il rédigea par ailleurs un commentaire humaniste sur le Nouveau Testament, ouvrant la voie à une nouvelle attitude critique vis-à-vis du texte, ce qui lui valut parfois d'être qualifié d'hérétique. Célèbre pour son esprit et sa langue bien pendue, il maîtrisait le latin comme peu de ses contemporains, comme en témoigne son *Opus elegantiarum linguae latinae*.

Renaissance. A la fin du XVe siècle, Rome devint une sorte de capitale culturelle pour l'Europe en raison des innombrables latinistes employés dans la ville et du mécénat pratiqué par le pape et les milieux ecclésiastiques à l'égard des artistes et des architectes. Néanmoins, une grande partie de l'activité littéraire des XIVe et XVe siècles se déroula hors de Rome, dans les cours de Milan, Ferrare, Mantoue et dans le royaume de Naples. Dans l'ensemble, les humanistes romains furent des figures moins marquantes et des penseurs moins originaux que ceux du Nord de l'Italie.

Au XVIe siècle, les qualités liées à la tradition de Pétrarque et du néoplatonisme s'accentuèrent. Bien qu'il fût plus connu pour ses talents de peintre, sculpteur et architecte, Michel-Ange (1475-1564) fut également l'un des plus grands poètes de son temps. Très jeune, à la cour de Lorenzo dei Medici à Florence, il rencontra les écrivains néoplatoniciens ainsi que d'importants sculpteurs et peintres. Il commença à écrire de la poésie dès sa jeunesse, réalisant ses plus belles œuvres (essentiellement des sonnets et des madrigaux) à Rome, durant les vingt dernières années de sa vie. Les poèmes de Michel-Ange sont considérés comme les plus beaux écrits en italien depuis Pétrarque et Dante (en l'honneur duquel Michel-Ange rédigea deux sonnets). C'est en fait par le biais de l'un de ses sonnets que l'on connaît aujourd'hui les difficultés qu'il rencontra en peignant le plafond de la cappella Sistina :

> La barbe tournée vers les cieux,
> la nuque collée à la colonne vertébrale,
> le sternum en forme de harpe : une tapisserie
> de gouttes plus ou moins fines de peinture
> couvre mon visage

Ses écrits ne furent en fait pas publiés avant 1623. A cette date, son petit-neveu édita les poèmes sous une forme légèrement édulcorée, taisant le fait que nombre d'entre eux étaient destinés à un jeune homme, Tommaso Cavalieri (dont Michel-Ange tomba amoureux en 1532), et que leur auteur explorait le dilemme d'un homosexuel tiraillé entre ses croyances morales et sa sexualité. Pendant des siècles, on crut, à tort, qu'il s'agissait de poèmes d'amour adressés à Vittoria Colonna.

Vittoria Colonna (1490-1549) appartenait à la famille noble des Colonna. Elle passa une grande partie de sa jeunesse sur l'île d'Ischia, dans le golfe de Naples, mais se rendit régulièrement à Rome et à Naples. Ses capacités intellectuelles peu communes lui valurent une réputation considérable qui lui permit d'entretenir des amitiés avec de nombreux écrivains, des réformateurs et des personnalités religieuses.

Après la perte de son infidèle mari, elle rédigea une centaine de poèmes pleurant son décès et idéalisant sa personne. Plus tard, elle écrivit des poèmes sur des thèmes sacrés et spirituels. Sa poésie, habile mais peu originale, se situait dans la veine de Pétrarque et des néoplatoniciens. Ses relations avec Michel-Ange demeurèrent purement platoniques, marquées par de fréquents échanges de sonnets et de lettres philosophiques. Michel-Ange assista à son agonie en 1549.

Les *Vite dei Più Eccellenti Pittori*, de Giorgio Vasari (première publication en 1550, réédition en 1568), qui présentent la vie des artistes contemporains de l'auteur et leurs prédécesseurs, demeure l'un des ouvrages d'histoire de l'art de la Renaissance les mieux documentés. Proche contemporain de Michel-Ange, Vasari passa plusieurs années à Rome en tant qu'architecte en chef de San Pietro (poste auquel il succéda à Michel-Ange).

Le sculpteur et orfèvre Benvenuto Cellini (1500-1571) entama sa célèbre autobiographie, *Vita*, en 1558. Natif de Florence, Cellini séjourna de nombreuses années à Rome où il travailla pour d'importantes personnalités ecclésiastiques, dont les papes Clément VII et Paul III. Dans ces mémoires, Cellini s'exprime sans inhibition, un style qui restera inégalé durant plusieurs siècles. Le texte est une narration, mêlant faits, fiction, autojustification et informations techniques. L'histoire atteint son point culminant avec le sac de Rome en 1527 et l'évasion de l'auteur, en 1538, du Castel Sant'Angelo, où il était emprisonné.

La censure fut institutionnalisée avec la publication en 1554 (sous Paul IV) de l'Index, catalogue des livres prohibés par l'Église. Cette liste, qui portait sur la foi mais aussi la morale, s'accompagna d'autodafés de livres à Rome et ailleurs qui contraignirent de nombreux imprimeurs à quitter la ville.

Giordano Bruno (1548-1600) fut l'un des premiers défenseurs de la liberté d'expression et de pensée. Son tempérament fougueux l'amena à lutter contre toutes les institutions de la Contre-Réforme.

Ancien dominicain, il s'intéressait à la cosmologie et à l'astrologie ; il affirmait notamment que la Terre n'était pas le centre de l'Univers. Parmi les doctrines de l'Église orthodoxe qu'il remettait en question, il contestait le concept de l'Immaculée Conception. Exilé de nombreuses années, il ne rentra en Italie qu'en 1591. En 1600, après huit ans de procès, il fut condamné pour hérésie et brûlé vif sur le Campo dei Fiori. En 1603, tous les livres de Bruno furent mis à l'Index.

L'absence de liberté d'expression dans la Rome de la Contre-Réforme explique en partie le manque d'œuvres littéraires d'envergure de cette période. Tout ce que l'Église et l'État désapprouvaient était supprimé. Cependant, au XVIIe siècle, une forme de littérature contestataire fit son apparition avec l'affichage d'écrits satiriques anonymes appelés *pasquinate*.

Ces remarques critiquant l'Église et les représentants de l'autorité se trouvaient souvent placardées sur le torse d'une statue romaine, baptisée Pasquino, près de la piazza Navona (sur une petite place qui s'appelle aujourd'hui piazza Pasquino). Les épigrammes affichées la nuit faisaient joyeusement le tour de la ville le lendemain.

Rome et le cinéma

Rome, en tant que sujet et centre de production, joue un rôle majeur dans le cinéma italien. En 1940, Cinecittà, sorte de petit Hollywood romain qui disposait des dernières technologies, fut cédée à l'État. Les jours de gloire durant lesquels elle assura la moitié de la production nationale (85 films pour la seule année 1940) lui valurent même le surnom de "Hollywood-sur-Tibre". Abandonnée vers la fin de la guerre, Cinecittà reprit timidement du service en 1948.

Pendant les années 50, les producteurs et les cinéastes, italiens et étrangers, se succédèrent sur les plateaux de ces studios. Parmi les productions américaines tournées à Cinecittà : *Ben Hur* (1959), *Spartacus* (1960) ou *Cléopâtre* (1963). *Le Mépris*, de Jean-Luc Godard (1963), se situe en partie dans la capitale italienne et évoque – notamment – les rapports mercantiles entre un producteur-payeur américain et un scénariste français peu familiarisé avec le milieu du cinéma. Évoluant dans Cinecittà, les protagonistes nous offrent la vision des studios écrasés sous le soleil romain.

Federico Fellini, au fil de sa carrière, a fait appel de plus en plus aux studios de Cinecittà. Pour les besoins de *Fellini Roma* (1972), il alla jusqu'à faire construire à l'identique les 500 mètres d'autoroute de la scène finale de l'embouteillage, afin, dit-il, de ne pas contribuer davantage aux bouchons à l'entrée de la capitale. Dans *Intervista* (1987), une de ses dernières réalisations qui contient de nombreuses scènes – intactes ou "relookées" – de ses précédents films, Cinecittà est presque un sujet à elle seule. Malgré Fellini, Cinecittà connaît de sombres années de faillite dans les années 80 et 90. Aujourd'hui, les studios revivent grâce aux investissements privés qui permettent d'acquérir les dernières innovations technologiques, surtout en matière d'effets spéciaux.

Le film le plus célèbre de Federico Fellini, ancien assistant-réalisateur de Roberto Rossellini – le pape du néoréalisme dès 1945 avec *Rome, ville ouverte* – est sans conteste *La Dolce Vita* (1960), avec Marcello Mastroianni dans l'un de ses premiers grands rôles et la plantureuse Anita Ekberg, qui apparaîtra, elle aussi, à plusieurs reprises dans la carrière cinématographique du maître Fellini. Le baptême improvisé de Marcello Mastroianni dans la fontaine de Trevi, l'ascension de l'escalier de la basilique Saint-Pierre par Anita Ekberg habillée en jeune cardinal, ou la frénésie des jeunes oisifs de la via Veneto évoquent une Rome débordée et surtout une génération un peu paresseuse, un peu amère, un peu aveugle, qui mélange tout et va, sans problème apparent, de la surprise-party – dans les jardins du palais de Bassano di Sutri – à l'église.

La ville de Rome est, pour Fellini, une sorte de "mamma puttana". A la sortie de *Fellini Roma* (1972), le cinéaste disait : "Rome est une femme splendide [...] c'est une mère idéale, presque indifférente, c'est une mère qui a trop de fils pour pouvoir se consacrer uniquement à toi. Elle t'accueille quand tu viens, elle te laisse partir quand tu veux".

Marcello Mastroianni, l'acteur fétiche de Federico Fellini depuis *La Dolce Vita* jusqu'à *Intervista* en passant par *8 1/2*, *La Cité des Femmes* ou encore *Ginger et Fred*, avait cette modestie qui n'appartient qu'aux grands. Se définissant souvent comme un fainéant, un *vitellone*

Le XVIIIe siècle. Il n'est pas tant marqué par la littérature italienne que par les écrits des nombreux historiens et touristes venus d'Europe du Nord. Edward Gibbon rédigea sa célèbre *Histoire du déclin et de la chute de l'Empire romain* entre 1776 et 1778. Johann Wolfgang von Goethe, poète déjà célèbre à son arrivée à Rome en 1786, trouva dans la ville une source d'inspiration pour son œuvre artistique. Son *Voyage en Italie*

Rome et le cinéma

(un inutile) qui avait la chance incroyable qu'on s'intéresse à lui, il était pourtant considéré – et à juste titre – par Fellini comme son alter ego, son double sur scène, l'interprète de sa vie. Tous deux ont disparu, Federico en 1995 et Marcello en 1996, et ils sont partis avec la clé.

Pier Paolo Pasolini, à travers ses livres et ses films situés dans le quartier de Pietralata, brosse, quant à lui, un portrait unique des terrains vagues de Rome. Dès ses premières œuvres, se définissant lui-même comme "homosexuel, catholique et marxiste", il s'inquiète de la condition du sous-prolétariat, notamment dans *Accatone* (1961), planté dans les banlieues oubliées. *Mamma Roma* (1962) est une prostituée romaine qui décide d'arrêter ce commerce pour récupérer son fils placé en province. Elle s'installe dans une HLM de banlieue avec lui, mais, très vite, s'aperçoit qu'il n'y a pas d'espoir d'une meilleure vie. Pasolini dénonce déjà la perte de l'innocence et la violence des rapports humains. Encore plus pessimiste dans *Salo ou les 120 journées de Sodome* (1975), il décrit la déchéance, la torture, les atrocités commises par les fascistes. Quelques jours après la première projection du film, il est assassiné dans des circonstances jamais élucidées. Son corps est retrouvé sur une plage à Ostie. Plus proche de nous dans le temps, Nanni Moretti, acteur-réalisateur, s'est vu remettre le prix de la mise en scène en 1994 à Cannes pour *Journal intime*, un film assez autobiographique (qui d'ailleurs connaîtra une suite, *Aprile*). Dans la première partie du film, Moretti circule en Vespa dans les ruelles poussiéreuses et désertées de Rome, à l'affût de maisons de style architectural des années 1920-1930. Il va même jusqu'à préciser qu'il entre dans ces luxueuses villas en se faisant passer pour un producteur de cinéma en quête de décors originaux.

En revanche, dans *La Messe est finie* (1985), c'était la banlieue, abandonnée de tous, qui était le site de l'action. Un jeune prêtre en mission dans un quartier en difficulté finit, lui aussi, par abandonner la partie et part pour la Terre de Feu.

Fellini, il maestro

---

traduit mieux que tout autre texte l'enthousiasme des voyageurs du Nord pour les ruines de la Rome antique et les couleurs de la ville moderne. "A Rome, je me découvre pour la première fois", écrivait-il.

Rome attira également les romantiques anglais. Keats, Byron, Percy et Mary Shelley et bien d'autres séjournèrent dans la ville. En dépit d'une brève visite, Byron élut Rome cité de son cœur. John Keats s'y rendit en 1821 dans l'espoir d'améliorer sa santé, mais il mourut de la tuberculose dans sa chambre, au pied de la scalinata di piazza di Spagna, quelques mois seulement après son arrivée.

Percy Bysshe Shelley (1792-1822) rédigea ses œuvres les plus importantes durant son séjour en Italie entre 1818 et 1822. C'est notamment là qu'il écrivit la terrible tragédie en vers *Les Cenci*, inspirée de la vie de Béatrice Cenci, malheureuse jeune femme qui souffrit la tyrannie et les mauvais traitements de son père, tua ce dernier puis fut condamnée à mort pour parricide.

Le XIXe siècle. Moins inspiré par les merveilles de Rome que ses homologues nordiques, le poète romantique italien Giacomo Leopardi (1798-1837) ne séjourna que quelques mois à Rome, de 1822 à 1823.

Nathaniel Hawthorne vécut en Italie de 1857 à 1859. *Le Faune de marbre*, publié en 1860, recrée les impressions de Rome de l'auteur dans un contexte narratif. En 1869, Henry James effectua le premier de ses quatorze voyages en Italie, qui inspira son grand classique *Un portrait de femme* ainsi qu'un essai intitulé *Italian Hours*.

Les Romains sont particulièrement fiers de leurs poètes locaux Gioacchino Belli (1791-1863), Carlo Alberto Salustri (1871-1950), plus connu sous le nom de Trilussa, et Cesare Pescarella (1858-1940), qui ont tous écrit en dialecte romain.

Au début de sa carrière, Belli produisit des vers conventionnels et quelconques, mais il trouva ensuite son mode d'expression dans le dialecte cru et coloré du peuple romain, dont il tira parti des calembours et des grossièretés. Cruel écrivain satirique, il dirigea ouvertement ses attaques contre toutes les classes et toutes les institutions. Ainsi, il peignit souvent de vulgaires caricatures des personnalités du Risorgimento.

Le XXe siècle. Gabriele D'Annunzio (1863-1938) fut la personnalité la plus flamboyante de la scène littéraire du début du XXe siècle et de l'époque moderne. Né à Pescara, D'Annunzio s'installa à Rome en 1881. Sa poésie souvent virulente de fervent nationaliste ne fut peut-être pas de la meilleure qualité, mais sa voix servit le prestige des fascistes mussoliniens.

La plus importante contribution italienne à la littérature moderne se situa dans les domaines du roman et de la nouvelle, dont les deux plus grandes figures furent étroitement liées à la capitale.

Alberto Moravia (1907-1990) grandit dans le quartier résidentiel qui s'étend à l'est de la villa Borghese. Ses nombreuses publications décrivent Rome et ses habitants. Dans ses romans, notamment dans *La Romana* (La Belle Romaine), on perçoit un sens très précis du détail et de la déchéance sociale. L'aliénation de l'individu et le vide de la société fasciste et bourgeoise sont des thèmes récurrents. Les *Racconti romani* (Contes romains), publiés en 1954, et les *Nuovi racconti romani* (Nouveaux Contes romains), parus quatre ans plus tard, présentent d'amusants portraits de la vie de personnages romains réunissant des plombiers, des domestiques ou des truands.

Les romans d'Elsa Morante (1912-1985), caractérisés par une subtile psychologie des personnages, peuvent être considérés comme autant de cris personnels de pitié pour les souffrances de l'individu et de la société. Son roman publié en 1974, *La Storia*, raconte l'histoire d'une femme demi-juive dans la Rome occupée.

Pier Paolo Pasolini (1922-1975) emménagea à Rome en 1950 à la suite d'un scandale sexuel dans son Frioul natal. Rome lui donna l'opportunité d'explorer à la fois son homosexualité et différents styles d'écriture. Son premier roman, *Ragazzi di Vita* explore, dans une langue âpre et nue, le monde violent et sordide mais audacieux de la banlieue désœuvrée de Rome, où le vol, l'escroquerie, la prostitution et le meurtre font partie du quotidien. Ces sujets l'absorbèrent à nouveau dans des ouvrages ultérieurs, notamment dans *Una vita violenta*, et dans nombre de ses films, souvent controversés.

Rome offre une source perpétuelle d'inspiration aux écrivains étrangers. Il est actuellement de bon ton chez les romanciers

Le pèlerinage au fil des siècles

En 2000, de 20 à 30 millions de pèlerins catholiques sont attendus à Rome. L'événement revêt une extrême importance pour les fervents fidèles car les années saintes (ou jubilés) ne sont célébrées que tous les 25 ans. En outre, la prochaine coïncide avec le changement de millénaire.

La pratique du pèlerinage s'instaura lorsque les premiers croyants commencèrent à se rendre en Terre sainte et à Rome. Les années jubilaires furent elles-mêmes adaptées d'une coutume juive reposant sur les instructions du *Lévitique*.

Le pape Boniface VIII institua le premier jubilé chrétien en 1300, à la demande de pèlerins venus à Rome visiter les principaux sites religieux. En échange de leur efforts, ils voulaient obtenir des indulgences pour racheter tous leurs péchés et annuler le temps à passer au Purgatoire.

La tradition imposait aux pèlerins la visite de sept églises de Rome : les quatre basiliques majeures (San Pietro, Santa Maria Maggiore, San Giovanni in Laterano et San Paolo fuori le Mura) et les trois mineures (San Lorenzo fuori le Mura, Santa Croce in Gerusalemme et San Sebastiano). Leur itinéraire comprenait en outre les catacombes, les sanctuaires des martyrs chrétiens et les lieux abritant d'importantes reliques chrétiennes. Par ailleurs, les pèlerins devaient se confesser et assister à une messe de communion.

Au Moyen Age, les indulgences se monnayèrent, principe contre lequel s'insurgea Martin Luther. Aujourd'hui, l'Église se montre un peu plus stricte sur ce qui constitue une indulgence plénière pour tous les péchés. Selon une bulle du pape émise fin 1998, les pèlerins qui se rendront à Rome en 2000 obtiendront une indulgence plénière pour les pratiques suivantes : confession de ses péchés et participation à la communion ; prières pour le pape ; visite des basiliques de Rome et des cathédrales de Terre sainte et autres diocèses ; œuvres charitables ; visite des malades et des personnes incarcérées, assistance aux enfants abandonnés, aux personnes âgées et aux immigrants ; bénévolat ; arrêt du tabac et abstention d'alcool durant une journée; jeûne et autres actes de pénitence.

Quoi qu'il en soit, il faudra nourrir, héberger et distraire ces 20 millions de pèlerins qui viendront s'ajouter aux millions de touristes habituels. Afin de ne pas soumettre les finances à trop grande épreuve, l'agence de voyages officielle du jubilé encourage les pèlerins à ne séjourner qu'un minimum de temps dans la ville. Des solutions d'hébergement sont proposées à l'extérieur de Rome, notamment dans la ville la moins sainte d'Italie, la station balnéaire de Rimini, qui dispose de 1 200 hôtels.

Le site Web officiel pour le jubilé, www.Jubil2000.org, diffuse des informations sur la "Pilgrim Card" informatique, destinée à faciliter les déplacements et l'hébergement.

L'agence a même publié un ouvrage établissant la liste des catastrophes auxquelles furent confrontés d'anciens pèlerins. Au cours du jubilé de 1300, par exemple, le ponte Sant'Angelo s'effondra sous la foule, entraînant la mort de nombreux pèlerins. En 1450, 172 pèlerins furent tués dans la panique déclenchée par une pénurie de nourriture. En 1750, Leonardo da Porto Maurizio, célèbre pasteur (ultérieurement béatifié) fut presque piétiné à mort au Colosseo, où il avait organisé le chemin de croix. Seul le temps nous dira ce que réserve 2000.

---

contemporains de choisir pour toile de fond la Rome ancienne ou moderne.

RELIGION

Environ 85% des Italiens affirment être catholiques. Parmi les 15% restants, on dénombre environ 500 000 protestants évangéliques, environ 140 000 témoins de Jéhovah et d'autres petits groupes, dont une communauté juive à Rome, qui s'est rétablie après avoir été quasiment anéantie par les nazis (voir l'encadré *L'antisémitisme à*

Rome dans le chapitre *A voir et à faire*). Il existe également des communautés d'adeptes de Bhagwan Rajneesh, dont les vêtements orange leur valent le surnom d'*arancioni*.

La croissance la plus frappante est celle de la population musulmane, actuellement estimée à 700 000 personnes, ce qui en fait la deuxième plus grande communauté religieuse d'Italie derrière les catholiques. Fort symbole des changements qui s'opèrent actuellement sur le plan démographique au cœur de la chrétienté, la première mosquée a été inaugurée à Rome en 1995.

En dépit d'une profonde influence due à la présence de l'Église, très peu de catholiques italiens pratiquent leur religion. La fréquentation des églises est faible puisqu'en moyenne, seuls 25% assistent régulièrement à la messe, et de nombreux enfants ne sont pas baptisés. En revanche, la première communion demeure un événement populaire. La majorité des couples italiens préfèrent se marier à l'église et les fêtes religieuses ne manquent pas d'attirer une foule intense. La plupart des Italiens connaissent en outre l'histoire sainte et suivent volontiers les faits et gestes du pape.

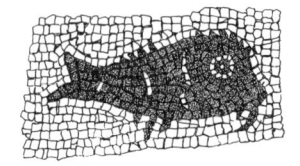

Renseignements pratiques

QUAND PARTIR

Rome bénéficie d'un climat doux qui permet des visites à toutes les époques de l'année. Toutefois, vous risquez de souffrir de la chaleur en juillet et en août, et d'un froid piquant de décembre à février, lorsque les vents glacés descendent du Nord de l'Europe. Préférez par conséquent le printemps et l'automne : le ciel est généralement dégagé et les températures agréables (voir *Climat* dans le chapitre *Présentation de la ville*).

La saison touristique s'étend de Pâques à octobre, mais est particulièrement intense au printemps et à l'automne : les touristes envahissent alors tous les principaux sites. En juillet et en août, on en vient presque à plaindre les voyageurs qui traînent dans la ville des enfants épuisés et déshydratés. A cette période, la température peut atteindre 30°C et le taux d'humidité approche souvent 100%. Cette saison présente néanmoins certains avantages : les Romains se réfugient sur les plages et dans les montagnes, la circulation devient donc beaucoup plus fluide, la pollution de l'air diminue et le centre-ville est moins bondé. De nombreux spectacles en plein air se produisent par ailleurs en été (voir les rubriques *Jours fériés et manifestations annuelles* et le chapitre *Où sortir*). Si vous vous rendez à Rome en plein été, visitez les différents sites de bonne heure le matin, arrêtez-vous pour déjeuner et faire la sieste et ressortez à partir de 18h pour profiter des soirées plus fraîches.

Les fortes pluies sont en principe fréquentes en novembre et un froid vif s'abat généralement sur la ville de décembre à février. Toutefois, depuis quelques années, le temps demeure très clément jusqu'à Noël. De toute façon, Rome ne connaît tout de même pas les températures glaciales de Moscou ! Elle compte en outre moins de touristes en hiver et la période de Noël offre de plaisantes manifestations, telles que le traditionnel marché de Noël qui se tient sur la piazza Navona.

ORIENTATION

Bien que Rome soit vaste, le centre historique demeure relativement réduit, limité à l'ouest par le Tevere (le Tibre), au nord par le grand parc de la villa Borghese, au sud par le Foro Romano (Forum romain) et le Palatino (mont Palatin) et à l'est par la stazione Termini, la gare principale. La plupart des sites se situent à une distance raisonnable de cette gare. Vous pouvez par exemple traverser le Foro Romano et le Palatino en partant du Colosseo (Colisée) et remonter la piazza di Spagna jusqu'au Vatican en une journée. Toutefois, effectuer un tel itinéraire en une seule fois risque fort de décourager les voyageurs les plus acharnés !

Les balades sur les nombreuses *piazzas*, ponctuées de pauses-*caffè* et *pasta* (pâtisserie), représentent des moments de grand bonheur. Munissez-vous cependant systématiquement d'une carte. S'il peut être appréciable de s'éloigner des sentiers battus, s'égarer fait parfois perdre un temps précieux.

On arrive généralement à Rome à la stazione Termini, terminus de tous les trains nationaux et internationaux. La principale gare routière se situe sur la piazza dei Cinquecento, devant la gare ferroviaire. De nombreux bus interurbains partent et arrivent piazzale Tiburtina, devant la stazione Tiburtina. On y accède depuis la gare Termini par la Metropolitana (métro) Linea B. Les bus desservant la région du Lazio (Latium) partent de divers endroits de la ville, souvent au niveau des arrêts des lignes de métro. Pour davantage de détails, reportez-vous aux chapitres *Comment s'y rendre* et *Excursions*.

L'aéroport principal, Leonardo da Vinci (appelé aussi aéroport de Fiumicino), se trouve à Fiumicino, à environ une demi-heure en train de la Termini ou de 45 à 60 minutes en voiture du centre-ville. Un autre aéroport, Ciampino, au sud de la ville sur la via Appia

Nuova, accueille la plupart des vols charters. On y accède moins facilement (consultez le chapitre *Comment circuler*).

Si vous arrivez en voiture, munissez-vous d'une bonne carte routière afin d'avoir une idée des différentes voies d'accès au centre. Un boulevard extérieur, le Grande Raccordo Anulare (GRA), fait tout le tour de la ville. Il est relié à l'autostrada A1, l'autoroute qui traverse l'Italie du Nord au Sud, de Milan à Reggio di Calabria. Pour rejoindre le centre depuis le GRA, vous pouvez emprunter la via Salaria au nord, la via Aurelia au nord-ouest ou la via Cristoforo Colombo au sud.

La circulation est en principe interdite dans le centre-ville. Toutefois, on autorise les touristes à se rendre à leur hôtel, à condition de posséder une carte spéciale attestant d'une réservation. Il existe un parking non surveillé sur le lungotevere (quai du Tevere) et non loin du centre historique. Comptez 2 000 L l'heure et munissez-vous de monnaie pour obtenir un ticket aux distributeurs installés tous les 100 m dans la rue. Le plus grand parking de la ville se trouve à la villa Borghese (reportez-vous au chapitre *Comment circuler* pour davantage de détails).

La plupart des hôtels bon marché et des *pensioni* sont rassemblés autour de la stazione Termini. Toutefois, cela vaut la peine de s'éloigner un peu, car les établissements plus près du centre ne reviennent guère plus cher et sont infiniment plus agréables. Le quartier de la gare, surtout à l'ouest, ne paie en effet pas de mine, mais les nombreux hôtels attirent toujours les visiteurs à petit budget et les groupes.

CARTES

Investissez 6 000 L dans le plan de la ville et des bus appelé *Roma*, édité par l'Editrice Lozzi de Rome et vendu dans tous les kiosques à journaux de la Termini. Il répertorie toutes les rues et les itinéraires des bus et comprend un index. L'excellente carte gratuite *Roma Centro*, en italien et en anglais, indique les différents trajets des bus et des trams de la ville, ainsi que les lignes de métro. Elle comporte également un plan du centre-ville correct. Vous pourrez vous la procurer à l'office du tourisme ou au kiosque Atac sur la piazza dei Cinquecento, devant la stazione Termini.

Les librairies (Feltrinelli par exemple) ou les kiosques à journaux vendent également d'autres cartes. Signalons notamment celles éditées par l'Istituto Geografico de Agostini, le Touring Club Italiano et Michelin, d'excellente qualité.

Avant de partir, on peut également se procurer un plan de *Rome* au 1/15 000, édité par l'IGN (n°86030). Il couvre la cité du Vatican et dispose d'un index des rues.

OFFICES DU TOURISME
Sur place

A l'instar du reste de la ville, le service de renseignements touristiques de Rome, l'APT, était, lors de la rédaction de ce guide, en pleine effervescence pour cause de préparation des festivités de l'an 2000. On parlait de nouveaux bureaux, de sites Web et d'adresses électroniques, mais nous n'avons toutefois pas obtenu d'informations plus précises à ce moment.

Vous trouverez un bureau de l'office du tourisme dans le hall principal de la stazione Termini, ouvert tous les jours de 8h15 à 19h15 (carte 6, ☎ 06 487 12 70). Le bureau principal de l'APT se situe via Parigi 5 et ouvre du lundi au samedi, de 8h15 à 19h15. Pour vous y rendre à partir de la stazione Termini, marchez en direction du nord-ouest pour traverser la piazza dei Cinquecento et la piazza della Repubblica. La via Parigi commence à droite de cette place, à environ 5 minutes à pied de la gare. Cet office du tourisme vous fournira des renseignements sur l'hébergement, les musées, les manifestations diverses, les spectacles, les transports en commun de la ville ou interurbains.

Vous pourrez vous procurer également de la documentation sur d'autres villes italiennes, voire parfois des plans et des listes d'hôtels. Il existe aussi un bureau dans le hall d'arrivée de l'aéroport de Fiumicino (☎ 06 65 95 44 71).

A quelques minutes à pied au nord-est de la gare, essayez l'office du tourisme privé Enjoy Rome (plan 6, ☎ 06 445 18 43 ; fax 06 445 07 37 ; info@enjoy rom.it), via Varese 39, véritable mine d'informations sur la ville et ses environs.

Il dispose d'un service de réservation hôtelière gratuit et propose des types d'hébergement différents, comme la location d'appartement. Il peut par ailleurs s'occuper de réserver votre séjour dans une autre ville d'Italie.

Enfin, il organise des visites guidées de Rome (voir *Circuits organisés* dans le chapitre *Comment circuler*), de Florence et de Venise.

Vous obtiendrez davantage de renseignements sur ces services sur le site www.enjoyrome.it.

Le personnel, très serviable, parle souvent anglais. Le bureau est ouvert du lundi au vendredi de 8h30 à 14h et de 15h30 à 18h30, de 8h30 à 14h le samedi.

Il édite un guide de la ville, *Enjoy Rome*, qui fourmille d'informations pratiques très utiles.

Enfin, vous trouverez des kiosques d'information sur le largo Corrado Ricci, face à l'entrée du Foro Romano (plan 6), sur le largo Goldoni, sur la via del Corso à l'extrémité de la via Condotti (plan 5), à côté du palazzo delle Esposizioni sur la via Nazionale (plan 6), à Trastevere, sur la piazza Sonnino (plan 7) et au Vaticano (plan 5).

A l'étranger

L'Office national du tourisme italien (appelé ENIT en Italie) dispose d'agences dans le monde entier et possède un site Web (www.enit.it), répertoriant les adresses postales et électroniques et les numéros de téléphone des différents bureaux, les heures d'ouverture des musées en Italie, ainsi que des renseignements sur quelques sites.

A Rome, l'ENIT se situe via Marghera 2 (plan 6, ☎ 06 49 711, fax 06 44 63 379, sedecentrale.enit@interbusiness.it).

A l'étranger, adressez-vous aux bureaux de l'Office national du tourisme :

Belgique
176, avenue Louise, 1050 Bruxelles
(☎ (2) 647 11 54)
Canada
1, place Ville Marie, Suite 1914, Montréal, Québec H3B 3M9 (☎ 514-866 7667, initaly@ican.net)
France
23, rue de la Paix, 75002 Paris
(☎ 01 42 66 03 96, fax 01 47 42 19 74, 106616.131@compuserve.com)

La CIT (Compagnia Italiana di Turismo) regroupe des agences de voyages spécialisées dans le tourisme en Italie. Ces agences, présentes partout dans le monde, fournissent des renseignements très complets sur l'Italie, organisent des circuits et réservent des hôtels. Elles peuvent également réserver des billets de train, y compris sur des longs trajets (Rome-Naples, par exemple), vendre des billets Eurail ou des cartes de réduction sur les transports ferroviaires italiens. Voici les adresses de certaines de ces agences :

Belgique
72, boulevard de l'Impératrice, 1000 Bruxelles
(☎ (2) 509 45 11, fax (2) 512 14 88)
Canada
1450 City Councillors St, Suite 750, Montréal, Québec H3A 2E6 (☎ 514-845 4939, fax 514-845 9137, citmil@videotron.ca)
80 Tiverton Court, Suite 401, Markham, Ontario L3R 0G4 (☎ 905-415 1060, fax 905-415 1063, cittours@interlog.com)
France
3, boulevard des Capucines, 75002 Paris
(☎ 01 44 51 39 51, fax 01 44 51 39 67)

Enfin, les centres culturels italiens installés dans de nombreuses grandes villes fournissent des informations sur les diverses possibilités d'étudier à Rome ou dans d'autres villes d'Italie.

Autres sources d'informations

De nombreux magazines proposent des guides hebdomadaires indiquant événements et manifestations à Rome ainsi que diverses informations sur la ville. Citons notamment, en anglais, *Wanted in Rome*, disponible dans certains kiosques à journaux du centre et dans toutes les librairies anglaises, et *Enjoy Rome*, que vous achèterez à l'office du tourisme du même nom. Si vous comprenez l'italien, procurez-vous un exemplaire de *Roma C'è*. Le quotidien *La Repubblica* répertorie les numéros de téléphone utiles et indique les tarifs et les heures d'ouverture des principaux monuments romains. Il comporte en outre chaque jeudi un supplément, *Trovaroma*, indispensable pour connaître tout ce qui se passe à Rome.

FORMALITÉS
Passeports

Les ressortissants des quinze pays membres de l'Union européenne peuvent se rendre en Italie munis de leur carte d'identité. Par ailleurs, l'Italie appliquant désormais les accords de Schengen, ils peuvent passer la frontière sans contrôle douanier. Les ressortissants de pays ne délivrant pas de carte d'identité, comme le Royaume-Uni, doivent posséder un passeport en cours de validité.

Les ressortissants canadiens et suisses ont besoin d'un passeport en cours de validité.

Visas

Tous les ressortissants de l'Union européenne peuvent séjourner en Italie aussi longtemps qu'ils le désirent sans visa. Ceux des autres pays, comme le Canada, qui se rendent en Italie pour faire du tourisme, peuvent rester trois mois au maximum sans visa. Toutefois, dans la mesure où les passeports ne sont pas toujours tamponnés à la frontière, cette durée de trois mois est assez souple, puisque votre date d'arrivée ne peut pas être prouvée.

Cependant, si vous allez en Italie pour une autre raison que le tourisme (pour faire des études par exemple) ou que vous souhaitez y séjourner longtemps, insistez pour que l'on vous tamponne votre passeport à l'arrivée. Vous risquez sinon de rencontrer des difficultés à obtenir un *permesso di soggiorno*, autorisation de séjour pour une durée déterminée, indispensable pour s'inscrire dans une école ou demander un logement (voir la rubrique *Permesso di soggiorno*).

Ressortissants de l'Union européenne. Les citoyens de l'Union européenne peuvent vivre et travailler en Italie sans autorisation. Ils doivent toutefois se déclarer auprès d'une *questura* (commissariat de police) lorsqu'ils résident sur place et demander un permesso di soggiorno (voir plus loin dans ce chapitre). La nouvelle loi sur l'immigration de 1998 tend à favoriser les ressortissants non européens, qui obtiennent plus facilement que les Européens un permis de séjour illimité. Celui-ci, appelé *carta di soggiorno*, leur est délivré s'ils remplissent certaines conditions et peuvent prouver qu'ils résident en Italie depuis plus de cinq ans.

Les Européens, quant à eux, doivent toujours faire renouveler leur permis tous les cinq ans. Le gouvernement italien devrait modifier cette loi courant 1999.

Visas étudiants. Les ressortissants des pays non membres de l'Union européenne qui souhaitent étudier en Italie doivent demander un visa étudiant auprès de l'ambassade ou du consulat italien de leur pays. Il faut en principe apporter des justificatifs d'inscription et la preuve que vous pouvez subvenir à vos besoins pour que l'on vous délivre le visa, valable uniquement pour la durée de votre inscription. Il peut toutefois être prolongé en Italie, toujours au vu des mêmes justificatifs (prévoyez des relevés bancaires pour attester de vos ressources).

Assurance voyage

Comme le proclame le célèbre slogan, ne partez pas sans elle ! Elle couvrira en effet les dépenses médicales, la perte ou le vol des bagages et le retard ou l'annulation de votre voyage. La couverture dépendant du type de votre assurance et de votre billet, renseignez-vous auprès de la compagnie d'assurances et du voyagiste. La perte de votre billet est également prise en charge, à condition que vous en ayez conservé une copie.

Enfin, en payant votre billet avec une carte bancaire, vous avez souvent droit à une assurance. Renseignez-vous sur sa couverture auprès de votre banque.

Permis de conduire

Si vous souhaitez circuler en voiture à Rome, emportez votre permis de conduire, éventuellement un permis international ou la traduction de votre permis national (proposée par les offices nationaux du tourisme italien, voir les adresses plus haut dans ce chapitre). Les étrangers, Européens ou non, qui résident en Italie depuis au moins un an doivent se procurer un permis de conduire italien. Si vous roulez avec votre propre voiture, n'oubliez pas le certificat international d'assurance (la carte verte) et les papiers d'immatriculation de la voiture.

Cartes d'auberges de jeunesse

Toutes les auberges de jeunesse affiliées (Associazone Italiana Alberghi per la Gioventù, AIG) demandent une carte HI en cours de validité, que vous obtiendrez dans votre pays d'origine ou sur place. Dans ce cas, vous devrez acheter six timbres à 5 000 L, correspondant aux six premières nuits passées dans l'auberge de jeunesse, et les coller sur la carte. Vous serez ensuite considéré comme un membre de l'association à part entière.

Cartes d'étudiant et cartes jeune

La carte d'étudiant internationale ou ISIC (International Student Identity Card) permet de bénéficier de réductions dans certains musées et sites, de vols internationaux bon marché au départ de l'Italie ou encore de tarifs intéressants au cinéma et au théâtre.

Les enseignants peuvent se procurer la carte ITIC offrant les mêmes réductions et comportant en outre une assurance voyage.

Si vous avez moins de 26 ans et que vous n'êtes pas étudiant, demandez une carte FIYTO (Federation of International Youth Travel Organisations) ou une carte Euro 26, qui proposent les mêmes avantages que la carte ISIC.

Ces cartes sont délivrées par les syndicats étudiants, les fédérations des auberges de jeunesse et les agences de voyages pour étudiants.

A Rome, adressez-vous au bureau du Centro Turistico Studentesco e Giovanile (CTS).

Cartes senior

Les ressortissants de l'Union européenne de plus de 65 ans bénéficient généralement d'une réduction, ou d'un accès libre, dans les musées et les monuments, ainsi que de tarifs réduits sur les transports ferroviaires (voir le chapitre *Comment circuler*).

Formalités complémentaires

Permesso di soggiorno. Tous les visiteurs sont tenus de se déclarer auprès d'une *questura* (commissariat de police) s'ils souhaitent résider au même endroit plus d'une semaine afin de recevoir un permesso di soggiorno (permis de séjour). Cette mesure ne s'applique pas aux touristes descendant dans les hôtels, car ce sont ces derniers qui déclarent leurs hôtes auprès de la police.

Le permesso di soggiorno n'est en fait obligatoire que si vous désirez étudier, exercer un emploi déclaré ou vivre en Italie. Pour l'obtenir, vous devrez subir une longue attente au guichet (jusqu'à deux heures) pour découvrir parfois que vous ne possédez pas tous les documents requis.

Les pièces nécessaires, documents et timbres fiscaux (*marche da bollo*), changent en effet quelquefois d'une année sur l'autre. Toutefois, d'une manière générale, munissez-vous de votre passeport en cours de validité et portant la date de votre entrée en Italie, d'un visa spécial obtenu dans votre pays d'origine si vous souhaitez poursuivre des études (pour les non-Européens), de quatre photographies d'identité et des pièces justifiant que vous pouvez subvenir à vos besoins.

Pour plus de prudence, rendez-vous dans une *questura* pour connaître exactement les pièces demandées. On en affiche quelquefois la liste. Sinon, adressez-vous au guichet d'informations.

Si possible, évitez la questura principale de Rome, via Genova (plan 6), dont les délais d'attente sont connus. Grâce à la décentralisation, on peut désormais s'adresser au commissariat le plus proche de son lieu de résidence.

Permis de travail. Les ressortissants des pays non membres de l'Union européenne qui souhaitent travailler en Italie doivent obtenir un *permesso di lavoro* (permis de travail). Si vous avez l'intention de travailler pour une entreprise italienne (en étant payé en lires), celle-ci doit se charger de faire parvenir ce permesso au consulat d'Italie de votre pays afin que l'on vous délivre le visa approprié.

Si, en revanche, vous allez travailler pour une entreprise étrangère, si vous êtes rémunéré en devises ou que vous exerciez votre activité en libéral, vous devez vous procurer vous-même le permesso auprès du consulat d'Italie de votre pays. Sachez que cette procédure peut prendre plusieurs mois.

Dans tous les cas, nous vous conseillons de vous adresser à l'ambassade ou au consulat d'Italie afin de connaître les conditions requises pour exercer un emploi légal. Beaucoup d'étrangers renoncent à ces formalités et trouvent du travail "au noir" dans l'enseignement, la restauration ou les emplois saisonniers. Reportez-vous à la rubrique *Travailler à Rome* plus loin dans ce chapitre pour davantage de détails.

Photocopies

Photocopiez tous vos documents importants, notamment votre passeport, votre billet d'avion et vos cartes de crédit, le cas échéant. Notez également le numéro de vos chèques de voyage.

Conservez ces copies à un autre endroit que les originaux et prévoyez une petite somme d'argent de secours. Laissez un autre exemplaire de photocopies à un proche resté dans votre pays. En cas de vol ou de perte de votre passeport, déclarez-le à la police, puis adressez-vous à votre ambassade ou consulat dans les meilleurs délais.

AMBASSADES ET CONSULATS
Ambassades et consulats italiens à l'étranger

Ci-dessous sont indiquées certaines des missions diplomatiques italiennes à l'étranger. Sachez néanmoins qu'il existe des consulats dans plusieurs villes des pays cités.

Belgique
  Ambassade : 12, place de la Liberté, 1000 Bruxelles (☎ (2) 229 14 30)
  consulat : 38, rue de Livourne, 1000 Bruxelles (☎ (2) 537 19 34, fax (2) 537 57 56)
Canada
  Ambassade : 21e étage, 275 Slater St, Ottawa, Ontario KIP 5H9 (☎ 613-232 2401, fax 613-233 1484, ambital@trytel.com, www.try tel.com /~italy)
  Consulat : 1200 Burrard Street, Suite 705, Vancouver BC V6Z 2C7 (☎ 604-684 5575, fax 685 4263)
France
  Ambassade : 51, rue de Varenne, 75007 Paris (☎ 0 1 49 54 03 00, fax 45 49 35 81, stampa@dial.oleane.com)
  Consulat : 5, boulevard Emile Augier, 75016 Paris (☎ 01 44 30 47 00, fax 01 45 25 87 50)
Suisse
  Ambassade : Elfenstrasse 14, Bern 3006 (☎ (31)352 41 51, fax (31) 351 10 26, ambitaal.bema@spectraweb.ch ; ambital.berna@spectraweb.ch)
  Consulat : Belpstrasse 11, Bern 3007 (☎ (31) 381 19 12, fax (31) 382 49 32)

Ambassades et consulats étrangers à Rome

Canada
  Ambassade : via G B de Rossi 27 (plan 4, ☎ 06 44 59 81)
  Consulat : via Zara 30 (plan 4, ☎ 06 44 59 81)
France
  Ambassade : piazza Farnese (plan *Les environs de la piazza Navona*, ☎ 06 68 60 11)
  Visas : via Giulia 251 (plan *Les environs de la piazza Navona*, ☎ 06 68 80 21 52)
Suisse
  Ambassade : via Barnaba Oriani 61 (plan 4, ☎ 06 80 95 71)
  Consulat : largo Elvezia 15 (plan 4, ☎ 06 808 83 61)

Pour obtenir les coordonnées des autres missions diplomatiques à Rome, regardez dans l'annuaire sous "Ambasciate" ou "Consolati". Les offices du tourisme disposent généralement d'une liste complète.

DOUANE

Les ressortissants non européens peuvent importer sans payer de taxe deux appareils photo et 10 pellicules, un caméscope et 10 cassettes de film, un magnétophone portable et une "quantité raisonnable" de cassettes, un lecteur de CD, une paire de jumelles, du matériel de sport, y compris des skis, une bicyclette ou une motocyclette (ne dépassant pas 50 cm^3), une radio portable et un téléviseur portatif (ces deux appareils peuvent être soumis au paiement d'une taxe), des bijoux personnels. Il est également autorisé d'importer librement jusqu'à 200 cigarettes, 50 cigares, 2 l de vin et 1 l d'alcool.

Si vous êtes ressortissant d'un pays européen et que vous arrivez d'un pays européen, vous pouvez importer jusqu'à 300 cigarettes, une bouteille de vin et une demi-bouteille d'alcool. Le montant de lires que vous pouvez apporter n'est pas plafonné.

QUESTIONS D'ARGENT

Dans la mesure du possible, prévoyez des chèques de voyage et une carte de crédit.

Monnaie nationale

L'Italie appartenant au groupe des 11 pays qui appliquent en premier l'Union monétaire européenne, elle adoptera l'euro comme monnaie nationale dès le 1er janvier 2002. (Rappelons que l'euro peut s'échanger sur les marchés monétaires depuis janvier 1999, mais que les billets et les pièces apparaîtront au cours du premier semestre 2002.)

A ce jour, la monnaie nationale italienne est toujours la lire. Il existe des billets de 1 000, 2 000, 5 000, 10 000, 50 000, 100 000 et 500 000 L. Les pièces sont de 50, 100, 200, 500 et 1 000 L.

Taux de change

Belgique	1 FB	47,99 L
Canada	1 $CAN	1 195,57 L
Euro	1 E	1 936,27 L
France	1 FF	295,18 L
GB	1 £	2 924,98 L
Suisse	1 FS	1 215,53 L
USA	1 $US	1 807,15 L

Change

Vous pouvez changer de l'argent dans les banques, à la poste ou dans un *cambio* (bureau de change). Les banques pratiquent en général les taux les plus intéressants. Toutefois, renseignez-vous au préalable sur les commissions car elles varient considérablement, en particulier selon que vous changez des espèces ou des chèques de voyage.

Ainsi, alors que la poste applique une commission de 1 000 L sur le change des espèces, les banques prennent au moins 2 500 L, plus encore dans le cas des chèques de voyage. Certaines banques prélèvent en effet 1 000 L *par chèque* et n'acceptent de changer que 3 000 L minimum. La poste facture, quant à elle, un maximum de 5 000 L par opération. Les pratiques des banques diffèrent en la matière. Aussi, veillez à vous informer, sans oublier de comparer les taux de change proprement dits. Par ailleurs, les bureaux de change se targuent parfois de ne prendre "aucune commission", mais ils appliquent souvent des taux moins avantageux que les banques.

Résistez à l'envie de changer en une fois une grosse somme d'argent pour éviter de payer ces commissions : vous risqueriez de vivre dans la hantise de vous faire dévaliser !

Espèces. Nous vous déconseillons d'emporter une grosse somme de monnaie étrangère en espèces. Les commissions de change des espèces sont certes souvent moins élevées que pour les chèques de voyage, mais le risque de perdre l'intégralité de la somme présente un inconvénient non négligeable.

En revanche, prévoyez quelques lires à l'avance (surtout si vous arrivez en avion) pour éviter la corvée de change dès votre arrivée.

Chèques de voyage. Moyen sûr de transporter de l'argent, ils sont acceptés dans les banques et les bureaux de change de Rome et de toute l'Italie. Ne conservez pas le reçu de la banque au même endroit que les chèques et établissez une liste des numéros des chèques déjà utilisés afin de limiter les problèmes en cas de vol ou de perte. Avant d'acheter des chèques, vérifiez les conditions de remboursement.

L'euro

Depuis le 1er janvier 1999, l'Italie a adopté la nouvelle monnaie commune aux 11 pays de l'Union européenne (UE) qui ont adhéré dès le début à l'euro : l'Autriche, la Belgique, la Finlande, la France, l'Allemagne, l'Irlande, l'Italie, le Luxembourg, les Pays-Bas, le Portugal et l'Espagne. Pour l'heure, le Danemark, la Grèce, la Norvège, la Suède et le Royaume-Uni ont rejeté ou reporté leur participation.

Dans un premier temps, l'utilisation de l'euro reste limitée aux transactions boursières et aux transferts interbancaires tandis que les monnaies nationales seront supprimées progressivement.

Le calendrier pour l'introduction de l'euro est le suivant :

- Le 1er janvier 1999, les taux de change des pays participants ont été irrévocablement fixés sur l'euro. L'euro est entré en vigueur pour la comptabilité "théorique". Les prix peuvent être affichés en monnaie nationale et en euross.
- Le 1er janvier 2002, les billets et les pièces en euros seront introduits. Cela marquera le début d'une période de coexistence des euros et des billets et pièces dans la monnaie nationale (qui, dans les faits, seront simplement des unités provisoires de l'euro).
- En juillet 2002, les monnaies nationales seront retirées. Seuls les billets et pièces en euros resteront en circulation et les prix ne seront affichés qu'en euros.

L'euro aura la même valeur dans tous les pays membres de l'UE ; vous utiliserez le même billet de 5 € en France, en Italie ou au Portugal. Il y aura sept billets en euros. De couleurs et de tailles différentes, ils auront une valeur de 500, 200, 100, 50, 20, 10 et 5 €. Les pièces seront au nombre de 8, avec des valeurs de 2 et 1 €, puis 50, 20, 10, 5, 2 et un cents. Au verso de chaque pièce, chaque pays pourra apposer son propre symbole, mais toutes les pièces pourront être utilisées partout où les euros sont acceptés.

Qu'est-ce que cela implique pour le voyageur ? Entre 1999 et 2002, des comptes chèques et des chèques de voyage en euros seront disponibles. Les sociétés de cartes bancaires pourront facturer en euros et les magasins, les restaurants et les hôtels pourront afficher les prix en euros et dans la monnaie nationale. La période entre janvier et juillet 2002 sera probablement la plus déroutante car il y aura deux sortes de pièces et de billets.

Dans l'ensemble, l'euro devrait largement faciliter les choses. L'un des principaux avantages est qu'il sera possible de comparer instantanément les prix entre les 11 pays sans se livrer à d'ennuyeux calculs. Pour les chèques de voyage, les banques ne pourront plus faire de bénéfices en vous achetant une devise à un taux et en vous la vendant à un autre, comme elles le font en ce moment. Même certains pays de l'UE ne participant pas au premier train de l'euro pourront afficher les prix en euros et accepter des euros dans les magasins.

Le site Web Lonely Planet, www.lonelyplanet.com, dispose d'un lien avec un convertisseur de monnaie et des informations mises à jour sur le processus d'intégration.

Si vous possédez des chèques de voyage en lires, vous ne devriez payer aucune commission lors du change. La plupart des devises fortes sont acceptées. Sachez toutefois que si vous achetez des chèques dans une tierce devise (en dollars par exemple), vous payez deux commissions : l'une à l'achat, l'autre lors du change. Demandez de préférence des chèques d'un montant important pour éviter les frais liés au change.

Vous ne devriez pas rencontrer de difficultés avec des chèques Visa, Thomas Cook ou American Express. Ce dernier dispose même de bureaux dans les grandes villes italiennes et de représentants dans les plus petites. Si vous perdez vos chèques Amex à Rome, appelez le numéro gratuit disponible 24 h/24 (☎ 167-87 20 00).

Munissez-vous de votre passeport pour changer vos chèques de voyage.

Distributeurs et cartes de crédit. Les cartes de crédit représentent la solution idéale. Vous ne risquez pas de perdre des espèces ou des chèques, vous pouvez retirer de l'argent le week-end et en dehors des heures de bureau, et les taux de change sont plus intéressants.

Les principales cartes de crédit, comme Visa, MasterCard, Eurocard, Cirrus et Euro Cheques, sont acceptées à Rome et dans le reste de l'Italie. Vous pouvez les utiliser pour vos achats (y compris dans les supermarchés), dans les hôtels et les restaurants (certaines pensioni et les petites trattorie et pizzerie n'acceptent toutefois que les espèces).

Elles vous permettent de retirer de l'argent aux distributeurs (*bancomat*) ou aux guichets des banques. Vous rencontrerez le plus souvent des distributeurs Visa ou MasterCard. Renseignez-vous sur les commissions auprès de votre banque. D'une manière générale, on ne prélève pas de frais sur les achats réalisés avec la carte et l'on applique une commission de 1,5% sur les retraits d'argent.

Si un distributeur rejette votre carte, essayez-en d'autres (portant le logo de votre carte) avant de prendre contact avec votre banque.

En cas de vol ou de perte de votre carte, appelez le numéro gratuit du centre de gestion de votre carte pour en bloquer immédiatement l'utilisation. En Italie, le numéro de MasterCard est ☎ 167-870 866, celui de Visa, ☎ 167-877 232. Si votre carte a été émise en Italie, composez le ☎ 167-822 056.

Les cartes American Express sont également bien acceptées (moins fréquemment toutefois que les Visa ou les MasterCard).

Les agences Amex (à Rome ou Milan par exemple) peuvent vous délivrer une nouvelle carte dans les 24 heures, voire immédiatement, en cas de vol ou de perte. Certaines disposent de distributeurs où vous pourrez retirer de l'argent si vous avez effectué les arrangements nécessaires avant de partir.

Le numéro d'appel American Express en cas de vol ou de perte de la carte varie selon le lieu d'émission de celle-ci. Renseignez-vous auprès de votre agence American Express ou téléphonez à Rome au ☎ 06 7 22 82, disponible 24 h/24.

Virements internationaux. Le "télex urgent" constitue un moyen sûr d'envoyer de l'argent à Rome, soit par l'intermédiaire de l'agence d'une banque italienne dans votre pays, soit depuis une grande banque de votre pays vers une banque donnée à Rome. Conservez impérativement tous les détails de la transaction, en particulier l'adresse précise de la banque à laquelle l'argent a été envoyé. C'est toujours l'agence principale de la banque de destination qui tient cet argent à votre disposition. Les transferts par télex urgent ne prennent en principe que quelques jours, alors que les transferts par télégraphe ou les virements peuvent mettre des semaines.

Vous pouvez également transférer de l'argent par l'intermédiaire des agences American Express ou Thomas Cook. Pour récupérer l'argent, vous devrez présenter une pièce d'identité. Il est également conseillé de connaître les détails de la transaction. Évitez de vous faire envoyer des chèques par la poste, celle-ci n'étant guère fiable.

Le service récent de transfert d'argent proposé par Western Union (☎ 1670-13839, numéro gratuit) s'avère très rapide. Rome comptant plusieurs agences, appelez le numéro gratuit pour connaître l'adresse de celle vous convenant le plus. Il suffit à l'expéditeur et au destinataire de se présenter dans une agence Western Union munis d'une pièce d'identité et de la somme servant à couvrir les frais de l'opération. Les transferts sont quasiment immédiats, selon le montant expédié.

Coût de la vie

Un voyageur *très* économe pourra ne pas dépenser plus de 70 000 L par jour, à condition de séjourner dans une auberge de jeunesse, de se contenter d'un repas chaud par jour (à l'auberge), de déjeuner d'un sandwich ou d'une part de pizza et de limiter ses visites au musée, l'entrée s'élevant aux alentours de 12 000 L. Pour économiser sur les frais de transport, achetez des tickets touristiques ou à la journée pour les bus et le métro. Les musées et les galeries accordent généralement des réductions aux étudiants, sur présentation de la carte d'étudiant internationale en cours de validité.

En logeant dans les pensioni les moins onéreuses ou dans les petits hôtels, en ne prenant qu'un repas au restaurant et en ne visitant qu'un musée par jour, vous devriez respecter les 100 000 L par jour. Toutefois, ce budget risque d'être difficile à tenir pour les voyageurs solitaires car les chambres simples coûtent relativement cher.

Pour apprécier pleinement Rome, mieux vaut disposer d'un budget moins restreint. Les hôtels, les restaurants et les boutiques de luxe ne manquent pas.

Si vous souhaitez séjourner dans un hôtel confortable peu cher ou de catégorie moyenne, faire deux repas complets par jour, ne pas vous limiter en visites et pouvoir profiter des charmes de la ville, prévoyez un minimum de 200 000 à 250 000 L par jour.

Sur une journée, les frais peuvent se répartir de la manière suivante : de 25 000 (auberge de jeunesse) à 200 000 L pour l'hébergement, de 3 000 (café et croissant) à 20 000 L (en terrasse) pour le petit déjeuner, de 5 000 (sandwich et eau minérale) à 50 000 L (restaurant de catégorie moyenne) pour le déjeuner, 6 000 L pour les transports en commun (carte journalière pour le bus et le métro), 12 000 L pour l'entrée d'un musée et de 25 000 à 100 000 L pour un dîner au restaurant.

Pourboires et marchandage

Bien que le service soit généralement compris dans l'addition, il est d'usage de laisser un petit pourboire. Si le service n'est pas inclus, laissez éventuellement un pourboire de 10% de la note. Dans les bars, les Italiens laissent souvent la petite monnaie qui leur est rendue, soit parfois pas plus de 100 ou 200 L. Si, habituellement, on ne laisse pas de pourboire aux chauffeurs de taxi, en revanche, n'oubliez pas d'en donner un au bagagiste des grands hôtels.

On marchande couramment sur les marchés aux puces mais pas dans les magasins. Au marché de porta Portese par exemple, n'hésitez pas à proposer la moitié du prix demandé. Ne vous laissez pas impressionner si le marchand refuse votre offre d'un geste de la main : celui d'à côté s'empressera de l'accepter, après l'avoir un peu discutée (c'est le jeu). Bien que l'on ne marchande pas dans les magasins, vous vous apercevrez sans doute que les propriétaires sont souvent enclins à octroyer un rabais en cas d'achats importants. Par ailleurs, dans une pension, vous pouvez essayer de négocier un prix spécial dans la mesure où vous restez plusieurs jours.

Taxes et remboursement

La TVA, ou IVA (Imposta di Valore Aggiunto), s'applique à tous les produits et services et se monte à environ 19%. Les ressortissants des pays non européens peuvent en demander le remboursement si les articles achetés sont destinés à leur propre usage et dépassent un certain montant (300 000 L en 1998). Transportez vous-même les objets et conservez les reçus.

Le remboursement ne concerne que les articles achetés dans des magasins de détail agréés, ceux qui affichent "Tax-free for tourists". Si vous ne voyez pas ce panneau, informez-vous dans le magasin. Vous devez remplir un formulaire lors de l'achat et le faire viser par les douaniers lors de votre départ. Vous disposez ensuite d'un délai de 60 jours pour renvoyer le formulaire au vendeur, qui procédera au remboursement par chèque ou virement. Dans les grands aéroports et à certains postes-frontières, vous pouvez obtenir un remboursement immédiat.

Reçus. En vertu des lois visant à renforcer le contrôle sur le paiement des impôts, il incombe à l'acheteur de demander, et de conserver, un reçu pour tous les biens ou services payés, qu'il s'agisse d'un litre de lait ou d'une coupe de cheveux. Bien que cela se produise rarement, un officier de la *Guardia di finanza* (police fiscale) peut vous intercepter à la sortie d'un magasin pour contrôler votre reçu. Si vous ne l'avez pas, vous encourez une amende pouvant atteindre 300 000 L.

POSTE ET COMMUNICATIONS

Les services postaux italiens sont connus pour leur lenteur, leur peu de fiabilité et leur coût. Autrement dit, ne vous étonnez pas trop si les lettres que vous envoyez n'arrivent pas à destination.

Tarifs postaux

Les timbres (*francobolli*) sont en vente dans les postes et les bureaux de tabac (*tabacchi*) agréés. Ces derniers se reconnaissent à la lettre T blanche sur fond noir. Dans la mesure où il faut en général peser les lettres, les timbres internationaux que vous achèterez ne correspondront pas toujours au tarif requis. Les bureaux de tabac ont les mêmes heures d'ouverture que les autres magasins.

Pour obtenir des informations sur les services postaux, composez le ☎ 160. La poste principale de Rome, piazza San Silvestro 18/20 (plan 6), ouvre du lundi au vendredi de 8h30 à 18h, de 8h30 à 14h le samedi et de 9h à 14h le dimanche. Celle de la via di porta Angelica (plan 5), face à l'entrée du Vaticano, applique les mêmes horaires.

Chaque quartier de la ville possède un bureau de poste ouvert en principe de 8h30 à 13h50 du lundi au vendredi et de 8h30 à 11h50 le samedi. Tous les bureaux de poste ferment deux heures plus tôt le dernier jour ouvré de chaque mois.

Le tarif d'affranchissement d'une lettre par avion (*via aerea*) dépend de son poids et de sa destination. Pour une carte postale et une lettre jusqu'à 20 g, comptez 800 L pour l'Union européenne, 900 L pour les autres pays européens, 1 300 L pour les États-Unis et 1 400 L pour l'Australie et la Nouvelle-Zélande. Dans la mesure où les cartes postales semblent assez mal distribuées, il est préférable de les glisser dans une enveloppe. Les aérogrammes coûtent 900 L, quelle que soit leur destination. On les achète uniquement à la poste.

Envoyer une lettre en express (*espresso*) revient à 3 600 L mais améliore sensiblement la vitesse de distribution.

Si vous souhaitez envoyer des lettres en recommandé (*raccomandato*) ou des articles en valeur déclarée (*assicurato*), sachez qu'ils mettront autant de temps qu'un envoi normal. Pour un raccomandato, vous paierez 4 000 L en sus du tarif normal. Le prix de l'assicurato dépend évidemment de la valeur de l'objet (6 000 L pour des articles d'une valeur de 100 000 L maximum).

Envoyer du courrier

Une lettre par avion peut mettre jusqu'à deux semaines pour atteindre la France ou le Canada. L'acheminement des cartes postales, non prioritaires, peut prendre encore plus de temps.

Le service national n'est guère plus efficace : les lettres envoyées dans une même ville mettent au moins trois jours à parvenir à destination et jusqu'à une semaine lorsqu'elles partent pour une autre localité. D'après des études menées sur l'efficacité de la poste en Europe, l'acheminement en un jour n'existe pas en Italie. L'envoi des lettres en express (voir *Tarifs postaux* ci-dessus) apporte quelquefois une amélioration.

Les paquets (*paccheti*) peuvent être expédiés depuis tous les bureaux de poste. La plupart vendent des boîtes appropriées ou des enveloppes capitonnées. Vous trouverez également ces dernières dans les papeteries (*cartolerie*) et dans certains bureaux de tabac. Il semble que les paquets doivent être fermés selon une technique particulière, qui varie selon les bureaux de poste.

N'utilisez ni ruban adhésif ni agrafes, mais de la colle pour fermer les enveloppes. Pour éviter tout impair, ne fermez pas complètement votre enveloppe ou votre paquet et informez-vous au guichet de la façon de procéder. Un tarif d'affranchissement spécial s'applique aux paquets, acheminés plus lentement que les lettres.

Courrier express. Pour les envois urgents, vous pouvez vous adresser au service express de la poste, la *posta celere* ou poste CAI. Pour une lettre de 500 g maximum, prévoyez 30 000 L pour l'Europe, 46 000 L pour les États-Unis et 68 000 L pour l'Australie. L'envoi d'un paquet de 1 kg vous reviendra à 34 000 L pour l'Europe, 54 000 L pour les États-Unis et le Canada et 80 000 L pour l'Australie et la Nouvelle-Zélande. Ces services ne sont pas toujours aussi rapides que ceux proposés par les entreprises privées. Un paquet devrait parvenir en Europe en un à trois jours et au Canada en un à cinq jours. Renseignez-vous dans les bureaux de poste pour obtenir les adresses des agences CAI.

Poste du Vatican. La plupart des Romains et des touristes préfèrent utiliser les services postaux du Vatican. Il existe un bureau sur la piazza San Pietro (plan 5), à côté du bureau d'informations, et un autre à l'intérieur des Musei Vaticani. Les tarifs sont identiques à ceux du système italien. Cette poste, dirigée en association avec la poste suisse, passe pour être infiniment plus fiable, en particulier pour les services internationaux mais ce n'est pas toujours le cas.

Par ailleurs, la poste du Vatican ne dispose pas d'un service de poste restante.

Transporteurs privés. Plusieurs coursiers internationaux sont installés en Italie.

DHL possède trois bureaux à Rome et un dans les aéroports de Fiumicino et de Ciampino et propose une ligne téléphonique gratuite, 24 h/24, ☎ 167-345 345.

Federal Express, via Barberini 115, dispose également d'un numéro gratuit, ☎ 167-833 040. Enfin, pour joindre UPS, composez le ☎ 167-822 054, gratuit aussi. Signalons que si vous recevez en Italie des articles expédiés par coursiers privés, vous risquez de payer une TVA pouvant s'élever à 20% pour les récupérer.

Recevoir du courrier

La poste restante s'appelle *Fermo Posta* en Italie. Les lettres comportant cette mention sont conservées au guichet du même nom de la poste centrale. Pour Rome, demandez à vos correspondants de les libeller de la façon suivante :

> Paul Martin
> Fermo posta,
> Posta Centrale,
> piazza San Silvestro,
> 00186 Roma

Pour récupérer votre courrier, présentez-vous en personne muni d'une pièce d'identité.

Les détenteurs de chèques de voyage ou d'une carte American Express peuvent utiliser le service de réception du courrier de l'agence American Express, piazza di Spagna 38 (plan 6). Présentez votre passeport pour obtenir vos lettres. Pour connaître la liste des autres agences proposant ce service en Italie, contactez American Express.

Téléphone

L'entreprise publique Telecom Italia gère la majorité des télécommunications en Italie. Ses cabines téléphoniques orange sont disséminées dans toute la ville. Aujourd'hui, la plupart fonctionnent à carte uniquement (*carte/schede telefoniche*), mais beaucoup acceptent encore également des pièces (100, 200 et 500 L). Dans certaines, on peut utiliser des cartes de crédit vendues par Telecom Italia ou des cartes de crédit classiques. Les téléphones publics les plus récents permettent d'envoyer des télécopies. Dans les bars, vous trouverez encore parfois des téléphones munis d'un compteur, qui décomptent les *scatti*, les unités, afin de déterminer la durée de l'appel.

Les cabines téléphoniques sont installées dans les rues, les gares, certains grands magasins et les agences Telecom Italia. Ces dernières possèdent quelquefois des annuaires de l'Italie et emploient parfois des opérateurs, ce qui vous permet de passer une appel international et de le régler ensuite. Vous trouverez une agence Telecom à la stazione Termini et près de la station de métro Castro Pretorio, dans la via San Martino della Battaglia (plan 6).

Les cartes téléphoniques, qui évitent de se constituer une réserve de monnaie, sont en vente dans les bureaux de poste, les bureaux de tabac, les kiosques à journaux et les distributeurs des agences Telecom. Elles coûtent 5 000, 10 000 ou 15 000 L.

Dans les aéroports et les gares, on voit désormais des cabines appartenant à la société Infostrada, fonctionnant avec des cartes du même nom, vendues dans les postes, les bureaux de tabacs et les kiosques à journaux au prix de 3 000, 5 000 ou 10 000 L. Cette société permet d'effectuer uniquement des appels longue distance et internationaux mais à un tarif légèrement inférieur à celui de Telecom Italia.

Tarification. Le prix des communications, notamment les longues distances, compte parmi les plus élevés d'Europe. Pour téléphoner au moindre coût, passez vos appels locaux de 22h à 8h, et les appels à l'étranger de 23h à 8h, ainsi que la majeure partie du dimanche selon le pays appelé.

Depuis un téléphone public, une communication locale (*comunicazione urbana*) vous reviendra à 200 L pour une durée de trois à six minutes, selon l'heure de votre appel. On applique le tarif le plus fort de 8h à 18h30 du lundi au vendredi et de 8h à 13h le samedi.

La tarification des appels longue distance en Italie (*comunicazione interurbana*) dépend de l'heure et de la distance de l'appel. La minute peut atteindre 580 L au maximum.

Le prix des communications à l'étranger est prohibitif : comptez 800 L la minute pour l'Europe depuis un téléphone privé, et près de 1 200 L depuis un téléphone public.

S'il existe dans votre pays d'origine des intermédiaires facturant le prix d'une communication locale (AT&T aux États-Unis par exemple), nous vous conseillons vivement de recourir à leurs services.

Appels nationaux. Les indicatifs régionaux commencent tous par 0 et comprennent quatre chiffres, suivis du numéro de téléphone comportant de quatre à huit chiffres.

Les indicatifs font désormais partie du numéro de téléphone complet. Ainsi, pour passer un appel à Rome, vous devez composer l'indicatif ☎ 06 avec le numéro.

Les numéros de portable commencent par quatre chiffres, tels que 0330, 0335, 0347, 0368, etc. Les numéros gratuits s'appellent des *numeri verdi* (numéros verts). Le coût des appels aux numéros commençant par ☎ 167 est honoré par les sociétés concernées, celui des numéros ☎ 147 est nul. Ces derniers vont progressivement être remplacés par 167 ou 800. Pour obtenir les renseignements, composez le ☎ 12.

Appels internationaux. Vous pouvez facilement appeler à l'étranger depuis un téléphone public, avec une carte. Composez le ☎ 00 (indicatif international), l'indicatif du pays d'appel et de la région, puis le numéro de téléphone.

Pour passer un appel en PCV depuis une cabine, composez le ☎ 15 pour les pays européens ou le ☎ 170 pour le reste du monde. Tous les opérateurs parlent anglais.

Vous avez aussi la possibilité, plus simple et souvent moins coûteuse, de joindre le service des appels en PCV de votre pays d'origine, dont voici les numéros :

Canada	☎ 172-10 01
France	☎ 172-00 33

Pour obtenir les renseignements internationaux, composez le ☎ 176.

Centres d'appels. Rome compte de nombreux centres d'appels à prix réduits, notamment près de la stazione Termini, du Vatican et dans le centre. Ils appartiennent à des sociétés privées et pratiquent des tarifs nettement plus bas que Telecom Italia pour les appels internationaux. En outre, ils sont généralement moins bruyants qu'une cabine en pleine rue et ne

Nouvelle numérotation

Les télécommunications italiennes ont connu un grand bouleversement en 1998. Telecom Italia en effet perdu le monopole des appels longue distance et internationaux. Plusieurs sociétés se sont lancées sur le marché et proposent des tarifs plus intéressants.

On a par ailleurs mis en place une nouvelle numérotation. Les indicatifs régionaux font désormais partie du numéro de téléphone complet. Ainsi, pour téléphoner à Rome, on compose à présent systématiquement le ☎ 06 avec le numéro.

Pour appeler un poste fixe depuis l'étranger, il faut également composer le 0 de l'indicatif régional après le code de l'Italie (39). En revanche, on ne fait pas le 0 pour appeler un mobile.

D'autres changements sont prévus. La numérotation devrait être une nouvelle fois modifiée à partir de décembre 2000. Le ☎ 06, correspondant à l'indicatif de Rome, deviendra ainsi ☎ 46. (Les numéros de Milan commenceront par ☎ 42, ceux de Florence par ☎ 455, ceux de Naples par ☎ 481, etc.) Par exemple, ce numéro romain ☎ 06 76 54 32 10 se transformera en ☎ 46 76 54 32 10.

Cette réforme risque toutefois de connaître quelque retard. La mise en place du code régional systématique en 1998 avait été retardée de six mois malgré les sommes astronomiques investies dans les campagnes publicitaires. Aussi, pour plus de prudence, renseignez-vous à l'office du tourisme, à l'ambassade italienne de votre pays ou auprès d'un opérateur international.

---

nécessitent pas l'utilisation d'une carte. Il vous suffit en effet de téléphoner depuis une cabine du centre et de payer ensuite votre communication.

Cartes téléphoniques internationales. Plusieurs sociétés privées, la plupart associées à des entreprises américaines comme Sprint ou MCI, commercialisent des cartes téléphoniques internationales. Le numéro indiqué sur la carte vous met en relation avec un opérateur installé aux États-Unis, qui vous permet ensuite de passer un appel international à un tarif généralement nettement inférieur aux tarifs italiens (près de 40% de moins aux périodes de plein tarif). Un message vous avertit du nombre d'unités encore disponible sur votre carte. Celles-ci comportent plus ou moins d'unités et s'achètent dans certains bars et bureaux de tabac.

France Direct est un service de France Télécom qui permet de passer facilement des appels dans plus de 60 pays. Le numéro d'accès de la France depuis l'Italie est le ☎ 172 00 33. Vous pouvez aussi effectuer des appels en PCV ou passer une communication avec votre carte France Télécom. Pour plus de détails, sur ces services et leur coût, consultez le numéro vert ☎ 0 800 10 20 40.

Appels en Italie depuis l'étranger. Le code de l'Italie est le ☎ 39. Composez systématiquement le 0 des codes régionaux. Par exemple, pour appeler le numéro ☎ 06 777 77 77 à Rome depuis l'étranger, faites votre code d'accès à l'international puis le ☎ 39 06 777 77 77. Par contre, pour joindre un portable, on ne compose toujours pas le 0 initial. Pour appeler le numéro de portable ☎ 0335 77 77 77 depuis l'étranger, composez le code d'accès international, puis uniquement le ☎ 39 335 77 77 77.

Fax

Bien que les bureaux d'envoi de télécopies ne manquent pas à Rome, le tarif élevé des communications ne privilégie guère ce mode de communication. Pour envoyer un fax en Italie, comptez 3 000 L pour la première page, 2 000 L pour les suivantes, plus

50 L pour l'appel. Pour l'étranger, il vous en coûtera 6 000 L pour la première page, 4 000 L pour les suivantes et 100 L d'appel. Il est également possible d'envoyer des fax depuis certaines cabines Telecom Italia.

Télégramme
Vous pouvez expédier un télégramme de la poste ou le dicter par téléphone (☎ 186). Bien que coûteux, il représente un moyen fiable d'envoyer un message urgent, qui parviendra à destination le jour même ou le suivant.

E-mail et accès Internet
Si vous désirez vous connecter à Internet avec votre portable, il vous faudra passer par un fournisseur d'accès opérant également en Italie. CompuServe dispose d'un numéro d'accès à Rome et à Milan, ainsi que de bornes d'accès plus lentes dans d'autres villes. Certains fournisseurs italiens proposent des abonnements de courte durée. Flashnet (☎ 06 66 05 41) offre des abonnements de un mois à 30 000 L ou de trois mois à 90 000 L. Chez Agora (☎ 06 699 17 42), l'abonnement de deux mois revient à 84 000 L. Le personnel de ces deux prestataires parle anglais.

Par ailleurs, pour pouvoir vous connecter, il faut que votre chambre d'hôtel soit équipée d'une ligne téléphonique moderne. Nous vous conseillons néanmoins vivement de vous renseigner au préalable sur les moyens de protection de votre modem, qui risque d'être endommagé par le système téléphonique PABX utilisé dans les hôtels. N'oubliez pas que les bandes passantes italiennes sont étroites et que vos communications locales, enregistrées avec un compteur, risquent de devenir ruineuses. Connectez-vous de préférences aux heures creuses.

Il existe plusieurs cybercafés qui vous permettent de vous connecter et, parfois, d'envoyer des courriers électroniques. Certains vous ouvrent même une boîte aux lettres électronique. Sinon, créez-vous la vôtre, par l'intermédiaire de Yahoo ou de Hotmail par exemple.

Immense café-restaurant Internet, le Hackers (plan 5, ☎ 39 73 92 68), situé près des Musei Vaticani, via San Veniero 10-16, propose une heure de connexion à 8 000 L ou un forfait de 10 heures à 50 000 L. Vous pourrez même commander une collation ou un repas par ordinateur. Il est ouvert tous les jours de 7h30 à 1h (plus tard les vendredi et samedi).

Les ordinateurs de la librairie Bibli (plan 7, ☎ 06 588 40 97), dans le Trastevere, attirent de nombreux étudiants étrangers. Bien située, à l'angle de la piazza Santa Maria, via dei Fienaroli 28, elle ouvre de 11h à 24h du mardi au samedi et de 17h30 à 24h le lundi. Prévoyez 50 000 L pour un forfait de 10 heures d'accès ou 100 000 L pour 25 heures. On vous crée automatiquement une boîte aux lettres.

En plein cœur du centre historique, le Netgate (plan *Les environs de la piazza Navona*, ☎ 06 689 34 45), piazza Firenze 25, facture l'heure d'accès 10 000 L, boîte aux lettres comprise. Si vous achetez 10 heures, on vous en offre six supplémentaires. Les étudiants bénéficient par ailleurs de réductions. Il ouvre de 10h30 à 22h30 du lundi au samedi en été, de 10h40 à 20h30 sept jours sur sept en hiver.

Dans le quartier de San Lorenzo, le café Internet (plan 6, ☎ 06 445 49 53) propose une heure à 10 000 L ou 10 heures à 70 000 L, boîte aux lettres en sus. Installé dans le quartier universitaire, via Marrucini 14, il est très fréquenté par les étudiants. Il est ouvert de 9h à 2h du lundi au vendredi et de 17h à 2h le week-end.

INTERNET
Au moment de l'impression de ce guide, il n'y avait pas de site vraiment intéressant sur Rome en français : il nous reste donc à citer ceux en italien et en anglais.

Le site Lonely Planet (www.lonelyplanet.com) comporte une page sur l'Italie et sur Rome. Pour un bon aperçu de la ville, faites un tour aussi sur celui d'Excite Reviews (www.excite.com).

Tapez "Rome, Italy" pour découvrir une présentation de nombreux sites. Alfanet (www.alfanet.it) comprend une page d'accueil sur l'Italie et propose un lien vers Rome.

Enfin, Planet Italy (www.planetitaly.com) fournit quelques informations intéressantes.

Le principal organisme de voyages pour étudiants italien, CTS, gère le site Vivi Roma(www.cts.it).

Roma 2000 (www.roma2000.it), Giada InfoCenter Rome (giada.nexus.it) et Travel Italy (www.travel.it) proposent également des renseignements touristiques.

La municipalité de Rome, *il Comune*, possède une page Web (www.comune.roma.it) qui donne des informations diverses, sur le ramassage des ordures, les services sociaux, l'enseignement ou la culture. Elle n'est pas mise à jour très régulièrement et s'adresse en fait plutôt aux habitants de Rome qu'aux touristes, même si ces derniers y trouvent quelquefois des informations pratiques.

Le Vatican propose deux sites, www.vatican.va, site officiel du Saint-Siège, et www.christusrex.org, qui offre une visite virtuelle des musées et galeries du Vatican.

Le site du bimensuel *Wanted in Rome* (www.wantedinrome.com) présente les expositions et les manifestations culturelles en cours, ainsi que divers articles sur Rome et sa région. Il publie aussi des annonces qui peuvent vous aider à trouver un appartement à partager si vous souhaitez séjourner longtemps dans la ville (consultez également la rubrique *Journaux et magazines*, plus loin).

Enfin, les *English Yellow Pages* sont l'annuaire des professionnels, des activités commerciales, des organisations et des services anglophones existant à Rome. Le site (www.mondoweb.it/eyp) apporte un bon aperçu et comporte de nombreux liens fort utiles.

JOURNAUX ET MAGAZINES
En italien

Le *Roma C'è* (2 000 L) publie chaque jeudi une liste des manifestations culturelles romaines. Il comporte un encart en anglais.

Le bimensuel en anglais *Wanted in Rome* (1 500 L) s'adresse principalement aux étrangers vivant à Rome. Il comprend des articles sur la vie politique italienne, la ville, l'histoire, ainsi que la présentation des manifestations culturelles.

Il édite aussi des centaines d'offres d'emploi et d'hébergement.

Même si vous comprenez l'italien, vous risquez d'être un peu désorienté par la presse, la plupart des journaux se bornant à refléter l'opinion de ceux qui les contrôlent. L'argument des articles, souvent très longs, se cache bien souvent dans le dernier paragraphe. La politique intérieure, qui occupe les quatre ou cinq premières pages des journaux, pose de sérieux problèmes de compréhension même aux plus avertis : difficile de suivre les événements si l'on a manqué un épisode !

Il Messaggero, le journal la plus populaire à Rome, donne des informations intéressantes sur la ville et le Vatican et édite chaque semaine un supplément spectacle, *Metro*. Le *Corriere della Sera*, installé à Milan, est le plus grand quotidien du pays. C'est celui qui traite le mieux l'activité internationale et qui présente la politique de la manière la plus complète et la plus compréhensible. *L'Unità*, autrefois orientée à gauche, se situe aujourd'hui au centre. Elle publie des pages culturelles remarquables.

La Repubblica publie généralement de magnifiques reportages photo mais aurait tendance à bâcler ses articles. Les spectacles sont indiqués dans son supplément du jeudi, *Trovaroma*.

Organe officiel du Vatican, *L'Osservatore Romano* paraît tous les jours en italien et une fois par semaine en anglais et dans d'autres langues. Il existe encore d'autres quotidiens. La plupart valent 1 500 L, ou 2 000 L avec un supplément.

Autres langues

Vous vous procurerez facilement la plupart des quotidiens français, allemands, britanniques, espagnols ou américains et quelques scandinaves. Vous les trouverez à coup sûr dans l'un des grands kiosques du centre, via del Corso, largo Argentina, piazza Navona, via Veneto ou à la stazione Termini.

Les hebdomadaires comme *L'Express, Le Nouvel Observateur, The Time, Newsweek* ou *The Economist* sont également disponibles.

RADIO ET TÉLÉVISION
Radio
Il existe trois stations publiques : RAI-1 (1332 AM ou 89.7 FM), RAI-2 (846 AM ou 91.7 FM) et RAI-3 (93.7 FM). Elles diffusent de la musique classique et autre, des informations et des émissions diverses.

RAI-2 donne des informations en anglais tous les jours de 1h à 5h, trois minutes après l'heure.

Si vous préférez la musique actuelle, choisissez les stations privées. Citons notamment Radio Centro Suono (101.3 FM), Radio Kiss Kiss (97.25 FM), installée à Naples et Radio Città Futura (97.7 FM) qui annonce les manifestations culturelles de la ville chaque jour à 10h.

Radio France International (116, av. du Président-Kennedy, BP 9516 Paris, ☎ 01 44 30 89 69), Radio Canada International (17, av. Matignon, 75008 Paris, ☎ 01 44 21 15 15 ; PO Box 6000, Montréal HCC 3A8, http://www.rcinet.ca) ou encore Radio Suisse Internationale (106, route de Ferney, 1202 Genève, ☎ (22) 910 33 88) diffusent de nombreux programmes en français.

Renseignez-vous, avant votre départ, auprès du service des auditeurs, sur la grille des fréquences sujette à modifications.

Télévision
Les programmes de télévision brillent bien souvent par leur médiocrité ! Les jeux succèdent aux émissions de variété dans lesquelles des créatures en tenue légère se trémoussent à l'envi.

Les feuilletons maison, bien que consternants, attirent une foule de téléspectateurs, tout comme les séries étrangères, souvent américaines, qui sont systématiquement doublées. Les films récents passent rapidement à la télévision, mais jamais en version originale.

RAI 1, RAI 2 et RAI 3 sont les chaînes publiques, tandis que Canale 5, Italia 1, Rete 4 et Telemontecarlo (TMC) comptent parmi les principales chaînes privées.

TMC diffuse CNN toutes les nuits aux alentours de 1h. Channel 10 retransmet parfois les émissions de France 2.

La plupart des hôtels de catégorie moyenne et supérieure, ainsi que de nombreux bars et restaurants, sont équipés du satellite et reçoivent les chaînes étrangères (BBC World et Sky Channel entre autres).

SYSTÈMES VIDÉO
L'Italie utilise le système PAL, incompatible avec le NTSC (utilisé en Amérique du Nord) et le SECAM (utilisé en France et dans d'autres pays francophones). Cependant, les magnétoscopes modernes reconnaissent généralement les trois systèmes.

PHOTO ET VIDÉO
Matériel
Une pellicule de 36 photos Kodak 100 ASA coûtent environ 10 000 L. Comptez de 12 000 à 18 000 L pour un tirage de 36 photos et de 8 000 à 12 000 L pour 24 photos. Une pellicule de 36 diapos revient de 6 000 à 15 000 L, le développement de 8 000 à 12 000 L.

De nombreuses boutiques proposent pellicules et développement mais ne garantissent pas toutes une bonne qualité. Pour acheter une pellicule, demandez une *pellicola*. Le développement en une heure n'est pas encore très répandu. Le plus souvent, vous récupérez vos photos quelques heures plus tard ou le lendemain.

Pour les diapos (*diapositive*), prévoyez plusieurs jours. Les boutiques qui effectuent le développement ouvrent aux mêmes heures que les autres magasins, certaines fermant toutefois le samedi après-midi.

Photokina, via dei Pettinari 4 (plan *Les environs de la piazza Navona*), près du Ponte Sisto, dispose de son propre matériel de développement et le réalise en principe en une heure ou en quelques jours pour les diapos. Leon Foto, au pied du Banco di Santo Spirito 28 (plan 5), à côté du corso Vittorio Emanuele, propose également des développements en une heure.

Les professionnels se rendent à Fotoservice, au Prati, via Marcantonio Colonna (plan 3), à côté de la station de métro Lepanto, à l'angle de la viale Giulio Cesare. Les diapos y sont développées en trois heures. Vous trouverez d'autres boutiques dans le centre-ville, près du Panthéon.

Les cassettes de caméscope sont en vente dans les boutiques photo ou dans les magasins de matériel électrique.

HEURE LOCALE

L'Italie utilise le système des 24 heures. On passe à l'heure d'été (en avançant les pendules d'une heure) le dernier dimanche de mars et à l'heure d'hiver (en reculant les aiguilles d'une heure) le dernier dimanche d'octobre.

N'oubliez pas d'en tenir compte si vous téléphonez dans un pays n'appliquant pas les mêmes mesures. L'Italie se situe dans le même fuseau horaire que la France, l'Allemagne et l'Espagne.

ÉLECTRICITÉ
Voltage

Le courant est en principe partout de 220 V/50 Hz, mais mieux vaut s'en assurer auprès de la direction de l'hôtel car il n'est parfois que de 125 V, notamment dans les bâtiments anciens.

Prises

Les prises ont deux ou trois trous, certains plus larges que d'autres. Les Italiens possèdent souvent plusieurs adaptateurs afin de parer à cette anomalie.

Il est préférable d'acheter un adaptateur international avant votre voyage car ils sont quasiment inexistants en Italie. Sinon, vous pourrez toujours faire adapter la prise de votre appareil au système local par un électricien.

Si vous possédez du matériel américain, n'oubliez pas votre convertisseur de volts (la plupart des grands hôtels tiennent toutefois à la disposition de leur clientèle de nombreux appareils en 110 V, des rasoirs par exemple).

POIDS ET MESURES

L'Italie utilise le système métrique. On dit *un etto* pour 100 g et *un chilo* pour 1 kg.

Les Italiens indiquent les décimales avec une virgule, les milliers avec un point.

BLANCHISSAGE/NETTOYAGE

Les laveries, jadis peu fréquentes à Rome, se font aujourd'hui de plus en plus nombreuses.

Plusieurs sont installées dans les rues situées au nord-est de la stazione Termini. Bolle Blu possède deux magasins, l'un via Palestro 59-61 (plan 6), l'autre via Milazzo 20b (plan 6), ouverts tous les jours de 8h à 22h. Comptez 6 000 L pour une machine de 6,5 kg, 6 000 L pour le séchage. Oblo Service (plan 6, via Vicenza 50) ouvre tous les jours de 9h à 21h et offre des machines de 8 kg à 6 000 L, séchage au même prix.

La chaîne Onda Blu, implantée dans toute l'Italie, compte quelques laveries à Rome, toutes ouvertes tous les jours de 8h à 22h. Vous en trouverez via Lamarmora 10 (plan 6, entre la stazione Termini et la piazza Vittorio Emanuele II), via Vespasiano 50 (plan 5, à côté de la piazza del Risorgimento dans le quartier Prati) et via Amadeo VIII 70b dans le quartier de San Giovanni.

Les pressings (*lavasecco*) prennent environ 6 000 L pour une chemise et 12 000 L pour une veste mais sont de qualité inégale.

TOILETTES

Les toilettes publiques sont plutôt rares. D'après une enquête récente, on en compterait moins de 40 dans toute la ville. Utilisez donc celles des bars – quand ils en ont – quitte à boire un café avant !

CONSIGNES A BAGAGES

Les consignes de la stazione Termini, ouvertes tous les jours de 5h20 à 0h20, se situent face aux quais 1 et 22. Elles reviennent à 1 500 L par article. La plupart des gares italiennes en possèdent, ouvertes en principe tous les jours. A l'aéroport de Fiumicino, les consignes, ouvertes 24 h/24, se trouvent au niveau des arrivées internationales, au rez-de-chaussée. Comptez 4 100 L par pièce et par jour, plus 4 100 L supplémentaires pour tout bagage mesurant plus de 160 cm de long. Conservez votre passeport à portée de la main car on en fait une photocopie lorsque vous déposez les bagages.

SANTÉ

Vous ne risquez guère d'ennuis de santé en vous rendant à Rome. Bien que relativement pauvre en calcium, l'eau du robinet est potable mais les Italiens préfèrent l'eau en bouteille (pour davantage de détails, consultez la rubrique *Boissons* dans le chapitre *Où se restaurer*).

La pollution atmosphérique peut poser un réel problème, surtout l'été. Si vous souffrez d'asthme ou de troubles respiratoires, prévoyez éventuellement de porter un masque. Lorsqu'on annonce des pics de pollution, il est préférable de rester à l'intérieur. Informez-vous auprès de la direction de votre hôtel ou de l'office du tourisme. Par ailleurs, la forte chaleur et le taux élevé d'humidité peuvent provoquer un affaiblissement général. Ne présumez pas de vos forces, portez un chapeau, mettez de la crème solaire et, surtout, pensez à boire beaucoup d'eau. Enfin, pour éloigner les moustiques, n'hésitez pas à utiliser des produits répulsifs.

Les préservatifs sont en vente dans les pharmacies et dans certains bureaux de tabac et supermarchés.

Le système de santé est géré par des centres appelés Unità Sanitaria Locale (USL), que vous trouverez dans l'annuaire téléphonique à la lettre A, Azienda USL. Sont répertoriés ensuite de nombreux cabinets médicaux. Cherchez à Poliambulatorio (clinique) et notez le numéro de téléphone de l'Accetazione Sanitaria, que vous devrez appeler pour prendre rendez-vous. Les heures d'ouverture varient d'un centre à l'autre. La plupart ouvrent en principe au moins de 8h à 12h30 du lundi au vendredi, certains restent ouverts l'après-midi et le samedi matin.

Couverture médicale

Une loi récente permet à tous les étrangers de bénéficier des mêmes soins médicaux d'urgence et des mêmes traitements que les Italiens dans les cliniques ou les hôpitaux publics. Par ailleurs, plusieurs pays ont passé depuis longtemps des accords bilatéraux avec l'Italie afin de faciliter les démarches administratives lors d'une prise en charge médicale. Si vous êtes ressortissant de l'Union européenne, munissez-vous du formulaire E111 (délivré par la Sécurité sociale de votre pays d'origine).

Les hôpitaux et les cliniques privés assurent des soins d'excellente qualité mais qui vous reviendront cher si vous ne disposez pas d'une assurance voyage (voir la rubrique *Assurance voyage*, plus haut dans ce chapitre). Sachez néanmoins que certains traitements, examens ou consultations de spécialistes peuvent demeurer à votre charge même si vous êtes assuré. Votre ambassade peut vous indiquer des adresses de centres de soin et des médecins parlant votre langue.

Cependant, si vous souffrez d'une pathologie particulière, renseignez-vous de préférence avant votre départ.

Hôpitaux et cliniques

La qualité des soins dispensés dans les hôpitaux publics romains est nettement inférieure à celle de nombreuses autres villes européennes. Il ne s'agit pas d'un manque de compétence – le personnel médical italien, notamment dans le domaine de la recherche, jouit au contraire d'une excellente réputation au niveau international – mais d'une absence de moyens : le matériel est dépassé et les services surchargés. Au cours des dernières années, de graves problèmes d'hygiène se sont même posés, menaçant de fermeture plusieurs grands hôpitaux de la ville.

Pour appeler une ambulance, composez le ☎ 113 ou le ☎ 06 55 10. Si nécessaire, vous pouvez vous rendre directement au service des urgences (*pronto soccorso*) d'un hôpital public (*ospedale*), qui traite également les problèmes dentaires.

Voici les principaux hôpitaux publics (répertoriés sous *Ospedale* dans l'annuaire téléphonique) :

Policlinico Umberto I (plan 6, ☎ 06 499 71, via del Policlinico 155), près de la stazione Termini Ospedale San Giacomo (plan 5, ☎ 06 362 61, via Canova 29), non loin de la via del Corso, près de la piazza del Popolo

Ospedale Santo Spirito (☎ 06 683 51, Lungotevere, Sassia 1), partiellement fermé jusqu'en 2000

Ospedale Bambino Gesù (plan 5, ☎ 06 68 59 23 51, piazza Sant'Onofrio), sur le Gianicolo (Janicule), l'hôpital pédiatrique de la ville

Ospedale San Giovanni (plan 8, ☎ 06 770 51, via Amba Aradam 8), près de la piazza San Giovanni à Laterano

Ospedale Fatebenefratelli (plan *Les environs de la piazza Navona*, ☎ 06 683 71, piazza Fatebenefratelli, Isola Tiberina)

Ospedale San Gallicano (plan 7, ☎ 06 588 23 90, via San Gallicano), dans le Trastevere, spécialisé dans les problèmes dermatologiques et les maladies vénériennes

Ospedale Nuovo Regina Margherita (plan 7, ☎ 06 581 06 58, via Morosini 30), dans le Trastevere

Ospedale San Camillo (carte *Les environs de Rome*, ☎ 06 587 01, circonvallazione Gianicolense 87), dispose d'une antenne gratuite fournissant des renseignements sur l'avortement

Ospedale villa San Pietro Fatebenefratelli (☎ 06 335 81, via Cassia 600), assez éloigné du centre-ville Policlinico A. Gemelli (☎ 06 301 51, largo Agostino Gemelli 8), assez éloigné du centre-ville

Ospedale Sant'Eugenio (☎ 06 590 41, piazzale dell'Umanesimo 10) dans l'EUR

Hôpitaux privés

Rome compte plusieurs hôpitaux privés internationaux. Nous vous conseillons de recourir à leurs services uniquement si votre assurance prend en charge ce type de soins. L'Hôpital européen (☎ 06 65 97 59, via Portuense 696) se situe à quelque distance au sud-ouest du centre. Quant à l'Hôpital américain (☎ 06 225 51, via E. Longoni 69), il est très éloigné du centre, en direction de l'est, après la via Collatina.

Guardia medica. La Guardia medica désigne des associations de médecins qui effectuent des consultations à domicile ou dans les hôtels, de jour comme de nuit. Elles sont regroupées sous *Guardia medica* dans l'annuaire téléphonique. Les visites des généralistes démarrent généralement à 120 000 L, celles des spécialistes à 150 000 L. La plupart des compagnies d'assurance remboursent ces consultations.

Toutefois, si vous souffrez d'un problème grave, vous serez envoyé aux urgences d'un hôpital. Il est par conséquent parfois préférable de s'y rendre directement pour gagner du temps.

Citons la Guardia medica SPRIM (☎ 06 58 20 40 06), la Guardia medica Circelli (☎ 06 785 84 70) et l'Associazione professionale medica (☎ 06 884 11 81).

Pharmacies

Les pharmacies (*farmacie*) sont généralement ouvertes du lundi au samedi de 9h à 13h et de 16h à 19h30. Elles assurent des tours de garde pour les services nocturnes et du dimanche. Les quotidiens publient la liste des pharmacies de nuit (en principe dans les pages de fin, après les cinémas). Les pharmacies fermées affichent sur leur porte la liste de celles situées à proximité. La pharmacie installée piazza dei Cinquecento 51 (plan 6, ☎ 06 488 00 19), juste à la sortie de la stazione Termini, reste ouverte 24 h/24. Vous en trouverez une autre dans la gare, qui ouvre tous les jours de 7h30 à 22h (fermée en août). Pour davantage de renseignements sur les drugstores ouverts en permanence, consultez le chapitre *Achats*.

La Farmacia del Vaticano (plan 5, ☎ 06 69 88 34 22), sous la porta Sant'Anna, vend quelquefois des médicaments dont ne disposent habituellement pas les autres pharmacies et peut délivrer les médicaments d'une ordonnance étrangère.

Toutefois, si vous suivez un traitement régulier, il est plus prudent d'en emporter la quantité nécessaire ou d'en connaître le nom générique pour éventuellement vous en faire prescrire sur place.

Sida

Pour obtenir des informations sur le sida, composez le ☎ 1678 61061 ou consultez le site de la municipalité www.comune.roma.it/comune/ospiti.aids. Pour un traitement, contactez la Clinica Dermosifilpatica de l'ospedale Spallanzani (carte *Les environs de Rome*, ☎ 06 58 23 79 39, via Portuense 332). Le Circolo Mario Mieli di Cultura omosessuale (☎ 06 54 13 985 ; voir la rubrique *Communauté homosexuelle* plus loin) tient une antenne de dépistage gratuit tous les jeudis de 15h à 16h à l'Ospedale San Giovanni (entrée via San Giovanni in Laterano 155).

Pour davantage de précisions, adressez-vous au Circolo Mario Mieli.

Santé au féminin

Toutes les USL (Unità Sanitaria Locale) disposent d'un planning familial (Consultorio familiare). Pour les trouver, adressez-vous directement à une USL ou cherchez leurs coordonnées dans l'annuaire (indiquées sous chaque USL).

La clinique AIED, spécialisée dans les problèmes gynécologiques (plan 4, ☎ 06 884 06 61, via Salaria 58) apporte assistance et conseils aux femmes étrangères. Elle est ouverte de 9h à 19h du lundi au vendredi.

Les médicaments traitant les infections gynécologiques bénignes sont en vente libre dans les pharmacies.

VOYAGER SEULE

Rome ne présente pas de danger particulier pour les femmes seules. Elles sont surtout exposées aux sifflements des hommes et se font souvent aborder. Il suffit généralement d'ignorer l'importun pour qu'il s'éloigne.

D'une manière générale, conservez votre calme et si vous vous sentez réellement en danger, dirigez-vous vers le poste de police le plus proche.

Comme partout ailleurs, faites appel à votre bon sens : ne vous promenez pas seule la nuit dans des rues désertes et évitez les quartiers sensibles (voir à ce sujet le chapitre *Où se loger*).

Comparée à d'autres capitales européennes, Rome est véritablement une ville sûre (lire, plus loin, l'encadré *Une ville sans danger*) et reste très animée tard dans la nuit. Toutefois, les étrangers en général et les femmes seules en particulier, demeurent les cibles favorites des voleurs à l'arrachée qui circulent sur un *motorino* et opèrent en un clin d'œil. Utilisez de préférence un sac à dos et restez vigilante, surtout la nuit.

Enfin, il est déconseillé aux femmes seules de faire du stop à Rome ou ailleurs.

COMMUNAUTÉ HOMOSEXUELLE

L'homosexualité, légale en Italie, est bien tolérée à Rome. Il faut avoir atteint l'âge de 16 ans pour consentir à une relation homosexuelle. Il y a encore cinq ans, Milan et Bologne concentraient toute l'activité gay mais Rome les rattrape peu à peu. La culture gay romaine, autrefois assez marginale, éclate aujourd'hui au grand jour dans de nombreux bars et clubs, qui se renouvellent sans cesse.

Sur le plan politique, l'Italie ne défend pas aussi nettement que la plupart des autres pays occidentaux les droits des homosexuels. Au cours de son premier mandat, Francesco Rutelli, maire de gauche de la ville, s'y est brièvement intéressé, nommant un conseiller aux affaires homosexuelles et participant même à la Gay Pride de 1994. Toutefois, maintenant qu'il est doté de davantage de responsabilités politiques, force est de constater qu'il revient aux valeurs familiales conservatrices et qu'il tend à s'aligner sur le discours du Vatican (qui lance régulièrement des diatribes homophobes, le pape Jean-Paul II ayant notamment déclaré que les homosexuels ont des "mœurs corrompues"). La parade de la World Pride en pleine célébration du jubilé de l'église catholique en l'an 2000 apportera peut-être quelques surprises !

Au cours de ces dernières années, Rome a connu une série d'assassinats d'hommes d'un certain âge, tous homosexuels. S'il reste difficile de prouver qu'ils ont été tués à cause de leur sexualité, il n'en demeure pas moins que le lien existe.

Aussi, comme partout ailleurs, la prudence s'impose.

Il n'existe encore aucune discothèque lesbienne, mais plusieurs associations organisent des manifestations spéciales et certains clubs proposent des soirées réservées exclusivement aux femmes.

Rome compte en revanche plusieurs bars et discothèques gays et même une plage (consultez la rubrique *Communauté homosexuelle* dans le chapitre *Où sortir*). Vous obtiendrez tous les renseignements auprès des associations gays romaines, ainsi que dans diverses publications, comme le *Babilonia*, magazine mensuel national, ou le *Guida Gay Italia*, édité chaque année. L'hebdomadaire *Time Out Roma*, vendu dans les kiosques (2 000 L), comprend une liste (en italien) des associations, des bars et des clubs homosexuels, tout comme le mensuel *Guide*, disponible dans les centres et librairies homosexuels (4 000 L). Vous pouvez aussi le consulter sur le Web. L'un des sites les plus informatifs est le www.gay.italia.com/guide.

Organismes

Le principal organisme culturel et politique est le Circolo Mario Mieli di Cultura Omosessuale, via Corinto 5 (☎ 06 54 13 985, fax 06 54 13 971, mario.mieli@agora.stm.it), non loin de la via Ostiense, près de la basilica di San Paolo. Il organise des débats et diverses manifestations et dirige un centre de dépistage du sida gratuit (voir la rubrique *Santé*). Mario Mieli est l'un des organisateurs de la Rome Pride, qui se déroule chaque année au mois de juin. Il coordonne également la mise en place de la World Pride, qui aura lieu du 1er au 8 juin 2000. Vous trouverez le programme de ces manifestations, ainsi que d'autres renseignements, sur le site www.mariomieli.it. Enfin, le centre édite le mensuel gratuit *AUT* (essentiellement en italien), disponible dans les librairies et les organismes gay.

L'Arci-Gay Caravaggio (plan 4, ☎ 06 855 55 22, via Lariana 8), l'antenne romaine de l'AGAL, l'organisation nationale des gays, dispose d'une ligne téléphonique d'assistance juridique et psychologique et propose des manifestations sociales.

L'organisation italienne des lesbiennes, Co-ordinamento Lesbiche Italiano (CLI), appelée aussi le Buon Pastore Centre (plan 5, ☎ 06 686 42 01), se situe à l'angle de la via San Francesco di Sales et de la via della Lungara 19, dans le Trastevere. S'y déroulent les réunions politiques du Centro Femminista Separatista, des conférences et des soirées littéraires. Il existe aussi un restaurant réservé aux femmes, Le Sorellastre.

L'Arci-Lesbica Roma (☎ 06 41 60 92 40, via dei Monti di Pietralata 16), près de la stazione Tiburtina (métro), représente l'antenne locale de l'organisation nationale lesbienne. Elle assure une permanence téléphonique et organise des soirées spéciales. Vous trouverez des renseignements sur le site www.women.it/~arciles/roma.

La Libreria Babele (plan 5, ☎ 06 68 76 628, via dei Banchi Vecchi 116), dans la rue parallèle au corso Vittorio Emanuele, près du Tevere, est la seule librairie romaine exclusivement homosexuelle. Elle comporte un important rayon en anglais. N'hésitez pas à y faire un tour, d'autant plus qu'elle est d'un accès plus pratique que certaines organisations. Le personnel, très sympathique, vous fournira volontiers des informations sur la vie homosexuelle à Rome et les manifestations spéciales sont affichées sur un panneau. Elle est ouverte du lundi au samedi, de 10h à 19h30.

La Libreria delle Donne : Al Tempo Ritrovato (plan 7, ☎ 06 581 77 24, via dei Fienaroli 31d), dans le Trastevere, librairie pour femmes, comprend un bon rayon de littérature lesbienne et de nombreux ouvrages en anglais. Son panneau d'affichage regorge également d'informations diverses.

La Zipper Travel Association (plan 6, ☎ 06 488 27 30, via Castelfidardo 18), au nord-est de la stazione Termini, propose des voyages aux homosexuels.

VOYAGEURS HANDICAPÉS

Le CNRH (Comité national pour la réadaptation des handicapés, ☎ 01 53 80 66 66, 236 *bis*, rue de Tolbiac, 75013 Paris) peut vous fournir des informations utiles sur les voyages accessibles.

Les personnes handicapées risquent de rencontrer de nombreuses difficultés à Rome. Se déplacer en fauteuil roulant peut poser problème si l'on doit emprunter des rues pavées. Par ailleurs, le centre historique ou le quartier du Trastevere ne comportent pas de trottoirs. Enfin, la plupart des immeubles possèdent des ascenseurs, mais ils ne sont pas toujours assez larges pour accueillir un fauteuil roulant.

La situation s'améliore en revanche dans les transports en commun. Des bus accessibles aux fauteuils roulants empruntent désormais certains trajets très fréquentés des lignes de la compagnie ATAC.

Toutefois, en cas de forte affluence, il reste difficile de monter dans le bus. Les trams les plus récents sont en principe également accessibles. En revanche, seules les nouvelles stations de métro situées en fin de lignes sont équipées d'un ascenseur. Sachez toutefois que le bus 590, qui suit la ligne de métro A, comporte un équipement spécial pour les passagers en fauteuil roulant.

Certains taxis acceptent les fauteuils roulants. Il vaut mieux en commander un par téléphone, plutôt que d'essayer d'en héler un dans la rue, en précisant que vous désirez une voiture équipée pour les fauteuils roulants (*sedia a rotelle*). Consultez le chapitre *Comment circuler* pour davantage de renseignements sur les transports en commun et les coordonnées des compagnies de taxi.

Prévenez à l'avance les compagnies aériennes afin qu'elles puissent vous aider à votre arrivée à l'aéroport. Si vous vous rendez en train de la stazione Termini à l'aéroport de Fiumicino, ou vers une autre destination, appelez le ☎ 06 488 17 26.

La plupart des musées ont été récemment rénovés et sont désormais beaucoup plus accessibles aux handicapés. Les Musei Vaticani, la Galleria Borghese, la Galleria nazionale d'Arte moderna, le palazzo delle Esposizioni et le palazzo Massimo disposent d'une rampe d'accès pour les fauteuils roulants, de toilettes spéciales et d'ascenseurs spacieux. Lors de leur réouverture en l'an 2000, les Musei Capitolini comprendront également des aménagements spéciaux.

Organismes

Le Consorzio Cooperative Integrate (COIN) vous fournira des renseignements sur les services proposés aux handicapés à Rome (notamment sur l'accès aux transports en commun et aux musées). Il assure une permanence téléphonique au ☎ 06 23 26 75 04 ou 06 23 26 75 05 de 9h à 13h, du lundi au vendredi. Consultez également le site www.coinsociale.it ou envoyez un courrier électronique à coinsociale@coinsociale.it ou à coin.turismosociali.it.

Le COIN édite un guide multilingue, *Roma Accessibile*, répertoriant les musées, les grands magasins, les théâtres et les stations de métro dotés d'équipements spéciaux. Une nouvelle édition devrait sortir mi-99. Vous pourrez vous le procurer dans les administrations, dans certains offices du tourisme ou par courrier. Appelez la permanence téléphonique du COIN pour de plus amples renseignements.

Les offices du tourisme de Rome pourront vous donner quelques renseignements sur les possibilités d'accès des transports en commun ou des musées. Par ailleurs, l'office du tourisme italien de votre pays devrait pouvoir vous indiquer des agences de voyages organisant des séjours pour les handicapés et vous remettre la brochure publiée par les chemins de fer italiens, *Services for Disabled People*, qui récapitule les équipements disponibles dans les gares et dans les trains.

Enfin, les agences de la CIT vous conseilleront sur les hôtels les mieux équipés. Si vous réservez par leur intermédiaire, elles peuvent aussi faciliter votre arrivée en train en demandant l'installation d'une rampe d'accès. Pour obtenir les coordonnées de ces agence, reportez-vous aux rubriques *Offices du tourisme* plus haut dans ce chapitre et *Agences de voyages* dans le chapitre *Comment circuler*.

VOYAGEURS SENIORS

Les personnes âgées de plus de 65 ans bénéficient généralement d'une réduction dans les transports en commun et entrent gratuitement dans la plupart des musées. N'hésitez pas à vous renseigner sur ces éventuels avantages. Informez-vous également sur les formules de voyage proposées aux seniors par les agences de votre pays. Pour davantage de tranquillité sur place, pensez à réserver votre hébergement à l'avance.

ROME POUR LES ENFANTS

La visite des nombreux sites de Rome risque d'épuiser les enfants. Toutefois, si la chaleur est supportable, ils apprécieront sans doute une promenade du Foro Romano au Palatino. Visitez aussi Ostia Antica, la ville portuaire et grimpez au sommet de la basilica di San Pietro d'où l'on découvre un panorama spectaculaire sur la ville.

L'EUR comprend une fête foraine ainsi que plusieurs musées qui intéresseront certainement les plus grands (voir le chapitre *A voir et à faire*). Ils découvriront sans doute avec plaisir le Museo Nazionale delle Paste Alimentari (musée des Pâtes), piazza Scanderberg 111 (entre la fontana di Trevi et le palazzo del Quirinale). Fort bien conçu, ce musée retrace l'histoire de ce mets national et présente d'anciens procédés de fabrication. Des audioguides sont à la disposition des visiteurs pour les commentaires. Le musée est ouvert tous les jours de 9h30 à 17h30 et coûte 12 000 L.

Pendant la période de Noël, la piazza Navona accueille un grand marché vendant des figurines pour les crèches et des décorations de Noël. La plupart des églises préparent des crèches et organisent des animations qui raviront les enfants. La basilica di SS Cosma e Damiano propose une scène de la nativité de tradition napolitaine du XVIIIe siècle très réussie.

Si vous pouvez vous le permettre, faites un tour en calèche. Sachez néanmoins que vous débourserez environ 180 000 L pour un grand tour de la ville. Faites-vous préciser les prix et l'itinéraire avant d'accepter la promenade.

Rome compte de nombreux parcs. Vous pouvez par exemple pique-niquer et passer l'après-midi dans la villa Borghese. Près de la porta Pinciana, on propose des bicyclettes, des promenades en poney ou en petit train et un manège.

Le week-end, les amateurs de roller viennent s'y livrer à des acrobaties spectaculaires. La villa Celimontana, sur le côté ouest du Celio (entrée par la piazza della Navicella) abrite un charmant jardin public et un terrain de jeu.

Le Gianicolo, entre la basilica di San Pietro et le Trastevere, offre une vue magnifique sur la ville et plaira sûrement aux enfants. Un manège et des poneys les attendent au sommet de la colline, à côté de la piazza Garibaldi.

Le dimanche, on y joue souvent un spectacle de marionnettes. Un petit bar se niche sur la place. Pour vous y rendre, prenez la bus 41, en provenance de la via della Conciliazione, devant San Pietro ou montez les marches depuis la via Mameli dans le Trastevere.

Le bus 41 (que vous pouvez prendre à l'extrémité du corso Vittorio Emanuele, près du Lungotevere) vous déposera aussi non loin de la villa Doria Pamphili, le plus grand parc de Rome. Demandez la direction du lac, qui abrite des canards, quelques hérons et de drôles de petits rongeurs appelés *nutrie*. Un terrain de jeu se trouve non loin du lac, vers le sud.

Depuis le Trastevere, n'hésitez pas à grimper jusqu'à la villa Sciarra à Monteverde Vecchio (prenez la via Roma Libera et la via Dandolo depuis la piazza San Cosimato), qui enchantera les enfants. Ce parc bien ombragé abrite en effet une fête foraine (payante) et des fontaines fort agréables en plein été.

Les Italiens adorent les enfants et les accueilleront toujours avec plaisir. Ils sortent d'ailleurs eux-mêmes fréquemment en famille, y compris le soir. La plupart des restaurants disposent de chaises hautes (*seggioloni*) et vous pourrez généralement commander des portions enfants (*mezzo porzione*).

Les transports en commun sont gratuits pour les enfants de moins de 1m. Ils ne paieront pas non plus jusqu'à 18 ans, ou bénéficieront d'une réduction, dans la plupart des musées, des galeries et des sites archéologiques.

Les pharmacies vendent des aliments pour bébé et des produits de stérilisation. Vous trouverez des couches dans les supermarchés, les pharmacies et les grandes *cartolerie* (papeteries). Comptez environ 18 000 L pour un paquet de 30 couches. Les bars (affichant l'enseigne "Latteria") et les supermarchés vendent du lait frais dans des emballages cartonnés. Le cas échéant, conservez avec vous une brique de lait UHT car les bars ferment en principe à 20h ou 21h.

La majorité des loueurs de voitures disposent de sièges pour enfants mais il est préférable des les réserver à l'avance.

Vous trouverez des renseignements sur les manifestations pour enfants dans *Roma C'è* et dans *Trovaroma*, le supplément du jeudi de *La Repubblica*, à la rubrique Città dei Ragazzi.

BIBLIOTHÈQUES

Rome compte plus de 700 bibliothèques, dont certaines comportent un fonds historique datant du XVe siècle. Leur accès est parfois réservé aux membres (qui paient une cotisation annuelle) ou aux personnes effectuant des recherches précises. Chaque quartier ou *circoscrizione* dispose d'au moins une bibliothèque municipale. Elles sont répertoriées à la rubrique Comune di Roma dans l'annuaire téléphonique.

La plus grande bibliothèque publique, la Biblioteca Nazionale Centrale Vittorio Emanuele II (plan 6, ☎ 06 49 89), viale Castro Pretorio 105, regroupe tous les livres publiés en Italie, ainsi que des périodiques, des journaux, des actes officiels, des dessins, des gravures et des photographies. Elle est ouverte du lundi au vendredi de 8h30 à 19h, le samedi de 8h30 à 13h30. Présentez une pièce d'identité pour que l'on vous délivre un laissez-passer.

La Biblioteca Apostolica Vaticana (plan 5, ☎ 06 69 82, fax 06 69 88 47 95), Cortile Belvedere, porta Sant'Anna, Città del Vaticano, abrite l'une des plus belles collections d'enluminures et des premiers livres imprimés. Seuls les chercheurs sont autorisés à les consulter, après avoir déposé une demande motivée.

La bibliothèque du palazzo Venezia, la Biblioteca di Archeologia e Storia dell'Arte (plan 6, ☎ 06 678 30 34), piazza Venezia 3, intéressera les étudiants en archéologie et en histoire de l'art. La Biblioteca Casanatense (plan 6, ☎ 06 679 89 88), viadi Sant'Ignazio 52, en plein centre-ville, possède un fonds important de manuscrits et de livres rares sur Rome, la religion, la philosophie, le théâtre et la musique. Elle ouvre de 8h30 à 13h30 les lundi, mercredi et samedi, de 8h30 à 19h les mardi, jeudi et vendredi.

Pour les enfants, la Biblioteca Centrale per Ragazzi (plan *Les environs de la piazza Navona*, ☎ 686 51 16), non loin du Campo dei Fiori dans la via San Paolo alla Regola 16, prête des livres et des cassettes vidéo à ses membres.

UNIVERSITÉS

Rome comprend trois universités publiques, La Sapienza, Tor Vergata et Roma Tre. Ces deux dernières étant assez excentrées, la vie étudiante se concentre surtout autour de La Sapienza, dans le quartier de San Lorenzo. Il existe aussi une université privée, la LUISS (Libera Università Internazionale degli Studi Sociali) et une vingtaine d'universités pontificales appartenant à divers ordres religieux. Par ailleurs, les universités internationales sont légion. Le prix et les modalités d'inscription varient selon les établissements. L'American University of Rome (plan 7, ☎ 06 58 33 09 19, fax 06 58 33 09 92), via Pietro Roselli 4, propose des formations de commerce et de relations internationales. L'European School of Economics (plan 6, ☎ 06 678 05 03, fax 06 678 02 93), largo del Nazareno 15, est spécialisée dans le commerce international. La John Cabot University (plan 5, ☎ 68 19 12 21, jcu@johncabot.edu, www.johncabot.edu), dans le Trastevere, via della Lungara 233, organise des cours de gestion, d'affaires internationales, de sciences politiques et d'histoire de l'art. Enfin, la St John's University (plan 5, ☎ 63 69 37, info@stjohns.edu), via Santa Maria Mediatrice 24 (près du Vatican), prépare des diplômes en sciences politiques.

Rome à lire

Vous trouverez ci-dessous les références des traductions françaises des ouvrages cités dans la rubrique *Littérature* du chapitre *Présentation de la ville*. Nous y avons ajouté des titres qui nous semblent également mériter l'attention.

Histoire, culture et société
Carl Bernstein et Marco Politi
  Sa Sainteté : Jean-Paul II et l'histoire cachée de notre époque (Plon, 1996), une enquête journalistique à l'américaine au cœur du pontificat de Jean-Paul II
Carcopino, Jérôme
  Jules César (PUF, 1990)
Delumeau, Jean
  Rome au XVIe siècle (1994, Hachette)
Gibbon, Edward
  Histoire du déclin et de la chute de l'Empire romain
  (Laffont, 1983)
Jerphagnon, Lucien
  Vivre et philosopher sous les Césars (Privat, 1980), un excellent livre, hélas épuisé, à dénicher chez les bouquinistes ou en bibliothèque
Mâle, Emile
  Rome et ses vieilles églises (École française de Rome, 1992), Rome vue par le célèbre historien de l'art

Littérature
Rome antique
Catulle
  Poésies (Belles lettres, 1998)
Jules César
  La Guerre des Gaules
  (Belles lettres, 1997)
Cicéron
  L'amitié (Mille et une nuits, 1998)
Horace
  Odes (Belles lettres, 1997)
Juvénal
  Satires (Gallimard, 1996)
Ovide
  L'Art d'aimer (Mille et une nuits, 1998)
  Les Tristes (la Différence, 1989)
Plaute
  La Comédie au fantôme (École des loisirs, 1989), *Amphitryon* (École des loisirs, 1990). Deux pièces adaptées pour le jeunes lecteurs
Plaute et Terence
  Œuvres complètes (Gallimard, 1998), les œuvres des deux célèbres poètes comiques latins dans la collection de la Pléiade
Pline le Jeune
  Correspondance (10-18, 1998)
Sénèque
  Sur la brièveté de la vie (Mille et une nuits, 1998)
  Lettres à Lucilius (Flammarion, 1992), une édition des 29 premières lettres en collection de poche
Tacite
  Annales
Tibulle
  Elégies (la Différence, 1993)
Virgile
  Enéide (Ecole des loisirs, 1998), une version abrégée de l'épopée pour les adolescents
  Géorgiques (Belles lettres, 1998)

Écrivains italiens :
Arétin, L'
  Lettres de l'Arétin (Scala, 1988)
  Sonnets luxurieux : sur les XVI postures (Rivages, 1996), un commentaire de seize dessins érotiques de Giulio Romano, un assistant de Raphaël
Arioste, L'
  Roland furieux (Flammarion, 1990)
Boccace
  Décaméron (LGF, 1994)
Calvino, Italo
  Le Château des destins (Seuil, 1998)
  Romarine (Pocket, 1994), huit contes du folklore italien, dès 8 ans
Cardella, Lara
  Je voulais des pantalons
  (J'ai lu, 1991)
D'annunzio, Gabriele
  L'Innocent (Table ronde, 1994)
Dante Alighieri
  L'Enfer (Flammarion, 1992)

Rome à lire

Leopardi, Giacomo
Philosophie pratique (Rivages, 1998), dictionnaire philosophique d'après le journal intime de Leopardi
Fo, Dario
Mort accidentelle d'un anarchiste (Dramaturgie, 1997)
Ginzburg, Natalia
Les Mots de la tribu (Grasset, 1992)
Levi, Carlo
Le Christ s'est arrêté à Eboli (Gallimard,1977)
Levi, Primo
A une heure incertaine (Gallimard, 1997)
Si c'est un homme (Pocket, 1988)
Machiavel
Le Prince (Flammarion, 1980)
Manzoni, Alessandro
Les Fiancés : histoire
Montale, Eugenio
Poèmes choisis : 1916-1980 (Gallimard, 1991)
Morante, Elsa
La Storia (Gallimard, 1987)
Mensonge et sortilège (Gallimard, 1987)
Moravia, Alberto
La Belle Romaine (J'ai lu, 1990)
L'Ennui (Flammarion, 1998)
Nouvelles romaines (LGF, 1992),bilingue
Pasolini, Pier Paolo
Les Ragazzi (10-18, 1998)
Une vie violente (10-18, 1998)
Pavese, Cesare
Le Bel Été (Gallimard, 1993), bilingue; 34
Pirandello, Luigi
Six Personnages en quête d'auteur (Gallimard, 1997), bilingue
Pétrarque
Canzonière (Gallimard, 1983)
Quasimodo, Salvatore
Poèmes (Mercure de France, 1963)
Tasse (le)
La Jérusalem délivrée (Flammarion, 1997)
Ungaretti, Giuseppe
Vie d'un homme (Gallimard, 1998)
Sur Leopardi (Fata Morgana, 1998)

Verga, Giovanni
Les Malavoglia (Gallimard, 1997)

Écrivains étrangers :
Brosses, Charles de
Lettres d'Italie (Mercure de France, 1986)
Butor, Michel
La Modification (Minuit, 1980)
Du Bellay, Joachim
Les Antiquités de Rome (Flammarion,1994)
Gracq, Julien
Autour des sept collines (Corti, 1991)
Montaigne, Michel de
Journal de voyage (Gallimard, 1983)
Stendhal
Promenades dans Rome (Gallimard,1997)
Rome, Naples et Florence (Gallimard,1987)
Histoire de la peinture en Italie (Galllimard, 1996)

Policiers
Gadda, Carlo Emilio
L'Affreux Pastis de la rue des Merles (Seuil, 1999)
Gonzalez, Lola
Complot à Rome (Flammarion-Père Castor, 1998), histoire et polar pour un public adolescent

Beaux livres
C. Cresti, C. Rendina, et M. Listri
Les Palais et Villas de Rome (Mengès, 1998)
Paolo Marton et Dominique Fernandez
Vivre Rome (Mengès, 1983), de très belles photos couleurs

Cuisine
Wels, Patricia
Les Meilleures recettes des restaurants italiens (LGF, 1999), toute la cuisine italienne en édition de poche.
Michel-Le-Gallo, Myriam
L'Italie (Grund, 1998), un ouvrage beau et appétissant.

CENTRES CULTURELS

Outre les musées, galeries et théâtres, Rome foisonne d'académies culturelles dans lesquelles viennent séjourner artistes et écrivains étrangers pour s'imprégner de la culture italienne.

Elles organisent des expositions, des lectures de poésie, des spectacles de théâtre et de danse et des conférences. *Time Out Roma*, *Wanted in Roma* et parfois *Roma C'è* fournissent tous les détails à ce sujet.

Voici les coordonnées de l'Alliance française :

(☎ 06 444 01 02,
fax 06 445 63 70,
alliance.française.rome@mail.inet.it),
via Montebello 104, 00185 Roma

DÉSAGRÉMENTS ET DANGERS
Vols

Comme dans la plupart des grandes villes, les pickpockets sévissent à Rome. Pour éviter de les tenter, munissez-vous d'une ceinture porte-billets, dans laquelle vous glisserez argent, passeport et autres documents importants.

Le cas échéant, portez sac et appareil photo en diagonale et non simplement sur l'épaule afin de décourager les voleurs à l'arrachée qui circulent en mobylette. Ces derniers recherchant d'ailleurs plus la prouesse que le gain véritable, ils ne vous déroberont peut-être que vos lunettes de soleil !

Méfiez-vous des groupes de femmes et d'enfants qui mendient. L'un d'eux attire votre attention en vous présentant un papier, tandis que les autres essaient de vous subtiliser argent ou sac. Rapides et très expérimentés, ils opèrent surtout aux abords des grandes gares, des lieux touristiques (comme le Colosseo) et dans les centres commerciaux. Si vous les rencontrez, ignorez-les et ne vous laissez pas impressionner.

Les pickpockets agissent surtout dans les bus bondés (notamment la ligne 64, entre la stazione Termini et le Vatican) et dans les endroits très fréquentés, les marchés par exemple. Évitez par conséquent de mettre des objets de valeur dans vos poches et veillez à vos effets personnels.

Ne laissez pas non plus d'objets de valeur dans votre chambre d'hôtel. Les voitures, en particulier celles immatriculées à l'étranger ou portant l'autocollant d'une société de location, attirent aussi les voleurs. Essayez de retirer l'autocollant ou de le recouvrir et laissez éventuellement un journal italien sur le siège.

D'une manière générale, efforcez-vous de ne rien laisser dans votre voiture, surtout la nuit. Garez-la dans un parking surveillé pour limiter les risques de vol.

Lorsque vous conduisez, veillez à ne pas poser d'objets de valeur sur le tableau de bord pour ne pas tenter un éventuel voleur à l'arrachée à un feu rouge.

Bien que certains pickpockets et voleurs déploient une grande virtuosité, rappelons néanmoins qu'en prenant des précautions élémentaires, vous diminuez considérablement les risques.

Enfin, prenez le temps de vous familiariser avec la monnaie italienne, qui peut parfois dérouter et, lorsque vous faites des achats, comptez calmement la monnaie que l'on vous rend pour éviter toute mauvaise surprise.

En cas de vol ou de perte, adressez-vous à la police dans un délai de 24 heures et demandez une déclaration écrite, indispensable pour obtenir un remboursement. En cas d'urgence, appelez la police au ☎ 113.

Circulation

La circulation romaine peut surprendre les voyageurs non avertis ! Les automobilistes respectent rarement les feux de signalisation et semblent faire peu de cas des piétons. Les Romains se lancent d'ailleurs bravement à l'assaut des voitures s'ils souhaitent traverser. Si cette pratique vous effraie, vous pouvez toujours leur emboîter le pas et profiter de leur expérience. On ne peut néanmoins que vous conseiller de rester extrêmement vigilant, y compris dans les rues apparemment à sens unique, dans lesquelles peuvent surgir des bus à contresens.

Respectez l'étiquette !

Les Italiens font preuve d'une grande courtoisie, notamment dans le monde des affaires. Si vous parlez italien, préférez toujours la forme de politesse *lei* au *tu*, plus familier, à moins que votre interlocuteur lui-même n'adopte le tutoiement. Consultez le chapitre *Langue* à la fin de cet ouvrage pour davantage de détails.

Dans la mesure du possible, utilisez les titres de vos interlocuteurs. Toute personne titulaire d'un diplôme universitaire devient un *dottore*, un avocat est appelé *avvocato*, un ingénieur, *ingeniere*. En cas de doute, renseignez-vous au préalable.

Sachez vous montrer souple sur les horaires, les Romains n'attachant pas toujours une grande importance à la ponctualité. Il n'est ainsi pas rare qu'une réunion prévue à 11h ne commence qu'à 11h30 ou 12h. Par ailleurs, on ne vous en voudra pas s'il vous arrive d'être en retard à votre tour.

Prenez soin de confirmer un rendez-vous, surtout si la date en a été fixée plusieurs jours auparavant. A défaut, vos partenaires italiens risquent en effet de penser qu'il a été annulé.

Si vous organisez un déjeuner de travail, évitez d'entamer les négociations avant la fin du repas : les Italiens préfèrent en effet ne pas mêler dégustation des plats et discussion professionnelle.

Enfin, ne prévoyez aucune réunion à Rome de fin juillet à fin août, tout le monde ou presque partant en vacances. Il fait de toute façon trop chaud pour travailler : allez donc vous détendre sur la plage !

Pollution

L'Italie ne semble guère sensibilisée aux problèmes d'environnement. Le bruit et la pollution atmosphérique constituent un réel problème dans les grandes villes, en raison essentiellement de la circulation, qui, bien qu'interdite dans le centre historique de Rome, demeure intense ailleurs. Lors des pics de pollution, assez fréquents l'été, il est vivement déconseillé aux personnes âgées, aux enfants et aux personnes souffrant de troubles respiratoires de sortir. Renseignez-vous le cas échéant à l'office du tourisme ou à votre hôtel. Les déchets industriels, les égouts et le pétrole rejeté par les nombreux bateaux circulant sur la Méditerranée polluent les plages des environs de Rome, à Ostia, Fregene et Anzio. Les plages deviennent plus propres en allant vers le sud, en direction de Terracina, Gaeta et Sperlonga. C'est évidemment dans les régions du sud les moins peuplées, ainsi qu'en Sardaigne et en Sicile, que l'on trouve les plages les plus agréables.

PROBLÈMES JURIDIQUES

Drogue

L'Italie a adopté de nouvelles lois, plus sévères pour les trafiquants de drogue que pour les consommateurs. Si vous êtes arrêté en possession de stupéfiants et que l'on estime qu'ils sont destinés à votre usage personnel, vous serez relâché (et les produits illicites confisqués, évidemment).

En revanche, s'il est établi que vous aviez l'intention de les revendre, vous pouvez être emprisonné. La loi ne fixant pas de quantité limite, la police est chargée de trancher.

Alcoolémie

Le taux d'alcoolémie autorisé est de 0,08%. On utilise désormais les alcootests mais la conduite en état d'ivresse ne constitue pas vraiment un problème en Italie car l'on réprouve de manière générale toute consommation excessive d'alcool. Pour davantage de détails, consultez la rubrique *Code de la route* dans le chapitre *Comment s'y rendre*.

Police

S'il vous arrive des ennuis en Italie, vous aurez probablement affaire à la *polizia*, force civile dépendant du ministère de l'Intérieur, ou aux *carabinieri*, corps militaire régi par le ministère de la Défense. Leurs tâches continuent d'être identiques dans bien des domaines malgré la réforme de 1981 qui visait à fondre les deux forces. Elles assurent toutes deux l'ordre public et la sécurité et vous pouvez vous adresser indifféremment à l'une ou à l'autre en cas de problème.

Les carabinieri, au volant de voitures bleues rayées d'une bande rouge, portent un uniforme aux mêmes couleurs. Bien entraînés, ils apportent souvent une aide efficace. Leur bureau est appelé *caserma*.

Ce sont eux, plutôt que les policiers, qui risquent de vous arrêter en cas d'excès de vitesse. Les policiers portent un pantalon bleu doté d'une bande fuchsia et une veste bleue et conduisent des voitures bleu clair, rayées d'une bande blanche et marquées "polizia". C'est à eux que vous déclarerez un vol ou demanderez un permis de séjour. Le commissariat central, ou *questura principale*, se situe via Vitale 15 (plan 6, ☎ 46 86). L'Ufficio Stranieri (bureau des étrangers, plan 6, ☎ 46 86 29 87), à l'angle de la via Genova 2, ouvert 24 h/24, enregistre également les déclarations de vol et s'occupe des permessi di soggiorno. En cas d'urgence, composez le ☎ 112 ou 113.

La plupart des quartiers de Rome possèdent un *commissariato* ou une caserma, parfois les deux. Les commerçants sauront sans doute vous indiquer le plus proche.

L'Italie compte aussi des *vigili urbani*, police de la circulation qui s'occupe des tickets de parking et des mises en fourrière, et la *Guardia di finanza*, chargée de lutter contre la fraude fiscale et le trafic de drogues.

Vos droits

Vous risquez de connaître des moments pénibles si vous êtes arrêté par la police. Vous pouvez en effet être mis en garde à vue pendant 48 heures, sans qu'un magistrat n'en soit informé. Vous pouvez par ailleurs être détenu pendant trois ans avant d'être jugé. Enfin, rappelons que la loi vous oblige à déclarer votre arrivée à la police dans les huit jours suivant votre entrée sur le territoire, et ce même si vous n'effectuez qu'un séjour touristique (voir la rubrique *Visas et formalités complémentaires*).

HEURES D'OUVERTURE

Les magasins ouvrent en principe du lundi au vendredi de 9h à 13h et de 15h30 à 19h30 (ou de 16h à 20h). Les épiceries ne rouvrent parfois qu'à 17h et restent ouvertes jusqu'à 21h en plein été. La plupart des magasins d'alimentation ferment le jeudi après-midi, ainsi que le samedi après-midi pour certains. Les

---

Une ville sans danger

On accuse les villes italiennes, Rome y compris, de connaître un fort taux de criminalité, parfois à tort. En effet, selon une étude récente, Rome serait la ville d'Europe la moins dangereuse en matière de sécurité des personnes.

Cette étude a comparé les statistiques criminelles de Rome, Milan, Berlin, Hambourg, Londres et Paris. Rome enregistre le plus bas taux de viols et d'agressions et relativement peu de cambriolages et de vols à l'arrachée.

Berlin détient le record des agressions (325 pour 100 000 habitants), suivie de Paris (254 pour 100 000 habitants) et de Hambourg (172 pour 100 000 habitants). On n'en décompte à Rome que 22 pour 100 000 habitants.

C'est à Londres qu'a lieu le plus grand nombre de viols (25 pour 100 000 habitants). Viennent ensuite Paris et Berlin. Rome, en bas de la liste, connaît 3,1 viols pour 100 000 habitants.

Londres détient également le plus fort taux d'effractions de domicile, Milan, celui des vols à l'arrachée.

C'est toutefois à Rome que l'on constate le plus grand nombre de vols de voiture. En 1996-97, 38 956 voitures ont été dérobées, soit 1 471 pour 100 000 habitants, trois fois plus qu'à Paris ou à Berlin.

grands magasins, comme Coin et La Rinascente, et les grands supermarché font désormais la journée continue, de 9h à 19h30, du lundi au samedi. Certains ouvrent même le dimanche de 9h à 13h (et quelquefois plus longtemps). La loi adoptée en 1998 libéralisant les heures d'ouverture des magasins n'a pour l'instant entraîné que peu de changements, hormis le fait que certains magasins, situés généralement dans les quartiers touristiques, ouvrent à présent le dimanche.

Les banques ouvrent en principe du lundi au vendredi, de 8h30 à 13h30 et de 14h45 à 16h30, mais les horaires varient parfois. Dans le centre, certaines sont ouvertes le samedi matin. Vous n'aurez de toute façon aucune difficulté à trouver un bureau de change ouvert dans les quartiers touristiques.

Pour les bureaux de poste, consultez le paragraphe *Tarifs postaux* dans la rubrique *Postes et communications*.

Reportez-vous à la rubrique *Santé* pour les horaires des pharmacies.

Les bars (c'est-à-dire les cafés vendant des sandwiches) et les cafés sont généralement ouverts de 7h30 à 20h. Toutefois, quelques-uns restent ouverts plus tard le soir. Les discothèques ouvrent à partir de 22h mais ne se remplissent qu'aux environs de minuit. Les restaurants servent de 12h à 15h et de 19h30 à 23h (plus tard en été). Les bars et les restaurants ferment un jour par semaine, qui varie selon les établissements.

Les horaires des musées et des galeries peuvent différer mais sont souvent continus, de 9h30 à 19h. La plupart ferment le lundi.

JOURS FÉRIÉS

La majorité des Romains prennent leurs vacances en août et quittent la ville pour le bord de mer ou la montagne, plus tempérés. Par conséquent, de nombreuses entreprises et boutiques ferment une partie du mois, notamment pendant la semaine de Ferragosto (l'Assomption).

Voici les différents jours fériés nationaux : l'Épiphanie (6 janvier), le lundi de Pâques (mars ou avril), le jour de la Libération (25 avril), la fête du Travail (1er mai), l'Assomption (15 août), la Toussaint (1er novembre), l'Immaculée Conception (8 décembre), Noël (25 décembre) et la fête de Santo Stefano (26 décembre). Enfin, Rome célèbre ses saint patrons, saint Pierre et saint Paul, le 29 juin.

MANIFESTATIONS SPÉCIALES

Le calendrier italien foisonne de manifestations culturelles, qui vont des fêtes traditionnelles aux célébrations religieuses ou historiques, sans oublier les spectacles artistiques comprenant opéra, concert ou théâtre.

Si vous souhaitez profiter des manifestations artistiques, visitez Rome en été, saison des opéras, ballets et concerts (classiques, jazz, contemporains ou traditionnels). Néanmoins, le festival Romaeuropa (danse, théâtre et opéra) se déroule désormais en automne, la saison des opéras s'étend de décembre à juin et des concerts de musique classique et contemporaine ont lieu toute l'année. Reportez-vous au chapitre *Où sortir* pour davantage de précisions.

Si vous désirez organiser votre séjour en fonction d'un festival particulier, adressez-vous à l'office national du tourisme italien de votre pays pour connaître les dates (voir la rubrique *Offices du tourisme à l'étranger*). L'ENIT édite une brochure annuelle, *An Italian Year*, qui répertorie la plupart des festivals, les concerts, les opéras et les ballets, ainsi que les expositions et les manifestations cinématographiques.

TOURISME D'AFFAIRES

C'est Milan, et non Rome, qui constitue la capitale des affaires. Elle accueille en effet la Bourse et le siège de nombreuses multinationales, comme Fiat, Proctor et Gamble, Blockbuster Video, Del Monte, Hewlett Packard et IBM. Toutefois, la région de Rome compte des industries dans divers secteurs, tels que les appareils ménagers, les produits pharmaceutiques, l'acier, l'électronique et l'habillement. Dans les grandes entreprises, de nombreuses personnes parlent une langue étrangère (anglais ou français), mais dans les plus petites, la connaissance de l'italien vous sera un atout non négligeable.

ORGANISMES A CONNAÎTRE

Le service commercial de l'ambassade d'Italie de votre pays vous fournira certainement des renseignements et peut vous aider à établir quelques contacts. Voici les coordonnées de la Chambre italienne de commerce en France : (☎ 01 53 93 73 73 ; fax 01 45 61 40 91), 134, rue du Faubourg-Saint-Honoré, 75008 Paris

Organismes utiles en Italie

La Chambre française de commerce et d'industrie (☎ 06 68 21 06 01) est installée corso Vittorio Emanuele II 326, 00100 Roma.

L'Istituto Nazionale per il Commercio Estero (ICE), via Liszt 21, 00144 Roma (☎ 06 59 921, fax 06 59 92 68 99), est le principal organisme chargé du commerce extérieur.

La British Chamber of Commerce in Italy (BCCI), installée à Milan (☎ 02 877798, via Camperio 9, 10123 Milano, bcci@bbs.infosquare.it, www.mondoweb.it/bcci), dispose d'un bureau à Rome (☎ 06 69 95 61, fax 06 69 95 66 00, BCCI Lazio chapter, via Due Macelli 66, 00187 Roma).

De même, l'American Chamber of Commerce possède son siège à Milan (via Cantú 1, 20123 Milano, ☎ 02 8690661, fax 02 8057737) et une antenne à Rome (☎ 06 51 86 11, fax 06 51 86 12 86, c/o AT&T, via C. Colombo 153, 00147 Roma).

Services de bureau

Si vous faites du tourisme d'affaires, vous n'aurez probablement besoin que d'un téléphone et d'un ordinateur portables. Certains hôtels disposent néanmoins de centres d'affaires et d'un service de secrétariat. Il existe des sociétés proposant domiciliation et secrétariat téléphonique. Beaucoup emploient des secrétaires polyglottes ou peuvent mettre à votre disposition des traducteurs et des interprètes.

Les Executive Business Centres (☎ 06 85 23 72 50, fax 06 85 35 01 87, execrom@executive network.it, www.executivenetwork.it, via Savoia 78) louent des salles de réunion équipées de matériel de vidéoconférence, s'occupent de la domiciliation de votre entreprise, mettent en place des messageries vocales et disposent de traducteurs et d'interprètes. Vous trouverez d'autres sociétés offrant les mêmes services dans les *Pagine Gialle* (pages jaunes), à la rubrique *Uffici arredati e servizi*.

Traducteurs et interprètes

Ils sont répertoriés dans les *Pagine Gialle* à la rubrique *Traduzioni servizio*.

Coursiers

Il existe plusieurs sociétés de coursiers, appelés "ponies", dont les plus importantes sont Speedy Boys (☎ 06 398 88) et Presto (☎ 06 398 90).

TRAVAILLER A ROME

Les non-ressortissants de l'Union européenne ne sont pas autorisés à travailler en Italie sans permis de travail. Les ressortissants de l'Union européenne peuvent travailler mais ils doivent se procurer une carta di soggiorno auprès de la questura principale. (Reportez-vous à la rubrique *Visas et formalités complémentaires* pour davantage de précisions.) Suite aux nouvelles lois sur l'immigration, tous les travailleurs étrangers doivent être déclarés par leur employeur, quel que soit le type d'emploi effectué, qui paie alors leurs cotisations sociales. Le travail au noir n'a toutefois pas disparu. Les journaux *Porta Portese* (édité les mardi et vendredi) et *Wanted in Rome* publient des offres d'emploi. Regardez également dans *Il Messaggero* et dans *The Herald Tribune*, ainsi que sur les panneaux d'affichage des librairies étrangères (voir le chapitre *Achats*). Si vous lisez l'anglais, procurez-vous le guide très utile *Living, Studying and Working in Italy,* de Travis Neighbor et Monica Larner.

Travail saisonnier

Une fois sur place, la meilleure solution consiste à tenter sa chance dans un bar, un restaurant ou une discothèque pendant la saison touristique. Vous pouvez aussi opter pour du baby-sitting. Peut-être pourrez-vous accompagner une famille italienne en vacances pour vous occuper des enfants. Jetez un œil sur les annonces de *Wanted in Rome* par exemple, ou passez-en une vous-même. Autre solution envisageable : rechercher une place au pair depuis votre pays d'origine.

Organisations internationales et ambassades

L'Organisation des nations unies pour l'alimentation et l'agriculture (FAO) et le Programme alimentaire mondial sont installés à Rome, mais ne recrutent que des personnes possédant des compétences spécifiques. Les ambassades étrangères embauchent parfois du personnel administratif parmi les ressortissants de leur pays.

Spectacles de rue

Il faut en principe posséder une autorisation municipale pour se produire dans la rue mais ces spectacles sont très fréquents en Italie. Les habitants ne s'arrêtent en général pas longtemps mais sont en revanche très généreux.

Autres emplois

Vous pouvez vous installer sur un marché et vendre vos produits, moyennant parfois la location de l'emplacement.

Il est interdit de s'installer en pleine rue sans autorisation municipale et la police est très vigilante à cet égard.

En été, vous pouvez tenter votre chance sur les plages, surtout si vous désirez vendre des objets artisanaux ou des bijoux.

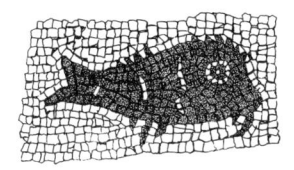

Comment s'y rendre

Si vous ne résidez pas en Europe, vous gagnerez certainement Rome en avion. Grâce à la concurrence entre les compagnies aériennes, vous devriez trouver un vol à un prix raisonnable. Depuis l'Europe, vous choisirez peut-être la voie terrestre ; renseignez-vous néanmoins sur les tarifs aériens, car il existe parfois des offres intéressantes au départ de nombreux aéroports.

VOIE AÉRIENNE
Le principal aéroport de Rome est le Leonardo da Vinci, communément appelé Fiumicino, nom de la ville où il se trouve (plan *Les environs de Rome*). Il existe un autre aéroport plus petit, Ciampino, pour les vols charters et les compagnies de moindre importance (plan *Les environs de Rome*).

La compagnie nationale est Alitalia, mais la plupart des compagnies européennes et internationales desservent aussi l'Italie. Les vols internationaux arrivent désormais souvent à l'aéroport Malpensa 2000 de Milan, où l'on assure des correspondances pour Rome.

Taxe d'aéroport
Cette taxe, obligatoire lorsque l'on quitte l'Italie par avion, est incluse dans le prix du billet.

Depuis/vers d'autres régions d'Italie
Des vols intérieurs relient régulièrement Rome aux autres régions italiennes, la plupart étant assurée par Alitalia et ses filiales. Citons également la compagnie Air One (plan 6, ☎ 06 47 87 61, via Sardegna 14) pour des liaisons vers Milan, Turin, Bologne, Naples, Bari, Reggio di Calabria et Crotone, et Meridiana (plan 6, ☎ 06 47 80 41, via Barberini 29) qui propose des vols vers Milan, Catane, Vérone et la Sardaigne.

Depuis/vers le Canada
Alitalia et Air Canada proposent des vols directs vers Rome et Milan au départ de Toronto et de Montréal. En basse saison, l'aller-retour Rome-Toronto commence à environ 900 000 L. Travel CUTS, spécialisé dans les voyages pour étudiants, est implanté dans la plupart des grandes villes. Regardez aussi les annonces des agences de voyages dans le *Globe & Mail*, le *Toronto Star* et le *Vancouver Sun*. Pour tout renseignement sur le convoyage de courrier express au départ du Canada, contactez FB on Board Courier Services (☎ 514-633 0740 à Toronto ou à Montréal ou ☎ 604-338 1366 à Vancouver). Airhitch propose des places en stand-by sur des allers-retours au départ de Toronto, Montréal et Vancouver.

Depuis/vers l'Europe francophone
Quelques tarifs promotionnels – soumis à diverses conditions – sont proposés par les compagnies aériennes. Ainsi, Alitalia affichait, au moment de la rédaction de ce guide, un prix de 1 240 FF pour un vol aller-retour Paris/Rome. En dehors de ces offres spéciales, pour la même prestation sur un vol régulier en classe économique, il faut plutôt compter autour de 1 800 FF.

En règle général, vous obtiendrez les offres les plus intéressantes auprès des agences de voyages, qui disposent de contingents de places à tarifs négociés sur les vols réguliers et/ou affrètent des charters. Comptez environ 1 550 FF pour une place sur un vol régulier. Un billet aller-retour sur un vol charter devrait se situer entre 960 et 1 450 FF, selon la période.

Au départ de la Belgique, comptez à partir de 7 000 FB (taxes incluses) pour un aller-retour Bruxelles/Rome en basse saison.

Un aller-retour Genève/Rome coûte environ 470 FS (taxes d'aéroport incluses) en basse saison.

Vous trouverez ci-dessous une liste non exhaustive d'agences de voyages et de compagnies aériennes susceptibles d'offrir des tarifs intéressants.

France
Air France
119, avenue des Champs-Elysées, 75008 Paris (☎ 0 802 802 802)
Alitalia
69, boulevard Haussmann, 75008 Paris (☎ 0 801 012 012)
3615 Alitalia
Fnac Voyages
(☎ 01 55 21 57 93)
Havas Voyages
De nombreuses agences à Paris et en province, dont :
26, avenue de l'Opéra, 75001 Paris (☎ 01 53 29 40 00)
3615 Havas Voyages
Go Voyages
6, rue Troyon, 75017 Paris (☎ 0 803 803 747),
3615 Go, www.govoyages.com
Look Voyages
De nombreuses agences en France, dont celle de Paris
23, rue de la Paix, 75002 Paris (☎ 01 53 43 13 13)
Nouvelles Frontières
87, bd de Grenelle, 75015 Paris (☎ 01 41 41 58 58)
OTU
39, av. Georges-Bernanos, 75005 Paris (☎ 01 40 29 12 12), et dans les CROUS de province.
Usit Voyages
Renseignements et vente par téléphone (☎ 01 42 44 14 00)
De nombreuses agences en France, dont :
85, bd Saint-Michel, 75005 Paris (☎ 01 43 29 69 50)

Belgique
Air Stop
Rue Fossé-aux-Loups, 28, 1000 Bruxelles (☎ 070 233 188)
Connections
Le spécialiste belge du voyage pour les jeunes et les étudiants. Plusieurs agences en Belgique : rue du Midi, 19-21, 1000 Bruxelles (☎ 2 550 01 00) ; av. Adolphe-Buyl, 78, 1050 Bruxelles (☎ 2 647 06 05). Nederkouter, 120, 9000 Gand (☎ 9 223 90 20). Rue Sœurs-de-Hasque, 7, 4000 Liège (☎ 4 223 03 75)
Éole
Chaussée de Haecht, 43, 1210 Bruxelles (☎ 2 217 27 44)
Sabena
Renseignements (☎ 2 723 23 23)

Suisse
Jerrycan
11, rue Sauter, 1205 Genève (☎ 22 346 92 82)
SSR
Coopérative de voyages suisse. Propose des vols à prix négociés pour les étudiants jusqu'à 26 ans et des vols charters pour tous (tarifs un peu moins chers au départ de Zurich) : 20, bd de Grancy, 1006 Lausanne (☎ 21 617 56 27 et 21 614 60 30) ; 3, rue Vignier, 1205 Genève (☎ 22 329 97 33).

BUS
Depuis/vers d'autres régions d'Italie

Lazio (Latium). Les bus Cotral, qui desservent la région du Lazio, partent de divers endroits de la ville, en fonction de leur destination. La compagnie, installée via Ostiense 131 (appelez le ☎ 167 43 17 84 pour tout renseignement), fait partie du système des transports en commun de la ville. En d'autres termes, les tickets à la journée sont valables dans les bus municipaux et régionaux, le tram, le métro et d'autres lignes de train.

Les bus pour Palestrina et Tivoli partent de la station de métro Ponte Mammolo, sur la ligne B (qui s'arrête aussi à Rebibbia). Ceux pour Bolsena, Tuscania et Viterbo quittent Saxa Rubra, sur la ligne de train Ferrovia Roma. Les bus pour les Castelli Romani ont leur départ à Anagnina, la dernière station de la ligne A du métro. Pour rejoindre les plages du sud de Rome, prenez un bus à la station de métro EUR-Fermi, sur la ligne B.

Enfin, pour aller à Bracciano, Cerveteri et Tarquinia, empruntez un bus au départ de la station de métro Lepanto, sur la ligne A. Reportez-vous également au chapitre *Excursions* pour d'autres précisions.

Autres régions. Les bus interurbains partent principalement du piazzale Tiburtina, en face de la stazione Tiburtina. Pour vous y rendre, prenez la ligne de métro B (Termini-Tiburtina). Différentes compagnies de bus desservent l'ensemble de l'Italie. Renseignez-vous à la stazione Tiburtina ou à l'agence Eurojet, piazza della Repubblica 54 (où vous pourrez également acheter des billets pour certaines destinations). Enjoy Rome et l'APT pourront aussi vous aider (voir la rubrique *Offices du tourisme* dans le chapitre *Renseignements pratiques*).

Voici quelques compagnies de bus :

ARPA, SIRA, Di Fonzo, Di Febo e Capuani
    Liaisons avec l'Abruzzo (les Abruzzes), notamment L'Aquila, Pescasseroli et Pescara
    Renseignements sur le piazzale Tiburtina
Bonelli
    Liaisons avec l'Emilia-Romagna, notamment Ravenna (Ravenne) et Rimini
    Renseignements sur le piazzale Tiburtino
Lazzi
    Liaisons avec d'autres villes européennes et les Alpes
    via Tagliamento 27r (☎ 06 884 08 40)
Lirosi
    Liaisons avec la Calabria
    Renseignements à Eurojet (☎ 06 474 28 01)
Marozzi
    Liaisons avec Bari et Brindisi, la côte d'Amalfi et Pompei
    Renseignements à Eurojet (☎ 06 474 28 01)
SAIS & Segesta
    Liaisons avec la Sicile
    Renseignements sur la piazza della Repubblica ou le piazzale Tiburtino (☎ 06 481 96 76)
Sena
    Liaisons avec Siena (Sienne)
    Renseignements à Eurojet (☎ 06 474 28 01)
SULGA
    Liaisons avec Perugia et Assisi (Assise), ainsi qu'avec l'aéroport de Fiumicino
    Renseignements à Eurojet (☎ 06 474 28 01 ou ☎ 075-500 96 41)

Depuis/vers l'Europe francophone

Eurolines, en collaboration avec diverses compagnies européennes, assure les principales liaisons internationales. Elle est représentée à Rome par Lazzi Express (☎ 06 884 08 40), via Tagliamento 27/r, et Agenzia Elios (☎ 06 44 23 39 28), circonvallazione Nomentana 574, du côté de la stazione Tiburtina. Les prix indiqués ci-après sont appliqués en pleine saison. Les personnes âgées de moins de 26 ans ou de plus de 60 ans bénéficient d'une réduction de 10%, les enfants de 4 à 11 ans paient demi-tarif et ceux de moins de 4 ans voyagent gratuitement à condition qu'ils n'occupent pas un siège.

N'oubliez pas toutefois qu'un vol aérien à tarif réduit revient parfois moins cher qu'un long trajet en bus, compte tenu des repas que vous devez prendre en route.

Belgique. Par Eurolines, un aller-retour pour Rome au départ de Bruxelles se situe aux alentours de 5 000 FB.

Eurolines
    50, place de Brouckère, 1000 Bruxelles
    (☎ 2 217 00 25)

France. Eurolines (☎ 08 36 69 52 52) dispose de bureaux dans plusieurs villes françaises, notamment à la gare internationale de Paris-Gallieni, 28, avenue du Général-de-Gaulle – d'où s'effectuent les départs pour l'Italie – et sur la rive gauche, 55, rue Saint-Jacques, près du boulevard Saint-Germain.

Le prix d'un aller simple/aller-retour Paris/Rome pour un adulte en haute saison s'élève à 610/980 FF.

L'aller simple/aller-retour de Rome à Nice revient à 325 FF/550 FF.

Suisse. Eurolines propose uniquement un aller simple Genève-Rome à partir de 92 FS.

Gare routière de Genève
    ☎ (022) 732 02 30

TRAIN

Presque tous les trains arrivent et partent de la stazione Termini. Ils desservent régulièrement les villes européennes et italiennes. Huit autres gares sont disséminées dans Rome. Certains trains en direction du nord partent de la stazione Ostiense et de la stazione Trastevere.

Pour tout renseignement, appelez le ☎ 800 88 80 88 de 7h à 21h (en italien) ou rendez-vous au bureau d'informations de la gare. Vous pourrez vous procurer des indicateurs, particulièrement utiles si vous effectuez plusieurs trajets en train, dans les kiosques à journaux des abords de la gare.

N'oubliez pas de composter votre billet dans les appareils jaunes placés sur les quais pour éviter d'avoir à payer une amende.

Depuis/vers le reste de l'Italie

Les voyages en train en Italie sont simples, bon marché et généralement pratiques. Les Ferrovie dello Stato (FS, www.fs-on-line.com/eng/index/html), compagnie publique partiellement privatisée, se partage le marché avec plusieurs compagnies privées. Les principaux types de train sont les suivants :

Regionale (R)
Ils s'arrêtent généralement à toutes les gares et sont parfois très lents
interRegionale (iR)
Circulent entre plusieurs régions
Intercity (IC) *et Eurocity* (EC)
Relient uniquement les grandes villes

L'*Eurostar Italia* est le train rapide qui dessert les villes italiennes et européennes. Il possède des 1re et des 2e classes.

Tous les trains italiens comportent une première et une seconde classe, le billet d'une 1re coûtant un peu moins du double de celui d'une 2e. Dans l'Eurostar, les 2es ressemblent beaucoup aux 1res des autres trains. Pensez à réserver vos places pour un long trajet, notamment si vous voyagez le week-end ou pendant les vacances scolaires, car vous risquez de vous retrouver debout dans le couloir.

Les réservations sont obligatoires dans l'Eurostar. Vous pourrez effectuer une réservation dans la plupart des agences de voyages, y compris les agences CTS, ou acheter votre billet directement à la gare. Pour l'Eurostar, adressez-vous au guichet indiqué dans les gares.

Si vous envisagez de vous déplacer beaucoup en train, nous vous conseillons d'acheter un indicateur. Il en existe de plusieurs types, dont ceux édités par la FS, disponibles dans les kiosques des alentours de la gare pour environ 5 000 L.

Toutes les gares possèdent un service de consigne, ouvert 7j/7 en principe 24 h/24 ou ne fermant que quelques heures après minuit. Comptez 1 500 L par bagage.

Tarifs. Si vous empruntez un Intercity ou un EuroCity, vous devrez acquitter un *supplemento* en fonction de la distance parcourue. Ainsi, dans un Intercity de Rome à Florence, le supplément se monte à 15 000 L.

Pour l'Eurostar, dans lequel les réservations sont obligatoires, le prix du billet comprend le montant du supplément et de la réservation. Le trajet simple de Rome à Florence en Eurostar vaut 51 000 L en 2e classe et 78 500 L en 1re. La différence de prix entre l'Eurostar (une heure et demie) et l'Intercity le moins cher (environ deux heures) ne s'élève qu'à 12 500 L. Par ailleurs, l'Eurostar propose également des prestations plus confortables, une légère collation par exemple. Il est en outre prioritaire devant les autres trains et ne s'arrête donc en principe pas en rase campagne.

Vérifiez le type du train dans lequel vous comptez voyager et réglez le cas échéant le supplément avant de monter pour éviter une amende dans le train. Si vous voyagez de nuit, il est préférable de louer une *cuccetta* (couchette). Prévoyez 30 500 L dans un compartiment de 4 personnes ou 21 500 L dans un de 6 personnes. Certains trains peuvent transporter aussi les vélos (10 000 L).

Voici quelques exemples de prix pour un aller simple (supplément inclus) : Rome-Florence 74 000 L (1re) et 38 500 L (2e) ; Milan 68 000 L (2e) ; Venise 68 000 L (2e) ; Naples 28 500 L (2e). Les allers-retours coûtent le double.

Cartes ferroviaires italiennes. Si vous voyagez uniquement en Italie, inutile d'acheter une carte Eurail ou Inter-Rail. Les Ferrovie dello Stato proposent des cartes de réduction pour les trajets en Italie.

La Carta Verde, pour les jeunes de 12 à 26 ans, coûte 40 000 L, est valable un an et donne droit à une réduction de 20% sur tous les trajets. Toutefois, pour qu'elle soit véritablement rentable, il faut effectuer de nombreux déplacements. Les enfants âgés de 4 à 12 ans bénéficient automatiquement d'une réduction de 50% et ceux de moins de 4 ans voyagent gratuitement.

La Carta d'Argento s'adresse aux plus de 60 ans. Valant également 40 000 L, elle permet de bénéficier d'une réduction de 20% sur les 1re et 2e classe pendant un an.

Le *biglietto chilometrico* (billet kilométrique), valable deux mois, permet d'effectuer 3 000 km en un maximum de 20 étapes. Il revient à 206 000 L (2e classe) et ne dispense pas du supplément dans l'Intercity. Son principal avantage est de pouvoir être utilisé par cinq personnes différentes, séparément ou ensemble.

Il existe également l'Italy Railcard et l'Italy Flexi Card, qui comprennent le supplément des Intercity mais pas les réservations de l'Eurostar. Vous devrez présenter votre passeport lors de l'achat de la carte.

L'Italy Rail Card, valable en 1re ou en 2e classe, couvre 8, 15, 21 ou 30 jours. Comptez 438 000 L en 1re classe ou 292 000 L en 2e pour une carte de 8 jours ; 635 000/423 000 L en 1re/2e classe pour une de 21 jours.

L'Italy Flexi Rail est valable 4, 8 ou 12 jours dans un même mois. La 4 jours revient à 356 000/237 000 en 1re/2e classe, la 12 jours à 641 000/427 000 L en 1re/2e classe.

Europe

On peut aisément gagner l'Italie en train depuis la plupart des autres pays européens. Déjà bien connu des voyageurs à petit budget, ce moyen de transport confortable et fiable devrait remporter les suffrages des plus exigeants.

Si vous envisagez d'effectuer de nombreux voyages en train en Europe, l'indicateur *Tomas Cook European Timetable* pourra vous être utile. Il comprend en effet tous les horaires des trains et indique les suppléments éventuels ou les réservations obligatoires.

Mis à jour tous les mois, il est disponible dans les agences Thomas Cook, ainsi qu'à l'Anglo-American Bookshop, via delle Vite 102 (plan 6, près de la piazza di Spagna).

Consultez également le site European Railways and Timetables mercurio.iet.unipi.it/misc/timetabl.html.

Les trains EuroCity (EC) relient la majorité des villes européennes (Paris, Genève, Zurich, Francfort, Vienne et Barcelone) aux grandes villes italiennes. Pour les trajets de nuit, réservez une *cuccetta* (couchette) pour environ 40 000 L (1re classe, 4 couchettes par compartiment) ou 26 000 L (2e classe, 6 couchettes par compartiment). Il existe aussi des wagons-lits, plus chers mais plus confortables.

D'une manière générale, essayez de réserver votre place dans les EuroCity ou les autres trains se rendant en Italie, souvent bondés, surtout en été.

Certains trains peuvent transporter également les voitures, ce qui permet d'éviter un long trajet au volant.

Depuis/vers l'Europe francophone

Belgique. Pour tout renseignement sur les liaisons internationales assurées par la SNCB, contactez le ☎ 0900 103 66.

Les voyageurs de moins de 26 ans peuvent tabler sur un aller-retour Bruxelles/Rome à environ 8 900 FB ; ceux qui ont dépassé cet âge devront compter aux alentours de 9 640 FB. Pour bénéficier d'une couchette dans les deux sens, il faut ajouter 1 200 FB aux tarifs ci-dessus.

France. Pour les renseignements SNCF, un seul numéro : le ☎ 08 36 35 35 35 ou le Minitel 3615 SNCF.

Les tarifs proposés par la SNCF sont variables. Il dépendent en particulier de la période, du nombre des voyageurs et de leur âge. Ainsi, une personne de moins de 26 ans pourra tabler sur un prix attractif d'environ

745 FF pour un aller-retour Paris/Lyon/ Rome (environ 14 heures de trajet). Pour ceux qui n'entrent plus dans cette catégorie, la fourchette de prix s'établit plutôt entre 1 000 et 1 500 FF.

Il peut être également intéressant – et un peu plus rapide : comptez 12 heures de trajet – de choisir une connexion avec le réseau italien à Milan ou à Turin, la première partie du trajet s'effectuant en TGV. A titre indicatif, l'aller-retour Paris/Milan devrait se situer entre 620 et 650 FF, l'aller-retour Milan/Rome revenant, quant à lui, à environ 370 FF.

Suisse. L'Eurostar ETR470 Cisalpino, qui roule à près de 200 km/h, dessert les grandes villes suisses au départ de Milan. Les allers-retours Genève-Rome s'échelonnent de 212 000 à 218 000 L.

VOITURE ET MOTO

L'autoroute reliant Rome au Nord et au Sud de l'Italie, l'Autostrada del Sole, va de Milan à Reggio di Calabria. Elle rejoint le Grande Raccordo Anulare, le périphérique entourant Rome et comprenant plusieurs sorties pour rejoindre le centre.

Si vous arrivez par le nord, prenez les sorties via Salaria, via Nomentana ou via Flaminia. Depuis le sud, choisissez via Appia Nuova, via Cristoforo Colombo ou via del Mare (qui relie Rome au Lido di Ostia).

Le Grande Raccordo Anulare et les grandes artères de la ville sont embouteillées les soirs de la semaine de 17h à 19h30 environ. Le dimanche soir, notamment en été, les différentes voies d'accès sont encombrées par les Romains qui regagnent leur domicile après le week-end.

L'A12 rejoint Civitavecchia, puis longe la côte jusqu'à Genova (Gênes) (elle conduit également à l'aéroport de Fiumicino). L'autostrada n'étant pas toujours clairement indiquée dans le centre-ville, prévoyez une carte routière précise. D'une manière générale, suivez les grandes artères pour regagner le Grande Raccordo Anulare, puis empruntez la sortie indiquée.

Les principales routes nationales au départ de Rome suivent plus ou moins les anciennes voies consulaires. Voici les sept plus importantes :

Via Aurelia (SS1)
: commence au Vatican et sort de la ville par le nord-est, longe la côte tyrrhénienne jusqu'à Pisa, Genova et la France

Via Cassia (SS2)
: commence au ponte Milvio puis part en direction du nord-ouest vers Viterbo, Siena et Firenze (Florence)

Via Flaminia (SS3)
: commence au ponte Milvio, rejoint au nord-ouest Terni et Foligno, traverse les Appennini, gagne Le Marche et finit à Fano, sur la côte adriatique

Via Salaria (SS4)
: quitte le centre de Rome par le Nord non loin de la porta Pia, rejoint Rieti, Le Marche et le port d'Ascoli sur la côte adriatique

Via Tiburtina (SS5)
: relie Rome à Tivoli et à Pescara dans 'Abruzzo

Via Casilina (SS6)
: part en direction du sud-est vers Anagni, traverse la Campania et aboutit à Capua, près de Napoli (Naples)

Via Apia Nuova (SS7)
: route consulaire la plus connue, elle longe la côte sud du Lazio à la Campania, traverse les Apennini pour rejoindre la Basilicata, Potenza, Matera et Taranto en Puglia (Pouilles) et continue jusqu'à Brindisi

Formalités

Munissez-vous des papiers d'immatriculation de la voiture et d'un justificatif d'assurance international (carte verte), obligatoire.

Souscrivez également une assurance dépannage. L'Automobile Club Italiano (ACI) n'offre en effet plus d'assistance gratuite aux touristes.

Si vous composez le ☎ 116, son numéro d'urgence, vous devrez donc payer un minimum de 160 000 L. L'ACI possède un bureau via Marsala 8 à Rome (☎ 06 499 81) et corso Venezia 43 à Milan (☎ 02 774 51).

Enfin, tous les véhicules doivent porter une plaque identifiant leur pays d'origine.

Code de la route

Le triangle de présignalisation (placé sur la route en cas de panne) est obligatoire en Europe, comme le port de la ceinture de sécurité.

La plupart des autoroutes sont à péage.

On pratique désormais fréquemment des alcootests. Les peines encourues en cas d'accident en état d'ébriété sont lourdes. Le taux d'alcool autorisé dans le sang est de 0,08%.

Les limitations de vitesse, sauf indication contraire, se montent sur les autoroutes à 130 km/h pour les voitures de 1 100 cc, 100 km/h pour les voitures plus petites et les motos de moins de 350 cc. Sur les nationales principales, on ne dépasse pas 110 km/h, 90 km/h sur les nationales secondaires et 50 km/h en zone urbaine.

En cas de non-respect des limitations, vous risquez une amende de 59 000 L pour un dépassement de 10 km/h, 235 000 L jusqu'à 40 km/h d'excès et 587 000 L au-delà de 40 km/h. Griller un feu rouge coûte 117 000 L.

Pour obtenir des renseignements sur les permis de conduire, reportez-vous à la rubrique *Formalités complémentaires* du chapitre *Renseignements pratiques*.

Vous pouvez conduire une mobylette de moins de 50 cc sans permis. Il faut toutefois être âgé de 14 ans au moins et porter un casque jusqu'à 18 ans. On ne peut pas transporter de passager ni emprunter les autoroutes et la vitesse est limitée à 40 km/h.

Pour une mobylette ou un scooter de moins de 125 cc, il faut avoir 16 ans, posséder un permis de conduire et porter un casque.

Pour les motos de plus de 125 cc, il faut un permis spécial et un casque antichoc. Vous pourrez ainsi vous faufiler dans les embouteillages romains. Nous vous signalons incidemment que la police ignore souvent les motos garées sur les trottoirs. Les lumières ne sont pas obligatoires la journée.

Consultez le chapitre *Comment circuler* pour tout renseignement sur les loueurs de véhicules.

Carburant

Le prix du super se monte à environ 1 900 L le litre. Le super se dit *benzina*, le sans plomb *benzina senza piombo* et le gas-oil *gasolio*.

Si vous roulez au GPL, procurez-vous un guide répertoriant les stations vendant du *gasauto* (900 L le litre), en principe implantées dans des zones non résidentielles mais également sur les autoroutes.

BICYCLETTE

Bien que de nombreux Italiens roulent à bicyclette, il existe fort peu de pistes cyclables et l'on slalome entre les voitures. Renseignez-vous auprès des offices du tourisme pour connaître les itinéraires spéciaux en place.

Le transport en train des vélos ne coûte que 10 000 L, mais peu de trains l'effectuent. Les trains rapides ne les acceptent en général pas et vous devez les expédier à part, ce qui peut prendre quelques jours. Aussi, dans la mesure du possible, envoyez votre vélo à l'avance. Pour davantage de détails, renseignez-vous auprès des FS ou d'une agence de voyages.

Les avions transportent en principe les bicyclettes contre une somme modique, voire gratuitement. Contactez une agence de voyages ou votre compagnie aérienne pour de plus amples renseignements.

Pour tout renseignement sur les loueurs de bicyclettes et les excursions à bicyclette, consultez le chapitre *Comment circuler*.

EN STOP

Nous vous déconseillons vivement de faire du stop, moyen peu sûr quel que soit le pays. Néanmoins, sachez qu'il est interdit de faire du stop sur les autostrade mais que rien ne vous empêche de vous poster à l'entrée, au niveau des péages.

Pour rejoindre l'A1 au nord, prenez le bus n°319 à la stazione Termini, descendez à la piazza Vescovio, puis montez dans le bus n°135 jusqu'à la via Salaria.

Pour aller dans le sud, vers Naples, sur l'A2, prenez le métro jusqu'à Anagnina et postez-vous via Tuscolana.

Il est parfois possible de se mettre d'accord avec des automobilistes à l'avance, notamment dans les auberges de jeunesse. Contactez également l'International Lift Centre à Firenze (☎ 055 28 06 26) ou Enjoy Rome (voir la rubrique *Offices du tourisme* du chapitre *Renseignements pratiques*).

BATEAU

Civitavecchia (plan du Lazio), le port le plus proche de Rome, est le point de départ des ferries pour la Sardaigne. Des trains Tirrenia ou FS desservent régulièrement Civitavecchia (une heure et demie) depuis la stazione Termini. Le prix des traversées varie selon les périodes de l'année mais est le plus élevé en été. Renseignez-vous auprès des agences de voyages de Rome pour davantage de précisions.

VOYAGES ORGANISÉS

Vous trouverez de nombreuses possibilités de voyages organisés à Rome. L'office du tourisme italien peut vous fournir une liste des tour-opérateurs et de leurs spécialités, de même que les agences CIT (voir la rubrique *Offices du tourisme* dans le chapitre *Renseignements pratiques*). Comparez les prix mais, d'une manière générale, ces voyages reviennent assez cher.

Les compagnies aériennes proposent souvent des circuits dans plusieurs villes comprenant le transport, l'hébergement et les transferts mais vous laissant toute liberté pour les visites. Ces offres sont souvent mentionnées dans les pages "Voyages" des journaux.

AGENCES DE VOYAGES

Il s'avère plutôt difficile de dénicher des billets d'avion à prix vraiment réduit à Rome car il n'existe pas d'agences spécialisées dans ce domaine. Certaines proposent néanmoins des formules pour les étudiants ou pour les voyageurs à petit budget. Dans la mesure où elles n'acceptent généralement pas les cartes de crédit, prévoyez les espèces nécessaires.

Adressez-vous aux agences affiliées à l'IATA (Association internationale des agences de voyages), qui offre certaines garanties en cas de problèmes.

Le CTS (Centro Turistico Studentesco) (plan 5, ☎ 06 687 26 72), corso Vittorio Emanuele II 297, l'agence de voyages pour étudiants officielle, propose des réductions sur les billets d'avion, de train et de bus aux étudiants et aux moins de 30 ans. Elle délivre aussi la carte d'étudiant internationale (ISIC). Elle est ouverte du lundi au vendredi de 9h30 à 13h et de 15h30 à 19h30 et de 9h30 à 13h le samedi. Un autre bureau se situe via Genova 16 (plan 6, ☎ 06 467 92 71) et près de l'université La Sapienza, via degli Ausoni 5 (plan 6, ☎ 06 445 01 41).

Si vous n'êtes pas étudiant, vous devez acheter la carte CTS pour bénéficier des tarifs proposés. Valable un an, elle coûte 45 000 L.

Elsy Viaggi, via di Torre Argentina 80 (plan Les environs de la piazza Navona, ☎ 06 68 80 13 72), offre les tarifs les plus intéressants sur les vols européens et pratique des prix avantageux sur certaines autres destinations internationales. Elle n'accepte pas les cartes de crédit. Elle ouvre de 9h à 13h et de 15h30 à 18h30 du lundi au vendredi, de 9h à 13h le samedi.

La CIT (Compagnia Italiana Turismo) propose diverses prestations mais pas nécessairement bon marché.

Plusieurs agences CIT sont installées à Rome, les plus centrales étant via Barberini 86 (plan 6, ☎ 06 47 86 41, fax 47 86 42 00) et piazza della Repubblica 65 (plan 6, ☎ 06 481 88 06).

Il en existe également une dans la stazione Termini.

Renseignez-vous également auprès de Nouvelles Frontières (plan 5, ☎ 06 322 24 63, via A. Brunetti 25), à côté de la via del Corso et de la piazza del Popolo.

Enfin, Transalpino, piazza Esquilino 8a (plan 6, ☎ 06 487 08 70), propose des réductions sur les billets de train pour l'Europe. Elle est ouverte de 8h à 21h du lundi au samedi et de 9h à 20h le dimanche. Vous trouverez une autre agence dans la stazione Termini.

ATTENTION !

Les informations de ce chapitre sont sujettes au changement. Les prix des voyages internationaux fluctuent, des lignes sont créées, d'autres supprimées, les horaires changent, les offres spéciales vont et viennent, la réglementation et les conditions d'obtention de visa sont modifiées…

Les compagnies aériennes et les gouvernements semblent par ailleurs prendre un malin plaisir à compliquer les choses. Mieux vaut donc vérifier auprès des compagnies aériennes et des agences de voyages que vous avez bien compris toutes les modalités d'un tarif ou d'un billet. Le marché du voyage, très concurrentiel, oblige en effet à se montrer extrêmement vigilant. Les informations de ce chapitre sont purement indicatives et ne remplaceront pas une recherche personnelle minutieuse.

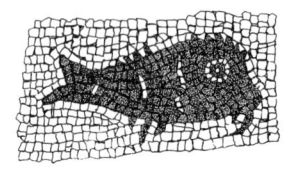

Comment circuler

DESSERTE DES AÉROPORTS
Fiumicino
Le principal aéroport de Rome, Leonardo da Vinci (Fiumicino), est situé à environ 30 km au sud-ouest du centre-ville (voir la carte des *Environs de Rome*). Le train direct Fiumicino-stazione Termini (dans le hall des arrivées de l'aéroport, suivez les panneaux jusqu'à la gare) coûte 15 000 L. Il arrive et part du quai n°22 de Termini et le trajet dure environ 30 minutes. Les billets s'achètent aux distributeurs de Fiumicino et de Termini ou au guichet Alitalia du quai 22, ou à l'aéroport. Le premier train direct quitte l'aéroport pour Termini à 7h37, ensuite la liaison est assurée de 8h07 à 22h07 toutes les heures (ou toutes les demi-heures à certains moments de la journée). Entre Termini et l'aéroport, les premiers trains partent à 6h50, puis s'échelonnent toutes les heures et les demi-heures jusqu'à 21h20.

Un autre train part de Fiumicino et s'arrête aux stazioni Trastevere, Ostiense et Tiburtina (7 000 L) ; il ne va pas à Termini. Au départ de l'aéroport, les trains partent toutes les 20 minutes de 6h27 à 11h27 ; de stazione Ostiense, de 5h19 à 10h49. Prévoyez davantage de temps le dimanche et les jours fériés car le service est réduit.

Vous pouvez acheter les billets pour ces deux trains aux distributeurs situés dans le hall des arrivées de l'aéroport principal. Munissez-vous de petites coupures car ces machines rendent rarement la monnaie. On peut également acheter des billets au guichet, dans les tabacs et les distributeurs des gares ferroviaires. Le guichet Alitalia du quai 22 de Termini en vend aussi.

De 24h à 5h, un bus assure toutes les heures la liaison entre la stazione Tiburtina (accessible par le bus n°42N de la piazza dei Cinquecento devant Termini) et l'aéroport. Le même bus se rend en ville au départ du hall des arrivées. Le billet coûte 7 000 L. Ne traînez pas dans les environs de Tiburtina la nuit car les lieux ne sont pas sûrs.

L'aéroport de Fiumicino est relié à Rome par une *autostrada*. Suivez les panneaux indicateurs pour sortir de l'aéroport, puis quittez l'autostrada au niveau de l'EUR. Ensuite, il vous faudra demander votre route jusqu'à la via Cristoforo Colombo, qui mène directement dans le centre.

Les taxis partent devant le hall des arrivées. La course est chère, comptez environ 70 000 L (taxe d'aéroport de 15 000 L comprise) pour rejoindre le centre de Rome.

Ciampino
L'aéroport de Ciampino (voir la carte des *Environs de Rome*), à environ 15 km au sud-est de la ville, est une ancienne base militaire. Il commence à attirer de nombreuses compagnies de charters. Ciampino est relié à Rome par la via Appia Nuova. Compte tenu du manque de transports publics, si vous arrivez tard ou tôt, vous n'aurez guère d'autre choix que de prendre un taxi, ce qui vous coûtera 60 000 L. Demandez aux autres passagers s'ils veulent partager la course.

Les bus bleus Cotral (toutes les 60 à 90 minutes de 5h45 à 22h30) vous emmèneront à la station de métro Anagnina. La Linea A vous permettra ensuite de rejoindre la stazione Termini. Les bus pour Ciampino partent d'Anagnina toutes les heures environ de 6h10 à 23h. Le billet combiné bus-métro Metrebus (1 500 L) s'achète à un distributeur du hall des arrivées ou chez le marchand de journaux du hall des départs. Au moment de la rédaction de ce guide, certaines compagnies proposaient une navette aux passagers de leurs vols entre Ciampino et la piazza Santa Maria Maggiore pour environ 20 000 L. Pour plus de détails, consultez votre compagnie aérienne.

BUS ET TRAM
La compagnie municipale de bus et de tram s'appelle Atac. La plupart des bus ont leur terminus sur la piazza dei Cinquecento près

de la stazione Termini (plan 6). Au guichet des renseignements installé au centre de la piazza, vous pourrez vous procurer un plan des trajets de bus. Si vous avez la carte Lozzi, elle contient un bon plan de bus.

Autre grand point de convergence des bus : le largo di Torre Argentina, près de la piazza Navona (voir le plan des *Environs de la piazza Navona*). En général, les bus circulent de 6h environ à 24h, avec des services réduits la nuit sur certains trajets. Comme les lignes de l'Atac semblent en perpétuelle évolution, si vous comptez beaucoup circuler en bus et en tram, procurez-vous un plan gratuit au kiosque de Termini ou dans n'importe quel office du tourisme.

Désormais les bus, les trams, le métro et les trains de banlieue font partie du même réseau, et les mêmes billets permettent d'emprunter tous les modes de transport. L'aller simple coûte 1 500 L les 75 minutes. Les enfants mesurant moins de 1 m voyagent gratuitement. Le forfait à la journée coûte 6 000 L, le coupon hebdomadaire 24 000 L et 50 000 L pour un mois.

Le billet doit être acheté *avant* de monter dans le bus ou le train, et validé dans la machine en entrant. Dans le métro, on valide son ticket en passant la barrière électronique avant de descendre sur le quai. Pour les correspondances entre le bus et le métro, il faut valider son ticket une seconde fois. L'amende minimale pour tout déplacement sans billet validé s'élève à 100 000 L (mais elle peut atteindre 500 000 L), et les contrôleurs commencent à se fatiguer des sempiternelles excuses des touristes qui prétendent ne pas être au courant. Les billets s'achètent sur la piazza dei Cinquecento, dans les tabacs, chez les marchands de journaux et dans les distributeurs installés aux principaux arrêts de bus. Pour toute information concernant les transports publics, appelez le ☎ 167 431 784 (de 9h à 13h et de 14h à 17h).

Lignes utiles :
n°8 (tram)
 Largo di Torre Argentina, Trastevere, stazioni Trastevere et Monteverde Nuovo

n°46
 Piazza Venezia, San Pietro et via Aurelia
n°64
 De la stazione Termini à San Pietro
n°27
 Stazioni Termini, Colosseo, Circo Massimo et Aventino
n°36
 Stazione Termini par la via Nomentana (ambassades étrangères)
n°116 (petit bus électrique)
 De la via Giulia par le centre-ville jusqu'à la villa Borghese
n°175
 Parking du piazzale Partigiani, stazione Ostiense et stazione Termini
n°218
 De la piazza San Giovanni in Laterano à la via Appia Antica et aux catacombes
n°910
 De la stazione Termini à la villa Borghese
n°590
 Suit la ligne A du métro et peut accueillir les personnes à mobilité réduite

TRAIN

Outre le métro, Rome dispose d'un réseau ferroviaire aménagé en surface. Il ne vous servira que pour quitter la ville et visiter les Castelli romani, les plages du Lido di Ostia ou les ruines d'Ostia Antica (voir le chapitre *Excursions*).

L'une des lignes de train, la FM1, relie Orte et d'autres petites villes au nord de Rome à l'aéroport de Fiumicino (voir la rubrique *Desserte des aéroports* plus haut dans ce chapitre). A Rome, les arrêts comprennent les stazioni Tiburtina, Tuscolana, Ostiense et Trastevere ; ce train dessert aussi l'agglomération urbaine. On peut utiliser les billets habituels Metrebus. En revanche, si vous voulez emprunter ce train pour vous rendre à l'aéroport de Fiumicino, vous devrez acheter un billet différent coûtant 7 000 L l'aller.

METROPOLITANA

Le réseau métropolitain compte deux lignes, la Linea A et la Linea B. Les deux desservent la stazione Termini. Le métro

Devant le Colosseo, l'Arco di Constantino

Couleurs et parfums au Campo dei Fiori

Le temple d'Hercule et ses 20 colonnes cannelées à chapiteaux corinthiens

Rome, métropole internationale

Les fameux piments de la *salsa arrabbiata*

Derrière le comptoir, piazza San Cosmiato

fonctionne de 5h30 à 23h30 (une heure plus tard le samedi) et les trains passent environ toutes les 5 minutes. Toutefois, jusqu'à la fin 1999, la Linea A fermera à 22h en raison de travaux sur les voies, et sur les systèmes de ventilation et de sécurité incendie. Les stations les plus utiles sont :

Stations	Linea	Sites
Spagna	Linea A	Piazza di Spagna
Flaminio	Linea A	Villa Borghese
Ottaviano	Linea A	Il Vaticano
Colosseo	Linea B	Colosseo
Circo Massimo	Linea B	Circo Massimo, Aventino, Celio, Terme di Caracalla
Piramide	Linea B	Stazione Ostiense, trains pour l'aéroport et le Lido di Ostia

Une nouvelle station doit ouvrir fin 1999 sur la Linea A : Musei Vaticani. Elle assurera l'accès direct aux musées du Vatican.

Le dimanche, vous pouvez prendre votre vélo avec vous sur la Linea B pour emprunter ensuite le train du Lido di Ostia. Avant de monter dans le train (première voiture uniquement), vous devez composter deux billets, l'un pour vous et l'autre pour le vélo.

VOITURE ET MOTO

Conduire une voiture à Rome n'est pas si facile, mais c'est toujours moins dangereux que de circuler à moto ou à vélomoteur. La plupart des automobilistes regardent droit devant eux pour surveiller les voitures qui les précèdent, en espérant être imités par les véhicules qui les suivent.

La majeure partie du centre historique est fermée à la circulation, mais les touristes sont autorisés à rejoindre leur hôtel. La police qui surveille l'entrée dans le centre vous laissera passer si votre véhicule est rempli de bagages et si vous indiquez le nom de votre hôtel. La direction vous remettra ensuite un laissez-passer qui vous permettra de vous garer dans le centre (assurez-vous au moment de la réservation). La police tolère de moins en moins le stationnement illégal. Au mieux, vous devrez acquitter une énorme contravention (environ 200 000 L), au pire vous aurez un sabot ou votre voiture sera enlevée. Si vous pensez que votre véhicule est parti à la fourrière, vérifiez toujours d'abord auprès de la police (☎ 06 676 91). Il vous en coûtera environ 180 000 L pour le récupérer, ainsi qu'une lourde amende.

Un système de stationnement payant a été mis en place en périphérie du centre-ville. La plupart du temps, les emplacements sont délimités par une ligne bleue, y compris sur les lungoteveri (les quais du Tibre) et près de Termini (plan 6). Munissez-vous de monnaie pour acheter votre ticket au distributeur, sinon vous devrez vous le procurer dans un tabac. Le stationnement coûte 2 000 L/heure.

Le plus vaste parking près du centre est aménagé villa Borghese (plan 4). L'entrée s'effectue par le piazzale Brasile, en haut de la via Veneto. Il existe également un parc de stationnement gardé à la stazione Termini. Les autres parkings sont situés au piazzale dei Partigiani, juste à côté de la stazione Ostiense (plan 8) – vous pouvez ensuite rejoindre le centre en métro par la station Piramide –, et à la stazione Tiburtina, d'où il est également possible de se rendre dans le centre en métro.

Location de voitures

Si une voiture n'est pas utile pour visiter la ville, elle permet en revanche de sortir de Rome. Il est moins onéreux de s'organiser à l'avance, en optant par exemple pour une formule de vol avec location de voiture. La plupart des grandes compagnies, dont Hertz, Avis et Budget, offrent ce type de service. A votre arrivée, ou le jour désigné, il vous suffit de prendre le véhicule à l'endroit indiqué.

Pour louer une voiture en Italie, il faut être âgé de 21 ans au moins (23 ans dans certaines agences) et être muni d'un permis en cours de validité. Il est plus facile de disposer d'une carte de crédit. Quel que soit l'endroit de la location, assurez-vous de bien comprendre ce qui est inclus dans le prix (kilométrage illimité, taxes, assurances, tierce collision, etc.) ainsi que vos responsabilités. Dans certains cas, vous encourrez des pénalités de 500 000 à 1 000 000 L pour le vol du véhicule.

Au moment de la rédaction de ce guide, Avis proposait une formule week-end avec kilométrage illimité très intéressante par rapport aux offres des autres sociétés : 285 000 L pour une Fiat Uno ou une Renault Clio, 320 500 L pour une Fiat Brava, du vendredi 9h au lundi 9h.

Maggiore Budget proposait un week-end à 147 000 L pour une Renault Clio, avec une limite de 300 km. Si vous prenez ou laissez la voiture à l'aéroport, on vous comptera un supplément de 12%. La même voiture pour cinq à sept jours, avec un maximum de 1 400 km, coûte 497 000 L. Les principales agences de location sont :

Avis
  Agence principale (☎ 06 419 99)
  Aéroport de Ciampino (☎ 06 79 34 01 95)
  Aéroport de Fiumicino (☎ 06 65 01 06 78)
  Stazione Termini (☎ 06 481 43 73)

Dollaroexpress
  (numéro gratuit ☎ 16 78 86 51 10)

Europcar
  Agence principale (☎ 06 52 08 11)
  Aéroport de Fiumicino (☎ 06 65 01 08 79)
  Stazione Termini (☎ 06 488 28 54)

Maggiore Budget
  Agence principale (☎ 14 78 670 67)
  Aéroport de Fiumicino (☎ 06 65 01 06 78)
  Stazione Termini (☎ 06 488 00 49)

Location de moto et de vélomoteur

Il est possible de louer des motos, des scooters et des vélomoteurs chez Happy Rent (plan 6, ☎ 06 481 81 85, via Farini 3), dans une rue perpendiculaire à la via Cavour, entre la stazione Termini et la piazza Esquilino. La location d'une moto (600 cc) coûte 160 000 L par jour, celle d'un scooter ou d'un vélomoteur (50 cc à 125 cc) de 50 000 à 140 000 L par jour. Happy Rent loue aussi des voitures et des monospaces (possibilité de siège pour enfant), mais à des prix plus élevés que les grandes agences de location. Les principales cartes de crédit sont acceptées.

Chez Bici e Baci (plan 6, ☎ 06 482 84 43, via del Viminale 5), près de la piazza della Repubblica, la location d'un scooter commence à 40 000 L par jour. Les principales cartes de crédit sont acceptées.

A la stazione Termini, au nord-est du terminus des bus sur la piazza del Cinquecento, Treno e Scooter (plan 6, ☎ 06 48 90 58 23) loue des vélomoteurs et des scooters. Le vélomoteur de 50 cc revient à 35 000 L les quatre heures, 55 000 L la journée et 230 000 L la semaine. Le scooter de 125 cc coûte 70 000 L les quatre heures, 100 000 L la journée et 400 000 L la semaine. Ce magasin a des accords avec les chemins de fer : si vous présentez un billet de train, on vous fera une réduction de 10% sur la première journée de location. Les chaînes, les antivols, les casques et les lunettes sont inclus, et un service d'assistance vous viendra en aide aux heures de bureau. Il faut laisser une caution en liquide ou par carte de crédit. La boutique est ouverte tous les jours de 8h30 à 19h30.

Voir aussi la rubrique *Location de bicyclettes*.

TAXI

Les taxis sont disponibles 24h/24. La Cooperativa Radio Taxi Romana (☎ 06 3570) et La Capitale (☎ 06 4994) sont les deux compagnies principales. Vous pouvez également appeler le ☎ 06 6645 ou le ☎ 06 5551. Les principales stations sont aménagées dans les aéroports, à la stazione Termini et sur le largo Argentina, dans le centre historique.

Veillez à monter dans un taxi au départ d'une station, car, normalement, il est interdit de héler un taxi dans la rue. Il existe un supplément pour les bagages, le service de nuit, les jours fériés et la desserte des aéroports. La prise en charge s'élève à 4 500 L (les 3 premiers kilomètres), ensuite la course coûte 1 200 L/km. Un supplément de

5 000 L est demandé de 22h à 7h, de 2 000 L, de 7h à 22h, le dimanche et les jours fériés. Comptez en outre 2 000 L par sac ou valise encombrants. Si vous appelez un taxi par téléphone, le compteur sera immédiatement mis en marche et vous devrez payer le coût du trajet à partir de l'endroit où se trouvait le chauffeur au moment de votre appel.

BICYCLETTE

Si vous bravez le fait que Rome est construite sur sept collines et que la circulation y est difficile, le vélo devrait vous permettre de couvrir de longues distances. Il existe quelques pistes cyclables, le long du Tevere au nord et au sud du centre-ville, mais, en général, vous vous trouvez à contre-courant de la circulation. La Commune de Rome envisage de prolonger ces pistes, mais, comme beaucoup d'autres projets municipaux, cette réalisation demandera du temps. La via dei Fori Imperiali est fermée à la circulation le dimanche, ce qui permet de circuler de la piazza Venezia à l'Appia Antica sans rencontrer de voiture.

Les pavés constituent la principale menace pour les cyclistes, suivis par les nids-de-poule et la pluie, qui rend la chaussée glissante. Voir aussi le chapitre *Promenades dans Rome*.

Location de bicyclettes

Happy Rent (plan 6, ☎ 06 481 81 85), via Farini 3, perpendiculaire à la via Cavour, entre la stazione Termini et la piazza Esquilino, loue des bicyclettes à 5 000 L/heure, 30 000 L les 24 heures, 70 000 L les 3 jours et 120 000 L la semaine. Bici e Baci (☎ 06 482 84 43), via del Viminale 5 (plan 6, près de la piazza della Repubblica) loue des bicyclettes à partir de 15 000 L par jour.

Treno e Scooter (plan 6, ☎ 06 48 90 58 23), au nord-est du terminus des bus devant la stazione Termini, loue des bicyclettes à 4 000 L/heure, 10 000 L par jour ou 35 000 L par semaine. La location de VTT coûte 7 000 L/heure, 18 000 L par jour et 54 000 L par semaine. La boutique, ouverte tous les jours de 8h30 à 19h30, fonctionne en collaboration avec les chemins de fer et divers groupes écologistes. Sur présentation d'un billet de train, vous pouvez obtenir une réduction de 30% sur la première journée de location. Les chaînes et les antivols sont compris dans le prix. Il faut verser une caution en liquide ou par carte de crédit.

Cicli Collati (voir la carte des *Environs de piazza Navona*, ☎ 06 68 80 10 84), via del Pellegrino 80-82, près du Campo dei Fiori, loue des bicyclettes à l'heure (5 000 L), à la demi-journée (10 000 L) et à la journée (15 000 L). Des réductions sont accordées pour les locations à long terme. Des sièges et des vélos pour enfants sont également disponibles.

En général, on peut également louer des bicyclettes sur la piazza del Popolo et à la villa Borghese.

A PIED

Assez peu étendu, le centre historique de Rome se parcourt aisément à pied. La marche offre un bon moyen de découvrir la ville, car elle permet d'apprécier les belles places, les beaux édifices et les fontaines qui se dressent au détour de chaque rue. Munissez-vous de chaussures confortables. Pour plus de détails sur les itinéraires possibles, reportez-vous au chapitre *Promenades dans Rome*.

CIRCUITS ORGANISÉS
Circuits en bus

L'Atac propose une visite guidée à bord d'un bus spécial climatisé, n°110, qui part du terminus des bus devant la stazione Termini tous les jours à 14h, 15h, 17h et 18h. Le commentaire est fait en anglais, en italien et en plusieurs autres langues. Le circuit dure trois heures avec arrêts piazza del Popolo, piazza San Pietro, piazza del Campidoglio, Circo Massimo et Colosseo. Le billet, qui coûte 15 000 L, s'achète au guichet des renseignements Atac, situé à l'arrêt C du terminus. Pour toute information complémentaire, appelez le ☎ 06 46 95 22 52 ou le ☎ 06 46 95 22 56.

Stop'n'Go City Tours, chapeauté par le CSR (Consorzio Sightseeing Roma, plan 6,

☎ 06 321 70 54, piazza dei Cinquecento 60), propose 9 visites de la ville par jour (toutes les heures de 9h30 à 17h30), avec 14 arrêts. Le départ s'effectue devant la stazione Termini, le billet coûte 20 000 L.

Green Line Tours (plan 6, ☎ 06 482 74 80, via Farini 5a), près de la piazza dell'Esquilino, organise deux circuits, un religieux et un panoramique, avec un commentaire enregistré en dix langues. Il existe quatre circuits religieux et huit circuits panoramiques par jour. La visite coûte 30 000 L (le billet est valable 24 heures), et il est possible de monter ou de descendre à son gré.

Ciao Roma (plan 6, ☎ 06 474 37 95, via Cavour 113) organise des circuits similaires, classiques et religieux, avec commentaire enregistré en dix langues. La visite coûte 30 000 L. Ciao Roma propose également une brève croisière sur le fleuve que l'on peut combiner avec un circuit en bus classique.

PROMENADES A PIED ET A BICYCLETTE

Enjoy Rome organise des visites guidées à pied des grands sites pour des groupes de 15 à 20 personnes la plupart des jours de la semaine. Le circuit dure trois heures et coûte 25 000 L (pour les moins de 26 ans) et 30 000 L (au-delà de 26 ans). Enjoy Rome organise aussi des circuits à bicyclette, qui durent 3 heures 30. Le billet (30 000 L) comprend la location du vélo et du casque. Voir la rubrique *Offices du tourisme* dans le chapitre *Renseignements pratiques*.

Scala Reale (☎ 06 44 70 08 98, via Varese 52), dirigée par un couple américano-italien, propose des promenades archéologiques pour de petits groupes, en compagnie de guides spécialisés. Il est possible d'organiser des promenades sur d'autres thèmes ainsi que des circuits en moto ou en scooter.

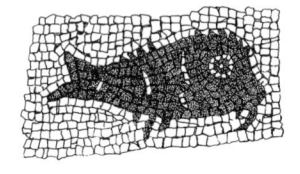

A voir et à faire

Quel que soit le temps que vous avez prévu de passer à Rome, il ne suffira pas, comme l'affirme d'ailleurs le dicton populaire "Roma non basta una vita" (une vie entière ne suffit pas à Rome). Même si l'on habite depuis longtemps dans la ville, on n'a jamais fini d'en découvrir les multiples facettes, d'autant plus que des fouilles étant régulièrement effectuées, la ville est en perpétuel changement, offrant toujours de nouveaux trésors. Aussi, n'oubliez pas de jeter une pièce de monnaie dans la fontana di Trevi pour être sûr de revenir un jour à Rome.

Soyez prêt à modifier votre programme. Il n'est pas rare en effet que des églises, des musées ou des sites archéologiques soient fermés en raison de fouilles, de travaux de restauration ou de manque de personnel. Profitez-en pour vous détendre à une terrasse en dégustant un cappuccino.

La plupart des églises ouvrent tous les jours de 7h à 12h et de 15h30 ou 16h à 18h ou 18h30. Nous avons seulement indiqué les horaires qui sont radicalement différents de ceux-ci. On peut parfois visiter les églises les plus grandes lors des offices qui se tiennent dans l'une des chapelles latérales.

L'entrée des musées est en principe gratuite pour les moins de 18 ans ou les plus de 60 ans. Les étudiants bénéficient d'une réduction sur présentation de la carte internationale d'étudiant. Nous mentionnons dans ce chapitre les tarifs pleins.

PIAZZA DEL CAMPIDOGLIO (PLAN 6)

Dessinée par Michel-Ange en 1538 et située sur le Campidoglio (colline du Capitole), la place est encadrée de trois palais : le **palazzo dei Conservatori** au sud, le **palazzo dei Senatori** au fond et le **palazzo del Museo Capitolino** (ou palazzo Nuovo) au nord. Les façades de ces palais, créés aussi par Michel-Ange, ont été restaurées récemment.

A ne pas manquer

- La basilica di San Pietro
- La cappella Sistina et les Musei Vaticani
- Le Colosseo
- Le Foro Romano et le Palatino
- La piazza del Campidoglio
- Les Museo e Galleria Borghese
- Le palazzo Altemps et le palazzo Massimo
- Le café, les pâtes, les pizzas et les glaces
- Les festivals d'été
- Ostia Antica
- La villa Adriana

Cette colline, qui abrite aujourd'hui l'hôtel de ville, représentait le centre du gouvernement de la Rome antique. C'est là aussi que Nelson planta le drapeau britannique en 1799 avant de repousser Napoléon. Le palazzo dei Senatori, ouvert de 9h à 16h le dimanche, se visite gratuitement, sur présentation d'une pièce d'identité. On peut grimper au sommet de la torre Campanaria le dernier dimanche du mois à condition de réserver à l'avance (gratuit aussi). Pour davantage de précisions, consultez le site de la municipalité www.comune.roma.it/gabinetto.

Pour apprécier pleinement la place, découvrez-la en arrivant par la piazza d'Aracoeli et en empruntant la *cordonata*, escalier monumental dessiné aussi par Michel-Ange. Il est gardé en bas par deux lions de granit de l'Égypte antique, en haut par deux immenses statues de Castor et Pollux, découvertes dans le quartier voisin au XVIe siècle.

A voir et à faire – Piazza del Campidoglio

La statue équestre de Marc Aurèle, au centre de la place, est une copie de celle datant du IIe siècle. Gravement endommagée par la pollution et les intempéries, cette dernière fut retirée en 1981 et exposée au palazzo Nuovo après restauration.

Au pied de la piazza del Campidoglio, à côté de l'escalier conduisant à Santa Maria in Aracoeli, vous apercevrez les étages supérieurs d'un immeuble romain ou *insula*. Les étages inférieurs se trouvent sous le niveau actuel de la rue. Dans l'Antiquité, ces immeubles abritaient les plus pauvres qui vivaient dans des conditions précaires et misérables.

Musei Capitolini

Les **Musei Capitolini** (musées du Capitole) désignent le palazzo del Museo Capitolino (musée Capitolin ou palais Neuf) et, en face, le palazzo dei Conservatori (palais des Conservateurs), qui comprend outre les salles des Conservateurs, le Museo nuovo, le Braccio nuovo et la Pinacoteca. Ils regroupent l'une des plus belles collections de sculptures antiques du monde ainsi que des peintures. Elle commença en 1471, lorsque le pape Sixte IV donna à la municipalité les premiers bronzes. Les papes suivants perpétuèrent la tradition, et les musées s'enrichirent au fur et à mesure que l'on mettait au jour de nouvelles statues.

Lors de la rédaction de cet ouvrage, les Musei Capitolini étaient fermés au public en raison d'importants travaux de rénovation, à l'exception de quelques salles du palazzo dei Conservatori et de la Pinacoteca. La plupart des sculptures du palazzo dei Conservatori ont été transférées dans une ancienne usine électrique au sud du centre-ville, via Ostiense. Reportez-vous au paragraphe *Musei Capitolini de la centrale Montemartini* plus loin dans ce chapitre.

La pièce la plus célèbre du **palazzo dei Conservatori** est sans doute la *Lupa capitolina* (Louve du Capitole), bronze étrusque datant du VIe siècle av. J.-C., installée dans la sala della Lupa au 1er étage. Les statues

Marc Aurèle sauvé par Constantin

L'original de la statue équestre de Marc Aurèle est l'un des rares bronzes de l'Antiquité à avoir été conservé, sans doute parce qu'on l'a pris pendant des siècles pour une statue de Constantin, le premier empereur chrétien.

Marc Aurèle, empereur de 161 à 180, fut considéré à la fois comme un guerrier et comme un philosophe. Il passa près de 10 ans de son règne sur les bords du Danube, pour défendre les frontières de l'Empire menacées par des tribus barbares.

Cette statue le représente s'adressant à son peuple. A l'origine, la patte dressée de son cheval reposait sur la tête d'un barbare vaincu. La statue était autrefois entièrement dorée. On en distingue encore quelques traces sur le visage et le manteau de l'empereur, ainsi que sur la tête et le dos du cheval.

Selon une étrange légende, lorsque la statue aura retrouvé sa dorure, on entendra un hululement de chouette, annonçant le Jugement dernier.

A partir de la Renaissance, la statue inspira de nombreux autres monuments équestres. En 1538, Paul III ordonna de la retirer de la piazza di San Giovanni in Laterano et de la placer sur la piazza del Campidoglio. Il la remplaça à Saint-Jean par l'obélisque de 31 m de haut de Thoutmosis III, découvert dans le circo Massimo.

La statue que l'on peut admirer aujourd'hui sur la place est une copie fidèle, réalisée avec un ordinateur. L'original, après 10 années de restauration, est désormais protégé par une vitrine au palazzo Nuovo. Vous ne la verrez cependant pas pendant la durée des travaux de restauration des Musei Capitolini.

de Romulus et Rémus furent ajoutées en 1509 par Antonio Pollaiolo. Dans la même aile du palais, remarquez aussi le *Spinario*, délicate statue d'un enfant retirant une épine de son pied datant du Ier siècle av. J.-C. (On pouvait encore visiter ces salles lors de la rédaction de ces lignes.)

La cour intérieure abrite les vestiges d'une statue colossale de Constantin (sa tête, une main et un pied), qui ornait jadis l'abside de la basilica di Massenzio sur le Foro Romano. Elle représentait l'empereur assis, l'index levé vers le ciel pour symboliser son contact avec le pouvoir divin. Sur le côté de la cour, le portique abrite une statue de l'époque de Trajan, figurant Rome, deux marbres de rois barbares vaincus (IIe siècle) et une tête en marbre de Constance II, fils et successeur de Constantin.

Sur le mur de gauche sont exposés des bas reliefs représentant les différentes provinces de l'Empire romain découverts dans le sanctuaire du temple d'Hadrien. L'inscription que l'on peut lire au-dessus a été trouvée sur un arc de triomphe qui s'élevait via Lata et commémore la conquête de la Bretagne par Claude en 43.

Au 2e étage, la **Pinacoteca** mérite une visite. La sala II regroupe des peintres de l'école vénitienne, tels que Giovanni Bellini, Veronèse, le Titien et Tintoretto (le Tintoret). Dans la sala III, vous admirerez des œuvres de Guido Reni, de Federico Zucchari, de Salvatore Rosa, de Van Dyck et de Rubens. Vous verrez aussi des tableaux du Dominiquin, de Poussin, des Carrache (sala IX) et de Pietro da Cortona. Ne manquez pas dans la sala V le *San Giovanni Battista* du Caravage, portrait sensuel de style réaliste, et dans la sala VII la *Santa Petronilla* (Funérailles de sainte Pétronille) de Guerchin, autrefois dans la basilique Saint-Pierre.

De l'autre côté de la place, le palazzo del Museo Capitolino abrite aussi des œuvres remarquables. Citons le *Galata morente* (Gaulois mourant), copie romaine d'une statue grecque du IIIe siècle av. J.-C., le *Satiro in riposo* (Satyre se reposant), le *Satiro ridente* (Satyre riant), de marbre rouge, et la merveilleuse *Venere Capitolina* (Vénus du Capitole), elle aussi copie romaine d'une statue grecque du IIIe siècle av. J.-C. Vous verrez aussi des bustes et des statues d'empereurs, ainsi que la *Sala dei Filosofi*, qui conserve des bustes de philosophes, de poètes et de politiciens, parmi lesquels Sophocle, Euripide, Homère, Épicure et Cicéron. Cette partie du musée était malheureusement fermée lors de la rédaction de ce guide.

Les salles du musée accessibles au public sont ouvertes du mardi au samedi de 9h à 19h, le dimanche de 9h à 13h. Pendant les travaux, le prix de l'entrée est abaissé à 5 000 L.

Chiesa di Santa Maria in Aracoeli

Pour accéder à la **chiesa di Santa Maria in Aracoeli**, entre la piazza del Campidoglio et le monument à Vittorio Emanuele II, empruntez l'escalier qui part de la piazza d'Aracoeli ou passez derrière le palazzo Nuovo.

Cette austère église en brique, construite avant le VIIe siècle, s'élève à l'endroit où, selon la légende, la sibylle de Tibur aurait annoncé la naissance du Christ à Auguste. Propriété des bénédictins au Xe siècle, elle fut reconstruite en style roman au XIIIe siècle par les franciscains, qui ne terminèrent jamais la façade. La première chapelle de l'aile sud est ornée de fresques du Pinturicchio datant des années 1480. Remarquez aussi la statue de l'Enfant Jésus, qui aurait été sculptée par un franciscain dans le tronc d'un olivier du mont des Oliviers à Gethsémani. On en voit toutefois uniquement une copie, l'original ayant été volé en 1994. Les fresques du plafond commémorent la bataille de Lépante.

PIAZZA VENEZIA (PLAN 6)

L'immense monument dédié au roi Victor-Emmanuel II domine la place. Souvent affublé de divers surnoms par les Italiens, tels que *la macchina da scrivere* (machine à écrire), il célèbre l'unification du pays ; il est donc considéré comme l'**altare della**

Patria (autel de la Patrie) et renferme la tombe du soldat inconnu. Beaucoup, considérant que ce monument de marbre blanc tranche violemment sur les palais voisins, ont déjà réclamé sa démolition. Le Museo del Risorgimento (☎ 06 678 06 64), à l'arrière, accueille des expositions temporaires. On y entre par la via di San Pietro in Carcere.

A l'ouest de la place se dresse le **palazzo Venezia**, le premier grand palais romain de la Renaissance, édifié en partie avec des pierres du Colosseo à l'intention du cardinal vénitien Pietro Barbo, qui devint ensuite le pape Paul II. Commencé en 1455, il fut véritablement achevé au XVIe siècle. Mussolini en fit sa résidence officielle et prononça de nombreux discours depuis le balcon. Il abrite désormais des expositions et le Museo del Palazzo di Venezia.

La **basilica di San Marco**, qui donne sur la piazza San Marco mais fait partie du palazzo Venezia, fut fondée au IVe siècle en l'honneur de saint Marc l'Évangéliste. Après plusieurs transformations au cours des siècles, elle possède une façade Renaissance et un clocher roman, et l'intérieur est essentiellement baroque. Vous remarquerez surtout la mosaïque de l'abside, datant du IXe siècle, qui représente le Christ entouré des saints et du pape Grégoire IV.

Museo del Palazzo di Venezia

Le Museo del Palazzo di Venezia, installé dans les pièces de l'ancien appartement de la famille Cybo, présente une superbe collection de peintures et d'arts décoratifs.

Vous admirerez notamment les magnifiques plafonds des différentes pièces. La première salle expose des peintures et des retables médiévaux. Remarquez le *Coro di angeli* de Paolo di Veneziano, datant du XIVe siècle, figurant des anges avec des instruments de musique, le triptyque de Jacopo da Montagnana et la *Testa di donna* de Pisanello, fragment d'une fresque représentant la tête d'une femme à la chevelure finement ouvragée.

Parmi les œuvres des XIVe et XVe siècles des peintres de l'école de Florence, citons les reliquaires du maître de Santa Chiara da Montefalco (décorés avec des figures de la Vierge et des saints), un splendide triptyque de Giovanni Antonio da Pesaro, *Madonna col Bambino, Santa Lucia e Santa Caterina d'Alessandria*, représentant l'annonciation et la crucifixion, et le retable *La Madonna della Misericordia*, avec saint Jean-Baptiste et saint Sébastien.

On découvre aussi des œuvres toscanes de la fin du XVe siècle, notamment un fragment de la fresque *Il Redentore* de Benozzo Gozzoli, une belle *Natività* de l'atelier de Filippo Lippi et un petit panneau de forme allongée, le *Matirio di Santa Caterina d'Alessandria*, figurant dans des couleurs très vives le moment où la sainte fut décapitée. Signalons encore le *San Pietro* de Guercino, la *Cleopatra* vêtue en costume du XVIIe siècle de Carlo Maratta et le *Cristo Deposto* d'Orazio Borgianni (fin du XVIe siècle). Enfin, une autre salle est consacrée exclusivement à des pastels des XVIIIe et XIXe siècles.

Les collections d'art décoratif comprennent des bijoux, des tapisseries, des objets en argent et en ivoire, des céramiques, des bronzes du XVe au XVIIe siècle, des armes et des armures. L'entrée du musée (☎ 06 679 88 65) se situe via del Plebiscito 118. Il est ouvert de 9h à 14h du mardi au samedi et de 9h à 13h le dimanche. Les billets coûtent 8 000 L.

FORI IMPERIALI (PLAN 6)

La via dei Fori Imperiali relie la piazza Venezia au Colosseo. Ouverte par Mussolini, elle entraîna la destruction de plusieurs bâtiments du XVIe siècle et l'aplanissement d'une partie de la colline de Velia. Elle fut inaugurée en 1933, sans que l'on ait procédé à des fouilles approfondies. On projette à présent de la fermer entre la via Cavour et la piazza Venezia afin de créer un parc archéologique. Pour l'heure, on se contente de limiter la circulation, et la section qui s'étend du Colosseo à la piazza Venezia se transforme en zone piétonnière presque tous les dimanches.

On effectue en permanence des fouilles de part et d'autre de cette voie, dans chacun des forums qui constituent les Fori imperiali, le Foro di Traiano, le Foro d'Augusto, le Foro di Cesare, le Foro di Nerva et le Foro di Vespasiano, et qui ont été plus ou moins recouverts par cette route.

Foro di Traiano

Conçu par l'architecte Apollodore de Damas en l'honneur de Trajan et édifié au début du IIe siècle, le Foro di Traiano (forum de Trajan) est le dernier à avoir été construit. Très vaste, s'étendant sur 300 m depuis la piazza Venezia actuelle, il comprenait une basilique, deux bibliothèques (une grecque et une latine), un temple, un arc de triomphe et la **colonna di Traiano** (colonne Trajane). Elle célèbre la victoire de l'empereur sur les Daces (qui vivaient dans la Roumanie actuelle). A la mort de Trajan, on plaça son urne funéraire sur une stèle de marbre au pied de la colonne, mais elle disparut durant l'une des invasions barbares de Rome.

Le bas-relief hélicoïdal qui décore la colonne dépeint la bataille entre les Romains et les Daces et compte parmi les sculptures les plus fines de la Rome antique. Une statue dorée de Trajan dominait jadis la colonne, mais, perdue au Moyen Age, elle fut remplacée par une statue de saint Pierre. Il reste aussi quelques piliers de la basilica Ulpia, la plus grande basilique de la Rome antique.

S'il reste peu de vestiges du forum de Trajan, les **mercati di Traiano** (marchés de Trajan) ont été en revanche bien préservés. Également dessinés par Apollodore, ils comprenaient trois niveaux, soit six étages de boutiques et de bureaux répartis en hémicycle. On y vendait du vin, de l'huile, des fruits et des légumes, des fleurs mais aussi des produits importés, comme de la soie ou des épices. La hauteur des toits voûtés donne une idée de l'immensité de ces marchés. N'hésitez pas à gagner les niveaux supérieurs qui offrent une vue spectaculaire sur le Foro romano.

Datant du XIIIe siècle, la **torre delle Milizie**, grande tour de brique rouge qui domine les marchés, servait à défendre la ville.

A côté du forum de Trajan, on peut voir quelques vestiges du **Foro di Augusto** (forum d'Auguste), commencé sous le règne de l'empereur en 42 av. J.-C. et achevé une quarantaine d'années plus tard. On distingue trois colonnes intactes d'un temple dédié à Mars Vengeur, les autres ayant été reconstituées à partir de fragments. La via dei Fori Imperiali recouvre la majeure partie de ce forum. Le haut mur qui l'entoure permettait de le protéger des incendies fréquents dans le quartier de Suburra.

Marchés et forums (☎ 06 679 00 48) ouvrent de 9h à 19h du mardi au dimanche d'avril à octobre, de 9h à 16h30 le reste de l'année. Le prix de l'entrée, 3 750 L, comprend aussi le Foro di Augusto. On accède aux marchés via IV Novembre 94.

Empruntez le charmant passage sous la loggia de la **casa dei Cavalieri di Rodi** (ancien prieuré des chevaliers de Saint-Jean de Jérusalem, devenus par la suite chevaliers de Rhodes), qui date du XIIe siècle. Située entre les forums de Trajan et d'Auguste, on y accède par la via dei Fori Imperiali ou par la piazza del Grillo. La demeure, qui abrite une belle chapelle, ne se visite que sur rendez-vous.

Le **Foro di Nerva**, recouvert aussi en grande partie par la via dei Fori Imperiali, jouxte le Foro di Augusto. Il subsiste des vestiges d'un temple de Minerve. Conservé intact jusqu'au XVIIe siècle, il fut détruit par le pape Paul V, qui utilisa le marbre pour construire la fontana dell'Aqua Paola sur le Janicule. Ce forum reliait le Foro di Augusto au **Foro di Vespasiano**, appelé aussi forum de la Paix, construit en 70 par Vespasien. Au XVIe siècle, on transforma un grand édifice en la chiesa di Santi Cosma e Damiano (voir *Chiesa di SS Cosma e Damiano,* plus loin dans ce chapitre).

Fermé au public, le **Foro di Cesare** (forum de César), bâti par César au pied du Campidoglio, s'étend de l'autre côté de la via dei Fori Imperiali d'où l'on peut aisément le regarder. César, prétendant descendre de la déesse Vénus, fit élever un temple à la Venus Genitrix. Il n'en reste plus aujourd'hui que trois colonnes et le podium.

Trajan ajouta plusieurs bâtiments sur ce forum, notamment la basilica Argentaria, centre financier, et quelques boutiques.

Suivez la via di San Pietro in Carcere pour parvenir au **carcere Mamertino** (prison Mamertine), où l'on exécutait les prisonniers. On raconte que saint Pierre y fut incarcéré avant son procès et qu'il y fit jaillir une source pour baptiser ses codétenus et leurs gardiens. Le site devint plus tard sacré et accueille à présent la chiesa di San Pietro in Carcere.

FORO ROMANO ET PALATINO (PLANS 5 ET 6)
Foro romano

Le Foro romano, centre commercial, politique et religieux de la Rome antique, se situe entre le Capitole et le Palatin. Ce terrain marécageux, asséché au début de la République, devint le lieu des rassemblements politiques et publics et des réunions du Sénat. Sa construction dura plus de 900 ans et, après la République, les empereurs ajoutèrent encore d'autres édifices. Le déclin de ce forum accompagna celui de l'Empire romain à partir du IVe siècle. Les temples et les divers bâtiments édifiés par les empereurs, les consuls et les sénateurs tombèrent en ruine pour laisser place à des pâturages. Au Moyen Age, le site redevint ce qu'il était avant l'édification du forum et on l'appelait même le campo Vaccino (champ des vaches).

Par ailleurs, on pilla le site pour en récupérer les blocs de marbre. De nombreux temples et bâtiments perdirent leur fonction d'origine. Il semble que la destruction de la Rome antique soit moins le fait des invasions barbares ou des catastrophes naturelles que des Romains eux-mêmes, qui utilisèrent ces matériaux pour bâtir de nouveaux monuments, palais ou églises.

A la Renaissance, les artistes et les architectes s'intéressèrent de nouveau au forum mais il fallut attendre les XVIIIe et XIXe siècles pour que l'on entreprenne des fouilles systématiques, qui se poursuivent d'ailleurs aujourd'hui. Vous apercevrez certainement des archéologues en divers endroits. On entre au forum par la via dei Fori Imperiali ou par la piazza di Santa Maria Nova, près de l'arco di Tito. La visite est gratuite, du lundi au samedi de 9h à 18h (16h en hiver), et de 9h à 14h le dimanche.

En entrant, vous voyez à gauche le **tempio di Antonio e Faustina** (temple d'Antonin et Faustine), érigé en 141 à la demande du Sénat et dédié à l'impératrice Faustine, puis à Antonin, à sa mort. On le transforma au VIIIe siècle en la chiesa di San Lorenzo in Miranda. A droite, vous découvrez la **basilica Aemilia**, datant de 179 av. J.-C. Mesurant à l'origine 100 m de long, sa façade comportait un portique sur deux niveaux abritant des boutiques. Reconstruite à plusieurs reprises, la basilique fut presque totalement détruite à la Renaissance. (Les basiliques du forum servaient aux activités économiques et judiciaires par mauvais temps. Les chrétiens construisirent plus tard leurs lieux de culte sur ce modèle.)

La **via Sacra**, qui traverse le forum du nord-ouest au sud-est, passe devant la basilique. Suivez-la en direction du Campidoglio pour parvenir à la **Curia** (Curie), juste après la basilique, sur la droite. Siège du Sénat, elle fut reconstruite par Jules César, Auguste, Domitien et Dioclétien après un incendie au IIIe siècle, puis transformée en église au Moyen Age. Dans les années 30, on lui redonna l'apparence qu'elle avait sous Dioclétien. Les portes en bronze sont des copies, les originales ayant été installées par Borromini dans San Giovanni in Laterano.

Devant la Curie, vous apercevez la **Lapis niger**, grande plaque de marbre noir recouvrant un endroit sacré, peut-être la tombe de Romulus. Elle cache quelques marches (rarement ouvertes au public) en bas desquelles on peut lire la plus ancienne inscription latine connue, datant du VIe siècle av. J.-C.

L'**arco di Settimio Severo** (arc de Septime Sévère), l'un des plus grands arcs de triomphe, fut érigé en 203, ainsi que l'indiquent les inscriptions figurant sur les arches, en l'honneur de Septime Sévère et de ses fils, Caracalla et Geta. Après avoir assassiné Geta, Caracalla fit enlever le nom

A voir et à faire – Foro Romano et Palatino 107

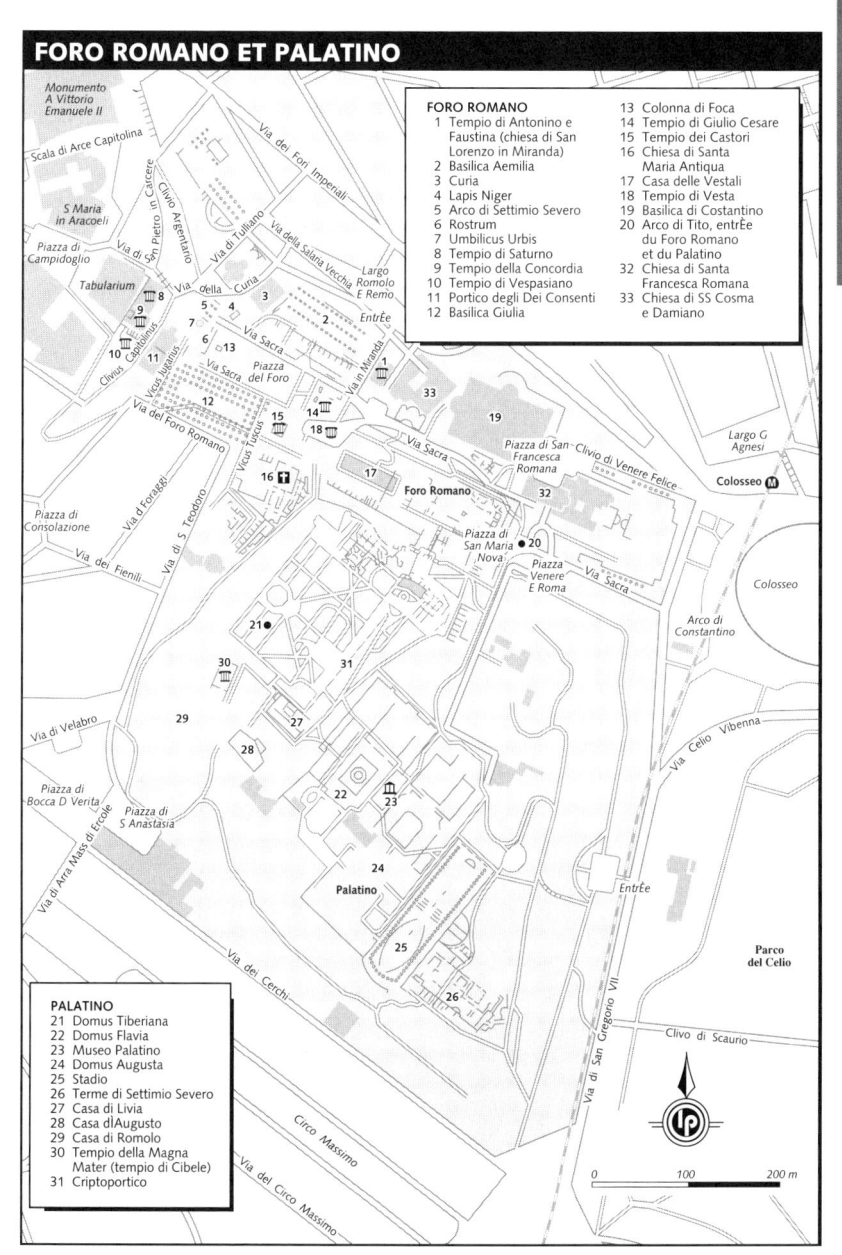

FORO ROMANO ET PALATINO

FORO ROMANO
1. Tempio di Antonino e Faustina (chiesa di San Lorenzo in Miranda)
2. Basilica Aemilia
3. Curia
4. Lapis Niger
5. Arco di Settimio Severo
6. Rostrum
7. Umbilicus Urbis
8. Tempio di Saturno
9. Tempio della Concordia
10. Tempio di Vespasiano
11. Portico degli Dei Consenti
12. Basilica Giulia
13. Colonna di Foca
14. Tempio di Giulio Cesare
15. Tempio dei Castori
16. Chiesa di Santa Maria Antiqua
17. Casa delle Vestali
18. Tempio di Vesta
19. Basilica di Costantino
20. Arco di Tito, entrée du Foro Romano et du Palatino
32. Chiesa di Santa Francesca Romana
33. Chiesa di SS Cosma e Damiano

PALATINO
21. Domus Tiberiana
22. Domus Flavia
23. Museo Palatino
24. Domus Augusta
25. Stadio
26. Terme di Settimio Severo
27. Casa di Livia
28. Casa d'Augusto
29. Casa di Romolo
30. Tempio della Magna Mater (tempio di Cibele)
31. Criptoportico

de son frère. Des travaux de restauration ont été entrepris mais interrompus en 1988, faute de moyens.

Au sud se dresse le **Rostrum** (Rostres), tribune où les orateurs venaient s'exprimer. À côté de l'arc, l'**Umbilicus Urbis** (nombril du monde), socle circulaire en pierre, symbolise le centre de la Rome antique.

Plus au sud, sur la via Sacra, s'élève le **tempio di Saturno**, inauguré en 497 av. J.-C. Abritant le trésor de la cité, il contint pendant le règne de César 13 tonnes d'or, 14 tonnes d'argent et 30 millions de sesterces. Il ne subsiste plus aujourd'hui que huit colonnes de granit. Derrière, vous découvrirez les ruines du **tempio della Concordia**, trois colonnes du **tempio di Vespasiano** et douze colonnes du **portico degli Dei Consenti** (cinq sont en restauration). En face de la basilica Aemilia, sur la piazza del Foro, se dressent les vestiges de la **basilica Giulia**, siège de la justice. Cette place, où se rassemblaient les Romains sous la République, constituait le cœur du forum.

La **colonna di Foca**, dernier monument érigé sur le forum en 608, célèbre l'empereur byzantin Phocas qui donna le Panthéon à l'église. Au sud-est de la place, le **tempio di Giulio Cesare** (temple de Jules César) fut construit en 29 av. J.-C. par Auguste à l'endroit où fut brûlé le corps de César et où Marc Antoine prononça son célèbre discours. Édifié en 489 av. J.-C., le **tempio dei Castori** (temple de Castor et Pollux), en direction du Palatino, marque la défaite des Tarquins, lignée étrusque, et l'apparition miraculeuse des Dioscures qui annoncèrent la victoire aux Romains. Ce temple, qui servit ensuite parfois de salle de banquet et de bureau des poids et mesures de la cité, a conservé trois admirables colonnes corinthiennes. Il fut restauré dans les années 80.

Au sud-est de ce temple s'élève la plus ancienne église chrétienne du forum, la **chiesa di Santa Maria Antiqua**, qui conserve quelques fresques. Cette partie du forum est toutefois fermée au public depuis 1992.

Revenez sur la via Sacra pour découvrir la **casa delle Vestali** (maison des Vestales), dans laquelle habitaient les vierges chargées d'entretenir le feu sacré du **tempio di Vesta** (temple de Vesta) voisin, de forme circulaire et entouré de colonnes.

Les six vestales, fillettes de 6 à 10 ans choisies parmi des familles patriciennes, servaient au temple pendant 30 ans et faisaient vœu de chasteté. Elles avaient pour mission de veiller sur le feu, considéré comme l'essence même de Rome, qui brûlait dans le sanctuaire du temple, la *cella*, et risquaient le fouet si elles le laissaient mourir. Celle qui manquait à son vœu de chasteté était enterrée vivante : on invoquait comme prétexte le fait que la déesse Vesta viendrait la délivrer si elle la jugeait innocente. Quant à son compagnon, il était fouetté à mort à l'extérieur des murs de la ville.

L'immense **basilica di Costantino**, ou **di Massenzio** (basilique de Constantin ou de Maxence), fut commencée par Maxence et terminée par Constantin en 315. Cette grandiose construction inspira les architectes de la Renaissance. Michel-Ange l'aurait même étudiée lors de l'élaboration de la coupole de San Pietro. Mesurant environ 100 m de long sur 65 m de large, cet édifice, le plus grand du forum, accueillait hommes d'affaires et magistrats. Le tribunal siégeait sous les berceaux latéraux qui subsistent aujourd'hui. On mit au jour en 1487 des fragments d'une immense statue de Constantin, exposés à présent dans la cour du palazzo dei Conservatori (reportez-vous à la *Piazza del Campidoglio* au début de ce chapitre).

Érigé en 81, l'**arco di Tito** (arc de Titus), du côté du Colosseo, rappelle les victoires de Titus sur Jérusalem. L'un des bas-reliefs de l'arc représente Titus et la Victoire, l'autre, une parade triomphale exposant le butin. Au Moyen Age, on intégra cet arc, tout comme celui de Constantin, au mur d'enceinte des Frangipani.

Palatino (plan 6)

Le **Palatin** représente le berceau mythique de Rome. On y découvrit aussi un village préhistorique. Pour y vous rendre, suivez le clivo Palatino à droite de l'arco di Tito. L'on peut aussi y accéder par la via di San

Gregorio. Il se visite de 9h à 18h (16h en hiver) du lundi au samedi, de 9h à 14h le dimanche moyennant 12 000 L, entrée du Museo Palatino comprise.

Les riches Romains de l'époque républicaine, appréciant cette colline balayée par les brises marines dominant le Tibre, y construisirent leurs demeures. Les empereurs s'y installèrent ensuite. Auguste, né sur le Palatino, y vécut toute sa vie, mais ses résidences semblent bien modestes comparées à celles de ses successeurs, notamment la Domus Tiberiana, puis les véritables palais édifiés par Caligula et Domitien.

Le Palatino demeura un centre important de la vie romaine jusqu'au début du Moyen Age. Les descendants des empereurs byzantins, ainsi que certains papes, y habitèrent au VIIe siècle.

Les temples et les palais tombèrent ensuite en ruine et, au Moyen Age, on bâtit à leur place quelques églises, des monastères et des châteaux. A la Renaissance, des familles aisées y créèrent des jardins, notamment le cardinal Alessandro Farnese, dont le parc s'étendait sur les vestiges de la Domus Tiberiana.

La majeure partie des ruines que l'on voit aujourd'hui proviennent d'un ensemble de bâtiments édifié pour Domitien et qui servit de palais impérial pendant trois siècles. Ce projet ambitieux comportait un palais impérial officiel, la Domus Flavia, une résidence privée, la Domus Augustana, et un stade. L'architecte Rabirius nivela la pente raide du Palatium, à l'est du Palatino et combla la dépression qui le séparait du Germalus, la colline voisine, ensevelissant du même coup plusieurs maisons de l'époque de la République. Les deux palais, de style Domitien, vivant dans la terreur d'un assassinat, fit installer dans le péristyle de la **Domus Flavia** des plaques de marbre poli qui lui permettaient de surveiller ses visiteurs (ce qui ne lui évita toutefois pas d'être assassiné dans sa chambre). Le palais comptait au nord trois grandes pièces, dont la salle du trône, au centre, et une vaste salle de banquets au sud, le triclinium (*triclinio imperiale*), pavée de dalles de marbre de couleur. Le triclinium s'ouvrait sur une fontaine ovale qui demeure bien préservée. Ce palais fut érigé sur des constructions existantes, notamment la **casa dei Grifi** (maison des Griffons), qui doit son nom au bas-relief en stuc de l'une des pièces, représentant deux griffons. Cette maison, la plus ancienne du Palatino, date du IIe ou du Ier siècle av. J.-C. et fut mise au jour au XVIIIe siècle. Pour la visiter, adressez-vous à l'entrée du Palatino.

A l'est de la Domus Flavia, la **Domus Augustana** comporte deux étages et deux péristyles. L'étage inférieur ne se visite pas, mais l'on aperçoit la fontaine du péristyle et les pièces recouvertes de marbre coloré. La façade donnant sur le Circo Massimo, au sud, s'ornait d'une double colonnade (observez si possible les édifices de ce côté pour vous en représenter véritablement l'ampleur).

Le **Museo Palatino**, appelé auparavant l'Antiquario Palatino, présente des objets d'art et d'artisanat découverts sur le Palatino. Ancien couvent situé entre la Domus Flavia et la Domus Augustana, il fut créé dans les années 1860, les pièces étant autrefois exposées dans le Museo nazionale romano. Ce dernier a conservé quelques objets, mais la plupart ont été transférés au Museo Palatino en 1998, après sa restauration. L'entrée est comprise dans le prix du billet du Palatino. Le musée ferme une heure avant le site.

Le rez-de-chaussée retrace l'histoire de la colline des origines à la période républicaine. Les salles I, II et III présentent des pots et des ustensiles de cuisine du paléolithique et de l'âge du bronze, ainsi que des maquettes de huttes et de tombes de l'âge du fer. Dans la salle IV, vous verrez des objets d'art de la période archaïque et républicaine (du VIe au Ier siècle av. J.-C.), tels qu'un autel consacré à un dieu païen inconnu et des masques en céramique.

Au premier étage, la salle V comprend des objets du règne d'Auguste (29-14 av. J.-C.), notamment des bas-reliefs et des statues en marbre noir provenant du tempio di Apollo qui se dressait à côté du palais. La salle VI, consacrée au règne de Néron (54-68), abrite des fragments de fresques. Les salles VII et VIII contiennent des sculptures du Ier au IVe siècle, et la salle IX, des statues qui décoraient les palais du Palatino.

Après la Domus Augustana, continuez en direction de l'est pour parvenir au **Stadio** (stade), utilisé sans doute par les empereurs pour des jeux ou des cérémonies privés. Ils s'asseyaient probablement dans la niche ovale aménagée dans le mur est. Juste à côté, on aperçoit quelques vestiges des **terme di Settimio Severo**, dont la construction sur cette extrémité du Palatino constitua une véritable prouesse architecturale. Depuis le Circo Massimo, on voit nettement les arcades colossales qui les soutenaient.

A l'ouest de la Domus Flavia, la **casa di Livia** (maison de Livie), l'un des bâtiments les mieux conservés du Palatino, se situe au-dessous du niveau du sol actuel. Quelques marches conduisent à une cour couverte de mosaïques. Cette maison appartenait à Livie, l'épouse d'Auguste, tout comme une demeure plus vaste à Prima Porta, au nord de Rome (voir la rubrique *Palazzo Massimo alle Terme,* plus loin dans ce chapitre). Une première cour, l'*atrium*, mène aux salles de réception.

Des fresques représentent des scènes mythologiques, des paysages, des fruits ou des fleurs, décoraient les murs. On en distingue encore quelques-unes, mais la plupart ont été retirées afin de les préserver. Auguste habitait dans la **casa d'Augusto**, devant la casa di Livia. Ces deux maisons formaient vraisemblablement un seul ensemble. Les fouilles se poursuivent dans cette demeure qui reste donc fermée au public. Il est cependant parfois possible de la visiter sur rendez-vous.

Renseignez-vous à l'entrée du site. Certaines pièces possèdent en effet d'admirables fresques remarquablement bien conservées.

Jouxtant la casa d'Augusto, la **casa di Romolo** (maison de Romulus) aurait abrité Romulus et Rémus recueillis par le berger Faustulus.Les fouilles réalisées dans les années 40 ont mis au jour des fragments de huttes en torchis datant du IXe siècle av. J.-C. Le **tempio della Magna Mater** se situe juste au nord. Appelé aussi tempio di Cibele (temple de Cybèle), il fut érigé en 204 av. J.-C. pour recevoir une pierre noire symbolisant Cybèle, déesse de la fertilité.

Néron fit creuser le **criptoportico** (cryptoportique), un tunnel de 128 m de long, pour relier sa Domus Aurea (voir ce paragraphe plus loin dans ce chapitre) aux palais impériaux du Palatino. Les fenêtres aménagées sur l'un des côtés apportaient air et lumière. Des répliques remplacent aujourd'hui les stucs qui décoraient cette galerie, conservés au Museo nazionale romano. Un second tunnel relia ensuite celui-ci à la Domus Flavia. La **Domus Tiberiana**, le palais de Tibère, se trouvait autrefois à l'ouest du cryptoportique. Caligula la fit agrandir plus tard en direction du forum.

Les **Orti Farnesiani** (jardin Farnese) remplacent aujourd'hui les palais impériaux. Au milieu du XVIe siècle, le cardinal Alessandro Farnese, petit-fils du pape Paul III, acheta les ruines du palais de Tibère, les fit combler et demanda à l'architecte Vignola de lui dessiner un jardin. Celui-ci possédait des espèces de plantes alors inconnues en Italie et devint le premier jardin botanique d'Europe. Il s'étageait sur la colline en plusieurs terrasses reliées par des marches. Il abrite toujours des roseraies et des pins parasols et constitue un lieu de promenade et de pique-nique enchanteur. Les deux pavillons situés au nord du jardin offrent une vue magnifique sur le forum et le reste de la ville.

Chiesa di SS Cosma e Damiano et chiesa di Santa Francesca Romana

Sur la via dei Fori Imperiali, en direction du Colosseo, après l'entrée du Foro romano, se dresse la **chiesa di SS Cosma e Damiano,** datant du VIe siècle et consacrée à saint Côme et à saint Damien, deux médecins martyrs sous Dioclétien.

Cette église comportait autrefois une grande salle qui faisait partie du Foro di

Vespasiano, ou forum de la Paix. L'abside recèle de magnifiques mosaïques du VIe siècle, parmi les plus belles de Rome, restaurées en 1989. Se découpant sur un fond bleu nuit, le Christ est encadré de saint Pierre et de saint Paul (en blanc) qui lui présentent saint Côme et saint Damien.

A gauche, saint Félix tient une maquette de l'église. A droite, on distingue saint Théodore. Une frise représente l'Agneau de Dieu (symbolisant le Christ) et 12 autres agneaux (les apôtres). Ces mosaïques ont donné lieu à plusieurs copies, notamment iau IXe siècle.

Prévoyez suffisamment de pièces de monnaie pour alimenter le système d'éclairage (500 L pour quelques minutes à peine).

L'une des salles donnant sur le cloître du XVIIe siècle abrite une grande crèche (*presepio*) napolitaine du XVIIIe siècle. Les sujets en bois et en terre amuseront certainement les enfants. Elle se visite de 9h30 à 12h30 et de 15h à 18h30 (don de 1 000 L demandé).

Au-delà de la basilica di Costantino, un petit escalier mène à la **chiesa di Santa Francesca Romana**. Bâtie au IXe siècle sur une petite chapelle, cette église (appelée aussi Santa Maria Nova) comprend une partie du tempio di Venere e Roma (temple de Vénus et Rome). Elle possède un charmant campanile roman.

Dans l'abside, une mosaïque du XIIe siècle et un tableau du VIIe siècle, au-dessus de l'autel, représentent la *Vierge à l'Enfant*. Lors de travaux de restauration en 1949, on découvrit que cette peinture en masquait une autre, datant du début du Ve siècle et provenant certainement de la chiesa di Santa Maria Antiqua, sur le Foro romano. Cette précieuse toile est désormais conservée dans la sacristie. Adressez-vous au sacristain pour la voir.

Francesca Romana est la patronne des automobilistes. Aussi, le 9 mars (jour de sa fête), les conducteurs essaient de garer leur voiture le plus près possible de l'église pour qu'elle soit bénie. Le corps de la sainte est conservé dans une chapelle derrière l'autel (accessible par un escalier).

Colosseo (plan 8)

Vespasien commença la construction du Colosseo (Colisée) en 72 à l'emplacement de la Domus Aurea de Néron. Appelé à l'origine amphithéâtre Flavien, nom de famille de Vespasien, il fut inauguré en 80 par son fils Titus. Il pouvait accueillir plus de 50 000 spectateurs, qui venaient assister à des combats de gladiateurs ou d'animaux sauvages. Les jeux donnés pour l'inauguration durèrent plus de trois mois et coûtèrent la vie à 5 000 bêtes. Trajan organisa ensuite des jeux encore plus longs au cours desquels 9 000 gladiateurs trouvèrent la mort.

Après la chute de l'Empire, le Colosseo tomba peu à peu à l'abandon. Le sol se couvrit de plantes exotiques rapportées d'Afrique ou d'Asie par les animaux sauvages utilisés pour les jeux (crocodiles, ours, lions, tigres, éléphants, rhinocéros, chameaux ou autres girafes). Au Moyen Age, deux familles de guerriers, les Frangipani et les Annibaldi le transformèrent en forteresse. Sa réputation de symbole même de la ville date d'ailleurs de cette époque, Bède écrivant : "Tant que le Colisée sera debout, Rome existera ; quand tombera le Colisée, Rome le suivra dans sa chute, mais quand Rome s'écroulera, le monde entier s'écroulera aussi."

Endommagé par plusieurs tremblements de terre, il devint une carrière de marbre servant à la construction du palazzo Venezia et d'autres bâtiments. La pollution, les vibrations de la circulation et du métro ont aussi provoqué de sérieux dégâts. On entreprend régulièrement des travaux de restauration. Les derniers commencèrent en 1992. Financés en partie par le Banco di Roma, ils devaient durer dix ans, mais semblent au point mort depuis plusieurs années. On estime toutefois qu'ils seront terminés en 2004.

Le Colosseo est ouvert tous les jours de 9h à 16h en hiver et jusqu'à 18h en été. L'entrée coûte 10 000 L.

Arco di Costantino (plan 8)

A l'ouest du Colosseo, cet arc fut construit pour célébrer la victoire de Constantin sur

Les gladiateurs

Les combats de gladiateurs faisaient à l'origine partie d'un rite funéraire étrusque et constituaient une sorte de sacrifice humain. Cependant, à partir du Ier siècle av. J.-C., on était bien loin de ce rite : en 65 av. J.-C., César présenta 320 duels de gladiateurs, Auguste et Trajan en organisèrent chacun 5 000.

Prisonniers de guerre, esclaves ou volontaires, les gladiateurs ne possédaient pas tous le même équipement. Certains se protégeaient avec une lourde épée et un bouclier alors que d'autres ne se munissaient que d'un filet et d'un trident. Les duels opposaient généralement deux gladiateurs armés différemment.

Les combats ne se terminaient pas systématiquement par la mort de l'un des gladiateurs. Le vaincu pouvait en effet demander grâce au public. Le président des jeux pouvait la lui accorder s'il estimait qu'il avait combattu valeureusement. En revanche, en tournant son pouce vers le sol, il le condamnait à une mort certaine, qu'il devait affronter avec courage.

Bien que les paris fussent en principe interdits à Rome, les combats de gladiateurs attiraient d'importantes sommes d'argent. Les gladiateurs victorieux, devenus de véritables héros, menaient ensuite une vie confortable, certains ouvrant une école d'entraînement aux combats.

Toutefois, comme la plupart des jeux de la Rome antique, les combats de gladiateurs étaient plus qu'un simple spectacle. Les bêtes sauvages et les prisonniers de guerre permettaient de montrer la puissance de l'Empire. En outre, en autorisant le public à se prononcer sur le sort du vaincu, on lui donnait la sensation de jouir du même droit de vie et de mort sur autrui que l'État en place.

Maxence au pont Milvio (près de l'actuelle zona Olimpica, au nord-ouest de la villa Borghese) en 312.

On l'orna de nombreux bas-reliefs prélevés sur des bâtiments existants, sans doute pour hâter la construction de celui-ci et honorer au plus vite la victoire de Constantin. La partie inférieure date du règne de Domitien (81-96), et les huit médaillons représentent des scènes de chasse de celui d'Hadrien (117-138). Quatre grands bas-reliefs, à l'intérieur de la voûte centrale et sur les côtés de l'arc, décrivent la bataille de Trajan contre les Daces. Ils proviennent du Foro di Traiano et sont probablement l'œuvre de l'artiste qui sculpta la colonne Trajane. Jusqu'en 1804, l'arc fit partie de la forteresse construite par les Frangipani. Les principaux travaux de restauration s'achevèrent en 1987.

Reprenez la via dei Fori Imperiali, puis tournez à gauche dans la via Sacra, continuez jusqu'à l'arco di Tito et l'une des sorties du Foro romano. Juste avant la barrière, montez sur la gauche pour admirer une nouvelle fois le forum.

ESQUILINO (PLANS 6 ET 8)

L'Esquilino (l'Esquilin), la plus grande et la plus haute des collines de Rome, s'étend du Colosseo à la stazione Termini et comprend la via Cavour (artère très passante entre la stazione Termini et la via dei Fori Imperiali), la basilica di Santa Maria Maggiore, la piazza Vittorio Emanuele II et le parco del Colle Oppio.

Autrefois, le Suburra, un quartier de taudis, occupait le flanc ouest de la colline, tandis que les rues entre la via Cavour et le colle Oppio, plus résidentielles, étaient réservées aux plus riches. Pompée, Mécène – célèbre protecteur des arts – et Virgile y auraient vécu. Des vignes et des jardins recouvraient la colline et ne disparurent qu'au XIXe siècle pour laisser place à d'immenses immeubles d'habitation.

Ce quartier, très cosmopolite, accueille aujourd'hui des centaines d'immigrés de toutes nationalités. Les artistes y apprécient aussi les vastes appartements loués à prix modérés.

Rione Monti (plan 6)

Le rione Monti (ou simplement Monti), flanc ouest de l'Esquilino, abrite quelques-unes des plus célèbres églises de Rome. Datant de la fin du IIIe siècle, la **chiesa di Santa Pudenziana** (église Sainte-Pudentienne), dans la via Urbana, à côté de la piazza dell'Esquilino, est consacrée à Pudentiana, fille d'un sénateur qui aurait hébergé saint Pierre. Largement remaniée au XIXe siècle, la façade conserve néanmoins des éléments plus anciens, tels qu'une frise et des médaillons sculptés du XIe siècle. Les baies et le clocher romans datent du XIIe siècle.

Dans l'abside, la magnifique mosaïque (390) représente le Christ entouré de deux femmes couronnant saint Pierre et saint Paul, ainsi que les apôtres en toge de sénateurs. On n'en distingue plus que dix : deux ont en effet disparu au XVIe siècle lors d'une restauration maladroite qui endommagea aussi la partie inférieure de la mosaïque. (Voir l'encadré à ce propos dans le chapitre *Présentation de la ville*.)

La **chiesa di Santa Prassede** (église Sainte-Praxède), via Santa Prassede 9a, construite au IXe siècle par le pape Pascal Ier sur le site d'un oratoire du IIe siècle, se niche entre des bâtiments médiévaux. On y pénètre pas une porte latérale. Elle est consacrée à Praxède, la sœur de Pudentiana. En 1969 fut décrétée nulle la sainteté des deux sœurs, mais les églises gardèrent leurs noms. Les mosaïques, créées par des artistes byzantins appelés par Pascal Ier, sont de toute beauté.

Le naturalisme des mosaïques de la fin de la période classique laisse place ici au symbolisme chrétien. Sur le premier arc triomphal, des anges gardent la porte de Jérusalem. Des guirlandes de fleurs s'entrelacent sur chacune des arches. Comme le baldaquin baroque masque légèrement les mosaïques de l'abside, montez éventuellement les marches de marbre rouge pour mieux les voir. Le Christ est encadré de saint Pierre, sainte Pudentienne et saint Zénon à droite, et de saint Paul, sainte Praxède et Pascal à gauche. Tous les personnages possèdent une auréole à l'exception de Pascal, dont le nimbe carré indique qu'il fut représenté de son vivant. Une frise figurant l'Agneau de Dieu et le troupeau des fidèles orne le bas de la mosaïque.

Pascal édifia aussi la **cappella di San Zenone**, dans l'aile sud, comme mausolée pour sa mère. A l'extérieur, les mosaïques représentent la Vierge à l'Enfant, sainte Praxède, sainte Pudentiana et d'autres saints, le Christ et les apôtres. En pénétrant dans la chapelle, on peut admirer de très près d'autres mosaïques et véritablement apprécier le travail des artistes. Dans une niche de l'autel, la Vierge à l'Enfant est entourée de sainte Praxède et de sainte Pudentienne. La voûte est ornée du Christ et de quatre anges. Au-dessus de la porte, saint Pierre et saint Paul soutiennent le trône et, à gauche, sainte Praxède, sainte Pudentienne et sainte Agnès font face à l'autel. Dans la vitrine sont exposés des fragments de marbre provenant de la colonne sur laquelle le Christ aurait été flagellé.

Regardez aussi les autres éléments de l'église, tels que les fresques en trompe-l'œil de la nef, réalisées par plusieurs artistes jusqu'au XVIe siècle. L'architrave se compose de fragments d'édifices romains, certains comportant des inscriptions. Le sol est recouvert de marbre de couleur. Dans la nef, près de la porte principale, un disque de porphyre marque l'endroit où sainte Praxède aurait enfoui les ossements des martyrs chrétiens.

Suivez la via San Martino ai Monti pour gagner la **chiesa di San Martino ai Monti**, église carmélite construite au IVe siècle, puis modifiée au VIe et au IXe siècle, avant d'être totalement transformée par Filippo Gagliardi dans les années 1650. Seuls subsistent de l'édifice du VIe siècle les 24 colonnes corinthiennes de la nef. Remarquez les fresques de Gagliardi représentant la basilica di San Giovanni in Laterano avant sa reconstruction au XVIIe siècle par Borromini et la basilica di San Pietro avant les interventions de Bramante, Raphaël et Michel-Ange. D'autres fresques, de Gaspard Dughet, dépeignent la campagne romaine.

La via Panisperna, qui va de Santa Maria Maggiore aux Fori Imperiali, permet de retrouver l'ancienne topographie de l'Esquilino. A son extrémité ouest s'élève la **villa Aldobrandini**, construite pour le duc d'Urbino au XVIe siècle. Clément VII, le pape Aldobrandini, l'acheta ensuite et la donna à ses neveux. Aujourd'hui propriété de l'État, elle abrite une bibliothèque de droit international. On pénètre dans le parc, qui offre un splendide panorama sur la ville, via Mazzarino 11.

Basilica di Santa Maria Maggiore (plan 6)

Santa Maria Maggiore (Sainte-Marie-Majeure), l'une des quatre plus grandes églises de Rome (avec San Pietro, San Giovanni in Laterano et San Paolo Fuori le Mura), date du Ve siècle, à l'époque du pape Sixte III. Selon la légende, en 352, le pape Libère Ier vit en songe la Vierge lui demander de construire une église à l'endroit où il trouverait de la neige. Quand le lendemain matin, un 5 août, celle-ci tomba sur l'Esquilino, le pape s'empressa d'obéir. L'église originale s'appelait Santa Maria della Neve. Tous les 5 août, un office pendant lequel des pétales blancs tombent du plafond commémore ce miracle.

Au XVIIIe siècle, on ajouta la façade principale, tout en préservant les mosaïques du XIIIe siècle de l'ancienne façade. Venez les admirer de nuit, lorsqu'elles sont illuminées. Le campanile est de style roman, tandis que l'intérieur est baroque.

L'intérieur, comportant une nef et deux ailes fort bien conservées, offre de somptueuses **mosaïques** du Ve siècle. Elles ornent l'arc triomphal et la nef jusqu'à une hauteur telle qu'il est parfois difficile de les distinguer nettement (prévoyez éventuellement des jumelles). Particulièrement représentatives de cette période, elles décrivent des scènes bibliques, notamment des événements de la vie d'Abraham, de Jacob et d'Isaac (à gauche), de Moïse et de Josué (à droite). Des épisodes de la vie du Christ décorent l'arc de triomphal. Le couronnement de la Vierge, dans l'abside, œuvre de Jacopo Torriti, date du XIIIe siècle. La Vierge, assise sur le même trône que le Christ, évoque celle que représentent les mosaïques de la chiesa di Santa Maria in Trastevere. Dessous, on voit d'autres moments de la vie de la Vierge. Lors de la rédaction de cet ouvrage, des travaux de restauration recouvraient totalement ces mosaïques et les plafonds à caissons de Giuliano da Sangallo (doré avec le premier or rapporté des Amériques par Christophe Colomb).

Le **baldacchino** (baldaquin) comporte de nombreux chérubins dorés. L'autel se compose d'un sarcophage de porphyre qui contiendrait les reliques de saint Mathieu et d'autres martyrs. Quelques marches conduisent à un autel qui abrite des fragments de la mangeoire dans laquelle Jésus fut couché à sa naissance. Remarquez les dalles en marbre de la nef et des ailes, datant du XIIe siècle. La magnifique **cappella Sistina**, la dernière à droite, construite au XVIe siècle par Domenico Fontana, renferme les tombeaux des papes Sixte Quint et Pie V. En face, édifiée en l'honneur du pape Pie V, la **cappella Borghese** (ou cappella Paolina), magnifiquement décorée aussi, date du XVIIe siècle. La *Vierge à l'Enfant*, au-dessus de l'autel, nimbée de lapis-lazulis et d'agates, daterait du XIIe ou XIIIe siècle.

Piazza Vittorio Emanuele (plan 6)

Cette place, au sud-est de Santa Maria Maggiore, accueille du lundi au samedi l'un des plus grands et des plus pittoresques marchés de Rome. Sur les étals variés et cosmopolites, vous trouverez épices exotiques et produits africains ou asiatiques. Quelques magasins de nourriture indienne et chinoise sont aussi installés à proximité. Au centre de la place se dressent les vestiges des **trofei di Mario**, jadis une fontaine placée à l'extrémité d'un aqueduc. Des manifestations culturelles ont lieu ici toute l'année et un festival de cinéma en plein air s'y déroule en été (consultez le chapitre *Où sortir*).

A l'angle nord de la place, la **chiesa di Sant'Eusebio**, créée au IVe siècle, puis remaniée deux fois au XVIIIe, accueille les animaux pour une bénédiction tous les 17 janvier, jour de la fête de leur saint patron. L'église n'ouvre qu'à 6h30 et 18h30.

Colle Oppio (plan 6)

Le **parco del Colle Oppio** abritait jadis la **Domus Aurea** (maison dorée) de Néron, construite après l'incendie de Rome en 64. Cet immense palais couvrait une cinquantaine d'hectares, du colle Oppio au Celio et au Palatino. Le parc, qui comportait un lac et une animalerie, se situait à l'emplacement du Colosseo.

A la mort de Néron, ses successeurs s'empressèrent de détruire ce palais, qui occupait la majeure partie du centre de Rome. Vespasien asséca le lac pour construire le Colosseo, Domitien supprima les bâtiments du Palatino et Trajan édifia des thermes sur le colle Oppio. A la Renaissance, des artistes explorèrent les ruines subsistant sur cette colline pour en étudier l'architecture et les magnifiques peintures.

On estime que le colle Oppio recèle les fresques et les œuvres d'art les plus belles de Rome, mais les fouilles ont été ralenties pendant des années faute de moyens. En 1998, on a découvert sous les ruines des thermes de Trajan, dans le cryptoportique, une grande fresque d'une ville non encore identifiée. Cette fresque aurait décoré une voûte ou une porte monumentale d'un pavillon extérieur de la Domus Aurea. Il s'agit là de la découverte archéologique romaine la plus importante de ces dernières années. Le site ouvrira au public lorsque les fouilles seront achevées.

On distingue quelques vestiges des **terme di Tito** à l'angle sud-ouest du colle Oppio. Mécène occupa une villa dans ce quartier.

San Pietro in Vincoli (plan 6)

Depuis le colle Oppio, suivez la via Terme di Tito, puis tournez à gauche dans la via del Monte pour découvrir la **basilica di San Pietro in Vincoli** (Saint-Pierre-aux-Liens), érigée au Ve siècle par l'impératrice Eudoxie, épouse de Valentinien III, pour conserver les chaînes de saint Pierre. Selon la légende, la chaîne se composait de deux parties. Lorsque les maillons conservés à Constantinople furent rapportés à Rome, les deux morceaux se soudèrent miraculeusement.

Hormis ces précieuses reliques qui attirent de nombreux pèlerins, l'église recèle un autre magnifique trésor : le tombeau du pape Jules II, œuvre inachevée d'un projet très ambitieux de Michel-Ange, dont on ne voit que l'impressionnante statue de *Moïse* et les effigies incomplètes de *Rachel* et de *Léa,* symbolisant la vie contemplative et la vie active. (Lors de la rédaction de ces lignes, elles étaient en cours de restauration.) Michel-Ange ne put trouver le temps de terminer ce mausolée qui n'a pas la magnificence que souhaitait le pape et qui fut une source de conflits avec lui. Une partie des autres sculptures qui devaient le décorer, les *Esclaves,* sont conservées au Louvre et à la Galleria dell'Accademia de Florence. Un escalier passant sous une voûte rejoint la via Cavour. (Voir l'encadré *Michel-Ange à Rome.*)

San Clemente (plan 8)

Au pied du colle Oppio, près du Colosseo, la **basilica di San Clemente** (Saint-Clément), via San Giovanni in Laterano (de l'autre côté de la via Labicana), consacrée à l'un des premiers papes, résume plusieurs époques de l'histoire romaine. En effet, l'église du XIIe siècle fut bâtie sur un édifice du IVe siècle, qui lui-même recouvrait une demeure du Ier siècle abritant un temple de la déesse Mithra (divinité orientale adorée par les soldats). On estime en outre que cette maison possédait des fondations datant de la République.

Seuls les trois premiers niveaux peuvent être visités. Pénétrez dans l'église par une porte latérale. Si la porte principale est ouverte, franchissez-la pour entrer de nouveau dans l'église de la façon prévue à l'origine et apprécier ainsi au mieux les mosaïques.

Dans l'église médiévale, remarquez la schola cantorum, balustrade en marbre du chœur datant du VIe siècle et provenant de l'ancienne basilique. Elle est décorée de motifs en marbre blanc et de couleur représentant des poissons, des colombes et de la vigne, premiers symboles chrétiens. Lors de la construction de la nouvelle église, on ajouta le haut pupitre en marbre, sur la gauche, et le candélabre, magnifiquement orné de mosaïques polychromes. Ces pupitres, fréquents au Moyen Age, permettaient sans doute aux prêtres de lire les manuscrits, alors sous forme de rouleaux, pendant que les fidèles pouvaient regarder les enluminures. Le sol est recouvert de marbre de plusieurs couleurs formant des motifs élaborés.

Les splendides mosaïques de l'abside, du XIIe siècle, constituent la véritable richesse de la basilique. Sur l'arc triomphal, on voit le Christ et les symboles des quatre évangélistes. L'abside elle-même décrit le *Triomphe de la Croix,* avec 12 colombes représentant les apôtres. Autour de la croix, la Vierge, saint Jean, saint Jean-Baptiste et d'autres saints sont entourés d'une guirlande de feuilles de vigne. Remarquez aussi les animaux et les feuilles d'acanthe d'une admirable précision. Le fond doré est caractéristique du style byzantin tardif.

On estime toutefois que les motifs s'inspirent en partie des mosaïques ornant l'ancienne église, certaines ayant même sans doute été réutilisées.

Dans la cappella Santa Caterina, les fresques de la Renaissance de Masolino da Panicale illustrent la vie de sainte Catherine d'Alexandrie.

Achetez un billet pour accéder aux étages inférieurs et regardez les plans des différents niveaux pour vous orienter avant de continuer la visite. L'église du IVe siècle fut presque intégralement détruite par les invasions normandes de 1084, mais il subsiste encore à l'extrémité est des fresques romanes du XIe siècle retraçant la vie de saint Clément. Dans l'aile gauche, un puits, ou *piscina,* découvert en 1967, servait probablement de fonts baptismaux. D'autres fresques sont malheureusement fort endommagées.

Vous découvrirez au niveau inférieur la demeure romaine du Ier siècle et le temple de Mithra.

A l'est, une catacombe abrite 16 tombes encastrées dans les murs, datant du Ve ou du VIe siècle. Le temple, qui remplaça certainement le *triclinium* (salle des banquets) de la maison, se situe juste au-dessous de l'abside de l'église du IVe siècle et remonte, quant à lui, à la fin du IIe siècle ou au début du IIIe. L'autel représente Mithra sacrifiant un taureau. Peut-être entendrez-vous de l'eau couler dans les profondeurs de l'église. Il s'agit simplement d'une canalisation d'égout qui longe la basilica et rejoint la Cloaca Maxima, le réseau d'évacuation des eaux usées de la Rome antique, non loin du Colosseo.

En sortant de San Clemente, prenez la via dei Querceti à droite pour parvenir à la **chiesa dei Santi Quattro Coronati**, un couvent médiéval fortifié. L'église est dédiée à quatre sculpteurs chrétiens tués pour avoir refusé de sculpter un dieu païen. Le campanile date du IXe siècle. La **cappella di San Silvestro** comporte des fresques du XIIIe siècle admirablement bien conservées, dépeignant saint Sylvestre et Constantin. Vous découvrirez aussi un joli cloître du début du XIIIe siècle et un jardin (sonnez pour entrer) après l'aile nord.

SAN GIOVANNI (PLANS 6 ET 8)
Basilica di San Giovanni in Laterano (plan 8)

Première basilique chrétienne de Rome, construite par Constantin au IVe siècle, la basilica di San Giovanni in Laterano (Saint-Jean-de-Latran) demeure l'une des plus importantes du monde : c'est la cathédrale de Rome dont le pape est l'évêque. Détruite par les flammes à deux reprises, elle fut modifiée plusieurs fois. En 1425, Martin V fit recouvrir le sol de pierres et de mosaïques prélevées dans des églises en ruine.

Au milieu du XVIIe siècle, on chargea Borromini de décorer l'intérieur en style baroque. La façade est, où se situe l'entrée principale, donne sur la piazza di Porta San Giovanni. Borromini récupéra les portes en bronze de la Curia du Foro romano pour les placer ici. Des statues monumentales du Christ, de saint Jean-Baptiste, de saint Jean l'Évangéliste et des 12 apôtres dominent le fronton, créé par Alessandro Galilei en 1736. L'autel papal est surmonté d'un baldaquin gothique du XIVe siècle qui abrite de nombreuses reliques, notamment les têtes de saint Pierre et de saint Paul et des fragments de l'autel en bois de saint Pierre. Les fresques du transept illustrent la conversion de Constantin. L'abside, reconstruite au XIXe siècle, ne comporte plus que des répliques des mosaïques originales, détruites lors de cette reconstruction. Remarquez encore les médaillons qui entourent les monuments funéraires dans les ailes, surmontés d'une baie ovale, caractéristique de Borromini.

Le magnifique **cloître** du XIIIe siècle échappa miraculeusement aux incendies qui ravagèrent le reste de la basilique. Conçu par la famille Vassaletto dans le style des Cosmati (marqueterie de marbre), ce cloître comprend des colonnettes torsadées jadis entièrement recouvertes de mosaïques. Le temps et la pollution les ont malheureusement endommagées, et certaines ont perdu toute décoration. Une grande restauration devrait toutefois être bientôt entreprise. On distingue difficilement l'architrave dominant les colonnes, richement décorée également, car la cour centrale n'est pas accessible. Diverses inscriptions, des sarcophages et des sculptures ornent les murs extérieurs du cloître. Au sud est gravée une bulle papale de Sixte IV. A l'ouest, quatre petites colonnes soutiennent une tablette en marbre et indiquaient, selon les chrétiens du Moyen Age, la taille du Christ. Le cloître se visite de 9h à 17h (18h en été) pour le prix de 4 000 L.

Il existe une autre entrée sur la façade nord, face à la piazza San Giovanni in Laterano, avec un fronton à deux niveaux, construit par Domenico Fontana en 1586. Quittez la basilique par cette porte et traversez la place pour parvenir au **baptistère**, fondé aussi par Constantin mais remanié plusieurs fois. Sixte III lui a donné sa forme octogonale, qui inspira ensuite de nombreux baptistères dans toute la chrétienté. Une fontaine en basalte vert s'élève au centre et des copies de fresques d'Andrea Sacchi ornent la coupole. Les fresques des murs extérieurs datent du XVIIe siècle. Enfin, il comprend plusieurs chapelles toutes décorées de superbes mosaïques.

La **cappella di Santa Rufina** offre une mosaïque de vigne et de feuillages du Ve siècle sur un fond bleu nuit, tandis que dans la **cappella di San Giovanni Evangelista**, des oiseaux et des fleurs entourent l'Agneau de Dieu. La **cappella di San Venanzio**, ajoutée par le pape Jean IV au VIIe siècle, possède des mosaïques très bien conservées : le Christ entouré d'anges et la Vierge accompagnée de saints ornent l'abside, des martyrs chrétiens figurent sur l'arc triomphal. En haut, on découvre des vues de Jérusalem. Le baptistère ouvre de 9h à 13h et de 16h à 18h du lundi au jeudi et de 9h à 13h les vendredi et samedi.

Jouxtant la basilique, le **palazzo Laterano** fut la résidence des papes jusqu'à ce qu'ils s'installent à Avignon au XIVe siècle. Considérablement endommagé par un incendie en 1308, il fut ensuite démoli et reconstruit au XVIe siècle. Il abrite désormais l'administration du diocèse de Rome.

Seul subsiste du palais original le bâtiment situé à l'est de la piazza di Porta San Giovanni, qui comprend la **Scala Santa** et la **Sancta Sanctorum**. La Scala Santa (escalier saint) serait l'escalier que gravit Jésus dans le palais de Ponce Pilate. Depuis ce jour, les fidèles ne peuvent le monter qu'à genoux, et ils ont toujours été si nombreux que des plaques de bois ont été installées pour protéger les 28 marches de marbre. Des fresques réalisées au XIIIe siècle par des artistes romains inconnus décorent le plafond et les murs.

La Scala Santa et deux autres escaliers conduisent à la Sancta Sanctorum, la chapelle privée des papes. Son nom, signifiant "saint des saints", rappelle les nombreuses reliques que contenaient autrefois la chapelle et qui ont été transférées au Vatican. Le retable en argent, représentant le Christ peint, selon la légende, par saint Luc et un ange, a connu tant de restaurations qu'il semble avoir perdu toute authenticité.

Des mosaïques du XIIIe siècle ornent la voûte du plafond. Remarquez aussi les motifs en marbre sur le sol.

Les murs, recouverts de plaques de marbre dans la partie inférieure, comportent des fresques du XIIIe siècle (des mêmes artistes que celles de l'escalier) représentant les apôtres et les saints, séparés par des colonnes gothiques torsadées. En haut, des fresques décrivent de façon détaillée différentes scènes de martyre chrétien.

La Sancta Sanctorum ouvre de 10h30 à 11h30 et de 15h à 16h les mardi, jeudi et samedi et l'entrée coûte 5 000 L.

La Scala Santa (☎ 06 70 49 46 19) se visite de 6h15 à 12h et de 15h30 à 18h45 d'avril à septembre, de 6h15 à 12h et de 15h à 18h15 le reste de l'année.

Des religieux occupent les autres parties du palais depuis 1953. On présente toutefois des expositions dans la crypte, **Sala 1** (entrée sur la piazza Porta di San Giovanni), ouverte du mardi au samedi de 17h à 18h.

Santa Croce in Gerusalemme (plan 8)

Suivez le viale Carlo Felice, à l'est de la piazza di Porta San Giovanni, pour vous rendre à l'église **Santa Croce in Gerusalemme**, sur la place du même nom. Elle aurait été fondée en 320 par sainte Hélène, mère de Constantin, qui rapporta des reliques du Christ de Jérusalem, notamment un fragment de la croix. Lucius II reconstruisit l'église en 1144 et lui ajouta un campanile.

En 1744, Benoît XIV lui apporta d'importantes modifications, créa la façade et le vestibule ovale. Les fresques de l'abside, illustrant la légende de la croix, remontent au XVe siècle. Les reliques sont conservées dans une chapelle de l'aile nord.

À côté de l'église s'élèvent les colonnes et les arches de l'**anfiteatro Castrense** du IIIe siècle, intégré jadis à un palais impérial. On y donnait des jeux et des combats d'animaux.

Les anciennes casernes militaires au nord de l'église abritent aujourd'hui deux musées militaires et le **Museo nazionale degli Strumenti musicali** (carte *Les environs de Rome*), qui possède une collection unique d'instruments de musique de l'époque romaine au XIXe siècle, ainsi que des instruments rapportés d'Asie, d'Afrique et d'Amérique. Le musée (☎ 06 701 47 96) se visite du mardi au samedi de 9h à 13h30 moyennant 4 000 L.

La via Eleniana, qui commence au nord de Santa Croce, mène à la **porta Maggiore** (plan 6), appelée aussi la porta Prenestina, une porte de la Rome antique édifiée par Claude en 52. La via Prenestina et la via Labicana la traversent, et l'on distingue encore les sillons laissés par les roues des voitures à cheval dans les dalles en basalte. Les arches soutenaient deux aqueducs, l'Aqua Claudia et l'Aqua Aniene

Nuova, construits l'un au-dessus de l'autre. La porte fut ensuite intégrée à l'enceinte édifiée par Aurélien.

Juste derrière la porte se dresse un imposant monument en travertin, le **sepolcro di Virgilio Eurisace** (plan 6), communément appelé le tombeau du Boulanger, construit aux environs de 30 av. J.-C. par la veuve du boulanger Vergilius Eurysaces en mémoire de ce dernier. Le monument, en forme de four à pain, est orné de bas-reliefs illustrant le travail du boulanger.

DE LA COLLINE DU CELIO A LA PORTA SAN SEBASTIANO (PLAN 8)
Celio

On accède à la colline du Celio (ou Caelius) par la via di San Gregorio ou, de l'autre côté, par la via della Navicella. Au sommet vous attend la **villa Celimontana**, grand parc avec un terrain de jeu, idéal pour un pique-nique. La villa Renaissance, appartenant autrefois à une famille noble, accueille aujourd'hui la Société italienne de géographie.

La **chiesa di SS Giovanni e Paolo**, du IVe siècle, sur la place du même nom donnant sur la via di San Paolo della Croce (commençant via della Navicella), est consacrée à saint Jean et à saint Paul. Après avoir servi Constantin II, ils furent guillotinés pour refus d'obéissance par Julien, opposé aux chrétiens. L'église fut élevée sur leur maison. Une petite salle à côté de l'autel renferme une jolie fresque du XIIIe siècle représentant le Christ et les apôtres. Demandez au sacristain de vous l'ouvrir. Les arches que l'on voit sur la place sont des vestiges de boutiques du IIIe siècle.

Descendez le clivo di Scauro, rue pittoresque du Ier siècle av. J.-C. Prenez à gauche pour parvenir à la **chiesa di San Gregorio Magno**, élevée au VIIIe siècle en l'honneur du pape Grégoire I à l'endroit où celui-ci ordonna à saint Augustin de convertir les peuples anglais au christianisme. Au XVIIe siècle, on rebâtit l'église en style baroque. L'*atrium*, dessiné par Giovanni Battista Soria, contient plusieurs tombeaux, d'Anglais de haut rang, notamment celui d'un envoyé du roi Henry VIII, dont une des missions fut de demander l'annulation du mariage du roi et de Catherine d'Aragon.

Au XVIIIe siècle, Francesco Ferrari apporta les modifications de style baroque à la décoration intérieure. La cappella di San Gregorio, à l'extrémité de l'aile droite, comporte un trône en marbre du Ier siècle av. J.-C. Sur le côté gauche de l'église, une porte conduit à trois petites chapelles entourées de cyprès. A droite, la cappella di Santa Silvia (consacrée à la mère de Grégoire Ier) abrite une fresque d'anges de Guido Reni. Dans la cappella di Sant'Andrea, au centre, vous verrez la flagellation de saint André, du Dominiquin, ainsi que saint André conduit au martyre, de Guido Reni. La fresque de l'entrée, réalisée par Giovanni Lanfranco, représente sainte Silvia et saint Grégoire.

La peinture d'autel par Pomarancio représente la Vierge avec les saints André et Grégoire. La troisième chapelle, dédiée à Santa Barbara, renferme une statue de saint Grégoire et des fresques illustrant la mission de saint Augustin. Les chapelles sont ouvertes du mardi au samedi, de 9h30 à 12h30.

Chiesa di Santo Stefano Rotondo

Cette église à l'étrange plan circulaire se trouve via di S Stefano Rotondo, de l'autre côté de la via della Navicella par rapport à la villa Celimontana. Elle compte deux rangées de colonnes de granit et de marbre. Trente-quatre fresques décrivent de terrifiantes scènes de martyre.

Remarquez aussi le sol en bois ciré, fort bien entretenu. Toutefois, lors de la rédaction de ce guide, les fouilles en cours bouleversaient sensiblement l'aménagement de l'église.

L'église ouvre de 9h à 13h et de 13h50 à 16h20 du mardi au samedi, de 13h50 à 16h20 le lundi, ainsi que le deuxième dimanche du mois de 9h à 12h, l'été uniquement.

Terme di Caracalla

La via delle Terme di Caracalla, accessible par les bus 160 et 628 depuis la piazza Venezia, longe le sud de la colline du Celio. A l'angle de la piazza di Porta Capena se dresse le grand bâtiment de l'**Organisation des Nations unies pour l'alimentation et l'agriculture** (FAO) et l'obélisque rapporté d'Aksoum, en Éthiopie, par Mussolini. Il était pour l'heure masqué par des échafaudages, des experts étudiant la possibilité de le démonter pour le rendre à l'Éthiopie. Le parco di porta Capena voisin comprend un stade moderne.

Sur la piazza Santa Balbina (non loin du viale Guido Baccelli qui traverse le parc) se dresse la **chiesa di Santa Balbina**, l'une des plus anciennes églises de Rome, remontant au IVe siècle. Regardez notamment le tombeau de Stefano Surdis, du début du XIVe siècle, paré d'incrustations de marbre dans le style des Cosmati. On restaura intégralement l'église dans les années 30 pour y déposer des mosaïques du Ier siècle retrouvées en divers endroits de la ville.

Santa Balbina donne sur les vestiges magnifiques des **terme de Caracalla**. Commencés par Antonius Caracalla et inaugurés en 217, ils furent utilisés jusqu'au VIe siècle. Ce sont les bains de la Rome impériale les mieux conservés de la ville. S'étendant sur 10 hectares, ils pouvaient accueillir 1 600 personnes et comportaient aussi des boutiques, des jardins, des bibliothèques et des équipements sportifs. Hommes et femmes y étaient admis à des heures différentes de la journée. Lors de fouilles au XVIe et au XVIIe siècle, on découvrit de nombreuses statues que s'approprièrent les Farnese. Deux énormes vasques servent aujourd'hui de fontaine sur la piazza Farnese.

Des années 30 à 1993, on donna dans ce lieu magique de grandioses représentations d'opéra, aujourd'hui supprimées afin de protéger les ruines.

Les thermes se visitent du mardi au samedi de 9h à 18h en été, de 9h à 15h en hiver, et de 9h à 13h les dimanche et lundi. L'entrée coûte 8 000 L.

Porta San Sebastiano

La via di Porta San Sebastiano part de la piazzale Numa Pompilio, devant les terme di Caracalla et mène à la via Appia Antica (voir la rubrique *Appia Antica et les catacombes*, plus loin dans ce chapitre). Derrière de hauts murs de pierre s'étendent de luxueuses villas et des parcs privés, tandis qu'un petit jardin public borde le côté est. La **porta San Sebastiano**, la plus grande et la mieux conservée du mur d'Aurélien, se dresse au bout de la rue.

Cette porte abrite désormais le **Museo delle Mura**, qui retrace l'histoire de cette muraille, érigée par Aurélien (270-275) pour protéger la ville et achevée par Probus (276-282), et des autres enceintes de Rome. Elle mesure environ 19 km, compte 18 portes et 381 tours et entoure les sept collines de la ville. Maxence (306-312) doubla ensuite sa hauteur. Ce mur subsiste aujourd'hui presque intégralement (reportez-vous à la rubrique *Géographie* dans *Présentation de la ville* et au chapitre *Promenades dans Rome* pour davantage de détails). Le musée présente des dessins et des maquettes, et l'on peut se promener sur les remparts sur 400 m environ. Il ouvre de 9h à 19h du mardi au dimanche. Le prix du billet est de 3 750 L.

Circo Massimo

Le **Circo Massimo** (Circus Maximus ou Grand Cirque) se situe entre le Palatino et l'Aventino, dans une vallée appelée autrefois Vallis Murcia. Il reste peu de choses de ce qui fut le plus vaste cirque réservé aux courses de chars. Mesurant environ 600 m de long sur 90 de large, décoré de statues et de colonnes, il pouvait accueillir plus de 200 000 spectateurs sur ses gradins de bois. L'une des principales difficultés de ces courses, qui se déroulaient dans le sens inverse des aiguilles d'une montre, consistait à négocier les virages étroits à chaque extrémité du terrain. Ce cirque possède une histoire très ancienne. Ainsi, dès le IIe siècle av. J.-C., on remplaça sa structure en bois par de la brique, plus solide. En 46 av. J.-C., César recréait ici ses batailles en utilisant les prisonniers de guerre. En 10 av. J.-C., Auguste érigea l'obélisque de Ramsès II, qui domine à présent la piazza del Popolo. L'incendie qui ravagea la ville en 64 aurait démarré dans les gradins en bois du cirque. Trajan le fit reconstruire en 100. Dès lors, il pouvait accueillir 250 000 spectateurs. Agrandi encore par Caracalla, il fut restauré par Constantin, qui y ajouta l'obélisque de Thoutmosis II, aujourd'hui sur la piazza San Giovanni in Laterano.

On l'utilisa jusqu'en 549. Des fouilles continuent à l'extrémité est, mais il est devenu un lieu pour promener les chiens et faire du jogging.

AVENTINO (PLANS 7 ET 8)

On accède à l'Aventino (l'Aventin), au sud du Circo Massimo, depuis la via di Circo Massimo par la via di Valle Murcia ou le clivo dei Pubblicii et la via di Santa Sabina. (Vous pouvez aussi prendre le bus 27 à la stazione Termini ou au Colosseo, ou la ligne A du métro jusqu'à la station Circo Massimo.) Vous longerez le Roseto comunale, splendide roseraie fleurie en mai et juin, et le délicieux parco Savello, planté d'orangers, qui offre une vue sublime sur la ville.

A côté de ce parc, la **basilica di Santa Sabina** (plan 7), fondée par Pierre d'Illyrie en 422, est l'une des plus belles et des plus importantes premières basiliques chrétiennes de Rome. Elle connut des transformations au IXe siècle et en 1216, juste avant d'être offerte par Honorius III à l'ordre des dominicains nouvellement créé. Depuis le porche du XVe siècle qui orne la façade, remarquez la porte du Ve siècle en bois de cyprès. Elle comprend 18 panneaux sculptés illustrant des épisodes de l'Ancien et du Nouveau Testaments. La scène de la crucifixion serait l'une des plus anciennes au monde (notez que l'on n'y voit pas la croix).

A l'intérieur, 24 colonnes corinthiennes séparent les trois nefs. Ces colonnes, illustrant pour la première fois à Rome le modèle de Ravenne, soutiennent des arcades sans architrave. Une frise vert et rouge du Ve et VIe siècle court de part et d'autre de celles-ci. La lumière pénètre dans l'église par de hautes baies ajoutées au IXe siècle. Le chœur sculpté, le pupitre et le trône de l'évêque datent aussi de cette époque.

Au centre de la nef, on voit le tombeau à mosaïque de Muñoz de Zamora, l'un des premiers dominicains. Les mosaïques qui ornaient les murs ont pour la plupart disparu. La fresque de l'abside date du XIXe siècle. Le cloître du XIIIe siècle, récemment restauré, se visite en s'adressant au sacristain. La basilique est ouverte tous les jours de 6h30 à 12h45 et de 15h30 à 19h.

Continuez la via Santa Sabina en direction du sud jusqu'à la piazza Cavalieri di Malta et le **priorato di Malta** (plan 7), demeure des chevaliers de l'ordre de Malte. Cet ordre, fondé au XIIe siècle à Rhodes puis à Malte, assistait les pèlerins se rendant en Terre Sainte. Cette villa, résidence du grand maître des chevaliers, représente l'ordre en Italie et au Vatican. Elle se situe au cœur d'un beau jardin bordé de lauriers et de palmiers.

Piranèse redessina la **chiesa di Santa Maria del Priorato** en 1765 (plan 7) et y ajouta une multitude de détails architecturaux et de stucs. Si elle est ouverte, n'hésitez pas à la visiter. Sinon, jetez un œil par le trou de la serrure de la porte principale : à l'extrémité d'une haie d'arbres, vous apercevrez la coupole de San Pietro. Piranèse dessina aussi la piazza dei Cavalieri di Malta, décorée de petits obélisques et d'armoiries.

Sur l'autre versant de la colline, piazza Santa Prisca, s'élève la **chiesa di Santa Prisca**, datant du IVe siècle et édifiée sur un sanctuaire dédié à Mithra. Celui-ci a été mis au jour dans les années 50. On a restauré aussi des fresques décrivant les sept étapes de l'initiation au culte de Mithra, mais elles ne sont pas accessibles au public. L'église est ouverte tous les jours de 8h à 12h et de 16h30 à 19h30.

Traversez le viale Aventino pour gagner la via di San Saba et la pittoresque **chiesa di San Saba** (plan 8), construite au Xe siècle et considérablement modifiée ensuite. Remarquez en particulier la décoration de la porte principale et le pavement en marbre du sol, réalisés par les Cosmati au XIIIe siècle. Le porche renferme plusieurs sarcophages romains finement ouvragés. Enfin, la loggia qui le surplombe fut ajoutée au XVIe siècle. L'église ouvre tous les jours de 7h à 12h et de 16h à 18h30.

Piazza Bocca della Verità (plan 8)

Située piazza Bocca della Verità, entre l'Aventino et le Tevere, la **chiesa di Santa Maria in Cosmedin** récemment restaurée, est l'une des plus belles églises médiévales romaines. Le pape Adrien Ier intégra à sa construction, au VIIIe siècle, une galerie à colonnes faisant partie d'une administration du temps de l'Empire et les murs d'un centre de soins chrétien du VIIe siècle. On ajouta au XIIe siècle le campanile de sept étages et le porche médiéval. La décoration intérieure, le sol, l'autel et le chœur (schola cantorum) recouverts de marbre coloré illustrent le style des Cosmati. Les ailes, l'intérieur des arcades de la nef et certaines parois de celle-ci comportent encore des fresques du XIIe siècle. La boutique de souvenirs conserve un fragment d'une mosaïque du VIIIe siècle.

Sous le porche, la **Bocca della Verità** (bouche de la vérité), large disque de marbre représentant un masque, servit probablement de plaque d'égout dans l'Antiquité. Selon la légende, quiconque proférait un mensonge en plaçant sa main droite sur le masque verrait celle-ci happée par la bouche. L'église ouvre de 10h à 13h et de 15h à 17h, le porche, de 9h à 18h.

Face à cette église, vous voyez le **tempio di Ercole Vincitore** et le **tempio di Portunus**, deux minuscules temples remontant à la République. Ils furent transformés en église au Moyen Age. Ils se dressent sur ce que l'on nommait jadis le Forum boarium (marché au bétail), qui existait bien avant le Foro romano. Devenu ensuite un important centre de commerce, il possédait même un port sur le Tibre. Au nord, vous apercevez les vestiges de la **casa dei Crescenzi**, ancienne tour fortifiée transformée en habitation au XIe siècle par les Crescenzi. C'est l'une des rares maisons médiévales romaines que l'on puisse encore voir aujourd'hui.

En s'éloignant de la piazza della Bocca della Verità, en direction du Palatino, dans la via del Velabro, s'élève l'**arco di Giano** (arc de Janus), porte à quatre faces sous laquelle passaient plusieurs voies. Les marchands de bétail l'utilisaient pour s'abriter du soleil et de la pluie. La **chiesa di San Giorgio in Velabro** se situe après l'arc, au nord de la rue. On dut reconstruire le porche du VIIe siècle, ainsi que le couvent voisin, en 1993, suite à un attentat à la voiture piégée exécuté par la mafia.

Tournez à gauche dans la via di San Teodoro pour rejoindre la **chiesa di San Teodoro**, église au plan circulaire nichée au pied du Palatino. Une première église fut construite au VIe siècle sur les ruines d'un magasin qui se trouvait entre le Foro romano et le Tevere, mais l'édifice actuel date du milieu du XVe siècle, sous le pape Nicolas V. Les splendides mosaïques de l'abside proviennent toutefois de l'ancien bâtiment. A la demande de Clément XI, Carlo Fontana entreprit de restaurer l'église en 1704 et dessina le double escalier qui mène de la rue à une cour, au centre de laquelle on voit l'autel d'un temple païen.

Les horaires d'ouverture de cette église sont assez irréguliers, mais vous devriez pouvoir la visiter entre 9h et 13h et entre 15h30 et 18h. Elle ouvre par ailleurs le dimanche à 10h30 pour la messe.

Des bâtiments de l'époque fasciste, abritant aujourd'hui des bureaux municipaux, bordent la via Petroselli, qui va de la piazza Bocca della Verità au Teatro di Marcello. A droite, le vico Jugario conduit à la piazza della Consolazione dominée par la **chiesa di Santa Maria della Consolazione**, qui renferme des fresques réalisées par Taddeo Zuccari au XVIe siècle. La **chiesa di San Nicola in Carcere** fait l'angle de la via Petroselli et de la via del Foro Olitorio. Érigée au XIe siècle, puis modifiée en 1599 par Giacomo della Porta, elle s'élève sur un marché de l'époque républicaine et com-

L'antisémistisme à Rome

Assez étrangement, c'est au cœur de la cité symbolisant la chrétienté que l'on rencontre la plus ancienne communauté juive d'Europe (des juifs vivent à Rome depuis plus de 2 000 ans).

Les juifs de la Rome antique, anciens esclaves ou prisonniers de guerre devenus marchands, s'installèrent tout d'abord dans le Trastevere, d'où ils pouvaient facilement accéder au Tevere et à ses bateaux.

A partir du XIIIe siècle, ils commencèrent à se regrouper dans le quartier qui deviendrait plus tard un ghetto. Ils bénéficièrent toutefois d'une certaine sécurité au Moyen Age. En effet, les papes, impressionnés par leurs connaissances médicales et financières, les placèrent sous leur juridiction, les protégèrent et les autorisèrent même à construire une synagogue. Cependant, dès 1310, on les obligea à payer un impôt, le premier depuis le *fiscus judaicus* de la Rome antique.

En 1555, pendant la Contre-Réforme, le pape antisémite Pie IV décida de séparer les communautés juives et chrétiennes. Il fit cerner d'une muraille le quartier où vivaient le plus grand nombre de juifs, instaura un couvre-feu, contraignit les habitants à porter des vêtements distinctifs et à assister à des sermons visant à les convertir. Par ailleurs, ils n'étaient plus autorisés à exercer une autre activité que le commerce des tissus d'occasion ou le prêt d'argent (péché capital pour les chrétiens).

Ces restrictions s'appliquèrent jusqu'à la réunification de l'Italie en 1870. Les 7 000 habitants du ghetto vivaient alors dans des conditions aussi insalubres que misérables. Le nouveau gouvernement fit immédiatement abattre l'enceinte et reconstruire de larges secteurs du quartier, notamment entre la via del Portico d'Ottavia et le Tevere.

Le régime fasciste et la Deuxième Guerre mondiale entraînèrent de nouvelles persécutions. Lorsque les Allemands occupèrent la ville en septembre 1943, ils exigèrent sous 36 heures 50 kg d'or de la communauté juive. Juifs et chrétiens se mobilisèrent pour fournir la rançon dans les temps impartis, mais elle ne suffit malheureusement pas à assurer leur sécurité. Pendant les neufs mois d'occupation nazie, 2 091 juifs furent déportés, 15 seulement ont survécu.

---

prend des colonnes en marbre des temples qui existaient à cet endroit.

Poursuivez la via del Teatro di Marcello pour parvenir au Teatro di Marcello, conçu par César mais construit par Auguste en 13 av. J.-C. environ. Consultez la *Promenade n°2* du chapitre *Promenades dans Rome* pour davantage de détails.

Ghetto (plan *Les environs de la piazza Navona*)

La **via del Portico d'Ottavia** marque le centre de l'ancien ghetto juif. Au XVIe siècle, le pape Pie IV ordonna aux juifs de vivre dans ce quartier, marquant ainsi le début de la période d'intolérance qui se poursuivit ensuite. Pour davantage de détails, consultez la *Promenade n°2* de *Promenades dans Rome*.

Du côté nord de la rue, les étroits bâtiments serrés les uns contre les autres comportent des vestiges de demeures romaines et médiévales. Regardez notamment la maison au n°1 (à l'angle de la piazza Costaguti), datant de 1468, dont la façade s'orne de fragments de sculptures romaines et d'un sarcophage. Au-dessous, une boulangerie vend des pains et des gâteaux traditionnels juifs.

En vous dirigeant vers la piazza delle Cinque Scole, vous apercevez l'arrière du **palazzo Cenci**, le plus grand palais du quartier. Des stucs ornant de petits balcons décorent sa façade principale, qui donne via dell'Arco dei Cenci. Ce palais appartenait à la famille de Béatrice Cenci, qui, violée par son père, l'assassina et fut ensuite condamnée à mort et décapitée. Vous pourrez voir un portrait d'elle réalisée par Guido Reni à la Galleria nazionale d'Arte antica au palazzo Barberini.

Non loin de là, la piazza Mattei s'agrémente de la **fontana delle Tartarughe** (fontaine des Tortues), l'une des plus belles fontaines de Rome, créée en 1585 par Taddeo Landini d'après un dessin de Giacomo della Porta.

A l'extrémité de la via del Portico d'Ottavia se dresse le majestueux **portico d'Ottavia**, érigé en 146 av. J.-C., puis reconstruit par Auguste en 23 av. J.-C. Il ne reste aujourd'hui que quelques colonnes et des fragments du fronton du monument d'origine qui comptait environ 300 colonnes, deux temples et une bibliothèque.

On le modifia en 755 pour y intégrer **Sant'Angelo in Pescheria**. Enfin, il abrita un marché aux poissons jusqu'à la fin du XIXe siècle (voir le chapitre *Promenades à Rome*). Un peu plus loin sur la via del Portico d'Ottavia, en direction du fleuve, vous voyez la **synagogue** du XIXe siècle, qui abrite aussi le **Museo della Comunità ebraica**, retraçant l'histoire de la communauté juive de Rome. Depuis un attentat meurtrier en 1983, il est sous surveillance armée constante. Il ouvre de 9h30 à 16h30 du lundi au jeudi, de 9h30 à 13h30 le vendredi et de 9h30 à 12h le dimanche. Le billet, de 8 000 L, comprend une visite de la synagogue. En face, à l'angle de la via del Portico d'Ottavia, la **chiesa di San Gregorio**, où l'on forçait les juifs à assister à la messe, porte une inscription en hébreu et en latin au-dessus de la porte leur reprochant de refuser de se convertir au christianisme.

Isola Tiberina (plans 5 et 7)

L'isola Tiberina (île du Tibre) se trouve entre le ghetto et le Trastevere. Depuis le ghetto, empruntez le **ponte Fabricio** (plan 5), le plus vieux pont de Rome, encore utilisé, qui remonte à 62 av. J.-C.

L'île ne mesure que 300 m de long sur 80 de large. Selon des textes antiques, elle serait née de l'amoncellement des alluvions qui se déposèrent sur les récoltes des Tarquins jetées dans le fleuve après l'expulsion de cette famille. On dit aussi qu'un navire grec se serait échoué à cet endroit et fut ensuite entouré d'un mur de travertin. L'île se compose en fait de roches volcaniques. Elle est associée depuis le IIIe siècle av. J.-C. à la médecine, lorsque les Romains adoptèrent Esculape, dieu de la médecine, et lui érigèrent un temple sur l'île. L'hôpital Fatebenefratelli y est aujourd'hui installé.

La **chiesa di San Bartolomeo** (plan 7) fut édifiée au Xe siècle sur les ruines d'un temple. Elle possède un campanile roman et une margelle de puits en marbre, qui abriterait une source aux eaux miraculeuses. Elle a souffert des inondations à plusieurs reprises.

Le **ponte Cestio** (plan 7), datant de 46 av. J.-C. mais reconstruit au XIXe siècle, relie l'île au Trastevere. Au sud de l'île, on distingue les restes du **ponte Rotto**, pont de pierre de la Rome antique. Une crue exceptionnelle l'a emporté en 1598.

TRASTEVERE (PLANS 5 ET 7)

A l'origine, le Trastevere était séparé du reste de Rome. Bien que rapidement absorbé par la ville, le quartier, dont le nom vient de *trans Tiberim*, "au-delà du Tibre", cultiva son isolement au Moyen Age et développa sa propre identité. Ses habitants se sont toujours considérés comme différents, s'appelant *no'antri* (nous autres). Aujourd'hui encore, on raconte que les plus âgés traversent rarement le fleuve. Devenu un quartier à la mode depuis quelques années, il est toujours très animé le week-end, et ses trattorie et bars attirent Romains et touristes pendant la période estivale.

Santa Cecilia in Trastevere (plan 7)

Construite au IXe siècle par Pascal Ier, la **basilica di Santa Cecilia in Trastevere**, piazza di Santa Cecilia, s'élève sur la maison où sainte Cécile fut martyrisée en 230. Épouse de Valérien, un patricien romain, elle respecta toutefois son vœu de chasteté, et son mari, fortement impressionné par sa foi, se convertit à son tour et fut exécuté. Cécile fut arrêtée alors qu'elle enterrait le corps de son mari. Ses bourreaux, ayant en vain tenté de la faire suffoquer en l'enfermant dans le caldarium de sa maison, décidèrent de la décapiter, mais elle agonisa pendant trois jours, pendant lesquels elle aurait chanté continuellement, ce qui lui valut d'être la sainte patronne des musiciens.

La façade du XVIIIe siècle, qui conserve toutefois un porche du XIIe siècle orné de médaillons de mosaïque, masque une jolie cour. Dans l'abside, la mosaïque réalisée en 870 représente le Christ donnant une bénédiction, entouré, à droite, de saint Pierre, saint Valérien et sainte Cécile ; à gauche, de saint Paul, sainte Agathe et Pascal. On voit au-dessous les villes saintes. Le baldaquin surplombant le maître-autel est l'œuvre d'Arnolfo di Cambio. Stefano Maderno sculpta la statue de sainte Cécile (devant l'autel), qui évoque avec beaucoup de compassion le corps de la sainte tel qu'il fut découvert dans sa tombe en 1599.

A droite de la nef, la **cappella del Â Caldarium** représente l'étuve où l'on enferma la sainte et comporte deux tableaux de Guido Reni.

Sous l'église, on a dégagé des ruines de maisons romaines, dont peut-être celle de sainte Cécile, accessibles depuis la salle située à l'extrémité de l'aile gauche. L'entrée coûte 2 000 L. Signalons notamment la pièce contenant de larges vasques, probablement une tannerie, des restes de mosaïque blanc et noir au sol et la crypte aménagée au XIXe siècle dans le style byzantin.

Le chœur des religieuses, accessible par le couvent, renferme une magnifique peinture du XIIIe siècle de Pietro Cavallini, *Le Jugement dernier*, autrefois placé au revers de la façade de l'église. Masquée pendant de nombreuses années, elle ne fut découverte qu'au début de notre siècle. Les couleurs et la finesse des traits ont été admirablement bien conservées. Elle n'est visible que les mardi et jeudi de 10h à 11h30 et le dimanche d'environ 11h15 (après l'office) à 11h45. Le billet coûte 2 000 L. L'église ouvre tous les jours de 10h à 11h45 et de 16h à 17h30.

A quelques pas, la **chiesa di San Benedetto**, médiévale, domine la charmante piazza in Piscinula. Elle offre une tour-clocher couverte, un sol dans le style cosmati et une peinture du XIIIe siècle représentant saint Benoît. Piazza Sonnino, sur le viale Trastevere, l'artère passante qui traverse le quartier, on remarque le campanile roman du XIIe siècle et le porche du XVIIe siècle de la **chiesa di San Crisogono**. Elle a conservé des colonnes antiques et des fragments de mosaïque au sol. Dans l'abside, la mosaïque représentant la Vierge et l'Enfant entourée de saint Jacques et de saint Chrysogone provient de l'école de Pietro Cavallini. Sous l'édifice actuel (on y entre par la sacristie), on découvre une église datant du Ve siècle, elle-même bâtie sur un *titulus*, maison privée où se pratiquait le culte chrétien.

Santa Maria in Trastevere (plans 5 et 7)

La via della Lungaretta conduit à la charmante **piazza Santa Maria in Trastevere** (plan 7), cœur du Trastevere. Prenez le temps de vous asseoir à une terrasse pour déguster un cappuccino ou un apéritif, profiter de la vue et regarder les passants. Au milieu de la place, la fontaine romaine fut restaurée en 1692 par Carlo Fontana. Selon une légende, le jour de la naissance du Christ jaillit à cet endroit une source d'huile qui s'écoula durant une journée. La via della Fonte d'Olio, petite rue au nord de la place, commémore ce miracle.

La **basilica di Santa Maria in Trastevere** (plan 7) serait le plus ancien lieu de culte de Rome consacré à la Vierge. Une première basilique fut érigée au IVe siècle, mais l'édifice actuel date du XIIe siècle. La façade romane comporte une magnifique mosaïque de la Vierge à l'Enfant entourée d'une dizaine de figures féminines de saintes. Le sommet du campanile roman s'orne aussi d'une mosaïque de la Vierge. Carlo Fontana ajouta le porche incrusté de fragments de sculptures antiques et médiévales, d'inscriptions et de sarcophages en 1702. L'intérieur comprend 21 colonnes antiques à chapiteaux ioniques et corinthiens.

Le Dominiquin dessina au XVIIe siècle le plafond en bois et peignit au centre le Triomphe de la Vierge. Les splendides mosaïques de l'abside et de l'arc triomphal datent du XIIe siècle. Au sommet, on distingue les symboles et les noms des quatre évangélistes. De part et d'autre de l'arc, Isaïe et Jérémie figurent aux côtés d'un oiseau en cage symbolisant le Christ emprisonné par les péchés de l'humanité. Dans l'abside, les signes du zodiaque surplombent sur un fond doré le Christ et la Vierge entourés de plusieurs saints et du pape Innocent II tenant une reproduction de l'église. Remarquez en particulier la richesse et les détails du costume de Marie. Au-dessous, Pietro Cavallini réalisa au XIIIe siècle six superbes mosaïques illustrant la vie de la Vierge.

A droite de l'autel, le candélabre décoré dans le style des Cosmati indique l'emplacement de la source d'huile. La cappella Altemps, à gauche de l'autel, renferme des fresques et des stucs du XVIe siècle. Une peinture byzantine de la Vierge et des anges datant au moins du VIIIe siècle servait autrefois de retable. Fortement endommagée, elle est conservée à présent dans une pièce sur la gauche. L'église ouvre tous les jours de 7h à 12h et de 15h à 19h.

Quittez la piazza Santa Maria par l'ouest pour gagner la piazza Sant'Egidio. Du côté est, l'édifice du XVIIe siècle, ancien couvent des Carmélites, abrite le **Museo del Folklore e dei Poeti romaneschi** (plan 7). Il retrace les arts et coutumes de la Rome des XVIIIe et XIXe siècles grâce à des dessins, des peintures ou des gravures, ainsi que des œuvres de poètes romains, tels que Gioacchino Belli et Carlo Alberto Salustri (connu sous le pseudonyme de Trilussa), tous deux commémorés sur les places voisines. Vous verrez aussi une reconstitution du bureau de Trilussa.

Lors de la rédaction de ce guide, le musée était fermé pour restauration. Il devrait rouvrir en 2000. Depuis la piazza Sant'Egidio, empruntez la jolie via della Scala pour déboucher sur la piazza della Scala. L'église Santa Maria della Scala date du XVIe siècle. Si elle est ouverte, jetez un coup d'œil à l'antique farmacia di Santa Maria della Scala, tenue par les moines du monastère voisin.

Franchissez l'enceinte de la ville au niveau de la porta Settimiana et suivez la longue via della Lungara construite par le pape Jules II pour relier le quartier du Borgo (près du Vatican) au Trastevere. Vous apercevrez le **palazzo Corsini** (plan 5), créé au XVe siècle et remanié au XVIIIe pour le cardinal Neri Maria Corsini, neveu de Clément XII. Il vit en ses murs d'illustres occupants. La reine Christine de Suède, fuyant son pays après s'être convertie au catholicisme, y mourut en 1689, puis la mère de Napoléon y habita en 1800. L'État acheta en 1883 la collection d'œuvres d'art du cardinal Corsini, exposées aujourd'hui à la **Galleria nazionale d'Arte antica** et au palazzo Barberini.

Des fresques en trompe l'œil décorent le musée, qui abrite essentiellement des œuvres des XVIe et XVIIe siècles, dont la superbe *Madonna della Paglia*, de Van Dyck (salle 1), et la *Vierge à l'Enfant*, de Murillo (salle 2). Vous pouvez d'ailleurs comparer le style de ce dernier avec celui de Girolamo Siciolante de Sermoneta dans le traitement du même sujet.

Signalons aussi les tableaux de l'école de Bologne exposés dans la salle 7, notamment *Saint Jérôme* et *Salomé*, de Guido Reni, *Saint Pierre*, de Giovanni Lanfranco et l'impressionnant *Ecce Homo*, de Guercino.

Le musée (☎ 06 68 80 23 23, entrée via della Lungara 10), ouvre de 9h à 19h du mardi au vendredi, de 9h à 14h le samedi et de 9h à 13h le dimanche, l'entrée coûte 8 000 L.

Les jardins du palazzo Corsini ont donné naissance à l'**Orto botanico** (plan 5), le jardin botanique, qui compte certaines des plus rares espèces de plantes d'Europe. Vous verrez ainsi des plantes grasses méditerranéennes, des palmiers, des cactus et un jardin de rocaille composé de fleurs des

Apennins. Il ouvre du lundi au samedi de 9h à 18h, et le billet revient à 4 000 L.

La **villa Farnesina** (plan 5), édifiée de 1508 à 1511 par Baldassarre Peruzzi pour le banquier siennois Agostino Chigi, fait face au palazzo Corsini. Raphaël en dessina les fresques et peignit la *Galatea* de la loggia della Galatea. Les autres œuvres ont été réalisées par ses élèves, Giulio Romano, Giovanni da Udine, Francesco Penni, ainsi que par Peruzzi et Sebastiano del Piombo. Gaspard Dughet ajouta d'autres peintures au XVIIe siècle. La villa (☎ 06 6838831 ou 68801767) se visite du lundi au samedi de 9h à 13h moyennant 6 000 L.

Elle abrite aussi le **Gabinetto nazionale delle Stampe** (collection d'estampes et de gravures), appartenant à l'Istituto nazionale per la Grafica, accessible aux chercheurs (appelez le ☎ 06 69 98 01 pour davantage de détails).

En retournant vers la porta Settimiana, la via di Santa Dorotea mène à gauche à la piazza Trilussa et au **ponte Sisto** (plan 5), pont réservé aux piétons reliant le Trastevere à la via Giulia et au quartier du Campo dei Fiori. Construit sous le pontificat de Sixte IV (1471-1484), il remplaça le pons Janiculensis.

ENVIRONS DU CAMPO DEI FIORI
Via Giulia (plan 5 et *Les environs de la piazza Navona*)

Cette rue, parallèle au Tibre et bordée de palais Renaissance, de magasins d'antiquités et de galeries d'art, fut dessinée par Bramante pour Jules II, qui désirait une nouvelle voie d'accès à San Pietro.

Au sud, près du ponte Sisto, la **fontana del Mascherone** (plan *Les environs de la piazza Navona*), fontaine baroque, mêle deux sculptures antiques, un masque et une vasque en pierre. L'**arco Farnese**, recouvert de lierre, enjambe la rue. Conçu par Michel-Ange, il devait s'intégrer à un pont traversant le Tevere et reliant le palazzo Farnese à la villa Farnesina. Sur le **palazzo Falconieri** (plan *Les environs de la piazza Navona*, via Giulia 1), abritant l'académie hongroise, remarquez les deux têtes de faucon se faisant face au-dessus de la porte. Borromini participa à l'agrandissement et à la décoration du bâtiment.

Sur la gauche, via di Sant'Eligio, s'élève la **chiesa di Sant'Eligio degli Orefici**, du XVIe siècle (plan 5), dessinée par Raphaël. Un peu plus loin sur la droite, vous apercevez le **palazzo Ricci**, célèbre pour sa façade décorée de peintures du XVIe siècle. Derrière les ruines de la chiesa San Filippo Neri, les **Carceri nuove**, prisons construites en 1655, servirent jusqu'au XIXe siècle, puis la prison Regina Coeli, sur l'autre rive du Tevere, les remplaça.

A côté, le **Museo criminologico** se consacre à l'histoire du crime et des peines. Il comprend divers instruments de torture et d'exécution, notamment des guillotines utilisées dans les États pontificaux jusqu'en 1860. Le musée (☎ 06 68 30 02 34, via del Gonfalone 29) ouvre le mardi de 9h à 13h et de 14h30 à 18h30, les mercredis, vendredis et samedis de 9h à 13h et le jeudi de 14h30 à 18h30 et coûte 4 000 L.

Plusieurs palais Renaissance aux façades joliment décorées bordent le nord de la via Giulia. De nombreux Florentins habitèrent jadis dans ce quartier que l'on appelle souvent *quartiere fiorentino*. Des artistes et des architectes florentins participèrent d'ailleurs à l'édification et à la décoration de la **chiesa di San Giovanni Battista dei Fiorentini**, qui valut un prix de dessin à Jacopo Sansovino. Sa construction dura plus d'un siècle. Sangallo le Jeune et Giacomo della Porta poursuivirent le travail de Sansovino, et Carlo Maderno termina la coupole en 1614. Remarquez les sculptures du baptême du Christ sur le maître-autel réalisées par Antonio Raggi et l'autel de Borromini, enterré dans l'église.

Palazzo Spada (plan *Les environs de la piazza Navona*)

Ce palais du XVIe siècle, situé piazza Capodiferro, au sud du Campo dei Fiori, possède une façade richement décorée. Un siècle plus tard, le cardinal Bernardino Spada l'acheta et demanda à Borromini de le restaurer. Il abrite désormais le Conseil d'État et la **Galleria Spada**.

Il est en principe possible d'entrer dans la charmante cour pour en admirer les nombreux stucs. Une seconde cour renferme la perspective de Borromini, construction qui provoque une illusion d'optique faisant apparaître la galerie plus longue qu'elle ne l'est, car les colonnes qui la composent sont de taille décroissante. Cependant, pour la voir, il vous faut acheter un billet pour la Galleria Spada.

La collection privée des Spada, acquise par l'État en 1926, comprend des œuvres du Titien, d'Andrea del Sarto, de Guido Reni, de Rubens et de Caravaggio. On entre par le vicolo del Polverone 15b, du mardi au samedi de 9h à 19h et le dimanche jusqu'à 13h uniquement (10 000 L).

Piazza Farnese (plan *Les environs de la piazza Navona*)

La piazza Farnese, l'une des plus élégantes places de Rome, est dominée par le **palazzo Farnese**, magnifique palais Renaissance, commencé en 1514 par Sangallo, poursuivi par Michel-Ange et terminé par Giacomo della Porta. Édifié en l'honneur du cardinal Alessandro Farnese (qui devint le pape Paul III), il est aujourd'hui le siège de l'ambassade de France. Il renferme de splendides fresques d'Annibal et Agostino Caracci (rarement accessibles au public). Les deux vasques de granit qui constituent les fontaines de la place proviennent des terme di Caracalla.

Campo dei Fiori (plan *Les environs de la piazza Navona*)

Un pittoresque marché aux fleurs et aux légumes se tient sur cette place animée tous les matins sauf le dimanche. Aujourd'hui jalonnée de cafés et de trattorie, elle n'était autrefois qu'un pré verdoyant avant de devenir un lieu d'exécution sous l'Inquisition. La statue de Giordano Bruno rappelle qu'il y périt sur le bûcher en 1600 pour hérésie (reportez-vous à la rubrique *Histoire* du chapitre *Présentation de la ville* pour davantage de détails).

Les rues du Campo dei Fiori portent souvent le nom des artisans qui y travaillèrent. On rencontre ainsi la via dei Cappellari (chapeliers), la via dei Baullari (fabricants de malles) ou la via dei Chiavari (serruriers). La via dei Giubbonari (tailleurs), au sud de la place, conduit à la **chiesa di San Carlo ai Catinari**, dessinée par Rosato Rosati au XVIIe siècle. Vous y verrez des retables de Pietro da Cortona et de Giovanni Lanfranco. L'église ouvre de 7h30 à 12h et de 16h30 à 19h.

Au nord du Campo dei Fiori, rejoignez la piazza della Cancelleria, dominée par le **palazzo della Cancelleria**, palais Renaissance de la fin du XVe siècle édifié pour le cardinal Rafaello Riario. Il abrita quelque temps la chancellerie et appartient toujours au Vatican. Bramante aurait dessiné la loggia de la splendide cour intérieure.

Des fouilles ont récemment mis au jour les vestiges de l'une premières et plus importantes églises chrétiennes de Rome, la basilica di San Lorenzo in Damaso, que l'on démolit au XVe siècle pour construire une autre église du même nom et le palais dans laquelle elle est intégrée.

En vous dirigeant vers la piazza Navona, vous voyez, à l'angle de la via dei Baullari et du corso Vittorio Emanuele II, le petit palais Piccola Farnesina, édifié en 1523 par le Français Thomas Le Roy, diplomate auprès du Saint-Siège. Il abrite le **Museo Barracco**, l'un des plus jolis musées de la ville, qui présente des sculptures grecques, romaines, assyriennes et égyptiennes.

Des fouilles ont révélé les vestiges d'une poissonnerie (demandez à les visiter). Les fragments des fresques qui y ont été découverts sont exposés au rez-de-chaussée. Le musée est ouvert de 9h à 19h du mardi au samedi et de 9h à 13h le dimanche, l'entrée coûte 3 750 L.

Face au Museo Barracco, le **Museo di Roma** (☎ 06 687 58 80), installé depuis 1930 dans le palazzo Braschi, présente l'histoire et la vie romaine du Moyen Age à nos jours. Une grande partie de sa collection, peintures, statues et éléments d'architecture, provient de bâtiments aujourd'hui

Fresque d'une cour impériale, casa di Livia

Les anges de Bernini veillent sur le ponte Sant'Angelo

Char mythique, Galleria delle Carte geografiche, Musei Vaticani

Promenade et marché font bon ménage

Lèche-vitrine après les courses

Les terrasses sont appréciées des touristes comme des Romains

Visites sur rendez-vous

Plusieurs sites archéologiques ne sont ouverts au public que sur rendez-vous. Aussi, pour pouvoir les visiter, adressez un courrier à l'avance à l'Ufficio Monumenti antichi e Scavi del Comune di Roma, Ripartizione X, via del Portico d'Ottavia 29, 00186 Roma (fax 06 689 21 15 ou 06 67 10 31 18).

Précisez vos dates de séjour, le nom des monuments que vous voulez visiter et le nombre de personnes vous accompagnant. On vous proposera un jour et une heure de rendez-vous en vous demandant peut-être de confirmer votre venue. La visite guidée revient ensuite à 3 750 L par personne.

Les sites archéologiques relèvent de trois compétences distinctes, municipale (Ripartizione X), régionale ou nationale, elles-mêmes réparties en subdivisions, si bien qu'il est parfois difficile de trouver le bureau approprié.

Le Ripartizione X s'occupe de 21 sites à Rome, dont 8 sont évoqués dans ce guide : le monte Testaccio, l'Area Sacra di Largo Argentina, le Circo Massimo, le colombario di Pomponio Hylas via Latina, l'insula Ara Coeli (immeuble romain au pied du Campidoglio), le mausoleo di Augusto, le stadio di Domiziano (piazza Navona) et le Teatro di Marcello.

Si vous n'avez pas fixé de rendez-vous au préalable, vous aurez peut-être une chance de visiter tout de même ces monuments. En effet, lors de la rédaction de cet ouvrage, il était question qu'ils restent dorénavant ouverts en permanence, bien qu'aucune décision définitive n'ait encore été arrêtée. Des visites de groupes sont parfois organisées et devraient s'accroître en 2000. Pour de plus amples renseignements, adressez-vous à l'office du tourisme.

---

démolis. Fermé depuis plusieurs années, il devrait rouvrir en 2000.

Suivez le corso Vittorio Emanuele II vers l'est. Vous apercevez la **chiesa di Sant'Andrea della Valle**, datant de la fin du XVIe siècle, à la façade baroque du XVIIe siècle. Carlo Maderno en dessina la coupole, la plus haute de Rome après celle de San Pietro. Des peintures de Giovanni Lanfranco et de Domenichino décorent l'intérieur, notamment dans l'abside.

Ces deux artistes, travaillant en même temps dans l'église, se seraient livrés à une concurrence acharnée, Domenichino allant jusqu'à scier l'échafaudage de Lanfranco. L'église est ouverte de 7h30 à 12h et de 16h30 à 19h30.

ENVIRONS DE LA PIAZZA NAVONA
Piazza Navona (plan *Les environs de la piazza Navona*)

Bordée de palais baroques, cette belle place recouvre les ruines d'un stade accueillant près de 30 000 personnes, construit par Domitien en 86. Quelques vestiges subsistent au nord de la place. Appelé à l'origine *Circus Agonalis*, il devint au Moyen Age Campus Agonis, puis "n'agona" et enfin "navona". Il s'y déroula des jeux, des manifestations sportives et des joutes jusqu'au XVe siècle. Recouvert de pavés, il se transforma alors en place publique et abrita un marché. Les ruines du stade ne se visitent que sur rendez-vous (voir à ce propos l'encadré *Visites sur rendez-vous*).

La piazza Navona est le lieu de rassemblement de tous, Romains et voyageurs. Flânez entre les artistes, faites-vous tirer les cartes et reposez-vous sur les bancs de pierre ou à une terrasse de café, Tre Scalini par exemple, si vous pouvez vous offrir une consommation. Un marché et des baraques foraines investissent la place de début décembre au 6 janvier.

La place comporte trois fontaines. Au centre, la **fontana dei Quattro Fiumi** (fontaine des Quatre-Fleuves), chef-d'œuvre du Bernin, représente le Nil, le Gange, le Danube et le Rio de la Plata. Sa construction s'acheva en 1651, après quatre ans de travaux financés grâce à la levée fort impopulaire d'un impôt sur le pain. Ce sont en fait les assistants de Bernini qui réalisèrent les statues, d'après ses propres dessins. L'obélisque se dressait jadis au centre du Circo di Massenzio, via Appia Antica.

Giacomo della Porta dessina la **fontana del Moro**, au sud de la place, en 1576. Au milieu du XVIIe siècle, Bernini y ajouta la figure centrale du Maure tenant un dauphin. Les tritons qui l'entourent sont des copies du XIXe siècle. De ce siècle également, la fontaine décorant le nord de la place représente Neptune entouré de nymphes luttant contre un monstre marin.

Au centre de la place, face à la fontana dei Quattro Fiumi, la **chiesa di Sant'Agnese in Agone** doit sa façade à Borromini, grand rival de Bernini. Une légende raconte que la statue du Nil se cache la face et que celle du Rio de la Plata lève le bras pour ne pas voir la façade, mais celle-ci fut construite après la fontaine.

Le **palazzo Pamphili**, le plus grand bâtiment de la place, fut édifié de 1644 à 1650 par Rainaldi et Borromini pour Giovanni Battista Pamphili, devenu le pape Innocent X. Sa belle-sœur, profitant des richesses apportées par sa fonction, l'occupa ensuite. Il accueille aujourd'hui l'ambassade du Brésil.

La petite **piazza di Pasquino**, au sud de la piazza Navona, abrite depuis 1501 une statue dite "statue parlante", car les Romains y accrochaient critiques et revendications adressées aux politiques dirigeant la ville. Un tailleur célèbre du quartier, Pasquino, aurait le premier déposé ici une satire, et ces messages prirent alors le nom de *pasquinate* (Rome compte plusieurs "statues parlantes").

Via del Governo Vecchio (plan 5 et *Les environs de la piazza Navona*)

L'étroite **via del Governo Vecchio** (plan *Les environs de la piazza Navona*), intégrée autrefois à l'avenue papale reliant le palazzo Laterano accolé à la basilique San Giovanni à San Pietro, doit son nom au palazzo del Governo Vecchio (ou palazzo Nardini) du XVe siècle, au n°39, qui fut le siège du gouvernement papal aux XVIIe et XVIIIe siècles. Les anciens ateliers de la rue se sont transformés en boutiques de vêtements d'occasion (cuir, linge, dentelle), de montres ou d'antiquités. Consultez le chapitre *Achats* pour plus de détails.

La via della Chiesa Nuova, qui démarre sur le côté gauche de la via del Governo Vecchio, conduit à la **chiesa Nuova**. Autrefois appelée Santa Maria in Vallicella, elle fut offerte en 1575 à San Filippo Neri par Grégoire XIII en signe de reconnaissance du travail accompli par son ordre en faveur de la vie spirituelle de la cité, des malades et des indigents. San Filippo la fit ensuite modifier, et elle connut plus tard de nouveaux remaniements.

L'or domine à l'intérieur. Pietro da Cortona réalisa la décoration de la voûte, de l'abside et de la coupole. Des peintures de Rubens ornent l'autel, et le transept nord comporte une belle fresque de Barocci, la *Présentation de la Vierge au temple*. Une chapelle à gauche de l'abside renferme le tombeau de San Filippo. L'**oratoire**, contigu à l'église, réalisé en grande partie par Borromini, fut achevé en 1652. C'est à San Filippo que l'on doit les oratoires, lieux de célébration spirituelle par le biais de la musique.

Derrière la chiesa Nuova, la **torre dell'Orologio** (plan 5), tour de l'horloge érigée par Borromini, surmonte le couvent rattaché à l'église et a donné son nom à la place voisine. Empruntez la via dei Banchi Nuovi en direction du Tevere. A l'extrémité de la rue, le **palazzo del Banco di Santo Spirito** (plan 5), conçu par Sangallo le Jeune au début du XVIe siècle, était l'endroit où l'on battait la monnaie papale. Sa façade, couronnée par les statues de la Charité et de l'Économie, évoque un arc de triomphe romain.

La **via dei Coronari**, de la via del Banco di Santo Spirito à la piazza Navona, suit le tracé d'une ancienne voie romaine qui reliait en ligne droite la piazza Colonna au Tevere et attirait de nombreux pèlerins. Si les antiquaires remplacent aujourd'hui les marchands de chapelets (*coronari*), elle a conservé toutefois la majorité de ses bâtiments d'origine. La **chiesa di San Salvatore in Lauro** (plan *Les environs de la piazza Navona*), sur la jolie place du même nom, remonte au XVIe siècle et renferme un retable de Pietro da Cortona. A l'est de la place, le vicolo del Montevecchio (qui part sur la droite) mène à la piazza Montevecchio et à la piazza della Pace.

La **chiesa di Santa Maria della Pace** (plan *Les environs de la piazza Navona*) fut édifiée dans les années 1480 en l'honneur du pape Sixte IV. Pietro da Cortona ajouta au XVIIe siècle la façade et le porche semi-circulaire, à la demande du pape Alexandre VII. La première chapelle du côté sud abrite des fresques représentant des anges dévoilant l'avenir aux sibylles, peintes par Raphaël en 1514 pour le banquier Agostino Chigi. Baldassarre Peruzzi réalisa les peintures de la première chapelle du côté nord, ainsi que la *Présentation au temple* située à droite du maître-autel. Bramante ajouta à l'église un beau **chiostro** (cloître) en 1504, considéré comme le chef-d'œuvre de l'architecte. Il utilisa en effet pour cette arcade sur deux niveaux les règles classiques des proportions, créant ainsi une illusion de grandeur dans cet espace assez limité.

Palazzo Altemps (plan *Les environs de la piazza Navona*)

La construction du palazzo Altemps, piazza Sant'Apollinare, au nord de la piazza Navona, débuta en 1477 pour Girolamo Riaro et fut modifiée par le cardinal Soderini, propriétaire du palais de 1511 à 1523. Elle s'acheva à la fin du XVIe siècle, sous la direction du cardinal Altemps et de ses héritiers. Sangallo l'Ancien, Baldassarre Peruzzi et Martino Longhi participèrent à son élaboration. Pendant plusieurs siècles, le palais abrita les collections d'antiquités des Altemps et une grande bibliothèque.

Racheté par l'État en 1982, il connut une restauration complète et accueille depuis 1997 une partie des collections du **Museo nazionale romano**.

Il abrite en effet la collection égyptienne du musée, la collection Mattei, autrefois conservée à la villa Celimontana (jadis propriété de la famille Mattei) et 16 pièces provenant de la collection Altemps. C'est toutefois la prestigieuse collection Ludovisi Boncompagni qui demeure la plus remarquable. Le cardinal Ludovisi, neveu de Grégoire XV, était un collectionneur passionné des sculptures mises au jour et vendues presque quotidiennement pendant la grande période de construction de la Contre-Réforme. Il profita de sa richesse pour constituer la collection privée la plus importante de tous les temps. Exposée dans le parc de son palais, aujourd'hui le quartier de la via Veneto, elle attira pendant deux siècles des voyageurs venus de l'Europe entière.

La plupart de ces statues étant souvent endommagées, Ludovisi fit appel aux sculpteurs de son époque, notamment Bernini, Algardi et Buzzi, pour les restaurer et les mettre en valeur. Ces derniers n'hésitèrent pas à remplacer un membre manquant par celui d'une autre œuvre ou à sculpter une tête pour la poser sur un buste. Des notices indiquent aujourd'hui quels sont les éléments originaux et les ajouts baroques. Les sculptures sont par ailleurs exposées selon l'ordre qui prévalait au XVIe siècle, permettant ainsi de mieux se représenter un palais de la Renaissance.

La plupart des salles portent le nom des pièces qu'elles renferment. Ainsi, la sala dell'Atena comprend une statue antique d'Athéna avec un serpent, restaurée par Algardi au XVIIe siècle. La loggia au sud de l'entrée abrite plusieurs bas-reliefs de sarcophages finement ouvragés. Remarquez notamment celui qui illustre le rite du bain de pied, probablement réalisé par un sculpteur grec du IIe siècle.

L'ensemble du palais est par ailleurs décoré de merveilleuses peintures baroques. Les murs de la sala delle Prospettive dipinte (perspectives peintes), au 1er étage, s'ornent de paysages et de scènes de chasse observées par des fenêtres en trompe 'œil, qui datent du XVIe siècle. Dans la sala della Piattaia, autrefois la salle de réception du palais, une magnifique fresque du XVe siècle, de Melozzo da Forlì, représente les cadeaux reçus par Girolamo Riario et Caterina Sforza pour leur mariage.

Vous verrez aussi dans cette salle, l'*Ares Ludovisi*, copie d'une statue grecque effectuée par Bernini. Il ajouta un diablotin sur la garde de l'épée d'Ares (un des grands dieux grecs assimilé à Mars par les Romains) et modifia le visage du petit Cupidon placé à son pied. D'autres pièces retouchées par Bernini se trouvent dans la sala con Obelischi (qui doit son nom aux obélisques décorant l'encadrement des fenêtres) : la tête du satyre et de la nymphe proviennent d'une autre statue.

La sala della Storia di Mosè, décorée d'une frise – dont il ne reste que la moitié – décrivant les dix plaies d'Égypte et l'Exode, comprend le *Trono Ludovisi*, l'un des chefs-d'œuvre de la collection Ludovisi. On découvrit ce trône en marbre sculpté à la fin du XIXe siècle dans les sous-sols de la villa Ludovisi. Selon les archéologues, il viendrait de l'une des colonies grecques de l'Italie et daterait du Ve ou VIe siècle av. J.-C., mais son origine exacte n'est pas clairement établie.

Cette salle renferme aussi deux immenses têtes, dont celle de la déesse Junon qui remonte à 600 av. J.-C. environ.

Une série de bustes est exposée dans la loggia du 1er étage. Des fenêtres en trompe l'œil, des arbres en fleur, des vases, des chérubins et des animaux ou des fruits exotiques en ornent les murs. Commandée par le cardinal Altemps en 1595, la loggia a été admirablement restaurée. La petite fontaine située à l'extrémité, décorée de mosaïques, de sculptures en marbre et de stucs, date de 1594.

La sala del Camino abrite deux des plus belles pièces de cette collection. Admirez tout d'abord l'immense sarcophage de marbre représentant une bataille romaine avec, au sommet, les vainqueurs ; au milieu, les guerriers ; en bas, les vaincus. Remarquez la précision et la finesse de ces sculptures taillées dans un seul bloc de marbre. Le *Galata suicida*, représentant le suicide d'un Gaulois et une femme morte gisant à ses pieds, est tout aussi impressionnant de réalisme. Il s'agit d'une reproduction en marbre d'un bronze de Pergame commandée par Jules César. Enfin, la petite chapelle du XVIIe siècle, qui donne dans cette salle, s'agrémente de stucs dorés et de pièces en marbre coloré.

On entre au palazzo Altemps (☎ 06 689 70 91) piazza Sant'Apollinare 44. Il ouvre de 9h à 19h du mardi au samedi et de 9h à 14h le dimanche (en principe plus longtemps en été), et l'entrée coûte 10 000 L.

Corso del Rinascimento (plan *Les environs de la piazza Navona*)

La piazza delle Cinque Lune, au nord de la piazza Navona, débouche sur la **chiesa di Sant'Agostino**, dont la façade sobre date de la Renaissance. L'église, édifiée au XVe siècle puis restaurée au XVIIIe, est consacrée à saint Augustin. Sur la troisième colonne de la nef, vous voyez une peinture du prophète Isaïe réalisée par Raphaël en 1512. On remarque dans les traits du personnage l'influence de Michel-Ange, avec qui Raphaël eut de fréquents contacts lorsqu'ils travaillaient tous deux au Vatican. Dans la première chapelle de l'aile gauche, admirez la splendide *Madonna dei Pellegrini* – appelée aussi *Madonna di Loreto* –, de Caravage. A ce sujet, reportez-vous à l'encadré *Sur les traces de Caravaggio*.

Le **palazzo della Sapienza** accueillit jusqu'en 1935 l'université de Rome, La Sapienza, fondée par Boniface VIII en 1303, et abrite désormais les archives nationales. Giacomo della Porta en dessina la façade, et Borromini y créa la bibliothèque ainsi que la cour, dotée d'une galerie sur trois des côtés. Le quatrième correspond en effet à la minuscule **chiesa di Sant'Ivo alla Sapienza**, chef-d'œuvre de l'architecture baroque et sans doute l'une des créations les plus originales de Borromini. Le clocher, de forme hélicoïdale, domine cet édifice aux murs tour à tour concaves et convexes.

Le **palazzo Madama**, du XVIe siècle, servit tout d'abord de résidence aux Médicis. Au XVIIe siècle, on ajouta la façade baroque ainsi que la frise de chérubins et de corbeilles de fruits. Le palais porte le nom de "Madama" Marguerite de Parme, fille illégitime de Charles V, qui y habita de 1559 à 1567. Il abrite le Sénat depuis 1871 et ne se visite qu'avec un guide. Les visites, gratuites, ont lieu le premier samedi de chaque mois de 10h à 18h. Pour davantage de renseignements, appelez le ☎ 06 670 61 ou 06 67 06 22 25.

La via del Salvatore mène à la piazza San Luigi dei Francesi et à la **chiesa di San Luigi dei Francesi**, l'église nationale des Français à Rome. Giacomo della Porta réalisa la façade et la décoration en marbre de l'intérieur. Elle abrite des tombeaux de nombreux Français qui vécurent à Rome, des artistes, des cardinaux ou des soldats, ainsi qu'un monument dédié à Claude Lorrain. Des peintures de Domenichino, assez endommagées, illustrent la vie de sainte Cécile dans la deuxième chapelle. Le retable de Guido Reni, copie d'une œuvre de Raphaël, traite du même sujet. Enfin, les trois peintures du Caravage, *La Vocation* et *Le Martyre de saint Mathieu, Saint Mathieu et l'ange,* dans la cinquième chapelle sur la gauche, attirent de nombreux visiteurs. Remarquez le traitement des formes et les jeux d'ombres et de lumière, si caractéristiques de l'art du Caravage.

Panthéon (plan *Les environs de la piazza Navona*)

Il s'agit du temple antique le mieux conservé de Rome. Édifié en 27 av. J.-C. par Agrippa, il était dédié à tous les dieux. Détruit par un incendie en 80, il fut restauré par Domitien. Hadrien le reconstruisit vers 120 tout en laissant l'inscription Agrippa sur le fronton. On crut par conséquent qu'il s'agissait du temple original jusqu'à ce que des fouilles révèlent dans les années 1800 qu'il existait des vestiges d'un temple plus ancien.

Tout d'abord abandonné par les premiers empereurs chrétiens, il fut donné à l'église par l'empereur byzantin Phocas en 608 et dès lors consacré à la Vierge et à tous les martyrs. (A cette occasion, on érigea sur le Foro romano une colonne en l'honneur de Phocas.) Au cours des siècles, le temple fut pillé et endommagé. Ainsi, un empereur byzantin, Constant II, lui retira ses tuiles de bronze doré, et, au XVIIe siècle, Urbain VIII fit enlever les plaques de bronze de la toiture du porche pour façonner le baldaquin de San Pietro et les 80 canons du castel Sant'Angelo.

Le diamètre – 43,30 m – de l'extraordinaire coupole est exactement égal à la hauteur de l'édifice. Des caissons décoratifs réduisent le poids de la voûte. C'est la plus importante réalisation architecturale de la Rome antique.

Le Panthéon renferme les tombeaux des rois Victor-Emmanuel II et Umberto Ier, ainsi que de Raphaël. Sis sur la piazza della Rotonda, il ouvre de 9h à 18h30 du lundi au samedi et de 9h à 13h le dimanche et les jours fériés. L'entrée est libre.

Chiesa di Santa Maria sopra Minerva (plan *Les environs de la piazza Navona*)

La **chiesa di Santa Maria sopra Minerva**, piazza della Minerva, à l'est du Panthéon, s'élève sur le site d'un ancien temple de Minerve. Datant du XIIIe siècle, c'est l'une des rares églises romaines de style gothique. Elle abrite plusieurs œuvres d'art réalisées du XIIIe au XVIIe siècle.

La cappella Carafa (dernière chapelle du transept sud) comprend de magnifiques peintures du XVe siècle de Filippino Lippi, illustrant des scènes de la vie de saint Thomas d'Aquin. Au centre, l'*Annonciation* montre le saint présentant le cardinal Carafa à la Vierge.

A gauche du maître-autel figure la statue du *Christ portant la croix,* de Michel-Ange, terminée vers 1520. Le voile de bronze doré fut ajouté postérieurement.

Sur les traces de Caravaggio

Michelangelo Merisi da Caravaggio (1573-1610, Le Caravage) arriva à Rome vers 1590. La plupart des renseignements dont l'on dispose proviennent en fait des rapports de police de l'époque, l'artiste ayant eu toute sa vie des démêlés avec la justice.

Il aimait arpenter les rues du centre historique actuel, du Campo dei Fiori au Panthéon, une longue épée à la main. S'acoquinant avec des prostituées de la piazza Navona, il fut arrêté à plusieurs reprises pour des rixes provoquées dans des tavernes ou en pleine rue.

Il eut néanmoins la chance de rencontrer plusieurs hommes d'Église influents qui, reconnaissant son génie, lui assurèrent un logis et le présentèrent à des marchands et des collectionneurs de tableaux.

Il dut quitter Rome en 1606 suite à un duel ayant entraîné la mort de son adversaire et se cacha pendant quatre ans à Naples, sur l'île de Malte et en Sicile. Il mourut à 36 ans à Porto Ercole, en Toscane.

C'est à Rome que l'on compte le plus de chefs-d'œuvre de Caravaggio, disséminés dans les musées, les églises et les collections privées.

Son art, en particulier son traitement si particulier de la lumière, bien que fort controversé, influença considérablement les artistes des époques suivantes. Les paysans, les mendiants et les prostituées qu'il employait comme modèles donnaient à ses tableaux un réalisme que l'on n'appréciait pas toujours. Il dut à plusieurs reprises recommencer des peintures de commande destinées à des églises, justement parce qu'elles approchaient de trop près la vérité : les saints *ne devaient pas* être aussi crasseux.

Cependant, certains collectionneurs privés surent apprécier la valeur de ces œuvres refusées par les autorités religieuses. On raconte que l'un d'entre eux, le cardinal Scipione Borghese incitait l'Église à refuser les œuvres de Caravaggio jugées trop réalistes. Le peintre réalisait ensuite une nouvelle version du même sujet, et Borghese acquérait le premier tableau à un prix dérisoire, sachant fort bien qu'il détenait un chef-d'œuvre.

Dans la deuxième chapelle, le retable de la *Vierge à l'Enfant* est attribué au peintre dominicain Fra Angelico, enterré dans l'église. Le corps de sainte Catherine de Sienne repose sous le maître-autel. L'abside abrite les tombeaux de Léon X et de Clément VII. Au XIXe siècle, on restaura l'église dans le style gothique, en ajoutant des rosaces et en peignant la voûte dans des tons vifs. L'église ouvre tous les jours de 7h à 19h.

Sur la place de l'église, un obélisque du VIe siècle av. J.-C. est posé sur le dos d'un petit éléphant. Cette statue, l'**Elefantino**, œuvre de Bernini, fut créée en 1667 pour célébrer la gloire du pape Alexandre VII. Ce dernier composa d'ailleurs l'inscription figurant sur le socle : "Vous qui voyez ces figures de la sagesse égyptienne sur une colonne soutenue par un éléphant, comprenez que la sagesse se nourrit d'un esprit robuste."

Largo Argentina (plan *Les environs de la piazza Navona*)

Les quatre temples de la période républicaine qui forment l'**Area Sacra di Largo Argentina** semblent noyés dans le flot permanent des voitures circulant sur la place. Ces vestiges, découverts dans les années 20, ne se visitent que sur rendez-vous (voir l'encadré *Visites sur rendez-vous*), mais vous aurez un bon aperçu de l'extérieur. Ils servent aujourd'hui de refuge à des centaines de chats errants, nourris par les habitants du quartier.

Sur les traces de Caravaggio

La Galleria Doria Pamphili renferme deux de ses premiers tableaux, qui ne possèdent pas encore le réalisme ni le traitement de la lumière des peintures tardives : *Riposo nella fuga in Egitto* (Repos pendant la fuite en Égypte) et la *Madeleine repentie*. A la Galleria Borghese, vous pourrez voir six œuvres, notamment le *Ragazzo con canestro di frutta* (Garçon à la corbeille de fruits), le *Bacchino malato* (Bacchus malade) et la célèbre *Madonna dei Palafrenieri* (Madone au serpent), commandée pour une chapelle de San Pietro, refusée et rachetée par le cardinal Borghese.

Caravaggio offrit, semble-t-il, l'impressionnant *Davide con la testa di Golia* (David avec la tête de Goliath) et *San Giovanni Battista*, représentant saint Jean-Baptiste jeune, à Borghese pour le remercier d'avoir plaider en sa faveur auprès de Pie V lors du meurtre qu'il commit en 1606. La Pinacoteca des Musei Capitolini abrite un autre *San Giovanni Battista*. A la Galleria nazionale d'Arte antica du palazzo Barberini sont exposés *Narcisse* et *Giuditta e Oloferne* (Judith et Holopherne). Enfin, vous pourrez admirer la *Deposizione* (Mise au tombeau) à la Pinacoteca des Musei Vaticani.

Les trois scènes de la vie de saint Matthieu de la chiesa di San Luigi dei Francesi constituent les premières œuvres religieuses importantes du peintre, qui avait obtenu cette commande grâce à l'influence du cardinal Francesco del Monte. Toutefois, on lui refusa sa première version de *San Matteo e l'Angelo* (saint Matthieu et l'Ange), car il y représentait le saint comme un vieillard fatigué et sale.

On considère la *Madonna dei Pellegrini* (Madone des pèlerins, ou Madone de Lorette), dans la chiesa di Sant'Agostino, comme l'une de ses œuvres les plus admirables. La Vierge, entourée de pèlerins crasseux, dégage une sérénité sublime. La chiesa di Santa Maria del Popolo abrite deux autres chefs-d'œuvre. L'on est frappé par la composition originale de la *Conversione di San Paolo* (Conversion de saint Paul), dominée par un cheval démesuré devant lequel figure le saint. La *Crocifissione di San Pietro* (Crucifixion de saint Pierre) décrit le moment où l'on soulève la croix de saint Pierre ; les personnages sont représentés avec un réalisme extraordinaire.

Chiesa del Gesù et Sant'Ignazio (plans 5 et 6)

La **chiesa del Gesù** (plan *Les environs de la piazza Navona*), sur la place du même nom, représente la première église jésuite de Rome. La Compagnie de Jésus fut fondée en 1540 par le soldat espagnol Ignace de Loyola, venu à Rome en 1537 après avoir été blessé. Cet ordre formait des missionnaires envoyés ensuite dans le monde entier pour convertir les populations au catholicisme.

L'église, commencée en 1568, fut consacrée en 1584. Vignola en dessina l'intérieur et Giacomo della Porta la façade. Symbole de l'architecture baroque de la Contre-Réforme, cette église influença considérablement les artistes qui construisirent ensuite d'autres édifices à Rome et dans tout le monde catholique. La décoration exubérante de l'intérieur traduit la volonté des jésuites d'utiliser faste et richesses pour attirer les croyants. L'église ouvre tous les jours de 6h à 12h30 et de 16h à 19h15. Lors de la rédaction de cet ouvrage, une grande partie de l'intérieur connaissait des travaux de restauration.

On doit l'extraordinaire fresque de la voûte, *Le Triomphe du nom de Jésus*, à Giovanni Battista Gauli, dit il Baciccia. Les personnages, emportés par un mouvement magnifique, semblent vouloir se jeter sur le plafond. Baciccia a aussi peint la coupole et réalisé les stucs. La cappella di Sant'Ignazio, dans le transept nord, renferme le tombeau de saint Ignace, tout de marbre et de bronze, doté de colonnes incrustées de lapis-lazulis. Œuvre d'Andrea Pozzo et d'autres artistes, il sert aussi d'autel. Au sommet domine le groupe de la *Trinité*, orné d'un globe terrestre composé du plus gros lapis-lazuli du monde. A droite du tombeau, une sculpture en marbre représente la *Religion écrasant l'hérésie*. A droite de l'église, on peut visiter les pièces où vécut saint Ignace de 1544 à 1556, décorées de peintures dont un splendide trompe-l'œil d'Andrea Pozzo. Les visites ont lieu du lundi au samedi de 16h à 18h et de 10h à 12h le dimanche.

Le pape Grégoire XIII ordonna en 1585 la construction d'un collège jésuite, le **Collegio Romano** (plan 6), où étudièrent de nombreux futurs papes, tels Urbain VIII, Innocent X, Clément IX, Clément X, Innocent XII, Clément XI, Innocent XIII et Clément XII. Dominant le nord de la piazza del Collegio Romano (empruntez la via del Gesù en sortant de l'église, puis tournez à droite dans la via del Piè di Marmo), il abrite désormais une administration.

Autre église jésuite, la **chiesa Sant'Ignazio di Loyola**, située au nord-est du Collegio Romano (prenez la via di Sant'Ignazio depuis la piazza del Collegio Romano), rivalise d'opulence avec celle du Gesù. Édifiée par l'architecte mathématicien jésuite Orazio Grassi, sur une commande du cardinal Ludovico Ludovisi, elle possède un intérieur somptueux, décoré de marbre coloré, de peintures, de stucs et de dorures. Sur la nef, on voit les missionnaires jésuites à l'œuvre, et une peinture d'Andrea Pozzo représente le *Triomphe de saint Ignace*. Artiste de grand talent, il réussit à créer une illusion de grandeur grâce à un formidable trompe-l'œil sur le plafond, donnant l'illusion d'une coupole. Placez-vous sur le cercle jaune tracé sur le sol au centre de la nef pour en apprécier au mieux les effets.

Devant l'église, la charmante **piazza Sant'Ignazio** (plan *Les environs de la piazza Navona*), qui ressemble à un décor de théâtre, fut conçue par Filippo Raguzzini au début du XVIIIe siècle. Les élégants bâtiments qui font face à l'église sont occupés par un commissariat de police.

Via del Corso (plan 5 et plan *Les environs de la piazza Navona*)

La via del Corso, ou *Il Corso*, longue de plus de 1 km, relie en ligne droite la piazza Venezia à la piazza del Popolo. Son nom lui vient des courses qu'y organisa le pape Paul II à partir de 1446 à l'époque du carnaval. Elles s'y déroulèrent jusqu'à la fin du siècle dernier.

Palazzo Doria Pamphili (plan 6)

Le **palazzo Doria Pamphili** donne à la fois sur l'extrémité sud de la via del Corso, sur la via del Plebiscito, la via della Gatta et la piazza del Collegio Romano. Il appartint aux Doria Pamphili, nobles romains, dès le XVIIe siècle.

La **Galleria Doria Pamphili** (entrée piazza del Collegio Romano 2) abrite l'étonnante collection de la famille Pamphili, commencée par le pape Innocent X Pamphili.

Les salles, décorées de splendides plafonds, de miroirs et de dorures ont été restaurées en 1996. Les tableaux recouvrent les murs du sol au plafond, exactement comme au XVIIIe siècle. Le plus célèbre est sans doute le *Portrait d'Innocent X*, de Vélazquez, exposé dans un cabinet situé dans un angle de la galerie. Ce dernier abrite aussi un magnifique buste du même pape réalisé par Bernini. Dans les autres salles, vous verrez des œuvres de Hans Memling, Raphaël, Titien, Lorenzo Lotto, Tintoretto et Caravaggio (voir l'encadré consacré à ce peintre), ainsi que des sculptures.

La galerie (☎ 06 679 73 23) ouvre tous les jours de 10h à 17h, sauf le jeudi. L'entrée coûte 13 000 L. Des visites guidées des appartements sont proposées de 10h30 à 12h30 au prix de 5 000 L.

Piazza Colonna (plans 5 et 6)

Cette place doit son nom à la **colonna Antonina**, ou colonne de Marc Aurèle, qui s'élève en son centre et s'inspire de la colonne Trajane, plus ancienne de près d'un siècle. Elle fut érigée après la mort de Marc Aurèle en 180 pour célébrer sa victoire sur les peuples barbares du Danube. Haute de 30 m, elle se compose de 28 blocs de marbre. Des bas-reliefs retracent les batailles de 169-173 et de 174-176. En 1589, une statue de saint Paul remplaça la statue de Marc Aurèle qui couronnait la colonne. Si vous souhaitez admirer plus précisément les bas-reliefs, nous vous conseillons de vous rendre au museo della Civiltà Romana à l'EUR (reportez-vous à la rubrique *EUR* plus loin dans ce chapitre), qui en possède des reproductions.

Le **palazzo Chigi** (plan 6), au nord de la place, est la résidence officielle du Premier ministre. Commencé au XVIe siècle par Matteo di Castello, il fut achevé au XVIIe siècle par Felice della Greca.

Sur la piazza della Pietra, au sud de la piazza Colonna, se dresse le **tempio di Adriano** (plan *Les environs de la piazza Navona*), remontant à 145. Bien qu'il s'agisse de l'un des temples antiques les mieux conservés, il est souvent ignoré des touristes. Ses 11 colonnes de 15 m de haut chacune accueillirent la Bourse au XVIIe siècle.

A l'ouest de la piazza Colonna, on débouche sur la piazza di Montecitorio et le **palazzo Montecitorio** (plan *Les environs de la piazza Navona*), siège de la Chambre des députés depuis 1871. L'arrière du bâtiment donne sur la piazza del Parlamento. Édifié par Bernini en 1650 pour les Ludovisi, il fut agrandi au XVIIe siècle par Carlo Fontana. Enfin, en 1918, l'architecte Art nouveau Ernesto Basile ajouta une façade plus imposante et l'escalier conduisant jusqu'à l'entrée. En 1998, le palais retrouva le plan voulu par Bernini, une pente légère menant désormais à l'entrée.

L'obélisque du centre de la place fut rapporté d'Héliopolis, en Égypte, par Auguste pour célébrer sa victoire sur Cléopâtre et Marc Antoine en 30 av. J.-C. Il servit tout d'abord d'aiguille à un immense cadran solaire placé sur le champ de Mars. Mis au jour lors de fouilles au nord de la place, il y fut installé en 1792.

Des visites guidées gratuites du palazzo di Montecitorio ont lieu tous les premiers dimanches du mois entre 10h et 17h (appelez le ☎ 06 676 01 ou 06 67 60 45 65 pour plus de renseignements).

En continuant la via del Corso vers le nord, on découvre la **piazza San Lorenzo in Lucina** (plan 5), transformée récemment en zone piétonne. La **chiesa di San Lorenzo in Lucina**, qui date du Ve siècle au moins, fut reconstruite au XIIe siècle. Six colonnes ioniques soutiennent le porche, dominé par un joli campanile roman. Sa façade très sobre cache toutefois un intérieur grandiloquent du XVIIe siècle, comptant de nombreuses chapelles. Un tableau de Guido Reni, *La Crucifixion*, domine le maître-autel, et la cappella Fonseca, la quatrième chapelle du côté sud, renferme un joli buste de Bernini. Enfin, l'église abrite le tombeau de Nicolas Poussin.

Piazza Augusto Imperatore (plan 5)

Le **mausoleo di Augusto**, piazza Augusto Imperatore, représentait l'un des monuments les plus imposants de la Rome antique, mais il est aujourd'hui envahi par les mauvaises herbes et les ordures. La ville devrait toutefois bientôt lui rendre toute sa splendeur. Édifié en 28 av. J.-C., il renferme les tombes d'Auguste et de ses descendants. Transformé en forteresse au Moyen Age, on y planta ensuite des vignes, puis il servit de jardin avant d'être dépouillé de ses blocs de travertin au profit d'autres édifices. Il fut restauré dans les années 20, peu avant que ne surgissent sur la place les bâtiments de l'ère fasciste.

Ara pacis (plan 5)

L'**Ara pacis Augustae** occupe l'un des côtés de la piazza Augusto Imperatore. Cet autel, inauguré en 13 av. J.-C., commémorait la paix établie par Auguste à Rome et à l'étranger. Une enceinte de marbre décorée de bas-reliefs, représentant des épisodes historiques au nord et au sud et des scènes mythologiques à l'est et à l'ouest, protège l'autel. C'est l'une des plus importantes sculptures de la Rome antique, symbolisant la naissance de l'art romain.

L'Ara pacis s'élevait à l'origine sur le champ de Mars, derrière un palais situé à l'angle de la via del Corso et de la via di Lucina (près de la piazza del Parlamento). Aux XVIe, XVIIe et XVIIIe siècles furent trouvés des fragments de l'autel, et des bas-reliefs furent achetés par les Médicis, le Vatican et le Louvre.

Enfin, on découvrit la majeure partie de l'autel lors d'importantes fouilles menées en 1903, puis en 1937. Mussolini le fit installer sur cette place en 1938, et l'on bâtit rapidement à ses côtés un pavillon de style fasciste. Il retrouva certaines de ses sculptures, les autres étant remplacées par des reproductions. Sur le mur extérieur, on peut lire les *Res gestae,* texte résumant le règne d'Auguste. L'original était gravé sur deux plaques de bronze placées à l'extérieur du mausolée.

Lors de la rédaction de ce guide, on projetait de construire un nouveau musée non loin de l'autel, qui constituera le premier bâtiment édifié au centre de Rome depuis plusieurs décennies. L'Ara pacis est ouvert de 9h à 17h du mardi au samedi et de 9h à 13h le dimanche. L'entrée coûte 4 000 L.

Goethe vécut dans un appartement du n°18 de la via del Corso de 1786 à 1788. Transformée en musée en 1997, la **casa di Goethe** (☎ 06 32 65 04 12) abrite des dessins et des écrits réalisés par l'écrivain lors de son séjour ici. Il ouvre tous les jours sauf le mardi de 10h à 18h, l'entrée revient à 5 000 L.

Piazza del Popolo (plans 3, 5, 6)

Cette grande place, aménagée au début du XVIe siècle au point de convergence de trois rues, la via di Ripetta, la via del Corso et la via del Babuino, représentait jadis l'entrée nord de la ville. Magnifiquement restaurée, elle constitue l'une des zones piétonnes les plus agréables de Rome.

Les églises baroques **Santa Maria dei Miracoli** et **Santa Maria in Montesanto** (plan 5), sur la via di Ripetta, souvent appelées les églises jumelles, possèdent un porche et une coupole apparemment identiques. Toutefois, on constate des différences notables dans les campaniles, les lanternes qui dominent la coupole et les baies de l'abside.

Giuseppe Valadier donna à la place son style néoclassique au XIXe siècle. L'obélisque central, rapporté de Grèce par Auguste, fut pris sur le Circo Massimo au cours du XVIe siècle.

A l'est de la place, montez la rampe qui conduit au **Pincio** (plan 6), et vous jouirez d'un fabuleux panorama sur la ville.

La **chiesa di Santa Maria del Popolo** (plan 3), à côté de la porta del Popolo, au nord de la place, ne comprenait à l'origine qu'une chapelle érigée en 1099 sur le site de la tombe de Néron. Agrandie au XIIIe siècle, elle fut remaniée à la Renaissance, puis Bernini rénova l'intérieur au XVIIe siècle.

Raphaël dessina la cappella Chigi (la deuxième chapelle de l'aile nord en entrant) pour le banquier Agostino Chigi. Il mourut cependant avant de l'avoir achevée, et Bernini la termina plus d'un siècle plus tard. Elle abrite une mosaïque représentant un squelette, symbole de la mort.

L'abside, conçue par Bramante, renferme les tombeaux des cardinaux Sforza et Basso della Rovere, sculptés par le Florentin Andrea Sansovino.

Bernardino Pinturicchio peignit en 1508-1509 les scènes bibliques qui ornent la voûte. Il réalisa aussi l'*Adoration de l'Enfant,* placée au-dessus de l'autel de la chapelle Della Rovere (la première de l'aile sud en entrant). La première chapelle à gauche du maître-autel abrite la *Conversion de saint Paul* et la *Crucifixion de saint Pierre* de Caravaggio (voir l'encadré *Sur les traces de Caravaggio* pour davantage de détails) et un retable d'Annibal Carracci, l'*Assomption de la Vierge.*

Piazza di Spagna et scalinata della Trinità dei Monti (plan 6)

Cette place, l'église et l'escalier, célèbres dans le monde entier, constituent un lieu de rencontre privilégié pour les étrangers et les Romains. Construit en 1725 grâce à des fonds donnés par la France, mais nommé ainsi en l'honneur de l'ambassade d'Espagne auprès du Saint-Siège, cet escalier mène à l'église française **La Trinité-des-Monts**. Au XVIIIe siècle, les femmes et les hommes les plus beaux d'Italie s'y rassemblaient, dans l'espoir d'être choisis comme modèle par un artiste.

Au mois de mai, on recouvre les marches d'un tapis d'azalées roses. Si vous ne pouvez pas monter les marches à pied, sachez que l'ascenseur situé devant la station de métro Piazza di Spagna vous déposera au sommet. La police municipale veille à ce que l'on ne pique-nique pas sur les marches et peut même infliger une amende aux récalcitrants. Cette mesure est évidemment destinée à préserver l'escalier, qui a subi une rénovation complète en 1995-1996.

A droite de l'escalier, vous voyez la maison dans laquelle mourut le poète John Keats en 1821, transformée aujourd'hui en **mémorial Keats-Shelley** abritant des documents relatifs à Keats, Percy et Mary Shelley, Lord Byron et d'autres romantiques. Il est ouvert de 9h à 13h et de 14h30 à 17h30 du lundi au vendredi et coûte 5 000 L.

Sur la place, la fontaine en forme de bateau, la **Barcaccia**, serait l'œuvre de Pietro Bernini, le père du célèbre sculpteur.

Au sommet de l'escalier, suivez le viale della Trinità dei Monti pour gagner le Pincio. En chemin, vous apercevrez sur la droite la **villa Médicis**, sans doute l'une des plus belles demeures romaines, bénéficiant de surcroît d'une vue magnifique sur la ville. Construit pour le cardinal Ricci da Montepulciano en 1540, ce palais fut acheté par Ferdinando dei Medici en 1576. Il devint ensuite la propriété de Napoléon en 1801 et accueillit dès lors l'Académie de France. Celle-ci, fondée en 1666, permet à de jeunes talents français, artistes, écrivains ou musiciens (lauréats du prix de Rome) d'étudier à Rome et de s'imprégner de l'héritage culturel de la ville.

Pour pénétrer dans la villa, visitez l'une des expositions qui s'y déroulent régulièrement. Des visites guidées du très beau parc ont lieu à 10h30 et 11h30 les week-ends, de mars à fin mai et de septembre à fin octobre (6 000 L). De juin à août 1999 et 2000, vous pourrez vous promener dans le parc en achetant un billet pour l'exposition de sculptures annuelle de l'Académie. Pour davantage de renseignements, adressez-vous à l'Académie de France (☎ 06 676 11).

Giuseppe Valadier dessina le **Pincio** (plan 6) au début du XIXe siècle. Ce grand parc élégant aux allées ombragées doit son nom à la famille Pinci, auquel il appartenait au IVe siècle. Lieu propice aux promenades pendant les week-ends, il offre une vue somptueuse sur la ville et San Pietro. Il rejoint le parc de la villa Borghese.

Via Condotti et rues commerçantes (plans 5 et 6)

La **via Condotti**, entre la piazza di Spagna et la via del Corso, compte de nombreuses boutiques élégantes.

Faites un tour au **Caffè Greco** (plan 6), au n°86, fréquenté autrefois par les artistes, les gens de lettres ou les musiciens, tels Stendhal, Goethe, Keats, Byron ou Wagner. Parmi les rues commerçantes, citons aussi la via Frattina, la via della Croce et la via della Carozza.

Consultez aussi le chapitre *Achats*. La **via del Babuino**, entre la piazza di Spagna et la piazza del Popolo, offre elle aussi toutes sortes de boutiques.

La charmante **via Margutta** (parallèle à la via del Babuino) compte, quant à elle, galeries d'art et antiquaires. Fellini y habita pendant plusieurs années.

En vous dirigeant vers la via del Corso, vous débouchez sur la piazza San Silvestro, où se situent la poste principale et l'arrêt de nombreux bus. Sur cette même place, la **chiesa di San Silvestro in Capite** (plan 6) fut donnée aux catholiques anglais de Rome par Léon XIII en 1890. L'édifice original, bâti sur une demeure romaine, date du VIIe siècle.

Aujourd'hui, l'église possède un joli campanile roman et quelques peintures intéressantes du XVIIe siècle.

La **chiesa di Santa Maria in Via** (plan 6), via del Tritone, organise une crèche pour Noël.

Via Veneto et piazza Barberini (plan 6)

Le quartier de la via Vittorio Veneto appartenait dans l'Antiquité à Jules César. Habitée ensuite par l'historien Salluste, puis au XVIIe siècle par le cardinal Ludovisi, la via Veneto devint dans les années 60 le lieu de rendez-vous des stars de cinéma. Cette atmosphère a bel et bien disparu, remplacée par des hôtels haut de gamme, des banques, des compagnies d'assurance et quelques boutiques luxueuses.

L'ambassade des États-Unis est installée dans le palazzo Margherita, de la fin du XIXe siècle. Si vos moyens vous le permettent, vous pouvez dîner dans l'un des restaurants de la rue, mais pour profiter de l'ambiance romaine, préférez la piazza del Popolo ou la piazza Navona.

L'austère **chiesa di Santa Maria della Concezione**, du XVIIe siècle, comporte un cimetière capucin (accès à droite des marches de l'église) renfermant les ossements de quelque 4 000 moines, qui ont servi à décorer les murs de plusieurs chapelles souterraines de 1528 à 1870. Il est vivement conseillé de faire un don de quelques milliers de lires lors de la visite.

La **fontana del Tritone** (fontaine du Triton), créée par Bernini en 1643 pour Urbain VIII, domine le centre de la piazza Barberini, au sud de la via Veneto. Elle représente un triton soufflant dans une conque, juché sur une coquille soutenue par quatre dauphins. La fontaine, très exposée, a beaucoup souffert de la pollution et a connu plusieurs restaurations, la dernière datant de 1998.

L'angle nord-ouest de la place s'agrémente d'une autre fontaine de Bernini, la **fontana delle Api** (fontaine des Abeilles), conçue aussi en l'honneur des Barberini. Remarquez sur de nombreux édifices leur blason, marqué de trois abeilles.

Palazzo Barberini (plan 6)

Le palazzo Barberini fut édifié de 1625 à 1633 pour Urbain VIII, tout d'abord d'après un dessin de Carlo Maderno, puis avec la participation de Bernini et de Borromini. Bernini créa l'escalier monumental de gauche (en regardant la façade). Quant à Borromini, il ajouta l'escalier de forme ovale situé sur la droite et les fenêtres de l'étage supérieur. Maître de l'art de la perspective, il réussit à les faire paraître de loin aussi grandes que celles de l'étage inférieur, alors qu'elles sont en fait beaucoup plus petites. Le palais abrite une partie de la **Galleria nazionale d'Arte antica**, le reste se trouvant au palazzo Corsini, dans le Trastevere. Plusieurs ailes du bâtiment servirent pendant plusieurs années de mess des officiers, mais, lors de la rédaction de cet ouvrage, le musée s'apprêtait à racheter l'ensemble du palais.

Le plafond du *Gran Salone*, au 1er étage du palais, constitue le chef-d'œuvre du musée. La fresque, intitulée le *Trionfo della Divina Provvidenza*, peinte par Pietro da Cortona, glorifie le pontificat d'Urbain VIII et la famille Barberini. Le musée comprend des œuvres de plusieurs périodes, exposées chronologiquement, et une collection importante de peintures des XVIe et XVIIe siècles. Vous verrez ainsi des tableaux de Guido Reni, de Bronzino et de Guercino. *La Fornarina*, de Raphaël, représenterait la maîtresse du peintre, mais, selon certains, il s'agirait d'un portrait d'une courtisane exécuté par un autre peintre. Remarquez aussi une aérienne *Annunziazione* de Filippo Lippi et la *Sacra Famiglia* d'Andrea del Sarto.

Bien que plus doué pour la sculpture et l'architecture, Bernini réalisa des tableaux, dont un portrait d'Urbain VIII et *David portant la tête de Goliath*, exposés ici.

De Caravaggio, vous admirerez *Judith et Holopherne*, baigné d'une extraordinaire lumière théâtrale, et *Narcisse*.

Le musée a récemment acquis *Le Bain de Bethsabée*, de Jacopo Zucchi, datant de la fin des années 1580. Perdu après la deuxième guerre mondiale, puis racheté par un musée américain, il est finalement de retour en Italie depuis 1998.

Le musée ouvre de 9h à 19h du mardi au samedi et de 9h à 13h le dimanche. L'entrée (8 000 L) se fait via Barberini 18.

QUIRINALE (PLAN 6)

Le Quirinal, la colline la plus haute de Rome, est dominé par le **palazzo del Quirinale**, résidence officielle du président de la République. Commencé en 1574, il connut des remaniements jusqu'au début du XVIIIe siècle. Résidence d'été des papes de 1592 à 1870, il devint ensuite le palais des rois d'Italie.

Plusieurs architectes célèbres participèrent à son élaboration. Fontana dessina la façade, Maderno la chapelle et Bernini se chargea de l'aile qui borde la via del Quirinale. L'obélisque, placé au centre de la place en 1786, provient du mausoleo d'Augusto. Deux grandes statues des Dioscures (Castor et Pollux), copies de statues grecques du Ve siècle av. J.-C., l'encadrent.

Le palais est ouvert au public le 2e et le 4e dimanche du mois, de 8h30 à 12h30. Nous vous conseillons d'arriver tôt car il refuse généralement les visiteurs à partir de 11h environ. L'entrée coûte 10 000 L.

Pour tout renseignement, appelez le ☎ 06 46 99 25 68.

La via del Quirinale comprend deux édifices baroques intéressants : la **chiesa di Sant'Andrea al Quirinale**, dessinée par Bernini, et celle de **San Carlo alle Quattro Fontane**, de Borromini. Considérée comme le chef-d'œuvre de Bernini, la chiesa di Sant'Andrea, conçue sur un plan elliptique, comporte des chapelles latérales s'ouvrant sur l'axe central. L'intérieur associe des marbres de couleur, des dorures et des stucs. Remarquez en particulier les angelots de la coupole. La chiesa di San Carlo, première église de Borromini à Rome, fut terminée en 1641. Il s'agit de sa réalisation la plus connue et du seul projet qu'il conduisit seul. Le cloître adjacent, de Borromini aussi, a été restauré en 1996. Cette église se dresse au carrefour dit des **Quattro Fontane** (quatre fontaines), en raison des fontaines datant de la fin du XVIe siècle qui l'agrémentent. Elles représentent la Fidélité, la Force, le Tibre et son affluent l'Aniene. Depuis ce carrefour, on découvre la porta Pia, l'obélisque du Quirinale, la Trinità dei Monti et l'Esquilino.

La via XX Settembre s'éloigne vers le nord-est, en direction du largo di Santa Susanna et de la petite piazza San Bernardo, bordée au sud de la **chiesa di San Bernardo alla Terme**. Édifiée à la fin du XVIe siècle sur les ruines d'une tour ronde appartenant aux terme di Diocleziano, elle ressemble quelque peu au Panthéon avec sa coupole laissant pénétrer la lumière.

A l'ouest du croisement, la **chiesa di Santa Susanna** est l'église de la communauté américaine catholique de Rome. Bâtie au IVe siècle mais remaniée plusieurs fois, elle doit son imposante façade à Carlo Maderno, qui la créa en 1603 et dont elle est le chef-d'œuvre.

Ce dernier dessina aussi la **chiesa di Santa Maria della Vittoria**, du côté nord du croisement, sauf la façade, réalisée par Giovanni Battista Soria. Le baroque culmine dans la décoration intérieure, avec une profusion de marbres colorés.

La deuxième chapelle sur la gauche en entrant renferme un retable de Domenichino, *La Madonna che porge il Bambino a San Francesco*, représentant la Vierge présentant Jésus à saint François.

La cappella Cornaro (la quatrième chapelle sur la droite) abrite deux sculptures de Bernini. Remarquez notamment le groupe sculpté *Santa Teresa trafitta dall'amor di Dio* (Extase de sainte Thérèse), où un ange transperce d'une flèche le cœur de la sainte. Dessous, un bas-relief en bronze doré illustre la Cène.

Enfin, la fresque de la fin du XIXe siècle de l'abside rappelle la victoire de l'armée catholique sur les protestants à Prague en 1620.

La **fontana dell'Acqua Felice**, ou fontaine de Moïse, fait l'angle de la via XX Settembre et de la via Vittorio Emanuele Orlando.

Dessinée par Domenico Fontana et achevée en 1586, elle correspondait à l'extrémité de l'aqueduc Aqua Felix qui alimentait ce quartier de la ville pour la première fois. Les statues de la fontaine sont malheureusement endommagées par la pollution et encrassées.

Piazza della Repubblica (plan 6)

Autrefois appelée piazza Esedra, la piazza della Repubblica épouse le demi-cercle formé par les terme di Diocleziano adjacents. La **fontana delle Naiadi**, érigée au début du siècle par Mario Rutelli, représente Glaucus, esprit marin luttant avec un poisson, entouré de quatre naïades qui semblent véritablement batifoler dans l'eau. Leur tenue légère fit d'ailleurs sensation à l'époque.

Terme di Diocleziano et Museo nazionale Romano (plan 6)

Commencés par Dioclétien, ces thermes furent terminés au début du IVe siècle. Comprenant des bibliothèques, des salles de concert et des jardins, ils s'étendaient sur 13 ha et pouvaient accueillir 3 000 personnes. La piazza della Repubblica recouvre ce qui constituait le *caldarium* (bain chaud). Les thermes tombèrent à l'abandon lorsque l'aqueduc qui les alimentait fut détruit lors des invasions de 536 environ. Ils servirent toutefois largement à l'édification de la chiesa di Santa Maria degli Angeli, qui fait face à la piazza della Repubblica, et au Museo nazionale romano, en face de la piazza dei Cinquecento.

Lors de la rédaction de ces lignes, la plupart des vestiges des thermes, y compris le Museo nazionale romano, étaient fermés pour restauration. Dans la mesure où l'on projette d'ouvrir la via Cernaia pour mettre au jour de nouvelles ruines, la date de leur réouverture n'est pas encore fixée.

On peut admirer certaines sculptures de ces thermes (et d'autres) dans l'**Aula ottagona**, salle de forme octogonale surmontée d'une coupole qui faisait partie des thermes. Une dalle de verre posée au sol permet de voir les fondations de cet édifice. Il se visite gratuitement de 9h à 19h, du mardi au dimanche. On entre par la via Romita.

La **basilica di Santa Maria degli Angeli**, créée par Michel-Ange, occupe la salle principale et le *tepidarium* (salle des bains tièdes) des anciens thermes.

Considérablement remaniée au cours des siècles suivants, elle ne comporte plus guère d'éléments d'origine, à l'exception du plafond voûté. Sur le sol du transept, remarquez le double méridien, l'un marquant la position de l'étoile polaire, l'autre indiquant l'heure à midi précis. L'église est ouverte de 7h30 à 12h30 et de 16h à 18h30. Pour accéder aux niveaux supérieurs, empruntez l'escalier dans la sacristie. Une plaque fixée au pied de l'escalier rapporte que les thermes furent construits par des milliers d'esclaves chrétiens.

Le **Museo nazionale romano**, ouvert en 1889, occupe plusieurs salles des anciens thermes. L'immense cloître fut longtemps attribué à Michel-Ange, mais il fut en fait construit en 1565, soit un an après la mort de l'artiste. Au centre, des cyprès centenaires entourent une fontaine du XVIIe siècle. On voit aussi d'immenses statues représentant des têtes d'animaux, provenant probablement du Foro di Traiano.

La cour du musée (face à la piazza dei Cinquecento) est encombrée d'une quantité extraordinaire de fragments de monuments et de statues antiques.

Le palazzo Massimo alle Terme (de l'autre côté de la piazza dei Cinquecento) et le palazzo Altemps (non loin de la piazza Navona) se partagent désormais sa collection, notamment des fresques romaines et des sculptures grecques et romaines.

Palazzo Massimo alle Terme (plan 6)

Le palazzo Massimo, qui accueille une partie de la collection du **Museo nazionale romano**, propose quelques-unes des plus belles œuvres d'art de l'Antiquité romaine. La transformation de cet ancien collège jésuite du XIXe siècle en musée dura 16 ans et coûta 16 milliards de lires.

Le rez-de-chaussée a ouvert en 1995, le reste du bâtiment en juin 1998. Le rez-de-chaussée et le 1er étage sont consacrés aux sculptures de la fin de la période républicaine (IIe et Ier siècles av. J.-C.) à la fin de l'époque impériale (IVe siècle). Quelques statues grecques du Ve siècle se cachent parmi les nombreuses copies romaines et les portraits des empereurs et de leur famille.

En entrant, on aperçoit une immense statue polychrome de la déesse *Minerve*, composée d'albâtre, de marbre blanc et de basalte noir. Son visage est un moulage en plâtre effectué à partir d'une autre statue. Probablement réalisée sous l'influence des artistes grecs qui travaillèrent en Italie, cette statue fut retrouvée au pied de l'Aventino et appartenait sans doute à un temple dédié à la déesse sur cette colline.

On accède ensuite à une cour spacieuse et aérée, bordée de trois galeries ornées de bustes, desservant des salles organisées par thème. Les deux premières renferment des bas-reliefs de monuments funéraires, des bustes et des statues d'empereurs, d'hommes d'État et de leur famille. Ces œuvres de commande représentent la classe dirigeante telle que celle-ci souhaitait être représentée et donnent par conséquent une vision idéalisée, plutôt que réaliste, de ces personnages.

La statue du Ier siècle av. J.-C. d'un général républicain anonyme (salle I), drapé d'une toge, son armure posée à ses pieds, témoigne d'une grande maîtrise de la sculpture. On voit *Auguste* (salle V) représenté en Pontifex Maximus (grand pontife), la tête couverte par un pli de sa toge. Le portrait de sa femme Livia, avec sa coiffure si caractéristique, influença considérablement l'art du portrait de cette époque.

La salle VI comprend des objets en terre cuite reconstitués à partir de fragments découverts sur le site de la Domus Tiberiana sur le Palatino dans les années 80. La salle VII abrite une admirable sculpture grecque du Ve siècle av. J.-C., la *Niobide*, jeune fille essayant d'arracher une flèche plantée dans son dos. Elle fut trouvée dans les Horti Sallustiani (jardins de Salluste) – aujourd'hui le quartier de la via Veneto –, qui appartint à César, puis fut la résidence d'été de l'historien Salluste et qui accueillit au XVIIe siècle la collection Ludovisi (voir la rubrique *Palazzo Altemps* plus haut dans ce chapitre).

La statuaire du temps des Flaviens (de la fin du Ier au IVe siècle) présente une grande diversité iconographique. Signalons notamment les pièces issues de la résidence de Néron à Anzio (salle V), en particulier les deux grandes statues, et une merveilleuse *Aphrodite accroupie*, copie d'une sculpture grecque trouvée dans la villa Adriana à Tivoli.

L'*Apollon du Tibre*, salle VI, a souffert d'une trop longue immersion dans l'eau. On l'a en effet découvert à la fin du XIXe siècle sous les rives du fleuve quand on a construit les quais. Dans cette salle, vous verrez aussi le *Discobolus lancellotti* et le *Discobolus di Castelporziano*, deux statues en marbre d'un discobole, reproduites à partir d'un célèbre bronze grec.

Au 2e étage sont exposées de splendides peintures et mosaïques. La plupart de ces pièces ont fait l'objet d'une importante restauration. Agencées ici avec soin, elles resplendissent véritablement.

Les plus somptueuses (salle II) proviennent de la villa Livia, demeure appartenant à l'épouse d'Auguste, située sur la via Flaminia, au nord de Rome, et mise au jour au XIXe siècle. Les fresques ont été transférées au Museo nazionale romano en 1951. Elles ornaient à l'origine une pièce en partie souterraine coiffée d'une voûte décorée de bas-reliefs et de stucs (dont seuls quelques fragments ont été conservés). Cette pièce constituait certainement un *triclinium* d'été, vaste salle de séjour protégée de la chaleur. Reconstituée au palazzo Massimo, elle accueille les fresques qui produisent ainsi un effet saisissant. Celles-ci représentent un jardin imaginaire composé d'arbres en fleurs, de cyprès, de pins, de chênes, de buissons de laurier et de myrte, d'arbres fruitiers chargés de grenades ou de coings. Elles ont probablement été réalisées entre 20 et 10 av. J.-C.

Les salles III, IV et V de la galleria II renferment les fresques d'une demeure romaine du Trastevere découverte au XIXe siècle lors de l'aménagement des berges du Tevere. Remontant à environ 20 av. J.-C., elles constituent l'un des plus importants exemples de la peinture romaine. La demeure appartenait sans doute à un personnage proche d'Auguste. Les fragments de peinture illustrent en effet nettement le style de cette période. La grande diversité des sujets traités traduit souvent l'usage réservé à la pièce qu'ils ornaient : paysages, frises narratives d'inspiration égyptienne, ou encore éléments d'architecture, tels que des colonnes, des corniches ou des vases.

Enfin, le musée comporte une étonnante collection de mosaïques et de dalles de marbre, notamment un mur de mosaïques provenant du nymphée de la villa d'Anzio de Néron. Au sous-sol, vous pourrez voir une exposition de pièces de monnaie antiques et médiévales, comprenant la collection offerte par le roi Emanuele II.

Le palazzo Massimo ouvre de 9h à 19h du mardi au samedi, le dimanche de 9h à 14h. Il reste en principe ouvert jusqu'à 22h en été. L'entrée coûte 12 000 L.

Via Nazionale (plan 6)

Rue commerçante animée, la via Nazionale relie la piazza della Repubblica au Quirinale et à la piazza Venezia. Sur le côté gauche (en direction de la piazza Venezia), non loin de la via Torino, la piazza Beniamino Gigli abrite le **teatro dell'Opera**, l'opéra de Rome. Sa façade de style fasciste masque en fait une riche décoration intérieure du XIXe siècle, avec fauteuils de velours rouge, stucs dorés et lustres scintillants.

A l'angle de la via Napoli, l'église épiscopale américaine **St-Paul's-within-the-Walls** renferme de célèbres mosaïques du peintre préraphaélite Edward Burne-Jones, réalisées en 1907.

Vous apercevrez sans aucun doute le **palazzo delle Esposizioni**, édifice blanc agrémenté d'un arc de triomphe et de colonnes corinthiennes. Pio Piacentini conçut ce palais des expositions qui ouvrit ses portes en 1882. Il connut une histoire plutôt mouvementée, servant successivement de siège au Parti communiste, de mess militaire, de bureau de vote et même de toilettes publiques.

Après des années de restauration, il fut de nouveau inauguré en 1990 et constitue un centre culturel très actif. Il organise en effet de nombreuses expositions, des spectacles, des projections de films, la plupart en version originale. Il comprend aussi une excellente librairie, une boutique de cadeaux et un café. Il ouvre tous les jours, sauf le mardi, de 10h à 21h.

Piazza Santi Apostoli et palazzo Colonna (plan 6)

La longue et étroite **piazza dei Santi Apostoli**, non loin de la via Cesare Battisti, à l'est de la piazza Venezia, est souvent le théâtre de manifestations politiques. Au n°67 (à l'angle de la via Cesare Battisti) se tient le **Museo delle Cere** (figures de cire), ouvert tous les jours de 9h à 20h (6 000 L).

Le **palazzo Colonna** occupe l'un des côtés de la place. Commencé au XVe siècle pour Martin V (qui y vécut de 1424 à sa mort, en 1431), la majeure partie du palais date cependant du XVIIIe siècle. Des descendants de la famille Colonna y habitent toujours. Derrière le palais, les jardins, aménagés sur les vestiges d'un temple de Sérapis du IIIe siècle, s'élèvent en terrasse jusqu'au pied du palazzo del Quirinale.

La **chiesa dei Santi Apostoli** se dresse devant le palais. Édifiée au VIe siècle et consacrée aux apôtres Jacques et Philippe (dont les reliques sont conservées dans la crypte), elle fut agrandie aux XVe et XVIe siècles, puis remaniée au début du XVIIIe par Carlo et Francesco Fontana qui ajoutèrent des ornements baroques. Les arcades Renaissance de la façade datent, quant à elles, du début du XVIe siècle. L'église renferme le tombeau de Clément XIV, réalisé par Antonio Canova.

Bernini dessina la façade du **palazzo Odelscalchi**, face à l'église, en 1664. Le **palazzo Muti**, palais baroque à l'extrémité de la place, fut donné à James Stuart par le pape Clément XI en 1719.

Galleria Colonna (plan 6)

L'on pénètre dans la Galleria Colonna par le n°17 de la via della Pilotta, une jolie rue surmontée de quatre arcades qui relie le palazzo Colonna à ses jardins. La galerie abrite l'une des plus grandes collections privées de Rome, présentées dans de somptueuses salles baroques. Au bas des escaliers, le vestibule conduit à la sala della Colonna Bellica, qui contient des portraits des membres de la famille Colonna. Au centre de la salle se dresse une *colonne* de marbre rouge datant du XVIe siècle. Quelques marches mènent à un splendide salon doré. Prenez garde à ne pas trébucher sur le boulet de canon qui vint se ficher à cet endroit lors du siège de Rome en 1849.

D'une beauté saisissante, la fresque du plafond, œuvre de Giovanni Coli et de Filippo Gherardi, illustre la vie de Marcantonio Colonna, commandant des forces papales pendant la bataille de Lépante. Parmi les tableaux exposés, citons le *San Giovanni Battista* de Salvator Rosa, le *San Francesco d'Assisi con gli angeli* de Guido Reni et le *San Paolo eremita* de Guercino.

Une fresque de Sebastiano Ricci représentant la bataille de Lépante orne le plafond de la sala degli Scrigni (salle des Écrins), qui renferme des paysages de Gaspard Dughet et d'autres peintres, ainsi que deux "écrins" (petits meubles) décorés. L'un, en ébène, comporte des bas-reliefs en ivoire reproduisant des œuvres de Raphaël et de Michel-Ange ; au centre, lon voit le *Giudizio Universale* (Jugement dernier) de la cappella Sistina.

La salle voisine, qui porte le nom de la fresque de la voûte de Benedetto Luti, *Apoteosi di Martino V*, abrite le charmant *Mangia fagioli* (le mangeur de haricots), d'Annibale Caracci, qui s'éloigne ici des sujets religieux et historiques.

A côté, la sala del Trono comprend toujours un fauteuil prêt à accueillir le pape le cas échéant. La galerie (☎ 06 679 43 62) ouvre le samedi de 9h à 13h (fermée en août). L'entrée coûte 10 000 L.

Fontana di Trevi (plan 6)

Cette fontaine baroque est certainement l'un des plus célèbres monuments de la ville. Dessinée par Nicola Salvi en 1732, elle domine totalement la petite place sur laquelle elle se trouve et s'intègre à la façade du palazzo Poli. Elle est alimentée par l'un des tout premiers aqueducs de Rome. La fontaine et les canalisations ont connu une importante restauration en 1991, mais la pollution a déjà de nouveau noirci le beau marbre blanc.

Une coutume veut que l'on jette deux pièces dans la fontaine (de dos, par dessus son épaule), l'une pour s'assurer de revenir un jour dans la ville, l'autre pour réaliser un vœu. Comme la plupart des touristes se prêtent à cette tradition, l'on récupère ainsi dans le bassin près de 130 millions de lires chaque année. La monnaie italienne rejoint les coffres de la municipalité, et les pièces étrangères sont données à la Croix-Rouge. Le nom de Trevi viendrait de *tre vie*, désignant les trois rues qui se rejoignent devant la fontaine.

A L'EXTÉRIEUR DU CENTRE-VILLE

Si vous disposez de suffisamment de temps, vous pouvez visiter quelques sites situés un peu à l'écart du centre. En effet, si celui-ci accueillait temples, thermes et arènes, la population vivait plutôt en périphérie. Les premiers chrétiens, craignant les persécutions, se réunissaient dans des demeures privées, des *tituli*, qui devinrent souvent des églises. Les cimetières païens et les catacombes chrétiennes se situaient aussi en dehors de l'enceinte de la ville, et l'on édifia plusieurs églises à l'endroit où avait été inhumé un martyr. On accède facilement à la plupart de ces sites en métro, en bus ou en tram (reportez-vous au chapitre *Comment circuler* pour davantage de détails).

Villa Borghese (plan 4)

Ce magnifique parc, au nord-est de la piazza del Popolo, appartenait jadis au cardinal Scipione Borghese. Devenu le pape Pie V en 1605, Camillo Borghese nomma son neveu cardinal et lui donna un vaste domaine, à l'extérieur du mur d'Aurélien. De 1605 à 1614, Scipione Borghese bâtit son *casino* (résidence de campagne), destiné à abriter sa collection d'objets d'art (aujourd'hui les Museo e Galleria Borghese). Il fit aussi appel à de célèbres paysagistes, comme Jacob More, d'Edimbourg, pour aménager les jardins.

L'entrée principale se situe piazzale Flaminio, mais l'on peut aussi pénétrer dans le parc par le Pincio, par la porta Pinciana au sommet de la via Veneto, par la via Mercadante, au nord-est, ou par le viale delle Belle Arti au nord. Ce parc splendide, propice aux promenades, offre un lieu de détente idéal.

Il se compose de différentes parties, offrant des allées bordées d'arbres ou de haies, des parterres de fleurs, des chemins de gravier. Des routes le traversent. Au centre, le **giardino del Lago**, jardin à l'anglaise, date de la fin du XVIIIe siècle. Des spectacles équestres se déroulent en mai sur la **piazza di Siena**, un amphithéâtre édifié vers 1792 environ. Des statues de diverses périodes sont disséminées dans tout le parc. Depuis quelques années, la municipalité fait remplacer systématiquement les originaux par des reproductions. Les premiers devraient être à l'avenir exposés dans un musée du parc, sans doute la **casina di Raffaello**, construite à la fin du XVIIIe siècle, lorsque sa restauration sera terminée.

Le petit **Museo Canonica** (☎ 06 884 22 79, viale Pietro Canonica 2) montre l'appartement et la collection du sculpteur et compositeur Pietro Canonica, mort en 1959. Ce bâtiment, autrefois propriété des Borghese, fut acheté par la ville et offert à Canonica en 1927. Il est ouvert de 9h à 18h45 du mardi au samedi et de 9h à 13h le dimanche et les jours fériés. L'entrée coûte 3 750 L.

Le **Giardino zoologico** (zoo), désormais appelé le **Bioparco**, occupe le nord du parc, viale del Giardino Zoologico (☎ 06 321 65 64). On a mis en place un vaste programme de transformation du zoo, qui souffrait d'une mauvaise réputation. Il compte actuellement 1 200 animaux, sur une superficie de 17 ha, mais ce nombre va peu à peu se réduire afin d'améliorer les conditions de vie des animaux. A terme, seuls seront conservés ceux pouvant s'adapter au climat et à l'écosystème de l'Italie ou les espèces méditerranéennes en voie de disparition.

Les enfants apprécieront certainement cette visite, d'autant plus qu'une section est aménagée spécialement à leur intention. Le zoo est ouvert de 9h30 à 17h, tous les jours. Comptez 10 000 L par personne, 7 000 L pour les enfants de 5 à 12 ans. Ceux de moins de 5 ans ne paient pas.

Museo e Galleria Borghese. Les Museo e Galleria abritent l'une des plus prestigieuses collections d'objets d'art de Rome. Le cardinal Scipione Borghese, le collectionneur le plus passionné de son époque, appréciait l'art antique mais encourageait aussi ses contemporains, Caracci, Caravaggio et Bernini par exemple. Il ne reculait devant rien pour acquérir une nouvelle œuvre, n'hésitant pas à faire ainsi mettre en prison le peintre Cavalier d'Arpin pour récupérer ses toiles et arrêter Domenichino pour le contraindre à lui donner *La Chasse de Diane*.

Sa demeure, le casino Borghese, nichée au cœur d'un parc magnifique, servit de cadre fastueux à cette collection. Des visiteurs illustres s'y pressèrent au cours des siècles. Ses héritiers poursuivirent ensuite son œuvre. Ainsi, à la fin du XVIIIe siècle, le prince Marcantonio Borghese fit redécorer la résidence dans le style néoclassique, avec une profusion de dorures, de faux marbres et de trompe-l'œil que l'on voit encore aujourd'hui. Des nus maniéristes et des chérubins entourés de guirlandes de feuilles d'acanthe dorées apportent la touche finale à ce décor. Certaines pièces de la collection ont toutefois disparu. Napoléon, dont la sœur Pauline épousa le fils de Marcantonio, ordonna le transfert au Louvre de la plupart des statues antiques. D'autres pièces furent vendues au cours des ans.

L'État acheta l'ensemble de la collection et le château en 1902 mais les négligea quelque peu. Dès les années 40, la structure même de la demeure subissait de sérieux dommages. En 1983, une partie d'une fresque de Lanfranco ornant le plafond de l'une des salles se détacha, et, en 1984, il fallut fermer la galerie. Elle a rouvert à l'automne 1997, après 13 ans de restauration.

Le Museo Borghese (les salles du rez-de-chaussée) abrite des sculptures antiques. Dans le salone, le sol se compose de mosaïques décrivant un combat de gladiateurs (du IVe siècle) et d'une autre fresque du IIe siècle, le *Satiro combattente* (Lutte du satyre), restaurée par Bernini. Sur le mur face à l'entrée, véritable défi à la gravité, un bas-relief, *Marco Curzio a cavallo*, de Pietro Bernini (père de Gian Lorenzo Bernini), représente un cavalier semblant se jeter dans le vide. Il associe des fragments de pièces antiques et modernes. Vous verrez dans toutes les salles du rez-de-chaussée des statues et des bustes des divinités romaines, des empereurs et des personnages publics. Dans la salle V, un *Ermafrodito* (Hermaphrodite endormi) du Ier siècle, copie d'une statue grecque, repose sur un lit sculpté par Bernini.

La statue de Pauline Bonaparte Borghese en *Venere vincitrice* (Vénus conquérante) (salle I) par Antonio Canova constitue sans doute la pièce la plus célèbre de la collection. Son corps à demi nu et son drapé suggestif firent sensation lors de sa création et renforcèrent encore la réputation qu'avait Pauline Borghese de se comporter de manière provocante.

Les spectaculaires sculptures de Bernini, dont le cardinal Borghese fut l'un des premiers commanditaires, sont les pièces majeures du rez-de-chaussée. Son œuvre de jeunesse *Il Ratto di Proserpina* (Enlèvement de Proserpine), salle IV, préfigure son génie, qui éclate avec le *Davide* (salle II), de 1624 environ, au corps musclé et dont le visage serait celui du sculpteur. Dans la salle III, le groupe *Apollo e Daphne* décrit l'instant où la nymphe se transforme en laurier, ses doigts devenant des feuilles et ses pieds des racines, devant le regard désemparé d'Apollon.

Dans la salle VI, vous admirerez encore *Enea e Anchise* (Énée portant Anchise), pour laquelle le sculpteur ne semble pas encore totalement maîtriser le mouvement, et *La Verità*, réalisée de 1645 à 1652, statue monumentale qui ne possède toutefois pas la magnificence de certaines autres œuvres.

Dans la salle VIII, une copie du IIe siècle d'une statue grecque, le *Satiro danzante*, voisine avec deux tableaux de Caravaggio réalisés entre 1593 et 1595, peu de temps après son arrivée à Rome : le *Ragazzo con canestro di frutta* (Garçon à la corbeille de fruits) et le *Bacchino malato* (Bacchus malade), autoportrait du peintre souffrant de la malaria, tous deux de style très réaliste. Il peignit la *Madonna dei Palafrenieri* en 1605 pour une chapelle de la basilica San Pietro. Cette prodigieuse technique picturale, chef-d'œuvre de réalisme aujourd'hui, choqua cependant la sensibilité des ecclésiastiques de l'époque qui refusèrent ce tableau, récupéré immédiatement par Borghese. Citons aussi le *San Girolamo*, le *San Giovanni Battista* et le *Davide con la testa di Golia*, où la tête de Goliath serait un autoportrait du peintre. (Lisez aussi l'encadré *Sur les traces de Caravaggio*.)

Les tableaux de la Galleria Borghese, au 1er étage, exemples des écoles de Toscane, de Venise, d'Ombrie et d'Europe du Nord, témoignent du goût certain de Borghese. La salle IX abrite des peintures de Raphaël, *La Deposizione di Cristo* (Déposition du Christ) de 1507, le *Ritratto d'uomo* (Portrait d'homme, 1502) et la magnifique *Dama con liocorno* (Dame à la licorne), datant de 1506. Dans la même salle, vous verrez aussi la superbe *Adorazione del Bambino,* de Fra Bartolomeo, et la *Madonna col Bambino*, de Perugino. La *Danae*, de Correggio, est exposée dans la salle X. La salle XX renferme deux œuvres du Titien traitant le même sujet, le chef d'œuvre de jeunesse *Amor sacro e Amor profano* et *Venere che benda Amore*, dans un style totalement différent. Enfin, vous ne manquerez pas d'admirer, entre autres tableaux, ceux de Bellini, Giorgione, Veronese, Botticelli, Guercino, Domenichino, Antonello da Messina, Rubens ou Cranach.

Le musée se situe piazzale Museo Borghese, dans le parc de la villa Borghese (☎ 06 328 10, fax 06 32 65 13 29).

Les horaires d'ouverture varient selon les périodes de l'année (téléphonez au préalable), mais les réservations sont obligatoires. Lors de la rédaction de ce guide, il ouvrait en hiver de 9h à 19h du mardi au dimanche, avec des entrées prévues (pour deux heures uniquement) à 9h, 11h, 13h, 15h et 17h. Le dimanche et les jours fériés, les entrées sont à 9h et 11h. En été, le musée ouvre en principe de 9h à 22h, et les entrées ont lieu toutes les heures. Comptez 12 000 L, frais de réservation inclus. Le musée dispose d'un accès facilité pour les handicapés et comporte un bar servant des collations et des repas légers.

Galleria nazionale d'Arte moderna (plan 4)

La Galleria nazionale d'Arte moderna, qui abrite la collection d'art moderne, se tient juste à côté de la villa Borghese, viale delle Belle Arti 131 (☎ 06 3 2 29 81). Ce palais Belle Époque de Bazzini est l'un des rares édifices de l'Exposition internationale de 1911 existant encore. Le musée a connu récemment une importante rénovation. On a notamment restauré des frises et des colonnes et ouvert des ailes du bâtiment jusqu'alors fermées au public.

La galerie renferme des œuvres du XIXe et du XXe siècle d'artistes italiens pour la plupart. Il comprend une grande collection de peintures historiques, de tableaux des *Macchiaioli*, "tachistes", et des symbolistes italiens. Parmi les artistes du XXe siècle, citons De Chirico, Carrà, Casorati, Marini, Fontana, des représentants du courant futuriste (Boccioni, Severini, Balla), de l'*Arte povera* (Burri, Colla, Manzoni, Pascali) et de la *Transavanguardia* (Enzo Cucchi, Francesco Clemente ou Mimmo Paladino). Sont aussi exposés des tableaux de Degas, Cézanne, Kandinsky, Duchamp, Mondrian, Henry Moore et Cy Twombly.

L'aile située à gauche de l'entrée accueille désormais une galerie de sculptures. Les marbres blancs, comme le majestueux *Ercole* de Canova, offrent un contraste saisissant sur les murs richement décorés.

Le musée ouvre de 9h à 20h du mardi au dimanche, parfois moins longtemps le dimanche et les jours fériés d'été. L'entrée coûte 8 000 L. Il comprend un excellent bar-restaurant doté d'une agréable terrasse.

Pour vous rendre au musée, vous pouvez prendre le tram n°225 à partir du piazzale Flaminio ou le n°19 sur la piazza del Risorgimento. Ils empruntent tous deux le viale delle Belle Arti.

Museo nazionale etrusco di villa Giulia (plan 3)

La charmante villa Giulia (à l'extrémité de la villa Borghese, piazzale di Villa Giulia) fut édifiée au milieu du XVIe siècle pour Jules II, avec la participation de Vignola, Vasari, Bartolomeo et Michel-Ange. Résidence d'été du pape, elle se composait de nombreuses cours, de loggias ombragées décorées de fresques et d'un nymphée qui inspira les architectes de la fin du XVIe siècle. Aujourd'hui, on y donne en été des concerts classiques, interprétés par l'orchestre de l'Accademia di Santa Cecilia.

Depuis 1889, la villa Giulia abrite la collection nationale d'objets étrusques, dont la plupart proviennent des tombes disséminées dans le Lazio. Si vous souhaitez visiter les sites étrusques des environs de Rome (voir le chapitre *Excursions*), nous vous conseillons de faire un tour dans ce musée afin de vous familiariser avec cette civilisation.

Il renferme des centaines de pièces, objets usuels, ustensiles de cuisine, vases en terre, amphores ou vestiges d'un char tiré par des chevaux. On a reconstitué un tombeau étrusque (au sous-sol de l'aile gauche en entrant), comportant deux chambres funéraires (pour hommes et femmes), divers objets et des sièges sculptés dans la roche. Remarquez aussi les objets personnels, tels que les épingles à cheveux, les figurines en bronze et les bijoux.

Signalons aussi une statue en terre polychrome d'*Apollo* et d'autres objets découverts à Veio (Véies) et datant de la fin du VIe ou du début du Ve siècle av. J.-C. Le *Sarcofago degli sposi*, dans la salle 9, réalisé sans doute pour un couple, provient d'une tombe de Cerveteri. Très finement sculpté, il atteste de l'habileté et de la créativité des Étrusques.

Compte tenu de la beauté des collections, on peut regretter que bon nombre de salles soient laissées quelque peu à l'abandon. Il semble toutefois que la situation évolue, les salles du rez-de-chaussée et du 1er étage de l'aile droite ayant été récemment réaménagées.

Le musée (☎ 06 320 19 51, piazzale di Villa Giulia 9) est ouvert de 9h à 19h du mardi au samedi et de 9h à 14h le dimanche. L'entrée coûte 8 000 L. Pour vous y rendre, prenez le tram 225 de la piazzale Flaminio ou le n°19 sur la piazza del Risorgimento, qui empruntent tous deux la via delle Belle Arti jusqu'au piazzale di Villa Giulia.

Gianicolo et villa Doria Pamphili (plans 5 et 7)

Le Gianicolo (Janicule), qui s'élève derrière le Trastevere, s'étend jusqu'à la basilica San Pietro. En 1849, durant la lutte pour l'unité italienne, de violentes batailles s'y déroulèrent, opposant les troupes de Garibaldi à l'armée française envoyée pour restaurer le régime papal. Un monument érigé au sommet de la colline en l'honneur de Garibaldi rappelle ces événements.

Anita, l'épouse de Garibaldi, d'origine brésilienne, possède aussi son monument sur le Gianicolo : une **statue équestre** (plan 5), réalisée par Mario Rutelli en 1932 (en direction de la basilica di San Pietro) et offerte à l'Italie par le Brésil. Le socle du monument est orné de sculptures représentant les actes héroïques d'Anita Garibaldi pendant la campagne de son mari.

Par beau temps, la **piazza Garibaldi** (plan 5) offre une vue spectaculaire sur Rome. A quelques pas, un manège permanent, des poneys et, le dimanche, un spectacle de marionnettes distrairont les enfants. La place comprend aussi un petit bar. Pour vous y rendre, prenez le bus n°870 depuis la via Paola, à l'extrémité du corso Vittorio Emanuele, à l'intersection avec le Lungotevere, ou grimpez les marches de la via Mameli, dans le Trastevere.

A environ 5 minutes à pied de la piazza Garibaldi, en montant dans les passeggiate del Gianicolo, après la porta di San Pancrazio, s'étend le plus grand parc de Rome, la **villa Doria Pamphili** (plan 7). Cette immense propriété privée fut aménagée en 1650 par Alessandro Algardi pour le prince Camillo Pamphili, un neveu d'Innocent X. Au centre, le superbe casino (maison de campagne) del Bel Respiro, d'Algardi aussi, se niche au cœur d'un jardin délicat.

Ce bâtiment appartient à l'État depuis la fin des années 50 et accueille des bureaux administratifs.

La municipalité acheta les jardins entre 1965 et 1971 et les transforma en parc public. Ouvert tous les jours de l'aube au crépuscule, c'est un lieu de promenade et de pique-nique idéal. Vous parviendrez toujours à dénicher un endroit tranquille derrière une fontaine baroque ou sous un pin parasol, même par un bel après-midi de week-end.

Vous pouvez aussi vous y rendre avec le bus n°870 (depuis la via Paola, à l'extrémité du corso Vittorio Emanuele, à l'intersection avec le Lungotevere).

En descendant de la piazza Garibaldi, vous passez à côté de la **fontana dell'Aqua Paola** (plan 7), face à une terrasse bénéficiant d'une vue magnifique sur la ville. Cette fontaine fut construite en 1612 pour Pie V, avec des blocs de marbre provenant du Foro romano.

Quatre des six colonnes de pierre rose viennent de la façade de l'ancienne basilica di San Pietro. Carlo Fontana élabora le bassin de granit en 1690.

Plus bas, le long de la via Garibaldi, vous apercevez la **chiesa di San Pietro in Montorio** (plan 7) et, dans la cour adjacente, le **Tempietto** circulaire de Bramante, édifié à l'endroit où saint Pierre avait été crucifié, croyait-on (sa crucifixion eut lieu en fait dans le cirque qui se trouvait jadis sur le site de la basilica di San Pietro).

Ce tempietto, qui date de 1502, incarne l'élégance classique de la Renaissance. Consultez aussi la première promenade du chapitre *Promenades dans Rome*.

Via Salaria (plan 4)

Cette route, l'une des plus anciennes de Rome, s'éloigne de la ville vers le nord. Utilisée autrefois pour le transport du sel (*sale*), elle dessert aujourd'hui un quartier résidentiel et commerçant. Pas très loin du centre-ville, après le croisement avec le viale Regina Margherita, vous apercevrez le quartier **Coppedè**, à l'architecture originale. Vous y verrez des demeures et des palais construits juste après la première guerre mondiale dans un style Art nouveau exubérant. Remarquez notamment les maisons de la via Dora et de la piazza Mincio, à quelques mètres à l'est du viale Regina Margherita. Pour vous y rendre, prenez le bus n°56 dans le Trastevere, piazza Venezia ou piazza Barberini ou le n°319 à la stazione Termini, qui emprunte ensuite la via Tagliamento, parallèle à la via Salaria.

La via Salaria longe l'enceinte du parc de la **villa Ada**. Autrefois résidence de Vittorio Emanuele II, elle abrite à présent l'ambassade d'Égypte. Les jardins forment un grand parc public doté de vastes pelouses, d'allées ombragées, de lacs et de bassins. Idéal pour les pique-niques, il accueille en outre un festival de musique en été.

Les **catacombe di Priscilla**, qui faisaient à l'origine partie du domaine de la famille des Acilii au Ier siècle, s'agrandirent considérablement aux IIIe et IVe siècles et servirent de sépulture à des membres de la société aisée, comme en témoignent divers ornements. Plusieurs papes y furent inhumés entre 309 et 555. La cappella Greca, chapelle funéraire, appartenait sans doute au cryptoportique de la villa Acilii. Elle renferme encore des stucs et des fresques du IIIe siècle bien conservées illustrant des scènes de la Bible. Situées via Salaria, les catacombes (☎ 06 86 20 62 72) se visitent de 8h30 à 12h et de 14h30 à 17h du mardi au dimanche. L'entrée coûte 8 000 L.

Via Nomentana (plans 4 et 6)

Les bus n°36 et 317, au départ de la stazione Termini, et le bus n°60, depuis le Trastevere, la piazza Venezia ou la piazza Barberini, vous déposeront à la porta Pia et dans la via Nomentana bordée d'arbres, qui part en direction du nord-est. Commandée par Pie IV en 1561, la **porta Pia** (plan 6), édifiée à côté des ruines de la porta Nomentana, représente le dernier ouvrage architectural de Michel-Ange. Le 20 septembre 1870, les troupes italiennes pénétrèrent dans Rome non loin de là pour mettre un terme à la papauté. Le bâtiment peu engageant situé au niveau de l'enceinte abrite l'ambassade du Royaume-Uni.

En face, la villa Paolina, résidence de Pauline Bonaparte de 1816 à 1824, accueille désormais l'ambassade de France auprès du Saint-Siège.

Le parc de la **villa Torlonia** (plan 4), autrefois propriété des Torlonia, se trouve à environ 1 km de la porta Pia, sur le côté droit (en s'éloignant de la ville). Le parc compte plusieurs édifices, notamment une demeure de style néoclassique construite par Valadier en 1806, qui fut la résidence privée de Mussolini dans les années 30. Occupée par les Alliés pendant la deuxième guerre mondiale, elle tomba ensuite à l'abandon avant d'être rachetée en 1978 par la municipalité et transformée en parc public. Celui-ci fait actuellement l'objet d'un programme de réhabilitation qui devrait lui redonner sa splendeur passée.

La **casina delle Civette** (plan 4) présente sans doute plus d'intérêt. Construite entre 1840 et 1930, cette demeure tient à la fois du chalet suisse, du château gothique et de la ferme Art nouveau. Ravagée par un incendie en 1991, elle connut une importante rénovation et rouvrit ses portes en 1997, transformée en musée.

Consacré aux vitraux, celui-ci renferme les baies de la demeure originale, des œuvres réalisées entre 1908 et 1930 par des artistes italiens, comme Duilio Cambelotti, et des vitraux du début du XXe siècle. Il contient aussi plus d'une centaine de croquis de vitraux, de céramiques et de marqueteries.

Ce musée (☎ 06 44 25 00 72) ouvre du mardi au dimanche de 9h à 19h, d'avril à septembre, et de 9h à 17h, d'octobre à mars. L'entrée coûte 5 000 L.

Sant'Agnese fuori le Mura et Santa Costanza.

Au n°349 de la via Nomentana, la **basilique de Saint-Agnès-hors-les-Murs** compte parmi les premières églises chrétiennes, restaurée ensuite aux XVe, XVIe et XIXe siècles. Elle abrite la tombe de sainte Agnès, inhumée en 304. On raconte qu'Agnès, âgée de 13 ans, refusant les avances d'un courtisan de Dioclétien, fut exposée nue au stade de Domitien, mais protégée des regards grâce à sa longue chevelure. Condamnée au bûcher, elle fut épargnée par les flammes et mourut finalement décapitée. Ses reliques sont conservées sous le maître-autel.

Elle est représentée sur une belle mosaïque du VIIe siècle de l'abside, vêtue d'une robe pourpre et d'une étole dorée, entourée de deux papes.

L'église est ouverte de 9h à 12h et de 16h à 18h, ainsi que le dimanche après-midi et le lundi matin.

Les catacombes di Sant'Agnese datent du IIIe siècle et comportent de nombreuses inscriptions chrétiennes. On y entre par l'aile gauche de la basilique (mêmes horaires d'ouverture). L'entrée coûte 8 000 L.

De l'autre côté de la cour du couvent, vous voyez le **mausoleo di Santa Costanza**, ou **chiesa di Santa Costanza**. Édifié au IVe siècle pour abriter les tombeaux des filles de Constantin, Constantia et Helena, il fut transformé plus tard en baptistère. Douze paires de colonnes de granit soutiennent la coupole de ce joli bâtiment de plan circulaire.

La galerie qui court le long du mur possède une voûte en berceau ornée d'une magnifique mosaïque du IVe siècle, représentant des fruits, des fleurs, des animaux et des motifs géométriques.

Les mosaïques qui décoraient la coupole ont été détruites par Pie V en 1622. Les tombes en porphyre de Constantia et d'Helena, transférées au Vatican en 1790, sont exposées aux Musei Vaticani.

L'église Santa Costanza applique les mêmes horaires d'ouverture que Sant'Agnese.

San Lorenzo (carte Les environs de Rome)

Quartier de l'université La Sapienza, San Lorenzo, à la sortie de la ville, représente le cœur de la vie estudiantine. On y accède facilement par les transports en commun (bus n°71 depuis la piazza San Silvestro, n°492 depuis la piazza Cavour, la piazza Venezia, la piazza Barberini ou la stazione Termini, ou tram n°19 ou 30).

Au centre de ce quartier, la **basilica di San Lorenzo fuori le Mura**, dédiée à saint Laurent, constitue l'une des sept églises de pèlerinage de Rome. Saint Laurent, l'un des martyrs chrétiens les plus vénérés, fut condamné au bûcher par Valérien en 258. Les fondations de l'église, commencée au IVe siècle par Constantin, reposent sur le site de sa sépulture. Le pape Pélage II la fit reconstruire au VIe siècle, et elle fut de nouveau modifiée aux VIIIe et XIIIe siècles, date à laquelle on la rapprocha d'une église voisine du Ve siècle, pour fondre les deux édifices en un seul. La nef, le porche et la plus grande partie de la décoration datent du XIIIe siècle.

Remarquez en particulier les mosaïques du VIe siècle sur l'arc triomphal, représentant le Christ entouré des saints et de Pélage lui offrant l'église, le sol du XIIe siècle décoré dans le style Cosmati, les fresques médiévales du porche illustrant la vie de saint Laurent, les pupitres du XIIIe siècle et le trône de l'évêque. Un joli cloître avec une voûte en berceau comporte des inscriptions et des sarcophages et conduit aux catacombes de Santa Ciriaca, où l'on enterra tout d'abord saint Laurent (adressez-vous au sacristain pour les visiter). L'église est ouverte de 8h30 à 12h et de 16h à 18h30.

Conçu par Valadier au début du XIXe siècle, le **cimitero di Campo Verano**, à droite de la basilique, est le plus grand cimetière de la ville. On y enterra pratiquement tous les catholiques (à l'exception des papes, des cardinaux et des membres de la famille royale) des années 1830 aux années 80. Le cimetière principal et le crématorium se situent aujourd'hui au nord de Rome, à la Prima Porta.

Via Appia Antica (carte *Les environs de Rome*)

Appelée la *regina viarum* (reine des voies) par les Romains de l'Antiquité, la via Appia Antica s'étend de la porta San Sebastiano, près des terme di Caracalla, à Brindisi, sur la côte des Pouilles. Commencée aux alentours de 312 av. J.-C. par le censeur Appius Claudius Caecus, elle n'atteignit Brindisi que vers 190 av. J.-C. Le premier tronçon, qui allait jusqu'à 90 km de Terracina, parut à l'époque fort novateur car il formait une ligne presque droite.

Tous les dimanches, on en interdit aux voitures un long secteur : il est possible de parcourir à pied ou à bicyclette plusieurs kilomètres depuis la porta San Sebastiano.

Aux alentours de Rome, elle est bordée de catacombes et de sépultures romaines. La **chiesa di Domine Quo Vadis** s'élève à l'endroit où saint Pierre, fuyant les persécutions de Néron, aurait vu le Christ. "Domine, quo vadis ?", aurait-il demandé (Seigneur, où vas-tu ?). Celui-ci lui répondant qu'il allait à Rome se faire crucifier une seconde fois, saint Pierre décida de regagner Rome où il fut martyrisé.

Circo di Massenzio. Ce cirque, édifié vers 309 par Maxence, est mieux conservé que le Circo Massimo. Devant, vous verrez la **tomba di Romolo** (la tombe de Romulus), construite par ce même empereur pour son fils, et des vestiges de la résidence impériale. Le cirque ouvre uniquement le week-end, de 11h à 11h30 et de 15h à 15h30. L'entrée coûte 10 000 L. Pour tout renseignement, appelez au ☎ 320 39 98.

Tomba di Caecilia Metella. Un peu plus loin sur la via Appia, vous apercevrez la célèbre tombe de Caecilia Metella, belle-fille du riche Marcus Crassus. On intégra ce tombeau à la forteresse que fit édifier la famille Caetani au début du XIVe siècle. Il se visite gratuitement, du mardi au samedi de 9h à 18h en été (jusqu'à 16h en hiver) et de 9h à 13h le dimanche et le lundi.

A quelques mètres du tombeau, a été mise au jour vers le milieu du XIXe siècle une section de la voie antique d'origine. Cet endroit très pittoresque est bordé de fragments d'anciennes tombes. Toutefois, bien que les environs soient bien entretenus, la voie elle-même est en piteux état et les ruines saccagées. Il est préférable d'éviter de s'y aventurer à la nuit tombée.

Pour gagner la via Appia Antica, prenez le bus n°218 piazza San Giovanni in Laterano. Pour davantage de détails sur ces sites, consultez le chapitre *Promenades dans Rome*.

Catacombes

Les environs de la via Appia comptent plusieurs catacombes. Il s'agit en fait de galeries souterraines de plusieurs kilomètres, creusées dans la roche, dans lesquelles se rassemblaient et étaient inhumés les premiers chrétiens de Rome, du Ier siècle au début du Ve siècle. Les morts, enveloppés dans un linceul, étaient placés dans des niches rectangulaires aménagées dans les murs et fermées par une dalle en marbre ou de terre cuite.

La visite des catacombes s'effectue avec un guide et ne concerne que certaines galeries. Elles ferment à tour de rôle en semaine et en hiver (San Sebastiano ferme de la mi-novembre à la mi-décembre, San Callisto, aux alentours du mois de février). Pour davantage de précisions, reportez-vous au chapitre *Promenades dans Rome*.

Pour vous y rendre, prenez le bus n°218 piazza San Giovanni in Laterano (devant la basilique du même nom), ou la ligne A du métro de la stazione Termini à la station Colli Albani, et terminez le trajet avec le bus n°660.

Catacombe di San Callisto. Situées via Appia Antica 110, ces catacombes, les plus vastes et les plus célèbres, abritent le tombeau de sainte Cécile (bien que sa dépouille soit conservée à la basilica di Santa Cecilia in Trastevere). Créées à la fin du IIe siècle sur un terrain privé, elles devinrent ensuite le cimetière officiel de la nouvelle église catholique. Elles renferment cinquante martyrs, tués pendant les persécutions, et seize des premiers papes, souvent martyrisés aussi. Elles portent le nom de Calixte Ier, assassiné en 222 dans le Trastevere, qui les administrait depuis une vingtaine d'années. Elles couvrent une quinzaine d'hectares, et à ce jour, on a exploré environ 20 km de galeries. On a découvert quelque 500 000 sépultures, des inscriptions grecques et latines, et des fresques.

Les catacombes (☎ 06 51 30 15 80, s.callisto@catacombe.roma.it) sont ouvertes de 8h30 à 12h et de 14h30 à 17h30 (17h en hiver) tous les jours, sauf le mercredi. La visite revient à 8 000 L. Elles ferment chaque année de fin janvier à fin février.

Basilica e catacombe di San Sebastiano.

La basilique fut édifiée au IVe siècle sur les catacombes, qui permirent de protéger les reliques de saint Pierre et de saint Paul sous le règne de Vespasien, qui persécuta les chrétiens. Nommée à l'origine *Memoria apostolorum* (Mémoire des apôtres), elle fut consacrée à saint Sébastien après son martyre, à la fin du IIIe siècle.

La cappella delle Reliquie, dans la partie droite de la nef, abrite l'une des flèches qui servit à tuer le saint et la colonne à laquelle on l'avait ligoté.

Les galeries souterraines de San Sebastiano furent les premières à se nommer catacombes, sans doute parce qu'elles jouxtaient une grotte, le mot "catacombe" venant du grec *kata* (près de) et *kymbas* (cavité). Ce terme s'appliqua ensuite à tous les cimetières souterrains. Celle-ci a continué à accueillir des pèlerins au cours des siècles, qui ont contribué à détruire presque intégralement les trois premiers niveaux. On visite le deuxième étage, ainsi que des salles comprenant des fresques, des stucs et des épigraphes. Le site abrite aussi trois mausolées bien conservés et un mur couvert d'invocations aux apôtres Pierre et Paul, gravées par les chrétiens aux IIIe et IVe siècles.

L'église et les catacombes, via Appia Antica 136 (☎ 06 788 70 35), juste après l'entrée des catacombes de San Callisto, ouvrent tous les jours, sauf le dimanche, de 8h30 à 12h et de 14h30 à 17h30 (17h en hiver).

La visite coûte 8 000 L. Les catacombes ferment par ailleurs de la mi-novembre à la mi-décembre.

Catacombe di San Domitilla.

Figurant parmi les plus vastes et les plus anciennes catacombes de Rome, elles furent creusées sur le lieu de sépulture de Flavia Domitilla, l'une des nièces de Domitien. Elles abritent des peintures murales chrétiennes et l'église souterraine SS Nereus e Achilleus. Situées via delle Sette Chiese 283 (prenez le bus n°218), ces catacombes (☎ 06 511 03 42) ouvrent tous les jours, sauf le mardi, de 8h30 à 12h et de 14h30 à 17h. L'entrée coûte 8 000 L. Elles ferment de fin décembre à fin janvier.

Mausoleo delle Fosse Ardeatine (carte *Les environs de Rome*)

Prenez la via Ardeatina et tournez à droite pour parvenir au mausoleo delle Fosse Ardeatine, élevé sur le site d'un massacre commis par les nazis pendant la deuxième guerre mondiale. Des résistants italiens ayant tué 32 membres de la police militaire allemande dans la via Rasella, les Allemands emmenèrent 335 prisonniers désignés au hasard (dont 75 juifs) dans les grottes Ardeatine et les fusillèrent. Ils firent ensuite sauter les grottes pour enterrer les corps.

Après la guerre, on exhuma les cadavres pour les identifier et on les enterra dans ce monument, orné aujourd'hui de sculptures.

Le commandant SS Erich Priebke, qui reconnut avoir tué lui-même au moins deux des victimes, fut jugé et condamné à la prison en 1996.

Le mausoleo delle Fosse Ardeatine (☎ 06 513 67 42) est ouvert de 8h15 à 17h45 du lundi au samedi et de 8h45 à 17h15 le dimanche et les jours fériés. L'entrée est libre.

Porta San Paolo, Testaccio et via Ostiense (plans 7 et 8)

La porta San Paolo, l'une des anciennes portes de la ville située au sud de l'Aventino, ouvre sur la via Ostiense qui se dirige vers le sud, en direction d'Ostia, jadis port commercial de la ville (voir le chapitre *Excursions*). Ce quartier porte le nom de Piramide, en l'honneur de la pyramide haute de 27 m qu'il abrite, et dans laquelle fut enterré en 12 av. J.-C. Gaius Cestius, un tribun de la plèbe. On l'intégra au mur d'Aurélien au IIIe siècle.

Derrière, s'étend le **cimetière protestant** (plan 7), qui regroupe les tombes de personnalités étrangères célèbres, comme le poète John Keats, décédé à Rome en 1821. Ombragé, il constitue un des lieux de promenade les plus romantiques de Rome. Shelley, enterré ici aussi, écrivit d'ailleurs à son propos : "On aimerait presque la mort en sachant que l'on sera enterré dans un lieu aussi serein." Le cimetière (entrée via Caio Cestio 5, non loin de la via Nicola Zabaglia) est ouvert du mardi au dimanche de 9h à 18h (jusqu'à 17h d'octobre à mars).

Installé au sud-ouest de l'Aventino, entre la via Marmorata et le Tevere, le **Testaccio** (plan 7) servit de port fluvial du IIe siècle av. J.-C. au IIIe siècle.

Les cargaisons de vin, d'huile et de céréales importées des colonies romaines arrivaient par Ostia et le Tevere. On se débarrassait ensuite des conteneurs (d'énormes amphores ou pots en terre cuite) en les jetant dans le fleuve, puis, plus tard, en les brisant et en les empilant jusqu'à former le monte Testaccio.

Le mot Testaccio vient du latin *testae* qui signifie tessons. Au Moyen Age, ce quartier vit se dérouler de nombreuses joutes et des jeux de carnaval assez cruels, où l'on précipitait par exemple des animaux vivants du sommet de la butte.

A la fin du XIXe siècle, ce quartier accueillit des ouvriers et a conservé depuis son caractère populaire. Rarement inclus dans les visites touristiques, il mérite un détour, surtout si vous souhaitez goûter aux véritables spécialités culinaires de la ville (consultez le chapitre *Où se restaurer*). Il propose aussi un marché très pittoresque tous les matins du lundi au samedi, où l'on vend des fruits et des légumes, des aromates, des fleurs et des chaussures à des prix très modiques.

Les alentours du monte Testaccio offrent en outre une vie nocturne de plus en plus animée (reportez-vous au chapitre *Où sortir*). Certains bars et discothèques ont été creusés dans la butte artificielle et l'on voit parfois nettement des fragments d'amphores.

Pour visiter le monte Testaccio proprement dit, adressez-vous à la Sovrintendenza Archeologica di Roma (consultez l'encadré *Visites sur rendez-vous*).

Musei Capitolini de la centrale Montemartini (carte *Les environs de Rome*)

A environ 500 m à l'extérieur des murs de la ville, sur la gauche de la via Ostiense, vous voyez les **Mercati generali**, marchés de gros alimentaires de Rome. On projette de les déplacer à l'écart de la ville et d'installer à leur place la troisième université de Rome, Rome Tre.

Un peu plus loin sur la droite, au n°106, une ancienne centrale électrique, la **centrale Montemartini**, abrite depuis 1997 de nombreuses pièces de la collection des Musei Capitolini, fermés en partie pour restauration lors de la rédaction de ce guide. Elle ouvre de 10h à 18h du mardi au vendredi et de 10h à 19h le week-end. L'entrée coûte 12 000 L. Pour vous y rendre, prenez les bus n°23 ou 702 à la station de métro Piramide (ligne B)

La juxtaposition des marbres antiques et des machines industrielles constitue un ensemble surprenant mais finalement plutôt réussi. Ce déménagement permit aux conservateurs des Musei Capitolini d'exposer des pièces entreposées dans les réserves du musée depuis des années et de présenter ensemble des éléments ayant un rapport entre eux, des statues provenant du même monument par exemple. Ce nouvel aménagement sera conservé à la réouverture des Musei Capitolini en 2000. La plupart des pièces ont été mises au jour à la fin du XIXe siècle, alors que l'on construisait de nouveaux édifices.

Au rez-de-chaussée, la salle des colonnes abrite les pièces les plus anciennes, des sculptures et des céramiques du VIIe siècle av. J.-C., d'origine étrusque ou grecque, ou bien encore découvertes dans une nécropole de l'Esquilino.

Grimpez l'escalier métallique pour parvenir à la salle des machines, partagée entre des antiquités de la fin de la République à l'Empire et deux énormes moteurs Diesel. Remarquez les copies de sculptures grecques, en particulier un groupe de statues d'*Athena*, une statue en basalte noir identifiée récemment comme un portrait d'Agrippine, la nièce de Claude, des bustes de divinités et des statues provenant du tempio di Apollo Soianus, situé jadis non loin du teatro di Marcello. A l'origine polychromes, elles représentent une bataille opposant les Grecs aux Amazones. Vous verrez aussi des sculptures découvertes sur le Campidoglio, dans l'Area Sacra di largo Argentina et à proximité du teatro di Pompeo (dans le quartier du Campo dei Fiori).

C'est la salle de la chaudière qui renferme les plus belles pièces, la plupart provenant des demeures et des parcs impériaux ou patriciens et témoignant par conséquent du goût des empereurs et des nobles. Les magnifiques mosaïques de sol, rarement exposées, illustrent des scènes de chasse. Elles ont été mises au jour non loin de la porta Maggiore. Vous admirerez certainement les statues de la *Fanciulla seduta*, jeune fille assise le coude sur son genou et de la *Musa Polimnia*, dont le regard semble perdu dans une rêverie lointaine.

A l'extrémité de la salle, la *Venus esquilina,* d'une blancheur laiteuse, date du Ier siècle av. J.-C. et fut découverte sur l'Esquilino en 1874.

Basilica di San Paolo fuori le Mura (carte *Les environs de Rome*)

Un peu à l'écart du centre, la **basilica di San Paolo fuori le Mura** se situe via Ostiense, à environ 3 km de la porta San Paolo (prenez la ligne B du métro jusqu'à la station San Paolo). Érigée par Constantin au IVe siècle sur la tombe de saint Paul, cette église demeura la plus vaste du monde jusqu'à la construction de la basilique San Pietro actuelle. L'édifice que l'on voit aujourd'hui date toutefois de 1823, un incendie ayant détruit le bâtiment d'origine.

L'arc triomphal provient cependant de l'ancienne église, et l'on a restauré ses mosaïques du Ve siècle, représentant le Christ entouré d'anges, de saint Pierre et de saint Paul, et de symboles des évangélistes. Le revers de l'arc s'orne de mosaïques de Pietro Cavallini. Celles de l'abside, exécutées par des artistes vénitiens, dépeignent le Christ en compagnie de saint Pierre, saint André, saint Paul et saint Luc. Arnolfo di Cambio et sans doute Pietro Cavallini créèrent au XIIIe siècle le baldaquin en marbre qui domine le maître-autel. Sur les murs latéraux, entre les baies, des peintures illustrent la vie de saint Paul et, au-dessous, figurent les portraits en mosaïque de tous les papes de l'histoire, de saint Pierre à Jean-Paul II.

Le magnifique **cloître** de l'abbaye bénédictine voisine survécut à l'incendie. Tout comme le cloître de la basilica di San Giovanni in Laterano, il constitue l'une des plus somptueuses illustrations de l'art cosmati. Remarquez, en particulier, les incrustations de mosaïques colorées dans les colonnes torsadées ou octogonales qui soutiennent les arcades. La sacristie renferme des objets provenant de l'ancienne église, notamment quatre portraits de papes.

EUR

Cet acronyme, signifiant Esposizione Universale di Roma, désigne à présent un quartier périphérique de Rome abritant plusieurs exemples de l'architecture fasciste, notamment le **palazzo della Civiltà del Lavoro** (palais de la civilisation du travail), édifice massif et carré agrémenté de rangées d'arcades. Mussolini ordonna la construction de cette ville à 5 km au sud de Rome pour accueillir une exposition universelle qui aurait dû se dérouler en 1942. La guerre entraîna l'interruption des travaux et l'annulation de l'exposition. Toutefois certains édifices furent terminés dans les années 50.

Le **Museo della Civiltà romana** (☎ 06 592 61 35, piazza G. Agnelli) retrace le développement de Rome à l'aide de reproductions diverses. Il présente notamment une maquette du centre de la Rome antique et des moulages en plâtre des bas-reliefs de la colonna di Trajano et de la colonna Antonina (colonne de Marc-Aurèle).

Il ouvre du mardi au samedi de 9h à 19h, et le dimanche jusqu'à 13h30. L'entrée coûte 5 000 L.

Le **Museo nazionale preistorico etnografico Luigi Pigorini** (☎ 06 54 95 21), à l'angle de la piazza Marconi et de la viale Lincoln, dispose d'un fonds intéressant. La partie préhistorique traite de l'évolution des civilisations de la région, tandis que les collections ethnographiques regroupent des objets du monde entier. Il se visite de 9h à 14h du mardi au samedi et de 9h à 13h le dimanche, moyennant 8 000 L.

De l'autre côté de l'immense piazza Marconi (au n°8) se tient le **Museo delle Arti e Tradizioni popolari** (☎ 06 592 61 48), qui illustre la culture traditionnelle italienne grâce à des outils agricoles, des objets d'artisanat, des costumes, des instruments de musique et des bijoux. Il ouvre de 9h à 14h du mardi au samedi et de 9h à 13h le dimanche. L'entrée revient à 4 000 L.

La ligne B du métro conduit à l'EUR.

IL VATICANO (PLAN 5)

Lors de la réalisation de l'unité italienne, le nouveau royaume incorpora les États de la papauté, entraînant une scission avec l'Église qui perdura jusqu'en 1929, lorsque Mussolini signa avec le pape Pie XI les accords du Latran. Ces derniers conféraient aux papes une entière souveraineté sur la Città del Vaticano (la Cité du Vatican).

Celle-ci possède ses propres services postaux, sa monnaie, une station de radio, une gare (utilisée à présent uniquement pour le transport des marchandises) et un héliport. Le Vatican publie aussi un quotidien *L'Osservatore romano*. Les gardes suisses sont chargés de veiller à la sécurité du pape. Ce corps d'armée fut créé en 1506 par Jules II afin de défendre la papauté contre les troupes ennemies. Brandissant des lances du XVe siècle, les gardes, vêtus du célèbre uniforme rouge, jaune et bleu (qui ne fut pas conçu par Michel-Ange, contrairement à une légende), forment une troupe extrêmement entraînée. Ils accompagnent le pape dans ses déplacements à l'étranger et lors de ses apparitions publiques.

Renseignements et services

L'office du tourisme, l'Ufficio Informazioni Pellegrini e Turisti, se tient piazza San Pietro, à gauche de la basilique (☎ 06 69 88 44 66 ou 06 69 88 48 66, fax 06 69 88 51 00). Ouvert du lundi au samedi de 8h30 à 19h, il fournit des renseignements d'ordre général sur San Pietro et le Vatican.

La poste du Vatican, en principe plus rapide que la poste italienne, se trouve à quelques mètres de l'office du tourisme. Il existe un autre bureau de l'autre côté de la place et dans les Musei Vaticani. Utilisez les boîtes aux lettres du Vatican (les bleues) seulement si votre courrier est affranchi avec des timbres du Vatican.

La visite des **giardini del Vaticano** (jardins du Vatican) s'effectue uniquement avec un guide. Vous pouvez réserver votre place à l'office du tourisme. Les jardins, de styles variés, abritent des fortifications, des grottes, des monuments et des statues du IXe siècle à nos jours, ainsi qu'un héliport. Une équipe de 30 jardiniers veille quotidiennement à leur entretien.

Ils comportent une partie à l'italienne, des massifs de fleurs à la française et un bois à l'anglaise. Il existe même un jardin potager destiné à approvisionner la table pontificale.

Les visites ont lieu les lundi, mardi, jeudi, vendredi et samedi de mars à octobre, un peu moins fréquemment le reste de l'année. Le billet coûte 18 000 L. Les réservations peuvent se faire par téléphone auprès de l'office du tourisme, mais il faut régler plusieurs jours avant la visite. Nous vous conseillons de réserver suffisamment longtemps à l'avance.

Les gardes suisses

Les gardes suisses constituent les gardes du corps du pape. Contrairement à ce que pourrait laisser croire leur costume un tantinet théâtral, ce sont en fait des soldats bien entraînés.

Sélectionnés selon des critères draconiens, ils doivent montrer une précision remarquable, une loyauté et une fidélité totales. Pour prétendre rejoindre ce corps d'exception, il leur faut évidemment jouir d'une parfaite condition physique mais aussi être né en Suisse, être catholique pratiquant, avoir des mœurs irréprochables et avoir accompli leur service militaire en Suisse.

Ils sont en principe au nombre de 100, mais depuis quelques années, le Vatican rencontre des difficultés à conserver cet effectif, d'autant plus que certains préfèrent ensuite poursuivre leur carrière ailleurs. Ils perçoivent en effet un maigre traitement et sont tenus de vivre dans la Cité. Aussi, s'ils désirent se marier, ils attendent parfois des années avant de pouvoir accéder à un logement convenable.

Leurs attributions dépassent largement la simple garde des portes de la Cité. Leur journée peut par exemple comprendre la pratique des arts martiaux ou un entraînement à diverses armes (ils savent ainsi parfaitement manier leur lance), ainsi que des formations aux tactiques antiterroristes. Ils accompagnent le pape lors de ses apparitions publiques (l'un d'eux se tenait à ses côtés au moment de la tentative d'assassinat sur la piazza San Pietro en 1981) et deux gardes en civil le suivent dans ses déplacements à l'étranger.

Une controverse s'est élevée récemment concernant l'adaptation des gardes suisses au monde d'aujourd'hui. En mai 1998, une nouvelle recrue s'est introduite dans les appartements privés du responsable des gardes, l'a tué, ainsi que sa femme, avant de retourner l'arme contre lui. On s'est empressé d'expliquer que le jeune homme, déséquilibré et se droguant certainement, avait mal supporté une déception professionnelle (il avait en effet été sanctionné quelques mois auparavant).

Personne ne put toutefois déterminer s'il était ou non en service ce jour-là, pourquoi il déambulait au Vatican muni d'une arme, comment il eut accès aux appartements du commandant, ni pourquoi il l'a assassiné. Certains doutèrent par ailleurs qu'il ait pu s'infliger seul les blessures qu'il a reçues. Enfin, la presse à sensation avança même que les deux hommes entretenaient une liaison homosexuelle.

Par conséquent, pour beaucoup, la papauté devrait à présent envisager de moderniser son armée.

Audiences papales

Le pape donne en principe une audience publique tous les mercredis à 11h, dans l'Aula delle Udienze pontificie (hall des audiences papales). Pour y assister, adressez-vous à la Prefettura della Casa pontifica (☎ 69 88 30 17), située derrière le portail en bronze, sous l'arcade à droite de San Pietro. Le bureau est ouvert de 9h à 13h.

Vous pouvez vous présenter la veille de l'audience, ou, au pire, le matin même. Vous pouvez aussi envoyer votre demande par courrier à la Prefettura della Casa pontifica, 00120 Città del Vaticano, ou par télécopie au 06 69 88 58 63.

Indiquez la date que vous souhaitez et le nombre de personnes qui vous accompagnent. Si vous possédez une adresse à Rome, les billets vous y seront envoyés.

Les voyageurs individuels obtiennent en principe assez rapidement une autorisation.

Le pape célèbre aussi des messes à la basilique. Pour tout renseignement, adressez-vous au même bureau. Munissez-vous de votre carte d'identité ou de votre passeport car vous devrez le confier aux gardes suisses en faction devant le portail de bronze. Si vous souhaitez assister à une messe classique à San Pietro, demandez les horaires à l'office du tourisme.

Piazza San Pietro

Cette place, réalisée par Bernini, est considérée comme un véritable chef-d'œuvre. Aménagée au XVIIe siècle pour accueillir les chrétiens du monde entier, elle est délimitée par deux colonnades en demi-cercle, composées chacune de quatre rangées de colonnes doriques surmontées de statues de saints, exécutées par Bernini et ses élèves. Au centre de la place se dresse un obélisque rapporté d'Héliopolis, en Égypte, par Gaius Caligula.

Lorsque l'on se place entre l'obélisque et l'une des fontaines, on a l'impression saisissante que la colonnade ne comporte qu'une seule rangée de colonnes. Le dimanche, le pape prononce une homélie et récite l'angélus à midi depuis l'édifice situé à droite de la place. Son bureau se trouve au dernier étage, la deuxième fenêtre en partant de la droite. A Noël, une immense crèche est organisée sur la place.

Basilica di San Pietro

Le circus Vaticanus, construit sous Néron, se dressait jadis à la place de la basilique. Le martyre de saint Pierre et d'autres chrétiens, entre 64 et 67, se déroula certainement dans ce stade. On enterra le corps du saint dans une tombe anonyme au pied du stade, et des chrétiens élevèrent un simple mur pour en marquer l'emplacement. En 160, le stade tomba à l'abandon et l'on couvrit alors la tombe d'un petit monument. C'est en 315 que Constantin ordonna l'édification d'une église sur la tombe de

---

La justice selon Néron

Bien que Néron se trouvât à Anzio lorsqu'éclata le grand incendie de Rome en 64, on murmura rapidement qu'il en était responsable. Selon certains, il fit de la ville en flammes le décor d'un spectacle consacré à la chute de Troie, mais d'autres allèrent jusqu'à affirmer qu'il avait lui-même provoqué l'incendie. L'empressement qu'il mit à édifier son palais, la Domus Aurea, sur les ruines de la ville, ne contribua évidemment guère à calmer les esprits.

Aussi lui fallait-il trouver rapidement des coupables pour mettre un terme à la rumeur. Les chrétiens, qui ne suscitaient généralement qu'incompréhension et antipathie parmi le reste de la population, semblaient tout indiqués. Certains furent donc livrés en pâture aux animaux du cirque, d'autres furent transformés en torches humaines.

Saint Pierre et saint Paul auraient été martyrisés à cette période. Saint Pierre fut crucifié près du champ de course du Vatican (selon ses vœux, la tête en bas pour ne pas imiter la mort du Christ). Saint Paul, en tant que citoyen romain, eut la tête tranchée.

l'apôtre et en 326, on consacra la première basilica di San Pietro.

Quelque mille ans plus tard, elle avait connu de sérieux dommages. Aussi le pape Nicolas V, au XVe siècle, fit-il appel à des architectes, Alberti notamment, pour la reconstruire. Il fallut toutefois attendre 1506 et la commande passée à Bramante par Jules II pour que les travaux commencent véritablement. Bramante proposa un plan en forme de croix grecque, une coupole centrale et quatre coupoles plus petites. Il fit démolir la quasi-totalité de l'ancienne basilique et s'attira à cette occasion de nombreuses critiques, car il détruisait dans le même temps de précieuses œuvres d'art, telles que des mosaïques byzantines ou des fresques de Giotto qui auraient pu être conservées.

La construction de la nouvelle basilique prit plus de 150 ans et attira, outre Bramante, Raphaël, Antonio da Sangallo, Michel-Ange, Giacomo della Porta et Carlo Maderno. Il semble que Michel-Ange, qui prit part au projet à partir de 1547, à l'âge de 72 ans, soit l'artiste qui imprima le plus son style à la basilique. Il mourut avant l'achèvement de l'édifice.

Carlo Maderno, qui participa aux travaux après la mort de Michel-Ange, dessina la façade et le porche. Il agrandit aussi la nef en direction de la place, transformant ainsi la croix grecque de Bramante en croix latine. La façade vient de faire l'objet d'une restauration complète. La basilique ouvre de 7h à 19h d'avril à septembre et de 7h à 18h d'octobre à mars. L'intérieur, décoré par Bernini et Giacomo della Porta, peut accueillir 60 000 personnes. Il abrite de fabuleuses œuvres d'art, telle la **Pietà** de Michel-Ange, au début de l'aile droite. Le sculpteur la réalisa à 25 ans, et il s'agit de la seule pièce qui porte sa signature (sur l'écharpe qui ceint la poitrine de la Vierge). Suite à un acte de vandalisme en 1972, elle est désormais protégée par une vitre pare-balles.

Le disque de porphyre rouge juste derrière la porte principale marque l'endroit où Charlemagne et, plus tard, les autres empereurs furent couronnés par le pape. Sur le sol, des plaques de bronze indiquent la taille des 14 plus grandes églises du monde.

L'extraordinaire **baldaquin** baroque de Bernini s'élève à 29 m de hauteur au centre de l'église. Il fut réalisé avec le bronze du toit du Panthéon. La maître-autel, derrière lequel seul le pape peut officier, se dresse à l'endroit où saint Pierre fut enterré.

La coupole, œuvre de Michel-Ange, domine le maître-autel à une hauteur de 119 m. Les balcons s'agrémentent de bas-reliefs représentant les Relique maggiori (reliques majeures), la lance de saint Longinus, qui transperça le Christ, le suaire de sainte Véronique, sur lequel est apparu le visage du Christ, et un fragment de la Croix, rapporté par sainte Hélène, la mère de Constantin. On pénètre dans la coupole par le côté droit des escaliers menant à l'atrium. L'accès au toit se fait en ascenseur (6 000 L) ou à pied (5 000 L). Montez ensuite l'escalier menant au pied de la coupole pour admirer la vue sur l'ensemble de la basilique. Grimpez l'escalier étroit pour parvenir au sommet de la coupole et au lanternon, d'où l'on bénéficie d'une vue exceptionnelle sur Rome. Sachez toutefois que l'ascension est assez longue et éprouvante si l'on souffre de vertige ou de claustrophobie. L'accès à la coupole ferme une heure avant l'église.

A droite du maître-autel, la célèbre statue en bronze de saint Pierre daterait du XIIIe siècle et est attribuée à Arnolfo di Cambio. Son pied droit, touché par les nombreux pèlerins, finit par être tout usé. On revêt la statue des habits papaux pour la fête de saint Pierre et saint Paul, le 29 juin.

L'entrée des **Sacre Grotte Vaticane** (grottes du Vatican), où reposent les papes, se situe après le pilier de saint Longinus (l'un des quatre qui soutiennent la base de la coupole), sur la droite en vous dirigeant vers le maître-autel. Les tombeaux des premiers papes se trouvaient autrefois dans l'ancienne basilica di San Pietro. Les derniers papes, Jean XXIII, Pie VI et Jean-Paul Ier, ont été enterrés ici. La grotte ouvre tous les jours de 8h à 18h, d'avril à septembre, et de 8h à 17h, de septembre à mars.

Michel-Ange à Rome

Michelangelo Buonarroti, fils d'un magistrat, est né en 1475 à Caprese, près d'Arezzo en Toscane. Personnage solitaire et mélancolique, il était sujet à de vifs emportements. Homme de la Renaissance, architecte et peintre de talent, il se considérait toutefois avant tout comme un sculpteur.

C'est d'ailleurs dans cet art qu'il se fit rapidement connaître en réalisant la *Pietà*, présentée dans la basilica di San Pietro, alors qu'il n'était âgé que de 25 ans.

Michel-Ange vint travailler à Rome à la demande de Jules II qui souhaitait qu'il lui édifie un tombeau de marbre surpassant tous les monuments funéraires existants. Michel-Ange, envoyé dans les carrières de marbre de Carrara, au nord de la Toscane (où continuent de s'approvisionner aujourd'hui les sculpteurs), passa huit mois à sélectionner et à tailler des blocs de marbre qui serviraient ensuite à la construction de la piazza San Pietro.

Bien qu'il ait travaillé toute sa vie à ce fameux tombeau, il ne parvint pas à l'achever, et Jules II repose dans une sépulture dénuée de tout ornement à San Pietro. Elle devait compter à l'origine 40 statues. Le célèbre Moïse et les statues de Léa et de Rachel sont désormais dans la chiesa di San Pietro in Vincoli. Le Louvre renferme deux des statues d'esclaves, et d'autres, inachevées, sont exposées à l'Accademia de Florence.

Alors qu'il affirmait peindre sans grand plaisir, il exécuta l'une des œuvres les plus admirables et impressionnantes de l'art pictural en décorant le plafond de la cappella Sistina, de 1508 à 1512.

Il ne désirait pas honorer cette commande (de Jules II aussi), et le projet ne se fit pas sans difficultés. Après avoir refusé l'échafaudage que Bramante lui avait construit, il congédia tous ses assistants, effaça ce qu'ils avaient commencé et finit la fresque seul. Épuisé moralement et physiquement, il ne trouvait en outre guère de soutien auprès du pape et de sa cour qui le pressaient continuellement de terminer son travail au plus tôt.

Michel-Ange revint à Rome à l'âge de 59 ans à la demande de Clément VII, pour peindre le *Giudizio universale* (Jugement dernier) sur le mur de l'autel de la cappella Sistina. Contraint une nouvelle fois d'exécuter une commande qui ne le satisfaisait pas, il travailla en cachette aux sculptures du tombeau de Jules II.

A la mort de Clément VII, son successeur, Paul III, décida de se l'attacher pour qu'il termine la cappella Sistina. En 1535, il le nomma architecte, sculpteur et peintre attitré du Vatican. Michel-Ange peignit alors le Jugement dernier. Dévoilée en 1541, cette œuvre suscita l'admiration de tous, surpassant toutes les autres peintures de la chapelle, y compris celles de Michel-Ange lui-même.

Si vous ne voyez pas l'entrée, adressez-vous à l'un des gardes de l'église.

Les fouilles effectuées sous la basilique, commencées dans les années 40, ont mis au jour une partie de l'édifice initial, un cimetière chrétien et des tombes romaines. Les archéologues auraient aussi retrouvé le tombeau de saint Pierre : une plaque et un mur rouge recouvrent en effet une tombe vide. Non loin, un autre mur est couvert d'inscriptions laissées par des pèlerins. En 1942, on découvrit les ossements d'un vieil homme dans une niche derrière ce mur, et, en 1976, après des années d'expertise, Pie VI déclara qu'il s'agissait de la dépouille de saint Pierre.

Jean-Paul II se fit apporter des ossements dans sa chambre d'hôpital en 1981, après la tentative d'assassinat dont il fut victime. Ils furent ensuite remis dans le tombeau où ils sont conservés hermétiquement selon un procédé scientifique particulier.

Certains restaurants n'ont pas besoin d'enseigne pour se faire un nom

Quelques ingrédients nécessaires à la préparation des antipasti

Sortie en famille

Pause journal au café

Au bonheur des pigeons

Affûteur, un métier que l'on croyait disparu

Michel-Ange à Rome

Paul III lui ordonna ensuite de créer une nouvelle place sur le Campidoglio et de lui aménager un accès particulier. Les travaux se poursuivirent jusqu'au milieu du XVIIe siècle, dirigés par plusieurs architectes qui suivirent scrupuleusement les plans de Michel-Ange.

L'édification de l'étage supérieur du palazzo Farnese se fit aussi après sa mort, lorsque Giacomo della Porta eut achevé le palais. De même, la porta Pia, qu'il avait dessinée, fut terminée un an après sa mort.

Michel-Ange passa les dernières années de sa vie à travailler, à contrecœur, dans la basilica San Pietro, pensant que Dieu lui infligeait une pénitence. Il désapprouvait les plans dessinés par Sangallo le Jeune avant de mourir, estimant qu'ils privaient la basilique de lumière, et se fâcha avec les assistants de Sangallo qui souhaitaient respecter la volonté de leur maître. S'inspirant du Duomo de Florence dessiné par Brunelleschi, il créa une magnifique coupole baignée de lumière et une façade majestueuse.

Malgré son âge avancé, il travaillait avec la même ardeur et la même concentration que dans ses jeunes années. Il dirigea les travaux de San Pietro jusqu'à sa mort, le 18 février 1564. Enterré tout d'abord dans la chiesa dei Santi Apostoli, son corps fut ensuite transféré à Florence. Vignola, Giacomo della Porta et Carlo Fontana terminèrent la coupole et la façade de San Pietro en suivant ses plans.

La Pietà

Les fouilles se visitent uniquement sur rendez-vous. Pour en obtenir un, présentez-vous à l'Ufficio Scavi (☎ 06 69 88 53 18, fax 06 69 88 55 18), piazza Braschi, ou envoyez un courrier à l'Ufficio Scavi, 00120 Città del Vaticano, Roma, en indiquant la date souhaitée. Le bureau vous proposera ensuite la date et l'heure de votre visite. Réservez au moins une semaine à l'avance. Le bureau est ouvert du lundi au samedi de 8h à 17h. Les visites ont lieu presque tous les jours de 9h à 12h et de 14h à 17h et coûtent 10 000 L.

Une tenue correcte est exigée pour pénétrer dans San Pietro.
Ne portez ni short ni jupe courte et couvrez-vous les épaules.

Musei Vaticani

Pour gagner l'entrée des musées, longez le mur nord du Vatican sur la piazza di San Pietro. Le service des navettes entre l'arco delle Campane (à gauche de la basilique, juste à côté de l'office du tourisme) et les musées était interrompu lors de la rédaction de cet ouvrage, en raison des travaux entrepris pour le Jubilé. Il devrait reprendre en 1999 ou en 2000. Renseignez-vous auprès de l'office du tourisme.

Les musées abritent des collections extraordinaires, constituées par les différents papes. Prévoyez plusieurs heures pour en visiter les salles les plus importantes, ou mieux, si vous disposez de suffisamment de temps, consacrez-leur plusieurs visites afin de pouvoir les apprécier pleinement. Quatre itinéraires ont été établis afin de simplifier les visites et de canaliser les visiteurs. Vous êtes tenus de les respecter (ils varient de 1 heure et demie à 5 heures), mais quelques écarts sont toutefois autorisés.

Signalons par ailleurs que chaque itinéraire se termine à la cappella Sistina. Il est toutefois possible, si vous voulez y consacrer plus de temps ou arriver très tôt avant la foule, de s'y rendre directement – elle est assez loin de l'entrée – et de revenir ensuite sur vos pas jusqu'à l'atrio dei Quattro Cancelli (hall des Quatre Portes) pour reprendre un autre itinéraire. La plupart des groupes commencent par la chapelle, pratiquement toujours bondée. Sachez aussi que l'on ferme les portes du musée bien avant 13h45, l'heure officielle de fermeture. Nous vous conseillons vivement de vous procurer différents *Guides de la Cité du Vatican et des musées du Vatican,* en vente sur place. Vous pouvez aussi louer des audioguides proposant un commentaire des œuvres.

Les musées disposent d'un équipement adapté aux handicapés. Ils proposent des itinéraires spéciaux, plusieurs ascenseurs et des toilettes aménagées. Demandez la brochure d'informations à la billetterie, au bureau de renseignements ou en téléphonant au ☎ 06 69 88 38 60. Il est possible de réserver des fauteuils roulants.

Les poussettes des enfants sont aussi acceptées.

Les Musei Vaticani ouvrent du lundi au samedi de 8h45 à 13h45, mais les dernières entrées se font à 12h45. De la mi-mars à la fin octobre, ils sont ouverts du lundi au vendredi de 8h45 à 16h45 (dernière entrée à 15h45), le samedi, de 8h45 à 13h45 (dernière entrée à 12h45). Le billet coûte 15 000 L. Ils sont fermés les jours fériés et le dimanche, sauf le dernier dimanche du mois, où ils se visitent gratuitement de 9h à 13h45 (l'attente est toutefois très longue).

Les différents bâtiments des musées forment le palazzo Apostolico. Ils ont été édifiés pour la plupart pour les papes de la Renaissance. Lors de son départ d'Avignon en 1378, Grégoire XI élut résidence dans un palais fortifié du Vatican construit aux alentours de 1208 pour Innocent III. Nicolas V l'agrandit ensuite et y ajouta la cortile dei Pappagalli (la cour des Perroquets).

Enfin, Sixte IV fit créer la cappella Sistina en 1473.

Le Belvedere date de l'époque d'Innocent VIII, à la fin du XVe siècle. Jules II y installa sa collection de sculptures classiques et commanda à Bramante une nouvelle entrée, comprenant un escalier en spirale accessible à cheval.

Au cours de la même période, Bramante dessina aussi la cour du Belvedere et aménagea de longs couloirs pour relier celui-ci au palais de Nicolas V et à la cappella Sistina. La cour fut divisée en trois parties pour accueillir la biblioteca Apostolica et le Braccio nuovo (nouvelle aile). La cour nord – la cortile della Pigna – doit son nom à la gigantesque pomme de pin en bronze datant du Ier ou du IIe siècle et placée à cet endroit en 1608 par Pie V. Lors de la transformation du Belvedere en musée, à la fin du XVIIIe siècle, on ajouta un escalier monumental (dessiné par Simonetti) et une nouvelle entrée, l'atrio dei Quattro Cancelli. De nouveaux bâtiments furent construits en 1932 et en 1970.

Un nouvel accès aux musées est en cours d'aménagement. Il comprendra un hall d'accueil sur quatre niveaux et une rampe conduisant au hall des Quattro Cancelli, point de départ des itinéraires de visite. Il abritera un point de rencontre, des bureaux d'informations, des guichets de change, un vestiaire, des toilettes, un centre de secours et un café-restaurant.

Les bâtiments situés à l'ouest du hall des Quattro Cancelli, les plus récents, accueillent le Museo Gregorio profano, le Museo Pio-Cristiano, la Pinacoteca, le Museo missionario-etnologico et un musée de carrosses. Si vous manquez de temps, vous pouvez décider de ne pas visiter ces musées proposés à la fin des itinéraires les plus longs.

Museo Gregoriano profano. Commencé par Grégoire XVI en 1844, il renferme des antiquités classiques, notamment des sculptures grecques des Ve et IVe siècles av. J.-C. et des sculptures romaines du Ier au IIIe siècle.

Museo Pio-Cristiano. Cette collection, rassemblée en 1854 par Pie IX, se compose d'antiquités chrétiennes, d'inscriptions et de sculptures provenant des catacombes et des premières basiliques, et de sarcophages décorés de bas-reliefs illustrant des scènes de la Bible. Conservées auparavant au palazzo Laterano, ces œuvres ont été transférées au Vatican en 1970.

Pinacoteca. Cette galerie de peintures, fondée par Pie XI, abrite des tableaux du XIe au XIXe siècle. Napoléon s'appropria une bonne partie des œuvres en 1797, mais elles furent rendues à Rome en 1815. Vous verrez, exposées dans l'ordre chronologique, des toiles de Fra Angelico, Filippo Lippi, Benozzo Gozzoli, Federico Barocci, Guido Reni, Guercino, Nicolas Poussin, Van Dyck et Pietro da Cortona.

L'une des salles, consacrée exclusivement à Raphaël, renferme notamment la *Madonna di Foligno*, conservée à l'origine dans l'église Santa Maria in Aracoeli, et la magnifique *Trasfigurazione*, terminée juste avant sa mort, en 1520. Citons aussi le *Polittico Stefaneschi* de Giotto, initialement un retable de la sacristie de San Pietro, la *Pietà* de Giovanni Bellini, le *San Girolamo* inachevé de Vinci et la *Deposizione* (Mise au tombeau) de Caravaggio.

Museo missionario-etnologico. Il propose un fonds ethnologique et ethnographique rassemblé par les missionnaires catholiques et consacré à l'Afrique, l'Amérique, l'Asie, l'Australie et le Moyen-Orient.

Museo Gregoriano egizio. Ce musée égyptien se situe au rez-de-chaussée du Belvedere, à l'est du hall des Quattro Cancelli. Créé par Grégoire XVI en 1839, il comprend de nombreuses pièces rapportées d'Égypte sous l'Empire romain. Le fonds est assez réduit mais comporte des œuvres splendides. Par ailleurs, les salles, décorées au XIXe siècle dans le style égyptien, s'agrémentent de frises avec des hiéroglyphes ou de plafonds bleu nuit constellés d'étoiles dorées. Les salles ont été rénovées en 1989. Dans la salle I, remarquez en particulier le **trône de Ramsès II**. La salle II abrite des sarcophages en bois peint de couleurs extraordinairement vives datant de 1 000 av. J.-C. environ. Vous verrez aussi deux momies, l'une totalement couverte de bandelettes, l'autre ayant les mains et les pieds découverts. On distingue nettement les cheveux et l'orbite de l'œil gauche, par lequel on a certainement retiré le cerveau avant de procéder à la momification. Cette salle renferme aussi deux sarcophages en marbre sculpté du VIe siècle av. J.-C. Signalons, dans la salle III, des sculptures romaines de style égyptien qui décoraient jadis la villa Adriana à Tivoli (voir le chapitre *Excursions*) et, dans la salle IV, la statue de marbre noir représentant le Nil.

Museo Chiaramonti. Au niveau du musée égyptien, quelques marches conduisent à un long couloir qui longe la cour de la Pigna et contient une myriade de statues de divinités, de chérubins et de bustes de patriciens romains, excellente initiation aux différents styles romains. Non loin de l'extrémité du museo Chiaramonti, sur la droite, le **Braccio nuovo** (nouvelle aile) abrite notamment une célèbre statue d'Auguste, ainsi qu'une sculpture représentant seize bambins batifolant sur le dieu-Nil et correspondant aux méandres du fleuve en crue.

A l'extrémité du Museo Chiaramonti, la **Galleria lapidaria** ne se visite que sur demande motivée. Elle renferme plus de 3 000 inscriptions chrétiennes et romaines, exposées de part et d'autre de la galerie.

Museo Pio-Clementino. Situé dans le Belvedere, on y accède par le Musée égyptien ou la cour de la Pigna. Après le vestibule carré, vous entrez dans le gabinetto de l'*Apoxyomène*, statue romaine du Ier siècle découverte dans le Trastevere en 1849. Représentant un athlète se frictionnant avec une étrille, il s'agit d'une copie d'un bronze de 320 av. J.-C. environ.

L'élégante cour Ottagono abrite des statues antiques, des bas-reliefs et des sarcophages. Vous apercevez sur la gauche le célèbre *Apollon du Belvédère*, reproduction en marbre du IIe siècle d'un bronze grec du IVe siècle av. J.-C., chef d'œuvre de la sculpture classique. A côté, notez la statue impressionnante d'un dieu-fleuve, puis le *Laocoon*, représentant un Troyen prisonnier d'Apollon, engagé avec ses deux fils dans un combat mortel contre deux serpents de mer. Lorsque l'on découvrit cette sculpture en 1506 sur l'Esquilino, on put l'identifier grâce aux descriptions qu'en avait faites Pline l'Ancien. Elle fut achetée par Jules II.

Revenez à l'intérieur du bâtiment, dans la **sala degli Animali** (salle des animaux) qui renferme des sculptures de créatures de toutes sortes. Admirez les magnifiques mosaïques du IVe siècle qui ornent le sol et ne manquez pas le crabe réalisé dans un porphyre vert très rare à l'extrémité de la salle, sur la droite. En face, une charmante mosaïque murale représente un chat, des canards et des fruits. Les plus petites, qui dépeignent la campagne, proviennent de la villa Adriana. Après la sala degli Animali viennent la galleria delle Statue, comportant de belles pièces classiques, la sala delle Buste, qui abrite de bustes des empereurs et des personnages politiques, et le gabinetto delle Maschere, qui doit son nom aux mosaïques du sol représentant des masques de théâtre. Il renferme en particulier deux belles statues de Vénus et un groupe des Trois Grâces.

Exposé dans la **sala delle Muse**, le *Torso Belvedere*, sculpture grecque du Ier siècle av. J.-C., fut découvert sur le Campo dei Fiori à l'époque de Jules II. Il faisait l'admiration de Michel-Ange et des artistes de la Renaissance. A côté, la **sala Rotonda**, édifiée par Simonetti en 1780, s'inspire du Panthéon. Elle comporte plusieurs statues colossales, notamment l'*Ercole*, un bronze doré. Remarquez par ailleurs la finesse de la mosaïque du sol illustrant un combat entre des Grecs et des centaures, au milieu de monstres marins. La vasque placée au centre de la salle, composée d'un seul bloc de porphyre rouge, provient du site de la Domus Aurea de Néron.

Enfin, dans la **sala a Croce Greca**, vous verrez les sarcophages en porphyre de la fille de Constantin, Constantia, et de sa mère, sainte Hélène. Ils se trouvaient à l'origine dans le mausoleo di Santa Constanza, via Nomentana.

Museo Gregoriano etrusco. Ce musée, situé à l'étage du Belvedere, au sommet de l'escalier de Simonetti, renferme des objets funéraires étrusques provenant de l'Étrurie du Sud. Signalons en particulier ceux de la salle II, trouvés dans le tombeau Regolini-Galassi en 1836, au sud de Cerveteri. Ce tombeau, dans lequel était notamment inhumée une princesse, contenait des bijoux en or ainsi qu'un lit funéraire en bronze datant du VIIe siècle av. J.-C. environ. Les vitrines sont aménagées thématiquement et l'on peut aisément comparer l'évolution des différents objets présentés.

La **sala dei Bronzi** abrite le *Mars de Todi*, guerrier en bronze datant du IVe siècle av. J.-C., ainsi que des figurines en bronze, des statuettes, des armures, des miroirs et des chandeliers. Dans la **sala delle Pietre** sont exposés des sarcophages et des statues en roche volcanique, fort appréciée des Étrusques car, tout en étant facile à sculpter, elle durcissait au fil des années et assurait une bonne conservation des pièces.

La **sala degli Ori** est consacrée aux bijoux étrusques.

La **sala delle Terracotte** renferme des objets en terre cuite, en particulier quelques portraits d'une remarquable finesse. Ne manquez pas notamment un buste de femme âgée. Signalons par ailleurs une collection de vases grecs et d'antiquités romaines, dont un vase fabriqué par le Grec Exekias aux environs de 530 av. J.-C. et représentant Achille et Ajax jouant aux fléchettes. La salle située à l'extrémité de cette aile offre une vue magnifique sur Rome. Vous pourrez même apercevoir la totalité du grand escalier de Bramante. Construit sous Jules II, il se trouvait à l'origine dans une tour carrée qui formait l'entrée du Belvedere.

Galleria dei Candelabri. Autrefois loggia ouverte, cette galerie foisonne de sculptures classiques et s'agrémente de plusieurs candélabres en marbre sculpté qui lui donnent son nom. Au milieu de la galerie, remarquez les fragments de fresques romaines et les mosaïques de couleurs vives. Signalons aussi la jolie sculpture du garçon étranglant une oie et le joueur de flûte qui lui fait face.

Galleria degli Arazzi (galerie de tapisseries). Cette galerie, que l'on traverse pour parvenir à la cappella Sistina, mérite bien un coup d'œil. Les tapisseries du mur de gauche datent du XVIe siècle. Dessinées par des élèves de Raphaël, elles ont été tissées à Bruxelles dans l'atelier de Pieter Van Aeist. Remarquez en particulier la finesse des fleurs et du feuillage de l'avant-dernière, illustrant l'apparition du Christ à Marie-Madeleine. Datant du XVIIe siècle, les tapisseries de droite ont été effectuées dans l'atelier des Barberini.

Galleria delle Carte geografiche. Couverte de cartes géographiques, cette galerie mériterait davantage d'attention de la part des visiteurs qui se pressent en direction de la cappella Sistina. Les 40 cartes furent peintes de 1580 à 1583 pour Grégoire XIII, d'après les relevés d'Ignazio Danti, l'un des grands cartographes de cette époque. Les fresques du plafond illustrent la vie des saints et l'histoire de l'église en fonction des zones géographiques couvertes par les cartes.

A côté de la galerie, l'**appartamento di San Pio V** abrite quelques belles tapisseries flamandes, et la **sala Sobieski** s'orne d'un gigantesque tableau du XIXe siècle, représentant la victoire du roi de Pologne Jean III Sobieski sur les Turcs en 1683. Ces salles débouchent sur les magnifiques stanze di Raffaello.

Stanze di Raffaello. Les chambres de Raphaël formaient les appartements privés de Jules II. Raphaël peignit la stanza della Segnatura et la stanza d'Eliodoro, ses élèves décorèrent la stanza dell'Incendio d'après ses dessins, et Perugino réalisa la fresque du plafond.

La **sala di Costantino**, au fond, est l'œuvre des élèves de Raphaël, exécutée d'après certains de ses dessins. Elle ouvre sur la sala dei Chiaroscuri (clairs-obscurs) et la cappella di Niccolo V. La **sala dei Chiaroscuri**, datant du XVIe siècle, accueillait des cérémonies.

Les élèves de Raphaël en ont peint le plafond d'après ses dessins. Une petite porte mène à la minuscule **cappella di Niccolo V**, la chapelle privée de Nicolas V. La fresque, réalisée par Fra Angelico vers 1450, illustre la vie de saint Stéphane (en haut) et de saint Laurent (en bas).

Revenez sur vos pas pour pénétrer dans la **stanza d'Eliodoro**. Le chef-d'œuvre de Raphaël, la *Cacciata d'Eliodoro* (Héliodore chassé du temple), sur le mur principal, dépeint la victoire militaire de Jules II sur les puissances étrangères. A gauche, *Le Miracle de la messe de Bolsena* représente Jules II commémorant un miracle survenu à Orvieto au XIIIe siècle. Admirez à côté le *Leone I ferma l'invasione di Attila* (Attila arrêté par Léon le Grand), de Raphaël et de ses élèves, et la *Liberazione di San Pietro* (Délivrance de saint Pierre), allusion à l'emprisonnement du pape Léon après la bataille de Ravenne.

La **stanza della Segnatura** abrite l'une des œuvres les plus célèbres de Raphaël, *La Scuola d'Atene* (École d'Athènes), représentant des philosophes regroupés autour de Platon et d'Aristote. Le personnage solitaire au premier plan a les traits de Michel-Ange, qui peignait à cette époque la cappella Sistina, tandis que Platon possède le visage de Léonard de Vinci. En bas à droite, Euclide, dessinant avec un compas, est un portrait de Bramante. Enfin, Raphaël s'est représenté lui-même dans l'angle droit de la fresque (le deuxième personnage à partir de la droite). Sur le mur d'en face figure *La Disputa del Sacramento* (Dispute du Saint Sacrement), de Raphaël aussi.

Descendez ensuite l'escalier pour jeter un œil au plafond de la première pièce de l'**appartamento Borgia**, peint par Pinturicchio. Ces salles abritent depuis 1973 une collection d'art religieux moderne qui présente moins d'intérêt.

Cappella Sistina

Chapelle privée du pape achevée en 1484 pour Sixte IV, la cappella Sistina (chapelle Sixtine) sert à certaines fonctions papales et accueille le conclave chargé de l'élection des papes. On connaît surtout les œuvres célèbrissimes de Michel-Ange qu'elle abrite : la *Genesis* (Genèse) qui orne la voûte et le *Giudizio universale* (Jugement dernier), sur le mur du fond. La restauration de la voûte s'est terminée en 1990, après 10 ans de travaux. Quant au Jugement dernier, il a retrouvé en 1994 ses magnifiques couleurs initiales.

Jules II ordonna à Michel-Ange de peindre la voûte. Bien que cette commande lui déplût (il ne se considérait pas comme un peintre), l'artiste se mit au travail en 1508. Il mit quatre ans à réaliser cette fresque, divisée en plusieurs parties, qui recouvre 800 m^2. D'après les études menées par les restaurateurs, il travaillait sur un échafaudage fiché dans des cavités placées sous les baies. Les travaux de restauration ont permis par ailleurs de mieux comprendre la manière dont il a peint cette œuvre somptueuse.

D'après Vasari, Michel-Ange peina à exécuter cette fresque, d'autant plus que Jules II le harcelait pour qu'il l'achève au plus vite et qu'il travailla quasiment seul, ayant renvoyé les peintres florentins qu'il avait rassemblés pour l'aider.

Vingt-quatre ans plus tard, Clément VII lui commanda le Jugement dernier (le pape mourut peu après et les travaux furent réalisés sous Paul III). On détruisit deux fresques de Perugino pour cette nouvelle peinture. Celle-ci, composée d'un enchevêtrement de corps dénudés baignés d'une lumière sinistre, souleva de vives critiques. Michel-Ange se vengea en donnant à Minos, le juge des Enfers, les traits du maître de cérémonies de Paul III, son détracteur le plus virulent. La fumée des bougies et de l'encens finirent par noircir cette fresque, endommagée en outre par des restaurations hasardeuses. Par ailleurs, Pie IV avait ordonné à Daniele da Volterra, un élève de Michel-Ange, de couvrir bon nombre des corps dévêtus.

La fresque de la voûte se divise en neuf scènes, à partir du Jugement dernier, illustrant les passages de la Genèse : la séparation de la lumière et des ténèbres, la création du Soleil, de la Lune et des planètes, la séparation des eaux et de la Terre, la création d'Adam, la création d'Ève, le péché originel et l'expulsion du Paradis terrestre, le sacrifice de Noé, le Déluge et l'ivresse de Noé. Les scènes centrales sont encadrées par des personnages aux corps athlétiques, les *Ignudi* (nus). Sur les côtés de la voûte figurent les prophètes hébreux et les sibylles païennes, séparés par des corniches en trompe l'œil. Au-dessus des baies, on voit les ancêtres du Christ.

Les murs de la chapelle ont été peints par d'autres artistes de la Renaissance, tels que Botticelli, Ghirlandaio, Pinturicchio et Signorelli. Prenez le temps de les contempler. Datant du XVe siècle, elles illustrent la vie de Moïse (à gauche du Jugement dernier) et du Christ (à droite). Les premières scènes de chacun de ces cycles correspondent aux peintures de Perugino détruites pour laisser place au Jugement dernier.

A droite, les *Tentazioni di Cristo* (Tentations du Christ) et la *Purificazione del lebbroso* (Purification du lépreux), de Botticelli, sont admirables.

Remarquez notamment les personnages féminins, caractéristiques du style du peintre. A gauche, sur la cinquième fresque, Botticelli utilisa l'arco di Costantino en arrière-plan et donna son visage à l'un des personnages situés derrière Moïse, dans l'angle droit. La *Vocazione di Pietro e Andrea* (Vocation de saint Pierre et de saint André), de Ghirlandaio, la troisième fresque de droite, comporte plusieurs portraits de personnages importants contemporains du peintre. Enfin, Perugino se représenta aussi dans le cinquième personnage à partir de la droite de la *Consegna delle Chiavi* (Christ remettant les clefs à saint Pierre).

En regagnant le hall des Quattro Cancelli, on traverse la salle magnifiquement décorée de la **Biblioteca Apostolica Vaticana**, créée en 1450 par Nicolas V. Elle renferme plus d'1,5 million de volumes, dont des manuscrits ornés d'enluminures, les premiers ouvrages imprimés, des gravures, des dessins et des pièces de monnaie. Certaines pièces sont exposées dans le **salone Sistino**, qui possède aussi de splendides fresques. Arrêtez-vous un instant pour les admirer si vous avez le temps.

Castel Sant'Angelo

Tout d'abord mausolée d'Hadrien, cet édifice fut transformé en forteresse pour les papes au VIe siècle. C'est le pape Grégoire le Grand qui, en 590, lui donna ce nom après avoir vu un ange apparaître au-dessus du bâtiment, annonçant la fin de l'épidémie de peste à Rome.

En 1277, on relia la forteresse aux palais du Vatican par un passage utilisé par les papes pour s'enfuir en cas de danger. Au XVIe siècle, au cours de la mise à sac de la ville par l'empereur Charles Quint, des centaines de personnes se réfugièrent dans la forteresse pendant plusieurs mois.

Le Castel Sant'Angelo est ouvert du mardi au dimanche de 9h à 20h (entrée jusqu'à 19h) et coûte 8 000 L.

Querelle musicale

On connaît Gregorio Allegri (1582-1652) essentiellement pour son *Miserere*, qui est toujours chanté dans la cappella Sistina pendant la Semaine sainte.

Il semble toutefois qu'il n'ait jamais écrit les célèbres lignes qui s'élèvent dans les aigus. Elles auraient en fait été ajoutées à l'initiative de certains chanteurs.

On raconte que la partition était soigneusement cachée jusqu'à ce que Mozart, à l'âge de 14 ans, la retranscrive de mémoire après avoir entendu le morceau une fois. Selon certains musicologues, cette performance était à la portée de quiconque est doté d'une bonne oreille musicale et d'une excellente mémoire, et fut sans aucun doute un jeu d'enfant pour Mozart.

Hadrien fit construire le **ponte Sant'Angelo** en 136, afin de fournir un accès à son mausolée. On le reconstruisit en 1450, en utilisant certaines parties du pont d'origine. Les anges sculptés qui le décorent ont été exécutés au XVIIe siècle par Bernini et ses élèves.

Le quartier qui va du Vatican au Tevere se nomme le Borgo. Il ne comporte plus guère d'édifices médiévaux (ou antérieurs), car Mussolini le fit presque intégralement raser pour ouvrir la via della Conciliazione.

ACTIVITÉS

Rome se prête fort bien aux promenades à pied ou à bicyclette. Reportez-vous aux chapitres *Promenades dans Rome* et *Comment circuler* pour davantage de détails.

Baignades

Si vous visitez Rome en été, vous apprécierez certainement de vous baigner. Si vous ne pouvez pas vous rendre aux plages du Lazio (voir le chapitre *Excursions*), les piscines municipales devraient vous satisfaire.

Généralement situées à l'extérieur de la ville, elles ne sont pas toujours bien desser-

Qui succèdera à Jean-Paul II

Malgré ses ennuis de santé, il semble que Jean-Paul II assistera au Jubilé de l'an 2000, qu'il prépare depuis une dizaine d'années. Toutefois, depuis quelque temps, on commence à s'interroger sur son successeur, et les journalistes du monde entier se tiennent prêts à se rendre à Rome lorsque le conclave des cardinaux se réunira pour l'élection du nouveau pape.

Le conclave se composera de 120 cardinaux au maximum, tous âgés de moins de 80 ans. Ils s'enfermeront au Vatican et resteront coupés du monde extérieur jusqu'à ce que le nouveau pape ait été élu, à l'issue de plusieurs suffrages secrets.

Le futur pontife doit satisfaire plusieurs critères. Il doit tout d'abord être bien connu de la Curie, qui assure le gouvernement du Saint-Siège. Théologien, il doit avoir écrit des documents religieux d'importance et occuper une fonction dans l'un des organismes internationaux de l'Église. Par ailleurs, il convient qu'il soit en bonne santé (pour éviter de répéter la triste expérience de Jean-Paul Ier, décédé un mois après son élection). Il ne doit être ni trop jeune (les 20 ans de papauté de Jean-Paul II semblent longs à certains) ni trop vieux. Il doit savoir entretenir de bonnes relations avec les médias et posséder un charisme certain. Enfin, et surtout, le candidat ne doit pas donner l'impression qu'il souhaite se faire élire.

Jean-Paul II a nommé la plupart des cardinaux en place, assurant ainsi sa propre continuité. Bien qu'un nouveau pape soit libre de modifier les orientations de l'Église, il ne peut évidemment pas désavouer totalement son prédécesseur.

Ainsi, même si l'on élit un pape plus libéral, il ne prendra pas de mesures radicalement opposées à la politique de Jean-Paul II.

Bon nombre de candidats potentiels ont été éliminés en raison de leur santé précaire, notamment le cardinal brésilien Lucas Moreira Neves, atteint de diabète, et l'archevêque belge Godfried Daneels, frappé par un infarctus en 1997.

Le cardinal nigérian Francis Arinze, figure populaire et charismatique, responsable des relations œcuméniques de l'Église depuis 1985, en particulier avec l'islam, possède un certain

---

vies par les transports en commun (nous vous fournissons des indications). L'entrée s'échelonne en principe de 8 000 à 15 000 L, plus une cotisation annuelle de 10 000 L la première fois. Ces piscines ferment une partie du mois d'août (voire le mois entier) et appliquent des horaires variables.

Il faut parfois présenter au préalable un certificat médical. Téléphonez pour vous renseigner.

Via Manduria 21 (☎ 06 259 23 80), après la via Prenestina, à l'est de la ville. Prenez le tram n°14 via Turati, près de la stazione Termini. Descendez juste après l'embranchement sur la droite, via Togliatti. Suivez ensuite la via Ascoli Satriano et la via Conversano pour gagner la via Manduria.

Viale dei Consoli (☎ 06 76 90 06 27), non loin de la via Tuscolana, au sud-est de la ville. Prenez la ligne A du métro jusqu'à la station Numidio Quadrato, puis marchez via San Curione pour rejoindre la viale dei Consoli.

Via Bravetta (☎ 06 66 16 09 85), derrière le parc de la villa Doria Pamphili. Prenez le bus n°98 via Paola, au bout du corso Vittorio Emanuele II.

Il existe aussi des piscines privées d'un accès légèrement plus facile, ainsi que les piscines des grands hôtels, généralement beaucoup plus chères.

Piscina delle Rose (☎ 06 592 67 17), viale America 20, EUR. Prenez la ligne de métro B jusqu'à la station EUR Palasport. Elle ouvre tous les jours de 9h à 19h, de juin à sep-

Qui succèdera à Jean-Paul II

nombre d'atouts. Tout comme Jean-Paul II noua des relations avec les pays communistes, Arinze pourrait sans doute créer des liens entre le catholicisme et les autres religions.

Cependant, la communauté catholique est-elle prête à accueillir un pape noir ? Il ne serait certes pas le premier, cet honneur revenant à Gelasius Ier, pape de 492 à 496. Toutefois, l'effervescence que provoqua, au début des années 90, dans les médias, l'évocation de son nom comme candidat éventuel n'a certainement pas joué en sa faveur.

L'archevêque de Milan, le charismatique Carlo Maria Martini, linguiste et prédicateur brillant, bien qu'apprécié, présente toutefois plusieurs défauts. Libéral convaincu (au regard du conservatisme de Jean-Paul II), il n'hésiterait pas à critiquer l'Église et prône débats et consultations, ce que la Curie redoute plus que tout. Il est de surcroît jésuite. Or, non seulement aucun jésuite ne fut jamais pape, mais surtout, aucun cardinal jésuite n'a jusqu'alors jamais été réellement pressenti comme pontife.

Les cardinaux les plus récemment nommés (début 1998) pourraient fort bien devenir des candidats potentiels, notamment l'archevêque de Vienne, Christoph Schönborn (mais on le jugera peut-être trop jeune car il n'a que 53 ans), Miloslav Vik de Prague, Dionigi Tettamanzi de Genève ou Francis George de Chicago.

Toutefois, après le si long règne d'un souverain pontife étranger, on peut supposer que l'on préférera élire un Italien, d'autant plus que le pape est aussi évêque de Rome. Il faudrait alors regarder du côté des personnalités du Vatican. Oublions sans doute le cardinal Angelo Sodano, secrétaire d'État, fort handicapé par l'amitié qu'il entretient avec Pinochet lorsqu'il se trouvait au Chili. En revanche, le cardinal Achille Silvestrini, préfet de la Congrégation des églises orientales, peut se targuer d'avoir favorisé les relations avec les pays d'Orient mais semblera peut-être trop âgé (76 ans en octobre 1999).Quoi qu'il en soit, nul doute que le décès de Jean-Paul II aura d'importantes répercussions et que le Vatican attirera une nouvelle fois l'attention du monde entier.

---

tembre. La journée revient à 18 000 L, la demi-journée à 13 000 L.

Sporting Club Villa Pamphili (☎ 06 66 15 85 55), via della Nocetta 07

Cavalieri Hilton Hotel (☎ 06 350 91), via Cadlolo 101, monte Mario). Ouverte de 9h à 19h de mai à septembre. Entrée à 70 000 L du lundi au vendredi, 85 000 L le week-end (moitié prix jusqu'à 18 ans). Prenez le bus n°907 ou 991 piazza del Risorgimento et descendez piazzale Medaglie d'Oro.

Hotel Parco dei Principi (☎ 06 85 44 21), via G. Frescobaldi 5 (du côté nord de la villa Borghese). Ouverte de 10h à 18h, tous les jours de mai à septembre. Entrée à 50 000 L du lundi au vendredi, 70 000 L le week-end (20% de réduction pour les enfants). Empruntez le bus n°3 ou 910 à la stazione Termini ou le n°52 piazza San Silvestro.

Holiday Inn St Peter's (☎ 06 66 42), via Aurelia Antica 415 (derrière le parc de la villa Pamphili). Ouverte de mai à septembre. Entrée à 40 000 L en semaine, 50 000 L le week-end. Prenez le bus n°98 ou 881 via Paola, au bout du corso Vittorio Emanuele I.

Jogging

Vous pourrez courir au Circo Massimo, dans la villa Borghese, la villa Ada et la villa Doria Pamphili. Consultez ces rubriques plus haut dans ce chapitre pour davantage de détails.

Équitation

Le club Il Galoppatoio de la villa Borghese (plan 4, ☎ 06 322 67 97, via del Galoppatoio 25) pratique des prix prohibitifs. Vous devez en effet régler au moins

10 leçons (300 000 L), auxquelles s'ajoutent la cotisation annuelle de 400 000 L et une assurance d'environ 40 000 L.

COURS
Cours de langue

Le Centro linguisitico italiano Dante Alighieri (carte *Les environs de Rome*, ☎ 06 44 23 14 00, fax 06 44 23 10 07, clidar@tin.it, www.clidante.it), piazza Bologna 1, propose des cours toute l'année. Une session de 4 semaines (4 heures de cours par jour) revient à 950 000 L, plus 36 000 L de livres. Les groupes ne comptent pas plus de 12 personnes.

Berlitz (plan *Les environs de la piazza Navona*, ☎ 06 683 40 00 ou 06 68 80 69 51, www.berlitz.com), via di Torre Argentina 21 (et deux autres lieux de cours), organise des cours intensifs de 4 semaines à 660 000 L.

Le Centro studi Flaminio (plan 3, ☎ 06 361 09 03 ou 06 361 08 96), via Flaminia 21, à 50 m de la station de métro (ligne B) Flaminia, offre des sessions de 32 heures de cours réparties selon deux formules (2 heures par jour ou 4 heures par semaine), qui coûtent 360 000 L.

Italiaidea (plan *Les environs de la piazza Navona*, ☎ 06 68 30 76 20, fax 06 689 29 97), piazza della Cancelleria 85, près du Campo dei Fiori, dispose de cours intensifs de 4 semaines, à raison de 3 heures par jour, pour 750 000 L (plus 30 000 L d'inscription).

L'Istituto Italiano (plan 6, ☎ 06 70 45 21 38, fax 06 70 08 51 22, istital@unit.net, www.istitutoitaliano.com), via Machiavelli 33, près de la piazza Vittorio, propose des cours intensifs de 4 semaines à raison de 3 heures par jour (760 000 L) ou de 4 heures et demie par jour (1 020 000 L). Les frais d'inscription de 100 000 L comprennent aussi le matériel d'enseignement. Il existe 7 niveaux différents et les groupes comptent de 3 à 12 personnes.

Située dans le même quartier, la Torre di Babele Centro di lingua e cultura italiana (plan 6, ☎ 06 700 84 34, fax 06 70 49 71 50, info@torredibabele.it), via Bixio 74, organise des sessions de cours sur 2 semaines et 4 heures par jour pour 530 000 L. L'inscription de 50 000 L comprend les livres de langue et des excursions culturelles.

COURS DE CUISINE

Diane Seed, écrivain culinaire auteur de plusieurs ouvrages sur la cuisine italienne, propose à un prix exorbitant quatre ou cinq sessions de cours de cuisine dans l'année, dans une cuisine du palais Doria Pamphili. Comptez environ 1 250 000 L pour une semaine. Pour tout renseignement, contactez le ☎ 06 679 71 09 ou fax 06 679 71 03.

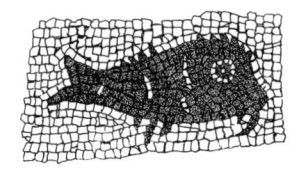

Promenades dans Rome

Rome compte tant de monuments importants qu'on se sent aisément submergé et déconcerté par la juxtaposition d'œuvres d'art et d'architecture issues de tant de périodes différentes. En effet, il n'est pas rare de voir dans une église du Moyen Age les précieux marbres et colonnes du temple romain qui se dressait auparavant sur le même site. Les églises ont souvent subi plusieurs réaménagements, mêlant des styles aussi divers que le roman et le baroque.

Si vous visitez la ville au pas de charge, en vous limitant aux incontournables Colosseo, Foro Romano et Vaticano (ce qui devrait néanmoins vous occuper plusieurs jours), vous risquez de passer à côté d'une grande partie de son patrimoine architectural et artistique, car presque toutes les ruelles étroites et les piazze accueillent palais, fontaines, églises et autres merveilles.

Les trois promenades suggérées dans ce chapitre doivent justement vous aider à découvrir ce capital *con calma* (tranquillement). Le temps nécessaire pour accomplir ces itinéraires n'est pas mentionné, car il dépend du nombre d'arrêts effectués en route et du rythme de chacun. Chaque promenade peut prendre la journée, voire deux jours si vous ne voulez vraiment pas vous presser. Tous les trajets, et plus particulièrement le troisième, le long de la via Appia Antica, peuvent s'effectuer à bicyclette (pour plus d'informations concernant la location de bicyclettes, reportez-vous au chapitre *Comment circuler*).

La première promenade part du Gianicolo, qui offre un somptueux panorama sur le centre-ville, ensuite elle traverse le quartier médiéval du Trastevere, puis le Tevere pour rejoindre le bel Aventino.

La deuxième reste dans le secteur du ghetto. Elle vous mène au sommet du Campidoglio – siège du Sénat romain depuis le XIIe siècle, et aujourd'hui de la municipalité – et se termine par une vue splendide sur le Foro Romano.

La troisième, et aussi la plus longue, commence à proximité des terme di Caracalla pour longer ensuite la via Appia Antica, la plus ancienne voie consulaire de la Rome antique.

PROMENADE 1 : DU PIAZZALE GARIBALDI AU PIAZZALE UGO LA MALFA

Ce trajet facile, qui traverse les limites sud-ouest du centre historique de Rome, englobe des parcs et des jardins, de splendides panoramas et d'impressionnantes églises romanes, ornées de mosaïques centenaires. Vous partirez des fortifications du Gianicolo, colline dominant le centre de Rome, pour parcourir les rues animées du Trastevere avant de remonter jusqu'au giardino degli Aranci sur l'Aventino. La promenade se termine par un vaste point de vue embrassant les vestiges du Circo Massimo et le Palatino, colline sur laquelle les empereurs romains avaient élu domicile.

Le bus n°870 rejoint le piazzale Garibaldi depuis son terminus situé dans la via Paola, au nord-ouest du corso Vittorio Emanuele II, près du ponte Principe Amedeo Savoia Aosta.

Au **piazzale Garibaldi**, qui forme une terrasse au sommet du bastion du XVIIe siècle du Gianicolo (82 m au-dessus de la mer), la statue équestre en bronze de Garibaldi fait face à la ville de Rome, tournant le dos à l'immense coupole réalisée par Michel-Ange pour la basilica di San Pietro. Elle rappelle que les batailles livrées par le général contre la papauté et les souverains Bourbons de Naples aboutirent à l'unification de l'Italie en 1870.

Profitez du merveilleux panorama pour essayer de reconnaître les nombreux monuments. (La vue est encore plus belle – sans doute la plus belle de Rome – à environ 200 mètres au nord, juste après l'élégante villa Lante, bâtie en 1518 par Giulio Romano sur les ruines de la villa du poète

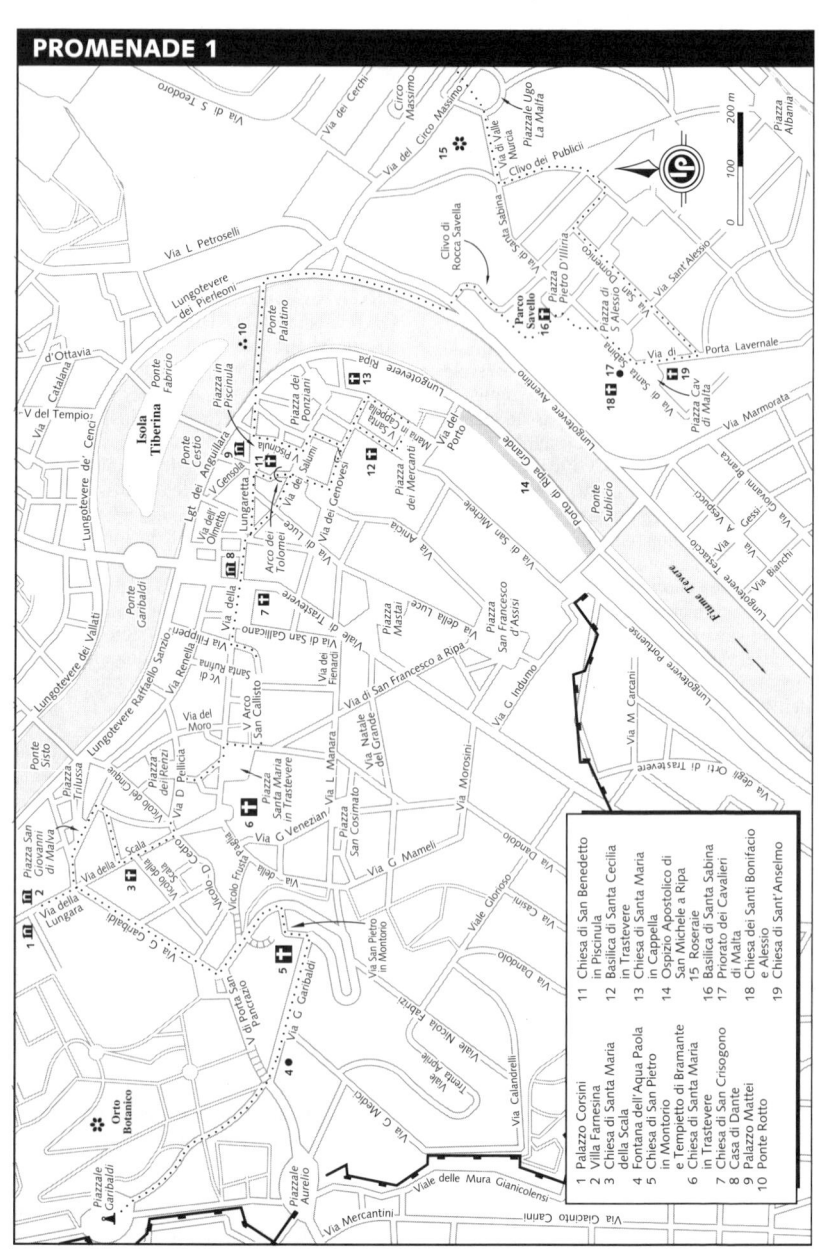

172 Promenade 1 – Du piazzale Garibaldi au piazzale Ugo la Malfa

PROMENADE 1

1. Palazzo Corsini
2. Villa Farnesina
3. Chiesa di Santa Maria della Scala
4. Fontana dell'Aqua Paola
5. Chiesa di San Pietro in Montorio e Tempietto di Bramante
6. Chiesa di Santa Maria in Trastevere
7. Chiesa di San Crisogono
8. Casa di Dante
9. Palazzo Mattei
10. Ponte Rotto
11. Chiesa di San Benedetto in Piscinula
12. Basilica di Santa Cecilia in Trastevere
13. Chiesa di Santa Maria in Cappella
14. Ospizio Apostolico di San Michele a Ripa
15. Roseraie
16. Basilica di Santa Sabina
17. Priorato dei Cavalieri di Malta
18. Chiesa dei Santi Bonifacio e Alessio
19. Chiesa di Sant'Anselmo

Martial.) Le regard englobe le Castel Sant'Angelo, le parc de la villa Borghese derrière la pâle façade de la villa Medici avec ses deux tours symétriques à gauche (au nord-est), les majestueuses ruines romaines du Palatino et l'horizon verdoyant du colle Aventino avec ses églises et ses jardins à droite (sud-est).

Par temps clair, les dômes, palais et campanili de la Rome baroque se dessinent au pied des Apennins, toile de fond sur laquelle se dresse au sud-est la silhouette volcanique des colli Albani. Chaque jour à midi, sur la place en contrebas de la terrasse du piazzale Garibaldi, un tir de canons rappelle à toute la ville qu'il est l'heure de déjeuner.

Sur la droite, la *passeggiata del Gianicolo* (promenade du Janicule) se sépare en deux. Prenez le sentier de gauche, qui descend parmi les arbres. Vous passerez devant la villa Aurelia du XVIIe siècle (appartenant aujourd'hui à l'Académie américaine de Rome), sur la droite, avant d'arriver sur la piazza en demi-cercle de la **fontana dell'Aqua Paola**, d'où l'on peut admirer une autre vue magnifique sur la ville. La fontaine est appelée *fontanone del Gianicolo* (grande fontaine du Janicule) en raison de sa taille monumentale, inspirée des arcs de triomphe de la Rome antique. Cet endroit attire de nombreux jeunes mariés et leur famille dans leur tenue d'apparat, qui viennent fixer sur la pellicule le plus beau jour de leur vie. La fontaine fut commandée par le pape Paul V en 1608. Elle devait démontrer la bonne marche de l'aqueduc originellement construit par l'empereur Trajan et nouvellement restauré.

Descendez la via Garibaldi jusqu'à l'église **San Pietro in Montorio**, édifiée au IXe siècle à l'emplacement où saint Pierre aurait été crucifié la tête en bas. La structure actuelle date de la fin du XVe siècle. Elle fut reconstruite sur ordre de Ferdinand II d'Aragon. A droite de l'élégante façade Renaissance ornée d'une rosace gothique, une porte permet d'accéder au modeste cloître du couvent voisin et au célèbre **Tempietto di Bramante**, construit en 1508-1512, qui servit de modèle à de nombreux architectes du début du XVIe siècle (au moment de la rédaction de ces lignes, le Tempietto di Bramante était fermé pour restauration mais il doit rouvrir pour le jubilé). Derrière le Tempietto, un double escalier, ajouté par le Bernin au XVIIe siècle, mène à la crypte où une ouverture dans le sol signale l'emplacement du martyre de saint Pierre. A gauche de la porte en sortant du cloître, un portail donne dans la via San Pietro in Montorio. Il s'agit d'un escalier, bordé par un chemin de croix, qui rejoint la via Garibaldi.

Tournez à gauche et descendez la via Garibaldi jusqu'au carrefour avec la via della Lungara, conçue par le pape Jules II au début du XVIe siècle pour relier le Trastevere au Vatican. Passez la **porta Settimiana** – reconstruction du XVIe siècle d'une ancienne porte du mur Aurélien, ornée de créneaux gibelins – pour rejoindre l'élégante via Corsini sur la gauche.

La rue longe le palazzo Corsini du XVIIIe siècle jusqu'à l'**Orto botanico** (jardin botanique), créé au XIXe siècle dans les anciens jardins du palais. On peut y faire une agréable pause en admirant de superbes collections d'orchidées et d'essences tropicales. (Il est ouvert du lundi au samedi de 9h30 à 17h30. L'entrée coûte 4 000 L.)

De retour dans la via della Lungara, longez le **palazzo Corsini**, musée abritant aujourd'hui des peintures du XIVe au XVIIIe siècles, notamment des œuvres de Caravaggio, Tiziano, Guido Reni, Fra Angelico, Rubens et Poussin. En face, la **villa Farnesina**, bâtie au début du XVIe siècle, est l'un des premiers exemples de résidence entourée de jardins. On peut y voir la fresque *Galatea* de Raphaël dans la loggia della Galatea (voir le chapitre *A voir et à faire*).

Revenez sur vos pas jusqu'à la porta Settimiana et tournez à gauche dans la via Santa Dorotea pour rejoindre le cœur du pittoresque Trastevere. De la petite piazza San Giovanni della Malva, sur laquelle se dresse une église du même nom, tournez à droite dans la via Benedetta. Au n°20/21, vous remarquerez l'immeuble de deux étages du

XVe siècle, avec ses fenêtres en ogives caractéristiques de l'époque. Un peu plus loin, tournez à droite dans l'étroit vicolo del Bologna (le nom de la rue est indiqué à quelques mètres du carrefour) pour atteindre une minuscule place triangulaire, ornée d'une fontaine d'eau potable.

Ensuite, prenez la voie de droite du vicolo del Bologna (celle de gauche porte le même nom) pour gagner l'église du XVIIe siècle et le monastère carmélite adjacent de **Santa Maria della Scala**. Au deuxième étage du monastère, les moines ont laissé une *speziaria* (pharmacie) du XVIIIe siècle superbement préservée. Il est possible de visiter la pharmacie par groupes de 10 ou plus, sur rendez-vous (il est recommandé de déposer un don de 5 000 L). Pour réserver, contactez le Dr Piccioni au ☎ 06 440 42 37. Ces moines sont réputés pour avoir commandé puis refusé le *Transito della Vergine* du Caravage, aujourd'hui exposé au Louvre.

Tournez à gauche dans la via della Scala, puis, à environ 50 mètres, tournez à nouveau à gauche dans le vicolo dei Cinque. Vous devez déboucher sur un carrefour à cinq voies. Prenez la via della Pelliccia devant vous à droite, et suivez-la jusqu'à la vaste piazza dei Renzi qui sert aujourd'hui de parking. A gauche, au n°20, une petite maison médiévale abrite deux restaurants, dont Augusto, bien connu pour sa cuisine sans façon à prix modestes (voir le chapitre *Où se restaurer*). De retour dans la via della Pelliccia, tournez tout de suite à gauche dans le vicolo del Piede, puis dans le virage à droite, tournez à gauche dans la via Fonte dell'Olio.

Au détour d'un virage en épingle, vous découvrirez une belle fontaine dessinée par Carlo Fontana au XVIIe siècle. Elle se dresse au centre de la **piazza Santa Maria in Trastevere**, l'une des places les plus pittoresques de la ville située au cœur de ce charmant quartier. Dominant la piazza, la basilique du même nom serait la première église de Rome officiellement consacrée à la Vierge Marie. Selon la tradition, l'église aurait été créée par le pape Calixte au début du IIIe siècle puis reconstruite par Jules Ier en 337 à l'emplacement où, en 38 av. J.-C., de l'huile aurait miraculeusement surgi de terre (d'où le nom de via Fonte dell'Olio). L'église actuelle date d'une reconstruction à base de matériaux de récupération commandée par Innocent II en 1138. Les colonnes et les chapiteaux inhabituels de la nef centrale, par exemple, proviennent des terme di Caracalla (voir le chapitre *A voir et à faire*).

De la piazza Santa Maria in Trastevere, tournez à droite pour rejoindre la piazza San Callisto et tournez à gauche dans la via dell'Arco di San Callisto, qui passe sous un arc. Ne ratez pas la minuscule demeure médiévale du n°42. Censée être la plus petite maison de Rome, elle possède un escalier extérieur et présente une décoration peinte représentant la Madone. Au bout de la rue, tournez à gauche sur la piazza Santa Rufina. Là, vous pouvez admirer la gracieuse **tour d'horloge** romane du XIIe siècle de la chiesa di SS Rufina e Seconda, à l'intérieur du couvent du même nom.

A l'extrémité de la piazza, tournez à droite dans la via della Lungaretta et poursuivez jusqu'au viale Trastevere. A droite se dresse la **chiesa di San Crisogono**, reconstruction baroque d'une église médiévale datant de 1123. L'édifice médiéval fut lui-même érigé sur le site d'une basilique chrétienne du Ve siècle. Le sacristain vous fera visiter à la demande pour 3 000 L. Les nefs baroques, ornées d'un somptueux sol "cosmatesque" (voir *Peinture et mosaïques médiévales* dans le chapitre *Présentation*) datant du XIIIe siècle, sont séparées par des colonnes de granit provenant de ruines antiques. L'église est ouverte du lundi au samedi de 7h à 11h30 et de 16h à 17h30. Le dimanche et les jours fériés, elle ouvre de 8h à 13h et de 16h à 17h30.

Traversez la rue et continuez dans la via della Lungaretta. Vous passerez devant la **casa di Dante**, bastion du XIIIe siècle doté d'une tour ayant appartenu à la famille patricienne des Anguillara, qui accueille aujourd'hui un centre d'études sur Dante.

En poursuivant, vous arriverez sur la piazza del Drago. Ici, vous avez le choix. Si vous voulez vous promener dans les rues plus typiques et désertes du Trastevere, rejoignez le coin opposé de la place, en diagonale, puis tournez à gauche dans le vicolo del Buco. Longez l'abside romane de Santa Maria della Luce, construite en 1100, traversez la via della Luce et longez la via dei Salumi. Vous ne tarderez pas à trouver la via Anicia sur la droite, où se dresse à gauche l'arco dei Tolomei, du Moyen Age.

Si vous ne souhaitez pas faire ce détour, quittez la piazza del Drago par la via della Lungaretta. Au n°160, vous pourrez admirer une rare et originale demeure du XIVe siècle, dotée d'arcs en ogives et d'un escalier extérieur gothiques. Juste après la maison, vous arriverez sur la piazza in Piscinula, puis vous prendrez à droite la via Arco dei Tolomei. Elle est traversée par un arc typique du Moyen Age portant le nom de la famille de Sienne qui vécut dans le quartier au XIVe siècle. Une fois l'arc franchi, vous arriverez au carrefour avec la via dei Salumi, où débouche le détour mentionné plus haut.

Suivez la via Anicia ; au carrefour suivant, vous découvrirez la superbe abside romane de la **basilica di Santa Cecilia in Trastevere**. Tournez à gauche dans la via dei Genovesi et juste après, à droite, dans la via di Santa Cecilia. Vous rejoignez la piazza du même nom, où vous pouvez pénétrer dans la basilique. Elle renferme de nombreux trésors artistiques qui méritent vraiment le coup d'œil (voir le chapitre *A voir et à faire*), mais il faut bien tomber pour arriver aux heures d'ouverture.

Ensuite, vous pouvez gagner la piazza voisine dei Mercanti et prendre la via Santa Maria in Cappella à gauche. Très vite, vous déboucherez sur une cour dans laquelle se dresse **Santa Maria in Cappella**, petite église délabrée du XIIe siècle qui possède une jolie tour d'horloge romane aux fenêtres à meneaux. Tournez à gauche dans la via Jandolo, qui devient ensuite via dei Genovesi, et tournez à droite dans l'étroit vicolo dell'Atleta. Ce dernier doit son nom à la découverte en 1844 de la statue de l'*Apoxyomène,* athlète aujourd'hui exposée au museo Pio Clementino des Musei Vaticani. On pense que l'édifice médiéval du n°14, qui présente une loggia du XIIIe siècle, est la plus ancienne synagogue médiévale subsistant à Rome.

Tournez à gauche dans la via dei Salumi, puis à droite dans la via in Piscinula pour rejoindre la piazza in Piscinula sur les bords du Tevere. Vous pourrez acheter une bouteille d'eau ou une glace au petit bar sur la place. Du côté le plus proche du fleuve, le **palazzo Mattei** est un édifice médiéval datant du XIVe siècle restauré en 1926. En face se dresse la plus petite tour d'horloge de Rome.

La structure romane du XIIe siècle renferme une cloche datant de 1069. Elle fait partie de la **chiesa di San Benedetto in Piscinula**, qui abrite la cellule de prière de sainte Bénédicte, fondatrice de l'ordre des bénédictines. Pour visiter, sonnez à la porte du couvent au n°40. L'église est ouverte tous les jours de 9h à 11h et de 16h à 18h.

Après la piazza, continuez tout droit dans la via della Lungaretta jusqu'à la piazza Castellani. Traversez ensuite le ponte Palatino. Sur votre gauche se dressent l'isola Tiberina et l'arche restante du **ponte Rotto** (pont rompu), également connu sous le nom de **Senatorio**. Il s'agit de la reconstruction Renaissance de l'antique pons Aemilius, premier pont romain en pierre construit en 182 av. J.-C. Cette reconstruction porte encore la trace des armoiries du pape Grégoire XIII sur lesquelles figure un dragon. Il s'effondra en 1598 durant la plus violente des crues dont Rome eut à souffrir jusqu'à la construction des quais en 1900.

De l'autre côté du fleuve, vous apercevrez une grande arche percée dans le mur. Elle marque l'entrée de la **Cloaca Maxima**, grand égout commencé dès le VIe siècle av. J.-C. par les Romains pour assécher la vallée du Foro Romano et dont le développement accompagna l'expansion de la ville antique.

En traversant le pont, profitez de la vue sur la ville. A gauche, vous pouvez voir le dôme carré de la synagogue et la grande coupole de la basilica di San Pietro au loin.

A droite, vous apercevez les sommets verdoyants de l'Aventino et la longue façade des XVIIe et XVIIIe siècles (334 m) de l'ancien **Ospizio Apostolico di San Michele a Ripa**, côté Trastevere. Il abrite aujourd'hui le Ministero per i Beni culturali e ambientali (ministère de la Culture et de l'Environnement).

Après le pont, plongez à droite dans l'animation du lungotevere Aventino et suivez le fleuve sur environ 200 m. De l'autre côté de la rue, à deux pas de la via Santa Maria in Cosmedin, juste après les feux de circulation de la via della Greca, vous remarquerez un escalier appelé clivo di Rocca Savella, qui mène au sommet de l'Aventino à travers les remparts d'une forteresse du Xe siècle. Cette citadelle fut édifiée par l'empereur Alberico II, puis héritée par la famille Savelli. Au sommet, un étroit sentier mène au **parco Savello**, également connu sous le nom de giardino degli Aranci en raison de ses orangers, où une terrasse panoramique découvre le Gianicolo et le centre historique. En sortant à l'autre bout du parc, vous arriverez à la **basilica di Santa Sabina**, du Ve siècle, l'une des plus importantes premières basiliques chrétiennes de Rome (voir le chapitre *A voir et à faire*).

Tournez à droite dans la via di Santa Sabina, vous passerez devant un autre jardin panoramique qui aboutit à la **chiesa dei Santi Bonifacio e Alessio**, une église médiévale reconstruite à plusieurs reprises et presque entièrement restaurée en 1750. Elle possède encore un très joli campanile roman et un pavement cosmatesque datant du XIIIe siècle. L'église est ouverte tous les jours de 8h30 à 12h30 et de 15h30 à 18h30 d'avril à octobre. De novembre à mars, elle ferme à 17h.

Au bout de la via di Santa Sabina s'étend la **piazza dei Cavalieri di Malta**, dessinée en 1734 par Piranèse, célèbre pour ses gravures de Rome, pour l'ordre des chevaliers de Malte. Faites la queue pour regarder par le trou de serrure de la porte qui mène aux splendides jardins (accessibles seulement à certaines occasions) du **priorato di Malta**, quartiers généraux de l'ordre.

Après la piazza, prenez la via di Porta Lavernale, qui vous permettra de découvrir la **chiesa di Sant'Anselmo**, une église du XXe siècle de style roman lombard, avant d'atteindre la piazza Sant'Anselmo. Là, tournez à gauche dans la via di San Domenico et continuez jusqu'à la piazza Giunone Regina. Passez sous les trois arches d'un bâtiment sobre datant de la période fasciste, tournez à droite dans la via Sant'Alberto Magno et vous arrivez au largo Arrigo VII. Tournez à gauche pour quitter le largo Arrigo, passez sous les pins des jardins et descendez à gauche le long du clivo dei Publicii. Tournez à droite dans la via di Valle Murcia, qui traverse la **roseraie** municipale, ouverte au public durant la floraison, en mai et juin. La promenade se termine au piazzale Ugo La Malfa, site d'un monument élevé à Giuseppe Mazzini, autre père de l'unité italienne.

Traversez la vivante via del Circo Massimo pour admirer la vue sur les ruines du Palatino, ancienne résidence impériale. Le parc ovale qui s'étend entre vous et le Palatino abrite en fait les vestiges du **Circo Massimo**, qui pouvait accueillir jusqu'à 250 000 spectateurs venus assister à des courses de chars et à d'autres spectacles (voir le chapitre *A voir et à faire*).

Au bout du chemin, tournez à droite pour quitter le piazzale Ugo La Malfa et descendez jusqu'à l'arrêt de métro Circo Massimo sur la Linea B. Vous pourrez ensuite rejoindre la stazione Termini. Sinon, plusieurs bus desservent le piazzale Ugo La Malfa, notamment le bus n°81 qui se rend au Colosseo et à San Giovanni in Laterano. De l'autre côté du Circo Massimo, dans la via dei Cerchi, le même bus dessert la piazza Venezia, la piazza Navona, le Mausoleo di Augusto et il Vaticano.

PROMENADE 2 : DU LARGO DI TORRE ARGENTINA A LA PIAZZA DEL CAMPIDOGLIO

Ce petit trajet explore le cœur de Rome, un quartier regroupant un grand nombre de monuments importants, où coexistent des

Teatro di Marcello

Conçu à l'origine par Jules César, ce théâtre ne fut pas terminé avant l'assassinat de l'empereur en 44 av. J.-C. Héritant du projet, Auguste le dédia à Marcellus, son neveu prématurément décédé en 23 av. J.-C. Bien qu'utilisé dès 17 av. J.-C., le théâtre ne fut pas officiellement inauguré avant 13 ou 11 av. J.-C.

Pouvant accueillir plus de 20 000 spectateurs, placés selon leur statut social, le Teatro di Marcello était le plus important des trois théâtres antiques de Rome.

L'édifice fut restauré à de nombreuses reprises à la suite d'incendies et de tremblements de terre avant d'être totalement abandonné et transformé en carrière. En 365, il fut partiellement démoli, et la pierre servit à restaurer le ponte Cestio voisin.

La famille Perleone le convertit en forteresse durant les XIe et XIIe siècles. Au XVIe siècle, Baldassarre Peruzzi transforma la forteresse en un luxueux palais pour les Savelli, préservant sa forme originale de théâtre. En 1712, les Orsini héritèrent du palais et le restaurèrent partiellement.

En 1926, l'édifice d'origine fut l'objet d'une restauration partielle. Des concerts en plein air y sont organisés les soirs d'été. Le théâtre et les ruines à ses pieds se visitent uniquement sur demande auprès de la Sovrintendenza archeologica del Comune di Roma..

édifices Renaissance et d'impressionnantes ruines de l'Antiquité classique. La promenade vous guidera à travers les cours des palais patriciens et les ruelles de l'un des quartiers les plus pittoresques de la ville. Pour terminer, vous admirerez la superbe piazza del Campidoglio de Michel-Ange ainsi qu'une vue magnifique sur le Foro Romano.

Le largo di Torre Argentina est aisément accessible par les transports publics. Des bus partent de la piazza Venezia et de la stazione Termini (n°H, 64, 640), du Vatican (n°64, 62), de San Giovanni in Laterano et du Colosseo (n°87) ainsi que de la via del Corso et de la via Veneto (n°56). Le tram n°8 partant de Trastevere-Casaletto a son terminus dans le largo di Torre Argentina.

Dirigez-vous au sud du vaste et bruyant largo di Torre Argentina et de la zone archéologique, à l'angle de la via delle Botteghe Oscure et de la via Florida. Traversez la piazza della Enciclopedia Italiana, bordée par l'élégant **palazzo Mattei di Paganica**, construit en 1541, qui abrite aujourd'hui l'Istituto per l'Enciclopedia italiana. Il fait partie des cinq palais édifiés par la famille patricienne Mattei dans le quartier, ce qui lui valut le nom d'*isola dei Mattei* (île Mattei) au milieu du XVIe siècle.

Si vous traversez la piazza Paganica et suivez la via Paganica, vous arriverez à la charmante **piazza Mattei** dotée de l'élégante **fontana delle Tartarughe** (tortues), dessinée par Giacomo della Porta. Les bronzes, exécutés par Taddeo Landini, furent ajoutés entre 1581 et 1584. Selon la légende, la fontaine aurait été construite en une seule nuit pour le duc de Mattei, propriétaire des palais environnants. Venant apparemment de perdre toute sa fortune et, par suite, sa fiancée, le duc voulait prouver à son père qu'il était encore capable de grandes choses. Le n°10 est occupé par le **palazzo Costaguti**, du XVIe siècle, tandis que le n°17-19 accueille le **palazzo di Giacomo Mattei**. L'édifice de droite possède une belle cour du XVe siècle ornée d'un escalier et d'une galerie ouverte.

Prenez à gauche dans la via dei Funari et entrez dans le **palazzo Mattei di Giove** au n°3. Construit par Carlo Maderno en 1598, il abrite aujourd'hui le Centro italiano di studi americani (Centre italien d'études américaines), dont certaines parties sont ouvertes au public. Ce palais, orné de nombreux bas-reliefs, stucs et sculptures antiques, illustre à la perfection le goût que développa la noblesse pour la période classique et l'humanisme durant la Renaissance. Dans ses cours, on peut admirer d'antiques bas-reliefs sur les murs, ainsi que des bustes et des statues provenant des restes de la collection Mattei, qui comptait autrefois parmi les plus somptueuses collections d'antiquités romaines. L'escalier monumental, décoré de stucs et de sculptures classiques dessert une bibliothèque. De la loggia, vous pourrez profiter du motif décoratif dans son ensemble. La balustrade est ornée de nombreux bustes d'empereurs du XVIe siècle.

Dans la bibliothèque, une vaste salle présente des plafonds décorés de fresques ainsi qu'un intéressant sol Renaissance au centre duquel se déploient les armoiries de la famille. Le palais est ouvert au public du lundi au samedi. La bibliothèque ouvre du lundi au jeudi de 10h à 18h et le vendredi de 10h à 14h.

Après la piazza Mattei, prenez la via della Reginella, où sont installés des ateliers

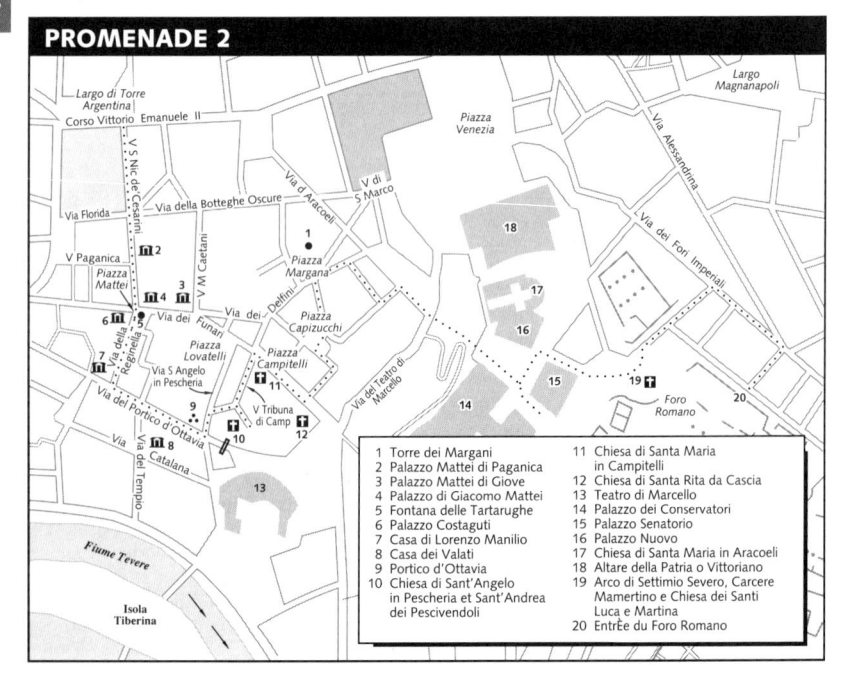

PROMENADE 2

1 Torre dei Margani
2 Palazzo Mattei di Paganica
3 Palazzo Mattei di Giove
4 Palazzo di Giacomo Mattei
5 Fontana delle Tartarughe
6 Palazzo Costaguti
7 Casa di Lorenzo Manilio
8 Casa dei Valati
9 Portico d'Ottavia
10 Chiesa di Sant'Angelo in Pescheria et Sant'Andrea dei Pescivendoli
11 Chiesa di Santa Maria in Campitelli
12 Chiesa di Santa Rita da Cascia
13 Teatro di Marcello
14 Palazzo dei Conservatori
15 Palazzo Senatorio
16 Palazzo Nuovo
17 Chiesa di Santa Maria in Aracoeli
18 Altare della Patria o Vittoriano
19 Arco di Settimio Severo, Carcere Mamertino e Chiesa dei Santi Luca e Martina
20 Entrée du Foro Romano

d'artisans. La rue traverse le cœur de l'ancien ghetto juif (voir l'encadré *L'antisémitisme à Rome*), dans les environs de la via del Portico d'Ottavia. Un petit détour à droite vous permettra de découvrir l'étrange **casa di Lorenzo Manilio**, via del Portico d'Ottavia 1. L'édifice date de 1468, ou, si l'on en croit l'inscription latine sur sa façade, de 2221 ans après la fondation de Rome, en 753 av. J.-C. (AB URB CON MMCCXXII). Une autre inscription latine sur les portes du rez-de-chaussée indique le nom du propriétaire : LAUR MANLIUS. Il existe également une inscription en grec et des fragments de sculptures romaines dans le mur, notamment un relief représentant un lion tuant un daim, une stèle grecque avec deux chiens et un relief funéraire avec quatre bustes.

Revenez au carrefour de la via della Reginella et prenez la via del Portico d'Ottavia. Passez devant les **case dei Fabi**, avec leurs magnifiques fenêtres du XVIe siècle, et la **torre dei Grassi**, du XIIIe siècle, afin de rejoindre les vestiges d'une entrée du **portico d'Ottavia** (voir le chapitre *A voir et à faire*). Cet ancien portique rectangulaire de 132 x 119 m renfermait des temples dédiés à Junon et Jupiter. Ce dernier fut le premier temple de Rome entièrement en marbre. Il abritait en outre une bibliothèque latine et grecque ainsi que de nombreuses statues et œuvres d'art magnifiques.

Au Moyen Age, la structure romaine avait déjà été dépouillée de son marbre et d'une grande partie de ses pierres. Le marché au poisson s'y établit et deux colonnes furent retirées de l'entrée d'origine. Elles furent remplacées par la grande arche en brique qui mène à la **chiesa di Sant'Angelo in Pescheria**, qui a conservé la colonnade du portique incorporé dans sa façade. De récentes fouilles ont mis au jour les vestiges d'un petit étal de poissonnier avec son banc, ses coquilles de palourdes et son évier en pierre pour laver le poisson.

Sur l'un des piliers en brique à l'extérieur de l'église, une plaque de pierre indique que les poissonniers devaient donner aux grands personnages de la ville la tête de tout poisson plus long que la plaque : *usque ad primas pinnas inclusive* (jusqu'à la première nageoire comprise). Les têtes de poisson, notamment d'esturgeon, espèce encore présente à l'époque dans le Tibre, étaient particulièrement appréciées pour la soupe.

A droite du portique, vous remarquerez la façade en stuc de l'oratoire du XVIIe siècle de **Sant'Andrea dei Pescivendoli** (marchands de poisson) (1689) et, derrière lui au n°29, la **casa dei Valati** du XIVe siècle, qui abrite aujourd'hui le Xe circoscrizione de la Commune de Rome, chargée du patrimoine culturel de la ville. Se distinguant du reste du quartier, l'édifice se tient seul car les bâtiments environnants furent démolis en 1927, durant la restauration de l'arrière du Teatro di Marcello. Promenez-vous le long de la ruelle piétonne à gauche du portique pour vous imprégner de l'atmosphère traditionnelle du ghetto.

L'étroit passage débouche sur la via Sant'Angelo in Pescheria, déserte. Continuez ensuite le long de la via Tribuna di Campitelli, contournez l'arrière de l'église, puis poursuivez à droite jusqu'à une impasse. De cet endroit isolé, vous apercevrez les arches du **Teatro di Marcello**. Seules subsistent douze des 41 arches originales, faites de larges blocs de travertin. Vous pouvez également voir les trois colonnes de marbre aux chapiteaux corinthiens ainsi que les poutres du tempio di Apollo Sosiano, inauguré en 431 av. J.-C. et reconstruit en 34 av. J.-C.

Revenez sur vos pas pour sortir de l'impasse et prenez la via della Tribuna Campitelli à droite. A l'angle, au n°23, une maison présente un portique médiéval avec des colonnes de granit et des chapiteaux ioniques. Un peu plus loin, vous arriverez sur la **piazza Campitelli**. A l'ouest et au nord-est de la place s'étend une série de palais appartenant à cinq familles nobles : la famille Gaetani-Lovatelli, via Tribuna Campitelli 16 ; la famille Patrizi-Clementi, via Cavaletti 2 (XVIe siècle) ; la famille Cavaletti, piazza Campitelli 1 (XVIe siècle) ; les familles Albertoni (début du XVIIe siècle) et Capizucchi (fin du XVIe siècle).

De l'autre côté de la piazza, la **chiesa di Santa Maria in Campitelli**, érigée par Carlo Rainaldi, est un chef-d'œuvre de la fin du baroque. L'élégante façade en travertin a été récemment nettoyée. L'église fut construite en 1662 en l'honneur de la Vierge Marie, censée avoir mis un terme à une épidémie de peste en 1656. A l'intérieur, le maître-autel abrite un portrait de la Madone miraculeuse en émail et feuille d'argent.

A gauche de l'église se dresse une jolie fontaine dessinée en 1589 par Giacomo della Porta. Conçue par Flaminio Ponzio, la façade du XVIIe siècle du n°6 ornait autrefois la maison de l'architecte alors située dans la via dei Fori Imperiali. Elle fut reconstruite ici après sa démolition en 1933, suite au dégagement de la via dei Fori Imperiali. De la cour intérieure du bâtiment voisin, on aperçoit la zone archéologique autour du Teatro di Marcello, avec pour toile de fond une maison médiévale.

Un peu plus loin dans la via Montanara, la **chiesa di Santa Rita da Cascia** est aujourd'hui sécularisée. Elle fut édifiée par Carlo Fontana en 1665 au pied de la scalinata (montée d'escaliers) dell'Aracoeli voisine et reconstruite à cet endroit en 1940 dans le cadre d'un réaménagement urbain. La via Montanara vous ramènera dans la via de Teatro di Marcello, d'où vous pourrez à nouveau admirer le Teatro di Marcello, surmonté du palazzo Orsini. Revenez sur vos pas et prenez la via Capizucchi à droite. Vous emprunterez des ruelles désertes jusqu'à la piazza Capizucchi, puis tournerez à gauche sur la piazza Margana où se dresse la **torre dei Margani**. Avec les édifices environnants, cette tour évoque une résidence fortifiée du Moyen Age. Incrustée dans le mur, une colonne antique est coiffée d'un chapiteau ionique. La porte à côté comporte d'importants morceaux de corniche d'édifices de la fin de l'Empire.

Tournez à droite dans la via di Tor Margana, puis encore à droite dans le sombre vicolo Margana. Passez sous l'arc pour déboucher dans la via Tribuna di Tor dei Specchi. Au n°3 se dresse une autre tour médiévale. Tournez à gauche pour rejoindre la piazza d'Aracoeli, très animée, d'où l'on bénéficie d'une splendide vue à 180° s'étendant du palazzo Venezia au Campidoglio. Tournez à droite pour admirer la façade du XVIe siècle du palazzo Pecci-Blunt au n°3 et le palazzo Massimo di Rignano du XVIIe siècle. Vous arriverez ainsi à la **cordonata di Michelangelo**, l'escalier monumental dessiné par Michel-Ange pour rejoindre le **Campidoglio**. Si vous êtes à bicyclette, une rue à droite de l'escalier permet de gagner la place (fermée à la circulation ordinaire).

Le bas de l'escalier est gardé par deux lions égyptiens en basalte (transformés en fontaines en 1588). Il touche presque l'ancien escalier à gauche, qui monte à la **chiesa di Santa Maria in Aracoeli**, également accessible du Campidoglio. Montez les escaliers et notez le changement de perspective du groupe colossal formé au sommet par les Dioscures, Castor et Pollux. Ces statues, qui datent de la fin de l'Empire, furent découvertes dans un temple qui leur était dédié près du monte dei Cenci. Sur la même balustrade sont disposés de manière asymétrique les **trofei di Mario** représentant des armes barbares datant du règne de Domitien et des statues de Constantin et de son fils Constance, découvertes aux thermes de Constantin. Deux bornes provenant de la via Appia Antica portent les inscriptions de Nerva et de Vespasien.

Au sommet de l'escalier, la piazza, dessinée par Michel-Ange, vous coupera le souffle. Bordée par le **palazzo dei Conservatori** au sud, le **palazzo dei Senatori** à l'arrière, et le **palazzo del Museo Capitolino** (également connu sous le nom de palazzo Nuovo) au nord, elle accueille en son centre une très belle copie d'une statue équestre en bronze représentant Marc Aurèle (voir le chapitre *A voir et à faire*).

Avancez jusqu'au **palazzo Senatorio** à l'extrémité de la piazza, qui abrite la municipalité. Devant le double escalier du palais, une fontaine de l'époque de Domitien est ornée d'une statue en marbre et porphyre de **Minerve** assise. De chaque côté se dressent des statues colossales représentant le Tibre à droite et le Nil à gauche. La tour d'horloge de Martino Longhi il Vecchio remplaça une ancienne tour médiévale en 1578. Elle faisait partie de la forteresse édifiée par la famille Corsi sur les vestiges du **Tabularium**, construit en 78 av. J.-C. pour abriter les archives de la Rome antique et transformé en entrepôt de sel et en prison au début du Moyen Age. Intégrée à l'arrière de l'édifice, la monumentale façade du Tabularium, avec ses 11 supports en blocs de tuf calcaire, offrait une imposante toile de fond architecturale au Foro Romano.

Descendez la rue à droite du palazzo Senatorio. Vous passerez devant l'impressionnante entrée du Tabularium et arriverez à une terrasse où il y a foule, dominant l'antique Foro Romano, le Colosseo, la ville et les colli Albani – l'une des plus belles vues de Rome.

La promenade se termine ici. Néanmoins, si vous souhaitez visiter le **Foro Romano** (l'entrée est gratuite), retournez à la piazza del Campidoglio et descendez à gauche du palazzo Senatorio. La via di San Pietro in Carcere commence là. Notez la colonne ornée d'une reproduction de la célèbre *Lupa capitolina* (louve du Capitole) donnant la tétée à Rémus et à Romulus. Devant vous s'étend la vue sur le Foro et l'**arco di Settimio Severo**. Un escalier permet de descendre jusqu'au **Carcere Mamertino**, où saint Pierre fut retenu captif. Vous passerez devant l'église baroque dei Santi Luca e Martina avant de rejoindre la via dei Fori Imperiali. Poursuivez tout droit jusqu'à l'entrée du Foro Romano.

PROMENADE 3 : DU PIAZZALE NUMA POMPILIO A LA TOMBA DI CÆCILIA METELLA, VIA APPIA ANTICA

Cette promenade débute près des terme di Caracalla, traverse le Mur d'Aurélien, muraille antique, et rejoint la zone archéologique de l'Appia Antica, seuls vestiges de la campagne romantique louée par le poète allemand Goethe et d'autres voyageurs célèbres. En chemin, vous pourrez admirer quelques églises intéressantes, le passionnant Museo delle Mura, deux des plus célèbres catacombes, les vestiges monumentaux d'antiques tombeaux et les ruines du stade où se déroulaient les courses de chars. A l'arrivée, vous pourrez prendre le bus pour revenir en ville.

Ce long trajet peut aisément se faire à bicyclette. Dans ce cas, vous pouvez aller au-delà de la tomba di Cæcilia Metella, à 5 km du début de la via Appia Antica, pour rejoindre le carrefour avec le GRA (Grande Raccordo Anulare) à 6 km.

Le piazzale Numa Pompilio est aisément accessible par le bus n°160 depuis la piazza Venezia, ou le bus n°714 depuis la stazione Termini et de San Giovanni in Laterano. Si vous souhaitez raccourcir le temps de marche, prenez le bus n°218 de San Giovanni in Laterano jusqu'à la porta San Sebastiano et commencez la promenade à partir de là.

A la fin du trajet, peu après la tomba di Cæcilia Metella, au carrefour de la via Appia Antica et de la via Cæcilia Metella (sur la ligne de bus n°660), un petit bar doté d'un jardin et de tables en terrasse (à l'arrière) loue des bicyclettes à 8 000 L/l'heure, 6 000 L à partir de 2 heures.

Pour rentrer, vous pouvez prendre le bus n°660 jusqu'à la station de métro Colli Albani sur la Linea A, qui donne dans la via Appia Nuova. Il est également possible de partir de là pour faire la promenade en sens inverse : prenez la Linea A jusqu'à l'arrêt Colli Albani, puis le bus n°660 jusqu'au carrefour.

La partie de la via Appia Antica située entre la via Cæcilia Metella et le GRA n'est pas desservie par les transports publics. Le dimanche et les jours fériés, la via Appia Antica est fermée à la circulation. Elle accueille les piétons et les cyclistes de 9h30 à 19h. Dans cet intervalle, elle est desservie par la navette n°760 du Circo Massimo à la via Cæcilia Metella. Cette ligne ne fonctionne pas l'hiver. Vous pouvez appeler le numéro vert de l'Atac, ☎ 167 43 17 84 (on parle anglais).

Pour accéder à certains des monuments de cet itinéraire, vous devrez faire parvenir

182 Promenade 3 – Du piazzale Numa Pompilio à la tomba di Cæcilia Metella

une demande par fax à la Commune de Rome, Ripartizione X, spécifiant la date et l'heure de votre visite. Vous pourrez téléphoner le lendemain pour qu'on vous attribue une heure de visite en fonction de la disponibilité des gardiens. Appelez le ☎ 06 67 10 38 19 (fax 06 68 92 115) le matin et demandez le geometra Rapaccioni.

Quittez la foule du piazzale Numa Pompilio, près des terme di Caracalla, et dirigez-vous au sud-est, le long de la via di Porta San Sebastiano. La route, qui commence après un temple circulaire du XIIe siècle, est souvent embouteillée, surtout aux heures de pointe. Presque tout de suite, la via di Porta Latina bifurque sur la gauche, mais vous pouvez continuer sur la via di Porta San Sebastiano. A droite, vous pouvez admirer la **chiesa di San Cesareo de Appia** ou "in palatio" (pour visiter, sonnez au portail du n°4). Cette église ancienne fut construite au VIIIe siècle sur le site d'un édifice romain, puis reconstruite au début du XVIIe siècle dans le style maniériste tardif. L'intérieur, décoré par le Cavalier d'Arpin, renferme de splendides marbres médiévaux ornés de mosaïques de couleur datant du XIIIe siècle. Ils proviennent du transept de la basilica di San Giovanni in Laterano, restaurée en vue du jubilé de 1600. Dans la crypte correspondant au niveau de l'édifice romain subsiste un superbe sol en mosaïque noir et blanc, orné de scènes marines datant du IIe siècle (la visite n'était pas possible au moment de la rédaction du guide).

A droite de l'église se dresse la **casina del cardinal Bessarione** (uniquement accessible sur demande auprès de la Commune de Rome, Ripartizione X). Elle nous offre un merveilleux exemple de résidence rurale du XVe siècle. La façade donnant sur la rue présente des fenêtres guelfes caractéristiques de l'époque. La façade opposée est agrémentée d'une loggia ornée de superbes fresques qui donne sur un jardin visible du portail.

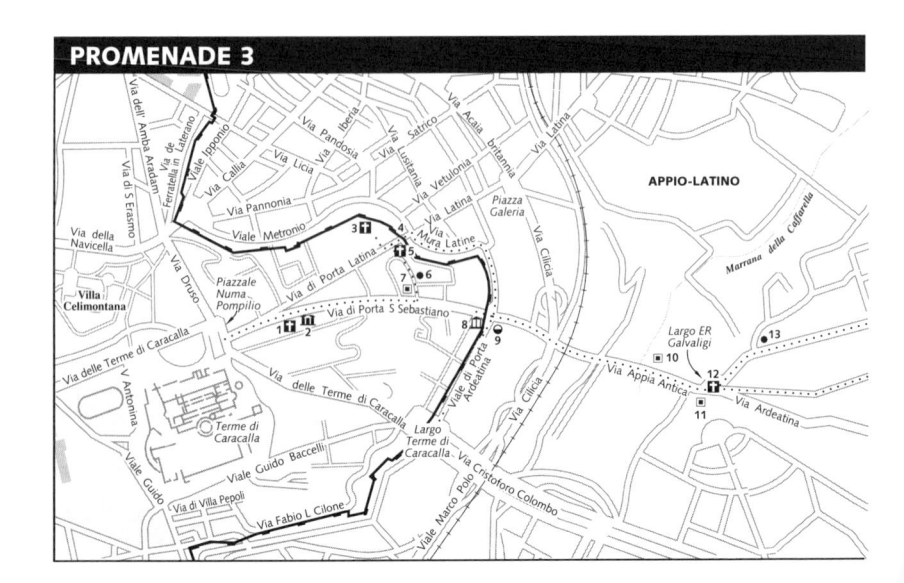

La via di Porta San Sebastiano est bordée de demeures et de jardins évoquant l'atmosphère de la Rome suburbaine du XVIIIe siècle depuis longtemps disparue. A moins de 1 km plus loin à gauche, le n°9 marque l'entrée du **sepolcro degli Scipioni** (en cours de restauration au moment de la rédaction de ces lignes), tombeau appartenant à l'une des plus importantes familles de la Rome républicaine. On aperçoit les vestiges de la maison en brique construite au IIIe siècle et restaurée à de nombreuses reprises. La porte voisine débouche sur un escalier menant au **parco degli Scipioni**, créé en 1929 pour embellir le cimetière, qui abrite également le **colombario di Pomponio Hylas**, un tombeau datant du début de l'époque impériale, orné de mosaïques et d'un plafond peint de motifs à feuilles. (Le tombeau est uniquement accessible sur demande auprès de la Commune de Rome, Ripartizione X.)

Sortez à l'autre bout du parc dans la via di Porta Latina. Tournez à gauche ; sur votre droite, une route conduit à la superbe **chiesa di San Giovanni a Porta Latina**. Cette église médiévale fut édifiée par Célestin III au XIIe siècle, mais une église plus ancienne occupait le site dès le Ve siècle. Dans la nef centrale, un intéressant cycle de peintures du XIIe siècle reproduit des scènes de l'Ancien et du Nouveau Testaments dont les couleurs ont malheureusement un peu passé. Dans le presbytère, des symboles des évangélistes et des 24 patriarches de l'Apocalypse datent la même période. A l'extérieur, la très belle façade à portique se dresse à l'ombre d'un très vieux cèdre qui fait pendant au superbe campanile roman. Un ancien puits portant des inscriptions du IXe siècle apporte la touche finale au tableau. L'église (☎ 06 77 20 98 98) est ouverte de 8h à 12h30 et de 15h à 18h.

De retour dans la via di Porta Latina, repassez devant l'entrée du parc pour gagner l'oratoire de **San Giovanni in Oleo**, fondé au Ve siècle sur le site où saint Jean serait sorti indemne d'un chaudron d'huile bouillante. Après ce miracle, il fut gracié et exilé sur l'île grecque de Patmos. L'édifice octogonal fut restauré par Borromini au XVIIe siècle.

Juste après l'oratoire se dressent la **porta Latina** et le haut Mur d'Aurélien (voir la rubrique *Géographie* dans le chapitre *Présentation de Rome*). Contrairement aux autres portes des remparts, celle-ci a conservé en grande partie son aspect original du IIIe siècle.

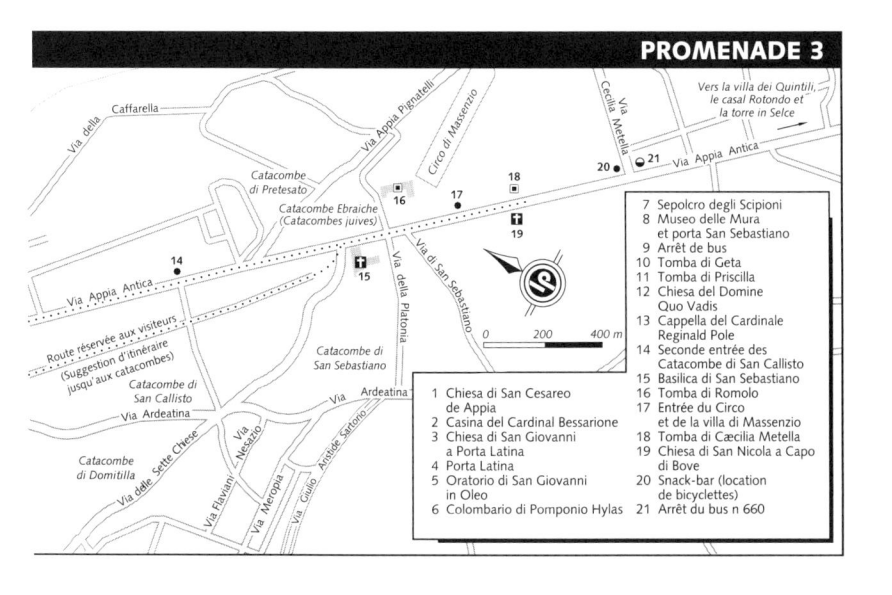

Les catacombes

Certains scientifiques pensent aujourd'hui que l'ancienne thèse, selon laquelle les catacombes servaient de lieux de rencontre clandestins aux premiers chrétiens fuyant les persécutions des autorités romaines, est sans fondement.

Elles devraient plutôt leur existence à une volonté de personnes souhaitant être enterrées au même endroit. Le choix de tombes souterraines fut probablement influencé par des coutumes de l'époque (columbaria), ainsi que par des raisons pratiques et économiques. Les catacombes furent souvent établies dans des secteurs où il existait déjà des carrières ou des passages souterrains : le sol volcanique de la campagne romaine permettait aux chrétiens de creuser à des profondeurs d'environ 20 m. Afin d'optimiser les terres données par les membres les plus riches de la communauté chrétienne, ils creusèrent à divers niveaux, ne conservant que quelques points d'entrée pour des raisons de sécurité.

Durant les périodes de persécution, de nombreux martyrs furent enterrés aux côtés des Pères de l'Église et des premiers papes. De nombreux chrétiens souhaitèrent ensuite être enterrés au même endroit, donnant ainsi naissance à un véritable commerce sur les tombes jusqu'au décret de Grégoire Ier qui en abolit la vente en 597. Les chrétiens avaient cependant déjà commencé à abandonner les catacombes dès 313, date à laquelle Constantin signa l'édit de Milan garantissant la tolérance religieuse.

Peu à peu, les chrétiens choisirent d'enterrer leurs morts près des églises et des basiliques nouvellement construites, souvent sur le site de temples païens. Cette pratique se répandit sous Théodose, qui déclara le christianisme religion d'État en 394. Les catacombes devinrent des sanctuaires perpétuant le souvenir des martyrs qui y étaient enterrés.

Vers 800, devant les incursions toujours plus fréquentes des envahisseurs, les corps des martyrs et des premiers papes furent transférés vers les basiliques protégées derrière les remparts de la ville. Les catacombes furent ainsi abandonnées, oubliées et finalement comblées. Au Moyen Age, seules trois d'entre elles demeuraient connues. Celles de San Sebastiano accueillaient encore de nombreux pèlerins venus rendre hommage aux anciennes sépultures de saint Pierre et saint Paul.

Les catacombes de Santa Priscilla de la via Salaria furent découvertes par hasard à la fin du XVIe siècle, à la suite de l'effondrement d'une carrière de tuf calcaire. A partir de cette époque, des groupes d'aristocrates curieux s'aventurèrent régulièrement dans les obscurs passages, au risque de se perdre dans ces labyrinthes. Depuis le milieu du XIXe siècle, le programme de recherches scientifiques entrepris par des passionnés d'archéologie chrétienne a permis de découvrir à ce jour plus de 30 catacombes à Rome.

Tournez à droite dans le viale delle Mura Latine et suivez la muraille. Très rapidement, vous arriverez à la **porta San Sebastiano** dans la via Appia Antica. Il s'agit de la plus grande et de la plus majestueuse porte percée dans les remparts. Elle abrite le très intéressant **Museo delle Mura**. La visite du musée permet de jouir d'une vue panoramique sur la via Appia Antica, du haut de l'une des tours ; elle comprend aussi une promenade le long des créneaux jusqu'à la porta Ardeatina et les bastions de Sangallo, du XVIe siècle. Le musée (☎ 06 70 47 52 84), via di Porta San Sebastiano 18, est ouvert toute l'année du mardi au dimanche de 9h à 19h. L'entrée coûte 3 750 L, 2 500 L pour les étudiants de l'UE, elle est gratuite pour les moins de 18 ans et les plus de 60 ans.

L'entrée du musée est traversée par l'**arco di Druso**. Cette arche simple soutenait l'aqueduc Antoine, un embranchement de l'aqueduc Aqua Marcia, qui passait à cet endroit pour rejoindre les thermes de Caracalla. Sa taille monumentale devait célébrer l'importance de la via Appia, lien de communication essentiel avec Naples et le port de Brindisi en Apulie, et principal point de départ vers les régions de l'est. A l'époque médiévale, l'arche servait de porte extérieure protégeant une cour fortifiée.

A l'extérieur des remparts, la via Appia Antica, qui sert de raccourci aux heures d'affluence, commence exactement à la première borne insérée dans le rempart à droite, juste après l'arrêt du bus n°218 venant de San Giovanni in Laterano. La rue est étroite et en pente, et il n'y a pas de trottoir.

Toutefois, si vous parvenez de l'autre côté du pont moderne qui traverse l'ancien cimetière, la route s'élargit et s'aplanit.

Juste après un restaurant sur votre droite, vous pourrez voir à gauche les vestiges de la **tomba di Geta** et, au-dessus, une demeure du XVIe siècle. Cent mètres plus loin, la **tomba di Priscilla** est masquée par le restaurant du n°68, mais vous pouvez l'apercevoir depuis un portail près du carrefour, un peu plus loin, ou du parking derrière le restaurant. La tombe était en cours de restauration au moment de la rédaction de ce guide.

Au carrefour où la via Ardeatina part sur la droite, un grand panneau indique une route privée permettant aux visiteurs d'accéder aux **catacombe di San Callisto**. La route est ouverte de 8h à 18h30, 17h30 l'hiver, tous les jours sauf le mercredi. Il vaut beaucoup mieux emprunter cette route que la via Appia Antica, très encombrée et dépourvue de trottoir. La promenade, agréable, longe sur 2 km des champs parsemés de tombes et d'anciennes résidences de campagne. A mi-chemin se trouve l'entrée des catacombe di San Callisto, la route se terminant au portail situé à côté des **catacombe di San Sebastiano** (voir le chapitre *A voir et à faire*).

De retour sur la via Appia Antica, vous pourrez admirer la **chiesa del Domine Quo Vadis?**. Cette église se dresse à l'endroit où Jésus apparut à saint Pierre fuyant Rome et les persécutions de Néron (voir le chapitre *A voir et à faire*). Elle renferme une pierre censée porter l'empreinte de Jésus, mais dont il est plus probable qu'il s'agisse d'une offrande déposée par un ancien voyageur ayant échappé à un quelconque danger.

Si vous choisissez de ne pas emprunter la route privée et poursuivez sur la via Appia Antica, vous remarquerez une **chapelle** délabrée du XVIe siècle, dont la base circulaire s'appuie contre une maison de campagne, à l'angle de la via della Caffarella. Elle a été élevée en témoignage de reconnaissance par le cardinal Reginald Pole, venu à Rome après avoir refusé de participer à la réforme protestante dans son Angleterre natale. La chapelle se dresse sur le site où le cardinal échappa, en 1539, aux mains des assassins engagés par Henri VIII.

En continuant, vous passerez devant une autre entrée de la catacombe di San Callisto puis, laissant le carrefour avec la via Appia Pignatelli sur votre gauche, vous arriverez aux **catacombes juives** de Vigna Rondanini (uniquement accessibles avec la permission de la synagogue de Rome). Notez qu'aucun panneau ne les indique sur la route.

Après la troisième et dernière entrée des catacombe di San Callisto, vous atteindrez la **basilica** et les **catacombe di San Sebastiano**, construites au IVe siècle à l'endroit où les corps des apôtres Pierre et Paul furent enterrés avant d'être transférés dans les basiliques érigées en leur honneur (voir le chapitre *A voir et à faire*).

Un peu plus loin sur la via Appia Antica, vous arriverez à la zone archéologique de la **villa di Massenzio** à gauche. La zone comprend le **mausoleo di Romolo**, le **Circo di Massenzio** et les vestiges du palais impérial de Maxence. Empereur de 306 à 312 av. J.-C., il fut défié et tué par le premier empereur chrétien, Constantin, lors de la bataille du ponte Milvio. Le palais, situé en surplomb du cirque, n'a pas encore été entièrement fouillé, et les ruines disparaissent sous la végétation. Le tombeau, en cours de restauration au moment de la rédaction de ce guide, fut construit par l'empereur pour son jeune fils Romulus. Il se dresse sur une base circulaire de 33 m de diamètre. Il fut coiffé d'une large coupole et d'un portique rectangulaire semblable à ceux du Panthéon. La partie inférieure du sépulcre comprend une vaste zone circulaire dotée de niches, soutenue au centre par un large pilier de 7,5 m de diamètre. Il fut intégré dans une résidence de campagne du XIXe siècle. Le monument fut entouré de toutes parts par un imposant portique mesurant 107 x 121 m, en partie encore visible.

Excellemment conservé, le cirque constitue la partie la plus intéressante du site. Sa longueur de 513 m offre une agréable promenade. On entre par deux tours percées dans le virage (ouest). On découvre aussi les traces de 12 stalles destinées à accueillir des chars de deux et quatre chevaux. Il est intéressant de noter que cette partie présente un angle légèrement oblique afin de permettre à tous les quadriges de parcourir la même distance avant d'atteindre le début du terre-plein central. Ce dernier, de 1 000 pieds romains ou 296 m de long, se composait d'un canal formé par une série de bassins. Le centre était dominé par l'obélisque de Domitien. L'élément provenant du campo Marzio fut transféré sur ordre du pape Innocent X en 1650 dans la fontaine érigée par le Bernin sur la piazza Navona.

Les spectateurs devaient assister à la course depuis les gradins installés sur des voûtes en pente, aujourd'hui entièrement effondrées.

L'écroulement de l'édifice a néanmoins révélé une technique d'ingénierie curieuse mais efficace : l'insertion d'amphores dans la brique pour alléger la structure. Toutefois, il semble que le cirque n'ait pas été achevé avant la mort de Maxence. Les scientifiques pensent d'ailleurs qu'il est peu probable que l'empereur ait effectivement assisté à une course de chars.

Les ruines de la zone archéologique de la villa Massenzio (☎ 06 78 01 324) sont ouvertes tous les jours sauf le lundi de 9h à 17h d'octobre à mars et de 9h à 19h d'avril à septembre. L'entrée coûte 3 750 L (2 500 L pour les étudiants de l'UE).

Un peu plus loin se dresse l'imposante **tomba di Cæcilia Metella**. Cette sépulture fut érigée, selon l'inscription, pour Caecilia Metella, fille de Quintus Metellus Creticus, et épouse de Crassus. De forme cylindrique, elle mesure 11 m de haut et environ 30 m de diamètre. Elle comprend un intéressant caveau, aujourd'hui dépourvu de toit. Les murs, faits de travertin, sont décorés d'une jolie frise sculptée représentant des boucliers gaéliques, des crânes de bœufs et des festons. Les créneaux gibelins furent ajoutés au Moyen Age. En raison de sa situation, le mausolée fut transformé en donjon au XIVe siècle. Le château fut construit par les Caetani à des fins pécuniaires, un peu à l'image des barrières d'autoroute modernes. L'intérieur est en cours de restauration (la fin des travaux étant prévue pour la fin 1999), et seules certaines parties sont accessibles. Le monument est ouvert tous les jours de 9h à 16h l'hiver, à 19h l'été, et 13h les samedi, dimanche et jours de fête.

De l'autre côté de la route, la **chiesa di San Nicola a Capo di Bove**, qui a perdu sa toiture, est un rare exemple d'architecture gothique à Rome. L'église Saint-Nicolas-à-la-Tête-de-Bœuf doit son nom curieux aux crânes de bœufs sculptés (*bucrania*) qui ornent la tomba di Cæcilia Metella située juste en face.

Si vous êtes arrivé jusque-là, vous souhaiterez probablement prendre le bus pour rentrer en ville. Si vous choisissez de continuer, de préférence à bicyclette, vous apercevrez des ruines plus intéressantes. Plus la route s'écarte de la zone fréquentée par les touristes, plus l'atmosphère rappelle l'univers fellinien, car c'est le secteur où de nombreuses prostituées exercent leur activité, dans des voitures garées derrière les tombes et dans les bois environnants.

La via Appia Antica offre ensuite une ligne ininterrompue de tombes et de monuments en ruine. Les vastes ruines de la **villa dei Quintili** (en cours de restauration au moment de la rédaction du guide) s'étendent sur la gauche après la via di Tor Carbone. La villa fut dotée d'un système de chauffage central, d'un aqueduc privé et d'un hippodrome. Non loin, le curieux **casal Rotondo**, large tombe circulaire (environ 35 m de diamètre) datant de l'époque d'Auguste, sert aujourd'hui de fondations à une ancienne ferme.

A gauche, après la via di Torricola, la caractéristique **torre in Selce**, fut construite au XIIe siècle sur une ancienne tombe. Au fil des années, ces monuments tombèrent dans l'oubli et le délabrement complet. Heureusement, d'importants travaux de restauration ont été entrepris dans le cadre d'un projet de restauration du **parco archeologico dell'Appia Antica**. La partie coupée par le Grande Raccordo Anulare, à environ 10 km du début de la route, est actuellement en travaux. Un passage souterrain devrait permettre à la reine des routes, principale voie de communication avec les régions de l'est, de retrouver tout son prestige.

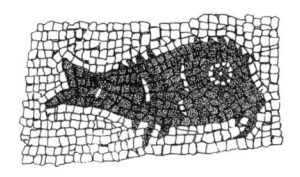

Où se loger

Rome dispose d'un grand nombre de pensioni et d'hôtels, cependant il est toujours conseillé de réserver. En effet, si c'est en été que la saison bat son plein, les touristes et les pèlerins affluent dans la ville tout au long de l'année. Si vous n'avez pas encore réservé, consultez l'office du tourisme de la stazione Termini ou de l'aéroport de Fiumicino, l'APT ou Enjoy Rome (voir la rubrique *Offices du tourisme* dans le chapitre *Renseignements pratiques*). Il existe en outre un service gratuit de réservation d'hôtel pour les personnes arrivant à Rome : HR Hotel Reservations, qui est offert par un regroupement de gérants ; ses guichets se trouvent à l'aéroport de Fiumicino (dans le hall des arrivées internationales), à la stazione Termini (en face du quai n°10) et sur l'Autostrada del Sole (à la station-service Tevere Ovest). Vous pouvez joindre le service au ☎ 06 699 10 00, tous les jours de 7h à 22h. Il est aussi possible de réserver dans les autres grandes villes italiennes.

A la gare, évitez les personnes qui vous proposent une chambre en prétendant faire partie de l'office du tourisme. En général, on vous fera payer plus cher que le prix normal des chambres plutôt médiocres.

L'Associazione cattolica internazionale al servizio della giovane (connue aussi sous le nom de Protezione della giovane), au rez-de-chaussée de la stazione Termini, généralement ouverte de 9h à 13h et de 14h à 20h, propose un hébergement aux jeunes femmes. Si le bureau est fermé, essayez de contacter le siège (☎ 06 488 00 56), via Urbana 158 – rue parallèle à la via Cavour –, derrière la piazza Esquilino.

La plupart des pensioni bon marché et des hôtels qui accueillent les groupes sont installés près de la stazione Termini. Leur atmosphère bruyante peut rendre le secteur sud-ouest (à gauche en sortant de la gare) quelque peu déplaisant. Étant donné la présence de nombreux pickpockets, les femmes risquent en outre de ne pas s'y sentir en sécurité la nuit. Dans le quartier résidentiel plus agréable du nord-est, vous trouverez des chambres plus calmes. Quoi qu'il en soit, le centre historique et les environs du Vatican sont des secteurs aisément accessibles en bus ou en métro de tous les points de la ville.

Le même immeuble abrite souvent trois ou quatre pensioni bon marché, néanmoins ces petits établissements comptent rarement plus d'une douzaine de chambres, très vite occupées l'été. Étant donné le nombre d'hôtels bon marché, il est cependant relativement facile de trouver à se loger.

La plupart des hôtels acceptent les réservations à l'avance, à condition parfois de verser des arrhes pour la première nuit.

S'il n'existe pas vraiment de basse saison à Rome, la majorité des hôtels proposent d'importantes réductions en juillet et en août ainsi que de novembre à mars (sauf durant la période de Noël et du Nouvel An). Un grand nombre d'établissements dans les catégories moyenne et supérieure pratiquent aussi des offres spéciales pour les familles et les séjours prolongés. N'hésitez pas à vous renseigner. Les places de parking manquent cruellement dans le centre-ville, mais la direction de votre hôtel vous indiquera certainement un garage privé. Sauf indication contraire, tous les établissements mentionnés ici acceptent les cartes de crédit et les chèques de voyage.

OÙ SE LOGER - PETITS BUDGETS
Auberges de jeunesse
L'*Ostello Foro Italico* (☎ *06 323 62 67),* membre de l'HI, est installé viale delle Olimpiadi 61. Prenez la Linea A du métro jusqu'à l'arrêt Ottaviano, puis le bus n°32 jusqu'à l'arrêt Foro italico. Ouverte toute l'année, cette auberge possède un bar, un restaurant et un jardin. Elle ferme de 9h30 à 12h. Le prix, 24 000 L la nuit, comprend le petit déjeuner et les douches. Le repas coûte 14 000 L.

L'association italienne des auberges de jeunesse, *l'Associazione italiana alberghi per la gioventù* (plan 6, ☎ *06 487 11 52, via Cavour 44*), vous renseignera sur toutes les auberges d'Italie et vous aidera à réserver une chambre universitaire durant l'été. Vous pouvez aussi adhérer à l'HI sur place.

Les femmes apprécieront la *YWCA* (*plan 6,* ☎ *06 488 04 60, fax 06 487 10 28, via Cesare Balbo 4*), près de la piazza dell'Esquilino et de Santa Maria Maggiore. Cet établissement conviendra particulièrement aux lève-tôt férues de visites touristiques, mais beaucoup moins aux oiseaux de nuit, car le couvre-feu est décrété à minuit. Les simple/double/triple et quadruple s'élèvent à 60 000/50 000/ 40 000 L par personne, rajoutez 10 000 L pour une s.d.b. en simple/double uniquement. Le petit déjeuner est compris. Seul le paiement en liquide est accepté. De la gare, prenez la via Cavour et tournez à droite dans la via Agostino Depretis sur la piazza dell'Esquilino. La via Cesare Balbo est la deuxième rue à droite.

Logements universitaires

Les personnes qui envisagent d'étudier en Italie peuvent généralement trouver un logement par le biais de l'école ou de l'université qu'elles vont fréquenter. Il est possible de louer une chambre dans une famille italienne ou de partager un appartement avec d'autres étudiants. Certaines universités disposent d'une *casa dello studente* qui accueille les étudiants italiens durant l'année scolaire et loue des chambres pendant les vacances d'été (de juillet à fin septembre).

Comme il est parfois très difficile d'obtenir une chambre auprès de ces organismes, mieux vaut essayer avant votre départ de vous adresser à votre université ou de contacter directement l'université italienne.

Institutions religieuses

Diverses institutions proposent des logements, notamment à proximité de la stazione Termini et du Vaticano. En général, il faut déposer sa demande à l'évêché catholique le plus proche de son domicile, néanmoins certaines institutions (dont la plupart de celles mentionnées ici) examinent les candidatures individuelles. Étant donné les millions de pèlerins catholiques attendus à Rome pour le jubilé de l'an 2000, il est fortement recommandé de se renseigner et de réserver longtemps à l'avance.

N'oubliez pas que les institutions religieuses appliquent un couvre-feu très strict et que les logements, certes propres, n'offrent aucun charme particulier. Le petit déjeuner est compris dans tous les prix indiqués ci-après et presque toutes les chambres disposent d'une s.d.b. Sauf indication contraire, toutes les adresses figurent sur le plan 5.

Pour sa situation dans la ville, vous ne pourrez pas trouver mieux que le couvent des *Suore di Santa Brigida* (*plan Les environs de la piazza Navona,* ☎ *06 68 89 25 96, fax 06 68 21 91 26, brigida@mclink.it, piazza Farnese 96*), tenu par un ordre de religieuses suédois. On entre en fait via Monserrato 54. Les sœurs proposent des lits à 145 000/125 000 L par personne en simple/double, ce qui correspond à la catégorie de prix la plus élevée pour les logements en institution religieuse.

La pension des *Padri Trinitari* (*plan 5,* ☎ *06 39 367 632, fax 06 39 366 795, piazza Santa Maria alle Fornaci 27*), un peu éloigné du centre historique, mais à deux pas du Vatican, est aussi très bien située. Contiguë à une charmante église à la façade ocre décrépie, la pension est spacieuse et offre des chambres propres quoique spartiates. Cet établissement pratique des tarifs bien meilleur marché que le précédent. Comptez 75 000/130 000/ 160 000 L en simple/double/ triple. Le petit déjeuner, servi dans un grand réfectoire, sous l'œil attentif de Jean-Paul II, est compris dans le prix. Ici, pas de couvre-feu. A noter l'existence d'une grande salle de conférence munie d'un beau piano à queue. La réservation est recommandée.

Le couvent des *Suore Teatine* (*plan 5,* ☎ *06 637 40 84, fax 06 39 37 90 50, salita Monte del Gallo 25*) est installé sur une petite colline dans un quartier résidentiel, un peu plus loin du Vatican. Cet éloignement relatif est compensé par le caractère paisible et verdoyant du quartier. Pour y accéder, prenez la petite navette jaune numéro 34 qui relie la piazza Cavour à la via Monte del Gallo, en passant par le Vatican. Elle passe toutes les 20 ou 25 minutes environ, de 6 h à 21 h. Contrairement à l'institution précédente, l'immeuble en brique rouge des Suore Teatine est moderne et possède donc un peu moins de charme. En revanche, les chambres sont aussi confortables et coûtent un peu moins cher : 65 000/53 000 L par personne en simple/ double. Réservation conseillée.

Dans le même quartier, plusieurs pensions religieuses méritent d'être mentionnées. ***Franciscan Sisters of the Atonement*** (*plan 5,* ☎ *06 63 07 82, fax 06 86 149, via Monte del Gallo, 105*) se situe à deux pas de la précédente en remontant la via Monte del Gallo sur la gauche. L'entrée se situe sur le perron de l'église moderne qui surplombe le sommet de la colline. Le hall exigu est un peu sombre, mais Suzanne, la sœur canadienne, vous accueillera chaleureusement. La pension dispose de 26 chambres équipées d'une s.d.b. La simple/double coûte 60 000/50 000 L par personne. Les pièces communes (salle de TV et salle à manger) sont décorées avec soin. Vous apprécierez une petite terrasse agréable après une journée de marche dans la chaleur romaine.

Toujours via Monte del Gallo, mais en contrebas de la précédente, au numéro 38, se situe la pension des ***Suore dell'Immacolata Concezione*** (*plan 5,* ☎ *06 63 08 63*). Le bâtiment est, là encore, raisonnablement moderne. Les tarifs s'élèvent à 60 000/ 50 000 L par personne en simple/ double, petit déjeuner compris. La pension dispose en outre d'une véranda et d'une petite terrasse intérieure d'un calme divin.

Enfin, dans un autre quartier situé non loin de la basilique Saint-Pierre, la pension des ***Suore Dorotee*** (*plan 5,* ☎ *06 68 80 33 49, fax 06 68 80 33 11, via del Gianicolo 4/a*) fait figure d'excellente adresse pour les familles (elle ne dispose que de quelques chambres individuelles). Installée sur les hauteurs du Vatican, aux abords d'un parc, on y accède par une route qui serpente depuis la basilique, puis on sonne à l'interphone "Casa di Fatima". Les chambres y sont très propres, claires, spacieuses, équipées de s. d. b. tout confort. Demandez-en une qui donne sur l'allée intérieure, bordée d'orangers et d'autres arbres méditerranéens, car l'autre côté est en travaux, préparation du jubilé oblige. La pension propose des tarifs demi-pension/pension à 90 000/100 000 L par personne pour une simple ou 85 000/95 000 L pour une chambre double. A noter que les portes de ce lieu charmant et confortable restent closes après 23 h.

Bed & Breakfast

Il s'agit d'un concept relativement récent à Rome. Les établissements se multiplient néanmoins en raison de l'afflux de pèlerins attendu pour le jubilé, car les possibilités d'hébergement bon marché actuelles ne suffiront pas. Vous pourrez obtenir la liste des B&B privés à l'APT. Ils sont aussi mentionnés dans le magazine *Wanted in Rome* (voir la rubrique *Journaux et magazines* dans le chapitre *Renseignements pratiques*).

L'avantage de cette formule réside dans la propreté impeccable des maisons italiennes. L'inconvénient tient au fait d'habiter chez quelqu'un qui souhaitera sans doute vous voir respecter les horaires familiaux. Les clés ne sont pas toujours mises à la disposition des hôtes. Les personnes qui pensent rentrer tard le soir choisiront plutôt l'hôtel ou la pensione.

La plupart des chambres sont relativement centrales, mais il est préférable de bien se faire expliquer l'adresse au moment de la réservation (qui doit être faite largement à l'avance), afin d'éviter de se retrouver en banlieue, loin des transports publics.

Le ***Bed & Breakfast Italia*** (☎ *06 687 86 18, fax 06 687 86 19, md4095@mclink.it, corso Vittorio Emanuele II 282*), l'un des réseaux de B&B, propose trois catégories de prix différents. Si vous partagez la s.d.b., les simples/doubles/triples coûtent 50 000/ 95 000/130 000 L ; avec s.d.b., elles se louent 70 000/130 000/150 000 L ; quant aux chambres de luxe, elles sont facturées 85 000/160 000/190 000 L.

Pensioni et hôtels

Rome dispose d'un large éventail de pensioni et d'hôtels dans la gamme de prix petits budgets, mais les vrais établissements bon marché se font de plus en plus rares. Les prix ont considérablement augmenté ces dernières années sans que cette hausse corresponde pour autant à une amélioration du service et des équipements.

Autrefois, une pensione était toujours moins impersonnelle et plus petite qu'un hôtel, occupant souvent un ou deux étages d'un immeuble abritant d'autres établissements du même genre. Cette distinction est en train de disparaître, notamment depuis que les pensioni se sont lancées dans la course aux préparatifs du jubilé.

Sauf indication contraire, les prix mentionnés pour les hôtels de cette catégorie concernent des chambres sans s.d.b. et ne comprennent pas le petit déjeuner (ce dernier est néanmoins disponible moyennant un supplément).

Nord-est de Termini (plan 6). Pour rejoindre les pensioni de ce quartier, prenez à droite en tête des quais de la gare, dans la via Marsala, la rue qui longe la gare.

Près de la via Vicenza, la ***Pensione Giamaica*** (☎ *06 445 19 63, fax 06 445 19 63, md0991@mclink.it, via Magenta 13*) propose, dans un décor assez hideux, des simples/doubles spartiates à des prix toutefois intéressants : 50 000/78 000 L, petit déjeuner compris. Les s.d.b. communes sont propres et chaque chambre dispose d'un lavabo. Certaines donnent sur une sombre cour intérieure un peu triste ; essayez plutôt d'en obtenir une sur la rue ou à l'arrière de l'immeuble. Il n'y a pas de couvre-feu et la clé est remise à ceux qui comptent rentrer tard.

Dans le même immeuble, au 3e étage, l'***Hotel New York*** (☎ *06 446 04 56, fax 06 499 07 14*) propose des simples/doubles à 80 000/120 000 L (110 000/195 000 L avec s.d.b.). Les triples avec s.d.b. coûtent 200 000 L, les chambres à quatre lits 260 000 L, celles à cinq lits 300 000 L. La direction a récemment changé et l'établissement est encore en pleine rénovation. Demandez l'une des belles chambres déjà modernisées.

Le ***Fawlty Towers***)☎ *06 445 03 74, fax 06 445 03 74, via Magenta 39*), qui propose un hébergement de style auberge de jeunesse, constitue sans doute la meilleure option possible dans la catégorie bon marché. Le lit en dortoir de trois/quatre personnes se loue 35 000/30 000 L. La simple coûte 60 000 L (75 000 L avec s.d.b.) et les doubles à partir de 85 000 L (110 000 L avec s.d.b.). Tenu par des membres d'Enjoy Rome (voir la rubrique *Offices du tourisme* dans le chapitre *Renseignements pratiques*), l'établissement diffuse un grand nombre d'informations sur Rome. En supplément, vous pourrez profiter d'une terrasse ensoleillée, de la TV par satellite, d'un réfrigérateur et d'un four à micro-ondes communs. Pour les chambres individuelles, le Fawlty Towers accepte uniquement les réservations à l'avance. Pour réserver un lit en dortoir, il faut se présenter sur place ou téléphoner à 21h la veille de son arrivée. Le lit sera réservé jusqu'à environ 10h le lendemain matin. Si vous arrivez à Rome tard le soir et que les agences pour réserver une chambre sont fermées, le personnel du Fawlty pourra vous indiquer une pensione.

Plusieurs pensioni pratiquant des tarifs raisonnables sont installées dans la via Palestro. La ***Pensione Restivo*** (☎ *06 446 21 72, via Palestro 55*) représente la quintessence de la pension traditionnelle italienne. Elle est tenue par un ancien officier de *carabiniere*, le sympathique signor Restivo, et sa mère. Les anciens clients leur envoient parfois des cadeaux et des lettres de remerciement, fièrement exposés à la vue de tous. L'établissement étincelle de propreté et les chambres sont spacieuses. Les simples/doubles coûtent 70 000/110 000 L, les triples 125 000 L. Le petit déjeuner n'est pas inclus, mais le signor Restivo offre généralement une tasse de café à ses clients avant qu'ils ne sortent. Les réservations s'effectuent uniquement le matin et l'extinction des feux est à minuit.

Au rez-de-chaussée du même immeuble, l'***Hotel Cervia*** (☎ *06 49 10 57, fax 06 49 10 56*) possède des chambres voûtées très hautes de plafond, datant du XIXe siècle. Les prix sont très raisonnables : 55 000 L la simple, 90 000 L la double, 105 000 L la triple et 120 000 L la chambre à quatre lits. Il existe aussi des chambres avec s.d.b. : 130 000 L la double et 150 000 L la triple.

La ***Pensione Ventura*** (☎ *06 445 19 51*) occupe un rez-de-chaussée, via Palestro 88, près du carrefour avec la via Castro Pretorio. Les doubles, toutes avec s.d.b., se louent un bon prix : de 80 000 à 120 000 L. L'établissement ne disposant d'aucune chambre simple, la double louée en individuel coûte 80 000 L. Malgré les rénovations effectuées il y a quelques années, la pension paraît toujours un peu défraîchie. Mais ses chambres souffrent du bruit, surtout celles qui donnent sur la rue très passante. Le petit déjeuner est compris et chacun peut se servir de café et de boissons fraîches au distributeur.

La ***Pensione Ester*** (☎ *06 495 71 23, viale Castro Pretorio, 25*), de l'autre côté du viale Castro Pretorio, juste à côté de la station de métro du même nom, présente un certain nombre d'avantages. Les chambres sont spacieuses et décorées comme à la maison. Qui plus est, la pension est bon marché : 75 000 L la double et 105 000 L la simple. A noter que la s.d.b. est à l'extérieur de la chambre. Les chambres ne disposent pas de téléphone, ni de télévision, et l'établissement ne sert pas de petit déjeuner. Pour accéder à cette véritable pension familiale, il faut passer sous un porche, traverser une charmante cour intérieure remplie d'arbres et prendre à droite l'escalier C, jusqu'au deuxième étage. La rue étant très bruyante, demandez impérativement une chambre sur cour, vous ne le regretterez pas.

Dans le même immeuble, au 1er étage, la ***Pensione Enrica*** (☎ *06 445 37 42*) dispose de doubles (un seul lit) avec s.d.b. à 100 000 L, petit déjeuner non compris. L'établissement attire surtout les familles et les amis des élèves de l'école de la police située juste à côté. Les clients italiens sont plus nombreux que les touristes. Néanmoins, le gérant, un peu étrange mais très serviable, parle quelques mots d'anglais, d'allemand et de français.

Nord-ouest de Termini (plan 6).

Récemment transformé, l'***Hotel Dolomiti*** (☎ *06 495 72 56 ou 06 491 10 58, fax 06 445 46 65, via San Martino della Battaglia, 11*) propose des prix raisonnables pour un établissement deux-étoiles. Les simples coûtent entre 85 000 et 100 000 L, les doubles entre 130 000 et 160 000 L, et les triples 150 000/210 000 L. Le petit déjeuner, servi dans le charmant salon-bar orné de panneaux de marbre, coûte 10 000 L en sus. Les chambres élégantes et spacieuses sont équipées d'une s.d.b. privée. Au quatrième étage, elles disposent en plus d'un minibar, de la TV, du téléphone, de la clim., d'un double vitrage, d'un coffre et d'un sèche-cheveux (d'où la différence de prix). Au second, elles ne comportent que la télévision. L'endroit est un peu anonyme, mais le rapport qualité-prix est très avantageux pour Rome. Il est recommandé de réserver (par fax).

L'***Albergo Mari 2*** (☎ *06 474 03 71, fax 06 44 70 33 11, via Calatafimi 38*) est un curieux établissement familial qui offre une hospitalité généreuse à des prix raisonnables. Les simples/doubles se louent 60 000/120 000 L (80 000/150 000 L avec douche). L'hébergement lui-même n'a rien de fantastique et le manque d'espace commun fait cruellement défaut, cependant la qualité de l'accueil compense largement ces inconvénients. Il est possible de laisser ses bagages en consigne.

Dans la même rue, le ***Papa Germano*** (☎ *06 48 69 19, via Calatafimi 14a*) jouit d'une grande popularité parmi les établissements bon marché. Les prix commencent à 50 000/70 000 L, les doubles avec baignoire coûtent 100 000 L, sèche-cheveux compris. La direction, qui parle anglais et français, entretient une chaleureuse atmosphère familiale. A en juger par les commentaires enthousiastes laissés par les clients dans le livre d'or, ces efforts ne sont pas vains. Le plan de la ville est distribué gratuitement et il est possible d'emprunter des guides. L'hôtel s'occupe en outre des réservations pour les visites guidées de la ville et les excursions (départ de la réception).

Regard impassible d'Octavien

Alliance du moderne et de l'ancien à Montemartini

Marché de la piazza Cosmiato, Trastevere

La Cola di Rienzo, devant le Campidoglio

Capricorne au palazzo Altemps

A côté, l'*Hotel Floridia* (☎ 06 481 40 89, ou 06 488 43 39, fax 06 444 13 77, via Montebello 45) pratique des prix un peu plus élevés. Les simples/doubles coûtent 110 000/160 000 L, les triples/quadruples 180 000/200 000 L, petit déjeuner compris. Sachez que les prix baissent de 20% hors saison. L'élégant vestibule du rez-de-chaussée donne une fausse impression de qualité, car les chambres sont petites et plutôt spartiates malgré la présence dans chacune d'elles du téléphone et d'une s.d.b.

L'*Hotel Ascot* (☎ 06 474 16 75, via Montebello 22) est situé dans un quartier tranquille, non loin de Termini. Les chambres sont propres mais un peu quelconques. L'ensemble représente néanmoins un bon rapport qualité-prix avec des simples/doubles à 85 000/110 000 L. Toutes les chambres ont une s.d.b, la TV par satellite et ventilateur. Le petit déjeuner coûte 15 000 L en plus. Difficile de trouver meilleur marché à Rome pour un hôtel plus que correct.

L'*Hotel Castelfidardo* (☎ 06 446 46 38, fax 06 494 13 78, via Castelfidardo 31), dans le même quartier, un peu plus au nord, représente aussi une bonne adresse. Dans cet établissement à la décoration discrète mais élégante (couleur saumon), les prix sont modérés. L'établissement propose deux types de tarifs, avec ou sans s.d.b. Dans la première catégorie, la simple/double/triple coûte 90 000/120 000/150 000 L ; dans la seconde 70 000/95 000/120 000 L. Il n'y a pas de téléphone, ni de petit déjeuner.

Si cet endroit ne vous séduit pas, vous pourrez vous rendre tout près de là, de l'autre côté de la via XX Settembre, à l'*Hotel Ercoli* (☎ fax 06 474 54 54, 06 474 40 63, via Collina 48). Cet établissement est un peu plus cher, mais encore très abordable pour Rome. Les chambres, équipées de s.d.b sont spacieuses et agréables, les lits confortables. La simple/double/triple revient à 115 000/160 000/215 000 L. Ces tarifs incluent le petit déjeuner.

Sud-ouest de Termini (plan 6). Récemment rénové, l'*Hotel Kennedy* (☎ 06 446 53 73, fax 06 446 54 17, via F. Turati 62) constitue un bon choix. Ce grand établissement possède des chambres spacieuses et confortables avec s.d.b. privée, TV par satellite et clim. Les prix quelque peu élevés (environ 110 000 L pour une simple et près de 180 000 L pour une double) sont néanmoins justifiés par la qualité de l'hébergement. L'hôtel propose des réductions substantielles en basse saison (de novembre à mars). Le prix comprend le petit déjeuner (un généreux buffet ne comptant pas moins de quatre sortes de céréales). L'établissement dispose en outre d'un bar (ouvert toute la journée), de trois salles communes avec TV et d'une consigne.

Bien situé, entre la piazza Vittorio Emanuele et la basilica di San Giovanni, l'*Hotel Il Castello* (plan 8, ☎ 06 77 20 40 36, fax 06 70 49 00 68, via Vittorio Amedeo II 9) se trouve à deux pas de l'arrêt de métro Manzoni, au sud de Termini. Bon choix d'hôtel bon marché, il propose des simples/doubles à 70 000 L/120 000 L et des lits en dortoir à 25 000 L par personne. Les doubles/triples avec s.d.b. coûtent 120 000 L/150 000 L. Les prix baissent de 20% de novembre à mars. Les chambres et les s.d.b. communes sont propres et agréables, et le personnel, qui parle anglais, assure un petit service de bar à l'entrée (mais à 2 000 L le cappuccino, mieux vaut se rendre dans un café). On peut se garer gratuitement dans les rues adjacentes.

A deux pas de la piazza della Repubblica (et de sa station de métro) et de la via Nazionale, l'*Hotel Elide* (plan 6, ☎ 06 488 39 77 ou 06 474 13 67, fax 06 90 43 18, via Firenze 50) est un établissement un peu hors normes. Situé dans une rue animée, et un peu bruyante, les chambres y sont délicieusement surannées. La numéro 16, par exemple, est décorée par des tableaux un peu vieillots, le plafond est sculpté et les volets sont en bois ; le mobilier, en revanche, a moins de caractère. L'entrée et les couloirs sont un peu sombres, mais l'accueil est sympathique. L'établissement propose deux types de tarifs, avec ou sans s.d.b. La simple est à 80 000 L (sans) et à 95 000 L (avec) ; la double à 130 000 L (sans) et 150 000 L (avec). Pour ceux qui préfèrent le charme au confort des établissements plus modernes.

L'entrée de l'*Hotel Galatea* (☎ *06 474 30 70, via Genova 24*), de l'autre côté de la via Nazionale, se confond avec celle d'un ancien et somptueux palais. A 70 000/89 000 L, ses simples/doubles joliment meublées sont une véritable aubaine. La triple coûte environ 165 000 L. Pour une chambre avec s.d.b., comptez un supplément de 10 000 à 45 000 L. Ne vous étonnez pas de la présence de nombreux enfants, l'établissement accueille des groupes scolaires. Le personnel se targue de maîtriser six langues européennes.

Centre-ville (plan *Les environs de la piazza Navona*). Parmi les établissements les plus centraux du quartier, la *Pensione Primavera* (☎ *06 68 80 31 09, fax 06 686 92 65, piazza San Pantaleo 3*), corso Vittorio Emanuele II (parfaite situation pour les transports), au sud de la piazza Navona, a été récemment rénovée. Traversez la superbe entrée, la réception se trouve au 1er étage. Les simples/doubles sont chères, 125 000/170 000 L, mais les triples, à 60 000 L par personne, offrent un bon rapport qualité-prix. Le prix comprend le petit déjeuner et l'établissement propose une réduction de 10% de novembre à mars (sauf à Noël et au Nouvel An). Les chambres propres et confortables possèdent toutes une s.d.b. privée, la clim. et le double vitrage, qui protège du bruit de la rue. La direction envisag d'installer la TV par satellite dans tout l'établissement. Il est recommandé de réserver (vous devrez sans doute verser des arrhes, l'équivalent d'une nuit). Les cartes de crédit ne sont pas acceptées.

La *Pensione Mimosa* (☎ *06 68 80 17 53, via Santa Chiara 61*), derrière la piazza della Minerva, dispose de simples à 85 000 L et de doubles/triples à 60 000 L par personne (supplément de 15 000 L pour une chambre avec s.d.b. privée). Il est possible de manger sur place pour 25 000 L par personne (régime spécial sur commande). La consommation d'alcool est interdite dans l'hôtel et il n'est possible de fumer que dans le hall et la salle à manger. Serviables et chaleureux, la gérante et son fils offrent des plans de la ville gratuits ainsi que toutes sortes d'informations. L'établissement accepte uniquement les paiements en liquide.

A deux pas du Campo dei Fiori, l'*Albergo della Lunetta* (☎ *06 686 10 80 ou 06 687 76 30, fax 06 689 20 28, piazza del Paradiso 68*) ne manque pas de charme. Situé sur une petite place, dans un quartier très agréable, il est installé dans un vieil immeuble. Les tarifs proposés sont très raisonnables compte tenu de la localisation de cet établissement. La simple est à 80 000/100 000 L (avec ou sans s.d.b.), la double à 120 000/160 000 L et la triple à 165 000/210 000 L. L'Albergo ne sert pas de petit déjeuner. Les salles de bains sont dans un état moyen, mais les chambres, spacieuses, ont du charme avec leurs poutres apparentes et leur mobilier rustique. Pour y accéder, on passe par des coursives qui donnent sur une petite cour intérieure verdoyante.

Au cœur de la ville antique, la *Casa Kolbe* (plan 8, ☎ *06 67 94 974, fax 06 69 94 15 50, via San Teodoro 44*) est aménagée dans un ancien couvent franciscain. Elle tire son nom d'un moine polonais qui vécut là avant d'être déporté à Auschwitz, où il mourut, durant la Seconde Guerre mondiale. Les 64 chambres spacieuses sont raisonnables à 130 000 L la double et 165 000/180 000 L la triple/quadruple. Moyennant un supplément, il est possible de se restaurer dans l'immense salle de l'ancien réfectoire. L'hôtel donne sur le Foro romano d'un côté et sur un vaste jardin abrité de l'autre. On y accède par un salon-bar et une salle de TV très spacieux.

Les environs du Vatican (plan 5). Ce quartier compte assez peu d'adresses intéressantes, mais il offre le calme et la proximité des grands sites touristiques. Il est indispensable de réserver car les chambres sont souvent prises d'assaut par des personnes en congrès au Vatican, et il est vraisemblable que tous les établissements du quartier afficheront complet pendant toute la durée du jubilé.

Le moyen de transport le plus simple pour se rendre dans le quartier reste la Linea A du métro, jusqu'à l'arrêt Ottaviano. Tournez à gauche dans la via Ottaviano, la via Germanico se trouve à deux pas. Sinon, prenez le bus n°64 de la stazione Termini à la basilica di San Pietro, puis marchez vers le nord dans la via di Porta Angelica, qui devient la via Ottaviano après la piazza del Risorgimento ; comptez 5 mn de marche.

Le meilleur hôtel bon marché du quartier est de loin la charmante **Pensione Ottaviano** (☎ *06 39 73 81 38 ou 06 39 73 72 53, gi.costantini@agora.stm.it, via Ottaviano 6*), près de la piazza del Risorgimento et des Musei Vaticani. Elle propose des lits en dortoir à 30 000 L par personne (20 000 L hors saison) et des doubles/triples à 70 000/90 000 L. Toutes les chambres sont équipées d'un réfrigérateur et de placards fermant à clé. Dans le hall de réception à la décoration colorée sont installées des tables et des chaises, une TV par satellite et un micro-ondes. Le personnel parle anglais et un accès e-mail est assuré après 21h.

L'**Hotel Giuggioli** (☎ *06 324 21 13, via Germanico 198*), dans l'un des plus agréables quartiers résidentiels de Rome, est un délicieux petit établissement équipé de doubles à 110 000 L, 130 000 L avec s.d.b. Les chambres sont joliment meublées. Il est possible de se garer dans la rue.

Dans le même immeuble, l'**Hotel Lady** (☎ *06 324 21 12, fax 06 324 34 46*), au 4e étage, dispose d'agréables chambres calmes un peu vieillottes à 100 000 L la simple (130 000 L avec s.d.b.) et 120 000 L la double (150 000 L avec s.d.b.). Les triples se louent 180 000 L (sans s.d.b.). La pension pratique une petite réduction hors saison. Demandez les chambres n°4 ou n°6, dont les plafonds ont conservé leurs poutres apparentes. Le patron excentrique et son épouse ne parlent pas anglais, mais ils vous donneront amplement l'occasion de pratiquer votre italien.

OÙ SE LOGER - CATÉGORIE MOYENNE

Sauf indication contraire, toutes les chambres de cette catégorie sont équipées de s.d.b.

Nord-est de Termini (plan 6)

La via Palestro réunit de nombreux hôtels de catégorie moyenne. L'**Hotel Adventure** (☎ *06 446 90 26, fax 06 446 00 84, hoteladventure@mbox.netway.it*), trois-étoiles, au n°88, témoigne d'une prédilection pour le rose pastel, le faux stuc et les reproductions d'antiquités. Le hall de réception croule sous les lustres. Néanmoins, l'établissement affiche une propreté impeccable. La sécurité est assurée par des caméras vidéo et des sas permettant de contrôler les allées et venues à chaque étage. Les doubles coûtent de 180 000 à 240 000 L (170 000 L en individuel), les triples 300 000 L et les quadruples 450 000 L (une immense chambre aménagée au dernier étage dispose d'une terrasse privée). Toutes les chambres possèdent clim. et TV. Celles qui donnent sur la cour intérieure sont plus calmes que celles sur la rue.

Également au n°88, aux 1er et 2e étages, l'**Hotel Gabriella** (☎ *06 445 01 20, fax 06 446 14 41, gabriel@micanet.it*) est un deux-étoiles sans prétention, familial et chaleureux. Les simples/doubles sont louées 130 000/160 000 L, mais des réductions sont accordées pour les séjours prolongés. L'établissement a été récemment rénové et toutes les chambres disposent aujourd'hui de la clim., mais l'utilisation de cette dernière coûte 20 000 L/jour.

Au numéro 49 de la via Palestro, l'**Hotel Continentale** (☎ *06 445 03 82, fax 06 445 26 29*) est un établissement présentant un bon rapport qualité-prix. Le quartier, non loin de Termini, est agréable. Les prix, qui incluent la s.d.b. et le petit déjeuner, sont intéressants : 80 000 L pour la simple, 130 000 L pour la double et 170 000 L la triple. Les chambres sont un peu impersonnelles, mais propres ; et l'accueil est sympathique et efficace.

L'**Hotel Positano** (☎ *06 49 03 60, fax 06 446 91 01, hotposit@tin.it*) jouxte le Continentale. Cet établissement familial conviendra particulièrement aux familles, car les enfants de moins de six ans sont accueillis gratuitement. Peu nombreuses, les doubles/triples avec s.d.b. commune coûtent 110 000/130 000 L. Les autres chambres sont entièrement équipées (s.d.b., clim., TV, téléphone, coffre, minibar et sèche-cheveux). Elles se louent 150 000 L la simple, 180 000 L la double, 220 000 L la triple et 240 000 L la quadruple.

Nord-ouest de Termini (plan 6)

Au nord-ouest de la gare, dans la via Firenze, perpendiculaire à la via Nazionale, deux établissements sont d'un bon rapport qualité-prix. L'*Hotel Seiler* (☎ *06 488 02 04, fax 06 488 06 88*), au n°48, est géré par une équipe accueillante et serviable. Il propose des chambres propres et confortables à 160 000 L/220 000 L la simple/double et 260 000 L la triple. Il existe aussi de grandes chambres pour cinq (voire plus), qui coûtent de 40 000 à 60 000 L par personne – demandez la chambre n°405, baptisée *la camera degli angioletti* (chambre des angelots) en raison de la fresque qui orne son plafond depuis 1885.

L'*Hotel Oceania* (☎ *06 482 46 96 ou 06 482 08 52, fax 06 488 55 86, hoceania @tin.it*), au n°38, est un établissement familial idéal quoiqu'un peu cher. Les vastes simples/doubles coûtent 190 000/245 000 L, les triples/familiales de 310 000 à 410 000 L. Les séjours de plus de quatre nuits bénéficient d'une réduction de 5%. Cet hôtel se distingue par l'hospitalité sans pareil de son délicieux gérant, Armando, et de son fils, Stefano.

L'*Hotel Caravaggio* (☎ *06 48 59 15, ou 06 487 09 29, fax 06 474 73 63, carvagio @mbox.vol.it, via Palermo 73/75*), tout près de la via Nazionale et à 10 mn à pied de la stazione Termini, est un agréable trois-étoiles qui dispose de simples/doubles/triples à 210 000/320 000/432 000 L. Hors saison, les prix baissent jusqu'à 40%. Le hall de réception et la salle du petit déjeuner/bar se trouvent au n°75, tandis que les chambres occupent le n°73 ; un couloir devrait bientôt les relier. Les chambres sont petites mais joliment meublées. Toutes renferment au moins une antiquité ; la n°16 présente ainsi un sol en mosaïque du XIXe siècle. Elles sont équipées d'une TV, d'un minibar et de la clim. L'hôtel dispose en outre d'un jacuzzi.

Sud-ouest de Termini (plan 6)

L'*Hotel Dina* (☎ *06 474 06 94 or 06 481 88 85, fax 06 48 90 36 14, via Principe Amedeo 62*) est propre, et sa direction extrêmement chaleureuse. Raisonnables, les simples/doubles coûtent 90 000/160 000 L (65 000/100 000 L avec s.d.b. commune), petit déjeuner non compris. Les séjours de plus de trois nuits bénéficient d'une réduction de 10%. L'établissement possède deux chambres équipées pour les personnes à mobilité réduite avec des douches ouvertes et des rampes, ce qui est inhabituel dans les hôtels de cette catégorie de prix. L'accès à l'hôtel (au 1er étage) pose quelque difficultés, mais l'ascenseur doit être assez large pour accueillir la plupart des fauteuils.

Au n°47, l'*Hotel Sweet Home* (☎ *06 488 09 54*) propose des simples à 100 000 L (80 000 L avec s.d.b. commune) et des doubles à 150 000 L, petit déjeuner non compris. Il existe aussi des triples. La taille et le confort des chambres varient. Celles qui ne donnent pas sur la rue sont plus spacieuses et plus calmes.

L'*Hotel d'Este* (☎ *06 446 56 07, fax 06 446 56 01, d.este@italyhotel.com, via Carlo Alberto 4b*), à deux pas de la basilica di Santa Maria Maggiore, compte parmi les meilleurs établissements de catégorie moyenne du quartier. Il dispose de chambres superbement meublées, d'un agréable jardin en terrasse, d'un bar, d'un restaurant et d'un service de nettoyage. Les simples/doubles coûtent jusqu'à 260 000/380 000 L et les triples se louent 420 000 L, mais les prix varient considérablement selon les saisons. Comme ils sont négociables par téléphone, il est conseillé d'appeler d'abord. L'hôtel organise des visites guidées.

Centre-ville

L'*Albergo del Sole* (*plan Les environs de la piazza Navona*, ☎ *06 687 94 46, ou 06 68*

80 68 73, fax 06 689 37 87, alb.sole@flashnet.it, via del Biscione 76), très proche du Campo dei Fiori, date de 1462. Certains affirment qu'il s'agit du plus vieil hôtel de Rome. Il possède de grandes chambres confortables meublées d'antiquités à des prix raisonnables. Les simples/doubles coûtent 120 000/180 000 L (95 000/140 000 L avec s.d.b. commune), petit déjeuner non compris. Les espaces communs ne manquent pas : salon de TV, patio et terrasse sur le toit ouverte aux clients jusqu'à 23h. L'établissement offre les services d'un garage pour 40 000 L/jour. Les cartes de crédit ne sont pas acceptées.

L'*Hotel Campo dei Fiori* (plan Les environs de piazza Navona, ☎ 06 68 80 68 65, via del Biscione 6) est un surprenant établissement, aménagé dans un immeuble de six étages (sans ascenseur), à côté du Campo dei Fiori. Il faut dépasser l'entrée pour apprécier le caractère des lieux. Les murs de l'étroit couloir sont couverts de miroirs et de colonnes qui créent un étonnant effet de kaléidoscope. Les 27 chambres (toutes doubles), meublées de façon peu ordinaire, coûtent 210 000 L (avec douche et toilettes), 170 000 L (avec douche seulement) ou 150 000 L (avec s.d.b. commune). Il est possible de négocier des réductions hors saison. L'hôtel possède une terrasse panoramique sur le toit. Il dispose aussi dans le quartier de neuf appartements pouvant accueillir cinq personnes. Ils se louent de 200 000 à 250 000 L par jour.

Près de la piazza di Spagna, l'*Hotel Pensione Suisse* (plan 6, ☎ 06 678 36 49, fax 06 678 12 58, via Gregoriana 56) offre des simples/doubles de bonne qualité à 140 000/200 000 L (115 000/150 000 L avec s.d.b. commune) ainsi que des triples à 265 000 L. Les prix comprennent le petit déjeuner servi dans la chambre. Un charmant petit salon vieillot est équipé d'une TV, et vous pouvez déposer vos objets de valeur dans un coffre à la réception. L'établissement exige la moitié du paiement en liquide.

Idéalement situé, dans une charmante rue bordée de magasins d'antiquités et de tapis orientaux, l'*Hotel Forte* (plan 6, ☎ 06 320 76 25 ou 06 320 04 08, fax 06 320 27 07, via Margutta 61) propose des chambres confortables et calmes à des prix raisonnables. Les simples/doubles coûtent 130 000/200 000 L, les triples/quadruples 250 000/280 000 L. Hors saison, les prix baissent de 60 000 L/chambre.

L'*Hotel Pensione Merano* (plan 6, ☎ 06 482 17 96, ou 06 482 18 08, fax 06 482 18 10, via Vittorio Veneto 155) est un pittoresque établissement doté de meubles sombres et lourds, étonnamment bon marché étant donné sa situation. Les simples/doubles (toutes à deux lits) se louent 125 000/ 175 000 L, les triples 230 000 L. La réduction hors saison peut atteindre 30 000 L. La moquette et le double vitrage atténuent le bruit de la circulation sur la via Veneto, mais, en l'absence de clim., il fait parfois très chaud l'été.

Récemment transformé, l'*Hotel Julia* (plan 6, ☎ 06 488 16 37 ou 06 487 34 13, fax 06 481 70 44, hotel.julia@rpilo.it, via Rasella 29), à deux pas de la via delle Quattro Fontane près de la piazza Barberini, offre un confort simple dans un environnement tranquille. Les simples (avec douche) coûtent 170 000 L, les doubles (avec s.d.b.) 270 000 L. Toutes les chambres disposent de la TV par satellite, d'une clim. indépendante, d'un sèche-cheveux et d'un coffre.

Villa Borghese (plan 4)

Le confortable et accueillant *Hotel Villa Borghese* (☎ 06 85 30 09 19 ou 06 841 34 18, fax 06 841 41 00, via Pinciana 31) est aménagé dans un charmant bâtiment de style Art déco qui vit naître Alberto Moravia, le célèbre romancier du XXe siècle. Les agréables simples/doubles/triples sont louées 215 000/275 000/335 000 L et il existe une suite à 360 000 L. Les chambres sont dotées d'une TV par satellite, d'un minibar et d'une clim. indépendante. De petites réductions sont pratiquées de novembre à mars. L'hôtel possède un petit salon au rez-de-chaussée et une séduisante terrasse où le petit déjeuner est servi l'été. Il n'y a pas d'ascenseur.

Coppedè (plan 4)

Un peu à l'écart, l'*Hotel Coppedè* (☎/fax 06 854 95 35, via Chiana 88), dans la partie résidentielle de la via Salaria, au nord-est de Termini, offre un excellent pied-à-terre pour explorer la ville. Il dispose d'une simple à 160 000 L et de doubles/triples à 250 000/ 300 000 L, petit déjeuner servi dans la chambre. Il n'existe pas de salon avec TV, mais les 11 chambres sont spacieuses et bien meublées.

Les environs du Vatican (plan 5)

Juste à côté des remparts du Vatican, à deux pas de la via dei Corridori, l'*Hotel Bramante* (☎ 06 68 80 64 26, fax 06 687 98 81, bramante@ excalhq.it, vicolo delle Palline 24) propose un hébergement raisonnable dans un immeuble du XVIe siècle dessiné par l'architecte suisse Domenico Fontana, qui y vécut jusqu'à son expulsion de Rome par le pape Sixtus V. Les simples/doubles coûtent 132 000/176 000 L avec douche. Avec s.d.b. commune, comptez 97 000/ 132 000 L. L'établissement ne possède qu'une seule TV, installée dans le salon du rez-de-chaussée, mais il est question d'équiper toutes les chambres. Comme l'hôtel ne comporte que deux étages, il n'y a pas d'ascenseur.

Au numéro 243 de la via Cola di Rienzo, dans le quartier animé de Prati, sont installés deux établissements de très bonne qualité. L'*Hotel Joli* (☎ 06 324 18 54, fax 06 324 18 93) est au 6e étage. Les chambres sont propres et très agréables, tout comme la salle de TV et celle où est servi le petit déjeuner. Les tarifs pratiqués par cet établissement sont tout à fait décents. La simple coûte 100 000 L, la double 150 000 L et la triple 200 000 L. Ces tarifs incluent une s.d.b et le petit déjeuner. En revanche, l'usage d'une TV et du téléphone dans la chambre coûte 10 000 L supplémentaires. Petit détail qui a son importance : on aperçoit la basilique Saint-Pierre depuis la fenêtre de certaines chambres.

Petit et calme, l'*Hotel Florida* (☎ 06 324 18 72, fax 06 324 18 57, via Cola di Rienzo 243), au 2e étage, propose des simples/ doubles à environ 120 000/160 000 L (70 000/105 000 L avec s.d.b. commune) et des triples/quadruples à environ 200 000/ 230 000 L, petit déjeuner non compris. Des réductions sont pratiquées hors saison ainsi que sur les paiements en liquide. Les chambres sont agréablement meublées et équipées de ventilateurs. Pour la clim. indépendante, comptez un supplément de 30 000 L/nuit. Un service de bar est assuré de 8h30 à 20h. L'établissement ne possède pas de garage, mais propose une place de parking dans un garage voisin pour 25 000 L/jour.

Tout près du Vatican et de la station de métro Ottaviano, dans un quartier très remuant, se situe un établissement raffiné, l'*Hotel Amalia* (☎ 06 397 233 54, 56 ou 82, fax 06 397 233 65, via Germanico 66). A recommander pour les bourses un peu plus généreuses, car la simple coûte 180 000 L et la double 250 000 L (petit déjeuner compris). L'accueil est très soigné (Amalia parle un très bon français), les chambres sont à la fois simples et luxueuses. Elles comportent toutes le téléphone, la TV, un minibar et un coffre-fort.

Trastevere (plan 7)

Depuis sa rénovation en 1998, l'*Hotel Manara* (☎ 06 581 47 13, fax 06 588 10 16, via Luciano Manara 24a-25) fait partie des pensions les plus intéressantes de la ville, offrant une qualité trois-étoiles à des prix fort concurrentiels. Toutes les chambres, d'une propreté impeccable, disposent d'une s.d.b. (avec sèche-cheveux) et d'une TV. La plupart donnent sur la place du marché de la piazza San Cosimato. Les simples/doubles coûtent 100 000/130 000 L, les triples 150 000 L et les quadruples 170 000 L. Réservez très vite car il n'y a que neuf chambres.

L'*Hotel Cisterna* (☎ 06 581 72 12, via della Cisterna 7-9), à côté de la via San Francesco a Ripa, est située dans une jolie rue calme, à deux pas de la très animée piazza Santa Maria in Trastevere et de tous les meilleurs restaurants, cafés et hauts lieux de la vie nocturne du quartier. Les chambres n'ont rien d'exceptionnel, mais elles allient confort et propreté. Certaines sont plus spacieuses que d'autres. Les simples/doubles sont louées 120 000/ 160 000 L, les triples 215 000 L.

OÙ SE LOGER - CATÉGORIE SUPÉRIEURE

Les hôtels chers ne manquent pas à Rome, mais beaucoup, surtout à proximité de la stazione Termini, accueillent surtout les groupes. Même s'ils offrent tout le confort habituel, ils pèchent souvent par leur manque de personnalité. Les trois et quatre-étoiles qui suivent ont été sélectionnés pour leur charme particulier, le rapport qualité-prix offert et leur situation. Toutes les chambres possèdent une s.d.b., le téléphone et la TV.

Lorsque deux prix sont indiqués pour une chambre double, le prermier concerne l'occupation individuelle, le second celle de deux personnes. En général, le petit déjeuner est compris dans le prix, néanmoins il est conseillé de s'en assurer.

Aventino (plan 7)

Les *Aventino-Sant'Anselmo Hotels* (☎ *06 574 51 74, fax 06 578 36 04, piazza di Sant'Anselmo 2*) réunissent quatre villas du tournant du siècle gérées par une même société. Elles sont situées dans un quartier essentiellement résidentiel, mais à deux pas seulement du centre historique (au nord) et des restaurants du Testaccio (au sud). L'Aventino propose un hébergement deux-étoiles avec des simples/doubles à 150 000/ 230 000 L, des triples à 250 000 L et des quadruples à 260 000 L. Les autres villas appartiennent à la catégorie trois-étoiles ; les simples/doubles coûtent 190 000/ 290 000 L, les triples 340 000 L et les quadruples 360 000 L. Tous ces prix comprennent le petit déjeuner.

Ces hôtels sont parfaits pour les amateurs de calme et les clients motorisés, car il est très facile de se garer dans les rues des environs. Il est possible de prendre le petit déjeuner ou un verre dans les jardins ou les cours, très agréables.

Les environs de Termini (plan 6)

L'*Hotel Venezia* (☎ *06 445 71 01, fax 06 495 76 87, via Varese 18*) est l'un des établissements les plus raffinés de Rome avec sa décoration datant du XVIIe siècle. Le hall, la salle du petit déjeuner et le salon, meublé avec d'élégants et confortables canapés, des tapis au sol et de nombreuses antiquités, donnent le ton. Les chambres sont du même acabit. Il pratique des prix modérés pour cette catégorie d'hôtels puisque la simple est à 181 000 L, la double à 246 000 L et la triple à 332 000 L. Toutes les chambres comportent la TV par satellite, le téléphone et un minibar. Le personnel d'accueil parle français et anglais. En outre, l'hôtel est situé dans une rue calme et agréable, proche géographiquement de Termini, mais très loin de son agitation fébrile.

Un peu plus au nord, dans un quartier un plus dynamique, l'*Hotel Montecarlo* (☎ *06 446 0000, fax 06 446 0006, via Palestro 17/a*) a peut-être moins de charme que l'adresse précédente, mais ses tarifs restent très abordables et les chambres sont dotées de tout le confort souhaitable. La simple est à 170 000 L, la double à 250 000 L et la triple à 340 000 L. Cet établissement, où le client est bien accueilli, est en outre situé à deux pas d'un petit parc.

De Termini au Foro romano/Colosseo (plan 6)

Juste derrière les Fori Imperiali, l'ancien quartier de Suburra accueille deux superbes établissements. L'*Hotel Forum* (☎ *06 679 24 46, fax 678 64 79, forum@venere.it, via Tor dei Conti 25*), aménagé dans un ancien couvent, propose de très confortables simples/doubles à 360 000/520 000 L (270 000/390 000 L hors saison). Les triples coûtent 630 000 L. Ses plus grands atouts restent néanmoins son jardin en terrasse et son agréable restaurant, qui offrent des vues panoramiques sur le Foro romano et le Palatino. L'hôtel étant souvent plein, veillez à réserver à l'avance.

A côté, l'*Hotel Nerva* (☎ *06 678 18 35, fax 06 69 92 22 04, via Tor dei Conti*) est un établissement douillet offrant de confortables simples/doubles à 250 000/ 360 000 L, petit déjeuner compris. De considérables réductions sont accordées hors saison et sur les paiements en liquide. Deux chambres (une simple et une double) sont en outre équipées pour accueillir les personnes à mobilité réduite.

A 2 mn à l'est du Colosseo, l'***Hotel Celio*** (*plan 8*, ☎ *06 70 49 53 33, fax 06 709 63 77, via dei Santi Quattro 35c*) loue des simples/doubles à 295 000/350 000 L et des triples à 390 000 L. Les 20 chambres sont un peu étroites, mais le manque de place est compensé par un supplément de services : photocopie et fax, location de voitures, vidéothèque bien garnie, magnétoscopes (à louer) et nettoyage/blanchissage. L'hôtel doit être bientôt agrandi.

Plus près de la stazione Termini, entre l'Opéra de Rome et les terme di Diocleziano, à deux pas de la piazza della Repubblica, l'***Hotel Columbia*** (☎ *06 474 42 89, fax 06 474 02 09, info@hotelcolumbia.com, via del Viminale 15*) dispose de simples à 181 000 L et de doubles à 223 000/246 000 L. Le petit déjeuner, compris, est servi en terrasse sur le toit et une petite réduction est accordée hors saison. Grandes et lumineuses, les chambres sont en outre équipées de prises modem.

Dans la via Nazionale, l'élégant ***Hotel Artemide*** (☎ *06 48 99 11, fax 06 48 99 17 00, via Nazionale 22*) propose de confortables simples/doubles à partir de 350 000/490 000 L. Pour un lit supplémentaire, comptez 100 000 L, 60 000 L pour les enfants (des petits lits sont aussi disponibles gratuitement). Le prix comprend un petit déjeuner complet. Il existe une chambre à deux lits équipée pour accueillir les personnes à mobilité réduite. Parmi les services, citons un restaurant-bar, une terrasse sur le toit, un minibar rempli d'eau minérale et de boissons fraîches gratuites ainsi qu'un quotidien également gratuit.

Centre-ville

Plusieurs des meilleurs hôtels de Rome sont installés près de la piazza di Spagna. Le ***Gregoriana*** (*plan 6*, ☎ *06 679 79 88, fax 06 678 42 58, via Gregoriana 18*) est depuis longtemps une institution dans les milieux de la jet-set. Les chambres ne sont pas numérotées mais ornées de lettres d'Erté, styliste français des années 30. Les simples coûtent à partir de 220 000 L, les doubles 360 000 L/380 000 L, petit déjeuner servi dans la chambre. Les prix sont négociables hors saison. L'hôtel assure un service de nettoyage. Les cartes de crédit ne sont pas acceptées.

Se surnommant lui-même "Votre chez-vous à Rome", l'***Hotel Scalinata di Spagna*** (*plan 6*, ☎ *06 679 30 06, fax 06 69 94 05 98, piazza Trinità dei Monti 17*), un établissement chaleureux et sans façon, jouit d'un emplacement superbe en haut de l'escalier de la Trinité-des-Monts. Ses confortables simples/doubles récemment rénovées se louent 380 000/450 000 L, les triples 550 000 L. Le petit déjeuner peut être servi sur la terrasse panoramique aménagée sur le toit. La chambre n°18 dispose d'une terrasse privée et peut être transformée en suite avec la chambre voisine pour 850 000 L. Il est possible de faire installer un lit d'enfant. Réservez à l'avance car l'établissement jouit d'une grande popularité.

La luxueuse ***Hassler Villa Medici*** (*plan 6*, ☎ *06 69 93 40, fax 06 678 99 91, hasslerroma@mclink.it, Trinità dei Monti 6*) symbolise depuis la nuit des temps l'hospitalité romaine. Parmi ses clients, elle compte les familles royales de Suède, de Grèce et d'Angleterre, le président Kennedy et Elizabeth Taylor. Toutefois, le luxe se paie : les simples coûtent de 480 000 à 515 000 L, les doubles de 695 000 à 1 030 000 L, sans le petit déjeuner. L'hôtel propose des formules pour les voyages de noces, les séjours dits romantiques ainsi que certains week-ends à différentes périodes de l'année. Il abrite un institut de beauté, propose un service de massage et prête des bicyclettes pour visiter le centre historique. Le restaurant sur le toit fut le premier établissement panoramique de Rome.

Entre la piazza di Spagna et le quartier de la piazza Navona, l'***Hotel Carriage*** (*plan 6*, ☎ *06 699 012, fax 06 678 82 79, via delle Carrozze 36*) dispose d'une localisation idéale. A la différence de nombreux établissements du même type, luxueux mais souvent froids, il émane de cet hôtel une impression de chaleur du fait de sa petitesse alliée au raffinement du lieu. Ces précieux avantages ont un prix : 300 000 L pour la simple, 400 000 L pour la double (340 000 si une seule personne occupe la chambre) et 500 000 L pour la triple.

Derrière la piazza di Spagna, près de la via Veneto, l'*Hotel Eden* (*plan 6*, ☎ *06 47 81 21, fax 06 482 15 84, via Ludovisi 49*) est l'un des plus grands établissements de luxe de Rome. En dépit du niveau des prix, l'hôtel ne désemplit pas, veillez donc à réserver suffisamment à l'avance. Les simples/doubles de première catégorie commencent à 590 000/850 000 L (petit déjeuner et TVA non compris), les chambres de luxe coûtent considérablement plus cher. Un restaurant et un bar panoramiques sont aménagés sur le toit. Vous pourrez y prendre un brunch dominical ou assister à des concerts de piano-bar le soir.

L'*Hotel Locarno* (*plan 5*, ☎ *06 361 08 41, fax 06 321 52 49, locarno@venere.it, via della Penna 22*), près de la piazza del Popolo, offre une agréable alternative à certains des établissements de luxe plus impersonnels. Il propose des simples à 235 000 L et des doubles à 360 000/390 000 L, petit déjeuner compris, servi dans le jardin ou en terrasse sur le toit l'été, moyennant un petit supplément. Une réduction de 10% est offerte en août. Les chambres sont équipées de prises modem, le salon-bar est orné dans le style Art déco et on peut se servir gratuitement des bicyclettes. L'une des chambres est équipée pour les personnes à mobilité réduite.

Le *Fontana Hotel* (*plan 6*, ☎ *06 678 61 13, fax 06 679 10 56, piazza di Trevi 96*) offre un emplacement attrayant : en face de la fontaine de Trevi. Cet ancien couvent du XVIIe siècle présente un bon rapport qualité-prix étant donné sa situation et du fait que certaines chambres donnent sur la fontaine. Les simples/doubles sont louées à partir de 280 000/330 000 L (il faut payer davantage pour avoir la vue sur la fontaine), les triples/quadruples 430 000/500 000 L. Les prix baissent hors saison. Seul point noir, les chambres sont relativement bruyantes car la fontaine attire beaucoup de monde.

Membre de la chaîne Crowne Plaza, le *Minerva* (*plan Les environs de la piazza Navona*, ☎ *06 69 94 18 88, fax 679 41 65, minerva@pronet.it, piazza della Minerva 69*) offre un large éventail de services dans un confort absolu, comme on est en droit de l'attendre au vu du prix. Les simples coûtent 500 000 L, les doubles 550 000/750 000 L, les suites à partir de 1 150 000 L, petit déjeuner non compris. L'établissement est installé dans un palais du XVIIe siècle, réaménagé dans un style postmoderne par Paolo Portoghesi à la fin des années 80. Vous trouverez un restaurant et un bar au rez-de-chaussée et une salle de sports au 1er étage. L'hôtel propose par ailleurs des chambres pour les non-fumeurs et une chambre équipée pour les personnes à mobilité réduite. Il n'accepte pas les chèques.

L'*Albergo del Senato* (*plan Les environs de la piazza Navona*, ☎ *06 678 43 43, fax 06 699 402 97, piazza della Rotonda 73*) dispose d'une situation véritablement exceptionnelle puisqu'il donne sur le Panthéon. La contrepartie d'une localisation qui aiguise bien des jalousies dans la capitale est l'agitation perpétuelle qui règne en bas de l'hôtel, mais qui – grâce au double vitrage – n'est pas gênante à l'heure du repos. Les chambres, outre le panorama exceptionnel, sont joliment décorées, avec leur mobilier en bois et leurs rideaux assortis aux tapisseries. Seul le hall en marbre peut apparaître un peu froid dans ce bâtiment datant du siècle dernier. La simple coûte 265 000 L, la double 370 000 L et la triple 415 000 L.

L'*Albergo Teatro di Pompeo* (*plan Les environs de la piazza Navona*, ☎ *06 687 28 12, fax 06 68 80 55 31, largo del Pallaro 8*), juste à côté du Campo dei Fiori, dégage un charme fou, car certaines parties de ses murs remontent à la République romaine. Ses calmes et confortables doubles commencent à 310 000 L. Le petit déjeuner est servi dans les ruines du théâtre de Pompée

(55 av. J.-C.). Les services comprennent l'utilisation d'un coffre privé et la radio. L'établissement s'occupe des réservations pour les visites guidées de la ville (départ de la réception).

Au-dessus de la magnifique piazza Navona, dans une rue qui dégage un charme fou, l'***Hotel Portoghesi*** (*plan Les environs de la piazza Navona*, ☎ *06 686 42 31, fax 06 687 69 76, via dei Portoghesi 1*) ravira les amateurs d'élégance sereine. Cet établissement luxueux et paisible jouxte une vieille église portugaise (d'où le nom de la rue) et fait face à une mystérieuse tour médiévale. Les chambres sont peut-être moins richement décorées que dans d'autres établissements, mais l'accueil (on parle français) est soigné. La simple coûte 210 000 L (190 000 L hors saison) et la double 290 000 L (250 000 L hors saison). A noter l'existence d'une suite équipée d'une terrasse avec une vue imprenable sur le vieux Rome pour… 480 000 L.

Sur le largo Febo, entre la piazza Navona et le Tevere, l'***Hotel Raphaël*** (*plan Les environs de la piazza Navona*, ☎ *06 68 28 31, fax 06 687 89 93, info@raphaelhotel.com, largo Febo 2*), couvert de lierre, est de loin l'un des établissements les plus conviviaux de Rome, idéalement situé pour l'exploration du centre-ville à pied. Dans le hall de la réception sont exposées des antiquités et une splendide collection de céramiques de Pablo Picasso. Les prix s'échelonnent de 335 000 à 395 000 L la simple et de 495 000 à 590 000 L la double (de 615 000 à 715 000 L la double de luxe), selon la période de l'année. Des formules spéciales week-end sont offertes pour un séjour minimal de deux nuits (en fonction des disponibilités). L'hôtel dispose de deux restaurants ; celui qui est aménagé en terrasse sur le toit jouit d'une superbe vue sur le centre-ville. Il compte aussi une salle de sports et un sauna. Trois chambres sont équipées pour les personnes à mobilité réduite.

Près du Vatican (plan 5)

L'***Hotel Columbus*** (☎ *06 686 54 35, fax 06 686 48 74, via della Conciliazione 33*) occupe un magnifique palais du XVe siècle devant la basilica di San Pietro. Calme et étonnamment simple, compte tenu de son histoire et de ses proportions, cette curiosité Renaissance offre de splendides halls, des fresques de Pinturicchio et un lourd mobilier de bois. Son agréable cour intérieure fait office de parking gratuit. Les simples/doubles coûtent 300 000/ 400 000 L. Il existe une terrasse sur le toit, un bar et un service de nettoyage. Un ravissant restaurant aménagé dans l'ancien réfectoire du palais sert de la cuisine italienne et internationale.

Le petit et douillet ***Hotel Sant'Anna*** (☎ *06 68 80 16 02, fax 06 68 30 87 17, santanna@travel.it, borgo Pio 133*), de l'autre côté de la via della Conciliazione, se dresse littéralement dans l'ombre de la basilique. Il offre un hébergement de qualité à des prix raisonnables. Lumineuses et spacieuses, les simples/doubles se louent 230 000/ 300 000 L. La réduction peut atteindre 80 000 L hors saison. Deux chambres sont en outre équipées pour les personnes à mobilité réduite. Il est recommandé de réserver.

Loger chez les romantiques

Vous souhaitez séjourner dans l'immeuble où mourut le poète John Keats, contactez le Landmark Trust en Grande-Bretagne. Créée en 1965, cette fondation assure la restauration et la préservation de tout un éventail de merveilles architecturales en Grande-Bretagne, mais aussi en Italie, dont l'appartement du 3e étage de la piazza di Spagna, à Rome, où mourut Keats.

L'institution gère aussi la Casa Guidi de Firenze, où vécut le poète Robert Browning, et la villa Saraceno, près de Vicenza, une commande faite à Palladio. Pour toute information complémentaire, contactez le Landmark Trust (☎ 0628-825 925), Shottesbrooke Maidenhead, Berkshire SL6 3SW, G. B.

LOCATIONS

Les appartements proches du centre de Rome coûtent cher : comptez un minimum de 1 500 000 L par mois pour un studio ou un petit une-pièce. En sus du loyer, il faut acquitter les factures d'électricité (assez chère en Italie) et de gaz. Il existe aussi une taxe d'entretien de l'immeuble, le *condominio*, variant de 50 000 à 300 000 L en fonction de la taille et de la situation de l'appartement.

Une chambre en colocation vous coûtera au moins 600 000 L par mois, sans les factures. En général, on vous demandera de verser une caution équivalant à un ou deux mois de loyer ainsi que le premier mois d'avance.

Plusieurs librairies anglophones de Rome disposent de tableaux d'affichage sur lesquels on trouve toutes sortes de petites annonces. Essayez l'Economy Book et le Video Center (plan 6), via Torino 136 (près de la via Nazionale), ou The Corner Bookshop (plan *Les environs de la piazza Navona*), via del Moro 48 dans le Trastevere, entre la piazza Santa Maria in Trastevere et la piazza Trilussa.

Pour les colocations, consultez aussi *Wanted in Rome* (bimensuel paraissant le mercredi) ou *Porta Portese* (paraissant le mardi et le vendredi), en vente chez les marchands de journaux. Sachez que la plupart des appartements de Rome en colocation disposent d'une cuisine et d'une s.d.b. communes, mais pas de pièce à vivre commune. L'ancien salon est généralement converti en chambre supplémentaire afin d'augmenter le nombre de locataires.

De nombreuses agences immobilières sont spécialisées dans les locations à court terme. Leurs services sont payants et s'accompagnent souvent d'une caution importante. Leurs coordonnées figurent dans l'annuaire à la rubrique *Agenzie immobiliari*. La liste des agences anglophones est fournie dans *Wanted in Rome*.

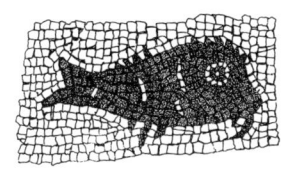

GASTRONOMIE

Pour les Romains, manger fait partie des plus grands plaisirs de la vie, et un voyage à Rome est incontestablement l'occasion de s'initier (ou se perfectionner) à cet art de vivre. A n'en pas douter, vous tomberez d'accord avec les Italiens qui se targuent de posséder l'une des meilleures cuisines du monde, si ce n'est la meilleure.

LA CUISINE ROMAINE

Elle trouve ses racines dans l'alimentation des pauvres, c'est pourquoi les abats y tiennent une place importante.

Historiquement, le petit peuple mangeait le *quinto quarto* (cinquième quartier) de l'animal, autrement dit ce qui restait une fois les riches servis. Les amateurs d'abats ne manqueront pas de goûter à la *coda* (queue de bœuf) ou à la *trippa* (tripes), grandes spécialités locales. Si le cœur vous en dit, vous pourrez également faire l'expérience des pâtes *pajata*, préparées avec des ris de veau, qui composent des mets très délicats.

La friture, qui trouve ses origines dans la cuisine juive, caractérise également la cuisine romaine. Les filets de *baccalà* (morue salée), les *fiori di zucca* (fleurs de courgettes), farcies de mozzarella et d'anchois, et les *carciofi alla giudia* (artichauts) frits sont autant d'étapes incontournables du plus simple itinéraire gastronomique à Rome. Ces spécialités se dégustent aussi bien en-cas, dans un snack-bar, qu'en hors-d'œuvre avant une pizza ou en plat principal.

Depuis quelques années, le poisson occupe une place de choix sur la carte des meilleurs établissements de la ville.

Très souvent, il s'agit d'un poisson grillé entier, dont le serveur lève les filets directement à votre table. Ce plat reste néanmoins beaucoup plus onéreux que les autres. Les amateurs de poisson doivent en outre savoir qu'il vaut mieux satisfaire leur penchant les mardi et vendredi, jours de livraison des produits frais sur les marchés. Naturellement, ce conseil ne concerne en aucun cas les restaurants de catégorie supérieure.

Les *antipasti* sont particulièrement savoureux à Rome, où de nombreux établissements proposent un buffet garni d'une grande variété de plats.

Parmi les plats de viande, il est conseillé de goûter la *saltimbocca alla romana*, escalope de veau servie en roulade avec une tranche de *prosciutto crudo* (jambon cru) relevée de vin blanc et de sauge, ou le *bacchio al forno*, agneau de lait rôti parfumé au romarin et à l'ail, plat pascal par excellence.

En ce qui concerne les légumes, vous pourrez opter pour les *carciofi alla romana* (des artichauts farcis de menthe ou de persil et d'ail), la salade de *puntarelle* (des pousses de chicorée), assaisonnée d'une sauce à base d'huile d'olive, d'ail et d'anchois et, au printemps, les *fave* (fèves) fraîches accompagnées d'une tranche de *pecorino* (fromage de brebis) *romano*.

Chaque quartier a ses propres spécialités. Le Testaccio, dont l'ancien abattoir abrite aujourd'hui un centre d'animation et une salle de concerts (voir le chapitre *Où sortir*), reste célèbre pour l'authenticité de sa cuisine.

L'ART DE LA TABLE

Les Italiens prennent rarement leur *colazione* (petit déjeuner) assis. En général, ils consomment un cappuccino, souvent *tiepido* (tiède), accompagné d'un *cornetto* (croissant) ou d'une autre viennoiserie, debout au bar.

Le *pranzo* (déjeuner) étant par tradition le principal repas de la journée, de nombreux magasins et bureaux ferment trois à quatre heures l'après-midi pour le repas et la sieste qui est censée suivre.

Le repas complet commence par un *antipasto*, composé d'une tranche de *bruschetta*, pain grillé frotté à l'ail et diversement garni, de légumes frits ou d'un *prosciutto e melone* (tranche de melon enveloppée de jambon cru). Ensuite vient le *primo piatto*, un plat de pâtes ou de riz, suivi par le *secondo piatto* à base de viande ou de poisson. Le repas se poursuit souvent par une *insalata* (salade) ou un *contorno* (légume d'accompagnement) et se termine par un fruit (parfois un dessert) et un *caffè*, que les Italiens prennent en général dans un bar avant de retourner au travail.

Selon la tradition, le repas du soir (*cena*) est plus léger, mais les habitudes tendent à changer en raison de l'éloignement du lieu de travail, peu propice aux déjeuners en famille.

LES ANTIPASTI

Plaisir pour les yeux, plaisir pour les papilles : les antipasti constituent un passage obligé (et recommandé) de la gastronomie italienne. Tout restaurant romain qui se respecte les inscrit à sa carte. En entrant dans l'établissement de votre choix, vous tomberez souvent nez à nez avec un copieux buffet d'antipasti. Dès lors, il vous sera très difficile de résister. Mais avant de succomber, une petite précision : il y a antipasti et antipasti.

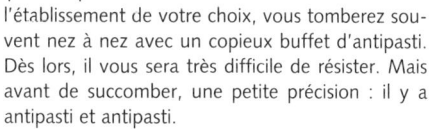

Antipasto signifie littéralement : "avant" (*ante*) les "repas" (*pasto*). Autrement dit, ces mets délicieux servent d'amuse-gueule avant d'attaquer les choses sérieuses (en général un plat de pâtes). Pourtant, on aurait tort de les sous-estimer. Pour les étrangers, les antipasti se réduisent fréquemment à ces assiettes (ou buffet), joliment présentées de légumes marinés dans de l'huile d'olive ; ce que les Italiens désignent par *antipasti di verdura*. En réalité, il existe plusieurs catégories d'antipasti.

Dans les pizzerias de Rome, le consommateur a généralement le choix entre la *frittura mista italiana*, les *supplì*, les *filetti di baccala* ou la *bruschetta*. La frittura mista italiana est une assiette de savoureux beignets. Il y en a pour tous les goûts : beignets de courgettes, de fleurs de courgette (*fiora di zucca*) ou de fleurs d'artichaut (*fiora di carciofo*); beignet fourré à la mozzarella ou à la crème pâtissière, et autres anchois ou olives vertes... Les supplì se présentent sous la forme d'appétissantes croquettes de riz frites fourrées à la mozzarella qui fondent dans la bouche, à la manière des filetti di baccala : des beignets de filets de morue arrosés d'un peu de jus de citron (une recette issue de la gastronomie juive romaine).

La bruschetta séduit aussi de nombreux Romains. Il s'agit d'une tartine dorée au four, frottée à l'ail et nappée d'un peu d'huile d'olive extra-vierge (issue du premier pressage), recouverte d'un ingrédient de votre choix. Les pizzerias en proposent une série impressionnante suivant les goûts du chef de cuisine et selon les saisons : de la tomate fraîche aux anchois, en passant par les olives, et bien d'autres encore.

Les *trattorie* ou *ristoranti* ne sont pas en reste : *antipasti di verdura*, *antipasti di terra* ou *antipasti di mare* se partagent les menus. En règle générale, les antipasti di verdura sont regroupés dans un buffet extrêmement tentant. Avant de vous laisser séduire, vérifiez si le service est à volonté ou pas. Festival pour les yeux, ces buffets comportent toute une gamme de légumes marinés dans de l'huile d'olive : aubergines, champignons, oignons, cœurs d'artichauts, poivrons grillés, olives noires aux piments, etc. Idéal avant d'attaquer le nerf du repas.

Certains établissements poussent le vice jusqu'à entreposer deux rangées d'antipasti, suscitant un cruel dilemme chez le gourmet : antipasti di verdura ou di mare ? Les antipasti di mare se composent de fruits de mer marinés dans de l'huile d'olive : pieuvres, poulpes, calamars, moules, anchois. Quelques établissements proposent en outre une série de petits poissons grillés. Enfin, certains restaurants mentionnent sur leur carte les antipasti di terra : une assiette de charcuterie comportant généralement *prosciutto* (jambon), salami, et différents types de saucissons. A savourer avec un bon verre de vin rouge du Lazio.

LES PÂTES

La préparation de bonnes pâtes à l'italienne n'est pas si compliquée. Il suffit de choisir des pâtes de la meilleure qualité et de les laisser cuire jusqu'à ce qu'elles deviennent *al dente*, autrement dit fermes. Les Italiens salent l'eau bouillante avant d'y plonger (*buttare*) les pâtes, qu'ils n'ajoutent que lorsque tout le monde est là. Ne vous étonnez pas si le service se fait un peu attendre au restaurant, il faut simplement compter dix à douze minutes de cuisson. Il existe un très vaste choix de pâtes, dont le nom varie selon la forme et la taille. Aux côtés des *spaghetti* et des *linguini*, on trouve de longs tubes, les *penne* et les *rigatoni*, mais aussi des coquillettes (*conchiglie*), des papillons (*farfalle*), des tire-bouchons *(fusilli)* et bien d'autres formes encore.

Les pâtes en sachet sont préparées à base de blé dur de grande qualité et d'eau. Les pâtes fraîches aux œufs (*pasta all'uovo*, ou *fatta a mano*), à base d'œufs et de farine, sont plus souvent destinées à être garnies, telles les *tortellini* et les *ravioli*, ou découpées en bandes, à l'instar des tagliatelles (les bandes moins larges portent aussi le nom de *taglionini* ou *tagliarini*).

En règle générale, les pâtes aux œufs s'accompagnent d'une sauce plus riche et plus crémeuse, souvent à base de tomates, que celle agrémentant les pâtes de blé dur. Selon la tradition, les sauces varient considérablement entre le Nord et le Sud du pays.

Parmi les spécialités romaines, citons les *spaghetti alla carbonara* (avec des œufs battus, du fromage et de la *pancetta* – ou lard) et *all'amatriciana* (avec une sauce tomate, de la pancetta et une pointe de piment). Les *penne all'arrabbiata* (littéralement "pâtes en colère") sont nappées d'une sauce tomate pimentée. Autre spécialité romaine, les *spaghetti al cacio e pepe* s'accompagnent simplement de *pecorino* (fromage de brebis) *romano*, fraîchement râpé, d'un peu de poivre noir moulu et d'un filet d'huile d'olive. Ils figurent sur de nombreux menus de la ville, plus particulièrement dans les modestes osterie et les trattorie mais aussi, de plus en plus souvent, dans les établissements de catégorie supérieure, adeptes de la cucina povera. Similaires, les *spaghetti alla gricia* sont agrémentés en plus de pancetta. Ce plat est originaire de la ville de Griciano, dans le Nord du Lazio.

Si les sauces à base de fruits de mer sont originaires du Sud de l'Italie, de nombreux restaurants romains servent de délicieux *spaghetti alle vongole* (avec des palourdes), qu'il vaut mieux déguster le mardi ou le vendredi, jours d'arrivage sur les marchés.

Dans de nombreux établissements, le jeudi est le jour des *gnocchi*. Sachant que la recette romaine traditionnelle utilise de la farine de semoule, les *gnocchi*, généralement accompagnés d'un *ragù* de tomate ou de viande, sont assez lourds.

Les plus audacieux goûteront à la *pasta pajata*, préparée avec des ris de veau. Les amateurs de plats généreux apprécieront certainement les *pasta e lenticchie* (pâtes aux lentilles), mais attention aux effets sédatifs.

Le fromage fraîchement râpé constitue l'ingrédient magique de la plupart des plats de pâtes (toutefois, si vous le mélangez aux sauces à base de fruits de mer, vous vous exposez à des commentaires et des regards désapprobateurs).

Le parmesan (*parmigiano*) est le plus largement répandu, surtout dans le Nord. Pour être sûr d'avoir à faire à un produit authentique, vérifiez que le fromage porte bien le nom de *parmigiano reggiano*, car il existe une *grana padana* semblable, mais de qualité inférieure. A Rome et dans ses environs (ainsi qu'en Sardaigne), on tend à utiliser le *pecorino*, plus rustique et légèrement salé.

LA CUISINE VÉGÉTARIENNE

Les végétariens ne rencontreront aucune difficulté particulière à Rome. Si les restaurants spécialisés demeurent peu nombreux, les légumes font largement partie de l'alimentation quotidienne des Italiens. La plupart des établissements proposent un large choix d'antipasti, de *contorni* (légumes d'accompagnement préparés de diverses manières) et de salades.

La plupart des plats de pâtes traditionnels romains conviendront aux végétariens. En outre, ils pourront savourer la *pasta e fagioli*, épaisse soupe à base de haricots rouges et de pâtes, la *pasta al pesto*, pâtes agrémentées de basilic, de parmesan, de pignons et d'huile d'olive, et les *orecchiette ai brocoletti*, des pâtes en forme d'oreille, nappées d'une sauce à base de brocolis, souvent relevée. Sinon, ils pourront toujours se rabattre sur le *risotto*, mais qui peut cependant être préparé avec du bouillon de bœuf ou de volaille.

LES DESSERTS

Gelati : le simple fait de prononcer ce mot magique procure généralement un léger fourmillement au niveau des papilles gustatives. Les Italiens sont en effet les champions toutes catégories de la glace. Le paysage des desserts n'en est pas moins quelque peu restreint chez nos voisins transalpins, Rome n'échappant pas à la règle. Raison de plus pour s'y intéresser afin de conclure au mieux un bon repas dans l'un des innombrables et savoureux restaurants de la Ville Éternelle.

Premier conseil lorsque vous abordez les *dolci* (desserts), vérifiez bien qu'il ne s'agit pas de surgelés. La formule "dolci fatti in casa" (faits à la maison) doit vous permettre de mener à bien votre investigation culinaire.

Tout restaurant romain qui se respecte propose du tiramisu. La qualité de ce dessert typiquement italien varie d'un établissement à l'autre. Un impératif : il doit vous être servi légèrement frais. Les amateurs de crème caramel (comme en français) seront ravis d'apprendre que ce dessert figure en bonne place sur la carte de très nombreux restaurants de la capitale. Si vous souhaitez sortir des sentiers de ce classique, essayez la *panna cotta*, une crème caramel à base une crème fraîche cuite "fatta in casa", servie avec une sauce au chocolat ou aux fruits des bois. Moins original : les restaurateurs romains proposent aussi de la mousse au chocolat. A noter, enfin, que, dans les bars, les Italiens achèvent leur repas pris sur le pouce en dégustant *una granita di caffè con panna* : de la glace pilée nappée de café, de sucre et de crème fraîche. Bien que le gâteau ne soit pas aussi prisé dans la capitale que le tiramisu ou les gelati, les inconditionnels pourront commander de la tarte aux fruits (le plus fréquemment aux pommes) ou une part de gâteau au chocolat.

Après le caffè, ils poursuivront avec les délicieux *tozzetti* : de petits biscuits croustillants à la noisette et parfumés au vinsanto (le vin sacré, un vin de messe liquoreux).

L'ancien ghetto a légué deux délicieuses spécialités locales, mais que l'on trouve uniquement dans certaines pâtisseries de la ville : la *torta alla ricotta* (gâteau à base de fromage) et le *pan pepato* (littéralement le pain poivré).

Le second se présente sous la forme d'une petite brique fourrée aux fruits confits, aux amandes, aux raisins secs, le tout légèrement poivré. Fortement recommandé.

Enfin, les glaces à l'italienne conquièrent même ceux qui, d'ordinaire, font plutôt la fine bouche lorsque l'on aborde la fin du repas. Chez le glacier, sachez que l'on choisit non pas un nombre de boules, mais un cornet payé au poids.

A Rome, comme partout ailleurs en Italie, il y en a pour tous les goûts. Les parfums préférés dans la Ville éternelle sont très classiquement le chocolat et le café. Mais la palette des parfums semble infinie. Citons parmi les spécialités locales : la *stracciatella* (de la vanille truffée de pépites de chocolat amer), le *torroncino* (miel et amandes), le *bacio* (chocolat au lait et aux noisettes) ou la *cassatta* (fruits confits). N'oublions pas les innombrables sorbets, trop nombreux pour être cités ici. Les restaurants proposent souvent une marque de glace très connue à Rome : il Tartuffo. Il s'agit de chocolat blanc ou noir que les Romains noient dans du café ou du whisky (*un gelato affogato in caffè*). Si les glaces ne vous tentent pas plus que les pâtisseries, vous aurez toujours le loisir de commander une *macedonia di frutta*, autrement dit une salade de fruits frais, ou encore, en saison, des fraises servies avec de la crème fraîche ou nappées de jus de citron frais.

BOISSONS
Boissons sans alcool
Café. D'aucuns seront surpris de découvrir les habitudes romaines en la matière (voir, plus loin, l'encadré *Le caffè*).

Thé. Les Italiens boivent assez peu de thé (*tè*), généralement en fin d'après-midi, éventuellement accompagné de quelques *pasticcini* (petits gâteaux).

Si vous commandez un thé dans un bar, on vous apportera un sachet et une tasse d'eau tiède provenant de la machine à espresso (ce qui lui confère une odeur étrange et parfois même un goût déplaisant). Si cela ne vous convient pas, demandez de l'*acqua* (eau) *molto calda* ou *bollente* (bouillante). Les thés en sachet ou en vrac, notamment ceux de la marque Twinings, ainsi que les tisanes de qualité, telle que la camomille, sont souvent disponibles dans les supermarchés, les alimentari ainsi que dans certains bars.

Vous trouverez un large éventail de tisanes chez l'herboriste (*erboristeria*), qui vend aussi parfois des produits diététiques.

Le caffè

L'*espresso* correspond à une petite tasse de café très fort. Vous pouvez commander un *doppio espresso*, autrement dit le double, ou un *caffè lungo* (mais il s'agit parfois d'un espresso légèrement dilué). Si vous souhaitez un café noir allongé (moins fort et plus fluide), demandez un *caffè americano*.

Le *corretto* est un espresso agrémenté d'une goutte de grappa ou d'un autre alcool, tandis que le *macchiato* est un espresso avec une pointe de lait (à l'inverse, le *latte macchiato* est un lait additionné d'une goutte de café). Le *caffè freddo* est un café noir froid servi dans un grand verre.

N'oublions pas le *cappuccino*, un café noir nappé de crème mousseuse. Si vous le désirez sans mousse, demandez un *caffè con latte* ou un cappuccino *senza schiuma*. Souvent, les Italiens réservent le cappuccino au petit déjeuner ou à la matinée. Ils ne le boivent jamais après les repas ou le soir, c'est pourquoi les serveurs font répéter deux ou trois fois lorsqu'on en commande un après le dîner.

Vous aurez par ailleurs du mal à vous faire servir un cappuccino chaud et non tiède. Si vous précisez *molto caldo*, vous susciterez la même désapprobation que si vous commandez un cappuccino après dîner.

Granita. Il s'agit d'une boisson préparée à base de glace pilée et de jus de citron, ou d'autres fruit frais, ou de café nappé de chantilly fraîche.

A Rome, on sert également la *grattachecca*, de la glace râpée et parfumée à l'aide de divers sirops ou jus de fruits. Autrefois, il existait de nombreux vendeurs de cette spécialité exclusivement romaine, mais la plupart ont disparu (il en subsiste deux dans le Testaccio et un dans l'isola Tiberina, côté Trastevere).

Eau. Rome dispose de l'une des eaux les plus propres d'Italie. L'eau des fontaines omniprésentes, qui coulent pour la plupart en permanence, est parfaitement potable. Un petit trou percé dans le bec permet de boire plus facilement. Il suffit de maintenir le doigt sous le jet pour faire jaillir l'eau plus haut. Elle est glacée toute l'année, ce qui est particulièrement appréciable en été. Étant donné sa faible teneur en calcium, les Romains lui préfèrent souvent l'eau minérale en bouteille (*acqua minerale*).

Dans les restaurants et les bars, on vous demandera si vous la préférez gazeuse (*frizzante* ou *gasata*) ou plate (*naturale*). Si vous désirez un verre d'eau du robinet, demandez une *acqua dal rubinetto*, ou simplement une *acqua semplice*.

Boissons alcoolisées

Vins et spiritueux. Le vin (*vino*) accompagne tous les repas, que les Italiens apprécient de terminer par un *digestivo*. Très fiers de leurs vins, ils vous diront qu'il n'en existe pas de meilleurs. L'habitude que peuvent avoir les étrangers de "sortir boire un verre" paraît curieuse à beaucoup, car la plupart ne boivent pas d'alcool entre les repas. Pourtant, dans certaines régions d'Italie, il n'est pas rare de voir des hommes commencer la journée par une *grappa* (alcool de vin clair très fort) au petit déjeuner et consommer des boissons fortes tout au long de la journée. Si le prix du vin est raisonnable, rarement plus de 15 000 L pour une bonne bouteille, la très grande qualité peut dépasser les 30 000 L. Il existe trois grandes classifications : DOCG (*denominazione di origine controllata e garantita*), DOC (*denominazione di origne controllata*) et *vino da tavola* (vin de table). Bien que le DOC soit produit selon certaines règles, ce label ne garantit pas la qualité. Soumis aux mêmes contraintes, le DOCG est en outre testé par des inspecteurs de l'État. La qualité du vin de table varie considérablement selon les producteurs ; certains sont très bons, d'autres à éviter. Bien que l'Italie produise d'excellents crus, la plupart des trattorie ne proposent qu'une gamme limitée de vins, généralement de qualité médiocre.

Les clients s'en tiennent donc le plus souvent à la cuvée du patron (*vino della casa* ou *vino sfuso*) ou au vin de production locale (*vino locale*). La typicité du vin est variable selon les régions. Si la plupart des amateurs prétendent que Rome et la région du Lazio font figure de parents pauvres parmi les producteurs italiens, certains bons vins blancs, notamment le Frascati superiore, proviennent de la région des Castelli romani (au sud-est de la ville). A vous de découvrir vos préférences en vous adonnant à la dégustation dans les nombreuses *enoteche* de Rome. Voir la rubrique *Bars à vins* du chapitre *Où sortir*.

A l'apéritif, les Italiens aiment boire un Campari et soda ou un cocktail de fruits, généralement préparé à l'avance et souvent sans alcool (*analcolico*) et, en fin de repas, goûter à un verre de grappa ou d'*amaro*, liqueur de couleur sombre à base d'herbes. Si vous préférez les liqueurs plus sucrées, demandez un *amaretto* parfumé à l'amande, une anisette *sambucca* ou, s'il fait chaud, un *limoncello* glacé.

Bière. Les principales marques locales, comme Peroni, Dreher, Nastro Azzurro ou Moretti, sont toutes très bonnes et coûtent moins cher que les bières d'importation. Si vous voulez essayer une bière locale, demandez une *birra nazionale*, soit en bouteille soit à la pression. L'Italie importe également des bières de toute l'Europe et du reste du monde. Toutes les grandes bières allemandes sont ainsi disponibles en bouteille ou en canette. Les bières anglaises et la Guinness sont souvent vendues *alla spina* (à la pression) dans les *birrerie* (brasseries). Depuis peu, les pubs spécialisés dans les bières internationales se multiplient. Pour plus de renseignements, reportez-vous à la rubrique *Pubs et bars* du chapitre *Où sortir*.

ABÉCÉDAIRE DES PETITS SECRETS DE LA CUISINE ROMAINE (ET ITALIENNE)

Aceto balsamico
Le vinaigre sert essentiellement à l'assaisonnement des salades. Très parfumé, le vinaigre balsamique doit son goût si particulier à la méthode de vieillissement utilisée : après une fermentation rapide et une cuisson lente, il séjourne dans 5 fûts successifs, chacun d'un bois différent (chêne, châtaignier, cerisier, frêne, mûrier). Le meilleur *aceto balsamico* est millésimé ; il doit provenir de Modène et porter la mention *tradizionale*.

Basilico
Herbe aromatique de la cuisine italienne par excellence, le basilic se sert frais ou entre dans la composition de nombreuses préparations. Il est à la base de l'incontournable *pesto* avec l'huile d'olive, l'ail et le parmesan, éventuellement les pignons, broyés dans un mortier. En Italie le basilic se conserve dans des jarres où il est disposé en rangées, intercalées de fines couches de sel. La jarre est ensuite remplie d'huile d'olive.

Carpaccio
Traditionnellement, le carpaccio consiste en de fines lamelles de bœuf cru. Aujourd'hui, on prépare également du carpaccio de thon, de buffle et même d'autruche. Le nom attribué à ce plat est un hommage au peintre vénitien Vittore Carpaccio, célèbre pour son rouge sang.

Dente (al)
Contrairement à certaines idées reçues, toutes les pâtes ne se cuisent pas *al dente*. En effet, seules les spaghetti, les rigatoni et les pâtes en salades se prêtent à cette cuisson qui les rend ni trop molles, ni trop dures, juste fermes. Dans tous les cas, jamais en Italie on ne vous servira de ces pâtes collantes ou presque réduites en bouillies, comme certaines "nouilles" que l'on trouve ailleurs...

Espresso
L'espresso romain est un équilibre harmonieux entre les mélanges corsés du Sud et plus doux du Nord. En Italie, le café est une institution au point qu'il existe des "sommeliers du café", appelés *bariste*. Le barista a la lourde responsabilité de choisir les mélanges, de doser, de préparer le café et d'entretenir les appareils. Attention ! prononcez bien esssspresso!

Fettuccine
Pâtes en forme de rubans (un peu comme les tagliatelles). Il s'agit en fait de la spécialité romaine. Elles sont généralement vendues en nids sous le nom de *fettucine a nidi*. Elles sont parfois vertes.

Gnocchi

Les gnocchi sont une préparation à base de semoule ou de pommes de terre, ou des deux, dont la forme varie de la sphère au cylindre. Ils peuvent également être relevés de fromage, de viande ou d'épinards (pour faire les *gnocchi verde*). A Rome, les amateurs se réserveront pour le jeudi, jour des gnocchi.

Incchiostro di seppia (ou nero di seppia)

L'encre de seiche est un ingrédient étonnant qui entre dans la composition de certains plats, tels que le *risotto all'inchiostro di seppia*, ou les *spaghetti al nero di seppia*. Ces plats sont réputés pour être très parfumés et raffinés. L'encre de seiche donne également leur couleur aux pâtes noires.

Kilo

Contrairement à certaines idées reçues, la cuisine italienne ne fait pas spécialement grossir. En effet le "régime méditerranéen" mettant à l'honneur légumes frais et huile d'olive, est excellent pour la santé et contrebalance l'abondance des sucres lents contenus dans les pizzas et les pâtes.

Limone

Fruit de la Méditerranée par excellence, le citron est l'agrume préféré des Italiens. Parfois utilisé pour relever les vinaigrettes, il entre également dans l'élaboration de sauces pour les pâtes, la viande ou le poisson. Dans les desserts, il devient l'ingrédient principal de gâteaux, de glaces ou de la *granita di limone*. Comme son nom l'indique, le *limoncello* est aussi à base de citron, mais cette fois confit. Il s'agit d'une liqueur jaune très sucrée, couramment servie en digestif.

Mozzarella

Ce fromage de Campanie est théoriquement fabriqué avec du lait de bufflonne, mais il est souvent préparé avec du lait de vache ou avec un mélange des deux. Vendue avec son petit lait, la mozzarella doit être consommée fraîche et humide car elle perd de sa saveur en séchant. Dans les préparations culinaires, elle est aussi bien employée dans la garniture des pizzas ou dans des plats frits, comme les croquettes ou les toasts frits au fromage, spécialités romaines.

Noantri (festa di)

Tous les ans, au mois de juillet, le quartier de Trastevere est en fête. Spécifiquement romaine, la Festa di Noantri, littéralement "notre fête", dure une semaine. A cette occasion, des étalages se déploient, couverts de *porchetta*. Il s'agit de cochon en broche préalablement enduit d'un mélange de vin chaud, d'herbes et d'épices, badigeonné à l'huile d'olive puis arrosé de vin blanc durant la cuisson, mais c'est le bois (pin et chêne) utilisé pour le feu qui donne sa merveilleuse saveur à la *porchetta*.

Olio
L'huile – il n'est même pas besoin de préciser huile d'olive – est l'ingrédient le plus caractéristique de la cuisine italienne. Une huile de qualité doit toujours porter la mention "première pression à froid". Dans le nord du pays on utilise également le beurre ; dans le centre on mélange l'huile et le strutto (saindoux italien) tandis que dans le Sud de l'Italie, en Toscane et en Ligurie, on n'utilise que l'huile d'olive.

Panini
Le *panino* signifie tout simplement "petit pain" et désigne un petit pain de table rond. Il n'a donc rien à voir avec les longs "panini" chauds vendus dans les sandwicheries françaises qui n'ont d'italien que le nom et, quelquefois, les ingrédients, comme la mozzarella ou le jambon fumé. Il arrive toutefois qu'en Italie on prépare des sandwiches dans des *panini* ; ils portent alors le nom du pain.

Risotto
Un plat de riz ne sert jamais d'accompagnement, il constitue un plat à lui seul (exception faite du *risotto alla milanesa* qui accompagne généralement l'*osso bucco*). Le riz n'est qu'un élément du risotto : bouillon de légumes, foies de volaille, viande ou parmesan tiennent une place tout aussi importante. Le risotto peut aussi servir à la préparation de croquettes (*suppli di riso* et *arancini di riso*)

Salumi
Toutes les saucisses et la viande de porc fumées sont regroupées sous ce terme. Citons les célèbres *mortadella* (plus connue sous le nom de *bologna* en Italie) et *salami* ou la *pancetta* qui vient agrémenter nombre de soupes et de ragoûts. Si le *prosciutto di Parma* (jambon de Parme) est le jambon le plus connu d'Italie, il en existe bien d'autres : le *San Daniele* est considéré comme étant le plus fin, le *prosciutto cruddo* est plus rustique, le jambon aux herbes est un jambon blanc très parfumé...

Tartufo
Le *tartufo* désigne à la fois une glace au chocolat au cœur de sabayon, un champignon très parfumé (la truffe) et une praire. Mais ce terme ne s'applique pas seulement à la gastronomie italienne, puisqu'il s'agit également d'un personnage de la comédie italienne, repris par Molière.

Uovo
Les œufs tiennent une place importante : ils entrent dans la composition de certaines pâtes, servent de liant pour les sauces ou les soupes et, surtout, sont la base des délicieuses *frittate* (omelettes), que l'on peut préparer avec toutes sortes d'herbes, de légumes, de fromage et

même de la viande. Contrairement à l'omelette baveuse, une *frittata* est cuite des deux côtés, un peu à la manière d'une crêpe. Pour les desserts, la recette la plus typique à base d'œufs est le *zabaione* (sabayon), auxquels ne viennent s'ajouter que du sucre et du marsala, et un petit tour de main.

Vongole
Les *spaghetti alle vongole* ont fait la réputation de ces petits coquillages. Il n'existe pourtant aucun terme français pour les désigner. Certains les appellent clovisses, praires, ou encore coques ; en réalité, il s'agit d'une espèce de palourde (et dans tous les cas d'un régal pour les amateurs de fruits de mer).

Zucchine et fiori di zucca
La courgette se décline à l'infini dans la cuisine italienne. On la retrouve grillée en *antipasto*, ou mijotée dans les sauces accompagnant les pâtes. Même la fleur est utilisée, dans de délicieux beignets de fleur de courgette. Pour ce plat, la pâte varie d'un cuisinier à l'autre, mais il est indispensable que la fleur soit entière et fermée.

Gnocchi 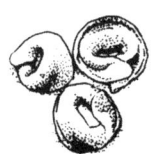   Tortellini    Fusilli

Ravioli    Farfalle    Rigatoni

LEXIQUE

Cette petite liste ne comporte que les mots de base et ne comprend pas tous les plats que vous rencontrerez à Rome ou dans le reste de l'Italie.

Le nom de ces derniers et des ingrédients varient en outre selon les régions.

Mots utiles

affumicato	fumé
alla brace	cuit à la braise
al burro	au beurre
al puntino	à point
al salto	sauté
al sangue	saignant
arrosto	rôti
bevanda	boisson
bicchiere	verre
bottiglia	bouteille
bollito	bouilli
cameriere/a	serveur/serveuse
(in) camicia	poché
cena	dîner
colazione	déjeuner
coltello	couteau
conto	addition
contorno	garniture
cotto	cuit
ben cotto	bien cuit
crudo	cru
cucchiaio	cuillère
cucchiaino	cuillère à café
dolce	dessert
forchetta	fourchette
fritto	frit
alla griglia	grillé
menù	carte
pasto	plat
piatto	assiette
prima colazione	petit déjeuner
primo	entrée (essentiellement des pâtes)
ristorante	restaurant
saporito	assaisonné, épicé
secondo	plat principal
stantia	rassis
vino della casa	pichet maison

Produits d'alimentation

aceto	vinaigre
acqua	eau
acqua minerale	eau minérale/
gasata	pétillante/
naturale	plate
birra	bière
burro	beurre
cacio (en dialecte)	fromage
formaggio	fromage
funghi	champignons
limone	citron
marmellata	confiture
miele	miel
olio	huile
olive	olives
pane	pain
pane integrale	pain complet
panino	petit pain
panna	crème
pepe	poivre
peperoncino	piment
polenta	polenta (semoule de maïs)
riso	riz
risotto	risotto (mode depréparation particulier du riz)
sale	sel
torta	gâteau
uovo/uova	œuf(s)
vino bianco	vin blanc
vino rosso	vin rouge
zucchero	sucre

Viande et poisson

acciughe	anchois
agnello/abacchio	agneau
aragosta	homard
baccalà	morue séchée
bistecca	steak
calamari	calmars
cervello	cervelle (d'agneau en général)
coda	queue de bœuf
coniglio	lapin

cotoletta	côtelette de viande, souvent panée et frite
cozze	moules
dentice	dentex (espèce de poisson)
fegato	foie
gamberi	crevettes
granchio	crabe
manzo	bœuf
merluzzo	merlan
ostriche	huîtres
pesce	poisson
pesce spada	espadon
pollo	poulet
polpo	poulpe
prosciutto	jambon
salsiccia	saucisse
sarde	sardines
sgombro	maquereau
sogliola	sole
spigola	loup (poisson)
tacchino	dinde
tonno	thon
trippa	tripes
vitello	veau
vongole	palourdes

Légumes

arugla	roquette
asparagi	asperges
carciofi	artichauts
carote	carottes
cicoria	endive
cipolla	oignon
fagioli	haricots
fagiolini	haricots verts
fave	fèves
finocchio	fenouil
melanzane	aubergines
patate	pommes de terre
peperoni	poivrons
piselli	petits pois
pomodori	tomates
spinaci	épinards
verza/cavolo	chou
la verdura	les légumes
zucchini	courgettes

Fruits

arance	oranges
fragole	fraises
banane	bananes
ciliegie	cerises
mele	pommes
pere	poires
pesche	pêches
succo di frutta	jus de fruit
uva	raisin

Soupes et antipasti (hors-d'œuvre)

brodo	bouillon, soupe
carpaccio	tranches très fines de bœuf assaisonnées avec des câpres et du parmesan
insalata caprese	salade de tomates avec de la mozzarella et du basilic
insalata di mare	salade de fruits de mer, généralement des crustacés
minestrina in brodo	soupe avec des pâtes
minestrone	soupe aux légumes
olive ascolane	olives farcies et frites
prosciutto e melone	jambon cru et melon
ripieni	légumes farcis
stracciatella	bouillon de poulet avec un œuf et du parmesan

Sauces pour les pâtes

al ragù	bolognaise
arrabbiata	tomates et piment
carbonara	œuf, lardons, crème, parmesan et poivre noir
cacio e pepe	pecorino (fromage de brebis) et poivre noir
alla gricia	pecorino, lardons et poivre noir
alla matriciana	tomates et lardons
napoletana	tomates et basilic
panna	crème et prosciutto, parfois des petits pois
pesto	huile d'olive, basilic, ail et parmesan, souvent des pignons
vongole	huile d'olive, ail et palourdes, parfois des tomates

Pizzas

Toutes les pizzas indiquées ci-dessous ont un fond de sauce tomate et, parfois, de la mozzarella.

capricciosa	olives, prosciutto, champignons, artichauts
frutti di mare	fruits de mer
funghi	champignons
margherita	origan
napoletana	anchois
pugliese	tomates, mozzarella et oignons
quattro formaggi	quatre types de fromages
quattro stagioni	"quatre saisons" comme la capricciosa, avec parfois un œuf en plus
verdura	légumes (en général, poivrons, courgettes, aubergines et parfois épinards)

Où se restaurer

Choisir son restaurant
Il existe diverses catégories d'établissements. La *tavola calda* (littéralement "table chaude") offre en général des plats bon marché de viande, de pâtes et de légumes préparés à l'avance, sur une base de self-service. Très souvent, la *rosticceria* propose des viandes cuites mais surtout une grande variété de plats à emporter. La *pizzeria* sert naturellement des pizzas, cependant elle prépare aussi des menus complets comprenant antipasti, pâtes, viande et légumes. Dans une *enoteca*, cave à vin, vous pourrez déguster du vin au verre (ou à la bouteille), ainsi que de légers en-cas, notamment du fromage et des viandes froides. L'*osteria* peut être un bar à vin servant un choix limité de plats ou une petite *trattoria*. La trattoria est un restaurant moins cher que le *ristorante*, qui offre un plus large éventail de plats et une qualité de service supérieure. Néanmoins, les vrais restaurants prennent souvent le nom de trattorie et vice versa, pour des raisons qu'ils sont seuls à connaître. Par conséquent, il est conseillé de vérifier les prix sur le menu, généralement affiché à l'extérieur.

Ne jugez pas la qualité d'un restaurant ou d'une trattoria à son aspect extérieur. Vous aurez toutes les chances de savourer un excellent repas dans un établissement doté de nappes en plastique au fond d'une ruelle sombre, sur une *piazza* déserte ou en rase campagne.

Ne vous inquiétez pas non plus si vous ne trouvez pas de carte dans une trattoria, car c'est souvent dans ce type d'établissement qu'on prépare la cuisine la plus authentique et la plus savoureuse. Le menu varie tous les jours, selon les produits frais disponibles. Il faut simplement espérer que le serveur vous expliquera le contenu des plats et de vous en indiquer le prix.

De nombreux restaurants proposent des menus touristiques, dont le prix s'élève en moyenne à 20 000 ou 30 000 L (en général sans les boissons). Les plats présentent une qualité raisonnable, mais le choix reste limité et il revient souvent moins cher de commander des pâtes, une salade et du vin.

Après le déjeuner ou le dîner, ne manquez pas de terminer le repas par une bonne glace dans une *gelateria* (glacier), suivi d'un *digestivo* dans un bar.

Pour un déjeuner léger, ou un en-cas, vous pourrez manger dans la plupart des bars. De nombreuses échoppes vendent également des pizzas à la tranche (*al taglio*). Sinon, vous pouvez demander qu'on vous prépare un panino avec la garniture (généralement de la viande froide ou du fromage) de votre choix dans l'un des multiples *alimentari*. A la *pasticceria*, vous pouvez acheter des pâtisseries, des gâteaux et des biscuits.

La restauration rapide connaît une popularité croissante à Rome. De nombreux restaurants McDonald's et autres fast-foods sont installés un peu partout en ville.

Coût de la vie
La plupart des restaurants font payer une taxe d'environ 2 000 L ou 3 000 L par personne pour le couvert. Le service de 10 à 15% est compris dans le prix. Le pourboire n'est pas obligatoire, mais la plupart des clients laissent 2 000 à 5 000 L, sauf lorsque le service est de piètre qualité. Afin d'éviter l'apparition mystérieuse de plats jamais commandés et les erreurs de calcul, vérifiez bien votre addition (*il conto*), surtout dans les restaurants des zones très touristiques.

Une fois l'addition réglée, on vous remet un reçu (*ricevuta fiscale* ou *scontrino*). Conservez-le, car, théoriquement, si vous n'êtes pas en mesure de le présenter à l'éventuelle présence de la *guardia di finanza* (police financière) en sortant d'un restaurant, vous risquez une amende de deux millions de lires.

Ne comptez pas pouvoir systématiquement payer par carte de crédit ou chèques de voyage. Les petits établissements acceptent rarement autre chose que du liquide, et certains restaurants des catégories moyenne et supérieure acceptent uniquement le liquide et les cartes de retrait émises par les banques italiennes. Si vous souhaitez payer par carte de crédit, renseignez-vous au préalable.

Faire son marché

Si vous êtes équipé pour faire la cuisine, vous pourrez acheter les fruits et les légumes au marché, le prosciutto, le salami, le fromage et le vin dans les *alimentari* ou les *salumerie*, à mi-chemin entre l'épicerie et le traiteur. Le pain frais s'achète dans un *forno* ou une *panetteria* (boulangerie vendant du pain, des pâtisseries et parfois un peu d'épicerie, mais aussi très souvent dans les alimentari. Les *latterie* vendent du lait, des yaourts et du fromage. Certains bars proposent aussi du lait et des produits laitiers. Pour plus de détails, reportez-vous à la rubrique *Faire son marché* à la fin de ce chapitre.

Où se restaurer

Rome offre un large éventail de restaurants. Il existe d'excellents établissements proposant des spécialités locales dans une gamme de prix accessible à tous les budgets ainsi que de bons restaurants assez onéreux offrant une cuisine internationale : indienne, chinoise, vietnamienne ou japonaise. Vous n'aurez aucun mal à dénicher une bonne trattoria dans le Trastevere et le quartier situé entre la piazza Navona et le Tevere.

L'été, ces quartiers animés dégagent une atmosphère très agréable, car la plupart des établissements installent des tables en terrasse. A l'heure du déjeuner, les restaurants ouvrent en général de 12h30 à 15h, mais peu acceptent de prendre commande après 14h. Le soir, ils ouvrent vers 20h, voire un peu plus tôt dans les quartiers très touristiques. Si vous voulez être sûr de trouver une table (surtout en terrasse), passez réserver (*prenotare*) dans la journée ou arrivez avant 20h30. De nombreux restaurants ferment en août.

N'oubliez pas de consulter les prix, couvert et service compris, sur le menu affiché à l'extérieur. Comptez environ 20 000 L par personne dans une pizzeria, 30 000 L dans une simple trattoria, jusqu'à 50 000 L dans un restaurant de catégorie moyenne et au moins 100 000 L dans un établissement de catégorie supérieure. Ces prix s'entendent pour un repas comprenant une entrée, un plat, un dessert et le vin. Si vous vous contentez d'une assiette de pâtes et d'une salade arrosées d'une cuvée du patron dans une trattoria, le prix sera moins élevé. En revanche, la viande ou le poisson feront considérablement monter l'addition.

Si vous désirez manger rapidement et à peu de frais, choisissez parmi les centaines de bars de la ville où le sandwich au bar (*al banco*) vous coûtera entre 2 500 et 5 000 L. Les pizzerie vendent au poids des tranches de pizza fraîche à emporter, à 2 500 L à peine. Les boulangeries, nombreuses dans le quartier du Campo dei Fiori, proposent également des en-cas peu coûteux. Essayez la *pizza bianca*, un pain plat ressemblant à une galette, qui coûte environ 1 500 L la tranche. Pour plus de détails, voir la rubrique *Repas légers*.

En général, il vaut mieux éviter les restaurants proches de la stazione Termini, qui pratiquent des prix exorbitants compte tenu de la qualité offerte. Dans les ruelles autour de la piazza Navona et du campo dei Fiori de nombreuses trattorie et pizzerie proposent des repas d'un très bon rapport qualité-prix, tandis que les quartiers de San Lorenzo (à l'est de Termini, près de l'université) et du Testaccio (au sud du centre-ville, près de la Piramide di Cestio) jouissent d'une grande popularité auprès des Romains. Si le Trastevere figure parmi les quartiers les plus chers au plan du logement, ses minuscules places accueillent un superbe choix de restaurants de style rustique ainsi que des pizzerie où vous pourrez vous installer en terrasse sans qu'il vous en coûte les yeux de la tête.

N'oubliez pas que les pizzerie n'ouvrent généralement que le soir et que de nombreux restaurants, notamment les modestes pizzerie, osterie et trattorie, n'acceptent pas les cartes de crédit.

Les prix indiqués pour un repas complet s'appliquent à un repas de trois plats (*antipasto, primo, secondo et vin*), mais il est admis de ne demander que deux plats : antipasto, ou primo, et secondo, ce qui réduit le coût du repas.

CENTRE-VILLE

Petits budgets. Au cœur du quartier commercial à la mode, l'***Otello alla Concordia*** (*plan 6*, ☎ *06 679 11 78, via della Croce 81*) vous permettra de découvrir les spécialités de Rome et d'autres régions d'Italie. L'établissement, qui pratique des tarifs intéressants, dispose d'une cour très agréable, transformée en jardin d'hiver durant les mois plus froids. Le menu touristique de trois plats coûte 36 000 L, vin compris, mais il est également possible de commander à la carte des plats garnis (ce qui est rare pour un restaurant italien), de 15 000 à 20 000 L. Goûtez les succulents *spaghetti all'Otello*, préparés selon une recette secrète. Le restaurant attire les journalistes, écrivains et antiquaires du quartier. Il est fermé le dimanche. Le ***Da Edy*** (☎ *06 36 00 17 38, vicolo del Babuino 4*) est une autre bonne adresse à retenir dans un quartier par ailleurs relativement cher. Comptez environ 40 000 L le repas. Le menu varie en fonction des produits de saison. La spécialité maison, les *spaghetti al cartoccio* (pâtes aux fruits de mer), est servie en papillotte. L'établissement est fermé le dimanche.

Pour une pizza de qualité et bon marché, essayez la ***Pizzeria Il Leoncino*** (*plan 5*, ☎ *06 687 63 06, via del Leoncino 28*), de l'autre côté de la via del Corso depuis la via Condotti. On y mange à la bonne franquette, dans une petite salle chaleureuse ou sur quelques tables disposées à l'extérieur. Le service est rapide. Idéal pour faire une halte le midi. Le soir, tous les Romains connaissent le Leoncino, il est recommandé de ne pas s'y rendre trop tard. Comptez environ 15 000 à 20 000 L pour une pizza accompagnée d'une bière. L'établissement est fermé le mercredi. Non loin de la via del Campo Marzio, près de la piazza del Parlamento, le ***Da Gino*** (*plan Les environs de la piazza Navona*, ☎ *06 687 34 34, vicolo Rossini 4*) est une trattoria de la vieille école qui pratique des prix à l'ancienne. Toujours bondée, elle est fréquentée par les hommes politiques et les journalistes, surtout à l'heure du déjeuner. Choisissez les fettuccine maison garnies de petits pois et de *guanciale* (joue de cochon) ou le *coniglio al vino bianco* (lapin au vin blanc). L'établissement est fermé le dimanche.

Plusieurs bons établissements à petits prix sont installés dans le quartier de la piazza Navona. Le ***Cul de Sac*** (*Plan Les environs de la piazza Navona*, ☎ *06 68 80 10 94, piazza Pasquino 73*), près de l'extrémité sud de la piazza Navona, est en fait un bar à vin qui sert de copieuses soupes, des pâtes, divers pâtés ainsi qu'un grand choix de fromages et de viandes fumées. Les prix sont un peu élevés pour cette catégorie (30 000 à 40 000 L par tête). La longue salle étroite lambrissée et décorée de bouteilles de vin offre un nid douillet l'hiver ; l'été, des tables sont installées en terrasse. Les cartes de crédit ne sont pas acceptées.

A côté, l'***Insalata Ricca*** (*Plan Les environs de la piazza Navona*, ☎ *06 68 30 78 81, piazza Pasquino 72*) sert des plats de pâtes et d'énormes salades constituant un vrai repas. D'un excellent rapport qualité-prix (le repas revient à environ 20 000 L), l'établissement attire tant de jeunes Romains que de nouvelles salles ouvrent un peu partout dans la ville. Il en existe une autre à deux pas, largo dei Chiavari 85 (*plan Les environs de la piazza Navona*, ☎ *06 85 68 80 36*), de l'autre côté du corso Vittorio Emanuele II. Ouverts tous les jours, les deux établissements disposent de tables en terrasse.

La via del Governo Vecchio accueille d'innombrables boutiques de vêtements d'occasion ainsi que deux des restaurants bon marché les plus populaires de Rome. La ***Pizzeria da Baffetto*** (*plan Les environs de la piazza Navona*, ☎ *06 686 16 17, via del Governo Vecchio 11*), véritable institution, est ouverte tous les jours. Ses grandes pizzas, qui pourraient nourrir un régiment, méritent leur réputation. Il vous faudra faire la queue et sans doute partager une table si vous arrivez après 21h. Les pizzas coûtent de 8 000 à 12 000 L, le litre de vin 8 000 L et le couvert 1 500 L. Plus loin dans la même rue, au n°18, une minuscule *osteria* (*plan Les environs de la piazza Navona, pas de* ☎), dépourvue d'enseigne, prépare un excellent repas pour 20 000 à 30 000 L environ. La qualité constante de sa cuisine et ses prix peu élevés en font l'un des restaurants les plus intéressants de Rome sur le plan rapport qualité-prix. L'absence de carte ne doit pas vous inquiéter, car même lorsqu'il est très occupé, le patron, Antonio Bassetti, essaiera de vous expliquer (en italien) les plats. L'établissement est fermé le dimanche.

A l'angle d'une petite rue calme (via Corallo) et de la piazza Fico (*plan Les environs de la piazza Navona,* ☎ *06 686 40 09, piazza Fico 29*), la **Trattoria Pizzeria da Francesco** permet de déjeuner ou de dîner dans le vieux quartier à l'écart des hordes de touristes, dans une ambiance décontractée, le tout à des prix raisonnables (environ 40 000 L, vin compris). Le restaurant, avec ses nappes à carreaux, sa décoration sans fioritures et ses serveurs efficaces, vous plonge dans une atmosphère typiquement romaine. L'établissement propose un savoureux buffet d'antipasti (comptez de 10 000 à 12 000 L pour les entrées), puis les classiques spécialités de pâtes (les *spaghetti all'amatriciana*) pour environ 15 000 L ou des plats du jour, telles ces délicieuses tomates farcies au riz. Ouvert tous les jours, sauf le mardi où la trattoria ne reçoit que le soir.

De l'autre côté du corso Vittorio Emanuele II, la **Trattoria Polese** (*plan 5,* ☎ *06 686 17 09, piazza Sforza Cesarini 40*) permet de manger à l'ombre d'un immense figuier. Sur le plan financier, il vaut mieux s'en tenir à la pizza (8 000 à 12 000 L), car le repas complet coûte environ 35 000 L, mais l'adresse est à retenir si vous n'avez pas le temps de courir les ruelles. L'établissement est fermé le mardi. Le charmant *Albistrò* (*plan 5,* ☎ *06 686 52 74, via dei Banchi Vecchi 140/a*) offre une alternative à la cuisine romaine, car le menu, totalement saisonnier, dégage un parfum un peu plus international (l'un des patrons est suisse) : tagliatelles aux asperges, terrine aux asperges et crevettes ou poulet sauce Calvados. Les prix sont un peu élevés pour cette catégorie (entre 40 000 et 50 000 L les trois plats), mais le décor est très agréable (des tables sont installées dans une cour intérieure), le service parfait, et les vins, excellents, restent à des prix raisonnables. L'établissement est fermé le mercredi. Il est fortement recommandé de réserver le week-end.

L'***Hostaria Giulio*** (*plan 5,* ☎ *06 68 80 64 66, via della Barchetta 19*), dans une minuscule ruelle reliant la via Monserrato et la via Giulia, est également un établissement familial servant une cuisine traditionnelle d'un bon rapport qualité-prix. La salle de cet édifice du XVIe siècle présente un plafond voûté au décor coloré. L'été, de nombreuses tables sont installées à l'extérieur. L'établissement est fermé le dimanche. La *Pizzeria Montecarlo* (*plan Les environs de la piazza Navona,* ☎ *06 686 18 77, vicolo Savelli 12*), dans une ruelle perpendiculaire à la via del Pellegrino, est une pizzeria très traditionnelle, aux nappes en papier. Les pizzas sont bonnes et le repas, vin ou bière compris, vous coûtera environ 16 000 L. L'établissement est ouvert tous les jours.

Sur la piazza Cancelleria, au 80-81, entre le Campo dei Fiori et la piazza Navona, ne manquez pas le ***Grappolo d'Oro*** (*plan Les environs de la piazza Navona,* ☎ *06 686 41 18*), un établissement chaleureux qui pratique des prix raisonnables (comptez de 30 000 à 35 000 L, vin de table compris). On y mange, dans un cadre simple mais authentique, des spécialités romaines bien cuisinées : penne all'amatriciana, saltimbocca ou raviolis à la ricotta et aux épinards. Rançon du succès pour ce restaurant très fréquenté, le service peut parfois sembler un peu lent. Il est fermé le dimanche. Juste de l'autre côté, au numéro 72, le ***Ditirambo*** (*plan Les environs de la piazza*

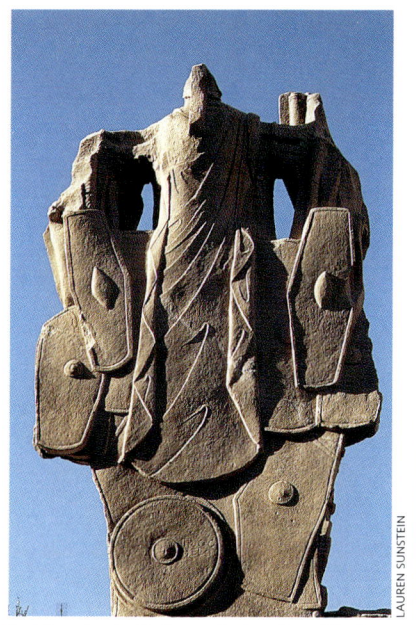

Le triomphe de Mario, vu de dos, Campidoglio

Garde au Quirinale, le siège de la présidence

L'Elefantino de Bernini... ça trompe énormément

Statue équestre de Marc Aurèle

L'Altare della Patria, de nuit

Fontana delle Tartarughe, piazza Mattei

Buste dans la cour du palazzo Mattei

Navona, ☎ *06 687 16 26*) est également une très bonne adresse. Cet établissement, qui présente des menus en français et en anglais, s'est notamment spécialisé dans les poissons : assortiment de poissons, espadon et calamars. Mais les pâtes, faites maison, risquent de vous poser un dilemme cornélien. Avec le vin, il vous en coûtera entre 40 000 et 50 000 L pour un repas complet. Le restaurant dispose de quelques tables à l'extérieur, mais l'intérieur – avec son parquet en bois et ses poutres apparentes – vaut le coup. Fermé le lundi midi uniquement.

Plusieurs restaurants sont installés sur le Campo dei Fiori, mais certains profitent du cadre pour servir une cuisine médiocre à des prix surfaits. L'*Hosteria Romanesca* (*plan Les environs de la piazza Navona,* ☎ *06 686 40 24*), en revanche, est une bonne adresse. Compte tenu du manque de place, il est conseillé d'arriver de bonne heure l'hiver car la terrasse est fermée. Les plats de pâtes coûtent de 10 000 à 12 000 L, un repas complet environ 35 000 L. L'établissement est fermé le lundi.

Le plat vedette de la carte du **Dar Filettaro a Santa Barbara**, également connu sous le nom de *Filetti di Baccalà* (*plan Les environs de la piazza Navona,* ☎ *06 686 40 18, largo dei Librari 88*), à deux pas de la via dei Giubbonari, est la morue frite. Les filets de poisson, qui fondent littéralement en bouche, sont présentés dans des papillottes en papier que l'on déguste de préférence sans couteau ni fourchette. Divers antipasti, salades (dont la fameuse puntarelle aux anchois et à l'ail) et desserts sont également proposés. Comptez de 10 000 à 15 000 L pour satisfaire un appétit modéré. L'établissement est fermé le dimanche.

Au cœur du vieux ghetto, le **Sora Margherita** (*plan Les environs de la piazza Navona,* ☎ *06 686 40 02, piazza delle Cinque Scale 30*) ouvre uniquement le midi, du lundi au vendredi. Très connu, il attire de nombreux Romains en dépit de l'absence d'enseigne. Ne vous laissez pas rebuter par les tables en formica car vous venez pour la cuisine, romaine et juive, et pour les prix très intéressants. Arrivez de bonne heure pour éviter la file d'attente (surtout le jeudi si vous souhaitez déguster les gnocchis frais).

Également dans le quartier juif, l'*Al Pompiere* (*plan Les environs de la piazza Navona,* ☎ *06 686 83 77, via Santa Maria dei Calderari 38*) possède une immense salle au premier étage, dont les plafonds sont ornés de fresques. Les prix sont raisonnables et la cuisine excellente. Goûtez les *carciofi alla giudia* et gardez de la place pour une tranche de tarte à la ricotta et aux prunes, fournie par la boulangerie juive d'à côté. L'établissement est fermé le dimanche.

Catégorie moyenne. Avec l'*Osteria Margutta* (*plan 6,* ☎ *06 323 10 25, via Margutta 82*), à deux pas de la piazza di Spagna, vous pénétrez dans le Rome de la bohème. Situé dans l'une des plus belles rues de la capitale, cet établissement à la décoration kitsch, très années 30, propose (en français ou en anglais) une bonne sélection d'antipasti et de pâtes accompagnées par un choix de sauces savantes (du type brocolis et saucisses). Pour ne rien gâter, le service est agréable. Comptez entre 50 000 et 60 000 L par personne (vin compris). Fermé le dimanche. *Mario* (*plan 6,* ☎ *06 678 38 18, via delle Vite*) ressemble à une grande auberge où les Romains viennent déguster des spécialités toscanes (notamment une savoureuse soupe aux haricots). Le patron, le fameux Mario, est une figure de la capitale. Sur les murs de son établissement, on l'aperçoit en photo trônant avec des célébrités locales ou internationales (notamment l'acteur Roberto Benigni). La grande salle du rez-de-chaussée, un peu bruyante, est souvent comble après 20h. Si vous arrivez un peu tard, les serveurs vous trouveront de la place dans les deux salles situées en sous-sol, qui ne sont pas désagréables car plus calmes. Comptez au minimum 50 000 L. Fermé le dimanche.

L'*Al 34* (*plan 6,* ☎ *06 679 50 91, via Mario de' Fiori 34*) mêle cuisine romaine et plats régionaux de toute l'Italie. D'une qualité constante, il jouit d'une grande popularité, il est par conséquent conseillé de réserver. L'établissement est fermé le lundi. Comptez environ 55 000 L pour un repas complet. Goûtez les rigatonis pajata ou, s'ils ne vous disent rien, les spaghettis aux courgettes. Les gros appétits pourront également commander un *menu degustazione* (menu dégustation). En dépit d'une situation parfaite pour attirer les touristes, le très connu **Dal Bolognese** (*plan 5,* ☎ *06 361 14 26, piazza del Popolo 1-2*) présente une bonne qualité culinaire à des prix raisonnables. Le repas complet vous coûtera environ 75 000 L. Les lasagnes y sont délicieuses et les calamars aux courgettes n'ont rien à leur envier. Si le cœur vous en dit, terminez par un savoureux dessert : de la glace à la vanille confite à l'orange, nappée de chocolat. Il faut obligatoirement réserver pour obtenir une table dehors l'été. L'établissement est fermé le lundi. Le '**Gusto** (*plan 5,* ☎ *06 322 62 73, piazza Augusto Imperatore 9*), en face du mausoleo di Augusto, est un nouveau venu branché sur la scène gastronomique. Sa salle immense aux murs de brique apparente, qui évoque un ancien entrepôt, apporte une note new-yorkaise. Introduisant un nouveau concept à Rome, il propose diverses formules sous un même toit : un bar servant de copieux en-cas, une pizzeria préparant des pizzas de style napolitain (pâte plus épaisse) et un restaurant plus traditionnel au premier étage. L'addition varie également selon la formule choisie. Au bar, les prix s'échelonnent de 10 000 à 20 000 L. La pizza accompagnée d'une bruschetta revient à environ 35 000 L avec les boissons, tandis que les repas au restaurant coûtent à partir de 50 000 L. Il existe également une librairie (où sont aussi vendus des ustensiles de cuisine), une cave à vin et un fumoir. La partie restauration du bar est fermée le lundi.

Près de la fontana di Trevi, dans une petite rue reliant la via dei Crociferi et la via delle Muratte, l'**Al Moro** (*plan 6,* ☎ *06 678 34 95, vicolo delle Bollette 13*) prépare une cuisine romaine traditionnelle de bonne qualité (il propose entre autres des abats, de l'osso-bucco ou encore des filets de bacalà), dans un cadre élégant mais sans prétention, pour environ 70 000 L. La réservation y est vivement conseillée. L'établissement est fermé le dimanche. Le **Tullio** (*plan 6,* ☎ *06 475 85 64, via San Nicola da Tolentino 26*), installé dans une rue partant de la piazza Barberini, compte parmi les meilleurs restaurants de Rome spécialisés dans la cuisine toscane. Comptez environ 70 000 L pour un excellent repas. En dépit de l'affluence, le service demeure rapide et efficace. L'établissement est fermé le dimanche. Également près de la piazza Barberini, la trattoria récemment redécorée **Colline Emiliane** (*plan 6,* ☎ *06 481 75 38, via degli Avignonesi 22*) sert une formidable cuisine typique de l'Émilie-Romagne. Goûtez les pâtes maison garnies de potiron ou le *vitello* (veau), accompagné de purée ; ces deux plats sont délicieux. L'établissement est fermé le vendredi. Le repas vous coûtera environ 50 000 L.

Récemment ouvert, l'**Osteria dell'Ingegno** (*plan Les environs de la piazza Navona,* ☎ *06 678 06 62, piazza della Pietra 45*), près de la piazza Colonna, offre un décor design très moderne. La cuisine évoque le centre de l'Italie avec une note internationale. Les insolites raviolis fourrés aux châtaignes sont délicieux, les viandes sont servies nappées de sauces assez riches. Sont également proposés un grand choix de salades et une excellente carte des vins. Les plats de pâtes commencent à 14 000 L, le repas complet coûte environ 45 000 L. L'établissement est fermé le dimanche.

Il se produit de véritables miracles dans la microscopique cuisine du minuscule **Il Bacaro** (*plan Les environs de la piazza Navona,* ☎ *06 686 41 10, via degli Spagnoli 27*), à côté du Panthéon. Pleins d'imagination, les plats de pâtes et de risotto sont délicieux, de même que le bœuf et le veau. Étant donné l'excellente réputation (largement méritée) du restaurant et son faible nombre de tables, tant à l'intérieur qu'à l'extérieur, il est indispensable de réserver en été. L'établissement est fermé le dimanche. Le repas, vin compris, coûte 50 000 à 60 000 L.

La Campana (plan Les environs de la piazza Navona, ☎ 06 686 78 20, via della Campana 18) trompe son monde. De prime abord, l'endroit a l'air tout à fait quelconque. Vous ne tarderez pas à sentir son atmosphère particulière. Considéré à Rome comme le plus vieil établissement de la ville, La Campana est toujours pleine et l'ambiance est chaleureuse dans les deux grandes salles aux tables proches les unes des autres. Les conversations fusent d'un endroit à l'autre. On y déguste d'excellentes pâtes (goûtez en particulier les fettucine aux champignons) servies par des serveurs diligents. Fermé le lundi. Un repas complet, vin compris, coûte environ 50 000 L.

La Carbonara (plan Les environs de la piazza Navona, ☎ 06 686 47 83) s'étend sur presque tout un côté du Campo dei Fiori. Ce bon restaurant, d'une qualité constante, sert des plats romains traditionnels à des prix honnêtes. Comme son nom le laisse entendre, il est connu pour ses *spaghetti alla carbonara*. Comptez environ 60 000 L pour un repas complet. L'établissement est fermé le mardi. Changement d'ambiance avec *Il Cardinale-GB* (plan 5, ☎ 06 686 93 36, via delle Carceri 6), entre la via dei Banchi Vecchi et la via Giulia, dans un quartier plein de charme. Dans un décor raffiné, on déguste (le soir à la bougie) de délicieuses salades composées très joliment présentées, suivies de tripes à la romaine (à la tomate fraîche et au basilic) ou de succulentes lasagnes fondantes fourrées aux truffes. La présentation et le service sont soignés. Pour goûter au raffinement romain, comptez 80 000 L, sans le vin. Le restaurant est fermé le dimanche.

Véritable institution locale, le *Da Giggetto* (plan Les environs de la piazza Navona, ☎ 06 686 11 06, via del Portico di Ottavia) prépare depuis de longues années une cuisine juive romaine (les artichauts frits sont une merveille). Son emplacement, au cœur du ghetto, juste à côté de l'antique portico d'Ottavia, est imbattable, surtout si vous obtenez une table en terrasse. La note vous reviendra à moins de 50 000 L. L'établissement est fermé le lundi. Le *Piperno* (plan Les environs de la piazza Navona, ☎ 06 68 80 66 29, via Monte dei Cenci 9) propose une cuisine semblable, mais grande renommée s'accompagne de prix plus élevés (80 000 L le repas). Au Piperno, la friture est un art. La spécialité maison est une assiette mixte de filets de baccalà, de fleurs de courgette farcies, de légumes et de mozzarella. Les amateurs d'abats pourront aussi satisfaire leur penchant. L'établissement est fermé le dimanche soir et le lundi.

La terrasse du *Vecchia Roma* (plan Les environs de la piazza Navona, ☎ 06 686 46 04, piazza Campitelli 18) compte parmi les plus jolies de Rome. Il est extrêmement agréable d'y passer quelques heures. Le menu panitalien tout à fait complet varie selon les saisons. L'été, le restaurant propose des salades pleines d'imagination, l'hiver, de nombreux plats sont préparés à base de polenta, et toute l'année vous pouvez déguster de bons risottos et pâtes. Comptez environ 85 000 L. L'établissement est fermé le mercredi.

Sur la piazza Margana voisine, *La Taverna degli Amici* (plan Les environs de la piazza Navona, ☎ 06 69 92 06 37) possède aussi une charmante terrasse abritée par des tentures. Les Romains qui travaillent dans le quartier (surtout les membres de la Democrazia di sinistra, dont le quartier général est situé à deux pas) y déjeunent en nombre, ce qui ralentit le service. La carte, très étendue, propose un large éventail d'antipasti, de pasta et de risotto, mais aussi des viandes et du poisson. L'assiette de pâtes coûte à partir de 15 000 L. Pour un repas complet, comptez environ 50 000 L, mais jusqu'à 70 000 L si vous commandez de la viande ou du poisson. L'établissement est fermé le lundi.

Autre restaurant disposant d'une superbe terrasse, le *San Teodoro* (plan 8, ☎ 06 678 09 33, piazza dei Fienili 49-50), isolé dans un endroit calme entre le Teatro di Marcello et le Foro Romano, est également très agréable l'hiver. La carte très complète comprend à la fois des spécialités romaines et régionales (d'Émilie-Romagne notamment) et propose de nombreux plats de poisson. Les pâtes aux fruits de mer sont un délice (la mère du patron prépare des pâtes fraîches tous les jours). Goûtez les *tonarelli San Teodoro*, des pâtes incroyablement légères nappées d'une sauce aux crevettes, courgettes et tomates cerises. La carte des vins comporte un choix intéressant de bouteilles provenant de toute l'Italie ainsi qu'une bonne cuvée maison. Le repas complet coûte environ 60 000 L. L'établissement est ouvert tous les jours.

Catégorie supérieure. Vous ne trouverez pas de cadre plus parfait pour un restaurant à Rome que celui du *Camponeschi* (plan Les environs de la piazza Navona, ☎ 06 687 49 27), sur la superbe piazza Farnese (sans voitures, pour notre plus grand plaisir). L'établissement attire les hommes politiques, les diplomates et les gens de lettres, tous très heureux de payer de 100 000 à 130 000 L le repas. Pour ce prix, vous aurez le choix entre un assortiment de poissons, un délicieux carpaccio ou un risotto aux calamars, suivis d'un soufflé aux épinards, de raviolis aux fruits de mer ou d'un gratin de scampi. L'établissement est fermé le dimanche et à midi. Réservation obligatoire. Entre la piazza Navona et le Tevere, l'élégant *Il Convivio* (☎ 06 686 94 32, via dell'Orso 44) doit sa réputation à sa *cucina creativa* (version italienne de la nouvelle cuisine) et à son service professionel. Pour un repas complet, comptez environ 100 000 L.

La Rosetta (plan Les environs de la piazza Navona, ☎ 06 686 10 02, via della Rosetta 8-9), près du Panthéon, est sans nul doute le meilleur restaurant de fruits de mer de Rome. Le chef, considéré comme l'un des plus grands du pays, propose une carte aux saveurs novatrices. Néanmoins, la réputation a son prix. Comptez au moins 130 000 L pour un repas mémorable. L'établissement est fermé le dimanche et la réservation fortement recommandée.

La terrasse de *L'Angoletto* (plan Les environs de la piazza Navona, ☎ 06 686 80 19) déborde sur la pittoresque piazza Rondanini. Ce restaurant traditionnel jouit d'une clientèle fidèle pour laquelle elle préfère sacrifier la créativité ou l'innovation à sa réputation de qualité. Les *spaghetti alla vongole* (palourdes, huile d'olive, ail et piment) sont délicieux. Comptez environ 60 000 L pour un repas. L'établissement est fermé le dimanche.

Le prestigieux *Quinzi e Gabriele* (plan Les environs de la piazza Navona, ☎ 06 687 93 89, via delle Coppelle 6) est nettement plus cher : les spécialités de fruits de mer et de poissons coûtent chacune entre 50 000 et 60 000 L minimum. Mais le cadre est très reposant et même rafraîchissant : deux salles hautes de plafond éclairées par de vastes fresques maritimes et quelques tables à l'extérieur qui donnent sur une petite place dans le vieux Rome. L'entrée du restaurant, avec son gigantesque plateau de poissons frais, donne le ton. Au menu : carpaccio de poisson, risotto aux fruits de mer, et une grande variété de poissons (entre 140 et 180 000 L la pièce !). A noter : des plateaux d'huîtres, une rareté à Rome. Le restaurant est fermé le dimanche.

Avec *Andrea* (plan 6, ☎ 06 482 18 91, via Sardegna 28), on reste dans le haut de gamme. A deux pas de la via Veneto, dans un quartier résidentiel paisible, le dîner vous coûtera entre 80 000 et 100 000 L au minimum. Dans un décor cosy, empreint de discrétion, les convives – souvent des hommes d'affaires et des hommes politiques – dégustent des salades aux crevettes ou des salades aux fruits de mer élégamment présentées, suivies par exemple de raviolis croustillants aux champignons. A recommander en particulier : la salade catalane d'Andrea, composée de homard et de tomates. Cet établissement propose aussi un grand choix de viandes, ce qui n'est pas si courant à Rome. Service à l'avenant.

IL VATICANO (PLANS 3 ET 5)
Petits budgets. Entre la piazza Mazzini et le Tevere, le *Cacio e Pepe* (plan 3, ☎ 06 321 72 68, via Avezzana 11) est un minuscule établissement possédant peu de tables mais un grand talent culinaire. Il vous sera difficile dans toute la ville de trouver des

pâtes maison plus savoureuses ou un meilleur rapport qualité-prix. La très copieuse assiette de pâtes coûte 7 000 L. Les *spaghetti alla carbonara* et les *spaghetti al cacio e pepe*, qui lui valent son nom, sont délicieux, de même que les *melanzane alla parmigiana* (aubergines à la sauce tomate et au fromage). L'été, les tables débordent sur le trottoir, et, même l'hiver, les Romains affamés n'hésitent pas à s'installer dehors, emmitouflés dans leurs manteaux, au lieu d'attendre pour obtenir une table à l'intérieur.

Catégorie moyenne. Le *Da Cesare* (plan 5, ☎ 06 686 12 27, via Cresenzio 13), fermé le dimanche soir et le lundi, est installé à côté de la piazza Cavour. C'est une adresse fiable dans un quartier peu réputé pour ses restaurants. Établissement traditionnel offrant l'atmosphère d'un cercle, il jouit d'une grande popularité en automne et hiver, car à cette époque, le menu comporte du gibier, des truffes, des bolets et de merveilleuses soupes aux lentilles, aux pois cassés et aux haricots rouges ou blancs. Comptez de 60 000 à 70 000 L pour un repas complet.

Dans la diagonale opposée, à l'angle de la piazza Cavour et de la via Tacito, le bar à vin *Il Simposio* (plan 5, ☎ 06 32 13 210) appartient à l'Enoteca Costantini, l'une des caves les plus connues de Rome. Ouvert tous les jours, le restaurant s'est taillé sa propre réputation, et les clients viennent ici autant pour la cuisine que pour le vin. La carte propose chaque jour un choix de plats chauds, de viandes fumées, de saumon fumé, de fromages et de desserts. Le repas revient à environ 55 000 L.

Il Matriciano (plan 5, ☎ 06 321 23 27 ou 06 321 30 40, via dei Gracchi 49-61) est une autre bonne adresse située non loin du Vatican, à recommander dans un quartier saturé de pièges à touristes. Ce restaurant spacieux, qui dispose de tables à l'extérieur, propose des recettes romaines qui ont fait leurs preuves : gratin d'aubergines, antipasti de légumes en entrée ; rigatoni alla carbonara ou raviolis à la ricotta et aux épinards pour continuer. Le chef prépare aussi les incontournables tripes à la romaine et autres abats très prisés dans la capitale. Comptez entre 40 000 et 50 000 L tout compris pour manger dans un établissement authentique. Fermé le mercredi en hiver et le samedi en été.

TRASTEVERE ET TESTACCIO (PLAN 7)

Le dédale de ruelles du Trastevere abrite un grand nombre de pizzerie et de trattorie bon marché mais aussi divers restaurants de catégorie supérieure. Dans ce quartier magnifique, le soir, la plupart des établissements installent leurs tables en terrasse. Compte tenu de la popularité des lieux, il est conseillé d'arriver avant 21h, sinon il faut faire la queue pour obtenir une table. Situé à l'écart des sentiers battus, le traditionnel quartier ouvrier du Testaccio attire de nombreux jeunes Romains à la recherche de bons petits restaurants peu onéreux. Sauf indication contraire, toutes les adresses suivantes figurent sur le plan 7.

Petits budgets. L'*Osteria Der Belli* (☎ 06 580 37 82, piazza Sant'Apollonia 9-11), à côté de la piazza Santa Maria in Trastevere, est une solide trattoria offrant un vaste choix d'antipasti et de copieuses assiettes de pâtes. Les plats ne présentent aucune particularité, cependant il vaut mieux éviter le poisson en dehors des mardi et vendredi, car il a peu de chance d'être frais. L'établissement est fermé le lundi. Un repas correct coûte environ 30 000 L. Les pizzas sont bonnes.

Autre adresse bon marché : le charmant *Da Augusto* (plan Les environs de la piazza Navona, ☎ 06 580 37 98, piazza dei Renzi 15) installe, l'été, de nombreuses tables branlantes en terrasse sur la piazza. Goûtez les fettuccine maison. Si vous arrivez tôt, vous bénéficierez d'un bon choix de légumes. Vin compris, le repas vous reviendra à environ 20 000 L. L'établissement ferme le dimanche ainsi que, ponctuellement, certains jours en semaine.

Juste en face, de l'autre côté de la piazza, au n°31/a, la *Casetta di Trastevere*

(☎ *06 580 01 58*) propose des assiettes de pâtes traditionnelles à 9 000 L : des *rigatoni alla carbonara*, des *penne all'arrabbiata* (pimentées) ou les *rigatoni della Casetta* (la spécialité du chef : une sauce aux champignons, au saucisson, à la crème fraîche et au fromage). Pour se mettre en bouche, choisissez parmi les nombreux antipasti proposés par la maison (de 4 000 à 10 000 L). Cet établissement un peu rustique, avec ses petites tables carrées, ses chaises en bois et ses nappes à carreaux, est bien situé et agréable. Il est fermé le lundi. Autre établissement familial bon marché, caché derrière une anonyme porte en verre dépoli, à quelques pas de la place, dans la via della Pelliccia, le **Da Corrado** (*pas de* ☎) prépare chaque jour deux ou trois plats de pâtes et deux ou trois viandes différentes. Il vous en coûtera moins de 25 000 L. Cette cantine traditionnelle sans chichis est fréquentée par les commerçants du Trastevere, surtout à l'heure du déjeuner. L'établissement est fermé le dimanche ainsi qu'en août.

La pizzeria-trattoria **Da Gildo** (*plan 5,* ☎ *06 580 07 33, via della Scala 31*), située à l'orée du Trastevere, un peu à l'écart de son agitation touristique, vaut le détour. Les serveurs, efficaces et sympathiques, vous proposeront des plats traditionnels dont on ne se lasse pas : les incontournables antipasti ou des tomates mozarella très fraîches, suivies des classiques romains (la saltimbocca). Les pizzas, en revanche, sont nettement plus surprenantes. Entre la pizza à la poire et au bleu et la calzone fourré à la mozzarella, au cresson et aux olives, faites vos jeux ! Avec le vin, comptez 40 000 L. Cet établissement sans prétention, idéal pour le déjeuner, est fermé le mercredi.

Le **Da Lucia** (☎ *06 580 36 01, vicolo del Mattinato 2*) prépare d'excellents antipasti, pâtes et spécialités romaines, notamment le *pollo con peperoni* (poulet aux poivrons) et la *trippa alla romana* (tripes). L'été, on peut manger dehors sous le linge étendu des voisins. L'endroit dégage un charme fou toute l'année. Pour le repas complet, comptez environ 35 000 L. L'établissement est fermé le lundi.

Pour une pizza de style napolitain, avec une pâte plus épaisse, essayez la **Pizzeria da Vittorio** (☎ *06 580 03 53, via di San Cosimato 14*), entre la piazza San Callisto et la piazza San Cosimato. Si vous arrivez après 21h, vous devrez patienter pour manger en terrasse, mais le cadre en vaut la peine. Hormis les habituelles pizzas, on peut savourer des spécialités maison, dont la *vittorio* (tomates fraîches, basilic, mozzarella et parmesan) et l'*imperiale* (tomates fraîches, laitue, jambon fumé et olives). Pour une bruschetta, une pizza et une bouteille de vin, comptez environ 20 000 L. L'établissement est fermé le lundi.

La **Pizzeria Popi-Popi** (☎ *06 589 51 67, via delle Fratte di Trastevere 45*) jouit d'une grande popularité auprès des jeunes, qui prennent d'assaut ses tables installées dehors l'été. Compte tenu des dimensions de la salle intérieure, vous ne devriez pas attendre trop longtemps pour obtenir une table. Les pizzas sont bonnes et peu chères. L'établissement est fermé le jeudi.

Le **Panattoni** (☎ *06 580 09 19, viale di Trastevere 53*) est également connu sous le nom de **L'Obitorio** (la morgue), en raison de ses tables de marbre glaciales. Ouverte tard et souvent bondée, c'est l'une des pizzerias les plus courues du Trastevere. Vous pourrez vous y restaurer pour environ 15 000 L. L'établissement est fermé le mercredi ainsi qu'en août.

Le Testaccio, sur l'autre rive du Tevere, accueille plusieurs bons restaurants à petit prix. Vous ne trouverez pas une pizzeria plus bruyante et plus populaire à Rome que la **Pizzeria Remo** (☎ *06 574.62 70, piazza Santa Maria Liberatrice 44*). La popularité de cet établissement n'a rien de surprenant étant donné son ambiance animée et ses énormes pizzas à pâte fine, dont certains affirment qu'elles sont les meilleures de la ville. Pour commander, il faut marquer son choix d'une croix sur une feuille de papier apportée par le serveur. Comptez environ 16 000 L pour un repas. Si vous arrivez après 20h30, vous devrez certainement faire la queue. L'établissement est fermé le dimanche. La **Trattoria da Bucatino** (☎ *06*

574 68 86, via della Robbia 84) est typiquement le bon restaurant de quartier, à la fois abordable et agréable. La spécialité de la maison, qui a donné son nom à l'établissement, sont les *buccatini,* de petits spaghettis un peu plus épais préparés en cuisine et accompagnés de diverses sauces savoureuses. Toute la gamme des plats romains figure par ailleurs au menu, des antipasti de poissons ou de légumes (sous la forme d'un buffet) aux *spaghetti* ou *rigatoni all'amatricciana*. Essayez le délicieux pollo con peperoni (poulet aux poivrons), arrosé du vin blanc frais de la maison et achevez votre repas par un excellent tiramisu. Dans un bon jour, le patron vous offrira un amaretto pour couronner l'ensemble. Le tout pour 40 000 à 50 000 L. Fermé le lundi.

Catégorie moyenne. Le Trastevere rassemble des douzaines de bons restaurants. Il suffit d'arpenter les rues pour faire son choix.

Le **Paris** (☎ *06 581 53 78, piazza San Callisto 7*) est le meilleur endroit en dehors du ghetto pour goûter à la vraie cuisine juive romaine. Si le menu ne change jamais, le cuisinier utilise toujours les produits les plus frais. Le délicieux fritto misto con baccalà (légumes frits à la morue) est aussi mémorable que les plats plus simples tels que la *pasta e ceci* (épaisse soupe de poix cassés dans laquelle on fait cuire les pâtes) ou le poisson frais grillé. L'établissement attire autant les touristes que les Romains, mais ses prix sont assez élevés. Comptez environ 80 000 L pour un repas complet. Fermé le dimanche soir et le lundi.

A côté, le familial **Ripa 12** (☎ *06 580 90 93, via San Francesco a Ripa 12*) sert une cuisine calabraise authentique à base de pâtes, de poisson et de fruits de mer. On lui attribue l'invention du *carpaccio di spigola* (tranches de bar cru coupées extrêmement fin). Quelques tables sont installées dans la rue, mais, si vous ne voulez pas manger du poisson fumé aux gaz d'échappements, il vaut mieux vous installer à l'intérieur. Avec le vin, comptez entre 40 000 et 50 000 L. L'établissement est fermé le dimanche.

La Tana di Noantri (☎ *06 580 64 04, via Paglia 1*), entre la piazza Santa Maria in Trastevere et la piazza Sant'Egidio, propose une carte variée. Les parents pourront emmener leurs enfants savourer une pizza (à partir de 8 000 L) tandis qu'ils dégusteront des plats plus sophistiqués. Compte tenu des portions peu copieuses, il faut compter trois ou quatre plats, ce qui revient à environ 50 000 L. Hormis l'habituel choix de pâtes, les antipasti, la viande et le poisson sont succulents. Dès les beaux jours, des tables abritées par des parasols sont installées dans la petite cour en face du restaurant, juste à côté de l'église Santa Maria in Trastevere. C'est un excellent poste d'observation pour regarder passer les piétons (plus nombreux que les véhicules). L'établissement est fermé le mardi.

Le **Fricandò** (☎ *06 581 47 38, vicolo del Leopardo 39/a*) se cache dans l'une des ruelles du Trastevere. L'été, les clients mangent dehors sous les cordes à linge des voisins, partageant également leurs conversations et leurs disputes. Le menu conviendra à la fois aux amateurs d'abats et aux végétariens. À côté des plats de viande et des spécialités romaines (notamment tripes et queue de bœuf) sont proposées de délicieuses tartes salées et une pléiade de pâtes différentes. Pour un repas complet, comptez environ 55 000 L ; l'établissement est fermé le mardi.

Dans le Testaccio, le **Cecchino dal 1887** (☎ *06 574 63 18, via di Monte Testaccio 30*), véritable institution locale, sert une succulente cuisine romaine, comprenant naturellement de nombreux abats. L'établissement est régulièrement mentionné dans les articles gastronomiques. En 1994, il a été sélectionné par le *Herald Tribune* pour figurer parmi les meilleurs restaurants d'Italie. Le repas coûte environ 75 000 L. L'établissement est fermé le lundi.

Catégorie supérieure. Si une envie de poisson vous prend dans le Trastevere, l'**Alberto Ciarla** (☎ *06 581 86 68, piazza San Cosimato 40*) semble tout indiqué. Ce restaurant prépare de délicieux plats de poisson et de fruits de mer depuis des dizaines d'années, malheureusement dans un décor qui n'a pas changé depuis. Ses grandes spécialités sont le baccalà à la sauce tomate, aux raisins secs et aux pignons ainsi que les fruits de mer panés et frits dans l'huile d'olive. Comptez de 90 000 à 100 000 L pour un repas complet, vin compris. L'été, quelques tables sont installées à l'extérieur. L'établissement est fermé à midi et le dimanche.

DE SAN LORENZO AU FORO ROMANO (PLAN 6)

Petits budgets. Dans le quartier universitaire de San Lorenzo, les restaurants sont naturellement influencés par la population estudiantine. L'un des établissements les plus renommés, la *Pizzeria L'Economia* (*via Tiburtina 44*), sert des spécialités locales et de bonnes pizzas à des prix abordables pour les étudiants. Plus haut, à quelques encablures de la gare Termini, deux établissements méritent d'être retenus. *Da Gemma alla Lupa* (*plan 6,* ☎ *06 49 12 30, via Marghera 39*) est une petite trattoria sympathique, décorée en toute simplicité. Dans cette petite "cantine" pimpante, parfaite pour un déjeuner rapide et agréable, on sert des *carbonara all'amatriciana* ou la classique *saltimbocca*. L'établissement propose, en italien sous-titré en anglais, un menu à trois plats (entrée, premier plat de pâtes et second plat) pour 30 000 L. Le soir, à quelques pas de là, on pourra se rendre dans la *Trattoria da Bruno* (*plan 6,* ☎ *06 49 04 03, via Varese 29*), un restaurant qui ressemble comme deux gouttes d'eau à une pension de famille. Les amateurs de tranquillité et de cuisine familiale goûteront, le jeudi soir, aux gnocchis préparées par le discret Bruno et son épouse Romana. Un repas complet, vin compris, dépasse à peine les 20 000 L.

Le *Da Ricci* (☎ *06 488 11 07, via Genova 32*), dans une rue donnant dans la via Nazionale, a la réputation d'être la plus vieille pizzeria de Rome. Ancienne cave à vin fondée en 1905, elle est tenue par la même famille depuis cette date. Les pizzas présentent une pâte légèrement plus épaisse que les pizzas romaines habituelles, mais certains pensent que ce sont les meilleures de la ville. On peut également commander de bonnes salades et des desserts maison.

Vers le Colosseo, l'*Hostaria di Nerone* (☎ *06 474 52 07, via delle Terme di Tito 96*), qui accueillait de nombreux touristes, commence à avoir la réputation de restaurant réservé aux homosexuels. Des tables sont installées dehors l'été et la cuisine est bonne. Goûtez les *fettuccine Nerone*. Pour un antipasto, une assiette de pâtes et une salade, comptez environ 30 000 L.

Catégorie moyenne. Un peu plus raffiné qu'une trattoria ordinaire, l'*Il Dito e la Luna* (☎ *06 494 07 26, via dei Sabelli 49-51*), dans le quartier de San Lorenzo, propose une carte sicilienne originale. Parmi les plats les plus intéressants, citons les anchois frais marinés au jus d'orange, la tarte aux oignons gratinée au parmesan, la *caponata* (sorte de ratatouille sicilienne) et le poisson cuit dans une croûte de pommes de terre. Le repas complet revient à environ 50 000 L. L'établissement est fermé le dimanche.

Le *Pommidoro* (*plan Les environs de Rome,* ☎ *06 445 26 92, piazza dei Sanniti 44*) est l'une des trattorie les plus renommées de San Lorenzo, prise d'assaut notamment par les artistes et les intellectuels du quartier. Le patron, Aldo, est un amateur de chasse et cela s'en ressent sur la carte. Les viandes grillées et le gibier s'y taillent une place de choix. Un excellent repas va chercher dans les 40 000 L. Fermé le dimanche et au mois d'août.

La Tana del Grillo (*plan 6,* ☎ *06 70 45 35 17, via Alfieri 4-8*), à l'angle de la via Merulana, à quelques rues au nord de la piazza San Giovanni in Laterano, offre une cuisine typique de Ferrare, au nord de l'Émilie-Romagne. La carte comprend des viandes, des fromages et des plats de pâtes régionaux, dont les *cappelacci di zucca*, sortes de raviolis en forme de chapeau, farcis au potiron. L'établissement sert également les spécialités romaines habituelles.

Le repas complet coûte de 40 000 à 50 000 L. Il est fermé le dimanche et le lundi midi.

Les restaurants et les bars de la rue face au Colosseo pratiquent des prix exorbitants. Pour les éviter, il suffit de s'engouffrer dans le dédale de rues derrière à l'est. Vous trouverez ainsi le **Pasqualino** (*plan 8,* ☎ *06 700 45 76, via dei Santi Quattro 66*), véritable trattoria de quartier fréquentée par les Romains. Ce restaurant sert une cuisine sérieuse à des prix honnêtes. Les pâtes aux fruits de mer nappées d'une sauce tomate crémeuse sont excellentes, de même que le poisson. L'établissement est fermé le lundi.

Juste derrière la via Cavour, à l'angle d'une rue piétonne d'un calme réconfortant et d'une jolie place, l'***Osteria Gli Angeletti*** (*plan 6,* ☎ *06 474 33 74, piazza Madonna dei Monti*) est une excellente adresse. L'endroit, décoré sobrement mais avec raffinement, est agréable et on y mange bien (sur une petite terrasse ou à l'intérieur). Les plats sont joliment présentés et originaux, telles ces *trofie* (petites pâtes fines), servies avec de petites tomates et des haricots verts en entrée, ou cette délicieuse fricassée de volaille accompagnée de marrons, de courgettes, d'aubergines et de poivrons. La carte comporte un choix intéressant de vins de Toscane, de Sicile ou du Piémont. Pour un repas complet, vin compris, il faut compter 60 000 L. La réservation est recommandée. Ouvert tous les jours, mais fermé tout le mois de décembre.

Toujours près de la via Cavour, sans doute plus original que le précédent, le restaurant **Gastone** (*plan 6,* ☎ *06 47 82 47 80, via Parma 11a*) propose des recettes inédites à Rome. Le chef, d'origine chilienne, se plaît à marier différentes traditions culinaires. Le résultat est intéressant : gnocchis aux courgettes, gratin de poisson et de tomates fraîches, escalope de veau dans sa sauce mandarine. Le repas complet coûte entre 50 000 et 60 000 L. L'établissement, spacieux et décoré sobrement, n'accepte pas les cartes de crédit.

Catégorie supérieure. Vos papilles apprécieront particulièrement l'***Agata e Romeo*** (☎ *06 446 61 15, via Carlo Alberto 45*), près de Santa Maria Maggiore. Ce restaurant intime et élégant sert des plats romains et d'Italie du Sud novateurs à base de produits frais, savamment combinés. Les desserts sont remarquables, notamment le légendaire *mille foglie*. Les antipasti coûtent 28 000 L, les primi 25 000 L, les plats principaux 35 000 L et les desserts 15 000 L.

CUISINE DU MONDE

Les restaurants servant une cuisine internationale sont peu nombreux en Italie, néanmoins Rome dispose d'un choix plus important. La plupart des restaurants et boutiques d'alimentation étrangers sont rassemblés dans les environs de la piazza Vittorio Emanuele II, près de la stazione Termini.

Si la cuisine chinoise connaît un grand succès, elle est bien souvent trop salée et laisse beaucoup à désirer. Le **Golden Crown** (*plan 6,* ☎ *06 678 98 31, via in Arcione 85*), entre la via del Tritone et le palazzo del Quirinale, demeure un bon choix. Comptez jusqu'à 40 000 L le repas.

Pour un excellent repas japonais, rendez-vous au ***Sogo Asahi*** (*plan 6,* ☎ *06 678 60 93, via di Propaganda 22*), près de la piazza di Spagna. Les prix sont néanmoins élevés : environ 70 000 L par tête. Il faut réserver pour le sushi bar. En général, l'établissement reste ouvert en août.

Le restaurant indien **Suria Mahal** (*plan Les environs de la piazza Navona,* ☎ *06 589 45 54*), sur la piazza Trilussa, dispose d'un agréable jardin aménagé en terrasse, à côté de la fontaine de la piazza Trilussa in Trastevere. Le délicieux repas coûte environ 45 000 L. De l'autre côté du Trastevere, près de la basilica di Santa Cecila, l'***India House*** (*plan 7,* ☎ *06 581 85 08, via di Santa Cecilia 8*) propose des menus fixes d'un bon rapport qualité-prix, à 25 000 L environ, cependant la cuisine est moyenne.

Le **Thien Kim** (*plan Les environs de la piazza Navona,* ☎ *68 30 78 32, via Giulia 201*) sert une cuisine vietnamienne quelque peu italianisée mais très savoureuse. Comptez environ 35 000 à 45 000 L. L'établissement est fermé le dimanche.

Si vous préférez la cuisine égyptienne, essayez le **Shawerma** (*plan 8*, ☎ *06 700 81 01, via Ostilia 24*) près du Colosseo. Le couscous est excellent. Le repas complet peut coûter jusqu'à 35 000 L. L'établissement est fermé le lundi.

Chez **Marconi** (*plan 6, via di Santa Prassede 9*), en face de Santa Maria Maggiore, vous pourrez commander des fish and chips, des baked beans et d'autres spécialités anglaises plus ou moins digestes.

CUISINE VÉGÉTARIENNE

Toutes les trattorie servent un vaste choix de plats de légumes, mais il existe aussi de véritables établissements végétariens à Rome.

Le **Centro Macrobiotico Italiano** (*plan 6*, ☎ *06 679 25 09, via della Vite 14*) est un restaurant végétarien qui sert également du poisson frais le soir. L'adhésion annuelle coûte 8 000 L, cependant les touristes peuvent généralement s'y restaurer moyennant seulement un petit supplément. Les plats commencent à 10 000 L. Au **Margutta Vegetariano** (*plan 5*, ☎ *06 678 60 33, via Margutta 19*), installé dans la rue parallèle à la via del Babuino, le cadre et les prix relèvent de la catégorie supérieure. Le repas revient en effet à au moins 40 000 L. L'établissement est ouvert tous les jours. Il prépare aussi des pique-niques et assure un service de traiteur végétarien, à des prix toutefois assez élevés.

CAFFÈ

Dans ces établissements, les prix ont tendance à flamber dès qu'on s'installe en salle ou en terrasse, surtout dans les hauts lieux touristiques, près de la piazza di Spagna, de la piazza Navona ou du Panthéon, où le cappuccino peut coûter jusqu'à 10 000 L à table. Au bar, le même cappuccino vous coûtera environ 1 600 L. Les venelles et minuscules piazzas des environs de la piazza Navona et du Tevere recèlent un grand nombre de caffè et de bars populaires.

Les amateurs de café se dirigeront vers le Panthéon (plan *Les environs de la piazza Navona*) où sont installés deux des meilleurs bars : le **Tazza d'Oro**, à côté de la piazza della Rotonda dans la via degli Orfani, où l'on déguste l'espresso sur le zinc directement ou, à l'extérieur, sur de petits bancs, et le **Bar Sant' Eustachio** sur la très jolie piazza Sant'Eustachio. Le second prépare un merveilleux *gran caffè*, presque pétillant, à 4 000 L en terrasse. On bat d'abord les premières gouttes d'espresso, puis on ajoute plusieurs cuillerées de sucre pour obtenir une mousse et enfin on verse le café. De nombreux Romains le situent à la toute première place dans un classement pourtant riche en rivaux.

Les endroits à la mode (et chers) pour prendre un café ou un thé sont le **Caffè Greco** (*plan 6, via dei Condotti 86*), près de la piazza di Spagna, et le **Babington's Tea Rooms** (*plan 6*, ☎ *06 678 60 27, piazza di Spagna 23*), où vous paierez les yeux de la tête pour un thé à l'anglaise servi avec des petits gâteaux. L'été, des tables sont installées sur la piazza. Le premier, *Caffè Greco*, est un haut lieu touristique, mais il vaut le détour. Pour échapper à la foule, il suffit de traverser le hall, en général comble, où se situe le bar pour s'enfoncer à l'intérieur dans une enfilade de petites galeries richement ornées de tableaux et de sculptures. Là, autour de petites tables en marbre, sur des fauteuils ou des banquettes couleur rouge bordeaux, sous l'œil d'Orson Welles ou d'Alberto Moravia (tous deux photographiés dans l'établissement), vous dégusterez un délicieux café pour... 8 000 L, en compagnie des Romains qui viennent se retremper dans leur histoire ou tout simplement lire leur quotidien favori.

Le **Caffè Farnese** (*plan Les environs de la piazza Navona*), à l'angle de la jolie piazza Farnese et d'une rue piétonne, offre un poste d'observation idéal, surtout le samedi matin lorsque le marché du Campo dei Fiori bat son plein. Le café coûte 4 000 L en terrasse, le serveur est souvent débordé, mais le cadre idyllique vaut vraiment la peine d'attendre. Au **Caffè Marzio** (*plan 7*), sur la piazza Santa Maria in Trastevere, le cappuccino vous coûtera 5 000 L si vous vous installez en terrasse, mais cette charmante piazza en vaut la peine, car c'est l'une des plus belles de Rome.

Vous ne trouverez ni vue panoramique ni piazza ensoleillée dans le ghetto, en revanche, le *Bar Vezio* de la via dei Delfini (*Plan Les environs de la piazza Navona*) devrait vous permettre de rencontrer quelques vieux *compagni*. Également connu comme le *bar comunista* (bar communiste), cette institution locale accueille les membres du parti Democrazia di sinistra, dont le siège est installé à côté. Si vous abordez les sujets politiques avec le patron, Vezio Bagazzini (aussi légendaire que son bar), vous ne pourrez plus partir. Son établissement abrite toutes sortes de souvenirs du communisme italien. Sur les murs, Staline rivalise avec Che Guevera ; on y aperçoit même la carte de visite de Fidel Castro. Voir aussi la rubrique *Pubs et bars* du chapitre *Où sortir*.

REPAS LÉGERS

En dépit de son aspect délabré, l'alimentari *Paladini* (*via del Governo Vecchio 29*) prépare de la pizza bianca à vous mettre l'eau à la bouche. Avec la garniture de votre choix, il vous en coûtera de 3 000 à 5 000 L. Goûtez le prosciutto avec des figues – un mélange inhabituel mais délicieux. L'eau minérale est gratuite.

Dans la via di Ripetta (qui part de la piazza del Popolo, parallèlement à la via del Corso), plusieurs bars et comptoirs de vente à emporter proposent de bons produits. Le *Caffè Sogo* (*plan 5, via di Ripetta 242*) sert des en-cas japonais ainsi que des boissons. A côté est installée une minuscule épicerie japonaise.

Aux bar-rosticcerie *Paneformaggio* (*plan 5, via di Ripetta 7*) et *M & M Volpetti* (*plan Les environs de la piazza Navona, via della Scrofa 31*), boutiques chic proches de la piazza Navona, vous pourrez acheter de savoureux en-cas à des prix relativement élevés. Plus près de Termini, *Il Golasone* (*plan 6*) dans la via Venezia, qui donne dans la via Nazionale, est un bar à sandwiches et une tavola calda où il est possible de s'asseoir sans supplément de prix.

Autre bonne adresse, le *Dagnino* (*plan 6*) est installé dans la galleria Esedra, qui donne dans la via Vittorio Emanuele Orlando.

Parmi les plus célèbres comptoirs à sandwiches de Rome, le *Frontoni* (*plan 7*) dans le viale di Trastevere, à l'angle de la via San Francesco a Ripa, fait face à la piazza Mastai. Il prépare des paninis à la fois avec de la pizza bianca et du pain et propose une large gamme de garnitures différentes. Les sandwiches, vendus au poids et généreusement garnis, coûtent environ 6 000 L. La pizza à la tranche est excellente. Autre bonne adresse pour un sandwich dans le Trastevere, le *Forno* (*plan Les environs de la piazza Navona*), dans la via del Moro (en face du Corner Bookshop) propose de la pizza bianca bouillante, avec toutes les garnitures imaginables, ainsi qu'une savoureuse pizza à la tranche.

Pour le déjeuner, n'hésitez pas à faire le détour jusque dans le Testaccio où la tavola calda *Volpetti Più* (*plan 7, via A.Volta 8*) ne vous fera pas payer de supplément pour manger assis. Hormis l'exceptionnelle pizza à la tranche, vous aurez le choix parmi toutes sortes de plats de pâtes, de légumes et de viande.

La pizza à emporter est très répandue à Rome. De nombreux comptoirs sont éparpillés à travers la ville. En général, la qualité de la pizza se juge à l'œil nu. Vous pouvez essayez le *Pizza Rustica* (*plan Les environs de la piazza Navona*), sur le Campo dei Fiori, le *Pizza al taglio* (*plan Les environs de la piazza Navona, via dei Baullari*), entre le Campo dei Fiori et le corso Vittorio Emanuele II, ou le *Pizza al taglio* (*plan 6*), via delle Muratte, à côté de la piazza di Trevi. Près de la piazza di Spagna, le *Fior Fiore* (*via della Croce 18*) est également une bonne adresse. Mieux connu comme pizzeria kasher, le *Zì Fenizia* (*plan Les environs de la piazza Navona, via Santa Maria del Pianto 64*), dans le ghetto, est fermé les jours de fête juifs. Malgré l'absence de fromage, les garnitures inhabituelles de cette pizza al taglio feront le bonheur de tous.

GELATI

Deux célèbres glaciers de Rome sont installés au cœur du centre-ville entre le Panthéon et la piazza Colonna. La *Gelateria Giolitti* (plan Les environs de la piazza Navona, via degli Uffici del Vicario 40), institution locale, accueillait autrefois les artistes et écrivains romains. Aujourd'hui, l'établissement est renommé pour ses merveilleuses glaces. Il est pris d'assaut par les touristes, mais le service est cependant très rapide. Parmi les spécialités locales : le sabayon, le marron glacé, le tiramisu, et les granite de café, sans oublier un vaste choix de sorbets. Le cornet médium (on paye au poids et non pas au nombre de boules) coûte 4 000 L. Un prix somme toute raisonnable, vu la taille impressionnante de la glace. A deux pas, la *Gelateria della Palma* (plan Les environs de la piazza Navona, via della Maddalena 20) propose un gigantesque choix de parfums (parmi les plus originaux : réglisse, meringue, kiwi). Selon certains, ses glaces surpasseraient celles de Giolitti. La présentation est fascinante : l'ensemble ressemble en effet à une chaîne de montagnes de glace. Le lieu, en revanche, est un peu clinquant, mais il n'est utile de s'y attarder. Les amateurs peuvent également y consommer de la crème de yaourt dans laquelle on ajoute l'ingrédient de son choix (groseilles, mûres, framboises, etc.). Ces deux établissements vendent aussi des gâteaux et des pâtisseries, mais les portions ne sont pas très copieuses.

Vous en aurez davantage pour votre argent à *La Fontana della Salute* (plan 7, via Cardinal Marmaggi 2-6) dans le Trastevere. Pour certains, ce glacier propose les meilleures glaces de Rome, servies généreusement : tiramisu, profiteroles, *spagnola* (de la vanille aux griottes confites) ou cassetta (fruits confits). Également dans le Trastevere, le *Bar San Callisto* (plan 7), sur la piazza du même nom, vend aussi de bonnes glaces. Tout le monde s'accorde à dire qu'on y déguste la meilleure glace au chocolat de la ville.

Si vous vous trouvez dans le Testaccio, ne manquez pas *Il gelato di Antonio* (plan 7, à l'angle de la piazza Santa Maria Liberatrice et de la via Mastro Giorgio). C'est le meilleur glacier du quartier.

Le charmant *Il Ristoro della Salute*, sur la piazza del Colosseo (plan 8), vous permettra d'acheter un *frullato* (boisson aux fruits mixés) que vous pourrez savourer en déambulant jusqu'au Colosseo.

PAIN ET PÂTISSERIES

La pasticceria *Antonini* (plan 3, via Sabotino 21-29), près de la piazza Mazzini dans le quartier de Prati, compte parmi les meilleures de Rome. Sa rangée de petits fours est impressionnante. C'est également une très bonne adresse pour déjeuner (diverses salades de pâtes ou de crevettes, tomates mozarella, lasagnes sont proposés à des prix modérés). Les *tartini* (des demipains au saumon, aux crevettes ou aux olives), à 1 500 L, sont très appétissants. Enfin, les glaces d'Antonini n'ont rien à envier à celle des spécialistes (goûtez notamment les délicieux sorbets, en particulier au melon et au citron). Dans le quartier du Prati aussi, près de la piazza Cavour, *Ruschena* (plan 5, lungotevere Mellini 1) vend d'excellents gâteaux, biscuits et pâtisseries.

Le bar-pasticceria napolitain *Bella Napoli* (plan Les environs de la piazza Navona, corso Vittorio Emanuele 246) prépare de délicieuses *sfogliatelle*, des pâtisseries légères garnies de ricotta. Les propriétaires organisent une jolie crèche napolitaine à Noël.

Les bonnes pasticcerie ne manquent pas dans le Trastevere. Les gâteaux au chocolat présentés en vitrine par *Valzani* (via del Moro 37) vous mettront l'eau à la bouche. Les clients et commerçants du marché de la piazza San Cosimato apprécient également *Sacchetti* (plan 7, piazza San Cosimato 61). Ne prêtez pas attention aux patrons grincheux car les gâteaux valent vraiment le détour. A deux pas, le charmant personnel de la *Pasticceria Trastevere* (plan 7, via Natale del Grande 49-50) vous vendra également de délicieux gâteaux et biscuits.

Bernasconi (plan Les environs de la piazza Navona, piazza B. Cairoli 16) propose un alléchant assortiment de gâteaux et de pâtisseries. *La Dolceroma* (*plan Les environs de la piazza Navona, via del Portico d'Ottavia 20*), entre le Teatro di Marcello et la via Arenula, s'est spécialisée dans les pâtisseries et les gâteaux autrichiens. Elle vend aussi des spécialités américaines tels que cheesecakes, brownies et cookies aux pépites de chocolat. Au n°2 de la même rue, la boulangerie kasher *Il Forno del Ghetto*, tenue par un personnel exclusivement féminin, jouit d'une très grande renommée pour ses pâtisseries et ses gâteaux traditionnels juifs. Il faut bien chercher le numéro de la rue car le magasin ne porte aucune enseigne. La tarte à la ricotta et aux prunes de Damas attire les Romains de toute la ville.

Près de la stazione Termini, la *Panella l'Arte del Pane* (*plan 6, largo Leopardi 2-10*), via Merulana, offre une grande variété de pains et de pâtisseries.

FAIRE SON MARCHÉ

Des centaines de petites boutiques du centre de Rome vendent du fromage, du prosciutto, du salami, du pain et d'autres produits d'épicerie tandis qu'un nombre croissant de supermarchés gagnent les banlieues de la ville. L'un des plus accessibles, *Standa* (*plan 7*), est installé dans le viale Trastevere. Les établissements suivants comptent parmi les plus réputés de la Rome gastronomique.

Alimentari

Gino Placidi (*plan Les environs de la piazza Navona, via della Maddalena 48*), près du Panthéon, est l'un des meilleurs alimentari du centre-ville. *Ruggeri* (*Campo dei Fiori 1*) propose un bel éventail de fromages et de viandes. Spécialisé dans les produits kasher, *Billo Bottarga* (*plan Les environs de la piazza Navona, via di Sant'Ambrogio 20*), près de la piazza Mattei, est réputé pour sa *bottarga* (œufs de thon ou de mulet).

Castroni (*plan 5, via Cola di Rienzo 196*), dans le Prati, près du Vatican, vend de nombreux produits pour les gourmets, emballés ou frais, provenant du monde entier. Une succursale est installée via delle Quattro Fontane 38, rue donnant dans la via Nazionale.

Dans le Testaccio, *Volpetti* (*plan 7, via Marmorata 47*) présente des fromages et des viandes de qualité supérieure qui attirent de nombreux clients.

Marchés

Rome est célèbre pour ses marchés. On peut y acheter des fruits et des légumes frais ainsi que du fromage, de la viande et du poisson (les mardi et vendredi). Chaque quartier dispose d'un marché ouvert tous les jours (sauf le dimanche), de 7h30 ou 8h environ à 13h30 ou 14h.

Le très animé marché quotidien du *Campo dei Fiori* (*plan Les environs de la piazza Navona*) est certainement le plus pittoresque, mais aussi le plus cher. Les prix semblent augmenter dès lors que le client parle avec un accent étranger. Les habitants du Trastevere fréquentent l'excellent marché de la *piazza San Cosimato* (*plan 7*), à côté de la via Natale del Grande, l'une des rues les plus intéressantes pour faire ses courses. Juste au nord du Vatican, la *via Andrea Doria* (*plan 5*), près du largo Trionfale, accueille également un bon marché. Celui du *ponte Milvio*, au nord du centre-ville, sera réservé aux amateurs de marche à pied.

Le marché de la *piazza Vittorio Emanuele* (*plan 6*), près de la stazione Termini, est le plus grand de Rome. Il s'étend sur tout le pourtour de la place. C'est également l'un des moins chers. Comme il est installé dans l'un des quartiers où la population est la plus mélangée, on peut y acheter des produits exotiques. Certes haut en couleur, le quartier n'est cependant pas des plus recommandables. Surveillez votre sac à main.

Le plus romain de tous, celui de la *piazza Testaccio* (*plan 7*), dans le Testaccio, de l'autre côté de l'Aventino par rapport au Circo Massimo, est réputé pour son excellente qualité et ses prix intéressants. Les immenses marchés en gros, *Mercati generali*, de la via Ostiense, un peu à l'écart du centre-ville, sont ouverts du lundi au samedi, de 10h à 13h environ.

PRODUITS DIÉTÉTIQUES

Le muesli, le lait de soja et d'autres produits de ce type coûtent parfois très cher en Italie. Les boutiques suivantes proposent un bon choix de marchandises, y compris des fruits et légumes de culture biologique, à des prix relativement raisonnables.

Dans le quartier juif, ***L'Albero del Pane*** (*plan Les environs de la piazza Navona, via Santa Maria del Pianto 19*) vend une large gamme de produits diététiques à la fois emballés et frais. Il possède une boutique de fruits et légumes via dei Baullari 112, juste à côté du Campo dei Fiori. L'***Emporium Naturae*** (*plan 3, viale Angelico 2*) est un supermarché diététique bien approvisionné. Prenez la Linea A du métro jusqu'à l'arrêt Ottaviano. Dans le Testaccio, près du marché, ***Il Canestro***)*plan 7, via Luca della Robbia 12*) dispose également d'un vaste choix de produits diététiques ainsi que des fruits et légumes frais et des plats à emporter. Un restaurant végétarien lui est rattaché.

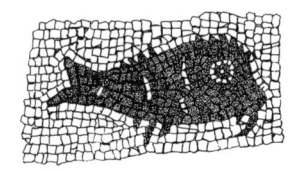

Où sortir

Roma C'è, publié le jeudi, récapitule toutes les distractions possibles à Rome. Il est vendu dans les kiosques au prix de 2 000 L. Les journaux *Il Messagero* et *La Repubblica* éditent chaque jeudi un supplément spectacles, *Metro* et *Trovaroma*. Ils indiquent par ailleurs dans leur édition quotidienne les cinémas, les théâtres et les concerts.

En anglais, le bimensuel *Wanted in Rome* présente les festivals les plus importants, les expositions, les ballets, les concerts classiques, les opéras et les films, ainsi que les bars et les autres lieux de sortie. Il est disponible dans les grands kiosques et dans certaines librairies internationales (voir la rubrique *Librairies* du chapitre *Achats*). En italien, *Time Out Rome* sort toutes les semaines et coûte 2 000 L.

OPÉRA

La façade de style fasciste du Teatro dell'Opera masque une décoration intérieure du XIXe siècle, toute de velours rouge et de dorures.

L'opéra de Rome, mal dirigé, ne supporte pas la comparaison avec la Scala de Milan ou le San Carlo de Naples. Toutefois, de nouveaux directeurs ont été nommés récemment et la situation devrait s'améliorer.

La saison du ***Teatro dell' Opera*** *(plan 6, ☎ 06 48 16 02 55, numero verde ☎ 16 701 66 65, fax 06 488 17 55, piazza Beniamino Gigli)* dure de décembre à juin. Le prix des places, assez onéreux, s'échelonne de 32 000 L (au balcon supérieur) à 170 000 L. Les premières représentations reviennent encore plus cher.

En été, on donne des opéras en plein air. Il y a encore quelques années, les spectacles avaient lieu sur une scène installée dans les terme di Caracalla, mais, afin de préserver ces vestiges et pour pouvoir accueillir davantage de spectateurs, ils ont désormais lieu au stadio Olimpico. Les tarifs des billets commencent à 20 000 L.

La plupart des festivals d'été proposent aussi des opéras. Pour davantage de précisions, consultez les magazines spécialisés.

THÉÂTRE

Le ***Teatro Agora*** *(plan 5, ☎ 06 687 41 67, via della Penitenza 33)*, dans le Trastevere, monte régulièrement des pièces en français, en anglais et en espagnol. Le ***Teatro dell'Orologio*** *(plan 5, ☎ 06 68 30 87 35, via dei Filippini 17a)* propose tous les lundis une pièce contemporaine en anglais interprétée par la compagnie Off Night Repertory Theater et, les autres jours, des pièces italiennes d'avant-garde. Consultez les magazines spécialisés pour davantage de renseignements sur les pièces jouées en langue étrangère.

Si vous comprenez l'italien, la scène romaine devrait vous satisfaire. La ville compte en effet plus de 80 théâtres, la plupart offrant spectacles de qualité dans une architecture intéressante. Nous vous en indiquons quelques-uns ci-dessous.

Teatro Argentina (plan *Les environs de la piazza Navona*, ☎ 06 68 80 46 01, largo di Torre Argentina 52). Théâtre public subventionné, il abrite le Teatro di Rome et propose essentiellement des pièces et quelques ballets.
Teatro Quirino (plan 6, ☎ 06 679 45 85, via Minghetti 1). Pièces italiennes du répertoire classique, la *commedia dell'arte* par exemple.
Teatro Sistina, (plan 6, ☎ 06 482 68 41, via Sistina 129). Comédies musicales.
Teatro Valle (plan *Les environs de la piazza Navona*, ☎ 06 68 80 37 94, via del Teatro Valle 23a). Pièces contemporaines anglaises traduites en italien.
Teatro Vascello (plan 7, ☎ 06 588 10 21, via Carini 72, Monteverde). Spectacles de danse et de théâtre d'avant-garde.

En été, de nombreux spectacles sont joués en plein air. L'***Anfiteatro della Quercia del Tasso*** *(☎ 06 575 08 27)*, sur le Gianicolo, accueille de juillet à septembre des pièces

Un nouvel auditorium pour l'an 2000

Rome souhaitait se doter d'un nouvel auditorium depuis la destruction en 1936 par Mussolini de la salle de concert de la piazza Augusto Imperatore. Ce devrait être chose faite à l'aube de l'an 2000, avec un projet de plus de 250 milliards de lires.

Cet auditorium se situe au nord de la ville, sur un ancien marécage. Dessiné par l'architecte Renzo Piano, ce complexe comprendra trois salles de concert de tailles différentes, un parking et des restaurants.

Ce projet, financé par la municipalité, ne fait pas partie des travaux effectués pour le Jubilé et sera sans doute l'un des rares à être achevé d'ici à l'an 2000.

Il faillit bien toutefois s'interrompre définitivement lorsque, en commençant les fondations, on découvrit des vestiges.

Les fouilles révélèrent en effet qu'il s'agissait des ruines fort bien conservées d'une demeure romaine, probablement une ferme. Elles remonteraient à la première moitié de la République, soit du Ve au IIe siècle av. J.-C., période dont on possède très peu de témoignages architecturaux. Ces vestiges provenant d'une ferme qui disposait sans doute d'un vignoble, ils présentaient de surcroît un intérêt pour l'histoire de l'agriculture romaine.

Cette affaire illustre parfaitement la contradiction inhérente à la ville, entre le besoin d'infrastructures modernes et la nécessité de préserver un patrimoine extraordinaire. Dans le cas présent, on parvint finalement à résoudre les difficultés et à concilier les deux.

---

classiques grecques et latines et des comédies italiennes du XVIIIe siècle et propose des matinées pour les enfants. Certaines productions du festival RomaEuropa ont lieu aussi en plein air. Consultez la presse pour davantage de détails.

DANSE

Rome propose de nombreux spectacles de danse. Si les troupes italiennes de qualité sont rares, les grandes compagnies internationales se produisent dans toute l'Italie. L'Accademia filarmonica romana organise des spectacles de danse : ballets classiques, folkloriques ou contemporains, au ***Teatro Olimpico*** (☎ *06 323 49 36, piazza Gentile da Fabriano 17)*, au nord de la piazza del Popolo.

Le ***Teatro dell'Opera*** *(plan 6, ☎ 06 48 16 02 55, fax 06 488 17 55, piazza Beniamino Gigli)* propose aussi quelques ballets classiques. Ils sont malheureusement de qualité inégale, aussi préférez ceux dans lesquels se produisent des danseurs connus. Les places vont de 21 000 L (29 000 L pour une première) à 87 000 L.

MUSIQUE CLASSIQUE

En hiver, l'*Accademia di Santa Cecilia (plan 5, ☎ 06 68 80 10 44, via della Conciliazione 4)* propose une saison de musique de chambre à l'auditorio Pio (voir l'encadré *Un nouvel auditorium pour l'an 2000)*. Dirigé par Myung-Whun Chung, son orchestre d'excellente qualité accueille régulièrement des musiciens étrangers de renommée internationale. A l'automne, elle donne souvent une série de concerts consacrés à un compositeur particulier. A partir du mois de juin et pour tout l'été, elle s'installe dans le parc de la villa Renaissance Giulia (plan 3).

L'*Accademia filarmonica* donne des concerts au ***Teatro Olimpico*** *(☎ 06 323 48 90, piazza Gentile da Fabriano 17)*. Fondée en 1821, elle compta parmi ses membres Rossini, Donizetti et Verdi et donne aujourd'hui essentiellement des concerts de musique de chambre ainsi que quelques œuvres contemporaines.

D'octobre à mai, l'***Istituzione universitaria dei Concerti*** *(plan 6, ☎ 06 361 00 52, piazzale Aldo Moro)* organise des récitals et des concerts de musique de chambre à l'Aula magna de l'université La Sapienza. Non loin de San Pietro, le *Teatro Ghione* (plan 5, ☎ *06 637 22 94, via delle Fornaci 37)* offre un programme varié de récitals et invite souvent des chanteurs lyriques de renommée internationale.

Des concerts organisés par *Concerti al Tempietto* (☎ *06 481 48 00, via di Teatro Marcello 44)* ont lieu tous les soirs à 21h de juin à octobre dans les ruines du teatro Marcello, non loin de la piazza Venezia.

L'*Associazione musicale romana (*☎ *06 39 36 63 22, via dei Banchi Vecchi 61)* a un programme de concerts et de récitals toute l'année et organise deux manifestations prestigieuses, un festival international d'orgue en septembre (dans la basilica di San Giovanni dei Fiorentini) et un festival international de clavecin au printemps.

Enfin, en décembre et janvier, des concerts gratuits de musique sacrée ont lieu dans certaines églises, notamment au Panthéon (plan *Les environs de la piazza Navona*). Généralement d'excellente qualité, nous vous les recommandons vivement. *Roma C'è* et *Trovaroma* publient les programmes.

ROCK

Dans la mesure où il n'existe pas de lieu consacré à ce genre de manifestations et que leur organisation est laissée un peu au hasard, les artistes internationaux ne se produisent pas toujours à Rome ou préfèrent venir dans le cadre d'un festival d'été.

En revanche, les concerts de vedettes italiennes sont légion toute l'année. Ils se déroulent en principe au palazzo dello Sport à l'EUR ou au stadio Flaminio, aussi à l'extérieur du centre-ville. Pour tout renseignement et réservation, consultez les affichages ou adressez-vous à l'agence Orbis (☎ *06 482 74 03),* piazza Esquilino 37, à proximité de la stazione Termini.

Il existe par ailleurs une multitude de petites salles qui accueillent des groupes pratiquement tous les soirs. Reportez-vous à la rubrique *Night-clubs* plus loin dans ce chapitre.

JAZZ

L'*Alexanderplatz (plan 5,* ☎ *06 39 74 21 71, via Ostia 9)*, non loin de la via Leone IV, près du Vatican, est le club de jazz et de blues le plus vivant de Rome. Des musiciens internationaux (surtout américains) et des artistes italiens connus s'y produisent tous les soirs (sauf le dimanche), d'octobre à juin. En juillet et en août, les concerts ont lieu dans le parc de la *villa Celimontana (plan 8)*, sur le Celio, dans le cadre de l'un des festivals d'été les plus populaires de la ville, le *Jazz and Image at Villa Celimontana*. Vous trouverez le programme dans la presse.

Le *Big Mama (plan 7,* ☎ *06 581 25 51, vicolo San Francesco a Ripa 18)* se targue d'être le "palais du blues". Le *Four XXXX (plan 7,* ☎ *06 575 72 96, via Galvani 29)*, à Testaccio, accueille des groupes de jazz tous les soirs.

Folkstudio (☎ *06 48 71 06 30, via Frangipane 42)*, près de la via Cavour est une institution de la scène musicale romaine, qui met à disposition une scène pour les groupes de jazz, folk et world music ainsi que pour les artistes débutants.

Le *Roma Jazz Festival* se déroule tous les ans d'octobre à novembre et invite généralement des musiciens célèbres. Consultez la presse pour connaître le programme.

Enfin, en été, les passionnés de jazz assistent à l'*Umbria Jazz* de Perugia en Ombrie, où se produisent toujours des grands noms internationaux et italiens. Une autre session a désormais lieu en hiver à Orvieto, et à Pâques à Terni (pour du gospel et de la soul). Pour tout renseignement, téléphonez au ☎ 075-573 24 32.

CINÉMA

Rome compte plus de 80 cinémas, certains disposant de plusieurs salles. La plupart des films étrangers sont projetés en version italienne. Ceux diffusés en version originale sous-titrée portent la mention *versione originale* ou VO dans les programmes.

Le *Pasquino (plan 7,* ☎ *06 580 36 22, piazza Sant'Egidio)*, à côté de la piazza Santa Maria dans le Trastevere, et le *Quirinetta* (plan 6, ☎ 06 679 00 12, via Minghetti 4), non loin de la via del Corso, diffusent des films en anglais tous le jours. Le lundi, vous pouvez voir des films en version originale à l'*Alcazar (plan 7, ☎ 06 588 00 99, via Merry del Val 14)*, à proximité du viale Trastevere. Le **Nuovo Sacher** *(plan 7, ☎ 06 581 81 16, Largo Ascianghi 1)*, entre la porta Portese et le Trastevere, propose aussi des films en version originale les lundi et mardi. Les billets coûtent entre 8 000 et 12 000 L. Les séances de l'après-midi et du début de soirée sont généralement moins chères.

L'été, on propose des séances en plein air, généralement très appréciées. Le festival international ***Isola del Cinema*** se déroule sur l'isola Tiberina (plan 5) et comporte souvent des films d'art et essai récents. Durant le ***Massenzio***, l'un des festivals d'été les plus populaires, on projette chaque soir sur un écran géant, dans le parco del Celio, face au Colosseo, des films récents et des classiques. Le ***Sotto le Stelle di San Lorenzo*** a lieu dans le parc de la villa Mercede, via Tiburtina, dans le quartier San Lorenzo. Pour les ***Notti di Cinema a Piazza Vittorio***, on installe un écran géant sur la piazza Vittorio Emanuele II (plan 6), non loin de la stazione Termini. Enfin, le plus grand complexe en plein air d'Europe, le ***Drive In*** de Casal Palocco, au sud-est du centre-ville, propose des films récents tout l'été. Pour connaître les programmes, les horaires et le prix des places, consultez les magazines spécialisés ou la presse.

DISCOTHÈQUES

Le prix des discothèques est prohibitif. Vous débourserez jusqu'à 40 000 L, boissons parfois en sus. Citons l'***Alien*** *(plan 4, ☎ 06 841 22 12, via Velletri 13)*, au décor futuriste, le ***Piper*** *(☎ 06 841 44 59, via Tagliamento 9)*, qui diffuse de la house, du disco des années 70 et de la salsa le dimanche soir, et le ***Gilda*** *(plan 6, ☎ 06 678 48 38, via Mario dei Fiori 97)*, près de la piazza di Spagna, qui attire un public plus âgé et plus fortuné dans un cadre chic.

En été, la plupart des discothèques de la ville partent à la conquête des plages (à Fregene et à Ostia principalement) pour organiser des soirées en plein air.

NIGHT-CLUBS

L'entrée de la plupart des night-clubs varie entre 10 000 et 20 000 L. Elle correspond parfois à une *tessera* (carte de membre) qui donne droit à des réductions ou à une entrée gratuite après plusieurs visites.

Le ***Locale*** *(plan Les environs de la piazza Navona, ☎ 06 687 90 75, via del Fico 3)*, non loin de la via del Governo Vecchio, accueille la jeunesse italienne branchée et quelques étrangers. Attendez-vous à une longue file d'attente les vendredi et samedi soirs. Dans le même quartier et tout autant fréquenté, ***The Groove*** *(plan Les environs de la piazza Navona, ☎ 06 687 24 27, Vicolo Savelli 10)* est animé par les DJ les plus en vogue.

Le Testaccio (plan 7) compte de nombreux night-clubs, la plupart situés dans la via di Monte Testaccio. Très apprécié, le ***Radio Londra*** *(☎ 06 575 00 44)*, au n°45, un ancien abri anti-raid aérien, accueille des groupes quatre soirs par semaine. L'***Akab*** *(☎ 06 574 44 85)*, au n°69, fit connaître l'acid-jazz à Rome et invite désormais des musiciens internationaux presque tous les soirs. Au n°36, le ***Caruso Caffè*** *(☎ 06 574 50 19)* diffuse de la musique brésilienne et des Caraïbes. Enfin, le ***Caffè Latino*** *(☎ 06 574 40 20)*, au n°96, accueille des musiciens latino-américains tous les soirs, puis se transforme en discothèque.

Dans le même quartier, le ***Villaggio Globale*** *(☎ 06 573 00 39, lungotevere Testaccio)*, installé dans un ancien abattoir, accessible depuis le largo G. B. Marzi au niveau du ponte Testaccio, est un lieu de rendez-vous quelque peu marginal. Il s'agit de l'un des *centri sociali* de Rome, clubs alternatifs fréquentés par des hippies vieillissants, des punks ou des amateurs de new-age (voir l'encadré *Les centri sociali*). Très fréquents en Italie, ils sont souvent associés aux mouvements d'extrême gauche, mais ne constituent à Rome que des lieux de sortie un peu originaux.

De juin à septembre, le ***Testaccio Village***, qui occupe une partie de la via di

Les centri sociali

Les *centri sociali* (centres sociaux) proposent à la jeunesse italienne des activités originales. Elles diffèrent généralement selon les lieux, mais comprennent en principe spectacles de musique ou de théâtre, cinéma ou débats en tous genres. L'entrée est en général peu onéreuse, de 3 000 à 10 000 L selon le lieu et la manifestation. La plupart organisent par ailleurs des cours de cinéma, de théâtre, de musique ou d'arts plastiques. D'une manière générale, les artistes et les spectateurs appartiennent au mouvement de contre-culture "underground". Il arrive fréquemment que des groupes fassent leurs preuves dans les centri sociali avant de se lancer sur les scènes officielles.

Il existe plus de 30 centri sociali à Rome et aux alentours. La plupart se situent à la périphérie dans des usines, des garages ou des zones industrielles désaffectés. Le Forte Prenestino *(tél. 06 21 80 78 55, via F. Delpino, Centocelle)*, à l'est de la ville, et le Villaggio Globale, à Testaccio (plan 7), sont les plus grands et les plus connus.

Le Forte Prenestino occupe un fort du début du XXe siècle depuis une douzaine d'années. Il accueille essentiellement des groupes punks et de rock. Citons aussi l'Auro e Marco *(tél. 06 508 85 65, viale dei Caduti nella Guerra di Liberazione 286, Spinaceto, EUR)*, le Corto Circuito *(via F. Serafini, Cinecittà)*, le Kaos *(via Passino 21, Garbatella)*, l'Onda Rossa 32 *(via dei Volsci 32, San Lorenzo)* et le Garage *(piazza Sonnino, Trastevere)*.

Le quotidien de gauche *Il Manifesto* et l'hebdomadaire *Roma C'è* répertorient les manifestations proposées par les centri sociali. Les magasins du Forte Prenestino et le centre Auro e Marco peuvent aussi vous renseigner.

Monte Testaccio, propose tous les soirs toutes sortes de divertissements en plein air, pistes de danse, bars et concerts (musiciens italiens et étrangers, rock, pop, jazz ou musique ethnique). Le ticket hebdomadaire de 12 000 L permet ensuite d'entrer gratuitement, moyennant parfois un supplément pour certains concerts. Consultez la presse pour davantage de détails.

COMMUNAUTÉ HOMOSEXUELLE

Vous ne trouverez probablement pas les lieux fréquentés par la communauté homosexuelle de Rome sans quelque recherche. Les cafés gays et lesbiens, aujourd'hui courants dans le reste de l'Europe, sont encore très rares à Rome, qui compte encore beaucoup de clubs sombres et peu engageants. Les lieux de rencontre sont indiqués au dos du magazine *Guide*. Il va de soi qu'il convient de les fréquenter avec prudence afin d'éviter toute aventure fâcheuse.

Les publications gays (reportez-vous à la rubrique *Communauté homosexuelle* du chapitre *Renseignements pratiques*) et les organismes spécialisés répertorient les bars et les clubs de la communauté. Renseignez-vous au préalable car les lieux évoluent rapidement ou ne réservent que quelques soirées aux gays.

Bars et clubs gays

L'entrée des clubs coûte généralement de 10 000 à 20 000 L. Elle est parfois gratuite mais l'on doit alors obligatoirement consommer. La plupart des bars et des clubs demandent la carte de membre Arci-Gay, qui vaut 20 000 L. On se la procure sur place ou auprès du centre Arci-Gay (reportez-vous à la rubrique *Communauté homosexuelle* dans *Renseignements pratiques*). Elle est valable un an dans toute l'Italie, à compter de la date d'émission.

De nombreux bars gays ouvrent à la périphérie de la ville, notamment dans la via

Casilina et dans ses environs, mais les plus connus se situent au centre.

Plus ancien bar gay de la ville, le ***Hangar*** *(plan 6, ☎ 06 488 13 97, via in Selci 69)*, à côté du largo Venosta, accueille une clientèle diversifiée, italienne et étrangère, avec toutefois une forte proportion de jeunes branchés. On y projette des vidéos gays. A deux pas, non loin de la piazza San Martino ai Monti, ***L'Apeiron*** *(plan 6, ☎ 06 482 88 20, via dei Quattro Cantoni 5)* vend sa propre carte de membre 5 000 L. Dans une atmosphère amicale et détendue, il dispose de plusieurs salons et bars, ainsi que d'une salle vidéo au sous-sol.

Véritable institution, le ***Max's Bar*** *(plan 6, ☎ 06 70 20 15 99, via Achille Grandi 3a)*, non loin de la porta Maggiore, offre ambiance détendue et excellente musique à une clientèle de tous âges. L'entrée coûte 15 000 L. L'***Edoardo 2*** *(plan 6, ☎ 06 69 94 24 19, Vicolo Margana 14)*, à côté de la piazza Venezia, accueille une population mélangée (toute vêtue de noire) dans un décor médiéval. Il s'agit uniquement d'un bar.

L'Alibi *(plan7, ☎ 06 574 34 48, via di Monte Testaccio 44)*, longtemps considéré comme le premier lieu gay de la ville, accueille à présent une clientèle de plus en plus variée et est en passe de perdre sa réputation. Il compte deux étages, dotés chacun d'un bar et d'une piste de danse, et une extraordinaire terrasse sur le toit en été. ***L'Alphaeus*** *(plan 7, ☎ 06 541 39 58, via del Commercio 271b)*, non loin de la via Ostiense, au sud de la station de métro Piramide, invite tous les vendredis soirs les DJ Muccassassina du centre Mario Mieli pour une nuit gay et lesbienne.

Clubs lesbiens

Il n'existe aucun club lesbien permanent à Rome. Les diverses organisations locales vous renseigneront sur les manifestations spéciales (reportez-vous à la rubrique *Communauté homosexuelle* dans *Renseignements pratiques*).

Le samedi, le ***Joli Cœur*** *(plan Les environs de Rome, ☎ 06 86 21 58 27, via Sirte 5)*, près de la via Nomentana, attire surtout des lesbiennes. Il ouvre à 22h.

L'Alphaeus *(plan 7, ☎ 06 541 39 58, via del Commercio 271b)*, non loin de la via Ostiense, au sud de la station de métro Piramide, organise tous les vendredis soirs une nuit gay et lesbienne. L'entrée coûte 18 000 L. Le ***Buon Pastore Centre*** *(plan 5, ☎ 06 686 42 01)*, à l'angle de la via San Francesco di Sales et de la via della Lungara dans le Trastevere, abrite un caffè et un restaurant réservés aux femmes, Le Sorellastre.

Saunas

Le centre-ville compte plusieurs saunas. Le ***Sauna Mediterraneo*** *(plan 8, ☎ 06 77 20 59 34, via Villari 3)*, à proximité de la via Merulana, à San Giovanni, ouvre tous les jours de 14h à 23h. Réputé pour son extrême propreté, il emploie du personnel parlant anglais, espagnol et arabe. L'entrée coûte 20 000 L, mais il vous faut la carte Arci-Gay (vendue sur place). L'***Europa Multiclub*** *(plan 6, ☎ 06 482 36 50, via Aureliana 40)* ouvre du lundi au jeudi de 15h à 24h, les vendredi et samedi, de 14h à 6h et le dimanche, de 14h à 24h. L'entrée coûte 25 000 L avec la carte Arci-Gay, 20 000 L pour les étudiants. Des fêtes ont lieu le vendredi soir. L'entrée, à 20 000 L, comprend les boissons. Ces deux saunas disposent d'infrastructures de bonne qualité. Les autres saunas gays ou mixtes qui organisent des soirées sont indiqués dans la presse gay.

L'Apollion *(☎ 06 482 53 89, via Mecenate 59a)* possède un hammam, un jacuzzi, un bar et des chambres et attire une clientèle plus âgée et quelques prostitués. L'entrée coûte 20 000 L. Il ouvre tous les jours de 14h à 23h, jusqu'à 2h les vendredi et samedi.

Plage gay

La plage gay de Rome, ***il Buco***, se situe à 9 km au sud du lido d'Ostia (la station balnéaire la plus proche de Rome), sur la route de Torvaianica. Bien que l'eau soit souvent polluée, cette plage attire une foule nombreuse.

Elle n'est pas fréquentée exclusivement par des gays (des nudistes ou des couples de la cinquantaine viennent aussi), mais les dunes forment un lieu de rencontre très prisé pendant la journée. Pour vous y rendre, prenez le train pour Lido di Ostia à la gare Porta San Paolo (à côté de la station de métro Piramide, sur la ligne B). Un bus longe ensuite les plages privées et payantes jusqu'à la *spiaggia libera* (plage gratuite). Renseignez-vous auprès des chauffeurs de bus.

PUBS ET BARS

Les pubs constituent la nouvelle attraction à Rome. On en dénombre plus de 400, la plupart décorés dans le style des pubs anglais ou irlandais, quelques-uns de style américain ou australien. Ils possèdent souvent une grande variété de bières, y compris de la Guinness à la pression. Ils sont très appréciés des Italiens, des jeunes en particulier.

Au centre, essayez **The Drunken Ship** *(plan Les environs de la piazza Navona, Campo dei Fiori 20)* ou le **Trinity College** *(plan 6, via del Collegio Romano 6)*, près de la via del Corso. Tous deux pratiquent des tarifs réduits à certaines heures et attirent une clientèle nombreuse le vendredi et le week-end. Près du largo di Torre Argentina, citons aussi le **John Bull Pub** *(plan Les environs de la piazza Navona, corso Vittorio Emanuele II 107a)* et le **Mad Jack's** *(plan Les environs de la piazza Navona, via Arenula 20)*.

Le **Ned Kelly's** *(plan Les environs de la piazza Navona, via delle Coppelle 13)*, à l'angle du Panthéon, et le **Four XXXX** *(plan 7, via Galvani 29)*, à Testaccio, sont de style australien. Le **Velabro Club** *(vicolo del Velabro 2)*, près du Circo Massimo, sert des bières belges et offre des tarifs réduits de 17h à 19h.

Dans le Trastevere, le **Molly Malone** *(plan 7, via dell'Arco di San Callisto 17)* ravira les amateurs de pubs irlandais.

L'un des premiers pubs irlandais de Rome, le **Fiddler's Elbow** *(plan 6, ☎ 06 487 21 10, via dell'Olmata 43)*, près de Santa Maria Maggiore, est toujours très animé. Les environs de la stazione Termini (plan 6) abritent notamment le **Druid's Den** *(via San Martino ai Monti 28)*, le **Julius Caesar Pub** *(via Castelfidardo 49)*, qui dispose de plus de 40 sortes de bière, et le **Marconi** *(plan 6, via Santa Prassede 9)* qui sert des plats typiquement anglais comme des "fish and chips" ou des haricots blancs.

Au **Shamrock** *(plan 8, via Capo d'Africa 26d)*, près du Colosseo, vous pourrez même jouer aux fléchettes.

Pour une atmosphère romaine plus traditionnelle, essayez le **Bar del Fico** *(piazza del Fico 26)*. Ouvert tous les jours jusque très tard dans la nuit, il attire comédiens et artistes. Quant au **Bar della Pace** *(plan Les environs de la piazza Navona)*, via della Pace, non loin de la via del Governo Vecchio, il accueille une clientèle très branchée.

Dans le Trastevere, la **Bar San Callisto** *(plan 7)*, sur la place du même nom, dispose d'une terrasse où les consommations ne coûtent pas plus cher qu'à l'intérieur, peu reluisant il est vrai. Beaucoup plus confortable, le **San Michele aveva un Gallo** *(plan 7, via San Francesco a Ripa)*, de l'autre côté du viale Trastevere, près de l'angle de la piazza San Francesco d'Assisi, sert aussi des repas légers.

De l'autre côté du Trastevere, piazza Trilussa, **L'Anomalia** *(plan Les environs de la piazza Navona, piazza Trilussa 43)*, bar minuscule, propose un grand choix de bières importées, des vins et des alcools. Non loin de là, le **Stardust Live Jazz Bar** *(plan Les environs de la piazza Navona, vicolo dei Renzi 4)*, accueille régulièrement des groupes de jazz et prépare un brunch à l'américaine le dimanche.

Si vous lisez l'italien, procurez-vous le *Locali a Roma* édité par *Roma C'è* (vendu 9 500 L en librairie), qui répertorie plus de 400 bars et pubs.

BARS A VIN

Les bars à vin, appelés *enoteche* ou *vini e oli*, constituent l'une des caractéristiques de Rome, notamment dans la vieille ville. Ils vendent du vin, des alcools et de l'huile d'olive et attirent souvent une clientèle âgée

Il calcio

Le football passionne les Italiens davantage que la politique, la religion, la gastronomie et la mode réunies. Il fait véritablement partie de la vie italienne. Dans les dîners en ville, les extraterrestres que le ballon rond laissent indifférents doivent souvent prendre leur mal en patience au moment où la conversation débouche, invariablement, sur les dernières péripéties du calcio. Si vous avez l'occasion d'assister à un match, nul doute que vous participerez à une fête hors du commun. Si le football donne parfois lieu à des débordements, ceux-ci n'ont pas encore atteint l'ampleur des événements dramatiques provoqués par les hooligans anglais par exemple.

La série A (équivalent de la première division) comprend 18 équipes, la série B, 20. La série C en compte 90 et se divise en plusieurs groupes plus faciles à gérer.

Quelques *squadre* (équipes) dominent la série A. Citons notamment la Juventus (installée à Turin), vainqueur du 25e titre de la Ligue des champions en 1998, l'Inter de Milan, l'AC Milan et l'équipe de Parme.

Les équipes de Rome, l'AS Roma et le Lazio, jouent en série A et se partagent le stadio Olimpico du Foro italico, au nord de la ville, où se déroulent tous les matchs.

Les supporters du Lazio viennent généralement des petites villes des environs de Rome. Cette équipe n'est toutefois guère appréciée des classes moyennes aisées. Le Lazio fut le premier club coté en Bourse en Italie. Son président, Sergio Cragnotti, dirige un conglomérat agro-alimentaire international et possède notamment l'entreprise Del Monte (fruits en conserve, jus de fruits, etc.) et la principale entreprise laitière de Rome. Son club, réputé immensément riche, a dépensé des sommes colossales pour s'attacher les services de joueurs internationaux prestigieux comme l'Espagnol De la Pena ou le Chilien Salas. A la fin de la saison 1998-99, il a cédé à l'Inter de Milan la star incontestable du ballon rond en Italie, Christian Vieri, pour la coquette somme de 290 millions de francs. Record historique. Même Ronaldo n'avait pas coûté aussi cher au club milanais !

---

qui aime à bavarder autour d'un verre de vin. Au cours des dernières années, des bars à vin plus sophistiqués ont ouvert, proposant du vin au verre (*alla mescita* ou *al bicchiere*), ou à la bouteille, et des collations ou des repas légers. Certains invitent des groupes de musique, d'autres organisent des cours sur les vins italiens.

Dans le quartier du Campo dei Fiori, le ***Vineria*** *(plan Les environs de la piazza Navona, ☎ 06 68 80 32 68)*, appelé aussi le ***Da Giorgio***, offre un bon choix de vins et de bières. Autrefois point de rendez-vous des gens de lettres, il demeure un lieu agréable et sert aussi quelques repas légers (les consommations sont moins chères au bar).

A l'extrémité du Campo dei Fiori, via dei Balestrari, se tient ***L'Angolo Divino*** *(plan Les environs de la piazza Navona, ☎ 06 686 44 13)*, bar chaleureux avec des poutres en bois et un sol en tommettes. Simple *vini e oli* (détaillant de vin et d'huile) pendant plusieurs années, il propose aujourd'hui un bon choix de plats, comprenant au moins un repas chaud, ainsi qu'un bel assortiment de fromages à déguster avec l'un des nombreux vins. Le propriétaire se montrera ravi de vous faire partager son savoir et organise des soirées de dégustation tout au long de l'année.

Le ***Bevitoria Navona*** *(plan Les environs de la piazza Navona, ☎ 06 68 80 10 22,*

Il calcio

L'année 1999 a été riche en péripéties pour l'équipe du Lazio, elle qui n'avait guère réalisé de prouesses ces dernières années. Pour la première fois depuis 1974, le club a remporté un titre européen en se jouant des Espagnols de Majorque. Quelques jours après cette victoire dignement fêtée à Rome, le Lazio perdait le championnat, battu d'un point par l'AC Milan, à l'issue du dernier match ! Les supporters, la mort dans l'âme, ont clamé leur douleur sur la piazza del Popolo, sous le regard de nombreuses forces de police aux aguets.

Les supporters de l'AS Roma, les *romanisti*, sont traditionnellement issus de la classe ouvrière de gauche, de la communauté juive et des quartiers du Trastevere et du Testaccio. L'équipe, intéressante à regarder, joue davantage en attaque qu'en défense. Elle compte parmi ses joueurs les Brésiliens Cafu et Aldair, ainsi que Francesco Totti, jeune Italien prometteur. Meilleure équipe locale dans les années 80 et au début des années 90, l'AS Roma fait toujours figure de leader bien que le Lazio semble à l'heure actuelle mieux réussir dans les championnats nationaux.

La rivalité permanente qui oppose les deux clubs se traduit parfois dans la vie courante. Ainsi, lorsque le président du Lazio (et propriétaire de l'entreprise laitière) déboursa une somme astronomique pour acheter l'attaquant italien Cristian Vieri en août 1998, et qu'il annonça une augmentation du prix du lait la même semaine, les romanisti boycottèrent leur cappuccino du matin en signe de protestation !

A Rome, on raconte aussi que, dès l'école maternelle, les bambini sont sommés de se déterminer : Lazio ou Roma.

Quel que soit le niveau des équipes, les *tifosi* (supporters) se déchaînent véritablement lors des matchs opposant des équipes locales, l'AC Milan contre l'Inter ou l'AS Roma contre le Lazio, par exemple. Au stadio Olimpico, les supporters de l'AS Roma occupent la *curva* (aile) sud, face aux supporters du Lazio sur la curva nord. Le prix des places démarre à 30 000 L et peut se monter à 120 000 L. Pour les acheter, adressez-vous à la billetterie du stadio Olimpico (☎ 06 323 73 33) ou dans l'une des agences spécialisées, comme Orbis (☎ 06 482 74 03), piazza Esquilino 37.

---

piazza Navona 72) pratique des prix raisonnables (comptez environ 2 500 L pour un verre de vin moyen et dans les 10 000 L pour un vin de qualité supérieure, prix plus élevés en terrasse) et sert du vin chaud l'hiver. Demandez au propriétaire de vous faire visiter la cave qui renferme quelques vestiges du stade de Domitien, sur lequel a été aménagée la piazza Navona.

Très apprécié, le **Cul de Sac** *(plan Les environs de la piazza Navona, ☎ 06 68 80 10 94, piazza Pasquino 73)*, juste à côté de la piazza Navona, au début de la via del Governo Vecchio, dispose d'une terrasse et prépare une excellente cuisine. Plus loin sur la via del Governo Vecchio, au n°75, l'**Enoteca Piccolo** *(plan Les environs de la piazza Navona, ☎ 06 68 80 17 46)* bénéficie d'un grand choix de vins italiens et sert des collations.

De l'autre côté du corso Vittorio Emanuele II, via dei Banchi Vecchi 14, **Il Goccetto** *(carte 5, ☎ 06 686 42 68)* offre une extraordinaire variété de vins du monde entier (prix en conséquence). Il propose en principe une vingtaine de vins au verre, ainsi que des assiettes de fromage ou de saucisson pour les accompagner. Tenu par des propriétaires sympathiques et prévenants, il est fréquenté surtout par les habitants du quartier qui viennent boire un verre à la sortie du travail.

Plus grand bar à vin de la ville, le ***Trimani*** *(plan 6, ☎ 06 446 96 61, via Cernaia 37)*, près de la stazione Termini, sert d'excellentes soupes, des pâtes et des *torte rustiche* (sortes de quiches). Il possède un bon choix de vins italiens et organise régulièrement des cours de dégustation. Toujours très animé, le ***Cavour 313*** *(plan 6, ☎ 06 678 54 96, via Cavour 313)* compte plus de 500 bouteilles, la plupart proposée au verre. Des collations chaudes ou froides sont aussi prévues.

Véritable institution dans le quartier de la piazza di Spagna, l'***Antica Enoteca*** *(plan 5, ☎ 06 679 08 96, via della Croce 76b)* attire bon nombre des commerçants riverains. Il dispose d'une terrasse et d'une jolie salle recouverte de bois. Prévoyez de 4 000 à 10 000 L pour un verre de vin, choisi parmi une bonne variété. Un buffet froid est dressé sur le comptoir imposant, mais un restaurant vous attend à l'arrière en cas de grosse faim.

En direction du Vatican, à l'angle de la piazza Cavour et de la via Tacito se tient ***Il Simposio di Piero Costantini*** *(plan 5, ☎ 06 321 15 02)*, fort apprécié des Romains branchés, tant pour ses plats que pour ses vins. Même si vos moyens ne vous permettent pas de consommer (les prix sont assez élevés), jetez un œil dans la salle, toute décorée de grappes de raisin. Essayez aussi le minuscule ***Tastevin*** *(plan 3, ☎ 06 320 80 56, via Ciro Menotti 16)*, un peu moins central. Il compte environ 120 vins et établit une sélection hebdomadaire d'une douzaine de bouteilles proposée au verre (de 3 000 à 7 000 L). Vous pourrez grignoter en même temps du fromage ou du saucisson ou commander un plat chaud ou une salade. Terminez avec une part de *torta caprese*, délicieux gâteau aux amandes et au chocolat. Fermé le samedi midi, le dimanche toute la journée et le lundi soir.

Dans le Trastevere, le ***Ferrara*** *(plan Les environs de la piazza Navona, ☎ 06 580 37 69, via del Moro 1a)* dispose d'un vaste choix de vins italiens et prépare une cuisine savoureuse (goûtez notamment les soupes copieuses en hiver et les excellents desserts). La carte des vins se présente sous forme de deux gros cahiers, un pour les rouges, l'autre pour les blancs. Il est préférable de réserver. Dans le même quartier, ***Il Cantiniere di Santa Dorotea*** *(plan 5, ☎ 06 581 90 25, via di Santa Dorotea 9)*, au joli plafond voûté en pierres apparentes, offre une carte de vins ou de bières bien fournie et un menu d'un bon rapport qualité-prix. Malgré la circulation intense, sa terrasse est agréable en été.

MANIFESTATIONS SPORTIVES
Basket
C'est le deuxième sport le plus populaire à Rome. L'arrivée de joueurs des États-Unis et de l'ancienne Yougoslavie a en outre donné un nouvel élan à l'équipe. Les matchs, qui se déroulent en hiver, ont lieu au palazzetto dello Sport à l'EUR.

Tennis
Les championnats internationaux de tennis italiens se déroulent en mai au Foro italico et attirent les meilleurs joueurs du monde. Les tickets sont en vente sur place le jour des matchs, sauf ceux des finales, réservés plusieurs semaines à l'avance. Pour tout renseignement, appelez le ☎ 06 321 90 64.

Athlétisme
Les rencontres d'athlétisme Golden Gala, organisées par la Federazione italiana di Atletica leggera, ont lieu en juin au stadio Olimpico. Pour tout renseignement, téléphonez au ☎ 06 365 81.

Équitation
Une compétition de saut d'obstacles se déroule tous les ans, au mois de mai, sur la piazza di Siena de la villa Borghese. Adressez-vous à l'office du tourisme pour davantage de précisions.

Marathon de Rome
Le marathon de Rome, qui démarre et s'achève au Colosseo, en passant par plusieurs monuments de la ville, a lieu fin mars. Si ses 42 km ne vous effraient pas, inscrivez-vous longtemps à l'avance auprès de l'Italia Marathon Club, ☎ 06 406 50 64 ou 06 445 66 26.

Cyclisme

C'est surtout dans les petites villes des alentours de Rome que l'on apprécie particulièrement le cyclisme. Le Giro d'Italia est l'événement cycliste de l'été, juste derrière le Tour de France, ce qui n'est d'ailleurs guère étonnant, l'Italie comptant bon nombre de coureurs brillants.

La course existe depuis 1909 et ne s'est interrompue que pendant les deux guerres mondiales. Attirant à l'origine essentiellement des coureurs italiens, elle fut remportée en 1909 par Luigi Ganna, puis par d'autres Italiens dans les années suivantes. Ce n'est qu'en 1950 qu'un étranger, le Suisse Hugo Koblet, décrocha la victoire. A ce jour, les Italiens ont gagné le Giro 55 fois, les étrangers, 24 fois. Si vous souhaitez assister au passage des coureurs, il vous suffit de vous poster au bord de la route.

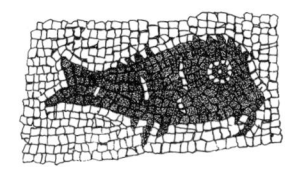

Achats

Ne cédez pas à la culpabilité si les vitrines vous séduisent autant que les monuments. Prévoyez simplement un peu de temps dans votre itinéraire pour faire quelques achats. Tous les grands créateurs ont une boutique à Rome et, même si votre budget ne vous permet pas de vous offrir un costume Armani, un sac Prada ou une paire de mocassins Gucci, vous pourrez toujours vous accorder le plaisir d'essayer toutes ces merveilles.

Si vous limitez vos investigations aux principaux quartiers commerçants, vous devrez vous satisfaire d'une pléiade de magasins proposant des vêtements et des accessoires assez quelconques à des prix excessifs, à part bien sûr chez les créateurs. En explorant les ruelles et les quartiers plus isolés, vous découvrirez en revanche un aspect de la ville que bien des Romains ignorent. Dans ce chapitre, nous avons donc tenté de couvrir à la fois les grandes artères commerçantes et les petites boutiques plus originales.

Le centre historique de Rome et ses environs comptent de nombreux commerces, dont la plupart sont rassemblés dans des rues bien précises. Le quartier situé entre la piazza di Spagna et la via del Corso (plan *Les environs de la piazza Navona* et plans 5 et 6), comprenant la via Condotti, la via Frattina, la via delle Vite et la via Borgognona accueille la plupart des grandes maisons de vêtements, de chaussures, de maroquinerie et d'autres accessoires ainsi qu'une multitude de magasins plus abordables. Dans la via Nazionale, la via del Corso et la via dei Giubbonari sont installées des boutiques de vêtements très abordables, mais parfois de moindre qualité. Pour les vêtements d'occasion, explorez la via del Governo Vecchio, une ruelle pavée qui part d'une petite place à côté de la piazza Navona et serpente jusqu'au fleuve. Si vous cherchez des antiquités ou un petit cadeau original, essayez la via dei Coronari ou la via del Babuino.

De l'autre côté du fleuve, près du Vatican (plan 5), s'étend un vaste quartier commerçant. La rue la plus intéressante, la via Cola di Rienzo, offre un bon choix de boutiques de vêtements et de chaussures ainsi que d'excellents commerces d'alimentation. Les étroites venelles et ruelles médiévales du Trastevere (plan 7), en face du centre historique, recèlent un grand nombre de petites échoppes intéressantes et de boutiques d'objets en tout genre.

Rome a été plus longue que certaines villes du Nord de l'Italie à céder à la mode des grands magasins, des galeries commerçantes et des supermarchés. En fait, il n'existe qu'un seul grand magasin dans le centre historique, La Rinascente, à l'angle de la via del Tritone et de la via del Corso, mais il n'a rien à voir avec Le Printemps ou les Galeries Lafayette.

Compte tenu de leur éloignement du centre, seules deux galeries marchandes sont indiquées dans ce chapitre.

Si votre visite coïncide avec la période des soldes, vous pourrez réaliser quelques bonnes affaires, sachant qu'il est néanmoins parfois difficile de trouver sa taille. Les soldes d'hiver ont lieu de début janvier à mi-février, ceux d'été de juillet à début septembre. En général, les magasins ouvrent de 9h30 à 13h et de 15h30 à 19h30 (l'hiver) ou de 16h à 20h (l'été), toutefois certaines boutiques n'ouvrent pas avant 10h et ferment un peu plus tôt. Bien que les horaires continus de 9h30 à 19h30 aient tendance à se généraliser, ils ne sont très souvent appliqués que dans les boutiques assez importantes et les grands magasins.

La plupart des commerces acceptent les cartes de crédit, et il est souvent possible de payer en chèques de voyage ou en devises. Pour plus de détails concernant l'exonération de TVA, IVA en Italie, reportez-vous au chapitre *Renseignements pratiques*. La loi italienne exige que l'on vous remette un reçu (*ricevuta*) pour tout achat.

ANTIQUITÉS

Les meilleurs antiquaires sont regroupés dans les environs de la via Giulia, de la via dei Coronari et de la via del Babuino. Le quartier offre une promenade agréable, ne serait-ce que pour le lèche-vitrines, notamment dans la via dei Coronari. La plupart des boutiques sont spécialisées dans certaines époques. Les adresses indiquées ici, situées dans le centre-ville, ont été sélectionnées à la fois pour leur originalité et leurs prix relativement abordables.

Lilia Leoni (plan 5, ☎ 06 678 32 10), via Belsiana 86, vend des objets et du mobilier insolites. On peut y acheter des verres de Murano, des meubles de jardin Art nouveau (appelé Liberty en Italie), ainsi que des pièces datant du début du siècle aux années 50. Alinari (plan 6, ☎ 06 679 29 23), via Alibert 16/a, propose des ouvrages de photographie ainsi que des tirages (essentiellement des vues de Rome) provenant des archives des frères Alinari. La boutique dispose de plus de un million de négatifs sur plaques de verre réalisés par les célèbres photographes italiens à la fin du XIXe siècle.

Parmi son bric-à-brac original, Animalier e Oltre (plan 5, ☎ 06 320 82 82), via Margutta 47, compte une immense collection d'antiquités inspirées par les animaux. On peut ainsi apprécier de ravissants chiens en porcelaine, des salières et des poivrières ou encore des lampes de chevet aux formes animalières.

La charmante boutique Antichità Tanca (plan *Les environs de la piazza Navona*, ☎ 06 687 52 72), salita dei Crescenzi 12, près du Panthéon, expose un large éventail de gravures anciennes, de superbes objets en bronze, en argent, en porcelaine et en cristal ainsi que des bijoux et des peintures datant du XVIIIe au début du XXe siècle. Nardecchia (plan *Les environs de la piazza Navona*, ☎ 06 686 93 18), piazza Navona 25, fait partie des figures emblématiques de Rome. Le magasin n'est toutefois peut-être pas aussi célèbre que la fontana dei Fiumi du Bernin qui se dresse juste en face. Il vend des gravures anciennes, notamment les vues de Rome réalisées au XVIIIe siècle par Giovanni Battista Piranesi, dont le prix s'élève au moins à 3 000 000 L. On peut cependant se contenter de vues de la ville du XIXe siècle, moins onéreuses.

Non loin du Campo dei Fiori, Comics Bazar (plan 5, ☎ 06 688 02 923), via dei Banchi Vecchi 127-128, est un véritable entrepôt rempli d'objets, de lampes et de meubles datant de la fin du XVIIIe siècle aux années 40. On peut notamment admirer un vaste choix de mobilier viennois de Thonet. Lumieres (plan : *Les environs de la piazza Navona*, ☎ 06 580 36 14), vicolo del Cinque 48, ruelle traversant le cœur du Trastevere, possède une grande collection de lampes Art nouveau, Art déco et années 50.

LIBRAIRIES
De langue anglaise

Tenue par Claire Hammond, une Australienne très serviable, The Corner Bookshop (plan *Les environs de la piazza Navona*, ☎ 06 583 69 42), via del Moro 48, Trastevere, possède un excellent choix de livres et de guides de voyage en langue anglaise (y compris la collection Lonely Planet). L'Anglo-American Bookshop (plan 6, ☎ 06 678 96 57), via della Vite 27, à côté de la piazza di Spagna, propose un large éventail d'ouvrages de littérature, de guides de voyage (dont ceux de Lonely Planet) et d'ouvrages de référence. Cette librairie représente également Thomas Cook en Italie.

The Lion Bookshop (plan 5, ☎ 06 326 54 007) a déménagé via dei Greci 33/36. On peut y acheter de nombreux livres et magazines. Feltrinelli International (plan 6), via Vittorio Emanuele Orlando 84, à côté de la piazza della Repubblica, propose un vaste choix de livres pour adultes et pour enfants en anglais, espagnol, français, allemand et portugais, ainsi que de nombreux guides sur Rome, l'Italie et le reste du monde (notamment les guides Lonely Planet). Voyez également Feltrinelli sur le largo Argentina (plan *Les environs de la piazza Navona*). L'Economy Book & Video Center (plan 6), via Torino 136, possède un bon stock de livres ainsi que des livres de poche d'occasion.

De langue italienne

Bibli (plan 7, ☎ 06 588 40 97), via dei Fienaroli 28, près de la piazza Santa Maria in Trastevere, est à la fois librairie et cybercafé où sont occasionnellement organisés des concerts. Ouverte tous les jours jusqu'à minuit, c'est un excellent lieu de rencontre pour bavarder. Pour plus de renseignements, reportez-vous à la rubrique *Cafés Internet* dans le chapitre *Renseignements pratiques*.

Près de la piazza della Repubblica, via Nazionale 254/255, sur les trois niveaux de Mel Bookstore (plan 6, ☎ 06 488 54 05) sont installés une librairie, un magasin de disques et un café. La librairie dispose d'un vaste choix d'ouvrages de littérature, de fiction, de références, de dictionnaires, de livres scolaires, de guides de voyage. Certains titres sont soldés à moitié prix. Quelques rayons proposent des livres en anglais et en français. Il est ouvert le dimanche.

Feltrinelli (plan *Les environs de la piazza Navona*, ☎ 06 688 032 48), largo di Torre Argentina 5/a, est une librairie très organisée proposant une large gamme de livres sur l'art, la photographie, le cinéma et l'histoire ainsi qu'un grand choix d'ouvrages de littérature italienne et de guides de voyage. Elle est ouverte le dimanche. Les autres librairies Feltrinelli sont installées via del Babuino 39 et via V.E. Orlando 84, à côté de Feltrinelli International.

Un peu différente, la petite librairie Franco Maria Ricci (plan 6, ☎ 06 679 34 66), via Borgognona 4/d, est implantée au milieu des boutiques de mode. Elle diffuse les très beaux livres sur l'art et la culture, aux superbes illustrations, édités par Franco Maria Ricci.

Les voyageurs apprécieront plus particulièrement la Libreria del viaggiatore (plan *Les environs de la piazza Navona*, ☎ 06 688 01 048), via del Pellegrino 78. Cette petite librairie intime, entièrement consacrée au voyage, déborde de guides (dont les Lonely Planet) et de littérature spécialisée. Elle possède également un grand choix de cartes et de plans du monde entier, ainsi que des cartes de randonnées. Certains ouvrages sont disponibles en anglais et en français.

Autres langues

Herder Buchhandlung (plan *Les environs de la piazza Navona*, ☎. 06 679 53 04), piazza Montecitorio 120, devant l'immeuble du Parlement italien, propose des livres en allemand. Les francophones pourront se procurer de nombreux ouvrages de littérature, de fiction et de documentaires ainsi que des livres pour enfants à La Procure (plan *Les environs de la piazza Navona*, ☎ 06 683 07 598), piazza San Luigi dei Francesi 23. N'hésitez pas à jeter un œil aux peintures du Caravage dans l'église à côté. La Libreria Sorgente (plan *Les environs de la piazza Navona*, ☎ 06 688 06 950), piazza Navona 90, dispose d'un vaste choix de livres et de quelques cassettes vidéo en espagnol. Elle vend aussi des ouvrages en portugais (du Portugal et du Brésil). Comme nous l'avons indiqué à la rubrique des livres de langue anglaise, Feltrinelli International possède également des ouvrages en diverses langues.

VÊTEMENTS
Créateurs

Qui parle de "récession" ? Les vrais amateurs n'hésiteront pas à faire la queue pour acheter un sac Prada. La plupart des boutiques de créateurs sont regroupées dans les environ de la piazza di Spagna, où se trouvent réunis les plus grands noms. Les prix sont exorbitants, mais il existe des marques plus abordables, notamment MaxMara, via Frattina 28 (plan 6, ☎ 06 679 36 38), via Condotti 17 et via Nazionale 28 ; Max & Co (plan 5, ☎ 06 678 79 46), via Condotti 46 ; Benetton (plan 6, ☎ 06 699 24 010), via Cesare Battisti 129 ; la marque possède plusieurs autres magasins disséminés dans le centre.

Cenci (plan *Les environs de la piazza Navona*, ☎ 06 699 06 81), via Campo Marzio 1/7, offre un vaste choix de grandes marques italiennes et internationales pour hommes, femmes et enfants. C'est une bonne adresse pour les amateurs de mode classique. Etro (plan 6, ☎ 06 678 82 57), via del Babuino 102, propose des vêtements et des accessoires originaux de style ethnique, taillés dans des matériaux très raffinés.

Brioni (plan 6, ☎ 06 485 855), via Barberini 79/81, le plus élégant tailleur de Rome, est le créateur des costumes des films de James Bond. La boutique vend aussi du prêt-à-porter classique.

Voici la liste des principales boutiques de créateurs (plan 6, sauf indication contraire) :

Dolce e Gabbana (☎ 06 679 22 94),
   piazza di Spagna 82/83
Emporio Armani (☎ 06 360 02 197),
   via del Babuino 140
Fendi (☎ 06 679 76 41),
   via Borgognona 36/40
Ferre (☎ 06 679 74 45), via Borgognona 6
Genny (☎ 06 679 60 74), piazza di Spagna 27
Gianni Versace (hommes) (☎ 06 679 50 37),
   via Borgognona 24/25
Gianni Versace (femmes) (☎ 06 678 05 21),
   via Bocca di Leone 26
Giorgio Armani Boutique (plan 6,
   ☎ 06 699 14 60), via Condotti 77
Gucci (☎ 06 678 93 40), via Condotti 8
Krizia (☎ 679 37 72), piazza di Spagna 87
Laura Biagiotti (plan 5, ☎ 06 679 12 05),
   via Borgognona 43/44
Missoni (☎ 06 679 25 55), piazza di Spagna 78
Moschino (☎ 06 692 00 415),
   via Belsiana 53/57
Prada (☎ 06 679 08 97), via Condotti 92/95
Roccobarocco (☎ 06 679 79 14),
   via Bocca di Leone 65/a
Salvatore Ferragamo (femmes)
   (☎ 06 679 15 65), via Condotti 73/74
Salvatore Ferragamo (hommes)
   (☎ 06 678 11 30), via Condotti 66
Trussardi (plan 5, ☎ 06 678 02 80),
   via Condotti 49/50
Valentino (☎ 06 678 36 56), via Condotti 13

Lingerie

Vous pourrez acheter de solides sous-vêtements en coton dans un Standa, mais si vous voulez vraiment vous faire plaisir, visitez l'une des boutiques suivantes. Fogal (plan 6, ☎ 06 678 45 66), via Condotti 55, offre un bon choix de lingerie fantaisie ainsi que des collants et des chaussettes d'excellente qualité à prix très élevés.

Brighenti (plan 6, ☎ 06 679 14 84), via Frattina 7/10, est particulièrement appréciée des actrices italiennes pour sa lingerie de luxe. L'élégante boutique Schostal (plan 5, ☎ 06 679 12 40), via del Corso 158, vend des sous-vêtements et de la lingerie de grande qualité depuis 1870. On peut aussi acheter des vêtements en maille et des chemisiers. Tebro (plan *Les environs de la piazza Navona*, ☎ 06 687 34 41), via dei Prefetti 46/54, possède une large gamme de sous-vêtements et de vêtements de nuit pour hommes, femmes et enfants. La boutique vend également du linge de maison.

Vêtements d'occasion

Si la via del Governo Vecchio regroupe la plupart des magasins de vêtements d'occasion, vous ferez de meilleures affaires sur les marchés, notamment à porta Portese et dans la via Sannio (voir plus loin la rubrique *Marchés*).

Distanés (plan *Les environs de la piazza Navona*, ☎ 06 683 33 63), via della Chiesa Nuova 17, est spécialisé dans les invendus, les vêtements d'occasion et les accessoires des années 60 et 70. Au printemps et à l'automne, la boutique prolonge ses horaires d'ouverture de 22h30 à 24h.

A deux pas, via del Governo Vecchio 45, Vestiti usati Cinzia propose une mode branchée. Omero e Cecilia (plan *Les environs de la piazza Navona*, ☎ 06 683 35 06), via del Governo Vecchio 68, est spécialisé dans les vêtements militaires d'occasion.

Dans le quartier du ghetto, Reginella (plan *Les environs de la piazza Navona*, ☎ 687 28 37), via della Reginella 8/a, vend de nombreux vêtements des années 70 ainsi que sa propre marque. Le Gallinelle (plan 6, ☎ 06 488 10 17), via del Boschetto 76, est une ancienne boucherie où les crochets à viande servent désormais à présenter des vêtements d'occasion de bonne qualité ainsi que d'intéressantes créations réalisées dans des tissus anciens.

Enfants

PréNatal (plan 6, ☎ 06 488 14 03), via Nazionale 45, fait partie des nombreuses chaînes de magasins pour enfants installées en Italie.

Abordable et de bonne qualité, la marque possède aujourd'hui sa propre gamme de vêtements pour les moins de 11 ans et les futures mamans. On peut également acheter toutes sortes d'équipements, notamment des poussettes, des berceaux, etc. Pour connaître les adresses des autres boutiques à Rome, consultez l'annuaire.

Vous trouverez un bon choix de vêtements de sport ainsi qu'un coiffeur pour enfants au deuxième étage de United Colors of Benetton (plan 6, ☎ 06 699 24 010), via Cesare Battisti 129. Vous pourrez profiter d'une belle vue sur la piazza Venezia. Parmi les autres boutiques Benetton à Rome, citons Zerododici of Benetton (plan 5, ☎ 06 688 09 381), via Tomacelli 137, qui habille uniquement les enfants de moins de 12 ans.Dans la gamme supérieure de prix, La Cicogna (plan 6, ☎ 06 678 55 07), via Frattina 138, propose une sélection de vêtements de grands créateurs. Le magasin possède également sa propre marque. Si vous cherchez quelque chose d'un peu spécial, essayez Sotto una Foglia di Cavolo (plan 5, ☎ 06 360 02 960), via del Vantaggio 25. Cette petite boutique renferme un très vaste choix de vêtements classiques et originaux fabriqués en Italie, en France et aux Pays-Bas pour les nouveau-nés et les enfants jusqu'à 8 ans. Leri (plan 6, ☎ 06 678 45 16), via del Corso 344, propose également une mode élégante, classique et sportive pour les bébés très chic et les enfants bien nantis.

Accessoires

Pour les accessoires de créateurs, reportez-vous à la rubrique *Créateurs*.

Federico Fellini était client chez Ottica Spiezia (plan 5, ☎ 06 361 05 93), via del Babuino 199. Cette minuscule boutique, à côté de la piazza del Popolo, propose une quantité de montures et de lunettes de soleil très stylées et de grande qualité.

Sermoneta Gloves (plan 6, ☎ 06 679 19 60), piazza di Spagna 61, est célèbre pour son choix de gants en cuir de qualité, disponibles dans toutes les formes et les couleurs imaginables. Il existe deux autres boutiques Sermoneta sur la piazza di Spagna, l'une vend des cravates et des foulards, l'autre de la maroquinerie. Beny (plan 6, ☎ 06 679 58 69), via Nazionale 164, possède des cravates et des foulards de créateurs, dont un choix de reproductions des motifs créés dans les années 50 par l'éclectique Piero Fornasetti. Vous pourrez acheter des cravates et des foulards moins chers à la boutique Beny du n°162.

Alberta Gloves (plan *Les environs de la piazza Navona*, ☎ 06 678 57 53), Corso Vittorio Emanuele II 18/a, présente une étonnante collection de gants faits main, allant de l'accessoire pour tenue de soirée aux jolis gants pour la conduite automobile. A côté, la Galleria di Orditi e Trame (plan *Les environs de la piazza Navona*, ☎ 06 689 33 72), via del Teatro Valle 54, possède un choix multicolore de chapeaux, foulards, gants, sacs et vêtements en coton, très chic mais onéreux (les cartes de crédit ne sont pas acceptées). Troncarelli (plan *Les environs de la piazza Navona*, ☎ 06 687 93 20), via della Cuccagna 15, juste à côté de la piazza Navona, propose des chapeaux de marque pour hommes et femmes, notamment des melons, des hauts-de-forme, des panamas, des borsalinos et des chapeaux de paille de Florence.

CHAUSSURES ET MAROQUINERIE

Pour les chausseurs et maroquiniers haute couture, reportez-vous à la rubrique *Créateurs*.

Mandarina Duck (plan 6, ☎ 06 699 40 320), via di Propaganda 1, à côté de la piazza di Spagna, réalise des sacs à main, des portefeuilles et des bagages à la mode, en cuir et dans d'autres matières, notamment en caoutchouc et en matière synthétique. Furla (plan 6, ☎ 06 692 00 363), piazza di Spagna 22, juste à côté de l'escalier de la Trinité-des-Monts, jouit également d'une bonne renommée pour ses sacs et accessoires en cuir d'excellente qualité. Vous pourrez acheter portefeuilles, ceintures, lunettes de soleil, montres et bijoux fantaisie.

Sergio Rossi (plan 6, ☎ 06 678 32 45) possède un showroom sur la piazza di Spagna 97/100, où l'on peut admirer les prestigieuses créations de ce grand nom italien. Fratelli Rossetti (plan 6, ☎ 06 678 26 76), via Borgognona 5/a, vend aussi des chaussures, des sacs et des vestes en cuir de style classique et de grande qualité. Fausto Santini (plan 6, ☎ 06 678 41 14), via Frattina 120, propose des chaussures et des sacs plus originaux. Dans l'autre boutique installée via Cavour 106, près de la basilica Santa Maria Maggiore, vous pouvez acheter des invendus des collections précédentes à moitié prix. Il y a de bonnes affaires à faire mais il est parfois difficile de trouver sa taille.

De Bach (plan 6, ☎ 06 678 33 84), via del Babuino 123, vend des chaussures de femmes très élégantes.

L'un des chausseurs italiens les plus connus, Bruno Magli (plan 6, ☎ 488 43 55), via Veneto 70/a, possède des boutiques dans la via del Gambero ainsi qu'à l'aéroport Leonardo da Vinci. Dans la même rue, Raphael Salato (plan 6, ☎ 06 481 76 41), via Veneto 70, propose, outre sa propre marque, un large choix de chaussures et d'articles de maroquinerie italiens et étrangers.

Juste à côté du Campo dei Fiori, Loco (plan *Les environs de la piazza Navona*, ☎ 06 688 08 216), via dei Baullari 22, est une bonne adresse de chaussures à la mode pour hommes et femmes. A côté, l'ancienne cordonnerie Borini (plan *Les environs de la piazza Navona*, ☎ 06 687 56 70), via dei Pettinari 86/87, attire aujourd'hui les jeunes filles à la recherche de chaussures fantaisie à des prix abordables.

Dans le Prati, à proximité des Musei Vaticani, la très discrète boutique Grandi Firme (plan 5, ☎ 06 397 23 169), via Germanico 8, vous permettra de dénicher sacs, bagages, cravates, ceintures, foulards, parapluies et chaussures de marque à prix d'usine.

BIJOUX

Bulgari (plan 6, ☎ 06 679 38 76), via dei Condotti 10, est le plus prestigieux et le plus célèbre joaillier d'Italie. Même si vous n'avez pas les moyens d'acheter, vous pourrez admirer les vitrines dans lesquelles sont exposées, comme dans un musée, de précieuses pièces uniques.

Siragusa (plan 6, ☎ 06 679 70 85), via delle Carrozze 64, crée de superbes bijoux originaux à partir de pièces de monnaie anciennes et de pierres précieuses montées sur or.

Nicla Boncompagni (plan 6, ☎ 06 678 32 39), via del Babuino 115, possède une admirable collection de bijoux anciens très coûteux datant du milieu du XIXe siècle aux années 60, notamment des pièces de Van Cleef et Cartier, ainsi que des bijoux américains des années 40 et 50.

Tempi Moderni (plan *Les environs de la piazza Navona*, ☎ 06 687 70 07), via del Governo Vecchio 108, dispose d'un vaste choix de bijoux fantaisie datant de 1880 à 1970, mais surtout des pièces Art nouveau et Art déco. On peut ainsi voir des broches en résine du XIXe siècle, des bakélites des années 20 et 30 et des bijoux fantaisie créés par les grands noms de la couture tels que Chanel, Dior et Balenciaga dans les années 50 et 60. Non loin du Colosseo, via del Boschetto 148, Fabio Piccioni (plan 6, ☎ 06 474 16 97) est un artisan qui recycle d'anciens colifichets pour créer de superbes bijoux artisanaux (les cartes de crédit ne sont pas acceptées).

La maison Hausmann & Co (plan 5, ☎ 06 687 15 01), via del Corso 406, fondée en 1794, fabrique encore un nombre limité de montres. La boutique vend également des articles de grandes marques internationales.

PRODUITS COSMÉTIQUES

Les grandes marques européennes sont largement disponibles dans les *profumerie* (parfumeries) ainsi que dans les grands magasins. Les adresses suivantes ont été sélectionnées pour le petit supplément qu'elles peuvent apporter.

Materozzoli (plan 5, ☎ 06 688 92 686), piazza San Lorenzo in Lucina 5, est une charmante parfumerie représentative de Rome. Elle propose toute une gamme de parfums rares, notamment de France et d'Angleterre ainsi que des produits cosmétiques et de superbes accessoires de beauté.

L'Officina Profumo-Farmaceutica di Santa Maria Novella (plan *Les environs de la piazza Navona*, ☎ 06 687 96 08), Corso Rinascimento 47, possède divers parfums ainsi que des produits cosmétiques inhabituels, préparés selon des recettes originales, élaborées par les moines dominicains de Santa Maria Novella, à Florence. La spacieuse Casamaria (plan *Les environs de la piazza Navona*, ☎ 06 683 30 74), via della Scrofa 71, vend les meilleures marques de cosmétiques à bon prix.

ÉQUIPEMENT DE LA MAISON

De Sanctis (plan *Les environs de la piazza Navona*, ☎ 06 688 06 810), piazza Navona 82/84, propose un bon choix d'articles Alessi (y compris les pièces de rechange) ainsi que des objets pour la cuisine et la table créés par d'autres designers. Vous pourrez ainsi apprécier la céramique italienne et plus particulièrement les œuvres colorées du Sicilien De Simone.

Petits budgets et catégorie moyenne

Juste à côté de la fontana di Trevi, Il Tucano (plan 6, ☎ 06 679 75 47), piazza dei Crociferi 10, expose aussi bien des meubles que des jouets et de la mercerie. On choisit dans les vitrines, ensuite le vendeur va chercher l'article désiré en réserve (ouvert le dimanche ; les cartes de crédit ne sont pas acceptées).

Home (plan *Les environs de la piazza Navona*, ☎ 06 686 84 50), largo di Torre Argentina 8 (ouvert le dimanche), propose des ustensiles de cuisine, des verres, de la mercerie, du mobilier et des tapis à des prix très intéressants. Dans le même style, Habitat (plan 5, ☎ 06 323 01 36), via Cola di Rienzo 197, est un peu plus cher.

Leone Limentani (plan *Les environs de la piazza Navona*, ☎ 06 688 06 686), via del Portico d'Ottavia 4, en sous-sol, offre un incroyable choix d'objets pour la cuisine et la table dans un cadre d'entrepôt. Vous pourrez acheter de la porcelaine fine et du cristal de grande valeur ainsi que des produits plus simples à des prix très intéressants. La boutique, qui diffuse la marque Alessi (y compris les pièces de rechange), vend aussi un grand choix de casseroles.

Stockmarket (plan 5, ☎ 06 686 42 38), via dei Banchi Vecchi 51-52, spécialisé dans l'ameublement de second choix et les fins de série, pratique des tarifs très abordables.

Dans le quartier typique de Monti, la minuscule boutique Io Sono un Autarchico (plan 6, ☎ 06 228 66 48), via del Boschetto 92, regorge de produits intéressants pour la maison. En raison de sa rotation rapide, son stock est renouvelé continuellement.

Designers

Spazio Sette (plan *Les environs de la piazza Navona*, ☎ 06 688 04 261), via dei Barbieri 7, juste à côté du largo di Torre Argentina, est l'un des plus grands magasins d'ameublement de Rome. Si vous parvenez à détacher votre attention des fresques du plafond de l'entrée, vous découvrirez trois niveaux de meubles design et d'objets pour la maison, la cuisine et la table, de très grande qualité.

Interno Rosso (plan *Les environs de la piazza Navona*, ☎ 06 688 08 472), juste à côté de la piazza Farnese, via Monserrato 101, est une curieuse boutique tenant plutôt de la galerie d'art, où vous pourrez apprécier des meubles, des poteries et des objets peu communs au design créatif.

Mais peut-être préférerez-vous dépenser une petite fortune pour un meuble d'avant-garde dessiné par un designer italien ou européen chez Contemporanea (plan 5, ☎ 06 688 04 533), via dei Banchi Vecchi 143. Pour un mobilier également hors du commun et fantaisiste, voyez aussi La Corte di Boboli (plan 5, ☎ 06 323 29 86), via del Corso 75. Cette boutique/atelier n'ouvre

Prendre le temps de s'arrêter

Entrée d'un tombeau dans la nécropole étrusque de Cerveteri, à l'ouest de Rome

Fontaine représentant Diane d'Ephèse

Mosaïque Barberini à Palestrina

que l'après-midi (les cartes de crédit ne sont pas acceptées). Chez Tad (plan 5, ☎ 06 360 01 679), via S. Giacomo 5, vous découvrirez des meubles, des objets pour la maison et des textiles de style ethnique à la dernière mode.

Le showroom Xom (☎ 06 320 71 26), via del Babuino 48, présente des meubles au design audacieux, la plupart en plexiglas transparent.

Près de la piazza di Spagna, C.U.C.I.N.A. (plan 6, ☎ 06 679 12 75), via del Babuino 118/a, dispose d'un espace ouvert souterrain. Ce spécialiste de la cuisine propose un vaste choix d'objets en inox. Ne vous laissez pas rebuter par le manque de coopération du personnel.

Luminaires

Près de la piazza di Spagna, deux boutiques vendent des luminaires modernes de grandes marques : Artemide (plan 5, ☎ 06 360 01 802), via Margutta 107, et Flos (plan 6, ☎ 06 320 76 31), via del Babuino 84/85.

DRUGSTORES

Ces magasins ouverts 24h/24 ont récemment fait leur apparition à Rome. La première boutique à pratiquer ces horaires, installée dans la stazione Termini, ferme désormais à 23h30. Pour plus de détails concernant les pharmacies, reportez-vous au chapitre *Renseignements pratiques*.

Rosatidue (plan 3, ☎ 06 397 41 139),
    via Golametto 4/A, dans le Prati, près du piazzale Clodio – ouvert 24h/24, abrite un bar/pâtisserie, un supermarché et un McDonald.
Museum Drugstore Peroni Music Café
    (☎ 06 559 33 42), via Portuense 313, ouvert 24h/24, regroupe un supermarché bien approvisionné, un marchand de journaux et un pub/caffè.

ALIMENTATION ET BOISSONS

Rome ne manque pas d'*alimentari* (épiceries fines), paradis des gourmets amateurs de fromages, salamis, olives et autres délices italiennes. Seules les adresses les plus fameuses sont mentionnées ci-après. Si vous cherchez des aliments d'autres pays, tentez votre chance dans le quartier du ghetto (autour de la via del Portico d'Ottavia), où sont réunies de nombreuses épiceries et boulangeries kasher, ou dans les environs de la piazza Vittorio Emanuele (plan 6) pour les produits du Moyen-Orient, d'Asie et d'Afrique. Voir également le chapitre *Où se restaurer*.

Alimentari

Castroni (plan 5, ☎ 06 687 43 83), via Cola di Rienzo 196/198, dans le Prati, près du Vatican, offre un vaste choix de produits gastronomiques du monde entier. Les cartes de crédit ne sont pas acceptées. A côté, Franchi (plan 5, ☎ 06 687 46 51) vend une large gamme de *salumeria* (épicerie fine) et de plats à emporter.

Volpetti (plan 7, ☎ 06 574 23 52), via Marmorata 47, dans le Testaccio, est célèbre pour ses spécialités gastronomiques, notamment ses fromages peu courants provenant de toute l'Italie. Juste à côté, la *tavola calda* gastronomique Volpetti Più vous offre, selon certains, la meilleure *pizza a taglio* de Rome (voir *Où se restaurer*).

Vin

Achilli al Parlamento (plan *Les environs de la piazza Navona*, ☎ 06 687 34 46), via dei Prefetti 15, près de l'Assemblée nationale, est une *enoteca* (cave) typiquement italienne, où vous pouvez acheter ou déguster du vin et goûter plus de 50 sortes différentes de petits sandwiches. Buccone (plan 5, ☎ 06 361 21 54), via di Ripetta 19, près de la piazza del Popolo, possède également une cave bien garnie. Vous pouvez y déguster du vin ou déjeuner dans l'arrière-salle.

Produits diététiques

Le muesli, le lait de soja et d'autres produits de ce type coûtent parfois très cher en Italie. Les boutiques suivantes proposent un bon choix de marchandises, y compris des fruits et des légumes de culture biologique, à des prix relativement raisonnables.

Dans le quartier juif, L'Albero del Pane (plan *Les environs de la piazza Navona*), via Santa Maria del Pianto 19, vend une large gamme de produits diététiques à la fois emballés et frais. Il possède une boutique de fruits et légumes via dei Baullari 112, juste à côté du Campo dei Fiori. L'Emporium Naturae, viale Angelico 2 (prendre la Linea A du métro jusqu'à l'arrêt Ottaviano) est un supermarché diététique bien fourni. Dans le Testaccio, près du marché, Il Canestro (plan 7), via Luca della Robbia 47, dispose également d'un vaste choix de produits diététiques ainsi que de fruits et légumes frais et de plats à emporter.

Marchés

La promenade sur les marchés offre un excellent moyen de se familiariser avec le mode de vie des Romains. Ils rassemblent généralement un étonnant choix de fruits et légumes, d'épicerie fine mais aussi de vêtements, de chaussures et d'objets de brocante. Malheureusement, l'implantation progressive des grands supermarchés ne manquera pas d'avoir un impact sur la viabilité de ces marchés traditionnels. En général, ils se tiennent de 6h30 environ à 13h30, du lundi au samedi.

Pour n'en citer que quelques-uns, vous pourrez visiter celui du Campo dei Fiori (plan *Les environs de la piazza Navona*) qui comprend un marché aux fleurs, ou celui de la piazza Testaccio (plan 7) pour trouver des chaussures de bonne qualité à bas prix. Sur le grand marché coloré de la piazza Vittorio Emanuele (plan 6), de nombreux étals vendent des produits exotiques aux côtés de denrées plus habituelles. Le marché couvert de la piazza dell'Unità près du Vatican (plan 5 ; on y accède aussi par la via Cola di Rienzo), ouvre de 8h à 20h du lundi au vendredi et de 8h à 14h le samedi.

CADEAUX

Selon votre point de vue, vous apprécierez ou regretterez le fait que les Romains commencent à adopter le concept de la grande surface, qui permet de faire tous ses achats au même endroit. Les grands magasins et les *centri commerciali* (vastes centres commerciaux) se multiplient un peu partout, néanmoins la plupart sont implantés en banlieue.

La Rinascente (plan 6, ☎ 06 679 76 91), via del Corso à l'angle du largo Chigi – bon choix de vêtements et d'accessoires de qualité moyenne et produits cosmétiques de grandes marques. Ouvert le dimanche de 10h30 à 20h. Le magasin installé sur la piazza Fiume (plan 6) vend également des articles pour la maison.

UPIM (plan 6, ☎ 06 678 33 36), via del Tritone 172 – magasin bon marché mais de qualité inégale. Ouvert le dimanche de 10h30 à 20h.

MAS (plan 6, ☎ 06 446 80 78), via dello Statuto 11 – marchandises très bon marché et bonnes affaires parfois (articles de qualité à bas prix).

COIN (plan 8, ☎ 06 708 00 91), piazzale Appio 7 – vêtements et accessoires de qualité convenable, cosmétiques et large choix d'objets pour la maison. Ouvert le dimanche de 10h à 13h et de 16h à 20h.

Standa (plan 5, ☎ 06 324 32 83), via Cola di Rienzo 173 – magasin bon marché semblable à UPIM. Un supermarché est installé dans le même immeuble. Ouvert le dimanche de 9h à 13h30 et de 16h à 20h.

Auchan (☎ 06 43 20 71), via Alberto Pollio 50, entre la via Tiburtina et la via Prenestina - centre commercial regroupant 60 boutiques et un hypermarché. Ouvert le dimanche de 10h30 à 20h.

I Granai (☎ 06 519 55 890), via Mario Rigamonti 100, dans le quartier de l'EUR – abrite 130 boutiques et un hypermarché. Ouvert le dimanche de 10h30 à 20h.

Cinecittà Due (☎ 06 722 09 10), via Palmiro Togliatti 2, à l'angle de la via Tuscolana, près des célèbres studios de cinéma de Cinecittà – plus de 100 boutiques, un supermarché et un grand magasin COIN. Ouvert le dimanche de 10h30 à 20h.

MUSIQUE

Ricordi Media Store (plan 6, ☎ 06 679 80 22), via Cesare Battisti 120/d, fait partie des plus grands magasins de disques de Rome. Ouvert 7j/7, il couvre tous les styles et vend des vidéos (notamment des films en version originale). Dans la boutique d'à côté, vous trouverez un grand choix de musique classique, d'instruments, de partitions et d'ouvrages sur la musique. Ricordi possède aussi des boutiques dans la via del Corso, le viale Giulio Cesare et sur la piazza Indipendenza.

Rinascita (☎ 06 699 22 436), via delle Botteghe Oscure 5, ouvert 7j/7, est spécialisé dans les musiques du monde, la musique contemporaine et les dernières tendances.

Disfunzioni Musicali (plan 6, ☎ 06 446 19 84), via degli Etruschi 4-14, ouvert 7j/7, est implanté au cœur du quartier universitaire. Il est spécialisé dans la musique alternative et non commerciale, les disques rares et piratés. Une boutique de disques et de CD d'occasion est installée à deux pas, via dei Marrucini 1.

Bien que situé à l'écart du centre-ville, L'Allegretto (plan 3, ☎ 06 320 82 24), via Oslavia 44, dans le Prati, mérite le détour pour son excellent choix d'opéras et de musique classique.

JOUETS

Si les enfants ont besoin de faire une pause durant la visite de la ville, pourquoi ne pas les emmener passer quelques heures chez un marchand de jouets ? La première adresse (pour les yeux en tout cas) vous conduira chez Al Sogno (plan *Les environs de la piazza Navona*, ☎ 06 686 41 98), piazza Navona 53. Le premier étage est un véritable paradis de poupées et de peluches. Il en existe de toutes formes et de toutes tailles, mais les prix ont de quoi laisser rêveur.

En face, sur la piazza, Bertè (plan *Les environs de la piazza Navona*, ☎ 06 687 50 11) offre une large gamme de jouets de qualité pour les enfants de tous les âges. La meilleure adresse reste cependant Città del Sole (plan *Les environs de la piazza Navona*, ☎ 06 688 03 805), via della Scrofa 65. On peut y acheter les jouets éducatifs et créatifs pour enfants et adultes de la meilleure qualité. Si vous souhaitez acheter en grande quantité, dirigez-vous vers Toys 'R' Us (☎ 06 726 71 843), via Orazio Raimondo 21, à côté du principal centre commercial, La Romanina, de l'autre côté du Grande Raccordo Anulare (périphérique), à quelque distance du centre-ville.

GRANDS MAGASINS ET CENTRES COMMERCIAUX

Si vous cherchez un objet hors du commun, vous le trouverez certainement chez Amati & Amati (plan *Les environs de la piazza Navona*, ☎ 06 686 43 19), via dei Pianellari 21. Ce magasin spécialisé dans l'importation vend toutes sortes de bibelots et d'objets pour la maison, de petits meubles marocains ainsi que des vêtements et des accessoires.

Stilo Fetti (plan *Les environs de la piazza Navona*, ☎ 06 678 96 62), via degli Orfani 82, près du Panthéon, propose un vaste choix de stylos, notamment des modèles anciens, ainsi que des nécessaires de bureau et des agendas.

La Chiave (plan *Les environs de la piazza Navona*, ☎ 06 683 08 848), largo delle Stimmate 28, vend des objets artisanaux importés à des prix raisonnables, notamment des petits meubles, des textiles, des tapis et des objets de brocante. Si vous cherchez quelque chose de spécial, essayez la boutique installée à l'intérieur du palazzo delle Esposizioni (plan 6, ☎ 06 482 80 01), l'un des principaux lieux d'exposition de Rome. Elle est accessible par l'entrée latérale de l'immeuble, via Milano 9/a. Elle dispose d'un bon choix d'objets peu communs de design, de gadgets et d'objets pour la maison. La librairie est spécialisée dans les livres d'art et de photographie.

Single (plan 6, ☎ 06 679 07 13), via Francesco Crispi 47, près de la via Sistina, présente de nombreux objets de design, notamment des montres insolites, des ustensiles de cuisine Alessi et de coûteux stylos à encre. Guaytamelli (plan *Les environs de la piazza Navona*, ☎ 06 588 07 04), via del Moro 59, dans le Trastevere, est un atelier/boutique qui vend des boussoles, des sabliers et des cadrans solaires artisanaux, reproduits à partir de modèles des XVIe au XVIIIe siècles.

Excellente adresse pour des cadeaux originaux, Pandora (plan 7, ☎ 06 589 56 58), piazza Santa Maria in Trastevere 6, possède des bijoux fantaisie insolites du monde entier, mais surtout de superbes colliers en verre de Murano. La boutique vend également des céramiques, des objets en verre et des foulards.

MARCHÉS

Le plus grand marché aux puces de Rome se tient le dimanche jusque vers 13h à la porta Portese. Il s'étend au sud de la porta Portese, ancien port romain sur le Tevere, dans les rues parallèles au viale Trastevere. Mêlant l'ancien et le neuf, ce marché recèle toutes sortes de bonnes affaires, à condition de savoir bien marchander. Prenez garde aux pickpockets.

Vous trouverez également un marché couvert où l'on peut acheter des vêtements et des chaussures neufs et d'occasion dans la via Sannio (plan 8), près de la porta San Giovanni et de la basilica di San Giovanni. Il ouvre tous les jours (sauf le dimanche) de 8h à 13h.

Le marché aux puces Borghetto Flaminio, qui se tient sur la piazza della Marina 32 (plan 3) le dimanche de 10h à 19h (entrée 3 000 L ; fermé en août), accueille de nombreux stands de particuliers (non professionnels). Vous y trouverez des antiquités, de la brocante et des vêtements d'occasion bon marché.

Le mercatino di ponte Milvio est un marché d'antiquités et de brocante qui se tient sur le lungotevere Capoprati le premier dimanche du mois (parfois aussi le samedi), de 9h au crépuscule (fermé en août). Il longe le Tevere entre le ponte Milvio et le ponte Duca d'Aosta.

Underground (plan 6), installé dans un parking souterrain, via Francesco Crispi 96, entre la via Sistina et la via Veneto, est spécialisé dans les pièces de collection. Il se tient le premier week-end du mois, de 15h à 20h le samedi et de 10h30 à 19h30 le dimanche (fermé en juillet et août).

Pour les gravures et les livres anciens, voyez le marché de la piazza Borghese (plan 5), qui se tient tous les jours (sauf le dimanche) de 8h au crépuscule.

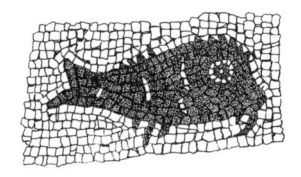

Excursions

La visite de Rome requiert tellement de temps et de concentration que la plupart des touristes en oublient souvent ses environs. La Ville Éternelle fait pourtant partie du Lazio (Latium), déclaré région en 1934, un territoire sur lequel elle exerce une forte influence depuis l'Antiquité romaine.

De tout temps, les campagnes du Lazio ont séduit les riches et les puissants qui s'y sont fait construire des villas. Au fil des siècles, les anciens fiefs des familles de la noblesse romaine, dont les Orsini, les Barberini et les Farnese, se sont développés pour donner naissance à plusieurs villes. Aujourd'hui encore, de nombreux Romains choisissent ce cadre pittoresque pour y passer le week-end ou les vacances (le pape possède ainsi une résidence d'été à Castel Gandolfo, dans les colli Albani au sud de Rome) ou s'y installent définitivement pour échapper au bruit et à la pollution de la ville. La région bénéficie donc d'un réseau relativement bien développé de transports publics, ce qui facilite la visite des différents sites intéressants.

En dépit de leur nombre limité, ces destinations touristiques permettent d'effectuer quelques excursions très agréables. Ainsi, il serait regrettable de ne pas visiter l'Étrurie, ancien territoire étrusque s'étendant au nord du Lazio. Les tombeaux et les musées de Cerveteri et de Tarquinia vous guideront dans la découverte de cette civilisation fascinante. Les ruines de la villa Adriana (villa d'Hadrien), près de Tivoli, et l'ancien port romain d'Ostia Antica, sont aisément accessibles depuis Rome, de même que la ville médiévale de Viterbo, au nord.

L'été, les touristes accablés par la fatigue et la chaleur apprécieront la fraîcheur des lacs situés au nord de Rome, notamment Bracciano, Bolsena et Vico, nettement préférables aux plages polluées plus proches de la ville. Cependant, les amateurs de baignades pourront profiter de plages de sable relativement propres à Sabaudia et Sperlonga, au sud de Rome.

Sur les collines au sud de Rome, on pourra aussi visiter les villes d'Anagni (et les remarquables fresques de sa cathédrale romane) et d'Alatri. Les villages des Castelli Romani, tout près de Rome, valent aussi le déplacement.

La ville offre en outre un excellent point de départ pour organiser des excursions hors du Lazio. On peut aisément se rendre en train pour la journée à Florence, Naples ou aux ruines de Pompéi et partir passer deux jours à Venise (pour profiter au mieux de votre visite, prenez le train de nuit au départ de Rome). Vers l'est, les montagnes et le parco nazionale d'Abruzzo, l'un des plus anciens parcs nationaux d'Italie, offrent un havre idéal pour échapper au bruit et à la foule. La région est renommée pour la beauté de sa nature et de sa faune.

Lors de vos préparatifs, n'oubliez pas que les bus et les trains italiens s'arrêtent tôt le soir et que le service est limité le dimanche et les jours fériés. Pour tout renseignement concernant les horaires, téléphonez au numéro gratuit de Cotral/Ferrovie dello Stato (☎ 167 43 17 84).

Si vous êtes motorisé, essayez d'éviter de partir le samedi et le dimanche, surtout l'été, car toute la région du Lazio se déplace pendant le week-end. A votre retour le dimanche soir, vous vous exposez à de nombreux kilomètres d'embouteillage, même sur l'autostrada.

OSTIA ANTICA

Fondé par les Romains à l'embouchure du Tevere au IVe siècle av. J.-C., l'ancien port d'Ostia Antica qui demeura le principal port de Rome durant six siècles, offre un merveilleux aperçu du mode de vie d'une ville plébéienne antique.

Peuplée de marchands, de marins et d'esclaves romains et étrangers, la ville devint un centre de défense et de commerce stratégiquement important. Ses ruines font apparaître un intéressant contraste par rap-

262 Excursions – Lazio

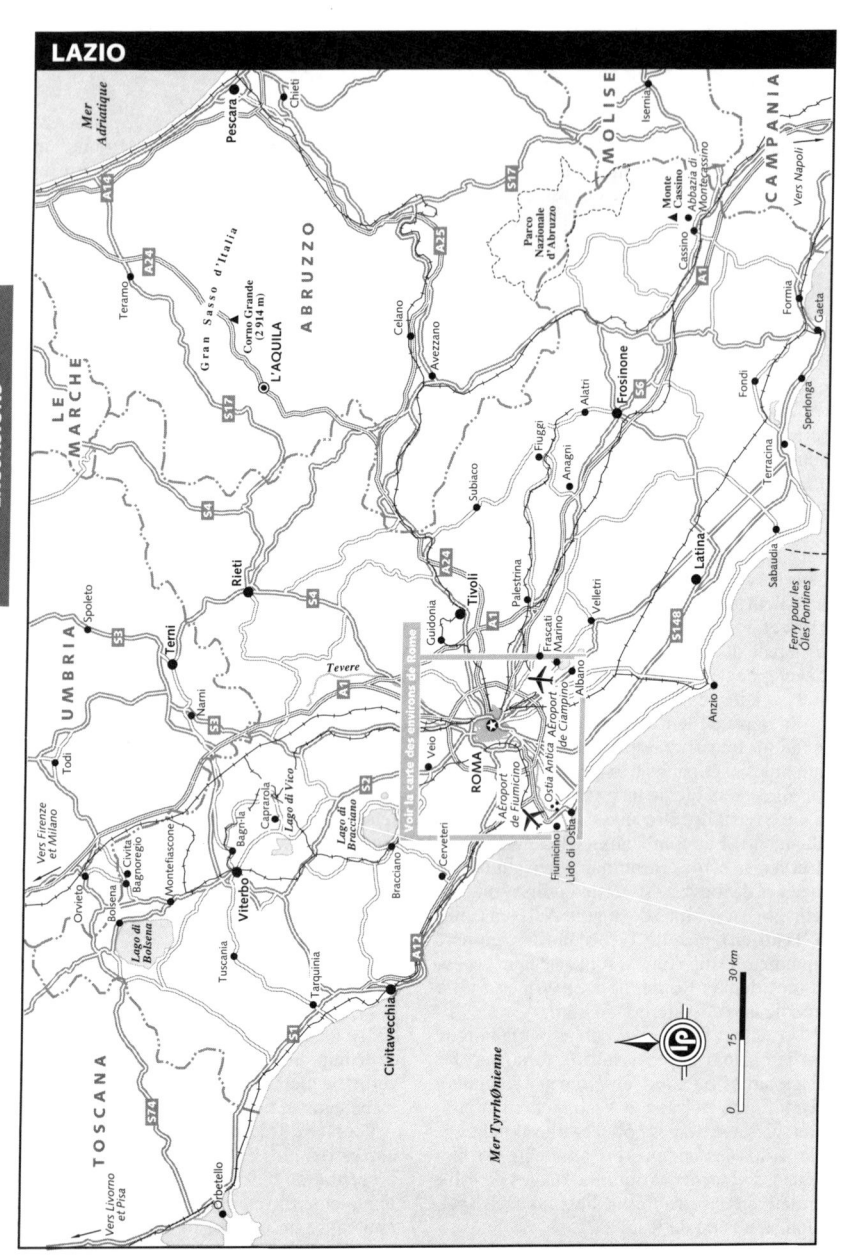

port à celles de Pompéi, qui réunissait essentiellement des membres des classes supérieures.

La diversité culturelle, religieuse et ethnique des habitants d'Ostia Antica se reflète largement dans les sanctuaires et les temples dédiés aux différentes divinités. Les nombreux édifices dont on reconnaît clairement la fonction (restaurants, blanchisseries, boulangeries, échoppes, résidences et places publiques) témoignent par ailleurs de l'étendue de leurs activités.

Les invasions barbares et l'apparition de la malaria finirent par vider la ville de ses occupants. Le port s'enlisa progressivement jusqu'au deuxième étage des maisons, ce qui explique l'excellent état de conservation des vestiges. Le pape Grégoire IV reconstruisit la ville au IXe siècle. Les remparts de ce *borgo* sont encore debout, mais la ville s'est étendue (voir plus loin la rubrique *Renseignements et orientation*). Il est intéressant de visiter le borgo et le château du XVe siècle, en face de l'entrée des ruines romaines d'Ostia Antica.

Comptez trois à cinq bonnes heures pour visiter Ostia Antica. Pour profiter au mieux des ruines et de leur cadre ombragé, partez de bonne heure un jour de semaine ensoleillé. Les ruines les plus importantes sont indiquées, mais il n'est pas désagréable d'explorer les lieux au petit bonheur.

Pour toute information concernant la ville et les ruines, adressez-vous à l'APT de Rome (voir la rubrique *Office du tourisme* dans le chapitre *Renseignements pratiques*).

Renseignements et orientation

L'entrée des ruines se trouve à 5 minutes à pied de la gare. Traversez la passerelle à la sortie de la gare et suivez les panneaux. Près des fouilles se dresse le borgo médiéval fortifié d'Ostia Antica, dominé par un imposant château entouré de douves, construit entre 1483 et 1486 pour le futur Jules II, à qui il doit son nom. Le château est ouvert de 9h à 13h du mardi au dimanche. Les mardi et jeudi, il ouvre aussi l'après-midi de 14h30 à 16h30. La visite est limitée à 30 personnes à la fois. Pour rejoindre la ville depuis les fouilles, continuez tout droit jusqu'à la première grande route. Là, tournez à gauche et suivez la route à droite jusqu'au centre-ville.

Pour prendre un repas, une possibilité est *Il Monumento*, piazza Umberto I 18, sur la grande route menant en ville (fermé le lundi). Sur la place, il y a aussi un bar et un alimentari où vous pourrez acheter des provisions si vous souhaitez pique-niquer dans les ruines (l'amphithéâtre restauré offre un emplacement idéal). N'oubliez pas de ramasser vos détritus en partant. La zone archéologique ne dispose ni de toilettes ni de restaurant.

Les fouilles ouvrent à 9h du mardi au dimanche et ferment à 16h de novembre à février, à 17h en mars et à 18h d'avril à octobre. Le musée archéologique, à l'intérieur du site, est ouvert de 9h à 14h. L'entrée aux fouilles et au musée coûte 8 000 L.

A voir et à faire

Les ruines longent le **Decumanus maximus**, ancienne artère principale d'Ostia Antica, sur plus de 1 km jusqu'à la mer. On entre dans la ville par la **porta Romana**, construite au Ier siècle av. J.-C., à l'est. La **porta Marina** qui se dresse à l'autre extrémité de la route marque la sortie vers l'ancien front de mer. De forme carrée flanquée de deux tours saillantes, sa structure diffère de celle des autres portes. A l'extérieur, des traces indiquent que la zone fut d'abord utilisée comme cimetière avant de devenir un quartier résidentiel sous l'Empire.

Dans les environs de la porta Romana, ne manquez pas les **terme di Nettuno** (IIe siècle) sur la droite, juste après l'entrée dans la ville. Admirez le vaste gymnase et les mosaïques noir et blanc représentant Neptune et Amphitrite. A côté des thermes se dresse un **théâtre romain**, érigé par Agrippa sous le règne d'Auguste puis agrandi sous les Sévères. Restauré en 1927, il peut accueillir jusqu'à 3 000 spectateurs. On y organise des représentations théâtrales et des concerts classiques. Derrière le théâtre, le **piazzale delle Corporazioni** abritait les bureaux des corporations d'Ostia, ornés de mosaïques illustrant leurs différentes occupations.

En revenant au Decumanus maximus, vous arrivez à la via dei Molini où vous verrez une grande **boulangerie** du IIe siècle, l'un des établissements chargés de l'approvisionnement en pain d'Ostia et de Rome. Toutes les étapes de la production avaient lieu sur place. Le grain était moulu dans les moulins en pierre volcanique et les miches directement vendues aux comptoirs installés en devanture. Un peu plus loin, dans la via di Diana, la **casa di Diana**, très bien conservée, illustre la solution mise au point par les Romains de l'Antiquité pour résoudre le problème de forte densité de population. Au IIe siècle, l'espace coûtait en effet très cher.

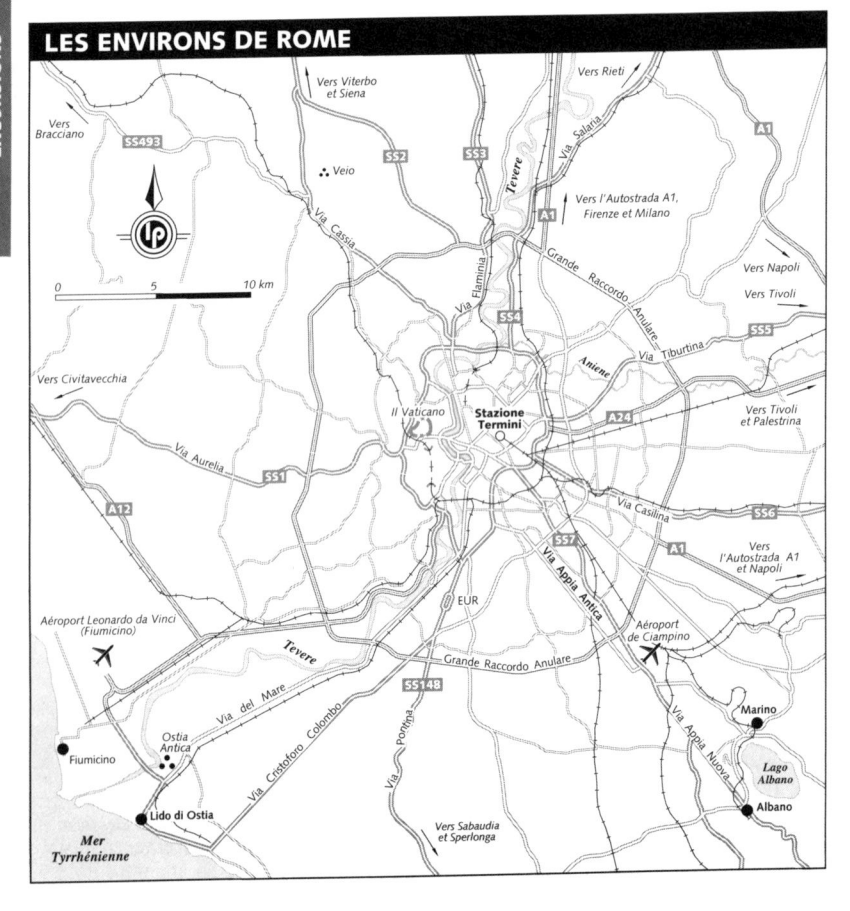

La maison s'étage sur trois niveaux, accessibles par une cour centrale. En face, le **Thermopolium** abritait une sorte de bar doté d'éviers pour la vaisselle, d'une cuisine et de sièges installés dans la cour. Vous verrez aussi le **forum**, construit au Ier siècle, puis partiellement démoli au cours du siècle suivant pour faire place aux édifices existants. On distingue le **Capitolium** surélevé, le **tempio di Roma e Augusto**, avec sa statue de Roma Victrix (Rome la Victorieuse) et le **tempio Rotondo** (temple rond). Suivez le vico del Pino et la via del tempio Rotondo jusqu'au cardo Maximus pour accéder à la **domus Fortuna Annonaria**, demeure richement ornée appartenant à l'un des citoyens les plus fortunés d'Ostia.

Revenez sur vos pas pour arriver au bivio (croisement) du Decumanus maximus avec la via della Foce (de l'embouchure). Là se dresse un sanctuaire érigé sous la République pour souligner l'importance des carrefours au sein du réseau urbain en plein développement. La via della Foce, qui conduit à l'embouchure du Tevere, existait déjà avant la fondation d'Ostia. Tout de suite à droite s'étend la zone sacrée des temples républicains, dont le plus important est dédié à Hercules Invictus (Hercule invaincu).

Traversez les **terme dei Sette Sapienti** (sept sages) pour rejoindre le cardo degli Aurighi et gagner ensuite le prolongement du Decumanus maximus.

A gauche, en direction du carrefour, se dresse la **basilica cristiana**, construite à la fin du IVe siècle, plus vaste édifice chrétien érigé à l'intérieur des remparts de la ville.

Le **musée**, qui expose des statues, des mosaïques et des peintures murales découvertes sur le site, est aménagé à l'extrémité de la via dei Dipinti, derrière la casa di Diana.

Comment s'y rendre

Les trains partent de la stazione Ostiense (porta San Paolo) approximativement toutes les demi-heures (ils sont plus fréquents aux heures d'affluence).

Prenez la Linea B du métro jusqu'à la station Piramide, puis suivez les panneaux indiquant la ligne Ferroviere Roma-Lido. Pour Ostia Antica, descendez sept arrêts plus loin. Le trajet, qui dure environ 25 minutes, coûte un billet Metrebus BIT normal. A 25 kilomètres de Rome, les ruines sont aussi aisément accessibles en voiture. Prenez la via del Mare (SS8), ou la via Ostiense parallèle. Le parc de stationnement aménagé à l'entrée du site coûte 4 000 L.

Les environs d'Ostia

La plage d'Ostia Lido s'étend à deux pas seulement des fouilles. Prenez le train à la gare d'Ostia Antica et descendez à Lido Centro. Ensuite, traversez la piazza della Stazione del Lido qui s'étend devant la gare et poursuivez tout droit jusqu'à la mer (5 minutes). L'été, la plage est bondée et l'eau pas très propre, mieux vaut donc s'abstenir de s'y baigner. Voir la rubrique *Le littoral* plus loin dans ce chapitre.

TIVOLI

Tivoli, la Tibur romaine, se niche au pied des monts Sabins arrosés par l'Aniene, à environ 30 km à l'est de Rome. Au Ier siècle av. J.-C., les aristocrates romains attirés par l'air pur et le superbe cadre de la ville implantée au milieu des oliviers, y installèrent leurs résidences secondaires, en surplomb de la Campagna romaine, s'étendant de la mer Tyrrhénienne aux massifs montagneux à quelque 50 km à l'intérieur des terres. Les poètes Catulle et Horace possédaient des villas à Tivoli ou dans ses environs, ainsi que Cassius (l'un des assassins de Jules César) et les empereurs Trajan et Hadrien.

Au Moyen Âge, Tivoli subit de fréquentes invasions et servit de point de départ aux attaques lancées sur Rome. Pendant la Renaissance, la ville retrouva son statut de villégiature auprès des classes supérieures et des riches cardinaux.

La ville est célèbre pour son travertin, pierre calcaire utilisée dans la construction. Les carrières qui bordent la route de Rome témoignent de la pérennité de son utilisation. Aisément accessible en voiture ou en transports publics, Tivoli fait partie des principales excursions au départ de Rome. La ville attire une foule importante l'été, ce qui rend la circulation particulièrement difficile.

Orientation et renseignements

Les bus s'arrêtent sur le piazzale Nazioni Uniti, en face du largo Garibaldi, dans le centre-ville, puis ils continuent jusqu'à leur terminus sur la piazza Massimo (☎ 0774 33 50 96), près du parc de la villa Gregoriana. La gare ferroviaire est située viale Mazzini, à l'est de la ville, sur la rive la plus éloignée de l'Aniene.

L'office du tourisme, Ufficio di informazione ed accoglienza turistica (IAT, ☎ 0774 31 12 49, largo Garibaldi), est ouvert du lundi au samedi de 9h à 15h. Il diffuse une brochure d'informations très utile comprenant un plan sur lequel figurent les principaux sites de Tivoli. Vous pourrez aussi vous renseigner sur les possibilités d'hébergement dans la ville et ses environs.

A voir et à faire

Tivoli est dominé par la forteresse **Rocca Pia**, imposant château construit dans les années 1460 par le pape Pie II dans le but de rappeler aux habitants qu'il était leur maître. La ville s'était opposée à Rome à de nombreuses reprises. Elle avait même vaincu une fois sa voisine et capturé un pape. On distingue encore les ruines de l'antique amphithéâtre sur lequel fut édifié le château. Après 1870, la Rocca Pia servit de prison, actuellement elle abrite des expositions temporaires.

La plupart des visiteurs se dirigent droit sur la **villa d'Este**, à côté de l'église Santa Maria Maggiore sur la piazza Trento. Pourtant le dédale de rues de la ville mérite vraiment le détour. Vous pouvez vous y promener brièvement avant la visite de la villa d'Este ou plus longuement si vous passez la nuit sur place.

Juste au nord de la villa d'Este, dans l'étroite et escarpée via del Colle, se dresse la **chiesa di San Silvestro**, église romane du XIIe siècle. D'intéressantes fresques médiévales illustrant la légende de Constantin ornent l'arc de triomphe et l'abside.

A l'autre bout de la ville, deux temples romains érigés sous la République partagent l'emplacement le plus pittoresque de Tivoli, au bord d'un ravin surplombant une profonde vallée. Le **tempio di Vesta**, circulaire, datant du Ier siècle av. J.-C., fut transformé en église au Moyen Âge. A côté, le **tempio della Sibilla**, rectangulaire, fut édifié au IIe siècle av. J.-C. Les temples sont aujourd'hui intégrés dans les jardins d'un restaurant. Demandez gentiment la permission aux propriétaires de vous en approcher.

Vous en obtiendrez une meilleure vue depuis le parc boisé de la **villa Gregoriana**, en contrebas (entrez par le largo Sant'Angelo). Les cascades et les jardins de la villa furent créés lorsque le pape Grégoire XVI décida de dévier le cours de l'Aniene pour mettre fin aux crues qui inondaient régulièrement le secteur. On peut admirer deux cascades principales, dont la plus petite, située au niveau du rétrécissement de la gorge, fut dessinée par le Bernin. On accède aux divers points de vue sur les cascades par des sentiers ombragés qui serpentent à travers une végétation luxuriante. Le parc renferme aussi les vestiges d'une villa romaine ainsi qu'une aire de pique-nique où d'anciens chapiteaux de colonne font office de tabourets.

La villa Gregoriana est ouverte tous les jours de 9h à une heure avant le coucher du soleil. L'entrée coûte 3 500 L.

Villa d'Este. Il se dégage une atmosphère de splendeur passée de ce palais Renaissance créé en 1550 par le cardinal Ippolito d'Este, fils de Lucrèce Borgia et petit-fils du pape Alexandre VI. Conçu à l'origine pour accueillir un couvent bénédictin, le site fut transformé par Ippolito d'Este en une somptueuse villa dotée d'un splendide jardin orné de magnifiques fontaines et bassins.

Certaines des fresques maniéristes qui subsistent ont été récemment restaurées, mais les jardins volent la vedette à la résidence. Ils présentent un motif presque symétrique composé de terrasses, de sentiers ombragés et de fontaines spectaculaires, actionnées par la seule force de gravité, dont l'une jouait autrefois des airs d'orgue tandis qu'une autre imitait le chant des oiseaux.

Malheureusement ces deux fontaines ne fonctionnent plus, toutefois le visiteur perçoit encore la grandeur d'antan du jardin. Il recèle de petites merveilles, telles la longue terrasse aux têtes grotesques, qui crachent toutes de l'eau, et, à l'extrême gauche au bas des terrasses, la fontaine Rometta (petite Rome), présentant des reproductions des principaux monuments de Rome. De 1865 à 1886, la villa accueillit Franz Liszt qui y composa ses *Fontaines de la villa d'Este*.

La villa d'Este est ouverte du mardi au dimanche de 9h à 19h30, d'avril à septembre, et de 9h à 17h30 d'octobre à mars. L'entrée coûte 8 000 L.

Villa Adriana. Aménagée entre 118 et 134, ce fut l'une des plus vastes et des plus somptueuses villas de l'Empire romain. D'abord résidence de campagne d'Hadrien, elle servit par la suite à d'autres empereurs. Après la chute de l'Empire, le palais fut pillé par les Barbares et les Romains qui vinrent s'y procurer des matériaux de construction. Nombre de ses ornements d'origine servirent aux décorations de la villa d'Este.

Près de l'entrée, une maquette donne un aperçu de l'échelle de l'ensemble de ce site très étendu dont la visite nécessite plusieurs heures.

Passionné de voyages et d'architecture, Hadrien s'inspira de monuments du monde entier pour certaines parties de la villa. Le portique de l'imposante muraille du Pæcile – vaste jardin rectangulaire agrémenté d'un bassin –, par lequel on entre, a été construit sur le modèle d'un édifice d'Athènes ; le Canope, à l'autre extrémité du site, sur celui du sanctuaire de Sérapis, près d'Alexandrie. Son long canal, à l'origine entouré de statues égyptiennes, a été inspiré par le Nil.

Parmi les merveilles mises au jour par les fouilles, citons le bassin (qui servait probablement moins à élever des poissons qu'à créer des reflets et des jeux de lumière décoratifs), entouré d'une galerie souterraine où l'empereur se promenait l'été, les **piccole e grandi terme** (petits et grands thermes), les quartiers privés d'Hadrien et le **teatro Marittimo**, un petit palais circulaire construit sur l'île d'un bassin artificiel, uniquement accessible par un pont rétractable. On peut aussi admirer des nymphées, des temples, des casernes et un musée exposant les dernières découvertes des fouilles en cours. Les archéologues ont notamment révélé un banc chauffé par des tuyaux de vapeur enfouis dans le sable, ainsi qu'un réseau de passages souterrains pour les chevaux et les chars.

La villa Adriana est ouverte tous les jours à partir de 9h ; jusqu'à 17h, de novembre à janvier ; 18h, en février et octobre ; 18h30, en mars et septembre ; 19h, en avril ; 19h30, de mai à août. La vente des billets s'arrête une heure avant la fermeture ; l'entrée coûte 8 000 L.

Le bus local n°4 qui dessert la villa Adriana part de la piazza Massimo de Tivoli, près du parc de la villa Gregoriana. Sinon, vous pouvez prendre le bus Cotral à destination de Rome, au terminus de la piazza Massimo ou à l'arrêt aménagé devant l'office du tourisme sur le largo Garibaldi. Vous descendrez dans le village de Villa Adriana ; la villa elle-même se trouve à 1 km de marche très aisée.

Bagni di Tivoli. Vous ne pourrez vous soustraire à l'odeur des eaux sulfureuses des **terme Acque Albule** (☎ 0774 37 10 07) de Bagni di Tivoli, à 8 km de Tivoli par la via Tiburtina. Virgile mentionnait déjà les sources dans l'*Énéide*, et de nombreux Romains installèrent leur villa dans les environs afin de profiter de leurs vertus. Les visiteurs de l'établissement thermal (entrée 20 000 L, enfants 5 000 L) pourront aussi profiter des bienfaits de ces sources qui remplissent quatre immenses bassins. Un large éventail de traitements à base de boue, d'inhalations et de massages sont aussi disponibles moyennant un supplément.

Pour gagner Bagni di Tivoli, vous pouvez prendre le bus Cotral à destination de Rome et descendre à l'arrêt du même nom. Sinon, l'office du tourisme vous renseignera sur les itinéraires et les horaires des bus locaux.

Où se loger

L'*Hotel Igea* (☎ *0774 33 52 85, viale Mannelli 2),* central, propose des chambres immaculées et confortables.

Les simples/doubles/triples avec s.d.b. coûtent 80 000 L/100 000 L/130 000 L. L'établissement est installé au-dessus du Caffè Igea, à l'angle du viale Arnaldi et du viale Mannelli. Le bar du café sert de réception à l'hôtel.

Où se restaurer

L'*Antica Trattoria del Falcone* (☎ *0774 31 23 58), via del Trevio 34,* une rue médiévale, sert de bonnes pâtes et pizzas. Le repas, vin compris, vous coûtera 25 000 L. L'été, vous pouvez manger dans la cour.

La *Trattoria L'Angolino* (☎ *0774 31 20 27, via della Missione 3)* prépare des pizzas de 7 000 L à 10 000 L, des plats de pâtes de 9 000 L à 12 000 L et d'énormes salades composées à 10 000 L.

Le *pub M31* (☎ *0774 33 32 43, via della Missione 56/58)* propose d'excellents sandwiches à 4 000 L. Les plats de pâtes coûtent 6 000 L, la bière à partir de 3 000 L et le café 1 000 L. Il ouvre aussi tard le soir, et souvent des musiciens s'y produisent.

A proximité de la villa Adriana, le *Villa Esedra* (☎ *0774 53 47 16, via di villa Adriana 51)* sert de savoureux risottos et plats de pâtes maison. Comptez de 30 000 à 35 000 L pour un repas complet.

Comment s'y rendre

Tivoli se trouve à 30 km à l'est de Rome. Au départ de Rome, prenez la Linea B du métro jusqu'à la station Ponte Mammolo. Le bus Cotral à destination de Tivoli part de la station Ponte Mammolo toutes les 10 minutes du lundi au samedi et toutes les 20 minutes le dimanche et les jours fériés. Il s'arrête aussi à la station Rebibbia, terminus de la Linea B, avant d'emprunter la via Tiburtina jusqu'à Tivoli, avec arrêts dans les localités de Bagni di Tivoli et de Villa Adriana.

Tivoli est aussi accessible par le train au départ de Rome mais le trajet est très long. La ligne en direction d'Avezzano part de Termini ou de Tiburtina. En voiture, prenez la via Tiburtina SS5 ou l'autostrada A24 Roma-L'Aquila.

SITES ÉTRUSQUES

Le Lazio compte un grand nombre de sites archéologiques étrusques importants, dont la plupart sont aisément accessibles depuis Rome, en voiture ou en transports publics. Vous pouvez ainsi visiter Tarquinia, Cerveteri, Veio et Tuscania (quatre des principales cité-États de la Ligue étrusque).

Essentiellement navigateurs et marchands, les Étrusques élaborèrent un système politique et social rivalisant avec celui des Romains. Leur grand sens artistique s'exprima à travers des peintures et des objets funéraires qu'il est aujourd'hui possible d'admirer grâce aux fouilles menées depuis le XVIIIe siècle. D'une grande influence sur la culture naissante de la Rome voisine, la civilisation étrusque atteignit son apogée aux VIIe et VIe siècles av. J.-C. Néanmoins, l'abandon au Ve siècle des voies commerciales aux Grecs plus puissants entraîna une longue période de déclin, dont la fin fut l'absorption finale de la culture étrusque par la République au Ier siècle av. J.-C.

La plupart des éléments dont nous disposons sur la civilisation étrusque proviennent des découvertes archéologiques réalisées dans les tombeaux et les sanctuaires religieux. Croyant en une autre vie après la mort, les Étrusques enterraient les défunts avec tout le nécessaire pour cette vie dans l'au-delà : aliments, boissons, vêtements, parures et bijoux. Ces objets, ainsi que les peintures funéraires colorées illustrant des scènes de la vie quotidienne, constituent la plus importante source d'informations sur cette culture. On peut en admirer un grand nombre dans les musées, notamment au Museo nazionale etrusco di villa Giulia et au Museo gregoriano etrusco du Vatican. Les petits musées de Tarquinia et de Cerveteri méritent aussi une visite.

Compte tenu de leur nombre, les tombeaux aménagés dans la région ont longtemps alimenté le commerce illégitime des

Mystères étrusques

Une grande partie de la fascination que nous éprouvons pour les Étrusques provient du fait que cette civilisation complexe demeure largement inconnue. On ignore encore si les Étrusques étaient natifs d'Italie ou s'ils y émigrèrent d'Asie Mineure. La langue étrusque n'a pas encore été totalement déchiffrée. Toutefois, les Étrusques ont laissé de très nombreux vestiges archéologiques. Ils exercèrent en outre une très forte influence sur la culture romaine.

L'Étrurie s'étendait jusqu'à l'Arno au nord, le Tevere au sud et la mer Méditerranée. Si la plupart des grands sites se trouvent en Toscane, certains, notamment Tarquinia, Cerveteri, Veio, Viterbo et Tuscania, sont situés dans le Lazio. Les fondations, ainsi que certaines des tuiles de terre cuite richement décorées des temples étrusques en bois ont survécu, mais ce sont les cimetières qui suscitent le plus grand intérêt.

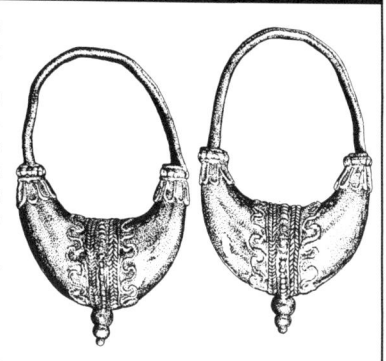

Boucles d'oreille étrusques provenant des tombeaux de Cerveteri

Les plus beaux tombeaux furent construits à l'image de demeures disposées le long de véritables "rues". Les riches étaient enterrés dans de somptueux sarcophages ornés de leur portrait. Ces images laissent d'ailleurs souvent penser que les femmes jouissaient d'un statut social égal à celui de leur mari. Sur les parois des tombes étaient peintes de joyeuses scènes de la vie dans l'au-delà. Comme chez les Égyptiens, la vie après la mort réunissait les aspects les plus agréables de l'existence, les Étrusques se réjouissant à l'idée de fastueuses fêtes et de parties de chasse éternelles. Dans les tombeaux, ils déposaient aussi des objets funéraires destinés à agrémenter la vie dans l'au-delà. Il a notamment été retrouvé des tables noires en terre cuite, des miroirs en bronze gravés de scènes mythologiques et de somptueux bijoux en or.

Les Étrusques excellaient aussi dans l'art du bronze : en témoignent la *Louve du Capitole* (qui se présentait à l'origine sans les jumeaux) et le *Mars de Todi*, désormais conservé aux Musei Vaticani. Le sentiment profondément ambivalent qu'éprouvaient les Romains à l'égard des Étrusques se reflète dans leurs légendes. Parmi les trois rois étrusques qui régnèrent sur Rome, on attribue à Servius Tullius l'édification des premiers remparts et l'organisation des systèmes politique et militaire, tandis que le dernier, Tarquinius Superbus (Tarquin le Superbe), fut banni de Rome après que son fils eut violé l'épouse d'un noble.

Les Romains adoptèrent un grand nombre de coutumes civiles et religieuses étrusques, notamment l'observation du vol des oiseaux et des entrailles des victimes de sacrifices pour déterminer la volonté des dieux, ainsi que les *fasces*, une hache insérée dans un faisceau de verges symbolisant les pouvoirs de l'État pour infliger les punitions corporelles et la peine capitale. Motif largement répandu dans l'art romain, le faisceau fut aussi adopté par Mussolini.

tombaroli (voleurs de tombes), qui ont pillé les sites pendant des siècles et vendu leurs "découvertes" au marché noir. D'après certains, ils n'auraient pas cessé leur activité car de nombreuses tombes restent à fouiller. Les éventuels acheteurs s'exposent néanmoins au risque d'acquérir de fausses antiquités fabriquées par les tombaroli.

Le séjour de quelques jours à Tarquinia et à Cerveteri s'impose. On y associera la visite des musées des deux villes à celle du Museo di villa Giulia. L'Istituto geografico de Agostini publie un excellent guide sur la région, *Les Étrusques,* ainsi qu'une carte.

Tarquinia

Supposée fondée au XIIe siècle av. J.-C., la patrie des Tarquins, rois de Rome avant l'avènement de la République, fut un important centre économique et politique de la Ligue étrusque. Tarquinia présente un petit centre médiéval qui accueille un bon musée étrusque, néanmoins les principaux sites intéressants restent les tombeaux peints des cimetières.

Orientation et renseignements. En voiture ou en bus, vous arriverez à la barriera San Giusto, juste à l'extérieur de l'entrée principale de la ville. Voir plus loin la rubrique *Comment s'y rendre.* Le bureau de l'APT (☎ 0766 85 63 84), piazza Cavour 1, sur la gauche en passant les remparts médiévaux, est ouvert de 8h à 14h, du lundi au samedi. Il est possible de visiter Tarquinia en une journée ; si vous souhaitez passer la nuit dans la ville médiévale, il est conseillé de réserver un hôtel.

A voir. Le palazzo Vitelleschi, du XVe siècle, sur la piazza Cavour, abrite le **Museo nazionale Tarquiniese** (☎ 0766 85 60 36). Vous pouvez admirer une importante collection de trésors étrusques, notamment les reconstitutions de la **tomba del Triclinio** et de la **tomba delle Olimpiadi** présentant les fresques originales des tombeaux. Vous apprécierez la splendide frise en terre cuite figurant des chevaux ailés qui ornait le temple **Ara della Regina** (voir plus loin). De nombreux sarcophages découverts dans les tombeaux sont aussi exposés. Le musée est ouvert de 9h à 19h du mardi au dimanche. L'entrée coûte 8 000 L.

Les célèbres tombes peintes se trouvent dans la **nécropole** (☎ 07 66 85 63 08), à 15 ou 20 minutes à pied. Demandez votre direction au musée. La nécropole est ouverte de 9h à environ une heure avant le coucher du soleil, du mardi au dimanche. L'entrée coûte 8 000 L.

Des 6 000 tombes environ qui ont fait l'objet de fouilles, 60 présentent des peintures, mais seules quelques-unes sont ouvertes au public. Les fouilles des tombeaux commencées au XVe siècle se poursuivent. Malheureusement, l'exposition à l'air et les contacts avec l'homme ont entraîné de graves détériorations dans de nombreux caveaux, aujourd'hui fermés et maintenus à température constante. Les tombeaux peints sont protégés par des parois de verre.

L'écrivain britannique D.H. Lawrence, qui étudia ces sépultures avant la mise en place des mesures de protection, fit des descriptions très complètes des fresques dans son livre *Crépuscule en Italie* (1916). Il y explique notamment que les peintures à l'entrée de la célèbre **tomba dei Leopardi** avaient conservé des couleurs fraîches et vives en dépit des nombreux actes de vandalisme et de négligence subis par les tombes. Vous admirerez aussi la **tomba della Caccia e della Pesca**, la **tomba del Barone** et la **tomba del Guerriero**, où sont représentées des scènes de la vie en société, des parties de chasse et de pêche ainsi que des passages de la mythologie.

Si vous possédez une voiture, montez jusqu'aux vestiges de l'acropole étrusque de Tarxuna, sur la crête du mont Civita, à 5 km, par la route du monte Romano qui part à l'est. Il subsiste peu de traces de la ville antique, hormis quelques blocs de calcaire faisant autrefois partie des remparts, car les Étrusques construisaient généralement leurs temples et leurs maisons en bois. Néanmoins, les fondations d'un vaste temple, l'**Ara della Regina**, découvertes au sommet de la colline au cours du siècle, font l'objet de fouilles.

Si vous avez le temps, promenez-vous à travers l'agréable ville médiévale de Tarquinia, anciennement Corneto. Plusieurs églises méritent le détour, notamment la **chiesa di San Francesco**, du XIIIe siècle, dans la via Porta Tarquinia, et la **chiesa di**

Santa Maria di Castello, belle église romane aménagée dans la citadelle au nord-ouest de la ville.

Où se loger et se restaurer. Le terrain de camping *Tusca Tirrenia* (☎ *0766 86 42 94, viale delle Neriedi*) borde la plage de Tarquinia Lido, à 5 km de la ville médiévale. Il est ouvert de mai à septembre/octobre.

En l'absence d'établissement pour petits budgets dans la vieille ville, il est conseillé de réserver à l'avance si vous souhaitez passer la nuit sur place, sinon vous risquez de rencontrer des difficultés pour louer une chambre.

L'*Hotel San Marco* (☎ *0766 84 22 34, piazza Cavour 10*), dans la partie médiévale de la ville, près du musée, dispose de simples/doubles récemment rénovées à 65 000 L/100 000 L.

La demi-pension/pension complète coûte 75 000 L/85 000 L par personne.

L'*Hotel all'Olivo* (☎ *0766 85 73 18, fax 0766 84 07 77, via Togliatti 13/15*) dans la ville neuve, à 10 minutes à pied en bas du centre médiéval, loue des simples/doubles à 70 000 L/120 000 L, petit déjeuner compris.

Plus près du centre-ville, mais plus cher, l'*Hotel Tarconte* (☎ *0766 85 61 41, fax 0766 85 65 85, via Tuscia 19*) propose des simples/doubles à 100 000 L/140 000 L, petit déjeuner compris, mais les prix baissent à 60 000 L/90 000 L hors saison. La demi-pension/pension complète coûte 125 000 L/150 000 L par personne.

A Tarquinia Lido, l'*Hotel Miramare* (☎ *0766 86 40 20, viale dei Tirreni 36*) offre une bonne solution à prix convenable. La double avec s.d.b. coûte 90 000 L, petit déjeuner non compris, la chambre avec s.d.b. commune 70 000 L.

Il existe peu d'établissements pour se restaurer à Tarquinia, toutefois la *Trattoria Arcadia*, via Mazzini 6, prépare de bons repas peu onéreux. Sinon, essayez la *Cucina Casareccia*, en face au n°5.

Comment s'y rendre. Les bus à destination de Tarquinia partent environ toutes les heures de la station de métro Lepanto sur la Linea A. Ils arrivent à Tarquinia à la barriera San Giusto, non loin de l'office du tourisme. Vous pouvez aussi prendre un train au départ de Rome, mais la gare ferroviaire de Tarquinia est installée à Tarquinia Lido, à environ 3 km du centre-ville. Il faut ensuite prendre l'un des bus locaux jusqu'à la barriera San Giusto. Les bus à destination de Tuscania, près de Tarquinia, partent toutes les heures ou toutes les deux heures de la barriera.

En voiture, prenez l'autostrada en direction de Civitavecchia, puis la via Aurelia (SS1). Tarquinia se trouve à environ 90 km au nord-ouest de Rome.

Les environs de Tarquinia

Tuscania, à 24 km de Tarquinia, mérite une visite. Elle devint la principale ville étrusque après le IVe siècle av. J.-C. Son **Museo archeologico** (☎ 0761 43 62 09), via Donna del Riposo, est ouvert de 9h à 19h du mardi au dimanche. L'entrée est gratuite.

Vous admirerez aussi les églises **San Pietro** et **Santa Maria Maggiore**, qui datent du VIIIe siècle et présentent des ajouts des XIe et XIIe siècles.

En voiture, Tuscania est aisément accessible depuis Tarquinia. Sinon, un bus Cotral part de la barriera San Giusto, juste à côté de la piazza Cavour, à Tarquinia.

Cerveteri

A 45 km au nord-ouest de Rome, sur un pic surplombant la mer, Cerveteri, antique Caere, fut fondée par les Étrusques au VIIIe siècle av. J.-C. Du Ve au VIIe siècle, cet important centre commercial de la Méditerranée jouit d'une très grande prospérité, puis connut une longue période de déclin. En 358 av. J.-C., la ville fut annexée à Rome et ses habitants devinrent citoyens romains.

La colonisation (aussi subie par les autres cités de la Ligue étrusque durant la même période) se traduisit par l'absorption de la civilisation étrusque au sein de la culture romaine qui signa finalement sa disparition. Après la chute de l'Empire romain, une épidémie de malaria et les invasions répétées des Sarrasins parachevèrent son déclin. Au XIIIe siècle, un exode massif se produisit vers la ville voisine de Ceri, située plus à l'intérieur des terres. Caere devint alors Caere Vetus ("vieux Caere"), origine de son nom actuel. Les premières explorations archéologiques furent tentées dans la région durant la première moitié du XIXe siècle, puis des fouilles systématiques furent entreprises en 1911.

Les principaux sites d'intérêt sont les *tumoli*, monticules de terre recouvrant une base en pierre dont la disposition évoque une ville dotée de rues et de places. Reproduisant l'intérieur des demeures étrusques, ces tombeaux étaient munis de portes, de plafonds, de fauteuils, de lits et d'autres objets domestiques illustrés ou sculptés dans la roche. Ils nous fournissent de précieux renseignements sur l'architecture et la vie quotidienne des Étrusques. Les trésors découverts dans les sépultures sont exposés aux Musei Vaticani, au Museo di villa Giulia et au Louvre.

Renseignements. L'office du tourisme Pro Loco est installé piazza Risorgimento 19 (☎ 06 99551971), au centre de la ville médiévale. Il est ouvert de 10h30 à 12h30 le mardi ainsi que du jeudi au samedi, de 15h30 à 18h le mercredi.

A voir et à faire. La ville médiévale possède un **castello** du XVIe siècle et un petit **Museo archeologico** (☎ 06 994 13 54, piazza S. Maria), exposant une intéressante collection de poteries et de sarcophages, datant IXe siècle av. J.-C., découverts à Cerveteri et dans le port voisin de Pyrgi. Le musée est ouvert de 9h à 19h du mardi au dimanche (de novembre à mars, il faut sonner après 14h). L'entrée est gratuite.

La jolie **chiesa di Santa Maria Maggiore** mérite aussi une visite. Derrière, la **chiesa Vecchia** renferme une belle fresque de l'école d'Antoniazzo Romano et une peinture sur bois représentant la *Madone et l'Enfant* exécutée par Lorenzo da Viterbo en 1472.

La principale nécropole de la **Banditaccia** (☎ 06 994 00 01) se trouve à deux km du centre-ville. Si vous visitez Cerveteri un samedi ou un dimanche, un bus vous y emmènera au départ de la place principale de la ville médiévale à 9h, 10h et 11h. Pour le retour, le bus quitte la nécropole à 10h15 et 11h15. Sinon, la promenade est agréable. Le trajet de 20 minutes est indiqué depuis la grande piazza. La nécropole est ouverte de 9h à 16h du mardi au dimanche (les horaires sont prolongés jusqu'à 19h l'été) et l'entrée coûte 8 000 L.

A l'intérieur, vous pouvez circuler librement, mais il est conseillé de suivre le circuit fléché afin de ne manquer aucune des tombes les mieux préservées. Nous vous recommandons en outré de vous munir d'un guide car les panneaux expliquant l'histoire des principales sépultures sont rédigés en italien ; sinon, l'office du tourisme Pro Loco vous procurera un bon itinéraire. La visite de la nécropole devrait vous occuper au moins une demi-journée.

L'un des tombeaux les plus intéressants, la **tomba dei Rilievi**, date du IVe siècle av. J.-C. La sépulture, qui appartenait à la famille Mantuna, est ornée de reliefs peints figurant des ustensiles de cuisine et autres objets domestiques. La tombe a été fermée afin de protéger ses peintures, mais on peut les admirer derrière un panneau de verre.

Suivez les panneaux indiquant la **tomba dei Capitelli** et la **tomba dei Vasi Greci**. Ne manquez pas la **tomba degli Scudi e delle Sedie**, à l'extérieur de la zone principale, accessible uniquement en compagnie d'un gardien. Elle renferme des fauteuils en tuf calcaire et des bas-reliefs représentant des boucliers sur les murs.

Comment s'y rendre. Cerveteri est aisément accessible depuis Rome par le bus Cotral qui part de la station de métro Lepanto sur la Linea A. Les départs ont lieu toutes les demi-heures et le trajet dure 30 minutes. Achetez un billet régional (BIRG) à 8 500 L, comprenant le retour en bus ou en train ainsi que les transports publics à Cerveteri.

Sinon, il existe des trains au départ des gares de Termini, Tiburtina, Ostiense ou

Trastevere. Il faut descendre à Ladispoli. De là, un bus Cotral vous permettra d'effectuer les derniers 6 km vous séparant du centre-ville. Le BIRG couvre ces deux étapes. En voiture, prenez la via Aurelia ou l'autostrada Civitavecchia (A12) et sortez à Cerveteri-Ladispoli. Le trajet dure environ 20 minutes.

Les environs de Cerveteri

La petite ville médiévale de **Ceri**, à 9 km de Cerveteri, fut fondée par les habitants de Cerveteri pour échapper à la double menace de la malaria et des attaques des Sarrasins. Une petite église abrite de belles fresques. Ceri est aisément accessible depuis Rome. Un bus partant de la piazza principale de Cerveteri vous y conduira. Les horaires sont disponibles à l'office du tourisme Pro Loco de Cerveteri.

Veio

Votre visite en Étrurie ne saurait ignorer Veio (Véies), à 19 km au nord de Rome. Ce fut le plus grande des cités de la Ligue étrusque et la principale rivale de Rome sa voisine. En 396 av. J.-C., après un siège de dix ans, Furius Camillus pénétra dans l'acropole de Veio par un tunnel et détruisit le fruit de sa conquête. La ville devint un municipium sous Auguste puis connut le déclin et l'abandon.

Il subsiste peu de traces de la cité. Cependant, d'importantes découvertes furent réalisées au cours des fouilles menées sur le site au XVIIIe siècle, notamment la célèbre statue d'Apollon, aujourd'hui exposée au Museo di villa Giulia de Rome. A Veio, vous pourrez admirer les fondations du temple d'Apollon, des ornements en terre cuite et les vestiges d'une piscine. Vous admirerez aussi la **tomba Campana**, une salle ornée de fresques datant des VIIe et VIe siècles av. J.-C., et le ponte Sodo, tunnel creusé par les Étrusques pour créer un cours d'eau.

En voiture, prenez la via Cassia pour quitter Rome et sortez à Isola Farnese. Des panneaux indiquent Veio. Sinon, prenez le bus n°201 à destination d'Olgiata qui part de la piazza Mancini, près du ponte Milvio, jusqu'à Isola Farnese et demandez au chauffeur de vous déposer sur la route de Veio (cependant, la ville ne compte probablement pas assez de sites pour vous donner la peine d'emprunter les transports publics).

VITERBO

Fondée par les Étrusques puis reprise par Rome, Viterbo devint un important centre médiéval et accueillit au XIIIe siècle la résidence des papes, leur offrant une demeure sûre durant les violents conflits qui opposèrent l'Église et l'Empire à Rome.

Les élections pontificales se déroulaient au palazzo dei Papi. De nombreuses histoires content l'impatience des citadins attendant anxieusement la décision. En 1271, devant l'échec du collège de cardinaux à élire un nouveau pape après trois ans de délibération à la suite de la mort de Clément IV, les Viterbesi enfermèrent les hommes d'Église dans une salle à tourelles du palais gothique, puis enlevèrent le toit et les privèrent de nourriture. Les cardinaux parvinrent alors enfin à élire Grégoire X.

Bien que gravement endommagée par les bombardements de la Seconde Guerre mondiale, Viterbo demeure la ville médiévale la mieux conservée du Lazio. Le quartier historique de San Pellegrino sert d'ailleurs fréquemment de décor pour des films. La promenade à travers les ruelles vous fera remonter le temps ou vous transportera dans une scène de la *Divina Commedia* de Dante. Située à 75 km au nord de Rome, la visite de Viterbo nécessite une journée entière.

Hormis son attrait historique, la ville est célèbre pour ses sources chaudes thérapeutiques. L'une des plus connues est la sulfureuse Bulicame, que Dante mentionne dans son *Inferno* : il en fait le bassin de sang bouillonnant dans lequel est immergé Guy de Montfort, meurtrier d'Henri de Cornouailles.

Orientation et renseignements

La ville de Viterbo est clairement divisée en une partie neuve au nord et à l'est et une partie ancienne au sud, centrée autour de la piazza San Pellegrino et du dédale de venelles qui compose la ville médiévale. Comme les hôtels sont installés dans la ville moderne, vous devrez traverser la piazza del Plebiscito, avec ses palais des XVe et XVIe siècles, pour rejoindre la vieille ville, véritable but de votre visite.

Il existe des gares ferroviaires au nord et au sud-est du centre-ville, aux portes Fiorentina et Romana, juste de l'autre côté des remparts. Peu pratique, la gare routière est située à Riello, à quelques kilomètres de la ville. Pour rejoindre le centre médiéval, descendez à la porta Romana puis prenez la via Giuseppe Garibaldi devant vous. Vous arriverez ainsi à la piazza Fontana Grande. Continuez à gauche, puis à droite, dans la via Cardinale La Fontaine. Poursuivez tout droit, quelques minutes plus tard, vous vous retrouverez au cœur du quartier médiéval.

Le bureau APT (☎ 0761 30 47 95) est installé sur la piazza San Carluccio, dans le quartier médiéval. Passez le haut portail de fer au sud de la place, le bureau est sur la droite (dans des locaux temporaires). Il ouvre de 9h à 13h et de 13h30 à 15h30 du lundi au vendredi, de 9h à 13h le samedi. Un parking est aménagé sur la piazza.

Le bureau de poste principal se trouve dans la via F. Ascenzi, juste à côté de la piazza del Plebiscito ; le bureau des Telecom, via Cavour 28, entre la piazza del Plebiscito et la piazza Fontana Grande.

A voir et à faire

Piazza del Plebiscito. La piazza est bordée de palais des XVe et XVIe siècles, dont le plus imposant, le **palazzo dei Priori** ou palazzo Comunale, date du XVIe siècle. L'arcade de l'entrée donne sur une jolie cour présentant une élégante fontaine du XVIIe siècle ; la vue sur la vallée du Faul est agréable. Sur la gauche en entrant dans la cour, un escalier mène aux salles richement décorées du Sénat, au 1er étage, ouvertes aux visiteurs aux heures d'ouverture des bureaux. Vous admirerez les fresques exécutées au XVIe siècle par Baldassarre Croce dans la **sala Reggia**. Ces œuvres récemment restaurées donnent une représentation comique des mythes et de l'histoire de Viterbo. Vous apprécierez aussi le tribunal en bois orné soutenant l'image de la justice dans la **sala del Consiglio** ainsi que la petite chaire, ou *bigonoia*, installée entre les deux fenêtres, à laquelle montaient les opposants souhaitant exprimer leur désaccord lors des réunions du conseil.

Cattedrale di San Lorenzo et palazzo dei Papi. La **cathédrale** à bandes noir et blanc de la piazza San Lorenzo date du XIIe siècle. Elle présente néanmoins des ajouts du XVIe siècle et des modifications d'après-guerre. L'intérieur récemment restauré révèle sa simplicité romane d'origine. L'édifice renferme des fonts baptismaux en marbre du XVe siècle et des peintures de diverses époques, ainsi que le tombeau de Jean XXI, unique pape portugais, tué en 1277 par l'effondrement du sol de sa chambre dans le palazzo dei Papi.

La piazza abrite aussi le **palazzo dei Papi**, construit pour les papes entre 1255 et 1267 dans le but d'attirer les souverains pontifes hors de Rome. La gracieuse loggia qui présente une double rangée de fines colonnes à droite de l'escalier illustre les débuts du style gothique. La façade donnant sur la vallée, effondrée au XIVe siècle, permet d'apercevoir la base de certaines colonnes. Montez l'escalier pour rejoindre la salle dans laquelle se tenaient les conclaves pontificaux, aujourd'hui souvent utilisée pour des concerts, des réunions et des expositions, dont l'annuelle **mostra dell'Antiquariato** en octobre/novembre. Il est ouvert le samedi de 15h à 18h, le dimanche de 9h à 12h et de 15h à 18h. Pour pénétrer dans le palais en semaine, adressez-vous à la curia (☎ 0761 34 11 24), à côté de la loggia voisine.

Piazza Santa Maria Nuova. Du palazzo dei Papi, revenez sur la piazza della Morte et prenez la via Cardinale La Fontaine pour rejoindre cette piazza. L'église romane du même nom, qui date du XIIe siècle, compte parmi les plus anciennes de Viterbo. Elle fut néanmoins restaurée après les bombardements de la Seconde Guerre mondiale.

Sur la façade, au-dessus du portail, une antique sculpture représentant la tête de Jupiter, ajoute du poids à la théorie selon laquelle l'église aurait été édifiée sur le site d'un ancien temple païen. La chaire à gauche accueillit saint Thomas d'Aquin. Suivez le mur latéral jusqu'à l'arrière pour admirer les vestiges d'un petit cloître lombard, toujours ouvert et digne d'une visite.

Piazza del Gesù. Située sur la piazza du même nom, cette église se dresserait au centre géographique de la vieille ville. Immortalisée par Dante dans son *Inferno*, elle est le site du meurtre en 1272 d'Henri, duc de Cornouailles. Le cousin d'Édouard Ier fut assassiné par Guy et Simon de Montfort qui souhaitèrent venger ainsi le meurtre de leur père. Ne manquez pas la sculpture grossière du lion, symbole de Viterbo, sur le toit. Il s'agit d'une version burlesque des délicates sculptures léonines gothiques qu'on aperçoit un peu partout dans la ville.

Le quartier médiéval. La via San Pellegrino vous conduira à travers le quartier médiéval jusqu'à la **piazza San Pellegrino**. Le groupe d'édifices très bien conservés qui borde cette minuscule place est considéré comme le plus beau spécimen médiéval d'Italie.

Autres curiosités. Érigée au début du XIIIe siècle, la **fontana Grande**, sur la piazza Fontana Grande, est la plus ancienne et la plus grande fontaine gothique de Viterbo.

De retour à l'entrée de la ville, la **chiesa di San Francesco**, sur la piazza du même nom, fut restaurée suite aux bombardements de janvier 1944. L'église gothique abrite les tombeaux de deux papes, Clément IV (mort en 1268) et Hadrien V (mort en 1276). Ces deux sépultures sont richement décorées, notamment celle d'Hadrien, selon la technique de mosaïque des Cosmati.

Viterbo ne manque pas de musées. Le **Museo della Macchina di Santa Rosa** (☎ 0761 34 51 57), dans la via San Pellegrino, illustre l'histoire de la fête locale qui a lieu le 3 septembre de chaque année. Les Viterbesi promènent une tour de 30 m à travers la ville. Le musée est ouvert de 10h à 13h et de 16h à 19h du mercredi au dimanche et l'entrée est gratuite.

Le **Museo civico** (☎ 0761 34 82 75) a rouvert après dix ans de restauration. Il est aménagé dans le couvent de la chiesa di Santa Maria della Verità, juste à l'extérieur de la porta della Verità, au nord-est de la ville. Parmi les œuvres exposées, citons la très belle *Pietà* de Sebastiano del Piombo (1515), ainsi qu'un sarcophage romain. Le musée est ouvert de 9h, du mardi au dimanche, à 18h de novembre à mars et à 17h d'avril à octobre. L'entrée coûte 6 000 L.

Si vous souhaitez faire quelques achats, rejoignez le quartier commerçant du corso Italia. Arrêtez-vous pour un café au **Caffè Schenardi**, au n°11. Construit par l'importante famille Chigi au XVe siècle, il servit de banque puis d'hôtel avant d'être transformé en caffè en 1818. L'intérieur Art déco sert de décor à de fréquentes expositions d'art. Les amateurs d'antiquités, de tapis et de produits artisanaux exploreront les alentours de la piazza San Pellegrino.

Où se loger et se restaurer

Pour une chambre d'un bon rapport qualité-prix, adressez-vous à l'*Hotel Roma (☎ 0761 22 72 74, ☎ 0761 22 64 74, fax 0761 30 55 07, via della Cava 26),* à côté de la piazza della Rocca, à 2 minutes de la porta Fiorentina. Les simples/doubles coûtent 50 000 L/75 000 L (70 000 L/105 000 L avec s.d.b.), petit déjeuner compris. Vous pouvez utiliser le garage pour 8 000 L/jour seulement.

L'*Hotel Tuscia (☎ 0761 34 44 00, fax 0761 34 59 76, via Cairoli 41),* à droite en quittant la piazza dei Caduti, propose un hébergement trois-étoiles à des prix raisonnables. Les simples/doubles se louent 85 000 L/140 000 L, les triples 165 000 L, petit déjeuner compris.

Il existe aussi des suites simples/doubles à 110 000 L/160 000 L et l'établissement offre de petites réductions en basse saison. Toutes les chambres sont équipées d'une TV et d'une douche. La clim. coûte 10 000 L et le garage 12 000 L.

Pour un repas à prix raisonnable, l'*All' Archetto (☎ 0761 32 57 69, via San Cristoforo)*, à côté de la via Cavour, niché sous les arcades médiévales d'une jolie place triangulaire, propose un choix correct de plats dans un cadre traditionnel. Le repas complet vous reviendra à environ 25 000 L.

Installé à l'entresol (on peut manger dehors l'été), *Il Richiastro (☎ 0761 22 80 09 via della Marrocca 18)* sert une bonne cuisine toute simple, préparée à base de produits locaux. Les soupes, spécialité de la maison, coûtent 8 000 L, 14 000 L pour quatre. Pour les pâtes, comptez à partir de 10 000 L et environ 14 000 L pour la viande. Goûtez la soupe aux lentilles et aux champignons, préparée selon une vieille recette romaine. Le restaurant est fermé du lundi au mercredi, le dimanche soir et de juillet à septembre. Il est recommandé de réserver.

Si vous avez envie d'une pizza, essayez *Il Ciuffo (☎ 0761 30 82 37)* sur la piazza Capella, juste à côté de la piazza San Pellegrino, au cœur du quartier médiéval. L'établissement ouvre uniquement le soir de 19h30 à 23h30 (fermé le mardi).

Comment s'y rendre

Il n'est pas très facile de se rendre à Viterbo. Sans doute le moyen le moins cher et le plus rapide consiste à prendre le bus Cotral au départ de Saxa Rubra (☎ 06 332 83 33) sur la ligne ferroviaire Roma-Nord. Prenez la ligne de métro A jusqu'à la stazione Flaminio, puis suivez les panneaux bleus jusqu'à Roma Stazione Nord (piazzale Flaminio). Le trajet de 10 minutes à destination de Saxa Rubra, qui coûte 1 500 L, peut s'effectuer avec un billet Metrebus BIT normal. Le bus quitte Saxa Rubra environ toutes les demi-heures. L'aller coûte 6 400 L. Le trajet à destination de Viterbo dure 1 heure 30. La gare routière de Viterbo est installée à Riello, à quelques kilomètres au nord-ouest du centre-ville.

Cependant, les bus s'arrêtent aussi aux portes Romana et Fiorentina. Si vous vous trouvez à Riello, prenez le bus urbain n°11 jusqu'à Viterbo. Le trajet dure 5 minutes et coûte 1 000 L.

Les trains à destination de Viterbo partent de Termini ou d'Ostiense, mais à des horaires irréguliers et le trajet implique parfois plusieurs changements. Pour obtenir des renseignements avant le départ, appelez le numéro gratuit ☎ 167 43 17 84 et choisissez la deuxième option.

En voiture, le trajet le plus simple pour gagner Viterbo passe par la Cassia-bis (environ 1 heure 30) ; sinon, prenez l'autostrada del Sole (A1) et suivez les panneaux à partir d'Orte. Entrez dans la vieille ville par la porta Romana, la via G. Garibaldi devient ensuite la via Cavour, suivez-la jusqu'à la piazza del Plebiscito. La ville compte de nombreux parcs de stationnement publics, mais le meilleur reste probablement celui de la piazza della Rocca.

LES ENVIRONS DE VITERBO

Les **sources thermales** de Viterbo s'éparpillent dans un rayon de 10 km autour de la ville. Utilisées à la fois par les Étrusques et les Romains (qui construisaient de vastes établissements thermaux dont il ne subsiste quasiment aucune trace), elles furent abandonnées ensuite avant d'être restaurées par les papes du XIIIe siècle.

Il existe des installations publiques et privées, destinées aux habitants locaux et aux visiteurs. Pour les voyageurs désireux de suivre une cure ou se détendre dans les bassins d'eau chaude sulfureuse, les établissements privés des terme dei Papi (☎ 0761 35 01) restent les plus faciles d'accès. Prenez le bus urbain n°2 à la gare routière sur la piazza Martiri d'Ungheria, près du bureau de l'APT.

Si vous êtes en voiture, suivez les panneaux des terme dei Papi jusqu'à la **nécropole** étrusque du castel d'Asso à 5 km. Les anciens tombeaux récemment restaurés valent le déplacement. L'été, des représentations théâtrales y sont parfois organisées.

A Bagnaia, à quelques kilomètres au

nord-est de Viterbo, la belle **villa Lante** (☎ 0761 28 80 08), du XVIe siècle, dispose de superbes jardins Renaissance. Les deux palais, d'une superficie identique, ne sont pas ouverts au public, en revanche vous pouvez vous promener gratuitement dans le vaste parc public ou payer 4 000 L pour une visite guidée des jardins.

Grimpez jusqu'à la plus haute terrasse pour bénéficier du point de vue. Le parc est ouvert de 9h jusqu'à une heure avant le coucher du soleil, du mardi au dimanche. Les visites guidées des jardins débutent toutes les demi-heures. Malheureusement, le pique-nique n'est pas autorisé dans le parc. De Viterbo, prenez le bus urbain n°6 sur la piazza Caduti.

A Caprarola, au sud-est de Viterbo, le splendide **palazzo Farnese** (☎ 0761 64 60 52), dessiné par Vignola, est l'un des plus importants exemples d'architecture maniériste en Italie. La visite des salles ornées de somptueuses fresques réalisées au XVIe siècle par des artistes aussi fameux que Taddeo et Federico Zuccari s'effectue en compagnie d'un guide.

Les visites débutent toutes les 15 minutes (toutes les 30 minutes le dimanche et les jours fériés).

Le palais est ouvert au public du mardi au dimanche de 9h à 16h et l'entrée coûte 4 000 L. Il est entouré de jardins et d'un parc qu'on peut visiter à 10h et 11h, puis à 12h et 15h (10h, 12h et 15h le dimanche et les jours fériés). Sept bus par jour desservent Caprarola au départ de la gare routière de Riello, à côté de Viterbo. Le dernier revient de Caprarola à 18h35.

Le **parco dei Mostri** ou **sacro Bosco** (☎ 0761 92 40 29) de Bomarzo, au nord-est de Viterbo, intéressera particulièrement les parents accompagnés de jeunes enfants. Le parc, créé pour la famille Orsini dans les années 1570, a été restauré par Giovanni Bettini, qui en est le propriétaire depuis 1954.

Parmi les gigantesques et grotesques sculptures éparpillées dans les jardins, on reconnaîtra un ogre, un géant et un dragon.

Vous admirerez aussi le *tempietto* (petit temple) octogonal dédié à Julia Farnese. Contrairement à ce qu'on pourrait croire, la maison tarabiscotée n'a pas été construite de guingois, elle doit en fait son allure à un glissement de terrain.

Le parc est ouvert de 8h au coucher du soleil et l'entrée coûte 15 000 L. Pour venir de Viterbo, prenez le bus Cotral à destination de Bomarzo à l'arrêt situé près du viale Trento, puis suivez les panneaux indicateurs jusqu'au palazzo Orsini.

A proximité de Viterbo, vous pouvez aussi visiter la petite ville médiévale de **Civita di Bagnoregio**, perchée sur une colline, et son homologue Renaissance, Bagnoregio, au nord. Située dans un cadre pittoresque de ravins de tuf, Civita est une "ville qui se meurt", car l'érosion de la colline a entraîné l'effondrement de nombre de ses édifices. Abandonnée par ses habitants d'origine, partis s'installer à Bagnoregio, la ville a été en grande partie rachetée par des étrangers et des artisans.

Depuis sa récente restauration, Civita est devenue un petit centre touristique. Des bus Cotral desservent régulièrement Bagnoregio depuis la gare routière de Riello, près de Viterbo. A l'arrêt du bus, demandez votre direction jusqu'à Civita, reliée à la périphérie de Bagnoregio par une passerelle pour piétons.

LES LACS

Le nord du Lazio compte quatre lacs : Bracciano, Martignano, Vico et Bolsena. L'été, les Romains affluent, attirés par la fraîcheur de l'eau et la beauté naturelle des environs.

Les amateurs de sport pourront s'adonner à toutes sortes d'activités, notamment la voile et la randonnée équestre. De nombreux hôtels et restaurants vous permettront de prolonger votre séjour. Le samedi et le dimanche, les abords des lacs sont parfois bondés, surtout l'été. Si vous recherchez la paix et la tranquillité, il vaut mieux vous y rendre en semaine.

Lago di Bracciano

Situé à 40 km au nord de Rome, ce lac aisément accessible par les transports publics offre un havre idéal loin du bruit et de la fureur de la ville. Occupant une série de cratères dans la chaîne volcanique des monti Sabatini, il présente une circonférence de 31 km. C'est le huitième plus grand lac d'Italie.

Il est dominé par la charmante ville de **Bracciano** perchée dans la montagne. Au nord-est, **Trevignano Romano** est une pittoresque ville de pêcheurs médiévale possédant un joli *lungolago* (bord de l'eau) et une modeste plage.

La ville fortifiée d'**Anguillara**, qui se dresse sur un promontoire basaltique en surplomb de la rive sud-est du lac, accueillait autrefois de nombreuses résidences secondaires. On pense qu'elle doit son nom aux anguilles qui peuplent le lac.

Orientation et renseignements. L'office du tourisme APT de Bracciano, via Claudia 58 (☎ 06 998 67 82), est ouvert tous les jours sauf les samedi et dimanche de 8h à 14h ainsi que les mardi et jeudi de 15h à 18h.

L'arrêt des bus Cotral depuis/vers Rome et les autres villes des environs du lac se trouve sur la piazza Roma, près de la piazza I. Maggio, située au centre, non loin du castello.

A voir et à faire. Les amateurs de châteaux ne manqueront pas le **castello Orsini-Odelschalchi** (☎ 06 99 80 43 48) de Bracciano. Construit en 1470 par Napoleone Orsini et décoré par Antoniazzo Romano et les frères Zuccari, il illustre parfaitement l'architecture militaire de la Renaissance. Des panneaux indiquent le chemin à suivre depuis la piazza I. Maggio.

L'été, il est ouvert de 10h à 19h du mardi au vendredi ; de 9h à 12h30 et de 15h à 19h30 le samedi ; de 9h à 12h40, puis de 15h à 19h40 le dimanche. L'hiver, il est ouvert de 10h à 12h et de 15h à 17h du mardi au samedi ; de 10h à 12h30 et de 15h à 17h30 le dimanche. Il est aussi possible de visiter le château le soir. Pour les horaires, téléphonez au guichet au numéro indiqué ci-dessus.

A Trevignano Romano, un **Museo civico etrusco-romano** est aménagé au rez-de-chaussée du palazzo Comunale sur la piazza Vittorio Emanuele III.

Le musée abrite une petite collection intéressante de pièces étrusques et romaines témoignant de l'histoire antique de la région. Au moment de la rédaction de ce guide, la collection faisait l'objet d'une restructuration et le musée était (partiellement) ouvert les samedi et dimanche de 10h à 13h.

N'hésitez pas à visiter la **chiesa di Santa Maria Assunta**, sur la colline, au cœur de la ville médiévale.

Pour y accéder, passez l'arche à droite de la piazza lorsque vous êtes face au palazzo Comunale. Suivez la route étroite sur environ 500 m jusqu'à une petite place sur la gauche. Ensuite, prenez le sentier qui monte jusqu'à l'église (bien signalée). L'abside de cette église paroissiale récemment restaurée renferme des fresques de l'école de Raphaël. Également digne d'intérêt, la **chiesa di San Bernadino** dédiée au saint patron de Trevignano, date de la seconde moitié du XVe siècle.

Le deuxième dimanche du mois, Trevignano accueille la Fiera dei Sogni (foire des rêves), un marché animé spécialisé dans les produits et l'artisanat locaux.

En octobre et début novembre, la ville organise un festival populaire de six concerts classiques. Ils ont lieu le dimanche à 18h dans la sala Convegni de la banca di Credito Cooperativo sur la piazza Vittorio Emanuele III à côté du palazzo del Comune (pour tout renseignement concernant le programme, appelez le ☎ 06 999 12 02 03 ou le ☎ 06 998 50 10, sinon consultez la rubrique *spettacoli* dans les quotidiens).

A Anguillara, vous pourrez visiter un intéressant château dont les remparts présentent jusqu'à 15 m d'épaisseur. A l'extérieur des fortifications se dresse la jolie **chiesa di San Francesco**, qui date du Xe siècle.

A environ 5 km d'Anguillara, le pittoresque **lago di Martignano**, ramification du cratère de Bracciano, possède une petite plage où il est possible de louer des pédalos, des voiliers et des barques. Demandez votre chemin jusqu'au lac.

Où se restaurer. A Bracciano, la petite trattoria *Da Regina*, près du castello est excellente. De la piazza I. Maggio, prenez la via G. Palazzi. Suivez la rue qui tourne à gauche puis prenez la via Sant'Antonio à droite jusqu'à une jolie place (sans nom). Le restaurant est installé sur la gauche. Il propose un choix de plats succulents, notamment la *pasta al forno* et le poisson frais pêché dans le lac. Les parts sont généreusement servies et les prix imbattables. Pour un repas complet, café compris, comptez moins de 20 000 L.

Le restaurant est ouvert à midi et le soir de 19h15 à 21h15 (fermé le vendredi). Présentez-vous de bonne heure pour faire la queue (pas de réservations).

Spécialiste des *funghi porcini* (cèpes), la ***Trattoria del Castello*** *(☎ 06 99 80 43 39),* sur la piazza du castello, sert une cuisine savoureuse. Le repas complet vous coûtera environ 40 000 L.

A Trevignano Romano, ***La Tavernetta*** *(☎ 06 999 90 26, via Garibaldi 62)* est un établissement familial et rustique qui installe des tables au bord du lac l'été et expose les peintures d'un artiste local. Pour un repas complet, comptez de 25 000 à 30 000 L. Le ***Bar Sandro***, via dell'Arena 16A, prépare de délicieuses glaces maison que vous pourrez savourer sur la promenade ou à une table ombragée au bord du lac.

Il est peu probable que souhaitiez passer la nuit au lago di Bracciano. Toutefois, l'office du tourisme peut vous procurer une liste des possibilités d'hébergement, indiquant notamment les terrains de camping de la région.

Comment s'y rendre. Deux bus Cotral desservent Bracciano.

Le premier se rend directement de Rome à Bracciano (destination finale Manziana).

Le second emprunte un itinéraire plus long et s'arrête à Anguillara et à Trevignano.

Ces deux bus partent environ toutes les heures de la station de métro Lepanto sur la Linea A.

Vous pouvez aussi vous rendre à Bracciano et Anguillara en combinant le train et le bus. Vous partirez d'Ostiense et changerez à Pineto.

En voiture, prenez la via Braccianense (SS493) jusqu'à Anguillara et Bracciano, puis la via Cassia (SS2) jusqu'à Trevignano Romano.

Lago di Vico

Selon la légende, ce lac doit sa forme de fer à cheval au passage d'Hercule. Le demi-dieu, à la recherche de Mélissa et d'Amalthée, planta son gourdin en terre pour prouver son identité et lança le défi aux habitants des environs d'extraire l'arme du sol. Devant leur échec, Hercule la retira lui-même, laissant un trou qui se remplit d'eau et forma un lac. En réalité, le lac occupe un ancien volcan.

Aujourd'hui, il fait partie d'une vaste réserve naturelle (☎ 0761 647444) comprenant des marais où viennent se poser les oiseaux migrateurs.

C'est pour cette raison que les abords du lac sont relativement peu développés et que les hôtels et les restaurants demeurent peu nombreux. Toutefois, les amateurs de plein air pourront apprécier un large éventail d'activités, notamment le canoë, la randonnée équestre et le cyclotourisme.

Il existe aussi un terrain de camping, ***Natura*** *(☎ 0761 61 23 47),* installé au bord de l'eau à environ 3 km de la ville de Caprarola. Il est ouvert l'été, mais il est recommandé de réserver.

Comment s'y rendre. Le lago di Vico n'est pas très facile d'accès en transports publics depuis Rome. Néanmoins, le bus Cotral à destination de Caprarola ne passe pas très loin.

Vous pourrez le prendre à la gare de Saxa Rubra sur la ligne ferroviaire Roma Nord et demander au chauffeur de vous déposer. Si vous vous trouvez à Caprarola, prenez le bus local qui se rend au lac.

En voiture, prenez la via Cassia à destination de Viterbo, puis suivez les panneaux indiquant Vico.

Lago di Bolsena

Situé à 100 km au nord de Rome, il est trop loin pour une excursion d'une journée. En revanche, il est aisément accessible de Viterbo (voir la rubrique *Viterbo* plus haut dans ce chapitre). De forme elliptique, il est le cinquième plus grand lac d'Italie et, comme les autres lacs du Nord du Lazio, d'origine volcanique. Un certain nombre de villes sont installées dans ses environs, la plus importante, Bolsena, lui ayant donné son nom.

La ville est renommée pour le miracle qui s'y produisit en 1263. Un prêtre bohémien doutant du dogme de la transsubstantiation (incarnation du Christ pendant l'eucharistie) vit le sang couler de l'hostie qu'il tenait. Pour commémorer cet événement, le pape Urbain IV créa la fête du Corpus Domini, illustrée par Raphaël dans sa *Messe de Bolsena* dans une des Chambres des Musei Vaticani.

Les citadins célèbrent le miracle en juin par une procession de 3 km et en décorant leur ville avec des fleurs.

Orientation et renseignements. L'office du tourisme Pro Loco est situé piazza Matteotti 9 (☎ 076179 95 80).

La ville dispose en outre d'un site Web : www.pelagus.it/bolsena/bolsena.html (en anglais et italien). Bolsena attire une foule importante l'été.

A voir et à faire. Le **castello Monaldeschi** du quartier médiéval présente une histoire intéressante. La structure d'origine date du XIIIe au XVIe siècle. Elle fut cependant détruite par les habitants en 1815 afin d'éviter sa prise par Luciano Bonaparte. Sa reconstruction ultérieure, qui lui valut sa forme carrée et ses quatre tours, abrite aujourd'hui le **Museo territoriale del lago di Bolsena** (☎ 0761 79 86 30), consacré à la géologie et à l'archéologie de la région.

Il est ouvert du mardi au vendredi de 9h30 à 13h30, puis de 16h à 20h l'été ; de 10h à 13h l'hiver. Les samedi et dimanche, il est ouvert de 10h à 13h, puis de 15h à 18h.

Vous pourrez aussi visiter la **basilica di Santa Cristina**, du XIe siècle, et les **catacombes** qui s'étendent au-dessous.

La basilique renferme les ossements de Santa Cristina, découverts dans les catacombes en 1070. Selon la tradition, la jeune chrétienne fut jetée dans le lac attachée à une grosse pierre qui flotta miraculeusement, lui permettant de gagner la rive.

Cet événement est fêté le 23 juillet par une représentation théâtrale mise en scène par des jeunes de Bolsena vêtus en Romains. Juste avant l'entrée des catacombes, l'**altare del miracolo** marque l'endroit où se produisit le miracle de Bolsena. Les catacombes méritent une visite car elles contiennent des tombeaux encore scellés.

Des croisières sur le lac et aux îles Martana et Bisentina (crêtes du cône volcanique immergé) sont organisées tous les jours au départ de Bolsena.

Pour les renseignements et les réservations, contactez Navigazione Alto Lazio (☎ 0761 79 80 33).

Si vous visitez la région en voiture, ne manquez pas **Montefiascone**, ville de montagne dominée par l'énorme coupole du **duomo** (cathédrale), le troisième plus grand d'Italie. La ville possède aussi une intéressante église romane, **Sant'Andrea** et, sur la route d'Orvieto, l'église romane **San Flaviano**.

La ville est en outre connue pour son vin blanc, Est ! Est ! Est ! Selon la tradition locale, un moine voyageur aurait écrit "Est" (il est) pour indiquer les endroits où le vin était bon. A son arrivée à Montefiascone, il fut tellement subjugué par la qualité du vin qu'il se serait exclamé : "Est ! Est ! Est !"

Où se loger. De nombreux terrains de camping et hôtels sont installés aux abords du lac de Bolsena. Le *Villaggio Camping Lido* (*☎ 0761 79 92 58*), grand camping à 1,5 km de Bolsena, possède un bar, un restaurant et des bungalows.

L'*Hotel Eden* (*☎ 0761 79 90 15, via Cassia*), sur la rive du lac, loue des simples/doubles à 60 000 L/90 000 L et propose une demi-pension/pension complète à 80 000 L/100 000 L par personne. Possibilités de parking.

Comment s'y rendre. L'été, un bus Cotral direct dessert Bolsena au départ de la gare de Saxa Rubra sur la ligne Roma-Nord (prenez le train à la gare du piazzale Flaminio).

Sinon, vous devrez changer à Viterbo. Des bus Cotral réguliers assurent la liaison entre Bolsena et Viterbo, du lundi au samedi, au départ de la gare routière de Riello. Le dimanche, un seul bus part à 9h (retour à 18h05).

En voiture, prenez la via Cassia (SS2) à destination de Viterbo et suivez les panneaux.

CASTELLI ROMANI

Juste à la périphérie de Rome, les colli Albani (monts Albains) abritent les 13 villes des Castelli Romani.

Région de villégiature prisée par les riches Romains depuis l'Empire, ces villes furent essentiellement fondées par les papes et les familles patriciennes. Castel Gandolfo et Frascati sont peut-être les plus connues.

La première accueille la résidence d'été du pape, la seconde doit sa célébrité à son vin blanc.

Les autres villes sont Monte Porzio Catone, Montecompatri, Rocca Priora, Colonna, Rocca di Papa, Grottaferrata, Marino, Albano Laziale, Ariccia, Genzano et Nemi.

Frascati

Parmi les Castelli, Frascati est la plus proche de Rome, ce qui en fait un bon point de départ pour effectuer un circuit dans la région.

Orientation et renseignements. Si vous arrivez en train, sortez de la gare et montez l'escalier en face de vous. Vous vous retrouverez immédiatement sur le grand piazzale Marconi. La vieille ville et les sites touristiques s'étendent à deux pas.

Si vous arrivez en voiture, suivez la route qui pénètre en ville et garez-vous dans l'un des multiples parcs de stationnement payants. Le bus Cotral vous dépose sur le piazzale Marconi.

Les bus à destination des autres Castelli partent aussi de là.

Les horaires sont affichés sur le mur du palazzo Marconi.

L'office du tourisme APT, piazzale Marconi 1 (☎ 06 942 03 31), est ouvert de 8h à 14h du lundi au samedi.

Du mardi au vendredi, il est aussi ouvert de 15h30 à 18h30.

A voir et à faire. La villa Aldobrandini, du XVIe siècle, perchée sur une colline en surplomb du piazzale Marconi, fait partie d'un groupe de superbes villas disséminées dans la région. Dessinée par Giacomo della Porta et construite par Carlo Maderno en 1598, elle renferme des fresques de Domenichino. C'est aujourd'hui une résidence privée fermée au public, mais il est possible de demander l'autorisation de se promener dans les vastes jardins de 9h à 13h et de 15h à 18h l'été (à 17h l'hiver) du lundi au vendredi.

Les autorisations sont disponibles gratuitement à l'office du tourisme du piazzale Marconi.

Parmi les autres sites, vous pourrez visiter la **cattedrale di San Pietro Apostolo**, qui domine la piazza du même nom, juste à côté de la place principale. Construite au XVIIe siècle, elle fut restaurée dans sa forme originale après son bombardement durant la Seconde Guerre mondiale. Admirez le bel autel en marbre sculpté qui représente le Christ remettant les clés de l'église à Pierre.

A deux pas, sur la piazza del Gesù, la **chiesa del Gesù**, du XVIe siècle, présente une magnifique architecture peinte en trompe l'œil, réalisée par Andrea Pozzo, qui tenta de contrebalancer la modestie de l'église due à un manque de fonds.

Au cœur du centre historique, le **palazzo Vescovile** date du XVe siècle, la **tour d'horloge** voisine de 1305.

Où se loger et se restaurer. Il est peu probable que vous passiez la nuit sur place. Néanmoins, si vous souhaitez profiter de deux jours de tranquillité, vous pouvez séjourner à l'*Hotel Panorama* (☎/*fax 06 942 18 00, piazza Carlo Casini 3)*. A 100 000 L, petit déjeuner non compris, le prix de la chambre simple est un peu élevé. Les doubles offrent un meilleur rapport qualité-prix à 120 000 L, le lit supplémentaire coûtant 35 000 L. Petit et chaleureux, l'établissement jouit d'une superbe vue.

Le choix ne manque pas pour se restaurer à Frascati, notamment dans le centre historique.

Sur la piazza del Mercato, **Il Pinocchio** sert des repas corrects. Pour trois plats, comptez environ 30 000 L, les nombreuses pizzas commencent à 7 000 L.

Le restaurant est ouvert à midi et le soir (fermé mardi).

Pour un en-cas, **Il Fornaretto**, juste à côté, offre un choix alléchant de pains, pizzas, gâteaux et biscuits maison, notamment les fameuses *ciambelle al vino*, que l'on trempe dans un verre de vin local rafraîchi.

Sinon, de nombreux étals vendent de la *porchetta* (porc rôti).

Si vous souhaitez goûter le Frascati, choisissez l'une des *cantine* rustiques qui servent une cuisine simple et du vin en fût. Certaines acceptent que les clients apportent leur propre nourriture et remplissent même des bouteilles vides à emporter.

Les environs de Frascati

Au-dessus de Frascati, la ville ancienne de **Tuscolo** fut fondée vers le IXe siècle av. J.-C. Imposante et imprenable, elle demeura indépendante jusqu'en 380 av. J.-C., lorsqu'elle passa sous la domination romaine. Vers la fin de la République, les familles patriciennes commencèrent à bâtir des résidences secondaires dans les environs, lançant une mode encore en cours aujourd'hui. En 1191, sa destruction amena ses habitants à fonder les villes voisines des Castelli.

Aujourd'hui, il subsiste assez peu de traces de la cité : un petit amphithéâtre (dans lequel seraient organisés des messes noires et des rites sataniques), les vestiges d'une villa et une portion d'ancienne route romaine menant jusqu'à la cité. Tuscolo est indiqué depuis Frascati.

En voiture, il est possible d'accéder jusqu'au sommet. Sinon, il faut marcher à travers bois, ce qui permet de profiter de la vue.

A **Grottaferrata**, l'**abbazia di Grottaferrata** (☎ 06 945 93 09), viale San Nilo, fondée au XIe siècle, héberge une congrégation de moines grecs.

Elle renferme en outre un intéressant **museo** exposant des sculptures, des fresques et des icônes. Il est ouvert de 8h30 à 12h et de 16h30 à 18h du mardi au samedi et de 8h30 à 10h et de 16h30 à 18h le dimanche.

Nemi mérite une visite ne serait-ce que pour son joli lac de cratère. Dans l'Antiquité, la déesse Diane était vénérée dans un important sanctuaire près du **lago di Nemi**. Aujourd'hui, il ne subsiste que peu de traces de ce temple imposant, cependant on distingue encore les parois d'un ancien portique. De nouvelles fouilles ont récemment débuté sur le site.

L'édifice d'aspect incongru qui se dresse sur la rive du lac, près des ruines du temple, présente une histoire intéressante. Il fut construit par Mussolini pour abriter deux barques romaines antiques (l'une de 73 m de long, l'autre de 71 m), embarcations de plaisance de Caligula découvertes au fond du lac lors de son assèchement partiel en 1927-1932.

Selon l'histoire officielle, les troupes allemandes auraient incendié ces barques lors de leur retraite le 1er juin 1944. A en croire les habitants de la région, l'histoire serait bien différente, mais à vous de la découvrir !

La délicieuse *Trattoria La Sirena del Lago* (☎ *06 936 80 20)* est installée au bord d'une falaise derrière le palazzo Ruspoli de Nemi, en surplomb du lac. Des panneaux en indiquent la direction depuis le centre-ville. Le repas, simple mais excellent, vous coûtera 30 000 L, vin compris.

Comment s'y rendre

Il est vraiment conseillé d'effectuer le circuit dans cette région en voiture car ce moyen de transport vous permettra de voir les sites les plus intéressants en une journée au départ de Rome.

Prenez la via Tuscolana (SS5) jusqu'à Grottaferrata et Frascati, puis la via Appia (SS7) pour Genzano et Nemi. Néanmoins, la plupart des villes des Castelli Romani, y compris Nemi, sont accessibles en bus Cotral au départ de la station de métro Anagnina sur la Linea A, ou de la grande place de Frascati si vous souhaitez poursuivre à partir de là.

Des trains desservent aussi Frascati et Castel Gandolfo/Albano Laziale du quai Lazio de la stazione Termini.

PALESTRINA

La ville actuelle s'étend sur le site d'un temple antique érigé au VIe siècle av. J.-C. en l'honneur de l'oracle de Fortuna Primigenia. Il fut reconstruit par Sylla après sa conquête de la ville en 87 av. J.-C.

Cependant, le premier peuplement des lieux remonte au VIIe siècle av. J.-C., ce qui en fait l'une des plus anciennes communautés de la région. Anciennement connue sous le nom de Praeneste, la ville attire les hommes depuis l'Antiquité en raison de son altitude et de son air pur. Elle offre une intéressante destination pour une excursion d'une demi-journée.

Orientation et renseignements. L'office du tourisme Pro Loco, sur la piazza Santa Maria degli Angeli 2 (☎ 06 957 31 76), dans le centre-ville, est théoriquement ouvert tous les jours de 10h30 à 12h.

Le dimanche et les mois d'hiver, il est préférable de téléphoner d'abord.

A voir. La ville de Palestrina est surplombée par le **santuario della Fortuna Primigenia**. Érigé par les Romains de l'Antiquité sur une série de terrasses creusant les flancs du monte Ginestro, le sanctuaire était dominé par un temple circulaire surmonté d'une statue de la déesse Palestrina.

Le **palazzo Colonna Barberini** du XVIIe siècle qui se dresse à cet endroit abrite le **Museo archeologico nazionale prenestino** (☎ 06 953 81 00), ouvert tous les jours de 9h à environ 17h (horaires prolongés l'été).

Un important programme de restauration permet à ce musée d'exposer aujourd'hui une importante collection d'objets romains. Vous pourrez notamment admirer la splendide **mosaïque Barberini**, connue aussi sous le nom de mosaïque du Nil, provenant de la partie la plus sacrée du temple (où se dresse aujourd'hui le beffroi roman de la cathédrale). L'œuvre représente le cours du Nil, d'Éthiopie à Alexandrie accompagné de scènes fascinantes. La seule vue offerte par le sanctuaire impose la visite de la ville.

Hormis son importance historique et archéologique, Palestrina vit naître le compositeur du XVIe siècle, Giovanni da Palestrina. Les amateurs de produits artisanaux pourront acheter des objets en cuivre martelé en forme de coquillages ainsi que de la broderie au "point de Palestrina".

Comment s'y rendre. Palestrina est accessible de Rome par le bus Cotral qui part de la station Anagnina sur la Linea A. Les départs ont lieu environ toutes les demi-heures ; le trajet dure une heure.

En voiture, suivez la via Prenestina (SS155) tout droit sur 39 km.

ANAGNI ET ALATRI

Ces villes médiévales sont situées dans la région de la Ciociaria, à environ 40 minutes au sud de Rome. **Anagni**, ville natale d'un certain nombre de papes du Moyen Age, dont Innocent III et Grégoire IX, présente une cathédrale lombarde particulièrement intéressante, construite au XIe siècle. Son pavement fut réalisé par les marbriers de l'école Cosmati au Moyen Age.

Dans la crypte, vous pourrez admirer une extraordinaire série de fresques pathétiques, peintes par trois moines bénédictins à diverses périodes du XIIIe siècle. Illustrant un large éventail de sujets, elles sont considérées comme un exemple majeur de la peinture médiévale prégiottesque. Elles viennent d'être restaurées pendant quatre ans et méritent vraiment le détour. Le pavement de la crypte fut aussi exécuté par les Cosmati.

Alatri possède quelques églises intéressantes, dont la **chiesa di Santa Maria Maggiore**, du XIIIe siècle, sur la piazza principale. L'antique **acropole** est entourée d'imposants remparts du VIe siècle av. J.-C., érigés par les habitants d'origine, les Herniques.

Pour vous rendre à Anagni en bus, vous devez changer à Colle Ferro.

Les bus Cotral à destination de Colle Ferro partent environ toutes les demi-heures de la station de métro Anagnina sur la Linea A.

Ensuite, il faut prendre le bus à destination d'Anagni. Sinon, prenez le train de Frosinone au départ de la stazione Termini à Rome (départs environ toutes les heures) et descendez à Anagni-Fiuggi. Si vous voulez vous rendre à Alatri, prenez le train pour Anagni puis le bus Cotral pour Alatri.

LE LITTORAL

Les plages ne manquent pas dans les environs de Rome. Si vous souhaitez vous baigner, vous devrez néanmoins vous satisfaire de plages bondées et polluées.

Ostia

Lido di Ostia. Station balnéaire la plus proche pour les Romains, cette plage est aisément accessible en train (30 minutes) au départ d'Ostiense, cependant il est déconseillé de s'y baigner en raison de la pollution.

Dépourvue de charme, la ville n'est pas très sûre. Il est notamment recommandé aux femmes de faire attention la nuit.

L'office du tourisme Pro Loco (☎ 06 562 78 92), installé dans le hall principal de la gare, ouvre du lundi au vendredi de 17h à 19h30.

De l'autre côté d'Ostia, de longues plages sont bordées de dunes de sable particulièrement dégradées. Parmi elles, citons **Fregene** ou **Focene**, station balnéaire en pleine expansion près de l'aéroport de Fiumicino. Aucune des deux ne présente cependant un grand intérêt.

Au sud d'Ostia, la plage de sable de **Torvaianica** vous permettra de faire d'une pierre deux coups puisque vous pourrez visiter les fouilles archéologiques de la ville voisine de **Pratica di Mare**, à l'intérieur des terres.

Cette ville se dresse sur le site de la cité antique de Lavinium, dont on attribue la fondation à Énée après sa fuite de Troie. Vous pouvez admirer 13 autels archaïques ainsi qu'un certain nombre de sanctuaires funéraires. Une nécropole de l'âge de fer a aussi été identifiée.

Plus au sud, vous pouvez visiter les ports d'**Anzio** et de **Nettuno**. Anzio date de la civilisation du Latium, au début du premier millénaire av. J.-C.

La ville fut ensuite occupée par les Volsques, avant de devenir une station estivale et un port d'escale très courus à l'époque romaine. Cicéron et Auguste y possédaient tous les deux une résidence. C'était en outre la ville natale de Néron, qui construisit le port, aujourd'hui un important site archéologique. Les statues de la villa impériale, aussi édifiée par Néron, sont exposées dans les musées du monde entier.

Après la chute de l'Empire romain, Anzio fut pillée par les Barbares et les Sarrasins, ce qui contraignit la population à quitter la ville pour fonder la ville voisine de Nettuno. Elle fut rétablie par Innocent XII qui finança en 1700 la construction du port qui porte encore son nom. Le 22 avril 1944, les Alliés y débarquèrent pour libérer Rome occupée par les Allemands. L'événement est commémoré par les gigantesques cimetières américains et britanniques qui entourent la ville.

A Anzio, l'office du tourisme APT est situé piazza Pia 19 (☎ 06 984 51 47). Si vous arrivez par le train, prenez la rue devant la gare et poursuivez tout droit jusqu'à la place principale.

L'office, à côté de l'église, est ouvert de 8h à 14h du mardi au samedi mais aussi de 15h à 18h les mardi et jeudi.

A votre demande, le personnel vous procurera la liste des possibilités d'hébergement et des restaurants.

Les bus à destination d'Anzio qui partent de la station de métro EUR-Fermi sur la Linea B suivent ensuite la route du littoral. Ceux qui partent de la sation Cinecittà sur la Linea A passent par l'intérieur des terres (destination finale Nettuno). Dans les deux cas, le trajet dure 1 heure 45 et coûte environ 5 000 L. Sinon, prenez le train régulier au départ de la stazione Termini. Le trajet dure 1 heure 15 et coûte 5 100 L. En voiture, prenez la via Pontina (SS148) en direction du sud.

Pour trouver une plage agréable pour la baignade, il vous faudra aller plus au sud jusqu'à **Sabaudia** ou **Sperlonga**.

Sabaudia

Sabaudia est une station balnéaire très chic, non polluée, appréciée de l'élite intellectuelle italienne.

Elle bénéficie en outre de dunes de sable (protégées par une initiative de l'UE) et accueille le **parco nazionale del Circeo**, réserve naturelle de marais qui longe la côte et comprend le monte Circeo, promontoire se dressant au sud.

La ville elle-même, qui s'est développée dans les années 30 sur un ancien marécage, est en quelque sorte une exposition d'architecture fasciste, avec ses vastes places et ses larges avenues. Le quatrième dimanche du mois, le très animé **mercatino di Archimede** envahit la piazza del Comune. On peut y acheter des antiquités, des livres et des produits artisanaux.

Où se loger et se restaurer. Le *Mini Hotel (☎ 0773 51 76 42, corso Vittorio Emanuele 120)*, petit hôtel du centre-ville, à environ 1,5 km de la mer, loue d'agréables simples/doubles d'une propreté étincelante à 110 000 L/180 000 L (85 000 L/110 000 L), petit déjeuner compris. L'établissement propose une formule en demi-pension, mais dans ce cas, il faut parcourir 5 km jusqu'à Torre Paola, au pied du monte Circeo, pour rejoindre le restaurant *Sapporetti*, géré par la même direction. L'établissement fait des affaires en or, car il attire surtout des membres de l'élite artistique qui viennent s'y montrer.

Vous pouvez acheter des *trecce* (tresses) de mozzarella fraîche à la laiterie de la via Litoranea, parallèle au littoral.

Le commerce est situé environ 300 m avant le premier grand carrefour en venant de Rome.

Comment s'y rendre. Sabaudia est desservie par un bus Cotral au départ de la station de métro EUR-Fermi sur la Linea B de Rome.

Prenez le bus à destination de San Felice Circeo et descendez à Sabaudia.

En voiture, prenez la Pontina (SS148) en direction du sud depuis l'EUR.

Sperlonga

La petite ville côtière de Sperlonga et sa jolie plage offrent une bonne destination pour un week-end. La ville est divisée en deux, la médiévale Sperlonga Alta occupant le sommet de la colline, la moderne Sperlonga Bassa s'étendant près de la mer.

Le principal site à visiter dans la région est la **grotta di Tiberio**, caverne abritant un bassin circulaire utilisé par l'empereur Tibère. Elle renfermait des groupes de sculptures illustrant les aventures d'Ulysse et de ses compagnons, érigés pour Tibère entre 4 et 26.

Les œuvres, détruites par un groupe de moines iconoclastes zélés en 511, ne furent redécouvertes qu'en 1957. Depuis, les sculptures ont été restaurées et exposées au **Museo archeologico** voisin. Parmi elles, on peut admirer une œuvre complexe dans le style du *Laocoon* présenté aux Musei Vaticani. Les vestiges de la villa de Tibère se dressent devant la grotte.

Début septembre, la ville célèbre la fête des saints patrons Rocco et Léon le Grand. Une procession religieuse, de la musique et un feu d'artifice ont lieu le soir.

Le samedi, Sperlonga accueille un marché animé sur lequel on peut acheter des provisions et des vêtements d'occasion.

Où se loger et se restaurer. Si vous souhaitez loger sur place, l'*Albergo Major* (☎ *0771 54 92 44, via Romita I 4)* propose des simples/doubles à 80 000 L/100 000 L, petit déjeuner compris, en basse saison et 110 000 L par personne en demi-pension en haute saison. Moyennant un petit supplément de 10 000 L, vous jouirez des installations de la plage privée. L'hôtel est ouvert toute l'année.

Vous pourrez vous restaurer au **Lido da Rocco** (☎ *0771 544 93, via Spiaggia Angelo 22)* sur le front de mer. Pour un repas un peu plus raffiné, l'*Agli Archi* (☎ *0771 54 300, via Ottaviano 17),* au cœur de la ville médiévale, est spécialisé dans le poisson. Il prépare en outre un large choix de plats. Pour un repas complet, comptez de 40 000 L à 120 000 L. Le restaurant est ouvert de 10h30 à 15h30 et de 18h30 à 24h00 (fermé le mercredi).

Pour un en-cas, goûtez les *cornetti caldi* (croissants chauds) de Filippo chez **Fiorelli** à Sperlonga Bassa ou dans n'importe quel bar. Il vous faudra toutefois vous dépêcher car ils sont appréciés et disparaissent très vite.

Comment s'y rendre. Pour rejoindre Sperlonga au départ de Rome, prenez le bus Cotral de la station de métro EUR-Fermi sur la Linea B. Sinon, prenez le train à destination de Napoli (mais pas l'Intercity) à la stazione Termini et descendez à Fondi-Sperlonga.

Ensuite, prenez le bus Cotral à destination de Sperlonga. Théoriquement, les horaires de bus coïncident avec ceux du train. Sinon, vous pouvez prendre un taxi. Au retour, le bus part de la piazza principale au pied de la colline, au centre de Sperlonga Alta.

Sperlonga est à 120 km de Rome en voiture. Prenez la via Pontina (SS148) en direction du sud dans l'EUR et suivez les panneaux jusqu'à Terracina. Terracina n'est pas loin de Sperlonga sur la SS213.

Îles Pontines

Les touristes étrangers commencent tout juste à découvrir ce petit archipel situé entre Rome et Napoli. Il se compose de deux groupes d'îles : Ponza, Palmarola, Gavi et Zannone au nord, et Ventotene et Santo Stefano au sud. Seules deux d'entre elles, Ponza et Ventotene, sont habitées. Leur beauté naturelle et l'efficacité des transports en font des destinations de vacances d'été très prisées des Italiens.

Le week-end, elles sont prises d'assaut par les Napolitains et les Romains. Étant donné le niveau relativement élevé des prix, il est conseillé aux voyageurs à petit budget de s'y rendre hors saison, lorsque la vie y redevient abordable.

L'histoire de ces îles remonte très loin dans le temps. Homère mentionnait déjà Ponza dans le Dixième Chant de l'*Odyssée*, attestant de la présence des Grecs, confirmée par les vestiges des tombes sur le promontoire surplombant Chiaia di Luna. En 313 av. J.-C., l'archipel passa sous le joug romain, puis vint la construction de somptueuses villas pour l'empereur et sa cour.

L'effondrement de l'Empire s'accompagna d'une période de déclin durant laquelle les îles subirent de violentes attaques de la part des Sarrasins, ainsi que de groupes venus de la péninsule italienne et des Isole Eolie (îles Éoliennes) voisines.

Parmi les personnes que l'on exilait sur ces îles à cette époque, figuraient bon nombre de femmes infidèles ou de filles aux mœurs faciles, ainsi que des chrétiens persécutés.

L'histoire récente de ces îles commence en 1734, quand le Bourbon espagnol Charles III s'installa à la tête du Royaume de Naples. Il s'ensuivit une vague d'émigration de ses opposants vers Ponza qui dura jusqu'à la fin du siècle.

Le commerce prospéra au détriment de l'environnement, largement détruit par la précipitation des nouveaux venus qui s'empressèrent de construire et de cultiver la terre. L'écologie de l'île en a été considérablement atteinte. Chaque centimètre ou presque de terre a été mis en terrasse et utilisé pour l'agriculture, ce qui accroît l'érosion.

La chasse aux oiseaux est devenue le passe-temps favori des habitants car de nombreux oiseaux s'arrêtent durant leur migration entre l'Europe et l'Afrique. Pourtant, toutes les îles sont désormais placées sous la protection d'un parc national.

Orientation et renseignements. Ponza, la plus grande des îles, offre une bon point de départ pour explorer l'archipel.

Le port se trouve dans la ville de Ponza, plus grande agglomération de l'île.

L'autre ville, à 8 km au nord par la route, s'appelle Le Forna. Toutes deux possèdent des plages correctes et un bon choix d'hôtels et de restaurants.

La majeure partie du littoral plonge à pic dans la mer et les plages de galets sont plus facilement accessibles en bateau (des services de bateaux fonctionnent très régulièrement au départ du port ; l'aller-retour coûte environ 7 000 L).

Les deux grandes exceptions sont Spiaggia di Frontone et Chiaia di Luna, toutes deux accessibles à pied.

Bien qu'inhabitée, **Palmarola** dispose d'installations estivales pour les touristes.

Zannone, légèrement plus proche de Ponza, fait partie du parco nazionale di Circeo. Elle abrite une réserve pour les oiseaux qui s'arrêtent lors de leur migration entre l'Europe et l'Afrique.

Ventotene est l'endroit où Julia, la fille d'Auguste, et Octavie, l'épouse dont Néron divorça, vécurent en exil. (Octavie fut assassinée peu après son arrivée dans l'île.) Les vestiges de leur villa se trouvent près de Punta Eolo.

Appréciée des pêcheurs, l'île compte une toute petite population permanente et un nombre limité d'installations pour les touristes. L'utilisation de véhicules à moteur est interdit, mais les hôtels disposent d'un minibus pour la desserte du port.

L'office du tourisme Pro Loco de Ponza, dans la ville du même nom (☎ 0771 800 31), via Molo Musco, près du port, ouvre tous les jours l'été de 9h à 13h et de 16h à 19h30.

Au printemps et à l'automne, il est ouvert tous les jours de 10h à 12h.

L'hiver, il ouvre de 10h à 12h les samedi et dimanche uniquement. Sur Ventotene, vous pourrez vous renseigner auprès de l'agence de voyages privée Bemtilem (☎ 0771 853 65).

A voir et à faire. Sur la côte ouest de Ponza, la superbe baie **Chiaia di Luna** doit son nom à l'effet produit par les reflets que projette sur la mer sa falaise rocheuse de 100 m de haut. Le **monte Guardia**, au sud, constitue le point le plus élevé de l'île.

Pour accéder au magnifique panorama offert au sommet, prenez le sentier qui part de la route de Ponza en direction du sud. Si vous continuez après le monte Guardia, vous arriverez à l'ancien **faro** (phare).

A l'autre extrémité de l'île, **Punta Incenso** offre un autre point de vue sur Ventotene et Zannone.

Les **grotte di Pilato** sur le promontoire qui domine la ville de Ponza sont les vestiges d'un ancien centre piscicole romain – situé au pied d'une vaste résidence en ruine aussi – qui comprend cinq bassins, dont quatre couverts, ouvrages remarquables taillés dans la roche. Les ruines et le tunnel reliant la ville de Ponza et Chiaia di Luna sont les uniques vestiges romains de l'île.

Où se loger et se restaurer. L'*Hotel Mari* (☎ *0771 801 01, fax 0771 802 39, Corso Pisacare 19*) dispose de simples/doubles à 100 000 L/190 000 L en haute saison (de juillet à septembre) et à 70 000 L/120 000 L en basse saison, petit déjeuner compris. L'été, la réservation est indispensable.

Hors saison, téléphonez d'abord pour vérifier que l'hôtel est ouvert. Les touristes peuvent louer de nombreuses chambres chez l'habitant. Elles coûtent moins cher et sont proposées dès l'arrivée au port. Sinon, adressez-vous à l'office du tourisme qui vous fournira une liste officielle.

Les Îles Pontines sont renommées pour leur cuisine à base de poisson. La soupe de lentilles est aussi une spécialité locale. Sur Ponza, l'excellent **Ristorante da Ciro** (☎ *0771 80 83 88, via Calacaparra*), à 1 km environ après la localité de Le Forna, propose un repas complet de fruits de mer frais de 35 000 L à 45 000 L. L'établissement est ouvert toute l'année à midi et le soir. Sa terrasse orientée à l'ouest offre une vue sur Palmarola.

Comment s'y rendre. Les îles sont accessibles en ferry ou en hydrojet au départ d'Anzio, de Terracina ou de Formia. Pour tout renseignement concernant les horaires, consultez les agences de voyages. L'été, ils sont aussi publiés dans la rubrique *Cronaca di Roma* des quotidiens nationaux *Il Messaggero* et *Il Tempo*.

Comment circuler. L'utilisation de voitures et de grosses motos est interdite sur Ponza en haute saison, mais le réseau local de bus couvre les principaux points d'intérêt.

Sinon, vous pouvez louer un scooter sur le port, soit à l'un des nombreux guichets, soit auprès des rabatteurs qui attendent le ferry. Un hydrojet assure la liaison entre Ponza et Ventotene.

Pour visiter les autres îles, il vaut mieux participer à un circuit organisé (pour tout renseignement, adressez-vous au port ou à l'office du tourisme Pro Loco). Sinon, vous pouvez louer un bateau privé. Le petit bateau pouvant accueillir six personnes coûte environ 100 000 L la journée, carburant non compris.

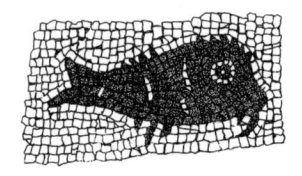

Langue

Si vous engagez la conversation avec des Italiens, n'oubliez pas que l'on s'adresse en principe aux personnes âgées avec la formule de politesse *lei* et non avec le *tu*, plus familier.

De même, on évite de saluer des inconnus d'un *ciao*, à moins qu'ils ne l'utilisent eux-mêmes évidemment. Préférez *buongiorno* (ou *buonasera*, à partir de 15 ou 16 h) et *arrivederci* (ou *arrivederla*, encore plus poli).

Nous indiquons ci-après les expressions plus familières entre crochets. Nous mentionnons également les formes féminines et masculines en les séparant par une barre verticale.

PRONONCIATION

L'italien comporte peu de règles de prononciation. La difficulté essentielle consiste à bien accentuer les lettres doubles d'un mot. Avec un peu d'entraînement, vous devriez vous faire comprendre facilement.

Voyelles

Les voyelles **a**, **i** et **o** se prononcent comme en français.

Le **e**, se prononce de deux façons :
– fermé comme le é français : *museo* comme musée ;
– ouvert comme le è français : *lei* comme lettre.

Le **u** se prononce ou, comme dans chou.

Consonnes

La plupart des consonnes se prononcent de la même façon qu'en français. La prononciation des lettres suivantes suit cependant certaines règles :

c	"k" devant a, o et u ; "ch" devant e et i
ch	"k"
g	"g" dur devant a, o et u ; "j" devant e et i
gh	"g" dur
gli	"li" mouillé comme dans million
gn	semblable au "gn" français de montagne
h	toujours muet
r	"r" roulé
sc	"ch" devant e et i ; "sk" devant h, a, o et u
z	"ts" au milieu d'un mot ; "ds" en début de mot

Si les syllabes "ci", "gi" et "sci" sont suivies des voyelles a, o ou u, le i ne se prononce pas, sauf s'il porte l'accent tonique. Ainsi, le prénom "Giovanni" se prononce "jovanni". N'hésitez pas à insister sur les doubles consonnes.

Accent tonique

Il est souvent placé sur l'avant dernière syllabe, comme dans spa-*ghet*-ti, sauf s'il est indiqué par un accent sur une lettre précise, comme dans cit-*tà*.

MOTS ET EXPRESSIONS UTILES
Difficultés de compréhension

Pouvez-vous l'écrire ?
Può scriverlo, per favore ?
Pouvez-vous me montrer (sur la carte) ?
*Me lo puo mostrare
(sulla carta/pianta) ?*
Je (ne) comprends (pas).
(Non) capisco.
Parlez-vous français ?
Parla [parli] francese ?
Est-ce que quelqu'un parle français ?
C'è qualcuno che parla francese ?
Comment dit-on en italien ?
Come si dice in italiano ?
Que veut dire ... ?
Che vuole dire ... ?

Identité

nom	*nome*
nationalité	*nazionalità*
date de naissance	*data di nascita*
lieu de naissance	*luogo di nascita*
sexe	*sesso*
passeport	*passaporto*
visa	*visto consolare*

Salutations et formules de politesse

Bonjour	*Buongiorno [ciao]*
Au revoir	*Arrivederci [ciao]*
Oui	*Sì*
Non	*No*
S'il vous plaît	*Per favore [perpiacere]*
Merci	*Grazie*
De rien	*Prego*
Excusez-moi	*Mi scusi [scusami]*
Pardon/je suis désolé	*Mi scusi/mi perdoni*

Conversation

Comment vous appelez-vous ?
  Come si chiama ?
  [Come ti chiami ?]
Je m'appelle ... *Mi chiamo ...*
D'où venez-vous ?
  Di dov'è [di dove sei] ?
Je viens de ... *Sono di ...*
Quel âge avez-vous ?
  Quanti anni ha [hai] ?
J'ai ... ans. *Ho ... anni.*
Êtes-vous marié ? *È [sei] sposata/o ?*
Je (ne) suis (pas) marié.
  (Non) sono sposata/o.
J'aime/je n'aime pas ...
  (Non) mi piace ...
Un instant. *Un momento.*
Pourquoi ? *Perchè ?*
Quand ? *Quando ?*
Où ? *Dove ?*

Se déplacer

Je veux aller à ... *Voglio andare a ...*
A quelle heure part/
  A che ora parte/
arrive ... ? *arriva ... ?*
le bateau *la barca*
le bus (de la ville) *l'autobus*
le bus (interurbain)
  il pullman/ il corriere
l'arrêt *la fermata*
le train *il treno*
l'avion *l'aereo*
le premier *il primo*
le dernier *l'ultimo*
un aller simple *un biglietto di solo andata*
un aller-retour *un biglietto di andata e ritorno*
1re classe *prima classe*
2e classe *seconda classe*
quai numéro ... *binario numero ...*
gare *stazione*
guichet *biglietteria*
horaire *orario*

Le train a été annulé/retardé
  Il treno è soppresso/in ritardo.

Je voudrais louer ... *Vorrei noleggiare ...*
une voiture *una macchina*
une bicyclette *una bicicletta*
une moto *una motocicletta*

Directions

Où est ... ? *Dov'è ... ?*
Continuez tout droit
  Si va (Vai) sempre diritto
Tournez à gauche *Gira a sinistra*
Tournez à droite *Gira a destra*
au prochain croisement *al prossimo angolo*
aux feux *al semaforo*
derrière *dietro*
devant *davanti (a)*
loin (de) *lontano (di)*
près de *vicino (a)*
en face *di fronte a*

Panneaux utiles

APERTO	OUVERT
CAMPEGGIO	TERRAIN DE CAMPING
CHIUSO	FERMÉ
COMPLETO	COMPLET
GABINETTO/BAGNI	TOILETTES
INFORMAZIONE (I)	INFORMATION(S)
INGRESSO	ENTRÉE
TELEFONO	TÉLÉPHONE
USCITA	SORTIE
VIETATO FUMARE	INTERDICTION DE FUMER

En ville

Je cherche ...	Cerco ...
une banque	un banco
l'église	la chiesa
le centre-ville	il centro (città)
l'ambassade de ...	l'ambasciata di ...
mon hôtel	il mio albergo
le marché	il mercato
le musée	il museo
la poste	la posta
des toilettes	un gabinetto/ bagno pubblico
le central téléphonique	il centro telefonico
l'office du tourisme	l'ufficio di turismo/ d'informazione
Je veux changer	Voglio cambiare
de l'argent/des chèques de voyage	del denaro/degli assegni per viaggiatori
la plage	la spiaggia
le pont	il ponte
le château	il castello
la cathédrale	il duomo/ la cattedrale
l'île	l'isola
la place principale	la piazza principale
la mosquée	la moschea
la vieille ville	il centro storico
le palais	il palazzo
les ruines	le rovine
la synagogue	la sinagoga
la place	la piazza
la tour	la torre

Hébergement

Je cherche un(e) ...	Cerco un ...
hôtel	albergo
pension	pensione
auberge de jeunesse	ostello per la gioventù
Où puis-je trouver	Dov'è un albergo

un hôtel bon marché ?
   che costa poco ?
Quelle est l'adresse ?
   Cos'è l'indirizzo ?
Pourriez-vous m'écrire l'adresse, s'il vous plaît ?
   Può scriverel'indirizzoper favore ?
Est-ce qu'il vous reste des chambres ?
   Ha camere libere/C'è una camera libera?

Je voudrais	Vorrei ...
un lit	un letto
un chambre simple	una camera singola
une chambre double	una camera matrimoniale
une chambre avec des lits jumeaux	una camera doppia
une chambre avec salle de bain	una camera con bagno
un lit dans un dortoir	un letto in dormitorio
Combien coûte-t-elle	Quanto costa per la
pour une nuit/une personne ?	notte/ciascuno ?
Puis-je la voir	Posso vederla ?
Où est la salle de bains ?	Dov'è il bagno ?
Je pars/ Nous partons	Parto/Partiamo
aujourd'hui	oggi.

Achats

Je voudrais acheter	Vorrei comprare ...
Combien ça coûte ?	Quanto costa ?
Ça ne me plaît pas	Non mi piace
Puis-je regarder ?	Posso dare un'occhiata?
Je regarde seulement	Sto solo guardando

Est-ce que vous prenez les cartes de crédit/ les chèques de voyage ?
   Accetta carte di credito/assegni per viaggiatori ?

Ce n'est pas cher	Non è cara/o
C'est trop cher	È troppo cara/o
plus	più
moins	meno
plus petit	più piccola/o
plus grand	più grande

Heures et dates

Quelle heure est-il ?
   Che ora è/ore sono ?

Il est 8h ...	Sono le otto...
du matin	di mattina
de l'après-midi	di pomeriggio
du soir	di sera

292 Langue – Mots et expressions utiles

aujourd'hui	*oggi*	19	*diciannove*
demain	*domani*	20	*venti*
hier	*ieri*	21	*vent'uno*
année	*anno*	22	*ventidue*
lundi	*lunedì*	30	*trenta*
mardi	*martedì*	40	*quaranta*
mercredi	*mercoledì*	50	*cinquanta*
jeudi	*giovedì*	60	*sessanta*
vendredi	*venerdì*	70	*settanta*
samedi	*sabato*	80	*ottanta*
dimanche	*domenic*	90	*novanta*
janvier	*gennaio*	100	*cento*
février	*febbraio*	1000	*mille*
mars	*marzo*	2000	*due mila*
avril	*aprile*	un million	*un milione*
mai	*maggio*		
juin	*giugno*		
juillet	*luglio*		
août	*agosto*		
septembre	*settembre*		
octobre	*ottobre*		
novembre	*novembre*		
décembre	*dicembre*		

Santé

Je suis malade	*Mi sento male*
J'ai mal ici	*Mi fa male qui*
Je suis ...	*Sono ...*
diabétique	*diabetica/o*
épileptique	*epilettica/o*
asthmatique	*asmatica/o*
Je suis allergique ...	*Sono allergica/o ...*
aux antibiotiques	*agli antibiotici*
à la pénicilline	*alla penicillina*
antiseptique	*antisettico*
aspirine	*aspirina*
préservatifs	*preservativi/ profilatichi*
contraceptif	*anticoncezionale*
diarrhée	*diarrea*
médicaments	*medicina*
crème solaire	*crema/latte solare (per protezione)*
tampons	*tamponi*

Chiffres

0	*zero*
1	*uno*
2	*due*
3	*tre*
4	*quattro*
5	*cinque*
6	*sei*
7	*sette*
8	*otto*
9	*nove*
10	*dieci*
11	*undici*
12	*dodici*
13	*tredici*
14	*quattordici*
15	*quindici*
16	*sedici*
17	*diciassette*
18	*diciotto*

Urgences

Au secours !	*Aiuto !*
Appelez un docteur !	*Chiama [chiami] un dottore/un medico !*
Appelez la police!	*Chiama [chiami] la polizia !*
Allez vous-en !	*Va via !*

Glossaire

aereo – avion
albergo – hôtel
alimentari – épicerie
amaro – liqueur digestive amère à base d'herbes
arco – arche ; arc de triomphe
autostrada – autoroute

bagno – salle de bains ; toilettes
baldacchino – baldaquin : construction surmontant le maître-autel d'une église
bancomat – distributeur automatique de billets
basilica – dans l'Antiquité, édifice public caractérisé par une nef centrale à colonnade se terminant par une abside. Plus tard, église bâtie sur le même plan
benzina – essence
biblioteca – bibliothèque
bicicletta – bicyclette
biglietteria – guichet, caisse
binario – quai de gare

caffè – café (boisson et bar)
calcio – football
cambio – bureau de change
camera – chambre
cameriere, cameriera – serveur ou serveuse dans un restaurant ou un café
campanile – clocher à jour ou tour isolée près d'une église où se trouvent les cloches
cappella – chapelle
carabinieri – gendarmes
Carnevale – Carnaval (fête marquant le début du Carême)
carta telefonica – carte de téléphone
caserma – caserne ou gendarmerie
casino – résidence de campagne, villa
catacombe – catacombes ; cimetière souterrain datant généralement du début du christianisme ou du judaïsme
centro sociale – centre d'animation
cena – dîner
chiesa – église
chiuso per ferie – fermeture annuelle

Ciampino – second aéroport de Rome
circus – cirque
colazione (prima) – petit déjeuner
colle – colline
columbarium (columbaria au pluriel) – monument funéraire contenant des niches, qui doit son nom à sa forme de colombier
comune – municipalité
coperto – couvert (restaurant)
corso – cours, avenue
Cosmati – mosaïques décoratives composées de motifs géométriques très répandues aux XIIe et XIIIe siècles (du nom des artistes inventeurs de cet art)
cupola – coupole

deposito bagagli – consigne à bagages
Dioscuri – les jumeaux Castor et Pollux
dogana – douane
domus – maison
drugstore – magasin ouvert 24h/24
duomo – cathédrale

edicola – kiosque à journaux
enoteca – cave à vins
(un) etto – 100 g
EUR – Esposizione Universale di Roma, quartier culturel de l'époque fasciste situé au sud du centre-ville

farmacia – pharmacie
fermata – arrêt (de bus, de train...)
fermo posta – poste restante
ferrovia – ligne de chemin de fer ; voie ferrée
Fiumicino – nom communément donné à l'aéroport Leonardo da Vinci situé dans cette localité
fontana – fontaine
forno – boulangerie
foro – forum (place publique)
francobollo – timbre postal
fresco – fresque : technique de peinture murale qui consiste à appliquer des couleurs délayées à l'eau sur un enduit de mortier frais

gabinetto – toilettes, WC
gelateria – glacier
gelato – glace
Ghetto – quartier juif

IVA – Imposta di Valore Aggiunto : taxe sur la valeur ajoutée (TVA)

lago – lac
largo – avenue, cours, boulevard
lavanderia – laverie
lavasecco – pressing, nettoyage à sec
libreria – librairie

mercato – marché
Metropolitana (**Metro**) – métro
monte – montagne
motorino – deux-roues
museo (**musei** au pluriel) – musée
mura – mur, enceinte

necropolis – "ville des morts" ; cimetière à ciel ouvert, souvent étrusque
numero verde – numéro vert (numéro d'appel gratuit)

oggetti religiosi – objets religieux
oggetti smarriti – objets perdus
orto (**orti** au pluriel) – jardin
ospedale – hôpital
ostello – auberge
osteria – bar à vin où l'on sert quelques plats chauds

Pagine gialle – Pages jaunes (annuaire)
palazzo – palais
panetteria – boulangerie
parco – parc
parrucchiere – coiffeur
passeggiata – promenade
pasta – pâtes ; gâteau ou pâtisserie ; pâte
pasticceria – pâtisserie
piazza – place
piazzale – grande place
pinacoteca – galerie de peintures
polizia – police
ponte – pont
porta – porte
posta aerea – (poste) par avion
presepio – crèche de Noël

profumeria – parfumerie
pronto soccorso – premiers secours ; urgences
questura – commissariat de police ; préfecture de police

Risorgimento – mouvement de la fin du XIXe siècle mené par Garibaldi visant à créer un État italien uni et indépendant
ristorante – restaurant
rosticceria – rôtisserie ; plats chauds ou froids à consommer sur place ou à emporter

sala – salle de musée ou de restaurant
salumeria – charcuterie ; traiteur
scavi – fouilles
scontrino – reçu, ticket de caisse
servizio – service
stazione – gare ferroviaire
stazione Termini – principale gare ferroviaire de Rome
strada – route

tabacchi – tabac habilité à vendre des journaux, des timbres et des cartes de téléphone
tavola calda – "table chaude" servant des plats de viande, de pâtes et de légumes souvent en self-service
teatro – théâtre
tempio – temple
terme – thermes
titulus – maison de particulier accueillant le culte clandestin des premiers chrétiens
torre – tour
trattoria – restaurant bon marché et familial
treno – train

ufficio postale – bureau de poste
ufficio stranieri – bureau des étrangers (police)

via – rue ou route
viale – avenue ; allée dans un jardin ou un cimetière
vigili urbani – agents de police municipaux
villa – maison de ville ou de campagne ; désigne également l'ensemble de la propriété
vino – vin

LONELY PLANET

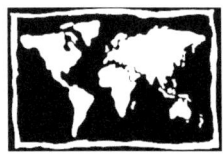

Guides Lonely Planet en français

Les guides de voyage Lonely Planet en français sont distribués partout dans le monde, notamment en France, en Belgique, au Luxembourg, en Suisse et au Canada. Vous pouvez les commander dans toute librairie. Pour toute information complémentaire, contactez : Lonely Planet Publications – 1, rue du Dahomey, 75011 Paris – France.

Afrique du Sud • Amsterdam • Andalousie • Athènes et les îles grecques • Australie • Barcelone • Brésil • Californie et Nevada • Cambodge • Chine • Corse • Cuba • Guadeloupe et ses îles • Guatemala et Belize • Inde • Indonésie • Jordanie et Syrie • Laos • Lisbonne • Londres • Louisiane • Madagascar et Comores • Malaisie et Singapour • Maroc• Martinique, Dominique et Sainte-Lucie • Mexique, le Sud • Myanmar (Birmanie) • Namibie • Népal • New York • Pologne • Prague • Québec et Ontario • Réunion et Maurice • Rome • Sénégal • Sri Lanka • Tahiti et la Polynésie française • Tahiti • Turquie • Vietnam • Yémen • Zimbabwe et Botswana

Beaux livres

Sur la trace des rickshaws

Livre anniversaire publié à l'occasion de nos 25 ans, "Sur la trace des rickshaws" est une enquête sur les pousse-pousses et les cyclo-pousses, véritables taxis du continent asiatique.
Par le truchement de l'image et du texte, cet ouvrage rend palpable l'univers méconnu des rickshaws et invitent à partager le quotidien de leurs conducteurs. Une sélection de plus de 200 photos éclatantes de couleur, tour à tour insolites ou poignantes, retrace le curieux périple à travers 12 villes d'Asie : Agra • Calcutta • Dhaka • Hanoi • Hong Kong •Jogjakarta • Macao • Manille • Pékin • Penang • Rangoon • Singapour.

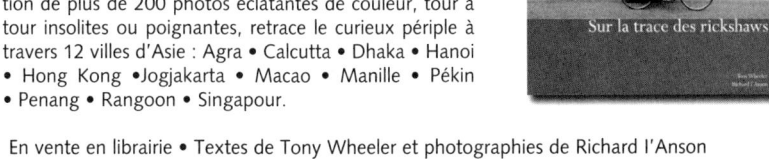

En vente en librairie • Textes de Tony Wheeler et photographies de Richard l'Anson
195,00 FF - $C58.95 - UK£ 19.99 - US$ 34.95 - A$45.00

LONELY PLANET

Guides Lonely Planet en anglais

Les guides de voyage Lonely Planet en anglais couvrent le monde entier. Six collections sont disponibles.
Vous pouvez les commander dans toute librairie en france comme à l'étranger. Contactez le bureaux Lonely Planet le plus proche.

travel guide : couverture complète d'un ou de plusieurs pays, avec des informations culturelles et pratiques
shoestring : pour tous ceux qui ont plus de temps que d'argent
walking guides : un descriptif complet des plus belles randonnées d'une région ou d'un pays
guides pisces : un descriptif complet des plus belles plongées d'une région
phrasebooks : guides de conversation, des langues les plus usuelles aux moins connues, avec un lexique bilingue
travel atlas : des cartes routières présentées dans un format pratique
travel literature : l'âme d'un pays restituée par la plume d'un écrivain

EUROPE Amsterdam • Andalucia • Austria • Baltic States phrasebook • Berlin • Britain • Central Europe on a shoestring • Central Europe phrasebook • Crotia • Czech & Slovak Republics • Denmark • Dublin • Eastern Europe on a shoestring • Eastern Europe phrasebook • Estonia, Latvia & Lithuania • Europe • Finland • France • French phrasebook • Germany • German phrasebook • Greece • Greek phrasebook • Hungary • Iceland, Greenland & the Faroe Islands • Ireland • Italy • Italian phrasebook • Lisbon • London • Mediterranean Europe on a shoestring • Mediterranean Europe phrasebook • Paris • Poland • Portugal • Portugal travel atlas • Prague • Romania & Moldova • Russia, Ukraine & Belarus • Russian phrasebook • Scandinavian & Baltic Europe • Scandinavian Europe phrasebook • Slovenia • Spain • Spanish phrasebook • St Petersburg • Switzerland • Trekking in Spain • Ukranian phrasebook • Vienna • Walking in Britain • Walking in Italy • Walking in Ireland • Walking in Switzerland • Western Europe • Western Europe phrasebook
travel literature : The Olive Grove : Travels in Greece

AMÉRIQUE DU NORD Alaska • Backpacking in Alaska • Baja California • California & Nevada • Canada • Deep South • Florida • Hawaii • Honolulu • Los Angeles • Miami • New England • New England USA • New Orléans • New York City • New York, New Jersey & Pennsylvania • Pacific Northwest USA • Rocky Mountains States • San Francisco • Seattle • Southwest USA • USA • USA phrasebook • Vancouver • Washington, DC & The Capital Region
travel literature : Drive thru America

AMÉRIQUE CENTRALE ET CARAÏBES Bahamas and Turks & Caicos • Bermuda • Central America on a shoestring • Costa Rica • Cuba • Eastern Caribbean • Guatemala, Belize & Yucatan : La Ruta Maya • Jamaica • Mexico • Mexico City • Panama
travel literature : Green Dreams : Travels in Central America

AMÉRIQUE DU SUD Argentina, Uruguay & Paraguay • Bolivia • Brazil • Brazilian phrasebook • Buenos • Chile & Easter Island • Chile & Easter Island travel atlas • Colombia • Ecuador & the Galapagos Islands • Latin American (Spanish) phrasebook • Peru • Quechua phrasebook • Rio de Janeiro • South America on a shoestring • Trekking in the Patagonian Andes • Venezuela
travel literature : Full Circle : a South American Journey

LONELY PLANET

AFRIQUE Africa – the South • Africa on a shoestring • Arabic (Egyptian) phrasebook • Arabic (Moroccan) phrasebook • Cairo • Cape Town • Central Africa • East Africa • Egypt • Egypt travel atlas • Ethiopian(Amharic) phrasebook • The Gambia & Senegal • Kenya • Kenya travel atlas • Malawi, Mozambique & Zambia • Morocco • North Africa • South Africa, Lesotho & Swaziland • South Africa travel atlas • Swahili phrasebook • Trekking in East Africa • Tunisia • West Africa • Zimbabwe, Botswana & Namibia • Zimbabwe, Botswana & Namibia travel atlas
travel literature : The Rainbird : A Central African Journey • Songs to an african Sunset : A Zimbabwean Story • Mali Blues : Travelling to an African Beat

ASIE DU NORD-EST Beijing • Cantonese phrasebook • China • Hong Kong, Macau & Gangzhou • Hong Kong • Japan • Japanese phrasebook • Japanese audio pack • Korea • Korean phrasebook • Kyoto • Mandarin phrasebook • Mongolia • Mongolian phrasebook • North-East Asia on a shoestring • Seoul • South West China • Taiwan • Tibet • Tibetan phrasebook • Tokyo

ASIE CENTRALE ET MOYEN-ORIENT Arab Gulf States • Central Asia • Central Asia pharasebook • Iran • Israel & Palestinian Territories • Israel & Palestinian Territories travel atlas • Istanbul • Jerusalem • Jordan & Syria • Jordan, Syria & Lebanon travel atlas • Lebanon • Middle East on a shoestring • Turkey • Turkish phrasebook • Turkey travel atlas • Yemen
travel literature : The Gates of Damascus • Kingdom of the Film Stars : Journey into Jordan

OCÉAN INDIEN Madagascar & Comoros • Maldives • Mauritius, Réunion & Seychelles

SOUS-CONTINENT INDIEN Bangladesh • Bengali phrasebook • Bhutan • Delhi • Goa • Hindi/Urdu phrasebook • India • India & Bangladesh travel atlas • Indian Himalaya • Karakoram Highway • Nepal • Nepali phrasebook • Pakistan • Rajastan • South India • Sri Lanka • Sri Lanka phrasebook • Trekking in the Indian Himalaya • Trekking in the Karakoram & Hindukush • Trekking in the Nepal Himalaya
travel literature : In Rajasthan • Shopping for Buddhas

ASIE DU SUD-EST Bali & Lombok • Bangkok city guide • Burmese phrasebook • Cambodia • Hill Tribes phrasebook • Ho Chi Minh City (Saigon) • Indonesia • Indonesian phrasebook • Indonesian audio pack • Jakarta • Java • Lao phrasebook • Laos • Laos travel atlas • Malay phrasebook • Malaysia, Singapore & Brunei • Myanmar (Burma) • Philippines • Pilipino phrasebook • Singapore • South-East Asia on a shoestring • South-East Asia phrasebook • Thai phrasebook • Thai audio pack • Thai Hill Tribes phrasebook • Thailand • Thailand's Islands & Beaches • Thailand travel atlas • Vietnam • Vietnamese phrasebook • Vietnam travel atlas

AUSTRALIE ET PACIFIQUE Australia • Australian phrasebook • Bushwalking in Australia • Bushwalking in Papua New Guinea • Fiji • Fijian phrasebook • Islands of Australia's Great Barrier Reef • Melbourne • Micronesia • New Caledonia • New South Wales & the ACT • New Zealand • Northern Territory • Outback Australia • Papua New Guinea • Papua New Guinea (Pidgin) phrasebook • Queensland • Rarotonga & the Cook Islands • Samoa: American & Western • Solomon Islands • South Australia • Sydney • Tahiti & French Polynesia • Tasmania • Tonga • Tramping in New Zealand • Vanuatu • Victoria • Western Australia

ÉGALEMENT DISPONIBLE Antartica • Brief Encounter : Stories of love, Sex & Tracel • Chasing Rickshaws • Not the Only Planet : Travel Stories from Science Fiction • Travel with Children • Traveller's Tales

LONELY PLANET

Le journal de Lonely Planet

Parce que vous nous envoyez quotidiennement des centaines de lettres pour nous faire part de vos impressions, nous publions chaque trimestre le Journal de Lonely Planet afin de vous les faire partager.
Un journal parsemé de conseils en tout genre avec un concentré d'informations de dernière minutes (passage de frontière, visas, santé, sécurité...), des sujets d'actualité et des discussions sur tous les problèmes politiques ou écologiques sur lesquels il faut s'informer avant de partir.
Le Journal de Lonely Planet est gratuit. Pour vous abonner, écrivez-nous :
Lonely Planet France – 1, rue du Dahomey – 75011 Paris – France

LONELY PLANET

Lonely planet en ligne

www.lonelyplanet.com et maintenant www.lonelyplanet.fr

Avec près de 2 millions de visiteurs mensuels, le site de Lonely Planet est l'un des sites de voyage les plus populaires au monde.

La recette de son succès est simple : une équipe de 15 personnes travaille à plein temps à l'enrichir quotidiennement. Près de 200 destinations sont passées au crible (avec carte intéractive et galerie photos) afin de vous permettre de mieux préparer votre voyage. Vous trouverez également des fiches de mises à jour écrites par nos auteurs afin de compléter les informations publiées dans nos guides. Le site de Lonely Planet vous offre l'accès à un des plus grands forums, réunissant des centaines de milliers de voyageurs : idéal pour partager vos expériences, chercher des renseignements spécifiques ou rencontrer des compagnons de voyage. Les liens que nous suggérons vous permettent de découvrir le meilleur du net.

Pour faciliter la tâche de nos lecteurs francophones, nous venons d'ouvrir un site en français : www.lonelyplanet.fr. Venez le découvrir et contribuer à sa qualité en participant notamment à son forum.

Élu meilleur site voyage par l'Express Magazine en décembre 98 (@@@@@).

"Sans doute le plus simple pour préparer un voyage, trouver des idées, s'alanguir sur des destinations de rêve." Libération

Index

Texte

Les références des cartes sont en **gras**

A

Académie de France à Rome 34
Achats 34, 250
  Accessoires 254
  Antiquité 251
  Bijoux 255
  Cadeaux 258
  Centres commerciaux 259
  Chausseurs et maroquiniers 254
  Créateurs 252
  Drugstores 257
  Équipement de la maison 256
  Grands magasins 259
  Jouets 259
  Lingerie 253
  Vêtements 252
Activités 167
Agences de voyages 93
Alaric 17
Alatri 284, **262**
Albergo 293
Alimentari 237, 257, 293
Alimentation 204, 257
Allegri, Gregorio 167
Ambassades 58
Anagni 283, **262**
Année sainte voir Jubilé
Antipasti 205
Ara pacis Augustae 137
Architecture 30
  Art nouveau 33
  Baroque 32
  Contre-Réforme 32
  Insulae 30
  Médiévale 31
  Préromaine 30
  Renaissance 31
  Romaine 30
Arco di Costantino 111
Arco di Settimio Severo 106
Arco di Tito 108
Argent

Cartes de crédit 61
Change 59
Chèques de voyage 59
Coût de la vie 62, 221
IVA (TVA) 62, 294
Monnaie nationale 59
Pourboires et marchandage 62
Virements internationaux 61
Arts 30
Assurance voyage 56
Atac 95
Auguste 15
Aurélien 24
Auto-stop 92
Autostrada 293
Aventino 121, **plan 7 et 8**
Avion
  Aéroport Fiumicino 95, 293, **262**, **264**
  Aéroport Leonardo da Vinci (Fiumicino) 53, 86, 95, **262**, **264**
  Depuis/vers d'autres régions d'Italie 86
  Depuis/vers l'Europe francophone 86
  Depuis/vers le Canada 86
  Taxe d'aéroport 86

B

Bagni di Tivoli 267
Baignades 167
Barberousse, Frédéric 18
Bars 245
Bateau 93
Bellay, Joachim du 35
Berlioz, Hector 35
Bernin, Le voir Bernini
Bernini, Gian Lorenzo 33, 41, 134, 136, 158
Bicyclette 92, 99
  Circuits 100
  Location 99
Bibliothèques 77
Bière 225
Blanchissage 70
Bocca della Verità 122
Boccaccio, Giovanni 46

Boissons 211, 257
Bomarzo 291
Boniface VIII 18
Borgia, César 19
Botticelli, Sandro 37
Borromini, Francesco 33
Brigate rosse 22
Bruno, Giordano 20, 47
Bus 87, 95
  Atac 99
  Circuits 99
  Bus Cotral 87
  Depuis/vers d'autres régions d'Italie 87

C

Caffè 210, 212, 234, 293
Campidoglio 107, **plan 6**
Campo dei Fiori 134, **plan 9**
Canova, Antonio 42
Carcere Mamertino 106
Caravage, Le voir Caravaggio, Michelangelo Merisi da
Caravaggio, Michelangelo Merisi da 134
Cartes 54
Carte
  Carta di soggiorno 56
  d'étudiant 57
  Euro 26, 57
  FIYTO 57
  HI 57
  ITIC 57
  sénior 57
Casa dei Cavalieri di Rodi 105
Casa di Dante 174
Casa di Lorenzo Manilio 179
Castel Sant'Angelo 167
Castelli Romani 281
Castiglione, Baldassarre 19
Castrats 43
Catacombes 152, 184
  Catacombe di Priscilla 150
Célébrations religieuses 83
Celio 119, **plan 8**
Cellini, Benvenuto 47
Centres culturels 80
Cerveteri 271, **262**
César, Jules 14, 45

Index – Texte

Charlemagne 18
Chateaubriand, François René de 35
Ciampino 293
Cicéron 45
Cinecittà 22, 48
Cinéma 22, 48, 241
Circo Massimo 120, 129, 176
Climat 24
Cola di Rienzo 19
Colbert, Jean-Baptiste 34
Colle Oppio 115, **plan 6**
Colonna (famille) 18
Colonna Antonina 136
Colonna di Traiano 105
Colonna, Vittoria 47
Colosseo 17, 31, 111
Consignes à bagages 70
Constantin 17, 108, 111
Consulats 58
Corot, Camille 35
Corso del Rinascimento 132
Cosmati 293
Cours
    de cuisine 170
    de langue 170
Cuisine romaine 204

D

D'Annunzio, Gabriele 50
Danse 240
Dante Alighieri 18, 45, 174
David, Jacques-Louis 34
Debussy, Claude 35
Dioscuri 293
Discothèques 242
Douane 58
Drogue 81

E

E-mail 67
Économie 28
Églises
    Basilica di San Clemente 116
    Basilica di San Giovanni in Laterano 117
    Basilica di San Marco 104
    Basilica di San Paolo fuori le Mura 155
    Basilica di San Pietro 158
    Basilica di San Pietro in Vincoli 115
    Basilica di Santa Cecilia in Trastevere 124, 175
    Basilica di Santa Maria degli Angeli 142
    Basilica di Santa Maria in Trastevere 125
    Basilica di Santa Maria Maggiore 114
    Basilica di Santa Sabina 121, 176
    Basilica di SS Cosma e Damiano 39
    Cappella di San Zenone 39, 113
    Cappella Sistina 37, 166
    Cattedrale di San Lorenzo et palazzo dei Papi 274
    Chiesa dei Santi Apostoli 144
    Chiesa del Gesù 1351
    Chiesa di San Cesareo de Appia 182
    Chiesa di San Giovanni a Porta Latina 183
    Chiesa di San Giovanni Battista dei Fiorentini 127
    Chiesa di San Gregorio Magno 119
    Chiesa di San Lorenzo in Lucina 137
    Chiesa di San Luigi dei Francesi 133
    Chiesa di San Martino ai Monti 114
    Chiesa di San Nicola a Capo di Bove 186
    Chiesa di San Salvatore in Lauro 131
    Chiesa di Sant'Agnese in Agone 130
    Chiesa di Sant'Agostino 132
    Chiesa di Sant'Andrea al Quirinale 141
    Chiesa di Sant'Andrea della Valle 129
    Chiesa di Sant'Ivo alla Sapienza 132
    Chiesa di Santa Balbina 120
    Chiesa di Santa Francesca Romana 111
    Chiesa di Santa Maria del Popolo 138
    Chiesa di Santa Maria della Pace 131
    Chiesa di Santa Maria in Aracoeli 103, 180
    Chiesa di Santa Maria in Campitelli 180
    Chiesa di Santa Maria in Cosmedin 122
    Chiesa di Santa Maria sopra Minerva 133
    Chiesa di Santa Prassede 39, 113
    Chiesa di Santa Pudenziana 113
    Chiesa di Santa Rita da Cascia 180
    Chiesa di Santo Stefano Rotondo 119
    Chiesa di SS Cosma e Damiano 110
    Chiesa di SS Giovanni e Paolo 119
    Chiesa Nuova 130
    Chiesa Sant'Ignazio di Loyola 136
    La Trinité-des-Monts 139
    San Carlo alle Quattro Fontane 141
    San Pietro in Montorio 173
    Santa Croce in Gerusalemme 118
    Santa Maria dei Miracoli 138
    Santa Maria in Montesanto 144
    St-Paul's-within-the-Walls 144
Électricité 70
Énée 12, 45
Enfants 76
Équitation 175
Esquilino 113, **plan 6 et 8**
Étrusques *voir* Histoire
EUR 155, 293

F

Faune 26
Fax 66
Fellini, Federico 48
Femmes en voyage 73
Fêtes traditionnelles 83
Flore 26
Fontana dei Quattro Fiumi 129
Fontana del Mascherone 127
Fontana del Moro 130
Fontana del Tritone 140
Fontana dell'Acqua Felice 141
Fontana dell'Aqua Paola 173

Fontana delle Api 140
Fontana delle Naiadi 142
Fontana delle Tartarughe 177
Fontana di Trevi 145
Fori Imperiali 104
François Ier 34
Frascati 281
Fresco 293

G

Galilée 20
Garibaldi, Giuseppe 21, 149
Gelati 236
Géographie 23
Ghetto juif 123
Gianicolo 149
Gladiateurs 111, 112
Goethe, Johann Wolfgang von 21, 48, 138
Grégoire Ier 17

H

Hadrien 16, 137, 267
Hannibal 12
Hébergement
  Auberges de jeunesse 188
  Bed & Breakfast 190
  Catégorie moyenne 195
  Catégorie supérieure 199
  Institutions religieuses 189
  Locations 203
  Logements universitaires 189
  Pensioni 191
  Petits budgets 188
Heure locale 70
Heures d'ouverture 82
Histoire
  Année des quatre empereurs 15
  Ardéatines (fosses) 22, 153
  Attila, roi des Huns 17
  Carolingiens 18
  Concile de Trente 20
  Contre-Réforme 20
  Empire romain 13
  États pontificaux 18
  Étrusques 11, 269
  Fascisme 21
  Francs 18
  Gaulois 12
  Goths 17
  Grand Schisme d'Occident 19
  Guerres puniques 12
  Index 47
  Inquisition 20
  Marche sur Rome 21
  Ostrogoths 17
  Querelle des investitures 18
  Renaissance 19
  République 11
  Risorgimento 21, 294
  Romulus 11
  Saint Empire romain germanique 18
  Saint-Office 20
  Seconde Guerre mondiale 21
  Vandales 17
  Vatican II 22
Homosexuels 73, 243
  Bars et clubs 243
  Clubs lesbiens 244
  Plage gay 244
  Saunas 244

I

Îles Pontines 286
Ingres 34
Institutions politiques 27
Insula Ara Coeli 129
Internet 67
  sites 67
Isola Tiberina 124, **plan 5 et 6**
IVA *voir* Argent

J

Janicule *voir* Gianicolo
Jardins *voir* Parcs
Journaux 68
Jours fériés 83
Jubilé 9, 18, 25
Juifs 123
Justinien 17

K

Keats, John 139, 202

L

Lacs 277
  Lago di Bolsena 280, **262**
  Lago di Bracciano 277, **262**
  Lago di Vico 279, **262**
Lapis niger 106
Largo Argentina 134
Largo di Torre Argentina 177
Leopardi, Giacomo 50
Librairies 251
Littérature 45, 78
  du Moyen Age 45
  latine 45
  Renaissance 46
  XIXe siècle 50
  XVIIIe siècle 48
  XXe siècle 50
Louis XII 19
Luther, Martin 20

M

Magazines 68
Manifestations culturelles 83
Marc Aurèle 16, 102
Marchés 222, 237, 258
  Marché aux puces 260
  Mercati generali 160
Mastroianni, Marcello 48
Mausoleo di Santa Costanza 38
Metropolitana 96, 294
Michel-Ange *voir* Michelangelo Buonarroti
Michelangelo Buonarroti 19, 46, 41, 115, 127, 160, 166
Montaigne, Michel de 35
Monte Testaccio 129
Montesquieu 35
Morante, Elsa 50
Moravia, Alberto 50
Moretti, Nanni 49
Moro, Aldo 22
Mosaïques 36, 114
Moto 91, 97
  Location 98
Mozart, Wolfgang Amadeus 167
Mozzarella 213
Musique 42, 258
  classique 240
  Jazz 241
  rock 241
Musées
  Casa di Goethe 138
  Centrale Montemartini (Musei Capitolini) 154
  Galleria Colonna 144
  Galleria Doria Pamphili 136

Galleria nazionale d'Arte moderna 148
Galleria Spada 128
Mémorial Keats-Shelley 139
Musei Capitolini 19, 102, 154
Musei Vaticani 161
Museo Barracco 128
Museo criminologico 127
Museo del Folklore e dei Poeti romaneschi 126
Museo del Palazzo di Venezia 104
Museo della Civiltà romana 156
Museo delle Arti e Tradizioni popolari 156
Museo delle Mura 184
Museo di Roma 128
Museo e Galleria Borghese 146
Museo nazionale degli Strumenti musicali 118
Museo nazionale etrusco di villa Giulia 148
Museo nazionale preistorico etnografico Luigi Pigorini 156
Museo nazionale romano 142
Museo Palatino 108
Palazzo Altemps 131
Palazzo Massimo alle Terme 142
Terme di Diocleziano 148
Mussolini, Benito 21

N

Napoléon Ier 20
Néron 15, 158
Nettoyage 70
Nicolas V 19
Night-clubs 242

O

Octave 15
Offices du tourisme 54

Les références des cartes sont en **gras**

Opéra 43, 239
Organismes utiles 84
Orsini (famille) 19
Ostia 284, **262**, **264**
Ostia Antica 261, **262**, **264**
Otton Ier 18

P

Pain 236
Palatino 11, 108, **107, plan 6**
Palazzo Barberini 140
Palazzo Cenci 123
Palazzo Chigi 137
Palazzo Colonna 144
Palazzo dei Conservatori 102
Palazzo dei Senatori 101
Palazzo del Banco di Santo Spirito 130
Palazzo del Quirinale 141
Palazzo della Cancelleria 128
Palazzo della Civiltà del Lavoro 155
Palazzo della Sapienza 132
Palazzo delle Esposizioni 144
Palazzo Doria Pamphili 136
Palazzo Farnese 128
Palazzo Laterano 118
Palazzo Madama 133
Palazzo Mattei di Giove 178
Palazzo Mattei di Paganica 177
Palazzo Pamphili 130
Palazzo Spada 127
Palazzo Venezia 104
Palestrina 283, **262**
Palestrina, Giovanni da 42, 43
Palmarola 287
Panthéon 30, 133
Pape 17, 168
Parcs et jardins 26
  Biparco (zoo) 151
  Orto botanico 126, 173
  Villa Borghese 151
Pasolini, Pier Paolo 49, 50
Passeport 56
Pâtes 206, 212
Pâtisseries 236
Pavarotti, Luciano 44
Peinture 36
Pépin le Bref 18
Permesso di lavoro 58
Permesso di soggiorno 56, 57
Pétrarque 46
Photo 69

Piazza
  Augusto Imperatore 137
  Bocca della Verità 122
  Colonna 136
  dei Santi Apostoli 144
  del Campidoglio 101
  del Popolo 138
  della Repubblica 142
  di Pasquino 130
  di Spagna 138
  Garibaldi 149
  Mattei 177
  Navona 129
  Sant'Ignazio 136
  Santa Maria in Trastevere 174, 188
  Venezia 103
  Vittorio Emanuele 115
Piazzale Garibaldi 171
Piazzale Numa Pompilio 181
Pietà (de Michel-Ange) 159
Pincio 138, 139, **plan 6**
Piranesi, Giovanni Battista 121
Poids et mesures 70
Police 82
Pollution 25, 71, 81
Pompée 14
Population 29
Porta San Paolo 153
Porta San Sebastiano 120
Poste 63
Presepio 294
Produits diététiques 238, 257
Promenades à pied 100, 171
Pubs 245
Puccini, Giacomo 44

Q

Questura 294
Quirinal 141, **plan 6**

R

Rabelais, François 35
Radio 69
Ramazzotti, Eros 44
Raphaël 19, 165
Religion 51

Restaurant 221
Rione Monti 113, **plan 6**
Risorgimento *voir* Histoire
Romulus 110

S

Sabaudia 285, **262**
Saint Paul 158
Saint Pierre 158
Sainte Cécile 125
San Giovanni 123, **plan 6 et 8**
San Lorenzo 151, **Le grand Rome**
Sancta Sanctorum 118
Santé 71
  Hôpitaux 71
  Pharmacies 72
  Sida 72
Scala Santa 118
Scalinata della Trinità dei Monti 138
Scipion l'Africain 13
Sculpture 40
  étrusque 40
  baroque 41
  chrétienne 41
  romaine 40
Servius Tullius 11
Sites archéologiques 129
  Area Sacra di Largo Argentina 129, 134
  Basilica Aemilia 106
  Basilica di Costantino 108
  Carcere Mamertino 106
  Cloaca Maxima 175
  Casa delle Vestali 108
  Colombario di Pomponio Hylas 129
  Curia 19, 106
  Foro di Augusto 105
  Foro di Nerva 105
  Foro di Traiano 105
  Foro romano 106, 181, **107**
  Mausoleo di Augusto 129,137
  Mercati di Traiano 105
  Ponte Fabricio 124
  Rostrum 108

Les références des cartes sont en **gras**

Sites étrusques 268
Tempio di Adriano 143
Tempio di Saturno 108
Tempio di Vesta 108
Terme di Diocleziano 142
Sixte IV 19
Sperlonga 285, **262**
Sports 248
  Athlétisme 248
  Basket 248
  Cyclisme 249
  Équitation 169, 248
  Football 246
  Jogging 169
  Marathon de Rome 248
  Tennis 248
Stadio di Domiziano 129
Stendhal 35
Système éducatif 29

T

Tabacchi 294
Tarquin le Superbe 11
Tarquinia 270, **262**
Taxis 98
Teatro dell'Opera 144
Teatro di Marcello 129, 179
Télégramme 67
Téléphone 64
Télévision 69
Tempietto di Bramante 173
Terme Acque Albule 267
Terme di Caracalla 120
Testaccio 153, **plan 7**
Tevere 23
Théâtre 239
Théodoric 17
Tite-Live 45
Tivoli 265, **262**
Toilettes publiques 70
Tomba di Caecilia Metella 186
Torre delle Milizie 105
Tourisme d'affaires 83
Trajan 16, 111
Train 88, 94
  Biglietto chilometrico 90
  Carta d'Argento 90
  Carta Verde 90
  Cartes ferroviaires italiennes 89

Depuis/vers la France 90
Depuis/vers le reste de l'Italie 89
Italy Flexi Rail 90
Italy Rail Card 90
Stazione Termini 53
Tram 95
Trastevere 124, **plan 5 et 6**
Travailler à Rome 84
Tuscolo 282

U

Umbilicus Urbis (nombril du monde) 108
Universités 30, 77

V

Vatican *voir* Vaticano, il
Vaticano, il 19, 156, **plan 5**
  Accords du Latran 21
  Audiences papales 158
  Basilica di San Pietro 158
  Cappella Sistina 166
  Gardes suisses 157
  Giardini del Vaticano 156
  Musei Vaticani 161
  Pape 17, 168
  Piazza San Pietro 158
  Pietà 159
  Sacre Grotte Vaticane 159
Veio 273, **262**
Vélomoteur 97
Ventotene 287
Vespasien 15
Vestales 108
Via Appia Antica 152
Via Condotti 139
Via del Corso 136
Via Giulia 127
Via Nazionale 144
Via Nomentana 150
Via Ostiense 153
Via Salaria 150
Via Vittorio Veneto 140
Vidéo 69
Villa 294
Villa Adriana 267
Villa Aldobrandini 114, 281
Villa Borghese 145
Villa d'Este 266

Villa Giulia 148
Villa Médicis 34, 139
Vins 211, 257
Virgile 45
Visas 56
Viterbo 273, **262**
Voiture 54, 91, 97
   Carburant 92
   Circulation 80

Code de la route 92
Formalités 91
Location de voitures 97
Permis de conduire 57
Vols 80
Voyager avec des enfants 76
Voyages organisés 93
Voyageurs handicapés 74
Voyageurs seniors 75

Z

Zannone 287
Zucchero (Adelmo Fornaciari) 44

Encadrés

HISTOIRE ET SOCIÉTÉ
L'antisémistisme à Rome 123
La justice selon Néron 158
Le "Pieux Énée" 12
Le pèlerinage au fil des siècles 51
Les gardes suisses 157
Les gladiateurs 112
Marc Aurèle sauvé par Constantin 102
Mystères étrusques 269

ART ET CULTURE
Les liens culturels entre Rome et les Français 34
Les tribulations d'un chef de chœur 43
Michel-Ange à Rome 160
Querelle musicale 167
Rome à lire 78
Rome et le cinéma 48
Sur les traces de Caravaggio (Le Caravage) 134
Trésors cachés 38
Les catacombes 184
Teatro di Marcello 177
Un nouvel auditorium pour l'an 2000 240

ENVIRONNEMENT
Crotte ! 25
Les félins de Fellini 27
Une ville sans danger 82

VIE PRATIQUE
Il calcio 246
L'euro 60
Le caffé 210
Les centri sociali 243
Loger chez les romantiques 216
Nouvelle numérotation 66
Qui succédera à Jean-Paul II 168
Respectez l'étiquette 81
Visites sur rendez-vous 129

Notes

Notes

Chevaux ailés étrusques, Museo Nazionale, Tarquinia

La "machine à écrire", l'altare della Patria a été édifié en l'honneur du roi Vittorio Emmanuele II

PLAN 3

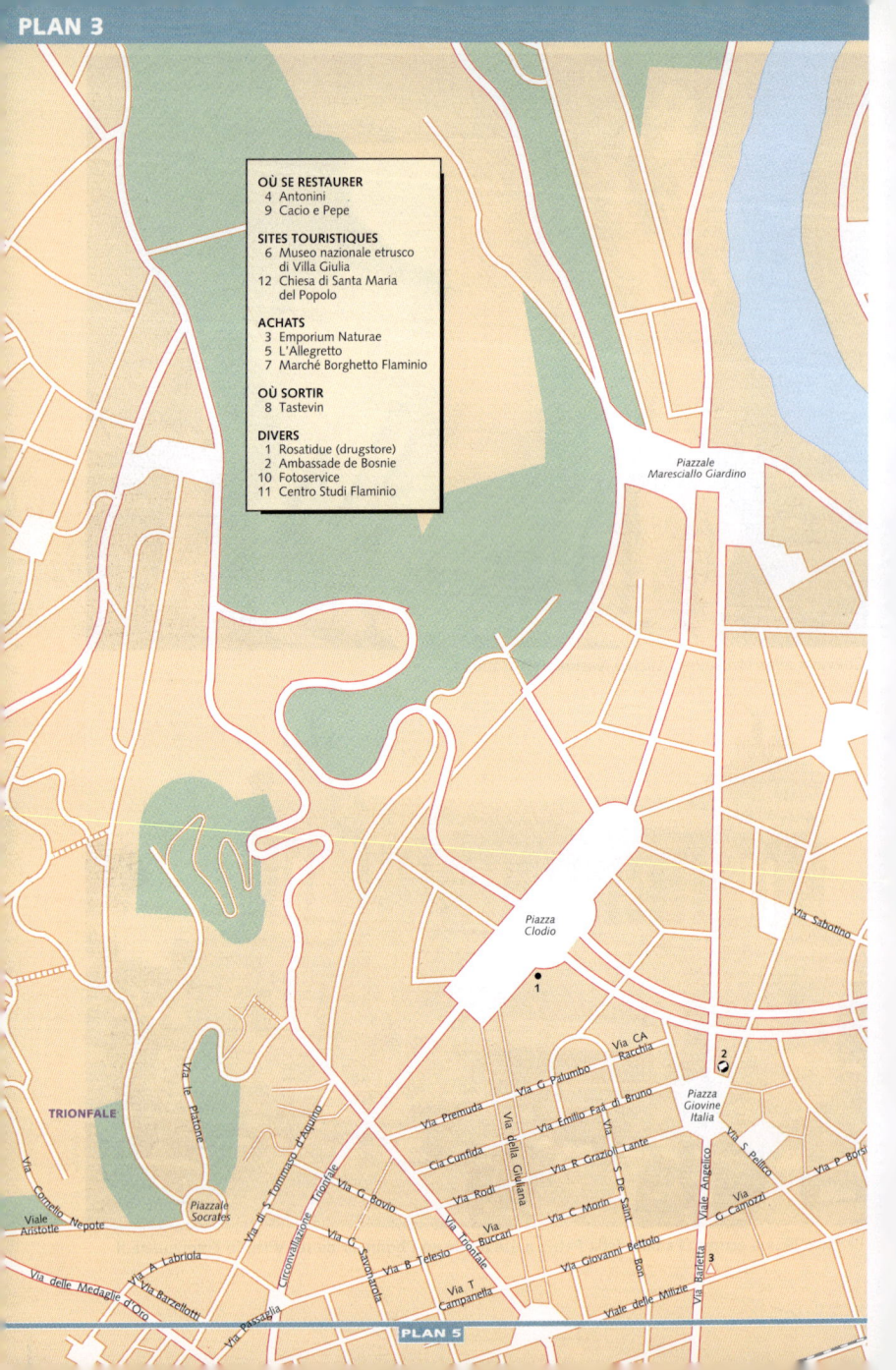

OÙ SE RESTAURER
4 Antonini
9 Cacio e Pepe

SITES TOURISTIQUES
6 Museo nazionale etrusco di Villa Giulia
12 Chiesa di Santa Maria del Popolo

ACHATS
3 Emporium Naturae
5 L'Allegretto
7 Marché Borghetto Flaminio

OÙ SORTIR
8 Tastevin

DIVERS
1 Rosatidue (drugstore)
2 Ambasade de Bosnie
10 Fotoservice
11 Centro Studi Flaminio

PLAN 3

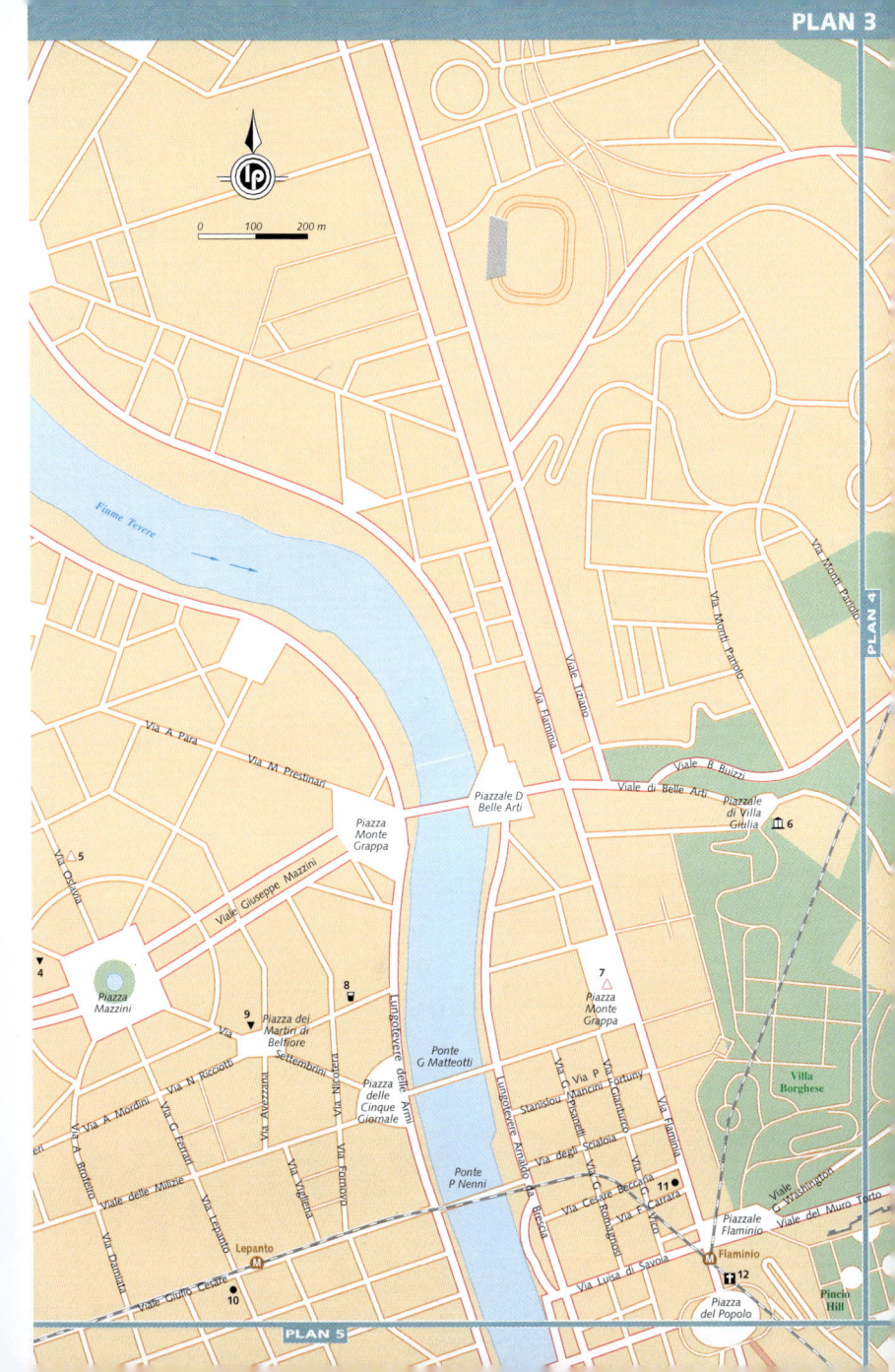

Fiume Tevere

Via A Para
Via M. Prestinari
Piazza Monte Grappa
Viale Giuseppe Mazzini
Piazzale D Belle Arti
Via Flaminia
Via Monti Parioli
Viale B Buozzi
Viale di Belle Arti
Piazzale di Villa Giulia

Piazza Mazzini
Piazza dei Martiri di Belfiore
Settembrini
Piazza delle Cinque Giornate
Lungotevere delle
Ponte G Matteotti
Piazza Monte Grappa
Via P
Stanislao Mancini Fortuny
Lungotevere Arnaldo da Brescia
Via degli Scialoia
Via Flaminia
Villa Borghese

Via A Mordini
Via N Ricciotti
Via C Ferrari
Via Avezzana
Via Fornovo
Via Vigevano
Via Lepanto
Viale delle Milizie
Via A Brofferio
Ponte P Nenni
Via Cesare Beccaria
Via F Carrara
Piazzale Flaminio
Viale G Washington
Viale del Muro Torto

Lepanto
Viale Giulio Cesare
Flaminio
Piazza del Popolo
Pincio Hill

PLAN 5 | **PLAN 4**

PLAN 4

PLAN 4

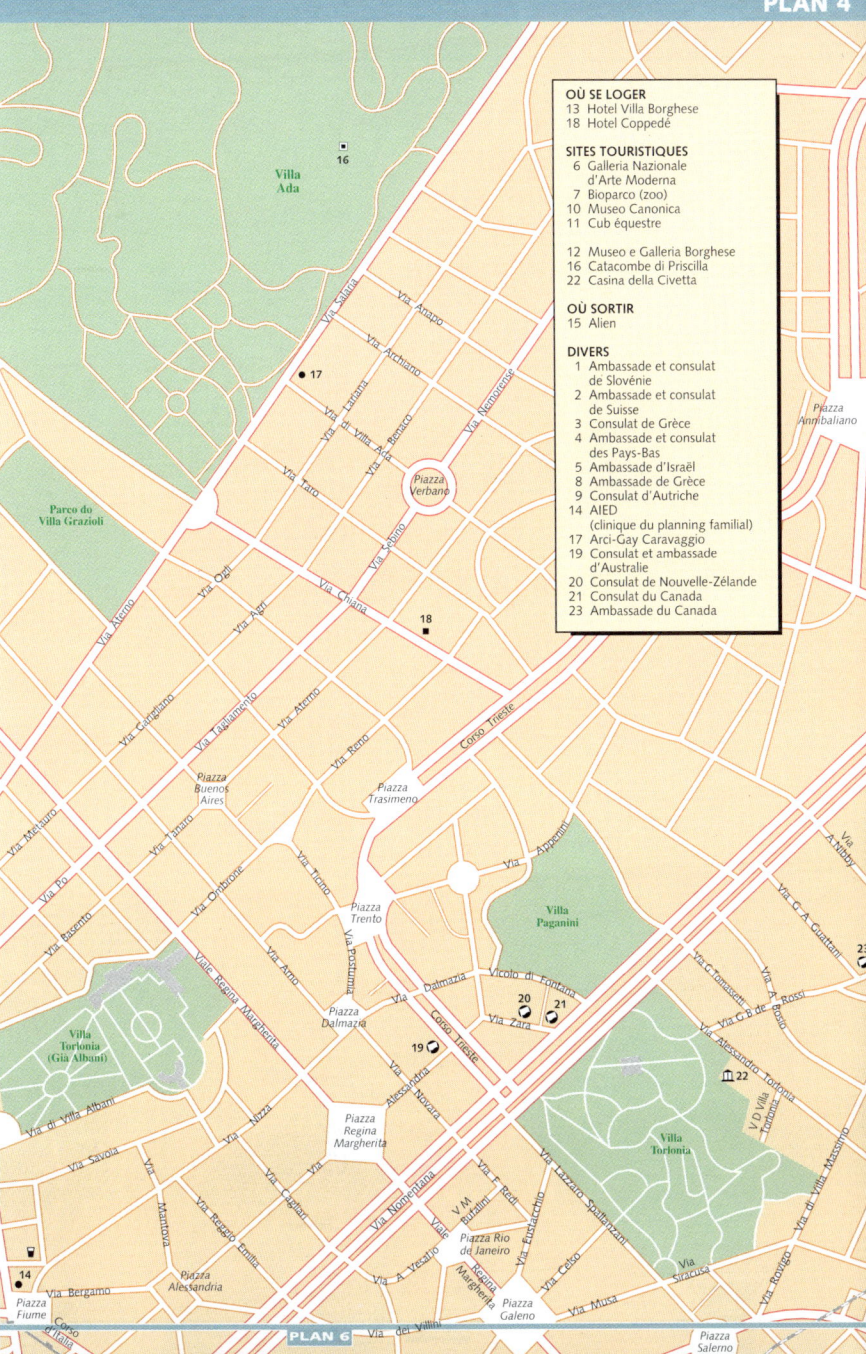

OÙ SE LOGER
13 Hotel Villa Borghese
18 Hotel Coppedé

SITES TOURISTIQUES
6 Galleria Nazionale d'Arte Moderna
7 Bioparco (zoo)
10 Museo Canonica
11 Cub équestre

12 Museo e Galleria Borghese
16 Catacombe di Priscilla
22 Casina della Civetta

OÙ SORTIR
15 Alien

DIVERS
1 Ambassade et consulat de Slovénie
2 Ambassade et consulat de Suisse
3 Consulat de Grèce
4 Ambassade et consulat des Pays-Bas
5 Ambassade d'Israël
8 Ambassade de Grèce
9 Consulat d'Autriche
14 AIED (clinique du planning familial)
17 Arci-Gay Caravaggio
19 Consulat et ambassade d'Australie
20 Consulat de Nouvelle-Zélande
21 Consulat du Canada
23 Ambassade du Canada

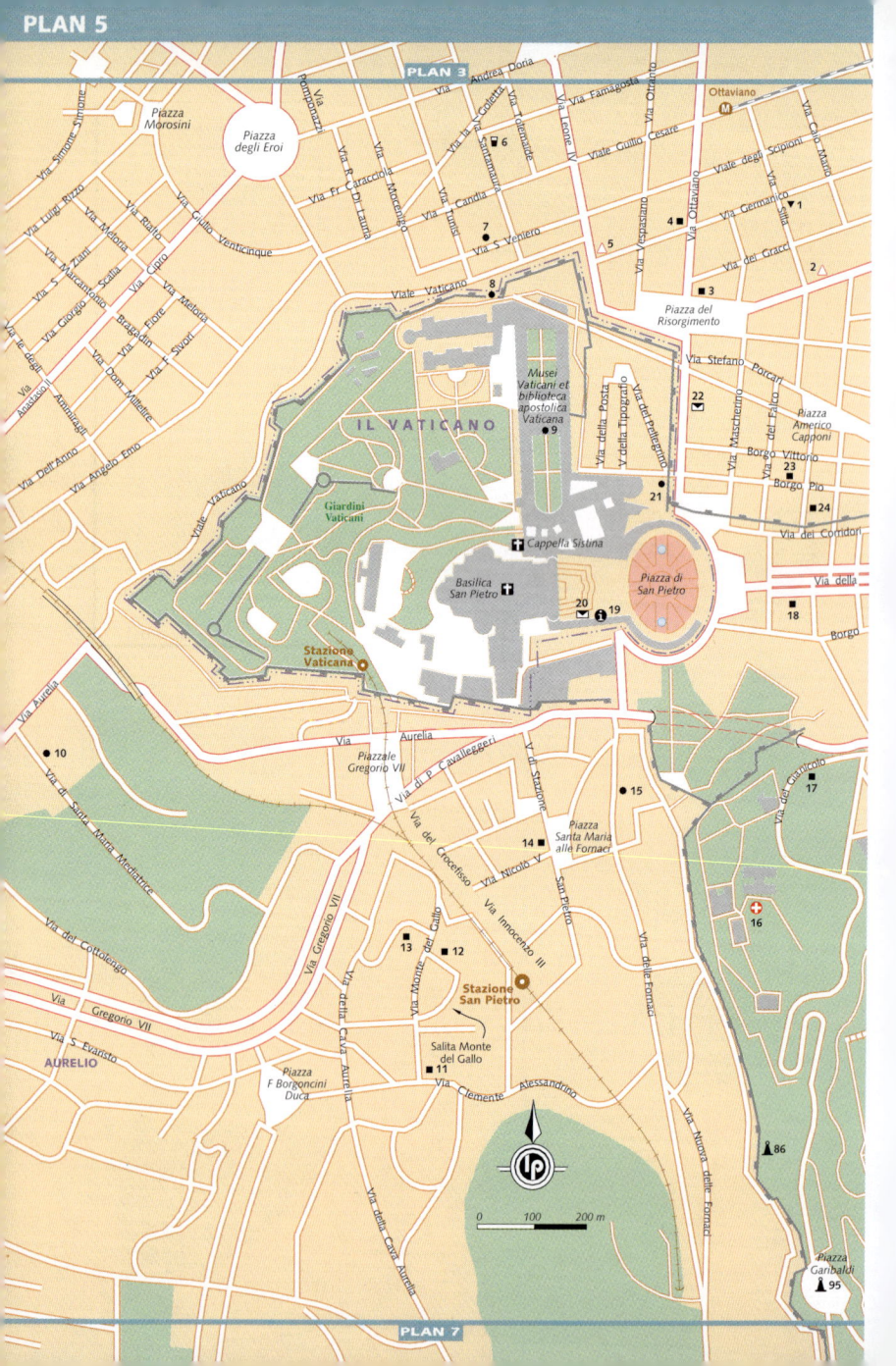

PLAN 5

Via Simone, Via Luigi Rizzo, Via Rialto, Via Medolla, Via Tazzoli, Via Marcantonio, Scilla, Via Cipro, Via Melona, Via Giorgio, Bragadin, Via Dom. Millelire, Via Anastasio, Ambalajin, Via dell'Anno, Via dell'Angelo Emo

Piazza Morosini

Piazza degli Eroi

Via Pompanazzi, Via Andrea Doria, Via Ia Coletta, Via Famagosta — **Ottaviano** M

Via Tolemaide, Via Leone IV, Viale Giulio Cesare, Via Ottaviano, Via Germanico, Via degli Scipioni

Via Fr Caracciolo, Via R Di Trana, Via Mocenigo, Via Candia, Via S Veniero, Via Vespasiano, Via dei Gracchi

Viale Vaticano

Piazza del Risorgimento

IL VATICANO

Musei Vaticani et biblioteca apostolica Vaticana

Via della Posta, V della Tipografia, Via del Pellegrino, Via Stefano Porcari, Via Mascherino

Piazza Americo Capponi

Borgo Vittorio, Borgo Pio

Giardini Vaticani

Viale Vaticano

✝ **Cappella Sistina**

✝ **Basilica San Pietro**

Piazza di San Pietro

Via dei Corridori, Via della Borgo

Stazione Vaticana

Via Aurelia, Piazzale Gregorio VII, Via di P. Cavalleggeri, Via Stazione

Piazza Santa Maria alle Fornaci

Via di Santa Maria Mediatrice, Via del Crocefisso, Via Nicolò V, Via San Pietro, Via delle Fornaci, Via del Gianicolo

Via del Cottolengo, Via Monte del Gallo, Via Innocenzo III

Stazione San Pietro

Via Gregorio VII, Salita Monte del Gallo

Via della Cava Aurelia, **Piazza F Borgoncini Duca**, Via Clemente Alessandrino

Via S. Evaristo, **AURELIO**

Via Nuova delle Fornaci

▲ 86

Piazza Garibaldi ▲ 95

0 100 200 m

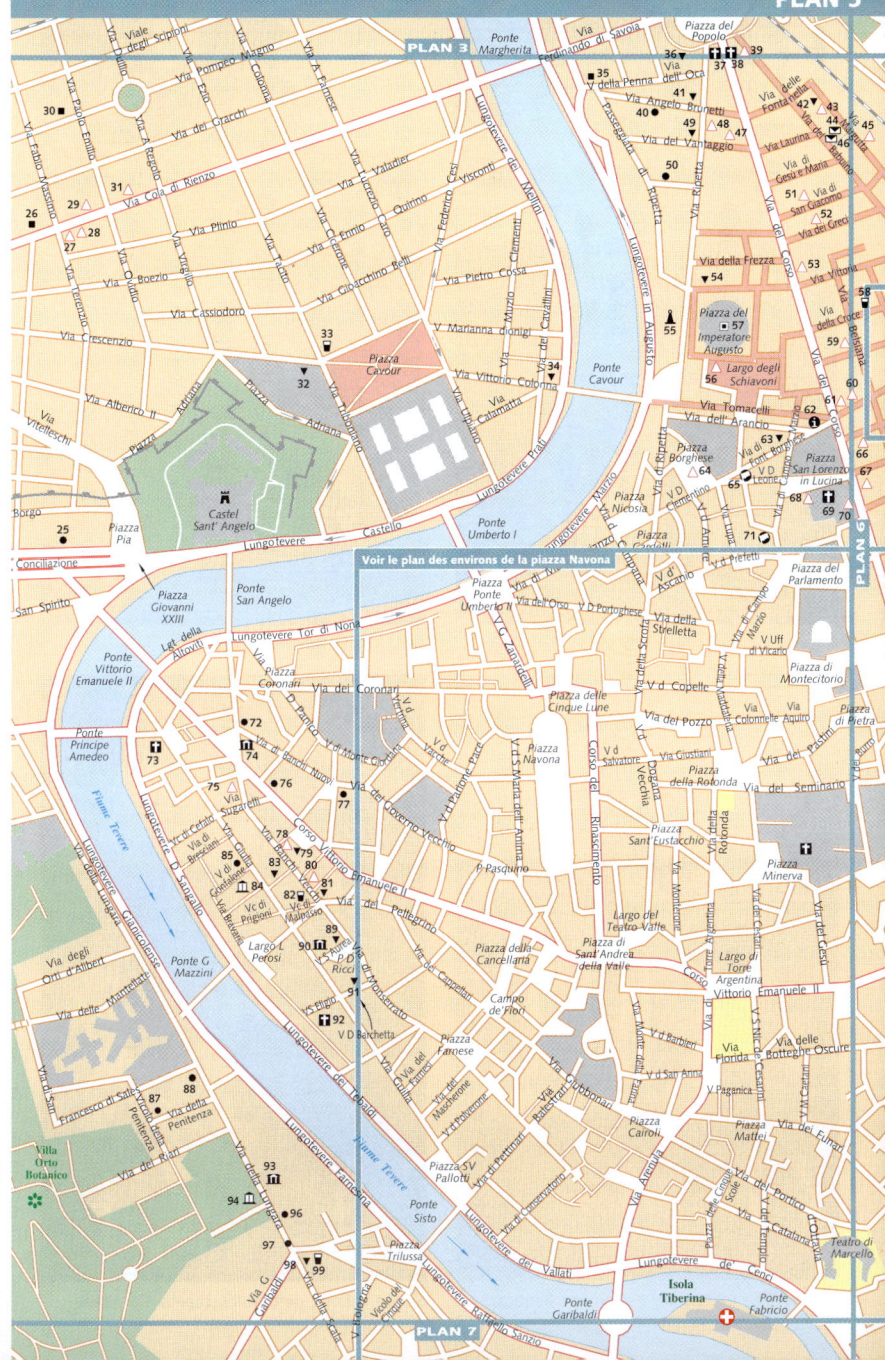

PLAN 5

L'Arco Farnese a été conçu par Michel-Ange

Détail de la fontana dei Fiumi

La piazza San Pietro est l'œuvre de Bernini

Sainte Thérèse de Bernini, capella Cornano

PLAN 5

OÙ SE LOGER
- 3 Pensione Ottaviano
- 4 Hotel Amalia
- 11 Sœurs franciscaines de la Réparation
- 12 Suore Teatine
- 13 Immacolata Concezione
- 14 Padri Trinitari
- 17 Suore Dorotee
- 18 Hotel Columbus
- 23 Hotel Sant'Anna
- 24 Hotel Bramante
- 26 Hotel Joli et Hotel Florida
- 30 Hotel Giuggioli, Hotel Lady
- 35 Hotel Locarno

OÙ SE RESTAURER
- 1 Il Matriciano
- 32 Da Cesare
- 34 Ruschena
- 36 Dal Bolognese
- 41 Paneformaggio
- 42 Margutta Vegetariano
- 49 Caffè Sogo
- 54 'Gusto
- 63 Pizzeria il Leoncino
- 79 Trattoria Polese
- 81 Albistrò
- 83 Il Cardinale - GB
- 89 Pierluigi
- 91 Hostaria Guilio
- 98 Da Gildo

SITES TOURISTIQUES
- 8 Entrée de la capella Sistine, des musei Vaticani et bureau de poste
- 9 Entrée de la biblioteca Vaticani
- 37 Chiesa di Santa Maria dei Miracoli
- 38 Chiesa di Santa Maria in Montesanto
- 55 Ara Pacis
- 57 Mausoleo di Augusto
- 69 Chiesa di San Lorenzo in Lucina
- 73 Chiesa di San Giovanni dei Fiorentini
- 74 Palazzo del Banco di Santo Spirito
- 77 Torre dell'Orologio
- 84 Museo Criminologico
- 85 Carceri Nuove
- 86 Monument équestre d'Anita Garibaldi
- 90 Palazzo Ricci
- 92 Chiesa di Sant'Eligio degli Orefici
- 93 Villa Farnesina
- 94 Palazzo Corsini & Galleria Nazionale
- 95 Monument à Garibaldi
- 97 Porta Settimiana

ACHATS
- 2 Marché couvert de la piazza dell'Unità
- 5 Grandi Firme
- 27 Franchi
- 28 Castroni
- 29 Habitat
- 31 Standa
- 39 Ottica Spiezia
- 43 Artemide
- 45 Animalier e Oltre
- 47 Sotto una Foglia di Cavolo
- 48 Buccone
- 51 Tad
- 52 Lion Bookshop
- 53 La Corte di Boboli
- 56 Zerododici (Benetton)
- 59 Lilia Leoni
- 60 Trussardi
- 61 Max & Co
- 64 Marché aux gravures et livres anciens
- 66 Laura Biagiotti
- 67 Schostal
- 68 Materozzi
- 70 Hausmann & Co
- 75 Stockmarket
- 78 Comics Bazar
- 80 Contemporanea

OÙ SORTIR
- 6 Alexanderplatz
- 15 Teatro Ghione
- 25 Accademia di Santa Cecilia
- 33 Il Simposio di Piero Costantini
- 58 Antica Enoteca
- 82 Il Goccetto
- 87 Teatro Agora
- 99 Enoteca Santa Dorotea

DIVERS
- 7 Hackers
- 10 St John's University
- 16 Ospedale Bambino Gesù
- 19 Ufficio Informazione Pellegrini e Turisti
- 20 Bureau de poste du Vatican
- 21 Farmacia del Vaticano
- 22 Bureau de poste
- 40 Nouvelles Frontières
- 44 Bureau de poste
- 46 Bureau de poste
- 50 Ospedale San Giacomo
- 62 Office du Tourisme
- 65 Ambassade d'Espagne
- 71 Consulat d'Espagne
- 72 Leon Foto
- 76 CTS
- 88 CLI (Centre Buon Pastore)
- 96 John Cabot University

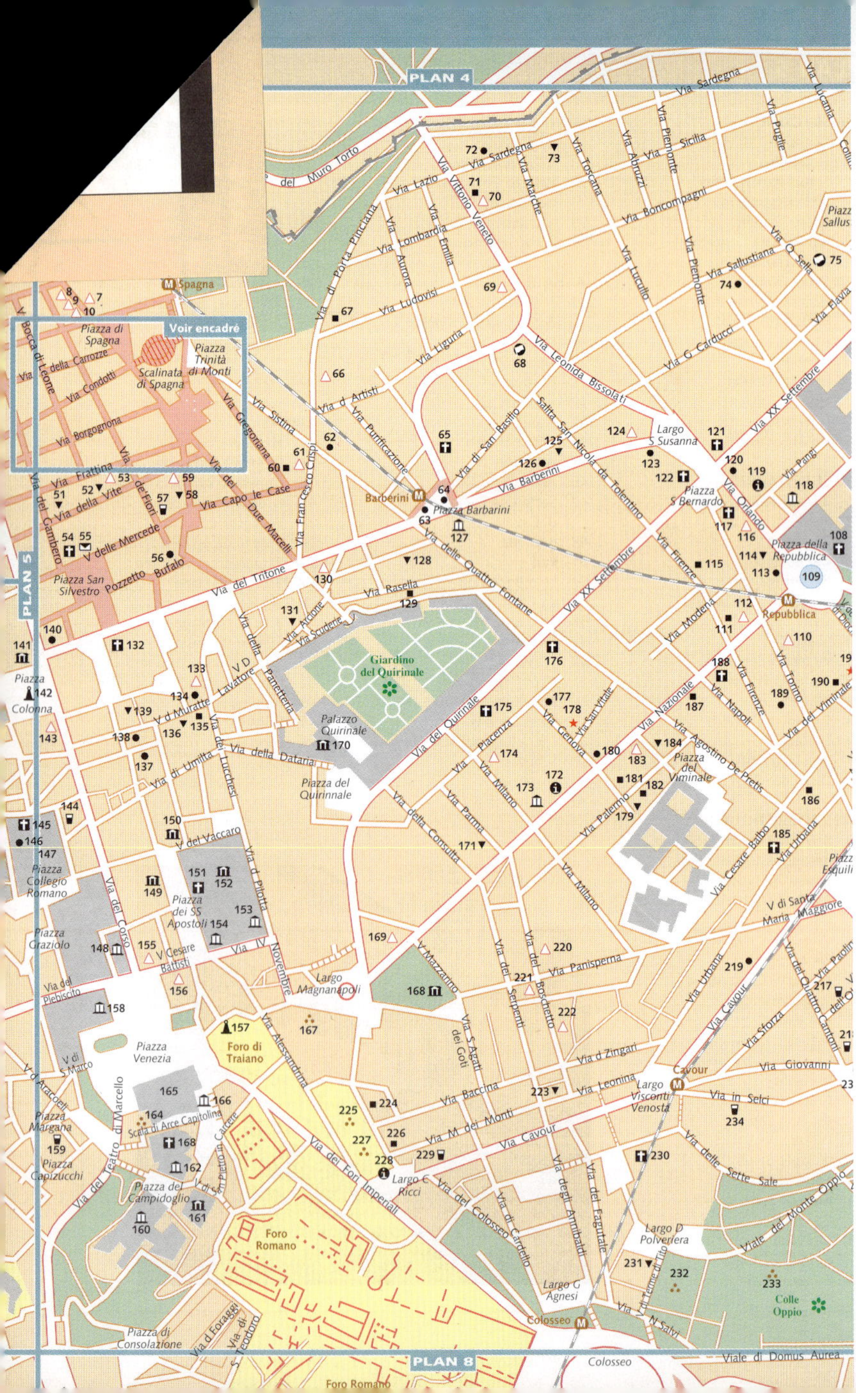

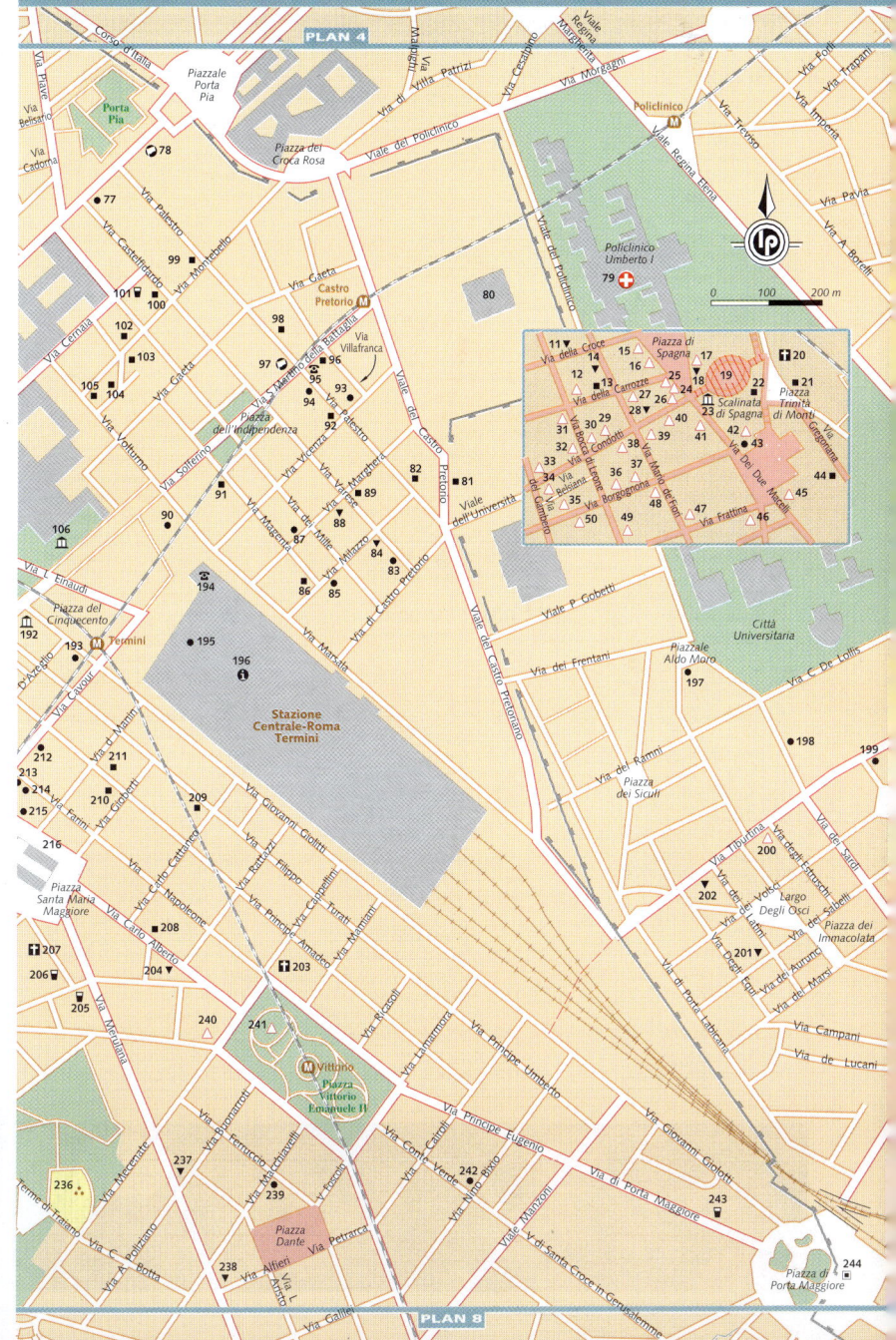

PLAN 6

PLAN 6

OÙ SE LOGER
- 3 Hotel Forte
- 13 Hotel Carriage
- 21 Hassler Villa Medici
- 22 Hotel Scalinata di Spagna
- 44 Gregoriana
- 60 Hotel Pensione Suisse
- 67 Hotel Eden
- 71 Hotel Pensione Merano
- 76 Pensione Tizi et Hotel Ercoli
- 81 Pensione Enrica et Pensione Ester
- 82 Hotel Gabriella, Pensione Ventura et Hotel Adventure
- 86 Fawlty Towers
- 89 Hotel Venezia
- 91 Pensione Giamaica et Hotel New York
- 92 Pensione Restivo et Hotel Cervia
- 96 Hotel Positano, Hotel Continentale, Hotel Romae, Hotel Dolomiti
- 98 Hotel Oceania
- 99 Hotel Montecarlo
- 100 Hotel Castelfidardo
- 102 Hotel Floridia
- 103 Albergo Mari 2.
- 104 Papa Germano
- 105 Hotel Ascot
- 111 Hotel Elide
- 115 Hotel Seiler
- 129 Hotel Julia
- 135 Fontana Hotel
- 181 Hotel Galatea
- 182 Hotel Caravaggio
- 186 YWCA
- 187 Hotel Artemide
- 190 Hotel Columbia
- 208 Hotel d'Este
- 209 Hotel Kennedy
- 210 Hotel Sweet Home et Albergo Onella
- 211 Hotel Dina
- 224 Hotel Nerva
- 226 Hotel Forum

OÙ SE RESTAURER
- 2 Osteria Margutta
- 11 Otello alla Concordia
- 14 Al 34
- 18 Babington's Tea Rooms
- 28 Caffé Greco
- 51 Centro Macrobiotico Italiano
- 52 Mario
- 58 Sogo Asahi
- 73 Andrea
- 84 Trattoria da Bruno
- 88 Da Gemma alla Lupa
- 114 Dagnino
- 125 Tullio
- 128 Colline Emiliane
- 131 Golden Crown
- 136 Pizza a Taglio
- 139 Al Moro
- 171 Gastone
- 179 Da Ricci
- 184 Il Golasone
- 201 Il Dito e la Luna
- 202 Pizzeria L'Economia
- 204 Agata e Romeo
- 223 Osteria Gli Angeletti
- 231 Hostaria di Nerone
- 237 Panella L'Arte del Pane
- 238 La Tana del Grillo

SITES TOURISTIQUES
- 1 Villa Medici
- 19 Scalinata Spagna
- 20 Chiesa di Trinità dei Monti
- 23 Maison de Keats et Shelley
- 54 Chiesa di San Silvestro n Capite
- 63 Fontana del Tritone
- 64 Fontana delle Api
- 65 Chiesa di Santa Maria della Concezione
- 106 Museo Nazionale Romano
- 107 Terme di Diocleziano
- 108 Basilica di Santa Maria degli Angeli
- 109 Fontana delle Naiadi
- 117 Chiesa di San Bernardo alle Terme
- 118 Aula Ottagonale
- 120 Fontana dell'Acqua Felice
- 121 Chiesa di Santa Maria della Vittoria
- 122 Chiesa di Santa Susanna et bibliothèque de prêt Santa Susanna
- 127 Palazzo Barberini (Galleria Nazionale d'Arte Antica)
- 132 Chiesa di Santa Maria in Via
- 134 Fontana di Trevi
- 141 Palazzo Chigi
- 142 Colonna Antonina
- 145 Chiesa di Sant'Ignazio di Loyola
- 147 Collegio Romano
- 148 Palazza et Galleria Doria Pamphili
- 149 Palazzo Odescalchi
- 150 Palazzo Muti
- 151 Chiesa dei Sant' Apostoli
- 152 Palazzo Colonna
- 153 Galleria Colonna
- 154 Museo delle Cere
- 157 Colonna di Traiano
- 158 Palazzo Venezia, Basilica di San Marco et biblioteca di Archeologia e Storia de l'Arte
- 160 Palazzo dei Conservatori
- 161 Palazzo dei Senatori
- 162 Palazzo del Museo Capitolino
- 163 Chiesa di Santa Maria in Aracoeli
- 164 Insula romaine
- 165 Monumento a Vittorio Emanuele II
- 166 Museo del Risorgimento
- 167 Mercati Traiani
- 168 Villa Aldobrandini
- 170 Palazzo Quirinale
- 173 Palazzo delle Esposizioni
- 175 Chiesa di Sant'Andrea al Quirinale
- 176 Chiesa di San Carlo alle Quattro Fontane
- 185 Chiesa di Santa Pudenziana
- 188 Saint-Paul-dans-le-mur
- 192 Palazzo Massimo alle Terme
- 203 Chiesa di Sant'Eusebio
- 207 Chiesa di Santa Prassede
- 216 Basilica di Santa Maria Maggiore
- 225 Foro di Augusto
- 227 Foro di Nerva
- 230 Chiesa di San Pietro in

PLAN 6

	Vincoli	59	Anglo-American Bookshop	56	European School of Economics
232	Terme di Tito	61	Single		
233	Domus Aurea	66	Underground	68	Ambassade et consulat des États-Unis
235	Chiesa di San Martino ai Monti	69	Bruno Magli		
		70	Raphael Salato	72	Air One
236	Terme di Traiano	110	Economy Book & Video Center	75	Ambassade et consulat du Japon
242	Torre di Babele				
244	Sepolcro di M Virgilio Eurisace (tombe du boulanger)	112	Mel Bookstore	77	Zipper Travel
		116	Feltrinelli International	78	Ambassade de Grande-Bretagne
		124	Brioni		
		130	UPIM	79	Policlinico Umberto I
ACHATS		133	Il Tucano	80	Biblioteca Nazionale Centrale Vittorio Emanuele II
4	Flos	140	La Rinascente		
5	Emporio Armani	143	Leri		
6	Alinari	155	United Colors of Benetton	83	Enjoy Rome
7	Etro			85	Laverie Bolle Blu
8	De Bach	156	Ricordi Media Store	87	ENIT
9	C.U.C.I.N.A	169	Beny	90	Treno e Scooter
10	Nicla Boncompagni	174	Boutique de cadeaux du palazzo del Esposizione	96	Laverie Oblo Service
12	Roccobarocco			97	Laverie Bolle Blu
15	Sergio Rossi	183	PréNatal	95	Bureau du téléphone
16	Krizia	200	Disfunzioni Musicali	97	Ambassade et consulat d'Allemagne
17	Furla	220	Le Gallinelle		
24	Missoni	221	Fabio Piccioni	117	CIT
25	Dolce e Gabbana	222	Io Sono un Autarchico	119	Office du tourisme (APT)
26	Prada	240	MAS	123	CIT
27	Siragusa	241	Marché alimentaire	126	Meridiana
29	Giorgio Armani Boutique			146	Biblioteca Casanatense
30	Salvatore Ferragamo (femmes)	**OÙ SORTIR**		172	Kiosque d'informations touristiques
		57	Gilda		
31	Gianni Versace (femmes)	62	Teatro Sistina	177	Ufficio Stranieri
		74	Europa Multiclub	178	Questura
32	Salvatore Ferragamo (hommes)	101	Trimani	180	CTS
		137	Quirinetta	191	Commissariat
33	Fogal	138	Teatro Quirino	192	Bici e Baci
34	Moschino	144	Trinity College	193	CSR (Consorzio Sightseeing Roma)
35	Franco Maria Ricci	159	Edoardo 11		
36	Fratelli Rossetti	189	Teatro dell'Opera	194	Bureau du téléphone
37	Ferre	197	Instituzione Universitaria dei Concerti	195	Drugstore
38	Valentino			196	Office du tourisme
39	Bulgari	205	Druid's Den	198	Café Internet
40	Gucci	206	Marconi	199	CTS
41	Sermoneta Gloves	217	Fiddler's Elbow	212	Associazione Italiana Alberghi per la Gioventù?
42	Genny	218	L'Apeiron		
45	Mandarina Duck	229	Cavour 313	213	Happy Rent
46	Brighenti	234	Hangar	214	Green Line Tours
47	La Cicogna	243	Maxís Bar	215	Transalpino
48	Gianni Versace (hommes)			219	Ciao Roma
49	Fausto Santini	**DIVERS**		228	Kiosque d'informations touristiques
50	Fendi	43	American Express		
53	MaxMara	55	Bureau de poste	239	Istituto Italiano

SALLY WEBB

PLAN 7

AURELIO

OÙ SE LOGER
- 26 Hotel Cisterna
- 35 Hotel Manara
- 51 Hôtels Aventino et Sant'Anselmo

OÙ SE RESTAURER
- 5 Da Lucia
- 6 Fricandú
- 7 Da Corrado
- 8 Casetta di Trastevere
- 11 La Tana di Noantri
- 14 Osteria Der Belli
- 22 Bar San Calisto
- 23 Paris
- 24 Ripa 12
- 29 India House
- 30 La Fonte della Salute
- 31 Panattoni
- 32 Pizzeria Popi Popi
- 33 Pizzeria Ivo
- 33 Pizzeria da Vittorio
- 34 Alberto Ciarla
- 36 Sacchetti
- 37 Pasticceria Trastevere
- 39 Frontoni
- 52 Pizzeria Remo
- 53 Il Gelato di Antonio
- 54 Trattoria da Bucatino
- 57 Volpetti Più
- 65 Checchino dal 1887

SITES TOURISTIQUES
- 1 Casa del Sole
- 2 Fontana dell'Aqua Paola
- 3 Chiesa di San Pietro in Montorio
- 4 Tempietto di Bramante
- 10 Museo del Folklore e dei Poeti Romaneschi
- 12 Basilica di Santa Maria in Trastevere
- 15 Casa du Dante
- 17 Chiesa di San Bartolomeo
- 18 Chiesa di San Crisogono
- 28 Basilica di Santa Cecilia in Trastevere
- 48 Basilica di Santa Sabina
- 49 Chiesa di Santa Maria del Priorato
- 50 Priorato di Cavalieri di Malta
- 59 Cimitero Acattolico

ACHATS
- 13 Pandora
- 27 Bibli
- 40 Standa
- 55 Mercato di Testaccio
- 56 Volpetti

OÙ SORTIR
- 9 Pasquino
- 20 Molly Malone
- 21 Caffè Marzio
- 38 Alcazar
- 41 San Michele aveva un Gallo
- 42 Big Mama
- 46 Teatro Vascello
- 47 Nuovo Sacher
- 58 Four XXXX
- 60 Radio Londra
- 61 Akab
- 62 Caffè Latino
- 63 Caruso Caffè
- 64 L'Alibi
- 66 Villaggio Globale
- 67 Alpheus (Muccassassina)

DIVERS
- 16 Office du tourisme
- 19 Ospedale San Gallicano
- 25 Libreria delle Donne : Al Tempo Ritrovato
- 43 Ospedale Nuova Regina Margherita
- 44 Université américaine de Rome
- 45 Ospedale San Camillo

PLAN 7

PLAN 5

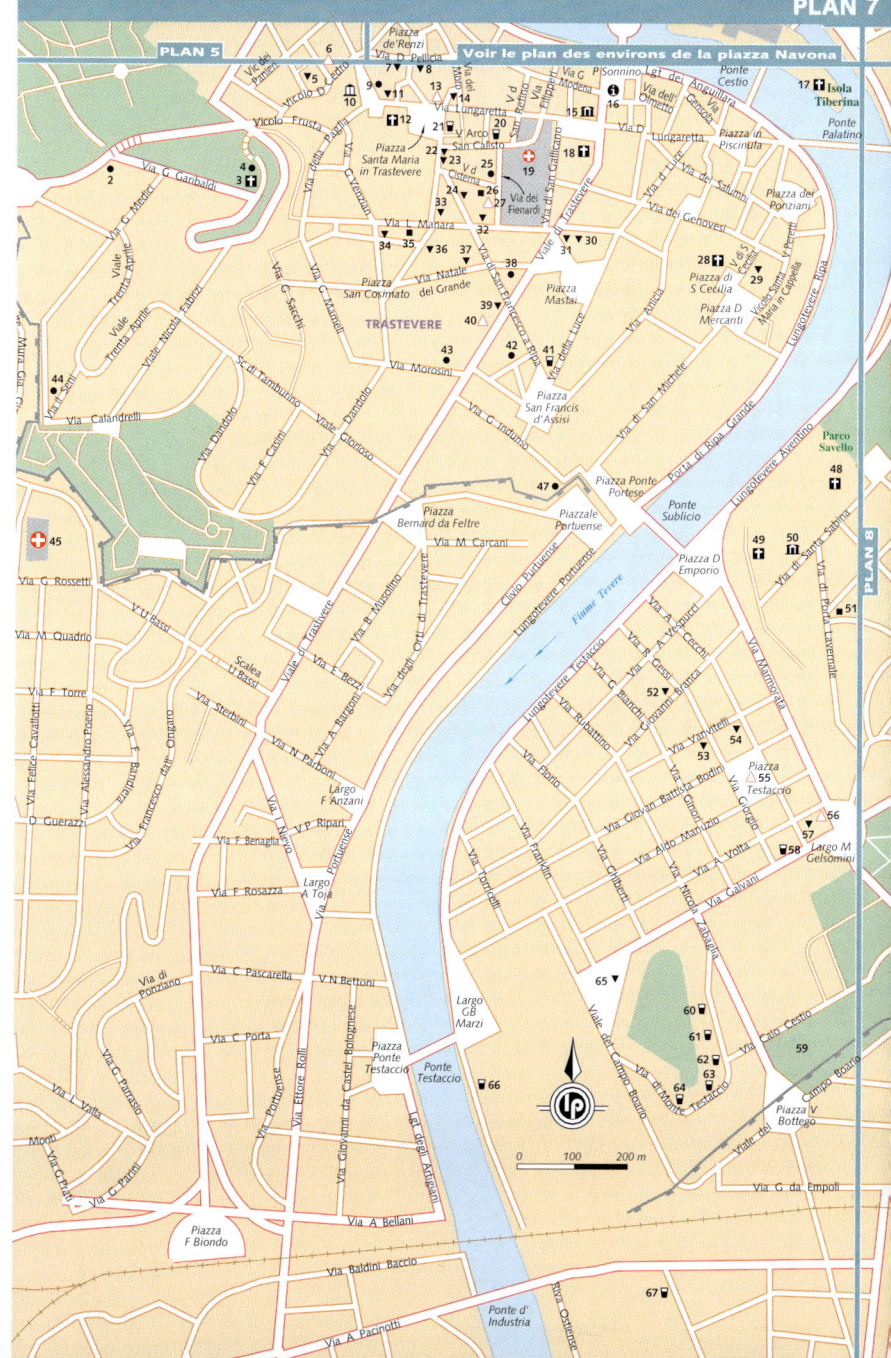

Piazza de'Renzi
Via D. Pelliccia

Voir le plan des environs de la piazza Navona

Ponte Cestio

17 Isola Tiberina

Ponte Palatino

Vicolo Frusta
Via della Paglia
Piazza Santa Maria in Trastevere
Arco San Calisto
Piazza in Piscinula
Via D. Lungaretta
Via G. Sonnino
Lgt dei Anguillara
Via G Modena
Via delli Ometto
Via G. Lungaretta

Via G. Garibaldi

Via G. Medici
Viale Trenta Aprile
Via dei Salumi
Piazza dei Ponziani

Via dei Fienardi
Via di San Gallicano
Via del Moro
Via di San Cosimato
Piazza di S. Cecilia
Lungotevere Ripa
Via dei Genovesi

Viale Glorioso
Piazza San Cosimato
Via Natale del Grande
Piazza Mastai
Piazza D Mercanti

Via G. Sacchi
Via G. Mameli
TRASTEVERE
Via Morosini
Piazza San Francis d'Assisi
Via di San Michele

Via Calandrelli
Via Dandolo
Sc di Tamburino
Viale Glorioso
Via F. Cason
Via G. Induno

Parco Savello

48

Piazzale Portuense
Piazza Ponte Portese
Ponte Sublicio
Piazza D Emporio
Via di Santa Sabrina

45
Via G. Rossetti
Via M. Quadrio
Via U Bassi
Via P. Musolino
Via degli Orti di Trastevere
Piazza Bernard da Feltre
Via M. Carcani
Clivo Portuense
Lungotevere Portuense
Fiume Tevere

51

Via F. Torre
Via Felice Cavallotti
Via Alessandro Poerio
Via Francesco dall'Ongaro
Scalea N Tassi
Via E. Bezzi
Via A. Bargoni
Via Sterbini
Via N. Parboni
Largo F. Anzani
Lungotevere Testaccio
Via A. Vespucci
Via R. Crecchi
52
Via Rubattino
Via Giovanni Branca
Via L. Vanvitelli
53 54
Piazza Testaccio
55
56

D. Guerrazzi
Via F. Benaglia
V.P. Ripari
Via N. Nievo
Largo A Toja
Via Florio
Via Giovan Battista Bodoni
Via A. Manuzio
Via G. Volta
57 58
Largo M Gelsomini

Via F. Rosazza
Via Torricelli
Via Chiabrera
Via Aldo Manuzio
Via Nicola Zabaglia

Via di Ponziano
Via C. Pascarella
V. N. Bettoni
Via Portuense
Largo GB Marzi
65
Viale del Campo Boario
60
61
62 63
64
Via Caio Cestio
59

Via C. Porta
Via Ettore Rolli
Piazza Ponte Testaccio
Ponte Testaccio
66
Piazza V Bottego

Via C. Parrasio
Via Giovanni da Castel Bolognese
Lgt degli Artigiani
Via del Monte Testaccio
Campo Boario
Viale del

Via L. Valla
Monti
Via C. Parmi
Via C. Chiasi
Via A. Bellani
Via G da Empoli

Piazza F Biondo
Via Baldini Baccio
67

Via A. Pacinotti
Ponte d'Industria
Riva Ostiense

PLAN 8

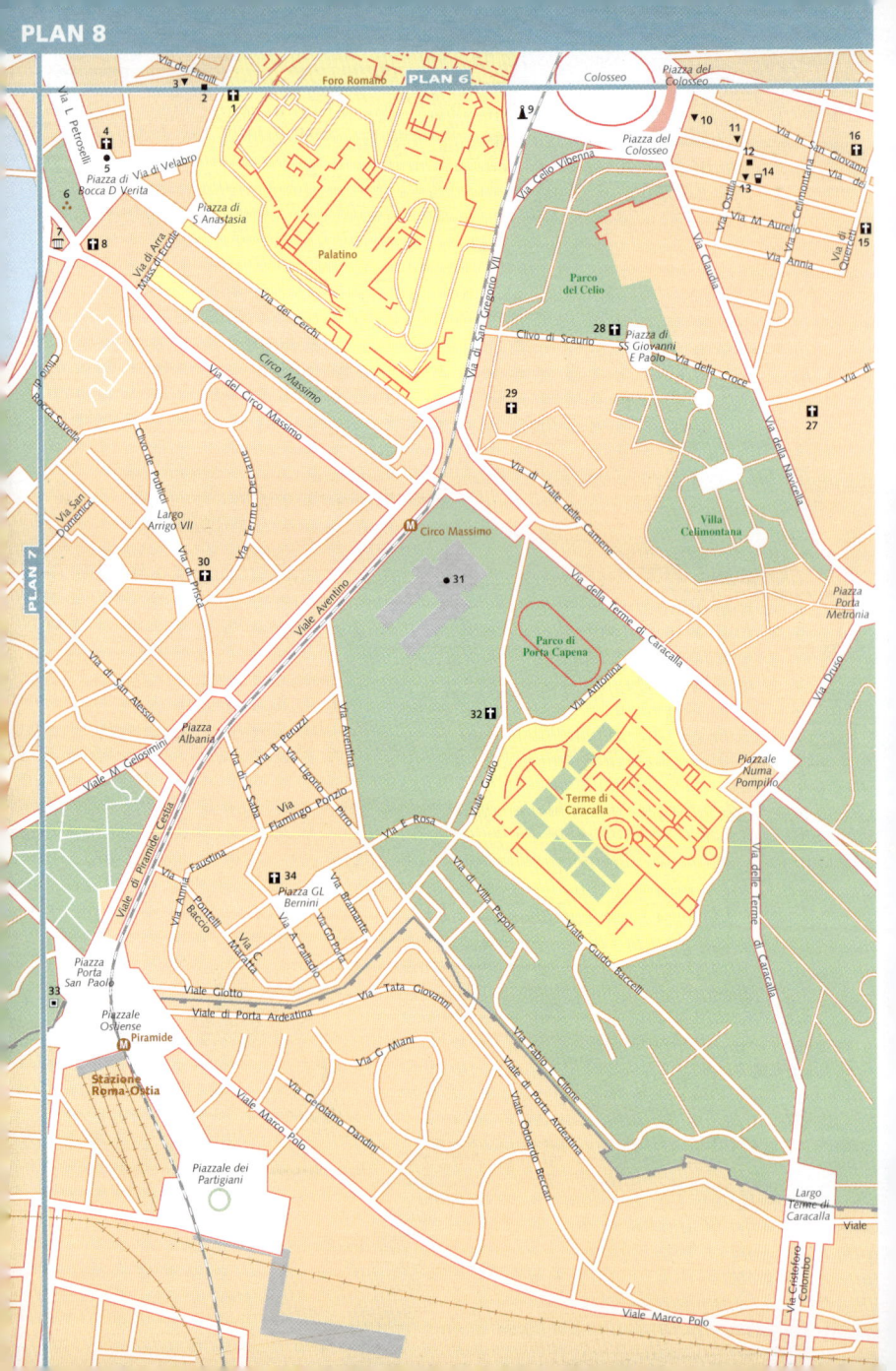

Via dei Fienili
Foro Romano — PLAN 6
Colosseo
Piazza del Colosseo
Via L. Petroselli
Via di Velabro
Piazza di Bocca D Verita
Piazza del Colosseo
Via in San Giovanni
Via di Quercetti
Via M. Aurelio
Via Claudia
Via Annia
Piazza di S Anastasia
Palatino
Parco del Celio
Via di S. Giorgio VII
Via di Ara Massima Ercole
Via del Cerchi
Clivo di Scauro
Piazza di SS Giovanni E Paolo
Via della Croce
Circo Massimo
Via del Circo Massimo
Via di Valle delle Camene
Villa Celimontana
Bocca Savella
Clivo de Publicii
Largo Arrigo VII
Via San Domenico
Viale Aventino
Via della Terme di Caracalla
Piazza Porta Metronia
Circo Massimo
Parco di Porta Capena
Piazza Albania
Via di San Alessio
Via M Gelsomini
Via di Sabina
Via B. Peruzzi
Via Aventina
Via Licoria Porzio
Via Antoniana
Via Druso
Piazzale Numa Pompilio
Terme di Caracalla
Via Guido
Via E. Rosa
Via Faustina
Via A. Pontelli baccio
Via E. Marata
Via Bramante
Piazza GL Bernini
Via A. Palladio
Via Villa Pepoli
Via delle Terme di Caracalla
Piazza Porta San Paolo
Piazzale Ostiense Piramide
Viale Giotto
Viale di Porta Ardestina
Via Tata Giovanni
Via G. Miani
Via Fabio I. Cilone
Viale di Porta Ardestina
Viale Guido Baccelli
Stazione Roma-Ostia
Via Ghiotamo Dandini
Viale Marco Polo
Piazzale dei Partigiani
Largo Terme di Caracalla
Viale
Viale Marco Polo
Via Cristoforo Colombo

PLAN 8

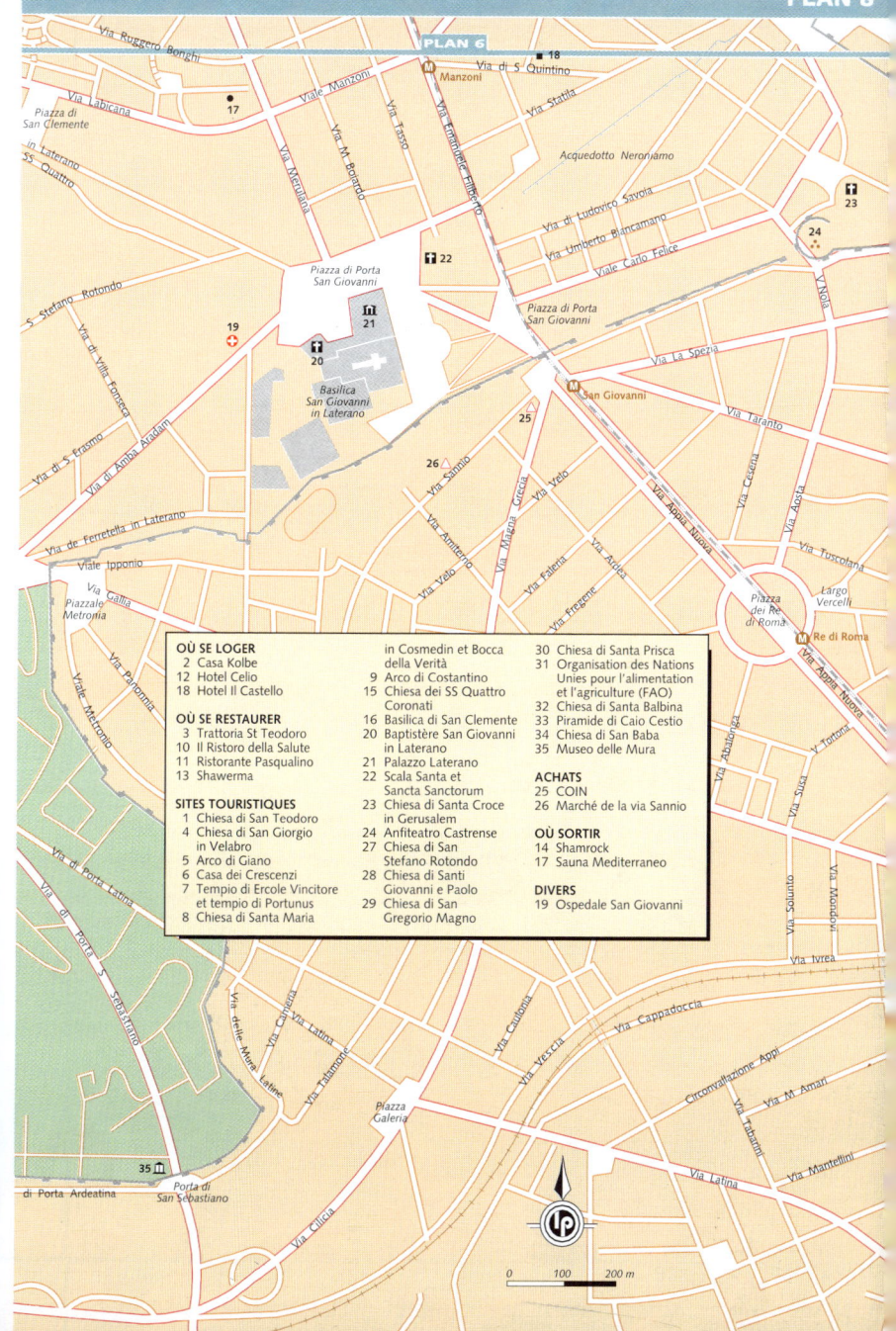

OÙ SE LOGER
- 2 Casa Kolbe
- 12 Hotel Celio
- 18 Hotel Il Castello

OÙ SE RESTAURER
- 3 Trattoria St Teodoro
- 10 Il Ristoro della Salute
- 11 Ristorante Pasqualino
- 13 Shawerma

SITES TOURISTIQUES
- 1 Chiesa di San Teodoro
- 4 Chiesa di San Giorgio in Velabro
- 5 Arco di Giano
- 6 Casa dei Crescenzi
- 7 Tempio di Ercole Vincitore et tempio di Portunus
- 8 Chiesa di Santa Maria in Cosmedin et Bocca della Verità
- 9 Arco di Costantino
- 15 Chiesa dei SS Quattro Coronati
- 16 Basilica di San Clemente
- 20 Baptistère San Giovanni in Laterano
- 21 Palazzo Laterano
- 22 Scala Santa et Sancta Sanctorum
- 23 Chiesa di Santa Croce in Gerusalem
- 24 Anfiteatro Castrense
- 27 Chiesa di San Stefano Rotondo
- 28 Chiesa di Santi Giovanni e Paolo
- 29 Chiesa di San Gregorio Magno
- 30 Chiesa di Santa Prisca
- 31 Organisation des Nations Unies pour l'alimentation et l'agriculture (FAO)
- 32 Chiesa di Santa Balbina
- 33 Piramide di Caio Cestio
- 34 Chiesa di San Baba
- 35 Museo delle Mura

ACHATS
- 25 COIN
- 26 Marché de la via Sannio

OÙ SORTIR
- 14 Shamrock
- 17 Sauna Mediterraneo

DIVERS
- 19 Ospedale San Giovanni

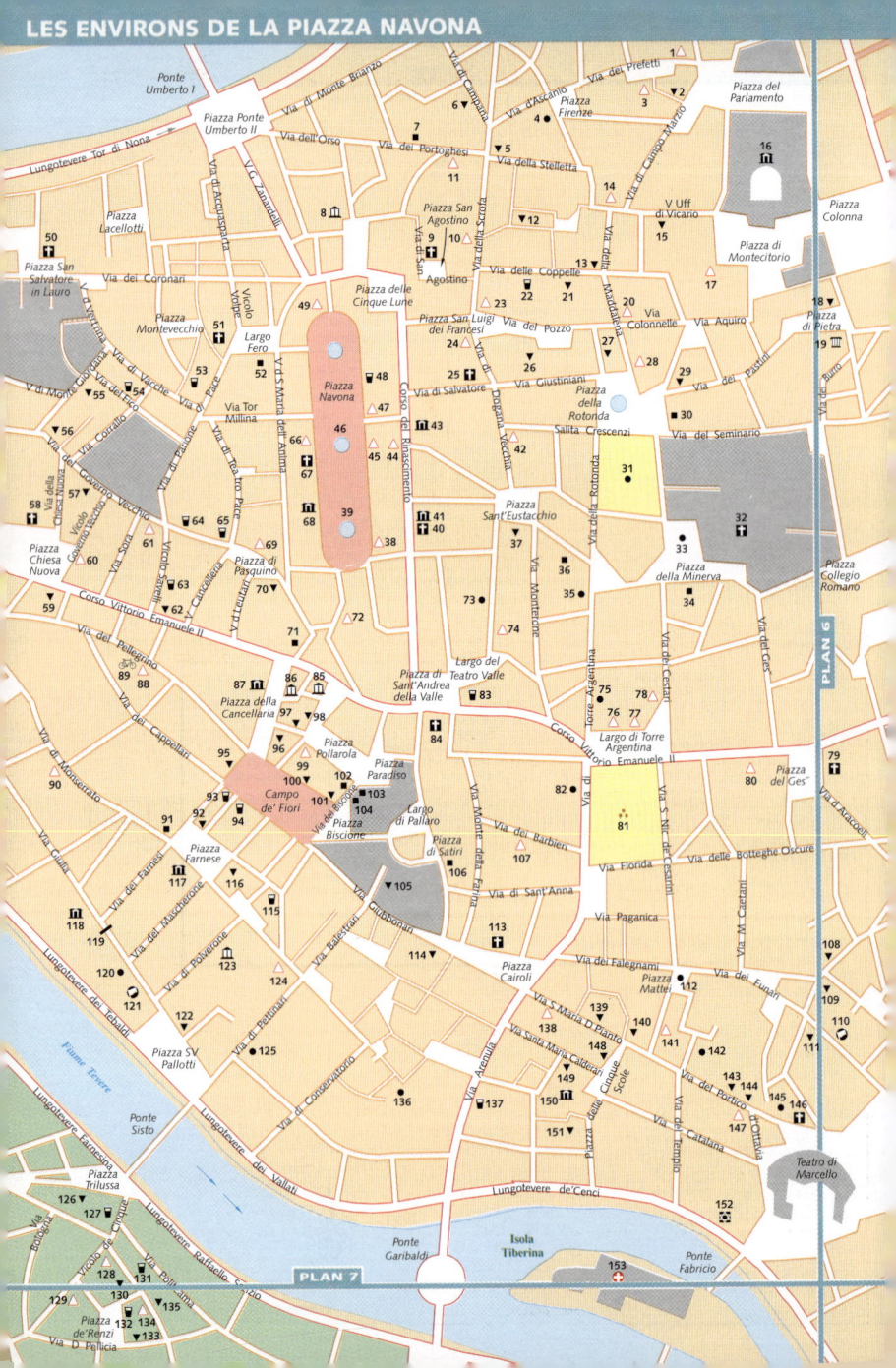

LES ENVIRONS DE LA PIAZZA NAVONA

LES ENVIRONS DE LA PLACE NAVONA

OÙ SE LOGER
- 7 Hotel Portoghesi
- 30 Hotel Senato
- 34 Minerva
- 36 Pensione Mimosa
- 52 Hotel Raphael
- 71 Pensione Primavera
- 91 Suore di Santa Brigida
- 102 Albergo del Sole
- 103 Albergo Teatro di Pompeo
- 104 Hotel Campo de' Fiori
- 106 Albergo della Lunetta

OÙ SE RESTAURER
- 2 Da Gino
- 5 M & M Volpetti
- 6 La Campana
- 12 Il Bacaro
- 13 Gelateria della Palma
- 15 Gelateria Giolitti
- 18 Osteria dell'Ingegno
- 21 Quinzi e Gabrieli
- 26 L'Angoletto
- 27 La Rosetta
- 29 Tazza d'Oro
- 37 Bar Sant'Eustacchio
- 55 Trattoria Pizzeria da Francesco
- 56 Osteria
- 57 Pizzeria da Baffetto
- 59 Bella Napoli
- 62 Pizzeria Montecarlo
- 70 Insalata Ricca
- 92 Caffè Farnese
- 95 La Carbonara
- 96 Grappolo d'Oro
- 97 Ditirambo
- 98 Pizza a Taglio
- 100 Hostaria Romanesca
- 101 Pizza Rustica
- 105 Filetti di Baccalà (Dar Filettaro a Santa Barbara)
- 108 Bar Vezio
- 109 La Taverna degli Amici
- 111 Vecchia Roma
- 114 Bernasconi
- 116 Camponeschi
- 122 Thien Kim
- 126 Suria Mahal
- 130 Mario's
- 133 Da Augusto
- 135 Forno
- 139 Zi Fenizia (kosher pizzeria)
- 140 Forno del Ghetto
- 143 Da Giggetto
- 144 La Dolceroma
- 148 Sora Margherita
- 149 Al Pompiere
- 151 Piperno

SITES TOURISTIQUES
- 8 Palazzo Altemps (Museo Nazionale Romano)
- 9 Chiesa di Sant'Agostino
- 16 Palazzo di Montecitorio
- 19 Tempio di Adriano
- 25 Chiesa di San Luigi dei Francesi
- 31 Panthéon
- 32 Chiesa di Santa Maria sopra Minerva
- 33 Elefantino
- 39 Fontana Moro
- 40 Chiesa di Sant'Ivo alla Sapienza
- 41 Palazzo della Sapienza
- 43 Palazzo Madama
- 46 Fontana dei Quattro Fiumi
- 50 Chiesa di San Salvatore in Lauro
- 51 Chiesa di Santa Maria della Pace
- 58 Chiesa Nuova
- 67 Chiesa di Sant'Agnese in Agone
- 68 Palazzo Pamphili (ambassade du Brésil)
- 79 Chiesa del Gesù
- 81 Area Sacra di Largo Argentina
- 84 Chiesa di Sant'Andrea della Valle
- 85 Museo Barracco
- 86 Palazzo Braschi (Museo di Roma)
- 87 Palazzo della Cancelleria
- 112 Fontana delle Tartarughe
- 113 Chiesa di San Carlo ai Catinari
- 118 Palazzo Falconieri
- 119 Arco Farnese
- 120 Fontana del Mascherone
- 123 Palazzo Spada et galleria Spada
- 145 Portico d'Ottavia
- 146 Chiesa di Sant'Angelo in Pescheria
- 150 Palazzo Cenci
- 152 Synagogue et Museo della Communita Ebraica

ACHATS
- 1 Tebro
- 3 Achilli al Parlamento
- 10 Casamaria
- 11 Amati & Amati
- 14 Cenci
- 17 Herder Buchhandlung
- 20 Gino Placidi
- 23 Citta del Sole
- 24 La Procure
- 28 Stilo Fetti
- 38 Bertè
- 42 Antichità Tanca
- 44 Officina Profumo et Farmaceutia di Santa Maria Novella
- 45 Libreria Sorgente
- 47 De Sanctis
- 49 Al Sogno
- 60 Distanès
- 61 Tempi Moderni
- 66 Nardecchia
- 69 Omero e Cecilia
- 72 Troncarelli
- 74 Galleria di Orditi e Trame
- 76 Feltrinelli
- 77 Home
- 78 La Chiave
- 80 Alberta Gloves
- 88 Libreria del Viaggiatore
- 90 Interno Rosso
- 99 Loco
- 107 Spazio Sette
- 124 Borini
- 128 Guaytamelli
- 129 Lumieres
- 134 The Corner Bookshop
- 138 L'Albero della Pane
- 141 Reginella
- 142 Billo Bottarga
- 147 Leone Limentani

OÙ SORTIR
- 22 Ned Kelly's
- 48 Bevitoria Navona
- 53 Bar della Pace
- 54 Locale
- 63 The Groove
- 64 Enoteca Piccolo
- 65 Cul de Sac
- 73 Teatro Valle
- 82 Teatro Argentina
- 83 John Bull Pub
- 93 The Drunken Ship
- 94 Vineria (Da Giorgio)
- 115 L'Angolo Divino
- 127 L'Anomalia
- 131 Ferrara
- 132 Stardust Jazz Bar
- 137 Mad Jack's

DIVERS
- 4 Netgate
- 35 Elsy Viaggi
- 75 Berlitz
- 89 Cicli Collati
- 110 Ambassade d'Irlande
- 117 Palazzo Farnese (ambassade de France)
- 121 Consulat de France
- 125 Photokina
- 136 Biblioteca Centrale per Ragazzi
- 153 Ospedale Fatebenefratelli

LÉGENDE DES CARTES

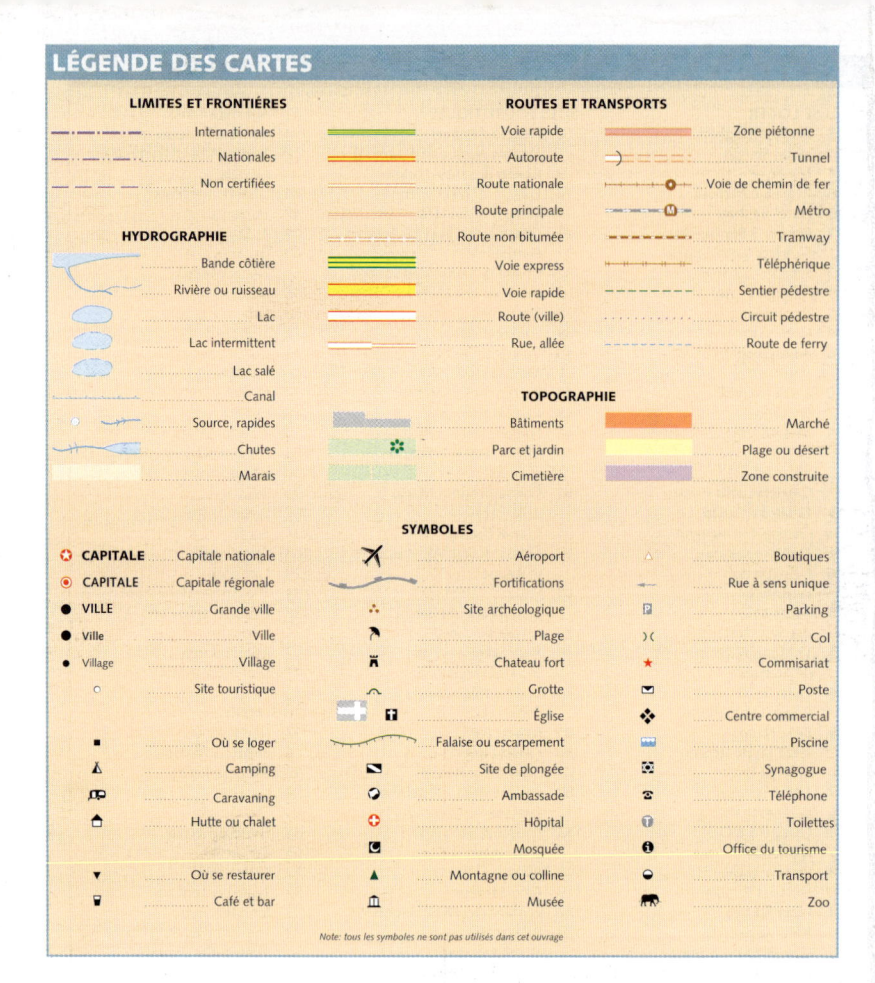

LIMITES ET FRONTIÈRES

- Internationales
- Nationales
- Non certifiées

HYDROGRAPHIE

- Bande côtière
- Rivière ou ruisseau
- Lac
- Lac intermittent
- Lac salé
- Canal
- Source, rapides
- Chutes
- Marais

ROUTES ET TRANSPORTS

- Voie rapide
- Autoroute
- Route nationale
- Route principale
- Route non bitumée
- Voie express
- Voie rapide
- Route (ville)
- Rue, allée
- Zone piétonne
- Tunnel
- Voie de chemin de fer
- Métro
- Tramway
- Téléphérique
- Sentier pédestre
- Circuit pédestre
- Route de ferry

TOPOGRAPHIE

- Bâtiments
- Parc et jardin
- Cimetière
- Marché
- Plage ou désert
- Zone construite

SYMBOLES

- ✪ **CAPITALE** — Capitale nationale
- ⦿ **CAPITALE** — Capitale régionale
- ● **VILLE** — Grande ville
- ● **Ville** — Ville
- • Village — Village
- ○ Site touristique
- ■ Où se loger
- ▲ Camping
- Caravaning
- Hutte ou chalet
- ▼ Où se restaurer
- Café et bar

- Aéroport
- Fortifications
- Site archéologique
- Plage
- Chateau fort
- Grotte
- Église
- Falaise ou escarpement
- Site de plongée
- Ambassade
- Hôpital
- Mosquée
- Montagne ou colline
- Musée

- Boutiques
- Rue à sens unique
- Parking
- Col
- Commisariat
- Poste
- Centre commercial
- Piscine
- Synagogue
- Téléphone
- Toilettes
- Office du tourisme
- Transport
- Zoo

Note: tous les symboles ne sont pas utilisés dans cet ouvrage

BUREAUX LONELY PLANET

Australie
PO Box 617, Hawthorn,
3122 Victoria
☎ (03) 9 9819 1877 ; Fax (03) 9 9819 6459
e-mail : talk2us@lonelyplanet.com.au

États-Unis
150 Linden Street,
Oakland CA 94607
☎ (510) 893 8555 ; Fax (510) 893 85 72
N° Vert : 800 275-8555
e-mail : info@lonelyplanet.com

Royaume-Uni et Irlande
Spring House, 10 A Spring Place,
London NW5 3BH
☎ (0171) 728 48 00 ; Fax (0171) 428 48 28
e-mail : go@lonelyplanet.co.uk

France
1, rue du Dahomey,
75011 Paris
☎ 01 55 25 33 00
Fax 01 55 25 33 01
e-mail : bip@lonelyplanet.fr